广州民间金融街发展的理论与实践

广州民间金融街管理委员会　编著

SPM
南方出版传媒
广东经济出版社
·广州·

图书在版编目（CIP）数据

广州民间金融街发展的理论与实践 / 广州民间金融街管理委员会编著. —广州 :广东经济出版社, 2021.2
ISBN 978-7-5454-7452-7

Ⅰ. ①广… Ⅱ. ①广… Ⅲ. ①民间经济团体—金融机构—研究—广州 Ⅳ. ①F832.765.1

中国版本图书馆 CIP 数据核字(2020)第 233292 号

责任编辑：毛一飞
责任技编：陆俊帆
封面设计：陆广威

广州民间金融街发展的理论与实践
GUANGZHOU MINJIAN JINRONGJIE FAZHAN DE LILUN YU SHIJIAN

出 版 人	李　鹏
出版发行	广东经济出版社（广州市环市东路水荫路 11 号 11～12 楼）
经　　销	全国新华书店
印　　刷	广州市友盛彩印有限公司 (广州市增城区新塘镇太平洋工业区 113 号厂房 A2 一楼 C 区)
开　　本	889 毫米×1094 毫米 1/16
印　　张	27.25
字　　数	793 千字
版　　次	2021 年 2 月第 1 版
印　　次	2021 年 2 月第 1 次
书　　号	ISBN 978-7-5454-7452-7
定　　价	128.00 元

广东经济出版社网址：http://www.gebook.com 微博：http://e.weibo.com/gebook
图书营销中心地址：广州市环市东路水荫路 11 号 11 楼
电话:(020) 87393830　邮政编码:510075
如发现印装质量问题，影响阅读，请与承印厂联系调换。
广东经济出版社常年法律顾问:胡志海律师

序 言

民间金融在我国具有十分悠久的历史，从夏商时期、春秋战国时期的实物信贷，到唐宋的纸币，再到明清兴盛的钱庄、票号，民间金融存在了4000多年。改革开放以来，民间金融更是顺应市场化发展需要，在一定程度上满足了中小微经济主体的融资需求，民间金融在社会经济发展中的重要作用日益凸显，已成为现代金融体系的重要补充。为加快推进以“国际金融、产业金融、科技金融、民生金融、农村金融”为重点领域的区域金融中心建设，广州市以民间金融为突破口，立足本地民营经济发展现状，引导民间金融要素聚集发展，探索建立民间融资定价机制，建成了全国首条民间金融街——广州民间金融街。

广州民间金融街地处具有岭南“十里洋场”商业文化集散地和现代金融发源地之称的越秀区长堤大马路，已逐渐发展为“立足广州、辐射珠三角、影响全国”的民间资本集散地、民间金融研发中心、民间金融创新中心和民间融资价格风向标。

广州民间金融街规划区域约59万平方米，主要集聚民间金融业态及相关配套机构，致力于为广大中小微企业和个人提供小微金融服务，突出“集聚、服务、定价”三大功能。

作为全国民间金融产业发展示范区、全国金融科技先行试验区、国家级现代服务业集聚区、广东省民间金融创新发展示范区、数字普惠金融监管试验区、公益金融试验区，经过8年多的发展，截至2020年上半年，广州民间金融街入驻机构近700家，其中主导产业超350家。吸引12家“世界500强”企业、26家“中国500强”企业、60余家国内外上市公司投资入驻广州民间金融街，累计为超过100万户中小微企业、中低收入者和“三农”提供融资额超5000亿元，直接税收贡献近50亿元。广州民间金融街首创3项金融风险防控国家标准和地方标准，推动民间金融健康、规范发展。

党的十九届四中全会《中共中央关于坚持和完善中国特色社会主义制度、推进国家治理体系和治理能力现代化若干重大问题的决定》提出，要健全具有高度适应性、竞争力、普惠性的现代金融体系。广州民间金融街的建设与发展实践证明，民间金融阳光化政策实施以来，民间金融为中小微企业、金融消费者提供了有效的金融服务，为普惠金融发展作出了重要贡献，是现代金融体系不可缺少的有益补充。当然，民间金融发展过程中也广泛存在着经营不规范、风险控制能力不强等问题。为适应新时代发展要求，进一步推进民间金融健康、稳定发展，需及时总结民间金融发展经验，分析其存在的不足，并提供理论指导。

本书编者在收集近年来有关专家学者、机构关于民间金融，特别是关于广州民间金融街的研究资料的基础上，进行了整理和进一步研究，汇编成书。全书共五篇，汇集了研究报告、论文、规划、社会评价或报道等，涉及广州民间金融创新发展、民间金融监管体系、民间金融政策法规和民间金融文化建设等研究领域，多角度、全方位地对民间金融的发展环境、发展模式、发展途径等进行了研究与探讨，总结了广州民间金融街发展的经验与不足。广州是国家中心城市，也是粤港澳大湾区的核心区域，广州民间金融恰逢巨大历史发展机遇，应不负时代、不辱使命。我们相信，在以习近平同志为核心的党中央坚强领导下，民间金融一定能为我国社会主义建设和改革开放作出新的贡献！

感谢广东技术师范大学谢林林、廖颖杰和广州大学李伟为编写此书所做的工作。本书的编撰出版将为政府部门、专家学者、民间金融企业及其从业人员提供有益的借鉴。限于篇幅，书中收录的部分论文、报告有所缩减。因编撰时间有限，本书还存在资料收集遗漏等问题，特别是限于编撰者理论水平与实践认知的不足，仍有待改进之处，欢迎读者批评指正。我们将继续深入探讨民间金融发展中的理论与实践问题，为广州民间金融发展贡献力量。

广州民间金融街管委会
2020 年 11 月 20 日

目 录

CONTENTS

第一篇

民间金融创新发展

广州民间金融街，规划区域约59万平方米，地处具有岭南“十里洋场”商业文化集散地和现代金融发源地之称的越秀区长堤大马路，先后获全国民间金融知名品牌示范区、全国金融科技先行试验区、国家级现代服务业集聚区、全国首个数字普惠金融监管试验区和公益金融试验区等称号。经中国质量认证中心（CQC）测评，园区区域品牌价值达208.35亿元，荣获全国服务业区域品牌（165个）第5名。广州民间金融街在民间金融集聚区、民间金融机构、民间金融市场、民间金融监管等方面均进行了许多可贵探索，在促进民间借贷行业发展、建立健全金融体制等方面发挥了积极的推动作用，也为其他地区的民间金融创新提供了经验。

本篇编入研究论文和研究报告共11篇，作者有的是近年来广州民间金融发展的见证者，有的是民间金融街建设的亲历者。编入成果对广州民间金融街的建设发展起到了重要作用，也为其他地区的民间金融发展提供了重要参考。

探索民间金融发展的新路子

为加快推进以“国际金融、产业金融、科技金融、民生金融、农村金融”为重点领域的区域金融中心建设，广州市以民间金融为突破口，立足本地民营经济发展现状，引导民间金融要素聚集发展，探索建立民间融资定价机制，建成了全国首条民间金融街，在创新、规范发展民间金融方面走出了一条新路子。

一、广州民间金融状况

民营经济是广州经济发展的重要支撑。2011 年，全市民营经济实现增加值 4794.64 亿元，占全市经济总量比重近 40%。受当前复杂经济形势的影响，民营企业经营压力增大、生产成本上升，融资难、融资贵问题更加突出。

近年来，广州市积极推进小额贷款公司、村镇银行筹建工作和融资性担保公司规范整顿工作，使之成为活跃民间金融的市场主体。截至 2012 年 6 月末，全市 21 家小额贷款公司累计投放贷款 1404 笔，贷款余额 19.58 亿元；5 家村镇银行贷款余额 5.98 亿元；95 家融资性担保公司在保余额 248.93 亿元，2012 年上半年新增融资性担保金额 102.21 亿元。民间金融机构覆盖了全市所有 12 个区、县，贷款期限以短期为主，贷款对象以个体工商户居多，对缓解中小微企业和个人融资难问题发挥了积极的作用，已成为广州市现代金融体系的重要补充。

民间金融发展滞后于民营经济需求。广州市经济总量大，商业网点密布，中小企业众多，登记注册的私营企业、个体工商户总数超过 55 万家，融资需求旺盛。但民间金融机构少、规模小，民间借贷成本高，与民营企业融资需求不适应。广州市的小额贷款公司和村镇银行机构数量、实收资本总额、贷款余额等指标远低于京、沪、津、深、苏、杭等城市，小额贷款公司数量甚至不及广东省的 1/7，与广州市的经济总量和民间资本总量占比不匹配。2011 年，广州地区金融机构中小企业贷款占信贷规模的 31%，而小额贷款公司、融资担保公司当年新增贷款额仅为金融机构中小民营企业新增贷款额的 54%，支持力度有限。一部分民间借贷融资的实际月利率高于 10%（年化利率高于 120%），中小企业被动接受民间借贷的高额融资成本，承受着沉重的财务负担。

二、广州市发展民间金融的新思路

民营经济和民间金融具有十分明显的地域特征。“十二五”期间，广州市明确了发展民间金融的新思路，即牢固树立民间金融服务民营经济的基本理念，因地制宜建立健全与当地民营经济发展相配套的民间融资体系，通过改革创新促进民间金融规范、有序发展，构建竞争有序、风险可控的民间金融生态环境。

立足广州特色，完善民间融资机构体系。充分发挥民间资本充裕、民营企业融资需求旺盛的有利条件，加快推动设立一批小额贷款公司、融资担保公司、典当行等民间融资机构，构筑与民营经济发展需求相适应的民间融资机构体系，是广州大力发展民间金融的基础。

民间融资机构既是民间金融改革、创新、发展的市场主体，也是引导民间资本进入金融领域的重要通道。培育和发展一批实力雄厚、经营规范的民间融资机构，是广州发展“草根金融”的重要抓手。从现实基础看，发达的民营经济为广州民间融资机构的发展提供了十分有利的市场条件。广州形成了一批以专业镇、产业链以及专业市场群为特色的民营企业产业集群，仅专业批发市场就有1000多个，年交易总额超过1500亿元。发达的民营经济积累了规模庞大的民间资本，催生了大量的投融资服务需求。因此，支持和引导一批民营经济龙头企业依托各类专业市场、产业园区发起设立民间融资机构，引导更多的民间资金投向金融领域，有助于进一步完善广州民间融资机构体系。

发挥集聚效应，规范民间融资机构经营行为，建设民间金融集聚区，引导一批经营规范、服务优质的小额贷款公司、融资担保公司、典当行等民间融资机构及金融机构个人业务专营部门进驻，将民间融资机构分散、无序的经营转变为集中、有序的经营，是广州创新发展民间金融的重要抓手。

民间融资历史悠久，具有广泛的社会基础，交易对象以小微企业和居民个人为主，资金来源以社会闲散资金为主，交易手段非标准化，交易场所相对不固定。基于上述特征，民间融资机构往往存在分散、无序经营的问题，这些问题一方面导致业务经营章法不一、秩序失范，另一方面导致难以约束民间金融市场挪用资金、暴力追账等乱象，对正常金融秩序造成冲击。因此，建设民间金融集聚区，加强行业监管，以集聚促规范、促发展，同时发挥龙头企业示范效应，形成适度竞争的市场氛围，有利于进一步规范民间融资机构的经营行为。

三、探索定价机制，推动形成民间融资“广州价格”

建设民间融资价格信息发布平台，建立民间融资信息发布系统，采集、汇总、整理、分析民间融资价格信息，定期发布小额贷款利率、融资担保费率，促进民间融资价格公开化和阳光化，是广州规范发展民间金融、遏制高利贷活动的关键举措。

民间借贷具有“短平快”的特点，借贷利率往往高于同期银行利率，并存在严重的信息不对称现象，融资价格主要由借贷双方通过谈判相互约定。在当前大量游资“脱实向虚”的市场环境下，民间融资价格被不断推高，民间借贷市场资金价格信号混乱，供求机制难以有效配置社会资本。因此，及时发布民间融资价格信息，加快推动形成广州民间金融利率、费率价格指数，有助于进一步规范民间融资市场，降低中小微企业的融资成本。

四、广州市建设全国首条民间金融街的创新实践

2012年初，在省、市领导的高度重视和大力支持下，广州市在越秀区的长堤大马路启动了民间金融街建设项目，充分挖掘长堤大马路作为“十里洋场”商业文化发源地和广州近代金融发源地的人文底蕴，“修旧如旧”还原岭南建筑风貌，集中引导一批民间融资机构和金融机构分支网点入驻，形成了以民间机构为进驻主体，彰显岭南风格、金融元素、民间特色的民间金融集聚区。

五、创新运作模式，全面提升民间融资服务功能

在运营管理中，设立民间金融街管理公司作为运营服务主体，制定了《广州民间金融街服务指引》，从机构招商、物业管理、行业交流、品牌宣传等方面为进驻机构提供全方位的服务。通过编

印民间金融街招商手册，为金融机构选址、装修、进驻提供指引；研究组建民间金融街俱乐部，促进驻街机构信息交流；建设民间金融街电子商务网站，开展民间金融街形象宣传和驻街机构品牌宣传。

同时，广州市搭建了“两会一院一中心”的民间金融街服务架构。建立了专家咨询委员会，定期邀请国内外经济金融、法律等领域及金融监管部门的专家学者，共同把脉广州民间金融街建设发展大计；设立了广州民间金融商会，为入驻企业打造公平对话和交流协作的平台，提升进驻机构的凝聚力和归属感，引导民间融资机构的行业自律；创立了广州民间金融研究院，为广州民间金融街进驻机构提供专业化的研究、咨询和培训服务，并促进民间融资机构与金融监管部门、高等院校、大型金融机构等多元主体进行深度合作，推动民间金融产业的健康、可持续发展；建立了广州民间融资服务中心，为民间融资业务供求双方提供咨询服务、信息登记、征信查询及工商、公证、律师、会计师等中介服务，为广州民间金融街打造完整、便捷的配套服务体系。

六、创新信息发布模式，加快形成民间融资定价机制

为了发挥市场机制在价格形成中的基础性作用，广州市依托民间金融街建立了民间融资信息发布平台，作为引导民间融资阳光化、形成“广州价格”的主要载体。在机构选择方面，遴选开业时间久、业务量稳定的小额贷款公司和融资担保公司提供业务信息；在发布内容方面，对小额贷款利率和融资担保费率进行汇总，采取加权平均方式计算利率和费率数据，使无形、分散的利率和费率公开化、阳光化，为加快推动形成反映资金供求状况和民间金融资源稀缺程度的民间融资价格奠定了基础。

同时，广州市将民间融资信息平台建设与加强小额贷款、融资担保行业监管相结合，分别制定了民间金融街小额贷款公司、融资担保公司监督管理办法，并要求各进驻机构共同签署“广州民间金融街进驻机构诚信经营承诺书”，明确了相关机构参与民间融资信息平台建设的责任。通过信息平台运作，实时监测各家小额贷款公司、融资担保公司业务开展情况，促进各机构依法依规经营。

广州市建设民间金融街开启了民间金融创新发展、规范发展的新路子。下一阶段，广州市将进一步扩大民间金融街区域范围，探索设立小额再贷款公司，创办民间金融博物馆，引导更多、更新的民间融资机构聚集发展，进一步加大对进驻机构的扶持力度，全面提升服务功能和水平，切实将民间金融街建设成民间融资的重要平台，为全省乃至全国民间金融的发展提供范本。

本文选自欧阳卫民在《中国金融》2012 年第 19 期发表的论文。欧阳卫民曾任广州市副市长、广东省副省长，现任国家开发银行党委副书记、行长。（2012 年）

完善现代金融服务体系，推动广州金融高质量发展

在广州市委、市政府的正确领导下，在国家金融监管部门驻粤机构及市有关部门的支持协助下，全市金融系统深入贯彻落实党的十九大和十九届二中、三中全会，全国金融工作会议以及国家和省、市关于金融工作的各项决策部署，紧紧围绕服务实体经济、防控金融风险、深化金融改革三大任务，着力完善现代金融服务体系，加快建设广州区域金融中心，推进经济高质量发展，为广州市当好“四个走在全国前列”排头兵、提升全球资源配置能力提供有力金融支持。

一、2018 年工作总结

过去一年，广州市地方金融监督管理局按照稳金融、促发展的工作总基调，认真发扬真抓实干、开拓进取的精神，较好地完成了年初提出的主要工作任务，取得了较好的成效，一年来重点做好了以下工作。

（一）金融服务实体经济能力进一步提升

金融与科技深度融合发展。印发《广州市关于促进金融科技创新发展的实施意见》，广州是一线城市中首个实施金融科技发展战略的城市。加强移动支付基础设施建设，整体水平在全国处于领先地位。完善“政银保”风险分担机制，印发《广州市政策性小额贷款保证保险实施办法（修订)》，每年安排 3000 万元用于政策性小额贷款保证保险风险补偿和保费补贴，为科技型企业、初创企业、“三农”、小微贷款提供保险支持。

普惠金融建设稳步推进。广州市共有小额贷款公司 107 家，融资担保公司在保余额 250 亿元，建成社区金融服务站 589 家，建成农村金融服务站 238 家，基本实现农村地区金融服务全覆盖。政策性农村住房保险覆盖率达 99. 99%，《广州市巨灾保险试点工作方案》及《广州市 2018—2021 年度巨灾指数保险方案》已经广州市政府批复同意。

（二）防控金融风险取得阶段性成效

创新金融风险防控模式。广州市在全国率先出台了防控金融风险攻坚战三年行动计划；与腾讯公司、蚂蚁金服和国家网络安全中心签署战略合作协议，在金融监管科技领域开展深入合作；依托广州金融风险监测防控中心开发风险处置管理系统，实现“线上线下”相结合，构建“监测预警—处置反馈—持续监测”监管闭环，真正做到“发现风险及时提示和处置”，全年共排查广州市企业 55163 家，发现风险企业 1148 家。

重点领域金融风险防范取得成效。清理整顿互联网股权融资、互联网外汇交易平台、互联网资管；对全市小额贷款公司、P2P、融资担保公司进行现场检查，出台网络借贷信息中介机构整改及验收工作方案；成立市、区两级 P2P 风险应对工作小组。

创新非法集资处置手段。创新防范非法集资宣传教育模式，探索将地方金融风险防控纳入网格

管理的方法，落实非法集资举报奖励制度；联合广东省地方金融监督管理局举办全省首届高校防范金融诈骗海报设计与动画制作大赛，在广东广播电视台创办《金融大讲堂》栏目，累计播出节目34期，听众超过50万人。

（三）金融改革创新不断取得新进展

谋划推进粤港澳大湾区建设。研究制定《粤港澳大湾区金融规划建设实施意见和三年行动计划》；研究筹备创新型期货交易所和粤港澳大湾区国际商业银行；探索在广州国际金融城设立粤港澳金融合作区，强化粤港澳大湾区联系沟通机制。

（四）“一核多点”金融功能区建设全面推进

构建以国际金融城为核心，各区金融功能区为节点的空间发展格局。其中，广州民间金融街入驻机构297家，2018年共为中小微企业和个人提供融资1402.4亿元，贡献各项税收约7.6亿元。广州创投小镇累计引进创投机构近200家，年纳税总额超过1亿元。

（五）金融政策环境不断改善

推动出台《中共广州市委广州市人民政府关于服务实体经济防控金融风险深化金融改革的实施意见》《广州市人民政府关于支持广州区域金融中心建设的若干规定（修订）》《关于推进金融支持广州国际航空枢纽建设的实施意见》，研究制定《关于金融支持乡村振兴战略的实施意见》等政策文件，集聚高端金融要素，构建促进金融与产业深度融合的政策体系。建立健全人才培养和智库培育机制，印发《广州高层次金融人才支持项目实施办法（修订）》，集聚一批具有国际视野的高层次金融人才，为广州现代金融服务体系建设提供强大的人才保障和智力支撑。

（六）广州金融国际影响力进一步扩大

举办国际金融论坛第十五届全球年会、第七届中国（广州）国际金融交易·博览会、第十五届“构建21世纪金融体系”中美研讨会、穗港金融合作推介会、粤港澳大湾区创投50人交流会等国际性论坛展会。国内外主流媒体大力宣传湾区推介活动，广州金融国际影响力不断增强。出台《广州金融交流合作工作意见（2018—2020年）》《穗港澳金融常态化交流合作指导意见》，形成国际金融交流合作、穗港澳金融交流合作以及金融招商长效机制。与国际知名的波士顿咨询公司合作，推进出台《加强国际合作建设全球金融资源配置中心》行动方案。

（七）金融文化建设取得突破

岭南金融博物馆顺利开馆，该馆收集金融类展品8500余件（套），荣获第十二届中国国际建筑装饰及设计艺术博览会华鼎奖金奖；广州金羊金融研究院完成注册，亚洲金融智库落户广州；与国务院参事室金融研究中心联合举办首届“迈向新时代的中国金融：2018年金融论坛”；组织做好第六届金融书“金羊奖”评选；首家金融家空间正式揭牌。

（八）不断创新新时代党对金融工作的领导

组织系统内党员干部前往瑞金干部学院开展专题式党性锤炼教育；全面彻底肃清李嘉、万庆良的恶劣影响，严肃开展警示教育；广州市金融行业党委正式成立，奋力开创金融行业党建工作新局面；加强金融机构党的建设，推进各类金融机构、金融类社会组织设立党组织；实施“党建+项目”工程，落实扶贫资金投入，助力脱贫攻坚。

与此同时，我们也清醒地认识到，我们的工作还存在不少薄弱环节，面临不少挑战：一是缺乏大体量的全国性金融市场交易平台；二是金融机构数量少，特别是法人金融机构数量少；三是金融风险防控任务仍然较重；四是直接融资工作力度有待增强。

二、2019 年展望

2019 年是中华人民共和国成立 70 周年，是推进粤港澳大湾区建设的关键之年。做好 2019 年的金融工作至关重要，总的要求是：深入贯彻习近平总书记视察广东重要讲话精神，切实加强党对金融工作的领导，以建设粤港澳大湾区金融枢纽为"纲"，扎实抓好服务实体经济、防控金融风险、深化金融改革三项任务。稳步推进机构改革，建立地方金融监管体制，落实金融安全责任，继续推进改革创新，不断完善现代金融服务体系，加强金融文化建设，全面提升金融国际化水平，建设全球金融资源配置中心。聚焦粤港澳大湾区主阵地建设，在推动经济高质量发展、营造全面开放新格局上出新出彩。新的一年，广州市地方金融监督管理局将全力推进以下重点工作。

（一）以粤港澳大湾区金融枢纽建设统领金融开放与创新

全力推进粤港澳大湾区国际金融枢纽建设。贯彻落实《粤港澳大湾区规划纲要》和广东省、广州市实施意见，结合广州实际，提出创新性、统领性、突破性的重要项目，研究出台《粤港澳大湾区国际金融枢纽建设实施意见和三年行动计划》；加强穗港澳金融深化合作，争取国家尽快批准在广州设立创新型期货交易所，大力推动设立粤港澳大湾区国际商业银行，推进穗港、穗澳互设金融机构，有序推进与大湾区金融市场互联互通；成立粤港澳大湾区金融交流合作联盟和智库组织；全面推进金融开放合作，加快引进外资金融机构及外商投资股权投资企业，落实国家放宽外资在广州市设立金融机构的股比、经营范围等准入限制，以更大力度的金融对外开放促进广州市金融改革发展。

（二）以精准施策提高金融服务实体经济的效率和质量

丰富普惠金融的形式。落实《广州市推进普惠金融发展分工方案》，引导在穗银行机构加快设立普惠金融事业部，配合国家金融监管部门落实普惠金融贷款定向降准，进一步支持小微企业发展，加大对普惠金融产品和服务的研发、投入力度。推动社区金融服务站、农村金融服务站提质增效，结合移动互联网、智能柜台等发展趋势，进一步优化服务功能、服务内容和服务方式。研究推进广州中小微企业金融服务区、农村金融改革创新综合试验区发展方式。争取将广州列入个人税收递延型商业养老保险第二批试点城市。

加快发展金融科技。出台《关于促进金融科技创新发展的实施意见》相关管理细则，扩展金融科技领域应用，建设金融科技实验室、金融科技园区，推动广州市金融科技产业创新发展。指导有实力的金融科技企业发起设立广州市金融科技企业协会。

（三）以建立和完善监管体制机制提高风险防控的效能

加强地方金融监管。按照广州市机构改革工作部署，完善组织结构和监管架构，强化地方金融监管职责，全面履行对小额贷款公司、融资担保公司、典当行、融资租赁公司、商业保理公司等的监管。强化金融监管队伍建设，加强监管力量，充实人员队伍。

推进重点领域风险专项整治。充分发挥广州市防控金融风险联席会议、网贷风险应对工作领导小组作用，在市级层面统筹地方金融监管、风险防范和化解领域重大问题，定期分析评估广州市金融风险形势，建立完善处置重大金融风险的预案，健全信息共享和工作协调机制；抓好大案、要案处置和风险化解工作，加强对消费返利模式等新型疑似非法集资行为的研判；做好资产管理及跨界从事金融业务、股权众筹分领域的互联网金融风险专项整治。创新宣传教育模式，建设广州金融投资者教育中心，不断提高公众风险防范水平。

（四）以招商引资促进金融市场主体集聚发展

加速集聚机构和平台。依托建设粤港澳大湾区国际金融枢纽的契机，加快集聚各类资金、资本和人才。争取中证报价私募股权市场做市基金尽快设立；积极向中国证监会申请 CEPA 框架下粤港合资全牌照证券公司；推动上海证券交易所南方总部、上海保险交易所南方总部、深圳证券交易所广州基地尽快落地；加快审批由上海二三四五金融科技有限公司、上海复星集团、唯品会等作为主发起人设立的融资担保公司。

（五）以对标国际营造金融发展优势环境

优化金融营商环境。对标伦敦、纽约、东京等国际金融中心，加快营造现代化、法制化、国际化金融营商环境；全面落实营商环境综合改革试点实施方案，推进审批制度改革，真正做到审批更简、监管更强、服务更优；支持各金融类协会有序发展，充分发挥自律、维权、协调、服务作用；加强社会信用体系建设，提升金融企业获取企业和个人信用信息的便利性、准确性，提升民营小微企业申贷获得率；加强金融消费者权益保护。

（六）以构建人才高地创造金融发展高地

加强金融智库建设。争取广州金羊金融研究院（国家金融与发展实验室广州基地）尽快落地运营，推动广州国际金融研究院改革创新、做优做强；推进亚洲金融智库尽快运作，围绕“一带一路”、粤港澳大湾区等领域深入研究，推动广州金融研究水平上新台阶。

完善金融人才扶持政策。组织实施好《广州市高层次金融人才支持项目实施办法》，扩大覆盖范围，完善配套措施，优化评审程序，打造成广州金融的名片；探索推出对符合产业方向的高端人才和紧缺人才优惠政策，建立人才培养机制，建设高端金融人才储备库；建立金融高层次人才评定与金融人才绿卡申请的有效对接机制。

营造有利于人才发展的良好环境。建立国际金融人才培训和合作交流机制，加大对境外高层次金融人才的引进力度；充分发挥广州金融人才协会作用，打造金融从业人员交流对接、信息共享的平台，进一步优化人才发展生态环境。

（七）以金融文化引领金融枢纽建设

建设好岭南金融博物馆。做好岭南金融博物馆运营管理工作，建立健全各项管理规章制度，争取扩大展馆规模，提升公众满意度，为开展金融领域交流活动、重要金融文化活动，组织金融文化主题展览提供服务。着力将岭南金融博物馆打造成全国一流的金融行业博物馆，使之成为岭南金融文化溯源地和粤港澳大湾区文化“地标”。

开展金融企业文化建设。推进金融与文化融合发展；充分发挥金融家空间作用，弘扬诚信、务实、创新的优秀金融企业家精神；在全市金融机构开展文化建设活动，树立使命文化、诚信文化、稳健文化、法治文化意识。

本文选自《广州金融发展形势与展望2019》。作者：广州市地方金融监督管理局党组书记、局长邱亿通。(2019年)

聚焦海珠广场片区全要素品质提升，建设国际大都市文化金融 CBD

海珠广场片区西起人民路，东至东湖路，北起大德路、泰康路、文明路、新河浦涌沿线，南抵珠江（总面积约4.33平方千米），坐拥传统中轴线与珠江交互的绝佳区位，具有“十里洋场”长堤的金融和商贸底蕴，融合传统与现代，汇聚文化和自然遗产，是老广州的文明传承和根脉延续。为深入贯彻落实习近平总书记视察广东的重要讲话精神，2018 年 10 月越秀区启动了海珠广场片区品质提升工程，紧扣“以小切口推动大变化”，将片区品质提升与产业转型升级、历史文化保护、基层社会治理等结合，全方位提升海珠广场片区社会、经济、生态、文化效益，将海珠广场片区打造成粤港澳大湾区总部经济集聚区、金融创新高地、老城市新活力最佳展示区，为越秀区勇当“四个走在全国前列”排头兵提供新支撑，为越秀区乃至广州新一轮经济发展提供新动能。

一、统一思想、凝聚共识，深刻认识海珠广场片区品质提升工作的重大意义

“抓重点、补短板、强弱项”是习近平总书记反复强调的重要方法论。新时代，推进越秀区改革发展各项工作，必须清楚重点在哪里、短板是什么、弱项有哪些。海珠广场片区，牵一发而动全身，事关越秀区文化复兴、产业振兴、城市更新全局，正是新时代越秀区改革发展的牛鼻子。可以说，越秀区能否实现高质量发展，关键看海珠广场片区。海珠广场片区品质提升建设，不是一般性重点工作，全区上下必须统一思想、提高认识。

海珠广场片区品质提升建设是贯彻落实习近平总书记视察广东重要讲话精神的有力抓手。2018 年10 月22—25 日，在改革开放40 周年之际，习近平总书记深入广东各地考察，要求我们高举新时代改革开放旗帜，把改革开放不断推向深入。我们学习、贯彻习近平总书记视察广东重要讲话精神，必须继续全面深化改革、全面扩大开放，把总书记对广东提出的四个方面重要要求转化为具体行动、生动实践。海珠广场片区，是新中国首届“广交会”举办地，在我国对外开放、对外贸易史上具有特别重要的历史地位。开展海珠广场片区品质提升建设，重振海珠广场片区昔日的荣光，把海珠广场片区打造成新时代越秀区乃至广州、广东改革开放的新地标，正是我们贯彻落实习近平总书记视察广东重要讲话精神的有力抓手和具体体现。

海珠广场片区品质提升建设是广州市委、市政府部署的重点任务。市委、市政府高度重视海珠广场片区品质的提升建设，将海珠广场作为精品珠江的重要节点写入了市委全会报告，把海珠广场高端金融总部区项目确定为市重点建设项目，加强海珠广场的产业规划定位，加快海珠广场星寰国际商业中心项目建设进度，高标准抓好海珠广场及其周边区域的绿化、亮化、美化工作，完善基础设施，逐步打造高端金融总部集聚区等要求。

海珠广场片区品质提升建设是越秀区实现高质量发展的重要引擎。越秀区实现高质量发展，必须做好文化复兴、产业振兴、城市更新三篇文章。海珠广场片区，正是越秀区推动文化复兴、产业

振兴、城市更新的最佳载体，其作为广州传统中轴线与“一江两岸三带”的交汇点，作为广州历史文化名城的核心区域，见证了广州建城2200多年的历史变迁，是我们保护传承历史文化、加快建设“中央文化商务区”的首选区域。目前海珠广场片区仍以专业市场、餐饮、住宿、仓储等中低端业态为主，推进业态转型升级是培育新动能，引导银行、证券、保险、数字经济、民间金融等产业集聚发展，建设现代化产业体系的重要“潜力板”。海珠广场片区老旧历史街区集聚，闲置低效物业众多，这里是我们采用“绣花功夫”推进城市更新改造，盘活存量物业资源，激发“老城区新活力”的主战场。抓好了这三项工作，海珠广场片区就能成为越秀区发展的新动力源、新增长极。

二、提振信心、坚定决心，切实增强做好海珠广场片区品质提升工作的责任感、使命感

海珠广场片区品质提升是一项重大工程，面临着较多的矛盾和问题。全区上下必须坚定信心、迎难而上，有力、有序地推进海珠广场片区品质提升各项工作。我们的信心，主要来源于三个方面。

一是来自产业空间规划的有力支撑。海珠广场片区，涉及越秀区“一核三带四区”中的“一核、一带、一区”（北京路文化核心区、沿江路商务景观带、广州民间金融街），一直以来都是区委、区政府布局现代产业的重点区域，其产业空间规划也逐步走向成熟。海珠广场片区主打的金融业，是越秀区的四大主导产业之首，增加值占全区生产总值的三成，是全市金融业的半壁江山。如果我们抓好海珠广场高端金融总部区建设，深度参与粤港澳大湾区金融合作创新，主动承接粤港澳大湾区一批重大金融创新事项和重大合作项目，积极利用跨境金融资产交易平台，加强跨境金融业务合作，海珠广场片区将成为华南地区现代金融总部的新高地、广州建设粤港澳大湾区金融枢纽的新支撑。

二是来自重大项目的带动推动。当前，海珠广场片区正在建设的项目有星寰国际商业中心项目、丽丰广鹏项目等，准备升级改造的有万菱广场、广州宾馆、华厦大酒店、海印缤缤广场等多个项目。单是一个星寰国际商业中心项目，总投资额就高达32亿元，总建筑面积23.34万平方米，项目建成后将成为越秀区新的商业地标，将有力提升越秀区金融产业集聚水平。如果每年都能建成、盘活20万平方米以上的优质物业，困扰我们多年的物业载体奇缺、大企业好项目进不来的局面，就能得到根本性缓解。海珠广场片区共有优质物业近100万平方米，其中在建、拟建物业53.1万平方米，可以改造提升的物业43.1万平方米。总的来说，海珠广场片区的项目类型多样，既有一批储备待建的，又有一批正在开发的，还有一批可以升级的，情况各异，难度不一，简单用一种模式、一种机制开发建设，难以达到预期效果。我们要大胆创新建设运营机制，比如探索建立国有资本与社会资本、外资共同参与开发、建设、运营的机制。把海珠广场片区建设好，把这近100万平方米的物业高效利用起来，今后5年越秀区的招商引资、创新发展，就有了充裕的空间和优质的载体。

三是来自新兴产业的发展潜力。经过近年来的建设发展，特别是金融街一、二、三期建设，互联网金融、科技金融、数字金融等新兴产业在海珠广场片区已经形成了集聚集群发展优势，具备了加快发展、做大做强的条件。目前，金融街园区内入驻机构达到632家，集聚各类民间资本近500亿元，其中主导产业309家，包括小额贷款公司88家，基金公司15家，商业保理33家，典当行5家，产业生态日趋完善，规模效应日益凸显。金融是现代产业的“源头活水”，只要我们乘势

而上、善用优势，就能促进民营经济、创新型经济加快发展，就能抢占战略性新兴产业发展的制高点。

三、聚焦重点、攻坚克难，全力以赴抓好海珠广场片区品质提升各项工作任务

越秀区委、区政府重点突破、以点带面，切实抓好片区规划、项目建设、广场铺装、重点楼宇整饰、环境全要素提升、产业转型升级、招商引资等工作，全面推进海珠广场片区品质提升建设，着力打造国际大都市文化金融CBD，努力把广州建设成“老城市新活力”的标杆区，目前各项工作进展顺利。未来将继续以改革创新的精神和攻坚克难的决心，把各项工作逐项细化落实到位。

一是抓好规划设计，突出规划引领作用。坚持面向全球高起点定位、高标准规划，充分借鉴国内外金融中心项目规划建设先进经验，创新规划理念，提升设计水平。坚持新发展理念，围绕项目功能定位，以星寰国际商业中心为基础，合理规划整个片区各种功能、业态和产业布局，特别要充分体现生态宜居的要求，提升片区品质、品味。坚持统筹谋划、同步推进，在产业布局、环境提升、公共服务等方面加强规划对接，制定出台有创新性、突破性的政策举措，更好地指导和推动海珠广场片区品质提升建设。

二是抓好项目建设，突出项目支撑作用。重点项目建设是海珠广场片区品质提升的最重大、最关键、最紧迫的任务。星寰国际商业中心项目是重中之重，要进一步加大工作力度，严格按照时间节点全力推进。海珠广场地下空间、丽丰广鹏、广州华侨博物馆等3个项目已经完成了前期工作，要积极与企业沟通对接，排出项目建设时间表，按时间节点倒排任务、倒逼进度，全力推动项目早开工、早见效。一德路地下公共人防工程和海珠广场片区连片开发2个项目，要抓紧开展项目报批、可研、环评等准备工作，提高项目建设效率。大都市鞋城违法建设要依法依规尽快拆除，同步做好地块的规划设计和项目推进工作。在加快现有项目建设的同时，要抓紧谋划、储备一批新项目；还要牢固树立法治思维，严守安全底线，全面落实安全生产责任和措施，确保项目稳步推进。

三是抓好招商引资，突出产业带动作用。要坚持现代金融产业导向，紧紧围绕金融总部区的功能定位，抓住当前全面深化改革、全面扩大开放契机，加大力度开展招商引资，吸引金融机构和资本要素交易机构集聚发展。继续组织招商分队赴北京、上海、深圳、香港等地，对知名金融企业进行精准招商，吸引相关企业来越秀区设立金融类公司，特别是要积极引进各类国际知名金融机构，迅速形成规模效应。充分利用海珠广场片区高端楼宇载体，加强产业链招商，重点做好金融业配套产业的招商服务工作，做大做强金融服务业，不断优化服务方式，做好企业考察、项目落户等对接服务，以及金融人才的服务工作。

四是抓好环境整治，突出环境吸引作用。配合星寰国际商业中心的建成运营，抓紧抓好海珠广场片区的环境综合整治和视觉形象提升工作，深入实施违法建设治理、道路品质提升、绿化景观改造、建筑立面整饰“四大工程”。加快清拆违法建设，对照最高标准、最好水平，率先全面拆除片区违法建设。借鉴东风路、沿江路改造经验，加快提升周边道路品质，提高通勤效率，改善出行环境。抓好片区绿化景观改造，增加各种花卉植物、盆景，凸显绿化景观的档次和品位，展示广州“花城”的特色。结合社区微改造，抓好片区重点楼宇和重点区域建筑立面整饰，加强外墙清洗工作，进行片区外墙色彩相对统一整治。加强市容环境的日常巡查管理，建立长效机制，发现问题及时处理，确保片区干净整洁。

五是抓好组织领导，突出政治保证作用。各级领导干部要进一步提振干事创业的激情，特别是

区领导要带头示范、以上率下，各单位“一把手”要切实履行好第一责任人的职责，重要任务亲自部署、关键环节亲自协调、落实情况亲自督办，形成一级抓一级、层层抓落实的工作机制，推动各项工作落到实处。各相关单位要积极参与、密切配合，明确工作任务，强化工作举措，整合人力、财力、物力资源，凝聚强大工作合力，形成举全区之力推进的局面。请赖志鸿同志牵头，金融街管委会负责，定期组织召开工作例会，及时研究解决工作中遇到的困难和问题。区委办、区府办要强化项目的督查督办，建立责任落实清单，实行两周一通报，推动各个项目建设顺利推进。区纪委监委要全程跟踪，对海珠广场片区品质提升工作落实不及时、措施不到位、工作不彻底的单位和个人，要严肃问责追责。

推进海珠广场片区全要素品质提升，引入金融商务等总部机构，以产业规划引领金融和高端商贸等产业集聚发展，打造国际大都市文化金融 CBD，是贯彻落实习近平总书记视察广东重要讲话精神提出的“高质量发展”要求的重要体现，是推进广州市“一江两岸三带”“三中心一体系”战略发展规划落地生根的重要行动，是把握三十年一遇的城市更新和产业发展的重要战略契机，是全力打造世界一线城市核心区沿江景观带、高端经济带和形象展示窗口的重要工作，是加快形成越秀区新的发展动力源和增长极，推动国家重要中心城市核心区和粤港澳大湾区文化商务中心区建设的重要举措。未来将继续坚持高起点规划、高标准建设、高效率推进海珠广场片区品质提升建设，将海珠广场片区打造成粤港澳大湾区总部经济集聚区、金融创新高地、老城市新活力最佳展示区，为越秀区勇当“四个走在全国前列”排头兵提供新支撑，为越秀区乃至广州新一轮经济发展提供新动能。

本文根据越秀区委书记王焕清在越秀区海珠广场片区品质提升工作领导小组第一次会议上的讲话素材稿整理。(2018 年)

树行业发展标杆，创民间金融典范

越秀区是广州最古老的中心城区，也是现代广州的行政、商贸、金融、文化中心，是广州传统与现代结合的化身，被誉为“千年商都核心”。近年来，越秀区实施产业转型战略，突出发展金融、商贸、文化创意、健康医疗四大主导产业，通过产业功能区的集聚效应，带动区域经济发展，各项社会、经济指标一直在市属各区名列前茅。

2012 年初，为抓住珠三角金融综合改革试验区建设的契机，加快广州区域金融中心建设，推动区内产业转型升级，在广东省、广州市领导的高度重视和社会各界的共同支持下，广州民间金融街建设项目启动。2012 年 6 月 28 日，广州民间金融街首期顺利建成开业，成为全国首个集资金借贷、财富管理、支付结算、信息发布于一体的民间金融集聚区。2017 年，广州民间金融街建成全国民间金融产业知名品牌示范区，品牌价值高达 208 亿元。其主要创新示范亮点如下。

一、创新发展模式——探索以民间金融集聚发展推动产业升级与旧城改造有机结合的园区建设模式

长期以来，民间金融的隐蔽性、无序性、自发性特点使我国金融市场的不稳定性较为突出，也让监管当局束手无策。2005 年，我国开始小额贷款公司试点，通过颁发牌照，引导民间融资走向阳光化、合法化。然而，由于企业规模小、数量少，民间金融管理成本高、难度大，风险始终难以控制。2011 年，温州爆发民间借贷危机，民间金融监管问题得到国家和地方政府的重视。面对这一难题，园区创造性采取集聚的模式，通过建立民间金融发展集聚区，引导民间金融企业集聚，通过集聚管理、行业竞争、树立标杆促使企业合法经营、优胜劣汰。

作为广州典型的老旧街区，广州民间金融街所在地——长堤在经历了 20 世纪 30 年代到 80 年代的繁华和辉煌之后，到 20 世纪 90 年代，逐渐成为酒吧、网吧、小型商店、招待所、路边摊集聚的老旧街区。建设园区时，创新发展模式，将旧城改造与产业升级结合，不仅将其定位为一个产业项目，更将其看作一个老城区更新改造、产业转型升级的新样板。园区挖掘长堤百年金融历史，注入金融主题，探索出了一个成本低、效益高、群众关系和谐的产业转型升级新模式。

（1）“修旧如旧”的旧城改造。园区建设摒弃了大拆大建的传统思维，采取了保护、更新、再利用历史旧建筑的模式。整个园区建设仅拆除并复建 1 栋楼宇，其余均为对原有历史旧建筑、空置物业进行加固、整饰，腾笼换鸟、置换产业。

（2）“高质高效”的产业升级。在修复、保护老旧物业的同时，园区引导有创新活力、资本密集型、环境污染小的民间金融企业进驻，置换原有的酒吧、网吧、小型商店、招待所、路边摊等杂乱业态，这种因地制宜、修旧如旧的改造模式，在保有岭南建筑骑楼风貌的同时，还发展了金融产业，带动了区域经济发展和税收增长，用较低的改造成本，产生了“大手笔”的效果，为旧城改造探索出新路径。

（3）“利企利民”的群众获得感。一方面，通过老旧楼宇的改造、整饰，省去了大拆大建的建设费用支出，极大降低了园区物业载体的获得成本，同时给予入驻企业房租补贴，两者叠加，有效减轻企业经营成本。而采取因地制宜、腾笼换鸟的更新方式置换原有业态，从文脉传承、主题注入、社区营造三方面切入，在保留老广州传统建筑的基础上，注入现代金融元素，让历史空间和现代生活相连，保存城市历史记忆、体现地域文化特色，打造宜商宜居的综合性民间金融产业园区。

另一方面，民间金融企业的集聚也为地方政府高效率、标准化的监管和风险防控提供了便利，降低了监管成本，为无序发展的民间金融探索出了一个有效的、可复制的监管模式，为我国切实防范和化解民间金融风险作出了有益探索。“广州民间金融街模式”已在全国范围内引起了极大反响，各地掀起了一股民间金融街建设热潮，武汉、成都、西安、东莞、佛山等十余个城市纷纷借鉴广州模式，建设民间金融集聚区，规范当地民间金融发展。

事实证明，把广州民间金融街建成全国民间金融产业发展示范区，不仅能推动集聚区内企业的规范化、管理的标准化，更为全国各地方政府管理和规范民间金融探索出了一套可推广、可复制的标准化范式。

二、持续制度创新——引领全国民间金融发展潮流

园区一直将创新作为发展的主要引擎，不断推陈出新，创造出一个个新的制高点，为我国金融改革创新探路。

（1）2012 年，全国首创民间金融集聚发展范式，各地纷纷借鉴学习；率先发布民间融资“广州价格”；自主研究、发布了民间融资“广州价格”，小额贷款利率指数、民间金融景气指数等一系列反映民间融资市场资金供求状况的价格指数，规范民间借贷市场，降低交易风险和成本，已成为辐射珠三角，影响全国的民间融资价格风向标。

（2）2013 年，成立了全国首家小额再贷款公司，为小贷公司发放贷款，被誉为“小贷央行”，是我国小额贷款公司融资渠道的创新突破。

（3）2014 年，成立了全国首家专注于民间金融的市场化征信公司，为民间借贷双方提供信用调查、征信查询等服务，填补了民间金融领域的征信空白；率先开展“互联网 + 小贷公司”试点，吸引了国内外知名上市公司如唯品会、广联达、广发互联、复星集团、新大陆等 17 家企业纷纷抢驻广州民间金融街，布局“互联网 + 小贷”业务。

（4）2015 年，紧抓“互联网 + ”时代契机，开展广东省首批创建“创新创业金融街”试点，实现园区建设提质升级；借力互联网，构建“互联网 + 民间金融街”发展新模式，打造线上民间金融街，实现民间金融产业的结构转型和质量提升。

（5）2016 年，积极贯彻落实中央关于“大众创业，万众创新”战略部署，加速“互联网 + ”产业布局，极力打造众创金融街项目，打造华南创新创业中心。

三、创新质量管理模式——构建全方位、立体化的民间金融行业监管体系

园区建设以来，一直将金融风险防控作为产业发展的“第一生命线”，在广东省、广州市金融主管部门的支持下，园区创新性运用全维度、多工具的监管手段构筑质量管理网络。

（1）构建完善的监管制度体系。制定《越秀区小额贷款公司主监管员制度》《越秀区防范民间金融风险联席委员会制度》及《越秀区民间金融突发事件应急预案》等一系列制度，逐步建立事前

防范、事中监管、事后处置的一整套完善的风险管理机制。

（2）制定监管标准和操作规范。编印《广州民间金融街小额贷款公司监管手册》，规范监管工作流程，明确操作细则，促进监管标准化、规范化；组织园区企业制定民间金融标准，以标准引导企业规范经营、提升服务质量，推动民间金融标准化建设。

（3）探索“互联网+”监管模式。自主研发小额贷款公司业务操作系统，规范企业放贷流程和业务标准；开发风险监测系统，依托互联网信息技术，对民间金融机构业务开展、资金往来等进行实时、动态的监管，实现监管的信息化。监管系统和业务操作系统获得了各地方政府的青睐，并已顺利被推广至青海等其他省、市试用。

（4）率先开展民间金融企业信用评级。园区在全省范围内率先开展小贷公司和融资担保公司信用评级试点，并依托评级结果，强化园区内企业管理，建立负面清单制度和市场退出机制。

园区全方位、立体化的监管机制卓有成效，建设至今，未发生非法集资、非法吸存、暴力收贷等群体性恶性事件，营造了一个稳定、可持续发展的良好格局。

四、创新普惠金融发展机制，引导民间资本“扶实体，支小微”

按照“集聚、服务、定价”的功能，园区立足中小微企业，引导民间资本服务民营经济，为中小微企业解决融资难题。针对不同中小微企业和民营企业的特点，园区企业设计了100余种主要面对中小微企业的个性化贷款产品，比如面向科技型小企业的助推发明技术走向市场化、产品化的“助科贷”；面向个体户，凭商铺租赁权获得快捷、高效贷款的“商铺贷”；面向工程建设提供短期工程周转贷款的“工程通”等诸多广受欢迎的贷款产品。

这些个性化贷款产品拓宽了小微企业融资渠道，有效改善了其融资难问题，扶持了民营经济和实体产业的发展。

五、创新服务机制——构建完善的园区公共服务体系

坚持以内涵式发展为导向，全力打造金牌服务体系，构造“管委会+管理公司+行业自律组织+研发机构+服务平台”的广覆盖园区服务网络。

（1）规范的园区管理服务。成立广州民间金融街管理委员会、管理公司，统筹园区发展规划、企业准入、品牌建设、质量提升、物业管理、环境提升等工作，实现在政府引导下民间融资市场有序运行。

（2）规范优质的窗口服务。建成广州民间金融街综合服务中心，设8个对外服务窗口，提供借贷咨询、股权交易、资产交易以及法律、会计等“一站式”配套服务。

（3）打造民间金融研发中心。成立广州民间金融研究院、互联网金融实验室、互联网金融税务研究室、互联网金融法治研究中心四大科研机构，致力于研究民间金融组织、产品、服务及制度创新，探索制定统一标准；开展专业人才培训；组织金融论坛与沙龙；编辑出版民间金融研究期刊。

（4）搭建投融资服务平台。采用线上和线下同步的运营方式，具备信息共享、资本对接、融资担保、技术咨询、产权交易等投融资服务多种功能，为园区内、外企业提供投融资服务。建成兼具基地展示、企业孵化、研发创新三大功能的现代化互联网金融孵化中心，为各企业提供创业辅导、企业培训、项目路演等服务支持。

（5）建成中小微企业信用信息共享平台。整合民间金融机构信用信息数据，通过技术手段实现

中小微企业信用信息自动采集，实现资金供给提供方、信用信息共享平台与资金需求方企业三方关联，营造良好的信用环境，促进推进中小微企业信用体系建设。

（6）完善司法保障服务。成立全省首个金融审判庭、全市唯一的金融仲裁院，引入公安经侦中队和公证部门，设立警务室，及时化解民间借贷纠纷，健全法律维权机制。

六、标准引领——创新行业规范发展范式

民间金融在发展中一直因为法律法规缺位、标准缺失而导致乱象丛生、违法违规现象时有发生、民间借贷风险事件频发。园区筹建过程中，积极研制了民间金融管理和服务的标准及技术规范，引领民间金融行业规范发展。

（1）搭建了民间金融标准体系。整合广州市标准化研究院、中央财经大学、广州大学、华南理工大学、广东技术师范大学等高校和研究机构的标准化、金融、法律领域专家，研究形成涵盖各类民间金融企业产品服务标准、运营管理标准、信息技术标准、行业管理标准等的全方位标准体系。

（2）制定国家标准和地方标准。组织专家和园区内企业，编制《民间金融资产评价指标分类》国家标准，现已报至国家标准技术委员会立项。同时，编制《小额贷款企业档案管理标准》《小额贷款企业服务质量规范》《小额贷款公司非现场监管标准》3个省级地方标准。下一步，园区还将通过成立的民间金融商会，组织、引导企业建立联盟标准和企业标准，通过标准的实施、推广，逐步引导行业真正走向健康、规范。

本文根据广州市越秀区区长苏佩提供的资料整理。（2017年）

广州民间金融街主题注入式旧城改造与更新的实施探索

作为全国民间金融产业知名品牌创建区、全省首批创新创业金融街试点区域、全市首批互联网金融产业基地，"十二五"期间，广州民间金融街积极推进园区扩容提质建设，破解创新驱动发展瓶颈，优化园区公共服务体系，创新风险管理模式，积极打造全国民间金融知名品牌示范区，取得显著成效。

一、取得的主要成效

（一）探索改造新模式，街容街貌换新颜

金融街的建设摒弃了大拆大建的传统思维，为旧城更新做出了新的探索。一是对街区富有岭南特色的历史建筑、空置物业进行外立面综合整饰、加固维修再利用，这种因地制宜、修旧如旧的改造模式，在保有岭南建筑骑楼风貌的同时，用较低的改造成本，产生了"大手笔"的效果；二是充分整合工商、城管、公安、交通、街道等职能部门力量，成立专门联合执法队伍，重点对"住改仓"、无证物流、五类车、手推车等违法违规行为、物品及街面道路进行集中整治，共整治商铺和仓库约120个，扭转了街区脏乱差的形象。

（二）提升街区综合环境，提高土地利用效率

金融街建设对街区近5万平方米的外立面进行了综合整饰，涉及楼宇50多栋，增设了极具民间金融特色的民俗雕塑和浮雕，抽疏了园区公交站，整治专业市场，增设近200个专用停车位，提升了园区整体营商环境，以低成本实现了旧城更新，大大促进了街区土地的活化利用，园区商铺的市场租金也随之水涨船高。据初步估算，在金融街建设之前，长堤大马路的租金指导价为每平方米50元左右，而到2016年，该区域租金指导价为每平方米210元，增幅达3倍以上，土地利用效率得到大幅度提高。

（三）重振长堤金融辉煌，推动产业转型升级

金融街的建设通过主题注入，突出民间金融集聚特色，以重振长堤昔日"中国金融第一街"的雄风。通过引导和调整，园区原有餐馆、服饰店、KTV、酒吧、招待所等企业逐步退出，小贷、担保、典当、证券、期货、投资等各类机构不断入驻，直接推动了街区产业的转型升级，拉动了区域经济的快速发展。214家机构入驻以后，园区注册资本近300亿元，新增各类就业岗位8000余个，引入各类高级专业人才超2000人。截至2016年，园区民间融资机构为全市超20000家小微企业和个人提供融资近5000亿元，同比增长6倍，累计缴纳税收超14亿元，有效带动了实体产业的发展。

（四）果菜西华丽转身，一德商圈树典范

自20世纪80年代起，依托一德商圈批发业的发展，果菜西社区内的民居、商铺成为专业市场

的仓库，存在极大的安全隐患，货车、手推车肆意横行，导致长堤大马路、一德路的交通环境极其恶劣。通过整治改造，果菜西社区华丽转身为综合性金融社区，建起了广州首个互联网金融产业基地，引入了小贷、互联网金融、社区银行、创业社区、电子商务、O2O 体验店、餐饮等机构，尤其是 O2O 体验店的进驻，不仅拓展了一德商圈的业务，更为其他专业市场的转型升级树立了新典范。借用陈建华市长 2014 年 10 月到金融街调研时说的一句话："什么叫三旧改造？果菜西就是三旧改造！"

二、主要工作经验

（一）强化组织保障，争取社会支持，形成"三旧"改造工作合力

老城区的"三旧"改造是一项复杂的社会系统工程，按照《越秀区"三旧"改造工作总体规划纲要》文件要求，越秀区更新办、建设局、国土局、城管局、交通局、人民街、金融街管委会等各部门、金融街公司、一德商会等多方力量参与，强力推进金融街项目建设。

（二）突出文商旅融合，促进历史文化资源保护和开发利用

广州民间金融街 59 万平方米规划范围内积淀有丰厚的古城文化、宗教文化、革命文化、商贸文化等历史文化资源，是广州建设世界文化名城的重要组成部分。以长堤大马路为例，作为历史悠久的"十里洋场"商业文化和金融业发源地，长堤大马路涉及永安堂（广州市少年儿童图书馆）、东亚大酒店、爱群大厦、中法韬美医院旧址（沿江西路 151 号）、中共中央华南分局秘密联络点中原行旧址（沿江西路 153 号）等多个文物点，独特的岭南文化特色、深厚的人文和商业历史底蕴吸引着天南海北的游客，力争将民间金融街打造为城市商业的集聚地、国际旅游的目的地、广府文化的展示地。

（三）实施主题注入，促进产业加快转型升级

结合其传统商业文化，注入新的产业主题，以新业态发展带动旧城更新改造。以民间金融为主题，通过环境综合整饰、"腾笼换鸟"等方式，将长堤大马路打造成国内首条民间金融街；以互联网金融为主题，通过更新改造、利用功能转换、业务升级、环境改善等方式，将果菜西社区打造成互联网金融社区，重塑"广州外滩"的辉煌，打造现代金融产业与历史文化、传统风貌共存的产业新区。

（四）推动资源再造，促进城市形象提升和功能完善

针对部分区域基础设施落后、单位面积产出效率低、人居环境较差等现状，通过长堤大马路沿线骑楼、铧厦商业中心（原铧厦大厦）、纶章大厦等的改造，将原来低效利用的物业整体盘活，有效提升城区空间资源的集约利用水平，进一步改善城市形象和人居综合环境，打造具有高附加值的民间金融总部地区。

三、下一步工作设想及计划

（一）物业改造与生态再造相结合

进一步推动金融街区域集聚经营、内涵共生的改造范式，创造产业发展新空间，促进经济增长方式的转变，提升区域竞争力。清晰规划金融街范围内各种业态的优化布局，在保留城市印记、历

史痕迹的基础上，采取“租、合、改、迁”等多种方式分门别类对现有的政府、国企、私有物业进行针对性改造，适应金融业态、配套服务入驻，就地提升企业层次，腾出空间引进新兴产业，实现了“筑巢引凤”“腾笼换鸟”。

（二）政府推动与市场联动相结合

政府做好布局谋篇，多部门依职能共同推动，调动区域内市场管理者、商会、商户、产权人的能动性，打破改造“天花板”。引导一德路传统商贸逐步认识“业留货迁”的新形态，大力发展互联网经济形势下“O2O”贸易模式，借此拓宽一德路商圈的改造瓶颈。尝试引入商业性地产开发公司合作的改造模式，即“以项目引资、以租抵建”的 BOT 或 PPP 模式，由开发商垫资改造，改造后开发商拥有租赁经营权。

（三）集约利用与统筹利益相结合

鉴于金融街区域内大量物业为房管局或国企所有，目前多为各自分散经营管理，下一步将通过统一租赁、集约利用，合作改造、均衡收益的方式加快对区域内国有旧物业的更新改造。

本文根据广州市越秀区原常务副区长赖志鸿提供的资料整理。(2016 年)

广州民间金融街空间生产动力机制研究

空间是人文地理学研究的核心问题，在相当长的一段时间内，学术界对于空间的认识停留在实体（物质）空间。自20世纪70年代以来，人文地理学进入了从空间分析到社会理论演化的阶段，空间的社会性逐渐引起人们的关注，西方学术界逐渐形成了借助马克思主义的分析方法研究城市问题的新马克思主义学派。法国学者亨利·列斐伏尔以马克思主义作为分析工具，通过对“空间”这一概念的系统梳理，深刻批判了视空间仅仅为“场”和“容器”的传统看法，最先提出了“空间的生产”的理论。该理论认为“社会的空间是社会的产物”，空间是政治经济的产物，特定的社会生产有与之对应的空间。空间的生产不仅包括物质空间的生产，也包括社会空间的生产，既生产实体空间，也生产关系空间。列斐伏尔还提出了“空间实践”“空间的表征”和“表征的空间”的概念。列斐伏尔有关“空间的生产”的理论引起了地理学、社会学等学科的城市研究学者的高度关注。大卫·哈维较早地借鉴和介绍了列斐伏尔的观点，他指出城市的空间结构既被资本生产所消耗，也是资本生产的产物，城市中心区的衰败和郊区化是阶级斗争与资本积累矛盾激化的必然结果，从而发展了资本的城市化理论。迈克尔·福柯对权力关系的分析为空间生产提供了另一重要的理论视角和研究方法，他认为空间是任何公共生活形式的基础，也是任何权力运作的基础，空间本身就是权力的展现，所以通过社会空间的系统可以清楚地了解权力关系彼此间的影响。曼纽尔·卡斯特尔斯是另一位列斐伏尔观点的支持者，他认为城市中广大中下阶层的利益与资本利益是存在冲突的，城市是社会阶级之间利益和观念冲突的动态过程的体现，不同阶级的社会群体的竞争形成了不同的城市空间，城市成为阶级和阶级关系生产和再生的场所。列斐伏尔、哈维、福柯、卡斯特尔斯等学者对地理学的重要贡献在于将马克思主义理论引入地理学和城市研究，将“空间”与政治、经济和社会联系起来进行理论建构和实证探讨。这不仅意味着城市空间研究重要的转变，更意味着对城市空间的认识进入了全新的阶段。

我国正处于快速城市化阶段，城市空间面临深刻转型，新城市空间现象的深入探讨、城市空间结构深层机制的分析是未来我国城市空间研究的重要方向。城市化的过程在本质上就是城市空间生产的过程。城市空间的生产指的是资本、权力和阶层等经济、政治要素对城市空间进行塑造的过程。在这一过程中，空间既是产物，也是介质。广州民间金融街位于广州市长堤大马路，是广州市2011年开始建设的重点项目，以打造全国首个民间金融机构集聚区为目标。广州民间金融街的建设摒弃“大拆大建”的传统方式，而采取“空间腾挪、产业替换”的方式，在保持街区原有岭南建筑骑楼风貌的前提下，完善设施、整治环境，以商务办公等高端功能替换原有的商贸仓储等低端功能，从而带动城市更新和产业升级。本文以广州民间金融街为研究对象，构建“资本—权力—阶层”三位一体空间生产的分析框架（图1），试图揭示空间生产的内在逻辑和动力机制。在回顾广州民间金融街空间变迁过程的基础上，从市场、政府和社会三个方面分别阐述广州民间金融街空间生产的资本逻辑、权力逻辑以及阶层逻辑，从而总结出广州民间金融街空间生产的动力机制。

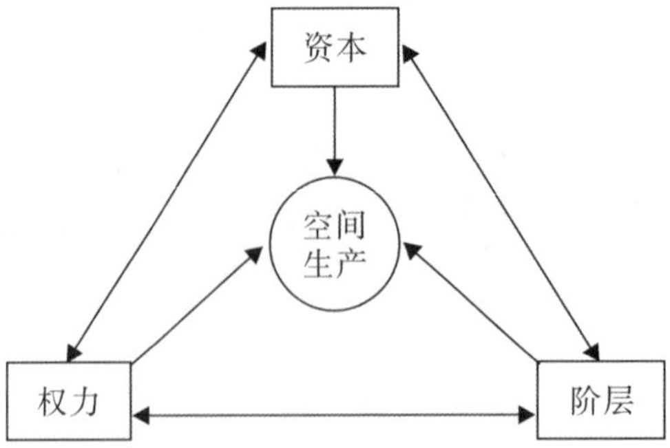

图 1 “资本—权力—阶层”三位一体的空间生产分析框架

一、广州民间金融街的空间变迁

长堤大马路位于广州市越秀区西南部，东西走向，毗邻珠江，形成于清末民初，代表近代广州市政建设的开端。长堤大马路道路两侧骑楼林立，极具岭南特色，是广州市重点保护的骑楼街。2012 年，在民间金融阳光化、正规化发展的背景下，广东省、广州市两级政府决定将长堤大马路打造成广州民间金融街，引入一批小额贷款公司、担保公司等民间金融企业，发挥集聚效应，突出服务功能，完善监管机制，防控金融风险，探索“产业升级的新路子、旧城改造的新样板”。广州民间金融街与珠江新城金融总部区、萝岗区金融创新服务区、南沙金融区共同构成四大金融基地。

（一）改造前的空间特点

广州民间金融街建设以前，长堤大马路街区的空间总体上是一种衰落的、缺乏活力的空间，存在功能混乱、空间失序、特色不足、交通拥堵等问题。首先，由于房屋维护投入不足以及物业管理的缺失，街区内建筑老旧、设施不足、环境品质不佳；其次，街区内的业态主要以批发零售及餐饮商业为主，业态较低端，且存在大量为批发商业服务的仓储空间；最后，高收入人群出于改善居住条件的目的，纷纷在外置业，外迁居住，留下来的大多是低收入人群以及外来租住人口，社会空间较为同质化。

（二）改造后的空间特点

广州民间金融街的建设显著改变了长堤大马路街区的物质、产业和社会空间，使其成为一种复兴的、充满活力的空间（表 1）。首先，大量资金的投入使得老旧建筑得以修缮、配套设施得以完善、环境景观得以美化；其次，产业空间向高端化发展，批发等低端功能被金融、咨询等商务办公功能取代，大量“住改仓”现象得到整治；最后，高端产业带来高素质就业人口，他们的收入和学历普遍较高，使街区的社会空间呈现多元化的特点，不同社会群体在广州民间金融街内共生。

表 1 广州民间金融街建设前后街区空间特点一览表

空间分类	建设前	建设后
物质空间	建筑老旧，设施不足，环境品质不佳	建筑修缮，设施完善，景观美化
产业空间	以低端商业及仓储空间为主	金融办公空间大量出现
社会空间	单一，以低收入、低学历人群为主	多样，高收入、高学历人群出现

广州民间金融街的空间生产过程具有两方面的特点：首先，作为“民间金融集聚区”，广州民

间金融街是一种全新的空间形式，是新兴产业在城市特定区域集聚的特殊空间现象；其次，整个过程不涉及实体建筑的拆建，而是采取“空间腾挪、功能替换”的方式。本研究关注的正是这样一种独特的空间生产现象，试图从资本、权力和阶层的角度分析其空间生产的动力机制。

二、广州民间金融街空间生产的内生动力——市场力

资本是空间生产的市场力，即“看不见的手”对空间生产的作用力。当今世界范围内的经济模式无不体现资本对城市空间的控制，使得资本成为城市空间生产的重要动力。资本按照自身的意志重新整合各种经济、政治和文化力量，对城市空间进行组织和规划。城市中空间结构的变迁，各种人文景观的形成，以及城市社会中的各种关系、生活习惯等空间生产方式，都是资本运作的体现和必然结果。

广州民间金融街是在我国民间金融正规化发展的背景下产生的，而我国民间金融正规化发展实质上是由市场机制下资本追求利润最大化促成的。由于正规金融服务对于中小企业的金融排斥，产生了巨大的民间借贷需求，从而促使资本进入民间金融领域，参与民间金融企业的空间生产行为，因此，市场力是广州民间金融街空间生产的内生动力。

（一）资本的增值逻辑

资本的逐利性决定了其总是通过流动空间追求剩余价值，尤其是在全球化背景下，资本更是突破国界而在世界范围内流动，从而在更大地域范围内实现自身的增值，尽可能地压缩资本循环的周期。作为资本的主要承载体，企业的本质目的是追求利润最大化，“利润最大化”是支配企业行为的首要准则。

大卫·哈维提出了“资本的城市化理论”，阐述了资本的三次循环过程：第一次循环，资本一部分流向消费领域，另一部分用于再生产；第二次循环，资本流向城市建成环境，包括生产性建成环境和消费性建成环境；第三次循环，资本流向科研和技术以及各种社会消费。其中，资本的第二次循环与城市化的关系最为紧密，核心是城市建成环境。

广州民间金融街内的企业以小额贷款公司为主，它们在这里投资的核心动机是获取利润，即小额贷款公司的投资方利用自有资金发放贷款，从而获取利息收益。与此同时，部分小额贷款公司出于支持上下游中小微企业发展的目的，通过设立小额贷款公司来解决它们的融资困境，从而保障企业自身的长远发展。

（二）资本对空间的重塑

市场经济条件下，以企业作为主要载体的资本对城市空间的生产具有很强的作用。新的空间生产要素进入特定空间，旧的空间生产要素开始重构，重新建立起的资本循环，按照自己的意愿进入并改造空间，从而形成了广州民间金融街的全新空间。

1. 资本流向工业生产

经济全球化背景下，资本开始在全球范围内寻找利润，产生了新劳动地域分工。我国改革开放以来，由于政策环境的变化，珠三角地区迎来了快速工业化的重要契机。由于毗邻港澳，许多港澳企业纷纷在珠三角地区投资办厂。与此同时，以乡镇企业、私营企业为代表的“自下而上”工业化进程启动，大量资本开始进入工业生产领域。凭借土地和劳动力优势，珠三角地区迅速发展成“世界工厂”，工业生产创造出的剩余价值通过资本的第一次循环不断进入再生产过程，从而实现了资

本的巨大增值。

2. 资本流向建成环境

随着我国经济的快速发展，加之国际经济形势的快速变化，珠三角地区的制造业发展趋缓，尤其是2008年国际金融危机后，土地和劳动力价格不断攀升造成工业生产成本的提高，低成本优势逐渐丧失。全球性金融危机导致全球市场大幅度萎缩，产品需求量明显下降。在这一背景下，出口导向型的制造业面临订单不足的困境，萎缩的市场需求已经不足以支撑企业扩大再生产，资本继续进入工业生产领域，即第一次循环过程，已经丧失意义。因此，资本开始流向第二次循环过程。

一方面，在珠三角地区，中小企业是民营经济的主体，而它们被银行视为高风险市场主体，很难从银行贷款；另一方面，由于率先实行改革开放，加之务实重商的文化氛围，珠三角地区的民营经济十分发达，经过三十多年的发展，积累了大量民间资本，却由于资本市场的不完善而缺乏必要的投资渠道。长期面临“融资难”的中小企业和个人的融资需求为资本提供了市场机会，于是资本开始流向民间借贷领域。

小额贷款公司进入广州民间金融街，带动了街区物质环境的更新，资本流入城市建成环境领域，即资本的第二次循环。具体表现在建筑外立面整饰、建筑内部修缮装修、道路设施的完善、街道景观的美化等方面。资本对城市建成环境的投入，直接带动了街区内房屋物业价值的提升。与此同时，小额贷款公司也取得了良好的经营效益，利息收益持续增长，资本循环效率显著提高。

3. 资本流向社会消费

小额贷款公司借款给中小企业或个人所获取的利息收益，是其资本的增值部分。利息收益中的一部分用于维持其日常运作，还有一部分通过纳税的方式用于社会公共消费，从而进入第三次循环。由于政府对小额贷款公司资本金数额的限制，其用于发放贷款的资金是一定的，所以利息收益的盈余部分不能用于借贷，因此该部分进入第三次循环，即对创新、培训等的投入，目的是提高从业者的素质、提高资本循环效率，具体包括：①加大人力资本投入，加大对从业人员和高级管理人员的培训力度，积极参加由省、市、区金融办和行业协会组织的各类型培训；②加大产品创新投入，设立广州民间金融研究院，借力国内外金融专家，共同探讨研究制定民间金融产品、服务、诚信的行业标准；③搭建民间信用自律平台，共同成立广州民间金融商会，作为行业诚信建设的自律组织，促使企业遵纪守法、合法诚信经营。

（三）利益主体对空间权力的争夺

在改造过程中，各利益主体对各自在广州民间金融街的空间权力进行争夺，主要包括产权方、原承租方和新承租方三方面。与此同时，政府出资设立了广州民间金融街管理有限公司，专门负责金融街的建设。

（1）产权方。产权方在广州民间金融街内拥有房屋物业，他们的空间权力诉求主要是物业的保值增值以及尽可能高的租金收入。商务办公功能带来更高的环境和消防要求，这能够促进物业的保值增值。金融及相关企业拥有更强的付租能力，可以支付更高的房屋租金。因此，产权方为了争取最大的空间利益，倾向于加快广州民间金融街空间生产的进程。为此，他们采取“协助”的空间策略，积极配合政府行动，主动终止与原承租方的租赁关系，将房屋租赁给广州民间金融街管理有限公司统一运营管理，或者直接租赁给民间金融机构等新承租方。

（2）原承租方。一方面，原承租方主要指的是商铺的原承租方，他们所从事的经营活动普遍较为低端，空间权力诉求包括尽可能低的租金以及相对固定的经营场所。在经营相对稳定的情况下，产权方单方面提出要终止租赁关系，这对于原承租方而言是很难一下子就接受的，但在政府经济补偿的作用下，有一部分商户选择了离开。另一方面，广州民间金融街的建设带动了周边房屋租金价格的上涨，增加了原承租方的经营成本，部分商户承受不了租金上涨的压力而离开。在政府引导以及租金上涨的压力下，原承租方将自己在广州民间金融街的空间权力“让渡”给了新承租方。

（3）新承租方。新承租方指的是入驻广州民间金融街的各类金融及相关企业机构，它们的空间权力诉求是在广州民间金融街内设立经营场所。由于政府积极倡导广州民间金融街建设，因此新承租方是政府希望引入民间金融街的主体，政府主导了整个“清租腾铺”过程，为新承租方争取到了可供利用的空间。与此同时，由于金融管制的存在，民间金融企业在一定程度上受到政府的限制，如政府明确规定小额贷款公司申请经营牌照的前提条件是必须将登记注册地点设在广州民间金融街。总之，新承租方并未直接参与空间权力的争夺，而是由政府出面，新承租方采取“响应”的策略，对政府行为进行积极的回应，从产权方处或经过广州民间金融街管理有限公司租赁办公场地，实现自身的空间权力。

三、广州民间金融街空间生产的外在动力——政府力

空间是权力的隐喻和象征，空间的生成和延展渗透着权力的逻辑，空间是权力关系的构筑物。由于中央集权的历史传统以及1949年以后高度集中的计划经济体制，政府权力在我国历史发展过程中一直发挥着重要作用。改革开放后，随着社会主义市场经济体制的建立，社会主体开始逐渐多元化，政府之外的其他主体参与社会事务的程度显著提高，但政府权力在一定程度上依然对社会经济起支配作用。加之长堤大马路沿线房屋物业中，公房占了相当大的比例，这更有利于政府权力在广州民间金融街的空间生产过程中发挥作用。因此，政府力是广州民间金融街空间生产的外在动力。

（一）权力目标促使政府支配空间

在“自上而下”的政治体制下，下级政府需要接受上级政府的考评，而考评结果直接影响官员升迁。这样一种考核机制的存在，形成了政府权力的目标体系，包括政治目标、经济目标和社会目标。

1. 政治目标

2011年，温州民间借贷危机集中爆发，大量民营企业主由于资金链断裂而“跑路”，严重影响了当地社会经济秩序，也给当地政府造成了不良影响。自此之后，中央政府开始重视民间金融活动，着手引导民间金融阳光化、正规化发展，一方面是为了防范风险，另一方面是为了助力实体经济发展。在此背景下，广东省和广州市两级政府开始重视民间金融发展，一为防止出现温州那样的民间借贷危机，二为创新实践而走在全国前列。

2. 经济目标

改革开放后，我国工作重心转移到经济建设上，发展经济成为各级政府的首要任务。2008年以后，面临严峻的经济形式，我国经济发展的总体思路调整为“稳增长，调结构”，各地经济工作围绕这一思路展开。特殊的发展路径使珠三角经济具有“出口导向”和“中小企业众多”的特点，“出口导向”在国际市场需求下降的情况下意味着第二产业增速放缓，“中小企业众多”意味着大

量民间借贷需求的存在。而发展以小额贷款公司为代表的民间金融行业，既能在一定程度上补充因第二产业萎缩而导致的经济增速下降，又能够满足大量民间借贷需求。

3. 社会目标

随着“和谐社会”理念的提出，我国政府高度重视保持社会和谐稳定。旧城改造是社会矛盾冲突高发的领域，主要表现为由房屋拆迁引发的利益冲突，大拆大建的改造模式因此受到广泛质疑。因此，地方政府出于维护社会稳定的需要，会尽量避免因拆迁引发的社会冲突。在这种逻辑下，广州民间金融街的建设采用“保留实体，功能更新”的模式，不涉及房屋的拆迁，从而维持了当地社区的相对稳定。

（二）权力对空间的重塑

1. 再造制度空间

国家与城市经济社会政策的调整是空间再生产的重要推动力，各类政策文件等作为空间生产的非物行动者成为施展权力的工具。对于小额贷款公司，其对于空间的功能诉求主要是商务洽谈及日常办公，那么对它而言最高效率的空间应当是类似广州珠江新城 CBD 地区的写字楼，那里的停车场、网络、电力等配套设施相比位于老城区的长堤大马路而言都会更完善。如果没有政府的干预，在资本的第二次循环过程中，小额贷款公司的资本倾向于流入类似广州珠江新城的空间，而很难自发进入长堤大马路这样的空间。政府政策的调整，使广州民间金融街成为制度化的空间，从而引导资本的第二次循环在广州民间金融街发生，实现空间的再生产。

首先，空间的界定。《广州民间金融街规划》提出的规划范围以长堤大马路为核心，西至人民南路，东至海珠广场，北至一德路道路以北沿路街区、南至沿江西路，规划范围约 59 万平方米，实现了空间的界定。

其次，空间的定位。广州民间金融街被定位为“以民间金融为主体，商务旅游为特色的广州市重要的现代服务业集聚区”。《广州民间金融街产业发展规划》确定了“立足广州、服务‘珠三角’、辐射华南地区并影响全国的民间金融中心”的总体目标。

最后，政策的注入。在特定空间内实行特殊的政策，这为资本循环提供了特殊的、更加优越的外部条件，从而吸引资本循环进入特定的政策空间。《广东省人民政府关于开展小额贷款公司试点工作的实施意见》（粤府〔2009〕5 号）明确规定“各地级以上市可在本市范围内选择两个县（市、区）开展小额贷款公司试点，每个试点县（市、区）可设立 1 家小额贷款公司”，即每个市辖区只能发放 1 家小额贷款公司的经营牌照，且小额贷款公司只能在所在市辖区范围内开展业务，这从制度上极大地限制了小额贷款公司的发展，而广州民间金融街享有独立的小额贷款公司经营牌照指标。与此同时，设立在广州民间金融街的小额贷款公司可以在整个广州市范围内开展业务，且注册资本金上限由 2 亿元调整为 5 亿元，这极大地拓宽了小额贷款公司的业务空间。

2. 设立权力机构

为推动广州民间金融街空间的生产，政府专门成立了广州民间金融街建设指挥部，由越秀区区长任总指挥，下设综合工作组、规划及建设工作组、腾铺和物业管理组、招商引资及企业服务组、金融监管工作组、综合整治工作组等专项工作小组，全面领导广州民间金融街建设。同时，越秀区设立了广州民间金融街管理委员会，作为区政府的派出机构，主要负责广州民间金融街的发展规划、政策制定和综合协调管理等工作，并组建成立了广州民间金融街管理有限公司，主要负责广州民间金融街建设中的清租腾铺、物业管理、基础服务、宣传推广等相关工作。

3. 参与具体事务

政府权力对空间生产过程发挥作用充分体现在创造有利的投资条件方面，这对于吸引和加快资本进入广州民间金融街的空间再生产领域具有重要意义。具体来看，政府在广州民间金融街空间生产过程中主要从两个方面介入具体事务。

第一，公共产品的打造。政府运用权力为社会提供公共产品和服务，这构成广州民间金融街空间生产的必备条件和要素。广州民间金融街在保持原有岭南骑楼建筑风貌的基础上，对原有历史建筑、空置物业进行加固维修再利用，对区域内 6 万余平方米外立面进行综合整饰，在道路两旁增设金融雕塑，增加园林绿化、停车位。同时，搭建公共服务平台，包括综合服务中心、互联网金融产业基地、征信公司等。

第二，空间权益的协调。广州市政府曾多次召开专题会议研究广州民间金融街规划范围内市属公房物业的腾铺问题，为吸引金融机构进驻广州民间金融街，确保其可持续发展，市政府同意市属单位商铺的单次出租期最多可长达 10 年，并指定广州市国资委、国土房管局、民政局等负责广州民间金融街规划范围内部分物业的腾空工作。此外，为进一步拓展广州民间金融街的物理承载空间，广州市政府正在研究把国土房管部门、行政单位或财政核拨事业单位管理或代管的经营性物业下放越秀区政府管理，租金的收益权也下放给基层政府。总体而言，广州民间金融街按照市、区政府的部署，以长堤大马路、靖海路沿线商用物业为主，以市属单位物业作为重点，采取市、区公房带动，私房物业跟进的方式逐步推进生产空间的物理再造过程。

四、广州民间金融街空间生产的反馈动力——社会力

阶层是影响城市空间生产的重要动力之一。空间的再生产必然导致空间使用者的置换以及空间权益的变化。在政府权力的引导作用下，市场资本强势进入广州民间金融街，改变着物质空间和社会空间。面对资本与权力的巨大冲击，当地原有社会阶层作出了应对，这种应对行为也在一定程度上对广州民间金融街的空间生产发挥了作用。因此，社会力是广州民间金融街空间生产的反馈动力。

（一）周边居民对广州民间金融街的态度

广州民间金融街所在的长堤大马路的社会主体是周边居民，本研究向 18 周岁以上且在长堤大马路居住 1 年及以上的居民发放调查问卷，共获得 130 份有效问卷。调查结果表明，周边居民对于广州民间金融街的态度是存在差异的，包括“支持”“无所谓”和“反对”三种。

（1）支持。问卷调查结果显示，大约 81% 的居民感受到了广州民间金融街的建设带给他们的好处，认为广州民间金融街带来的是正面影响，因而对其持支持态度。具体来讲，这部分居民感受到的主要有两方面的正面影响：一是人居环境的改善，虽然广州民间金融街的建设主要涉及商铺，几乎不涉及居民住房的再利用，但更新改造工作客观上提升了空间品质，完善了相关设施，改善了人居环境；二是个人房产的升值，这主要是针对拥有房屋产权的居民而言，由于环境的改善、功能的提升，长堤大马路沿线土地和房屋物业的价格随之提高，拥有房屋产权的居民的个人资产得以升值。

（2）无所谓。问卷调查结果同时显示，大约 15% 的居民对于广州民间金融街所带来的影响没

有明显的感知，或者认为其影响并没有给自己带来好处或困扰，因而对其持无所谓的态度。这是因为广州民间金融街的建设不涉及拆迁问题，进行功能置换的主要是沿街的商铺物业。由于参与程度有限，因此这部分居民对于广州民间金融街的关注程度也十分有限，他们并不怎么关注民间金融街的建设。

（3）反对。另有大约4%的居民感受到了广州民间金融街的建设带给他们的困扰，认为广州民间金融街带来的是负面影响，因而对其持反对的态度。这种困扰主要是由生活成本上升带来的，有数据显示，广州民间金融街建设之后，长堤大马路沿线商铺的租金约为之前的4倍，住房租金上涨的程度虽不及商铺，但也较为明显。房租上涨带来的困扰主要针对租住居民而言。另外，由于民间金融机构的从业人员的素质和收入普遍较高，部分餐饮商户因此提高了菜品的价格，这也在一定程度上提高了租住居民在长堤大马路的生活成本。

（二）居民行为对空间生产的影响

居民对于广州民间金融街态度的差异直接导致了他们行为的差异，居民的不同行为对广州民间金融街的空间进行重塑，为广州民间金融街的空间生产提供了反馈动力，在一定程度上改变了资本和权力生产空间的原始路径。

（1）主动配合。对广州民间金融街持支持态度的居民的行为表现为对改造过程的主动配合，他们出于改善自身居住环境以及期望房屋升值的目的，积极配合政府的改造，尽可能地为政府和企业提供便利，促进了广州民间金融街的空间生产过程。

（2）被动接受。对广州民间金融街持无所谓态度的居民的行为表现为对改造过程的被动接受，他们既不配合政府行动，也不阻挠改造过程，实际上是脱离于改造过程之外的。这对于空间生产过程的意义在于，大大降低了空间再生产的阻力，保持了原有居住空间和社区结构的相对稳定。

（3）被迫迁离。对广州民间金融街持反对态度的居民的行为表现为被迫迁离，重新选择租住地。租住居民对于生活成本的高低十分敏感，且变换居住地的灵活性也较高，同时由于他们掌握的资源有限，他们在改造过程中很难取得话语权，即使明显感受到了民间金融街带给他们的负面影响，也并没有去主动争取自己的空间权力，而是以一种低成本的行为作出应对，那就是离开长堤大马路街区，在其他地方重新租房居住。

五、结论

广州民间金融街的空间生产存在资本逻辑、权力逻辑和阶层逻辑，市场力、政府力和社会力分别是空间生产的内生动力、外在动力和反馈动力，它们通过不同的机制作用于空间生产过程，重塑物质空间和社会空间。当资本的第一次循环无法维持时，便出现了生产过剩、资本过度积累的问题，广州乃至珠三角地区大量的民间资本开始进入第二次循环和第三次循环，以小额贷款公司为代表的民间金融行业成为资本流入的重要领域，小额贷款公司一方面使资本流向城市建成环境，另一方面加大了人力资源及产品创新投入并向政府纳税（社会消费）；为了实现政治、经济和社会目标，政府为资本进入广州民间金融街创造有利条件，政府力通过再造制度空间、设立权力机构以及参与具体事务发挥作用；由于周边居民对广州民间金融街的影响的感知不同，因而产生了差异化的态度和行为，包括“支持—主动配合”“无所谓—被动接受”“反对—被迫迁离”，当地社会阶层通过对新空间的反馈行为影响空间的生产。

广州民间金融街是在市场力、政府力和社会力共同作用下生成的独特城市空间。本文虽然分别从资本、权力和阶层三个方面分析了它们对空间生产的作用机制，但这三者实际上是相互关联的。每种动力都有自己固有的空间生产的逻辑和路径，同时会受到其他两种动力的影响，使空间偏离固有的生产路径。在三种动力的相互影响、共同作用下，全新的、独特的空间被创造出来。

本文选自《世界地理研究》（第 24 卷第 2 期，2015 年 6 月）发表的论文。作者：中山大学地理科学与规划学院郭环、李世杰、周春山。内容有删减。（2015 年）

“制度+科技+协同”监管新模式助推广州市小额贷款行业高质量发展

地方金融监管改革以来，广州市地方金融监督管理局坚持一手抓风险防控，一手抓改革创新发展，在各区金融工作部门、市场主体、自律组织的共同努力下，行业发展保持平稳向上态势，没有发生大的风险事件。特别是2020年2月以来，面对突如其来的新冠肺炎疫情，小额贷款行业主动响应国家号召，勇于承担社会责任，不但积极捐款捐物，更是建立信贷绿色通道，提供减费让利、自动展期政策，切实发挥金融服务实体经济功能。部分小额贷款公司还推出了“复工贷”“纾困贷”等抗疫专属金融产品，以较低利率专门用于支持参与防疫、受疫情影响较大的小额贷款企业及中小微企业，贷款利率下浮最多达40%，为夺取疫情防控和经济社会发展“双胜利”付出了艰辛努力。

一、总体情况

截至2020年5月末，包括获批开展小额信贷业务的立根再贷在内，全市共有112家小额贷款公司，去年以来全市新设小额贷款公司5家，占全省新设小额贷款公司总数的80%，其中利用粤港澳资金（货拉拉）设立小额贷款公司1家，注册资本285.22亿元，其中，2019年以来共9家小额贷款公司累计增资20.3亿元，另有部分小额贷款公司筹备实施增资，金额超过20亿元；贷款余额258.88亿元，同比增加24.14亿元，增幅超过了10%。2020年1—5月，小额贷款行业累计发放贷款420.40万笔，累计投放219.3亿元，累计营业收入16.63亿元，累计利润总额2.40亿元。2020年向小微企业及农牧户投放贷款金额同比增加25.29亿元。

二、监管与发展工作情况

为深入贯彻落实党的十九届四中全会关于推进国家治理体系和治理能力现代化建设的有关精神，广州市地方金融监督管理局秉持“寓监管于服务之中”的工作理念，在地方金融特别是小额贷款领域着力打造“制度+科技+协同”的监管新模式，助力地方金融治理能力现代化，初步形成了一些可复制、可推广的经验。

（一）加强制度建设，不断提升监管的针对性和有效性

一是完善监管制度和措施。编制出台了关于审批及其他类申请办理的工作指引、关于日常监管的工作指引、关于地方金融机构退出的工作指引，明确了包括小额贷款公司在内的各类地方金融机构从准入到退出的各项事务的办理流程和时限，将监管工作落到实处。

二是试点分类分级监管。经过多年努力，2019年7月广州市地方金融监督管理局成功争取省监管部门的支持，在广州民间金融街试点开展小额贷款监管评级工作，解决长期以来小额贷款公司融

资杠杆偏低、融资渠道单一等问题，同时加强对高风险企业的监管关注和风险防控。市、区联动制定监管评级有关办法，指导小额贷款公司开展评级结果运用，为行业获得银行授信提供精准对接帮助，并抓紧批复了25单政策放宽申请，涉及15家放宽融资杠杆、16家提高单户贷款余额上限、7家法人股东借款。

三是加快推广“楷模”监管评价体系。2020年3月广东省地方金融监督管理局在全省推行小额贷款行业“楷模”评价体系，在第三方评级机构的协助下，市、区监管部门结合非现场监管信息系统填报信息及日常监管情况，从资本充足、资产质量、公司治理及内部控制、盈利及经营效率、风险覆盖与流动性5个主要方面，对全市小额贷款公司2019年度经营及风险情况进行了细致的考评。其中，对于服务小微企业、支持“三农”工作表现突出、履行社会责任较好、声誉信誉较优的小额贷款公司给予了倾斜支持。目前，监管评价结果已经由各区监管部门点对点告知各家小额贷款公司，从融资渠道、融资杠杆、监管措施、创新业务、其他扶优政策等5个维度、20项具体措施上实施差异化监管，以高质量监管助推行业高质量发展。

四是规范小额贷款行业贷后管理工作。为保护合规小额贷款公司合法债权，保障债务人合法权益，从根源上杜绝“暴力催收”等行为，广州市地方金融监督管理局创新思路，指导广州市小额贷款行业协会印发了《关于规范广州市小额贷款行业贷后管理的指导意见（试行)》，该意见是全国小贷行业首个关于贷后管理的指导意见。同时，指导广州市小额贷款行业协会发布《广州市小额贷款公司逾期债务催收操作规范指引（试行)》。

五是指导广州民间金融街创新监管模式。加快监管系统的信息化改造，建设以区块链技术为基础的数字化监管系统，提高监管效率、降低监管成本。发挥其作为全国互联网小额贷款公司最集聚区域的优势，建设全国首个地方金融监管功能区——数字普惠金融监管试验区，探索普惠金融发展和监管的新模式，进一步提高服务实体经济能力。

六是充分发挥行业协会作用。广州市小额贷款行业协会联合中国小额贷款公司协会对广州市互联网小额贷款公司发展情况及面临的问题进行深入调研，并上报了监管与发展建议，积极争取国家层面的政策支持。在广州市地方金融监督管理局的指导下，广州市小额贷款行业协会在行业内试行首席风险官制度，提升小额贷款公司风险管理能力。指导广州市小额贷款行业协会制定小额贷款公司标准化建设的有关指引。协会在协助开展政策调研、反映会员诉求、凝聚行业力量等方面亦发挥了非常重要的作用，取得了明显成效。

（二）加强协同治理，为小额贷款公司发展营造良好生态环境

一是推进数字金融协同治理工作。互联网小额贷款纠纷具有线上化、主体分散、量大金额小等特点，导致催收难度大、基层法院不堪重负、小额贷款公司处理成本高，曾经有一家小额贷款公司向广州市地方金融监督管理局反映，他们公司每年报给法院的资料光打印费就高达数十万元。为此，我们充分利用广州互联网法院作为全国三大互联网法院的优势，与其合作共建数字金融协同治理中心，通过在线多元纠纷化解平台，引导化解争议较小的纠纷；通过全国首个在线纠纷“类案批量智审系统”，对互联网金融借款、小额借款合同等纠纷进行在线、快速、批量审理，这将极大优化广州市小额贷款公司营商环境。

二是推进治理能力现代化。创新提出打造广州市小额贷款行业“五链合一”监管与服务体系，依托区块链、大数据、云计算、人工智能等金融科技手段，统筹协调相关单位建设监管数据保存验

真的“监管链”、风险监测预警的“风控链”、纠纷调处化解的“司法链”、信用数据验证的“征信链”、优化行业生态的“服务链”，为全市小额贷款公司实现规范发展提供强大的监管科技支撑。

三是建立小额贷款公司接入人民银行征信系统的绿色通道。联合越秀区金融工作局，与人民银行征信中心广东省分中心合作推进试验区信用体系建设，开辟接入征信系统绿色通道。通过对辖区内金融、类金融机构进行综合考量和严格筛选，对筛选出的优质机构予以优先推荐接入征信系统，实现“成熟一家，推荐一家，接入一家”的目标，目前已有7家小额贷款公司成功接入。

四是妥善处理小额贷款公司投诉信访案件。2019年全国“3·15”晚会曝光了“砍头息”“套路贷”和“校园贷”问题，广州市个别小贷公司产品设计存在瑕疵，在催收环节把控不严，造成群众大量投诉，高峰时段仅广州市地方金融监督管理局收到的各类投诉件就达到了200件/天。为此，市、区两级金融部门多次约谈涉事企业，就群众普遍关心和矛盾集中的投诉、举报问题进行了调查，对来访、来电的群众做到谨慎耐心，有问必答。经过市、区两级金融部门连续4个月的紧密协作，逐步化解了涉及多家小额贷款公司的集中投诉，并通过《作风建设在路上》《花城政能量》节目及自媒体平台加强金融消费者教育工作。

五是加强行业正面宣传工作。2019年金融交易展览会期间，广州市会同中国小额贷款公司协会组织30多家省、市小额贷款行业协会在广州签署依法合规经营承诺书，发出小额贷款合规经营的“广州宣言”；举办“认准正规小贷公司，拒绝暴力催收”进社区活动；指导广州市小额贷款行业协会上线“广州市持牌小额贷款公司查询认证平台”，向社会公示持牌小额贷款公司正规放贷渠道；加强非法放贷警示教育工作，“3·15”期间协调三大电信运营商发送小额贷款防诈骗公益短信，不断压缩违法违规机构生存空间。

（三）谋划高质量发展，推进创标杆建设

一是对行业高质量发展提出工作要求。2020年4月7日，广州市地方金融监督管理局印发《2020年广州市小额贷款行业高质量发展工作要点》，将2020年定为广州市小额贷款行业高质量发展年，围绕新发展理念提出了完善小额贷款公司治理结构、推行行业标准化建设、推广监管评价工作、推进“五链合一”监管与服务体系建设、搭建培训体系、完善高管管理制度等十项重点工作。受疫情影响，文件印发后，通过快递方式送达各小额贷款公司负责人，要求对照落实。

二是制订出台创标杆三年行动计划。经过充分的调研论证，广州市地方金融监督管理局争取市领导支持，于2020年5月20日印发了《广州市创建全国小贷行业标杆城市三年行动计划（2020—2022年）》，明确“制度化、科技化、普惠化、国际化”的发展方向，确定了未来3年全市小额贷款公司超过130家、注册资本超过300亿元、贷款余额超过500亿元、头部机构达到3家以上的总体目标，广州向全国同行发出了打造小额贷款行业标杆城市的响亮口号，宣示了广州支持鼓励小额贷款行业规范经营、做大做强的导向和信心。

（四）主动应对新冠肺炎疫情，落实做细政策措施

一是做好疫情期间政策支持保障。迅速落实广州市政府暖企15条以及广东省关于优化小额贷款公司服务的政策措施，以视频会议、现场走访等形式加强政策宣讲，具体了解各小额贷款公司受疫情影响情况，提供防疫物资支持，推动小额贷款公司有序复工复产。同时，指导行业加大贷款供给、改善贷款服务，用足、用好疫情期间的特殊政策，通过优化审批流程，加快法人股东借款、融资杠杆放宽等审批进度，为市场新增流动性支持近百亿元。

二是开辟新的业务领域。为落实市政府稳增长48条要求，广州市地方金融监督管理局抓紧设立广州市企业转贷服务中心，缓解广州市中小微企业在续贷过程中面临的资金断链风险，降低企业的融资成本，2020年6月1日该中心正式成立。利用转贷中心设立的契机，广州市地方金融监督管理局也为小额贷款公司寻找新的业务领域，首批已有10家小额贷款公司接入转贷系统。

从日常监管情况来看，广州市小额贷款行业风险总体可控，但潜在风险和问题仍然不少，有的还比较突出，离高质量发展和打造标杆还有较大差距。首先，监管制度机制有待健全。国家层面的监管规制仍在制定当中，依法行政存在压力。区级监管力量较为薄弱，监管第一责任的落实需要进一步加强。地方金融监管部门与市场监管、税务等部门协同监管仍处于起步阶段，尚未形成监管合力。其次，发展质量有待提高。根据2019年度监管评价结果，部分小额贷款公司的资本充足率、盈利情况不太理想，传统小额贷款公司综合实力普遍弱于互联网小额贷款公司，个别小额贷款公司还存在可持续经营动力不足、失联等情形。我们必须高度重视上述问题，采取切实措施加以解决。

三、下一步重点工作

广州市小额贷款行业经过十年较为粗放式的发展，如今已站在了实现高质量发展的新起点。要扎实落实好《2020年广州市小额贷款行业高质量发展工作要点》《广州市创建全国小贷行业标杆城市三年行动计划（2020—2022年）》等文件要求，在抓好疫情防控各项工作的同时抓紧推进以下重点工作。

（1）全面推进高质量发展。要认真按照2020年高质量发展工作要求推进相关工作，重点在推动小额贷款公司信息化、标准化建设，以及优化小额贷款公司治理结构上下功夫。我们支持互联网小额贷款公司持续加强金融科技研发投入，开发更有效率的风控审核、贷后管理模型。鼓励传统小额贷款公司开展信息化改造，优化贷前审批、贷后监测流程，降低部门信息互通、监管信息报送成本。此外，小额贷款公司要根据现代法人企业制度，完善公司治理架构，改变粗放的内部管理模式，加强人才团队建设，解决专业运营能力和专业人才不足等问题，我们近期也将出台关于完善小额贷款公司治理结构的指导意见。

（2）扎实创建全国标杆城市。创建行业标杆的文件已经印发，我们要以“四化”为目标，以“五链合一”为抓手，争取用三年时间完成创建工作。要进一步优化小额贷款行业发展生态，着力解决小额贷款行业关注的难点、痛点、堵点问题。2020年要加快“五链合一”建设，以广州民间金融街非现场监管3.0系统作为“监管链”的核心系统要抓紧上线运行，不在金融街区域的其他小额贷款公司要全部接入该系统；加快“监管链”与“司法链”“服务链”的对接，提升网络金融纠纷化解能力；指导“征信链”研发适合小额贷款行业的征信产品；通过“风控链”降低行业整体风险水平。同时，我们也希望各区金融工作部门重视小额贷款行业的发展，加强对小额贷款公司的服务，按照三年行动计划的要求，有针对性地做好招商工作，吸引综合实力强、产业背景雄厚的企业在广州市设立小额贷款公司，培育更多的特色小额贷款，提升广州市小额贷款行业规模和影响力，打造成为地方金融产业的重要增长极。

（3）提升综合监管能力。市、区金融工作部门要形成联动效应，继续打造好“制度+科技+协同”的监管新模式。一是落实好监管评价制度。要加强“楷模”评价体系的培训，让企业充分了解其指标内涵及意义。要加快监管评价结果运用，以监管评价结果为指挥棒，优化监管资源配置、提升监管质效。要大力识别、扶持一批优质小额贷款公司，支持其成为头部机构和行业标杆，发挥示范引领作用；对于经营状况存在一定问题，但发展意愿较强的小额贷款公司，加强针对性的辅导培育，指导其提升综合实力；加大对尾部小额贷款公司的监测检查力度，对其展开业务给予一定限制及约束；对于本次监管评价为限定级别的小额贷款公司要逐一进行摸底排查，不在注册地实质办公的要约谈整改，长期无法正常经营的小额贷款公司要限期整改或主动解散，发现“失联”及“空壳”的将取消试点资质。二是研究建设地方金融智能化综合监管平台。要通过智能化平台实现对地方金融机构经营情况和风险状况的实时监测、穿透性监管和精准预警。依托广州金融风险监测防控中心的技术优势和中山大学管理学院的智力优势，建设金融监管科技联合实验室，开展地方金融监管创新试验，在风险可控的前提下加快金融创新发展。三是加强部门协同。我们将进一步加强与各区金融工作部门、行业协会以及工信、市场监管、宣传、法院等部门的协同互动，提高监管的科学性、有效性，做到不缺位、不越位，为小额贷款行业高质量发展营造一流的监管环境。四是发挥首席风险官的作用。小额贷款公司首席风险官要充分认识自己的责任和担当，协助做好公司风险的识别、预警和化解工作。

本文根据广州市地方金融监督管理局市管一级调研员陈平提供的资料整理。(2020 年)

构建地方金融机构风险防范体系研究

粤港澳大湾区建设是习近平总书记亲自谋划、亲自部署、亲自推动的国家战略，而推动金融有效扶持实体经济，防范金融风险则是大湾区金融体系建设的关键组成，在国家高度重视金融发展改革的背景下，地方政府对于金融风险的防范和监管变得尤为重要，实体经济的发展有赖于地方金融稳定和健康发展。

一、地方金融机构、地方金融机构风险、地方金融监管概述

（一）地方金融机构概述

1．“7+4”类的地方金融机构

当前学术界对地方金融暂无一个统一的定义，对地方金融机构同样暂无定论。较多学者认为地方金融是指服务于区域内的各类金融形态，属于广义的概念，既包括银、证、保等正规金融业态，也包括小额贷款公司、融资担保公司、地方金融资产交易所等“准金融”业态等。本文所指的地方金融是狭义的概念，是指由地方金融监管部门负责实施风险管理的各种金融形态，主要包括地方金融机构、非法集资行为等。对应的地方金融机构指由地方金融监管部门实施风险管理的各类金融企业，主要有小额贷款公司、融资担保公司、商业保理公司、典当行、区域性股权市场、融资租赁公司、地方资产管理公司及投资公司、农民专业合作社、社会众筹机构、地方各类交易场所等，统称“7+4”类的地方金融机构。

2．地方金融机构已成为金融体系的重要组成部分

常见的地方金融机构有小额贷款公司、融资担保公司、融资租赁公司、商业保理公司、典当行等。由于贷款业务始终是各类民间（地方）金融组织的核心业务，所以可按照其贷款业务主要资金来源将地方金融机构分为三类：以自有资金提供融资为主的地方金融机构、以第三方资金提供融资为主的地方金融机构和其他类型的地方金融机构。但是此划分并非一成不变，以自有资金提供融资为主的地方金融机构如果杠杆大幅放大，外部资金大幅超过自有资金，则会转化为以第三方资金发放贷款的地方金融机构。

（二）地方金融机构风险概述

1．地方金融机构风险的概念

风险，就是生产目的与劳动成果之间的不确定性，大致有两层含义：一层强调了风险表现为收益的不确定性；而另一层则强调风险表现为成本或代价的不确定性，若风险表现为收益或者代价的不确定性，说明风险产生的结果可能带来损失、获利或是无损失也无获利，属于广义风险，所有人行使所有权的活动，应被视为管理风险，金融风险属于此类。而风险表现为损失的不确定性，说明风险只能表现出损失，没有从风险中获利的可能性，属于狭义风险。地方金融机构面临的内在风险

有信用风险、流动性风险、合规风险、操作风险、声誉风险等。其中以信用风险和流动性风险为主，其他类型风险大多最后通过信用风险和流动性风险对地方金融机构造成影响。许多情况下，可以通过适当的方法消除或缓解风险，并将所承受的风险控制在可接受的水平，但是有时会发生风险外溢，引导负外部性。而地方政府作为公共经济活动的最重要主体，优先关注地方金融机构可能会发生外溢性的风险。

2. 滞后性、隐蔽性、涉众性的风险特征（图 1）

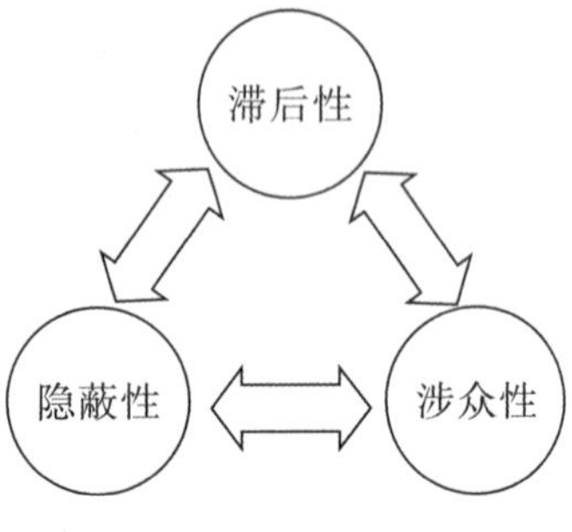

图 1　地方金融机构风险“三特征”

宏观上，地方金融机构风险具有影响因素复杂，与经济社会联系密切以及高杠杆性等特征；微观上，地方金融机构风险在一定区域内形成，进而表现出不同于一般意义上的金融风险。

（1）滞后性。

由于金融天生具有风险收益的当期性和风险的滞后性的特点，因此，金融风险的爆发总是具有滞后性。地方金融机构将贷款发放出去后，刚开始总是可以收到利息，按照权责发生制，企业的利润会不断提高；但过段时间发现收不回比利息多数倍、数十倍的本金，风险才爆发出来。如 2014 年到 2015 年期间新成立了许多小额贷款公司，这些小额贷款公司当年就把大部分资本金投放出去，并获得较为可观的账面利润，但随着近两年外部经济环境的持续下行，信贷资产质量大幅下滑，风险渐次暴露。

（2）隐蔽性。

隐蔽程度是以监管者监管能力作为参照系来衡量的。一方面，大多数地方金融风险监管基础设施较不完善，部分地区甚至监管力量都无法保证，遑论监管工作人员的素质高低了；另一方面，地方金融是金融创新天然的“孵化器”。由于地方金融机构以民营为主体，所以创新能力异常活跃。两方面因素综合，导致地方金融创新能力非常强。而过度、多重、嵌套的地方金融创新不断提高地方金融风险的隐蔽性，给地方金融监管带来了严峻的挑战。

（3）涉众性。

社会稳定是地方政府的首要政治任务。地方金融机构单笔交易金额较小且服务对象多是群体数量较多的中小微企业和中低收入者。因为其金融行为多是涉众型金融，所引发的风险多是涉众型金融风险，所以地方金融风险具有涉众性这一典型特征。从 2015 年开始，线下财富公司陆续因为涉嫌非法集资被当地经侦部门立案侦查。其中“e 租宝”涉嫌非法吸收资金 500 多亿元，涉及投资人约 90 万名，受害投资者遍布全国 32 个省、自治区、直辖市；中晋资产涉嫌非法吸收资金 300 多亿元，约 13 万投资人的 50 亿元资金面临兑付风险，60 岁以上的投资者就达 2 万名。

3. 风险的暴露易造成社会不稳定

地方金融机构风险一般会表现为非法集资、暴力催收和“套路贷”等违法违规行为。非法集资是指单位或者个人未依照法定程序经有关部门批准，以发行股票、债券、彩票、投资基金证券或者其他债权凭证的方式向社会公众筹集资金，并承诺在一定期限内以货币、实物以及其他方式向出资人还本付息或给予回报的行为。暴力催收是指通过暴力手段催收到期贷款。“套路贷”是以非法占有为目的，假借民间借贷之名，诱使或迫使被害人签订“借贷”或变相“借贷”“抵押”“担保”等相关协议，非法占有被害人财物的违法犯罪活动。非法集资容易引发大规模群体上访等维稳事件，后两者容易引发社会热点事件。

不管是引发大规模群体上访等维稳事件，还是引发社会关注的热点事件都对区域社会稳定构成威胁，同时，暴力催收和“套路贷”等民间借贷违法违规行为对行业健康发展造成了重大负面影响，若得不到有效控制，将严重打击行业正常经营秩序，使政府、企业、个人等利益相关者形成“多输”局面。

（三）地方金融机构监管

1. 地方金融机构监管的概念

地方金融机构监管可简单解释为基于地方政府以及国家金融主管部门共同领导指挥下，地方金融主管部门按照国家制定的法律法规对地方金融机构进行科学合理的监督和管理。这样做的目的是为机构运行创造良好的环境，实现推动经济发展和稳定这一远大目标。

2. 纠正监管机构与金融机构的失衡

（1）地方金融监管存在的基础。

监管机构与金融机构相匹配纠正市场失灵是地方金融监管的目的所在，市场失灵的产生首先源于地方金融发展这一客观实践。近年来，我国地方金融发展迅速，金融改革创新不断深化，普惠金融发展提速，地方金融在服务实体经济方面发挥了巨大作用。但同时，较为单一的治理结构，较弱的抗风险能力，使得地方金融风险不断积聚，隐藏的风险也逐渐暴露。而现有的监管体制因为权力集中于中央，容易造成地方金融的监管空白，使金融市场难以有序、健康地发展。应当在尊重实践的基础上完善监管体制，构建与金融机构相适应的金融监管体系，从而避免因过度集中的监管而阻碍金融改革与创新。

（2）地方金融监管的内在动因：中央与地方的金融分权。

金融监管就是为了解决市场失灵，但应由哪级政府来承担纠正市场失灵的职能以及政府内部部门间如何分权则需要对政府权力制度进行合理的安排。从公共物品供给接近性这一层面来讲，地方政府是实施监管的最佳人选。事实上，这种监管属于政府通过限制或者禁止市场主体的行为来实现对市场的微调。不同于中央政府，地方政府最了解当地的金融情况，在信息完善、体制建设方面都扮演着非常重要的角色，因此可以由其来负责地方金融的监管，为实现社会福利最大化奠定良好的基础。

3. 从授权、委派到独立的监管发展历程

（1）地方金融监管的建立。

“十二五”纲要指出，建立相对完善的地方金融管理制度，充分发挥地方政府在中小企业融资风险中发挥的作用。随后党的十八届三中全会也明确提出要将完善金融监管体制提上日程，明确中央和地方各自的责任，并按照实际情况确定合适的改革措施。2017 年召开的全国第五次金融会议也强调，地方政府的金融监管必然是建立在中央统一管理这一大前提下，是对地方政府责任的强化。

目前，主要通过以下三种方式实现地方政府对金融的监管。

第一，中央将监督权力授予地方政府。典型案例：1996 年中央将部分权力授予地方政府，让其对农村合作基金会背后的债务风险进行监督和管理，为农村金融制度的革新创造良好的环境；省级地方政府于 2004 年获得对农村信用社监督管理的权力；地方政府于 2006 年获得处置地方金融风险的权力。2009 年地方政府拥有对融资性担保机构的监管权力，并根据实际情况采用了“谁审批、谁负责”的模式。由此可见，金融管理职能已经逐渐开始渗透到政府管理中，而且伴随着金融管理

权限的不断加深，地方政府参与其中的程度也更深，渗透范围也更广泛。

第二，中央监管部门委派地方政府来监管当地金融。典型案例：中国人民银行以及银监会于2008年将监督管理小额贷款公司的权力交与地方政府；为了让地方政府渗透到证券行业中，证券监督管理部门积极同当地政府建立合作关系。

第三，采取各种创新模式。比如，在当地设立与金融相关的专门办公室，让政府自身逐渐参与到金融监管中。随着经济的不断发展，地方金融获得了很好的发展机会，尤其是中小金融机构以及准金融机构。此时地方政府必须重新审视自己，做好当地经济发展的指导和规划工作，积极参与地方金融生态建设工作，严格把控金融发展方向，不断完善地方金融监管体制。

（2）地方金融监管主体的发展。

经济的快速发展为地方政府逐渐渗透到金融监管中提供了良好基础，为此，地方政府专门成立金融服务办公室来负责对金融行业的监督和管理。

我国第一个金融服务办公室成立于2002年，即上海金融办，其最初成立目的为做好议事协调工作，积极配合“一行三会”以及全国性金融机构开展工作。一开始，并未将其正式划分到政府序列部门中，而且其手中也不具备行政审批权。后来，金融业在当地经济发展中扮演的推动角色越来越明显，使得各地政府不得不重新认识金融业，并加大对其的管理力度。我国省、市两级政府在认识到金融行业的重要性之后，自2008年以来，更多的地方政府金融办相继成立，且在设立之初就尽可能地实现机构、编制、人员以及经费一次性到位。而对于那些之前就存在的金融办，当地政府也逐渐提高其规格，完善人员编制，等等。

二、地方金融监管存在的问题

为了梳理地方金融机构监管存在的问题，课题组一方面梳理多方文献及理论；另一方面对一线监管工作人员进行访谈及派发问卷。调查问卷方面，共派发93份问卷，其中有效问卷91份，即91名地方金融监管工作人员参与填写问卷。综合多方信息，本文认为地方金融机构监管主要存在以下问题。

（一）监管制度缺少顶层设计

目前，我国金融法律法规一般按照金融统一管理的体制制定，在执行统一的金融管理制度的前提下，还没有以立法这种形式存在并赋予中央监管机构和地方金融管理机构分别行使金融监管权力的法规。近几年来，我国地方金融获得快速发展，对此国家相关部门也出台相关规章制度，并授予地方政府一定的监管权力，如国务院颁布《关于鼓励和引导民间投资健康发展的若干意见》；银监会印发《村镇银行组建审批工作指引的通知》《小额贷款公司改制设立村镇银行暂行规定》等。在地方政府方面，部分地区也出台了相关的地方性规章，如温州出台的《温州市人民政府关于鼓励和引导民间投资健康发展的实施意见》等。这些法律规章的颁发，对完善我国地方政府金融监管体系非常有利。然而，就我国目前实际情况而言，当前与地方政府金融监管相关的这些法律规章，基本都是国务院部门规章与地方政府规章，此外还有地方政府规范性文件等形式，相比之下，属于地方性行政法规的则不多。另外，当前地方金融管理法律体制在系统性方面还有较大的完善空间，如在浙江温州，就发布了30多个相关规范性文件，而这些文件在系统性及逻辑性方面明显需要梳理及完善。

（二）地方金融监管体系不健全

1. 地方政府金融监管权责不对等

根据相应规定，地方政府不具有监管辖区内金融机构的权限，但是根据其他要求，地方政府又要参与维护地方金融稳定。换言之，地方金融的风险防范以及金融稳定的维护，需要获得地方政府的协助。此外，需要明确的是，银监局尽管在县级政府设立了监管办事处，不过在人员编制上较少，加上监管的银行类金融机构等较多，导致其在履行监管职能时需要地方政府给予协助。保监局和证监局在县级政府往往没有设办事处，其地方监管更是难上加难。从地方政府的层面上来说，其在监管金融机构方面的权力较为有限，还缺乏有效监管新型准金融组织的措施，在风险处置方面的责任存在偏重倾向。

2. 监管机构体系多头林立

我国各地的各级金融机构并没有集中统一的监管部门，而是由不同的监管部门负责落实。如在青岛市，市金融办主要负责监管小额贷款公司、融资性担保公司及民间资本管理公司等；而市发改委则负责对股权投资机构进行相应的管理；市国资委主要负责监管的对象是国有融资平台等；市商贸局负责对融资租赁公司、典当行的监管。除此之外，小额贷款公司、融资性担保公司还需分别向市统计局和市工信委上报统计数据。

在地方金融监管机构方面，还存在着所有者与监管者之间职能交叉的问题。如部分地区的省级信用联社，既可以作为政府的金融监管机构，也可以作为金融经营实体，存在政企不分的情况，这必然会导致金融监管效率低下，并致使地方金融监管在独立性及专业性方面出现大幅度降低的情况。

3. 金融办监管效能有待提升

自2002年以来，各地金融办陆续成立，在促进地方金融实现健康发展方面确实作出了重大贡献。然而，随着地方金融办的不断发展，以及地方金融机构的逐渐壮大，各地金融办在发展的过程中出现了一些问题，具体有以下几个方面。

一是金融办履职没有相应的法律依据作为支撑。目前，我国大部分省、市设立了地方金融办，专门负责地方的金融监管协调工作。但是金融办履职缺乏一定的法律法规支撑，且在其进行监管的过程中，无法有效地实施相应的处罚措施，这主要是因为执法依据存在空白。例如，山东省地方金融监督管理局出台的关于小额贷款公司的意见中规定了相关的处罚条款，可市级、县级监管部门没有执法权，也没有执法人员，要进行行政处罚难上加难。

二是单位性质与工作职能之间存在矛盾。全国各地的金融办，有的是政府设立的行政部门，有的则为政府直属事业单位。而从性质这个层面上来说，事业单位没有执法的资格，即便地方金融监管有了法律方面的依据，其能否正常行使职能，目前仍没有达成共识。此外，地方金融监管机构还存在上下机构设置不统一、机构性质和职能不匹配的矛盾。

三是发展与监管之间存在冲突。全国大部分的地方金融办与金融监督管理局均采用“一套机构，两个牌子”的模式，而两者的目标并非完全相同。从发展这个角度来说，地方金融办要对参与改革试点持积极参与态度，积极筹措资金为当地经济发展提供支持，同时鼓励创新，更好地服务实体经济发展；然而，从监管这个角度来说，地方金融监督管理局主要承担着防控风险和维护地方金融稳定方面的职责。为此，在各类试点的新型金融机构中，经常会出现这样的现象，即“重发展、轻监管”，或者是“重监管、轻发展”。为此，对于地方金融监管机构而言，如何平衡两者之间的关系显得尤为重要。

正因为此，部分受访的地方金融机构监管工作人员（35.16%）认为风险监管的工作应由工商部门负责；少数受访人（9.89%）认为应该由银监负责；高达97.80%的受访人认为地方金融机构监管的最大工作阻力在于监管权责不对称，缺乏监管赋权（表1、表2）。

表1　受访人认为当前更适合承担地方金融机构监管工作的部门（本题有效填写人次：91人次）

选项	小计/人次	比例
人行	0	0
银监	9	9.89%
工商	32	35.16%
公安	0	0
金融局（办）	50	54.95%

表2　受访人认为地方金融机构监管的最大工作阻力（本题有效填写人次：91人次）

选项	小计/人次	比例
自身业务能力无法满足实际监管需要，亟须业务培训	4	4.40%
监管基础设施不完善，亟须通过信息化手段提高监管效率	5	5.49%
监管权责不对称，缺乏监管赋权（如行政执法权）	89	97.80%
监管制度不完善，存在较多监管规定空白	76	83.52%
人员配置紧缺，无法满足工作需要	82	90.11%

（三）地方金融监管缺乏效率

1. 机构缺失、人员缺位

我国在地方金融监管机构建设方面起步较晚，发展尚不成熟，大部分地区的监管机构建设工作还在起步阶段，监管力量较为薄弱。地方金融监管相对于其他政府管理职能具有更强的针对性，对监管人员的素质要求也较高，但目前在人员编制方面，大部分监管机构还存在空缺，或者是由部分临时工作人员顶替；在监管人员的素质方面，其与面对的地方金融机构监管工作存在较大差距，缺乏金融专业或是管理专业的高素质人才；现有的监管人员缺乏现场检查等相关工作经验，且其日常工作常常浮于表面，难以做到深入监管。

高达90.11%的受访人认为本单位存在人员配置紧缺，无法满足工作需要的问题；超过80%的地方金融监管工作部门实际经办人员数量只有1～3名；当前地方金融机构监管工作人员以“80后”为主，专业以经济学、金融学、法学为主（表3、表4、表5）。

表 3　受访人所在地方金融监管单位人员配备情况（本题有效填写人次：91 人次）

选项	小计/人次	比例
1 名	39	42.86%
2～3 名	35	38.46%
4～5 名	6	6.59%
6～7 名	11	12.09%
7 名以上	0	0

表 4　受访人所在地方金融监管单位人员年龄分布情况（本题有效填写人次：91 人次）

选项	小计/人次	比例
22～28 岁	25	27.47%
29～35 岁	60	65.93%
36～42 岁	4	4.40%
42 岁以上	2	2.20%

表 5　受访人所在地方金融监管单位人员专业背景情况（本题有效填写人次：91 人次）

选项	小计/人次	比例
经济学、金融学	45	49.45%
管理学（工商管理、行政管理学）	24	26.37%
法学	30	32.97%
文学（历史学、哲学、汉语言文学等）	7	7.69%
其他	4	4.40%

2. 手段缺少、措施缺乏

地方金融监管效率的高低由其监管手段和措施决定，而目前我国大部分地区在这方面有所欠缺。以地方准金融机构为例，在其监管过程中主要的监管手段是现场监管和非现场监管，监管的主要方向是市场准入和日常经营，但是一旦机构存在违规行为，地方政府只能要求事后整改，而不能在事前进行干预引导，这就加大了出现风险的隐患。除此之外，在监管指标体系建设方面，缺乏统一的、规范的监管标准，与当前的金融业发展水平不相匹配。

3. 央地联动、协调缺陷

目前“一行二局”作为国家金融监管部门的分支机构掌握着大量的地方金融信息，而地方政府则在协调各政府部门工作方面拥有更多的优势，也承担着地方金融风险的处置责任。但是，在日常地方金融监管工作过程中，“一行二局”与地方政府很难做到信息完全畅通，甚至在处理金融风险事件时也存在缺乏协调的情况。这就导致地方政府在金融风险防范方面，缺乏主动性和针对性，处置风险的效率也不高。

三、国内外地方金融监管经验借鉴

（一）国内地方金融监管经验借鉴——广州民间金融街地方金融监管模式及评价

1. 广州民间金融街的风险监管概况

为推动民间金融规范发展，加大金融服务实体经济力度，探索建立民间金融风险防范机制，2012 年越秀区正式启动广州民间金融街建设。截至 2018 年，广州民间金融街已建成全国民间金融产业发展示范区、全国金融科技先行试验区、国家级现代服务业集聚区、广东省民间金融创新发展示范区、数字普惠金融监管试验区。

截至 2018 年 6 月底，园区入驻（类）金融机构达到 285 家，其中，10 家“世界 500 强”企业、23 家“中国 500 强”企业、60 余家国内外上市公司投资入驻金融街，吸纳资本近 500 亿元，为 100 万户中小微企业提供融资超 5000 亿元。2017 年 9 月，广州民间金融街正式获批“全国民间金融产业知名品牌创建示范区”，是全国首个且唯一的金融类示范区，经中国质量认证中心（CQC）权威评估，广州民间金融街品牌价值达 208.35 亿元，高居全国服务业区域品牌（165 个）第 5 名，为我国民间金融发展建标了立杆、提供了范式。

截至 2018 年，民间金融街园区内入驻金融及类金融机构 285 家，累计为超过 150 万户中小微企业、中低收入者和“三农”，提供近 7000 亿元融资，累计提供融资服务达 2000 万人（家）次，有效缓解了“融资难、融资贵”的问题。金融街建设 6 年多来，金融风险事故“零发生”。

2. 广州民间金融街地方金融监管模式——以阻截金融风险传导为核心的监管机制

（1）构建较为完备的监管支持体系。民间金融街建街后，高度重视金融风险防范工作，从人员和制度方面积极支持监管体系。

一是组建起全国首支主监管员队伍。截至 2018 年，负责民间金融街地方金融风险监管的具体经办人员达到 11 名，其中行政编 4 名，事业编 3 名，合同编 3 名；学历方面，硕士研究生 4 名，本科生 7 名；年龄方面，“70 后” 1 名，“80 后” 和 “90 后” 各 5 名。

二是积极“补位”上层监管制度缺漏。由于地方金融领域一直存在制度供给不足的现状，民间金融街管理委员会（越秀区金融工作局）积极“补位”上层监管制度漏洞：针对 P2P 平台的监管制度空白，于 2015 年出台了《广州民间金融街互联网金融产业基地管理与服务办法（试行）》，对入驻民间金融街的 P2P 平台等实施“准入管理”，严把准入关；针对互联网小额贷款公司制度空白，于 2016 年出台了《广州民间金融街互联网小额贷款公司管理办法（试行）》，对互联网小额贷款公司的准入、日常经营和风险处置进行规定。

（2）以阻截金融风险传导为核心的监管机制。为有效防范金融风险，民间金融街在实践中构建了以阻截金融风险传导为核心的监管机制：从源头上防控风险的产生，在风险传导过程中进行监测、管控，在风险暴露后及时给予化解等“五位一体”的监管机制。

一是严把准入关。准入关是把控风险源头的“捷径”，守好准入关可大大减少后续风险处置的成本。民间金融街自成立以来，就高度重视准入关的监管，一方面设置较高的准入门槛，放行资本实力雄厚、品牌形象较好、抗风险能力较高的主体参与其中。

值得一提的是，民间金融街对 P2P 行业始终坚持“谨慎发展，及时介入”的原则，于 2015 年 1 月印发实施了《广州民间金融街互联网金融产业基地管理与服务办法（试行）》，对落户金融街的

P2P 平台给予严格审查，谨慎放行。截至 2018 年，民间金融街 P2P 平台累计共有 13 家（拒绝 20 多家平台落户）。自 2015 年以来，劝退的平台共有 3 家；注册地迁出的有 3 家；经营地迁出的有 2 家；存量平台只有 2 家。

二是现场检查。民间金融街对入驻的地方金融机构实施定期和不定期的现场检查。同时，为加强现场检查的专业化、规范化，民间金融街编制印发全国首本《广州民间金融街小额贷款公司现场检查手册》，并得到广东省金融办和广州市金融局的高度认可，在其官方网站上公示并推广使用。

三是非现场监管。民间金融街在 2012 年便研发了全国首个区（县）一级的非现场监管系统——广州民间金融街风险监测平台，可实时、连续监测入驻机构的经营情况和风险状况，对风险传导及时给予预警，大大提高了监管效率。

四是风险处置。针对现场检查和非现场监管发现的问题，民间金融街及时对风险进行处置，通过风险提示、约谈、警告和提请工商部门吊销经营资质等手段对企业的违法违规、高风险行为给予纠正。

五是应急预案。为防范可能出现的重大民间风险，有效应对各类突发性事件，民间金融街防患于未然，未雨绸缪，于 2016 年推动出台了《越秀区民间金融突发性事件应急预案》。

（二）国外地方金融监管经验借鉴——英国地方金融监管模式及评价

按广州市委、市政府的安排，越秀区副区长陈伶俐于 2017 年 6 月参加了城市金融建设英国培训班，在英国伦敦及爱丁堡的考察学习中，听取了牛津大学、英国金融服务公司、英国经济事务研究所等多位专家、学者及高层管理人员关于行政架构及政府运作、全球金融中心建设、金融支持产业发展、金融监管、吸引金融人才等经验和情况的介绍。英国地方金融监管模式情况介绍如下。

1. 英国地方金融监管模式

（1）英国金融监管体系的变迁。

英国金融系统体量巨大，规模达到 20 万亿英镑，且混业经营的趋势日益明显。面对如此庞大、复杂且集中的金融系统，英国金融监管体系也经历了分业向混业监管的变迁。1997 年之前，英国实施分业金融监管，9 家金融监管机构“九龙治水”，导致问题日益凸显，严重制约了英国金融行业发展，并影响到金融体系的稳定。1997 年，英国开始实施统一的金融监管，设立了单一、独立的金融监管机构——英国金融监管局（FSA）；随后，英国议会又通过了相关法律保障——《2000 年金融服务和市场法》。至此，英国金融统一监管体系正式形成。2013 年，英国再次对金融监管体系进行了重大改革，废除 FSA，设立了审慎监管局（PRA）和金融行为监管局（FCA），形成“双峰监管”模式，但仍然保留混业统一监管体制。截至 2018 年，PRA 与 FCA 的监管职责和边界仍存在一定的中间地带，相互磨合和完全适应尚需时日。

（2）现行监管体系的特点。

以英格兰银行为核心，统一负责全面的金融稳定，设立 PRA 和 FCA 组成“双峰监管”模式。其中，PRA 作为英格兰银行的附属机构，负责微观审慎监管，并有权否决 FCA 出台的商业行为监管法规，FCA 是新设的独立监管机构，监管金融机构的业务行为、促进市场竞争、保护消费者，直接对英国议会与财政部负责；英格兰银行内设金融政策委员会（FPC），识别、监控并采取措施消除系统性风险，包括对 PRA 和 FCA 在宏观审慎监管方面的履责进行建议和指导。总之“双峰监管”模式的引入，是英国金融监管改革的重大里程碑，从 2013 年开始重塑英国金融监管的面貌。

现行监管体系的特点，一是英格兰银行金融监管职责全面提升，成为目前世界上最有权力的中央银行之一，“双峰”既各司其职，又分工合作，共同接受 FPC 的指导与建议。二是倡导柔性监管。英国金融监管当局认为，真正的金融创新都值得鼓励，因此他们一直以来对金融创新采取柔性监管的态度，在制度设计上更注重原则，而不拘泥于规则。投资者只要遵守基本原则，就能大胆地进行金融创新，监管部门则将监管重点放在牌照和人员管理上，要求开展金融创新的机构必须取得相应的牌照，同时对机构高管进行严格的资格审查、日常培训和信用监督，防止出现因个人的道德风险而引发系统性风险。事实证明，英国这一套柔性监管体制非常有效，是英国金融业持续保持活力的重要保障。

（3）金融创新项目——“监管沙盒”项目。

沙盒（sandbox）原本是一个计算机用语，指通过限制应用程序的代码访问权限，为一些来源不可信、具备破坏力或无法判定程序意图的程序提供试验环境。沙盒中进行的测试，多是在真实的数据环境中进行的，但因为有预设的安全隔离措施，并不会给真实系统和数据带来影响。

“监管沙盒”由英国首创，指从事金融创新的机构在确保消费者权益的前提下，按 FCA 的特定简化审批程序，提交申请并取得有限授权后，允许金融科技创新机构在适用范围内测试，FCA 会对测试过程进行监控，并对情况进行评估，以判定是否给予其正式的监管授权，在沙盒之外予以推广。

一般而言，申请沙盒测试的企业，在现有的监管体系内，要么根本无法合规运作，要么合规的成本很高。通过沙盒测试，一方面可以在监管机构的控制下实现小范围内的真实环境测试，在沙盒测试中，受测试者不因测试本身而丧失任何合法的权益；另一方面，可以为监管机构提供清晰的视角来看待监管规定与金融创新的辩证关系，及时发现因限制创新而有损消费者长远利益的监管规定，并第一时间调整，真正让适度监管、包容监管等创新监管精神落地。

据 FCA 工作人员介绍，截至 2016 年 11 月，FCA 已经累计收到 69 份沙盒测试申请，其中 24 家企业通过了审核。

2. 英国地方金融监管经验教训

（1）加强监管协调。

2008 年美国次贷危机不仅给美国经济、社会带来了深远的影响，也给世界其他各国带来了不小的冲击，其中对英国金融的影响尤为深刻，英国金融监管方面的缺陷也在危机中显现。在危机发生之后，英国政府并没有及时作出反应，而是存在一定的滞后性。究其原因，主要是在各金融监管部门之间的协调上缺乏统一要求，财政部、英格兰银行和金融服务监督局非但没能协同合作，还互相推卸责任。在这方面，我国要吸取教训，不能在部门协作方面存在漏洞。

（2）创新监管模式——借鉴监管沙盒、监管科技等新的理念和工具。

中国互联网金融协会会长李东荣在 2017 腾讯风云演讲暨原子智库年会上提道：“在创新和监管的追赶游戏中，金融创新似乎永远总是跑在前面。但我认为监管不能落后太久，也不能落后太远。”他建议考虑借鉴监管沙盒、监管科技等新的理念和工具，运用大数据、人工智能等数字技术，建立起一套能够试错、容错、查错、纠错的包容性创新管理体系，使从业机构能够在风险可控和范围可控的前提下，探索开展应用试点、产品测试、技术验证，从而给真正的金融科技创新留下一定的空间和合适的观察期。

四、构建地方金融机构风险防范体系的对策和建议

（一）深化地方金融改革，完善监管体系，充实监管力量

1. 完善地方金融机构监管制度体系

地方金融机构监管的合法性、合规性，亟须地方金融机构监管的制度体系不断完善，但当前地方金融机构监管制度较大程度存在不完备与不统一。不完备性体现在顶层制度和行业监管细则的缺乏。作为地方金融机构监管的核心顶层制度——《处置非法集资条例》和《非存款放贷组织条例》在2015年公开征求意见后，至今未能颁布实施，导致地方金融机构监管中出现“无法可依”的窘况。此外，较多行业的监管细则也迟迟未补充或及时修订。如2008年中国人民银行和银监联合印发的《关于试点小额贷款公司的指导意见》，经过10年实践，原指导意见的多数内容已无法适应实际需求，但是新修订的行业管理办法至今仍未出台。不统一主要表现在各地方金融机构监管规范性文件规定的不一致，造成了一定程度的监管套利。以各地小额贷款公司管理办法为例，在业务范围、融资渠道、融资杠杆等经营规则方面，各地都存在不一致的情况。如广东省规定小额贷款公司的融资杠杆不得超过1倍，而重庆市规定可以到2.3倍，等等。为了做好地方金融机构监管工作，保证各项监管工作的顺利进度，从国家层面，应及时出台《处置非法集资条例》《非存款放贷组织条例》以及各地方金融行业的管理办法、细则等，结束当前制度层面不完备、不统一的状况。

2. 增强地方金融监管力量

在地方金融机构体量、业务规模增长迅速的背景下，地方金融监管力量显得严重不足，既表现为人员数量不足，也体现在专业能力的滞后。面对庞大、复杂的地方金融体系，各省的地方金融监管分散于金融办、商务厅、工信厅等部门，即使是省级金融办负责机构监管的人力资源也捉襟见肘，而商务厅、工信厅从事金融管理的人员则更少，甚至与其他行业共用管理人员。目前，根据最新金融工作会议精神，各地正紧锣密鼓地成立地方金融监督管理局。届时所有的地方金融机构监管都归口地方金融监管局。各地级市也将随之设立地方金融监督管理局，金融较为发达、有条件的区、县也应相应设立地方金融监督管理局。“监管力量 = 机构 + 人员 + 职权”，除了设立监管机构，还需充实监管人员和赋予其相应的监管职权。所以为保证地方金融监督管理局能有效承担地方金融实质监管职能，应加强地方金融监管工作人员的配置，同时赋予其行政执法权，让监管长出虎牙利齿，真正负起责任，让违法违规者付出沉重的代价。

3. 强化对监管者的再监督

为了让党的十九大精神在服务实体经济、防控金融风险和深化金融改革中落地生根，让“恪尽职守、敢于监管、精于监管、严格问责”的监管专业精神蔚然成风，要加强对监管者的再监督。把“监管人员与被监管对象零物质往来”当作铁律，探索建立与被监管对象的非公务交往报告制度，严禁参加有直接监管关系人员的非公务宴请。同时，建立健全违反中央八项规定精神问题“双通报”制度，既通报监管干部的问题，也将腐蚀、拉拢监管干部的银行业金融机构和人员向有关纪检监察机关通报。

（二）借三大湾区金融科技优势，促进监管科技迭代

纵观世界三大湾区，IT创新都是引领湾区乃至世界发展的主力军，尤其是旧金山湾区，体量前十的企业80%都是科技企业，该湾区已经成为美国科技产业的集中地。金融科技是中国企业发展的

重要契机，世界前五大 Fintech（金融科技）企业中有四家是中国公司。粤港澳大湾区内，深圳具有创新驱动的先发优势，香港具有金融服务的国际化和制度优势，在大湾区内形成“科技 + 金融”的双轮驱动，为金融科技的创新发展提供了良好的环境。

RegTech（监管科技）就是一种“以科技应对监管”的颠覆性创新，鉴于当前金融机构大量采用 RegTech，无疑强化了监管机构采用 RegTech 的倒逼力量，否则，必然形成监管者与被监管者十分严重的信息不对称以及更为高级、更加隐蔽的监管套利行为。而对于地方金融监管机构而言，运用 RegTech，不仅能够快捷地感知与发现金融风险，提升监管的实时性，也能迅速而准确地识别与捕捉违规操作，继而进行及时的警示与制止，在大大降低监管成本的同时提升风险防范的精准性与有效性。在实现监管目标上，地方金融企业与地方金融监管机构完全可以通过 RegTech 达到一致与趋同，而且还能最大限度地保护消费者利益；尤其重要的是，借助 RegTech，监管机构可以力避因强势或过度监管而抑制金融创新的结果，从而在监管与市场之间找到一个平衡机制，实现一种多赢的安排。

（三）强化金融消费者保护，打造权益防护网络

贷款业务是地方金融的核心业务，地方金融机构多是非存款放贷组织，不吸收社会公众存款，所以多数地方金融机构适用非审慎监管框架。非审慎监管的核心是金融消费者保护。为此，可以打造小微金融消费防护平台，该平台主要运用智慧短信技术，嵌入地方金融机构与小微金融消费者沟通的渠道，既可为地方金融机构提供优质的信息服务，又可以通过监测地方金融机构与小微金融消费者的沟通信息来发现地方金融机构是否存在侵犯小微金融消费者的行为。地方金融机构都要统一接入智慧短信平台与小微金融消费者联系。小微金融消费者可以通过智慧短信平台的窗口对地方金融机构可能涉嫌的违法违规行为进行举报、查询更多的服务信息或获取更多金融服务。

（四）完善行业准入体系，实行从业人员资格认证

地方金融机构如何保持安全、高效、稳健运行，建立一支爱岗敬业、勤勉尽责、诚实守信、严谨规范、忠诚廉洁的从业队伍至关重要。多次地方金融危机警示行业必须进一步深化对从业人员的职业道德教育，规范和约束从业人员的行为，培育从业人员职业操守。这不仅是保证地方金融机构行业科学、平稳、协调、可持续发展的客观需要，也是维护金融消费者合法利益的现实需要。因此，为提高地方金融机构从业人员职业操守和业务水平，可以实施地方金融机构从业人员资格认证办法。

（五）推进“互联网 + 监管”模式，构建信息化监管系统

非现场监管是有效监管的重要组成部分，也是持续监管的重要手段和方法。非现场监管是现场监管的基础，二者相辅相成、缺一不可。利用信息化技术在监管手段上实现突破，构建地方金融组织非现场监管模式非常必要和迫切。对各类地方新型金融组织进行有效的事中、事后监管，防范金融风险，是各级地方政府义不容辞的责任。

规范发展地方融资，完善地方金融管理体制，加强地方金融监测预警，是防范、化解地方金融风险的有效之策。而建设地方金融组织非现场监管系统，可以有效、规范地完成地方金融组织的数据采集上报，结合现场监管推进金融监管水平和效能的提升。信息化技术应用于监管工作不仅是管理方式的创新提升，也是必然趋势。

目前广东省上线了广东省地方金融风险防控平台，可通过舆情监测的方式监测众多地方金融机构

可能存在的金融风险。但是由于其暂时无法获取各地方金融机构的财务数据、经营数据和基础数据等，无法通过数据分析找到可能存在的风险疑点。建议抓紧加大技术投入或寻找合作方，让广东省地方金融风险防控平台可抓取各地方金融机构的经营数据等，满足数据分析，满足非现场监管需要。

（六）推动分级分类监管，引导扶优限劣

监管评级作为地方金融监管部门开展持续监管的重要环节，是实施分类监管的基础和工具。地方金融机构监管评级体系对地方金融机构资本充足率、资产质量、管理状况、盈利状况、流动性状况和市场风险状况进行评估，加权汇总得出综合评级，具有指标体系完整性、评级方法先进性、评级结果科学性等特征，是一个较为科学的评价体系。在实际经营过程中，地方金融机构存在合规风险、法律风险、信用风险、市场风险和操作风险等，风险种类较多。但监管机构的监管资源相对有限。为将有限的监管资源配置到最需要监控的风险中，需要通过监管评级和分类监管将不同风险程度的地方金融机构区分开来，筛选出高风险和优质的地方金融机构，进而对高风险的机构实施“强监管”，对优质的地方金融机构予以发展支持，允许其做大做强，营造出奖优限劣的市场氛围。

目前，各地已陆续在小额贷款公司、融资担保公司等行业开展监管评级试点。以小额贷款公司行业为例，据统计，截至2018年全国已有18个省份开展了监管评级工作。但广东省暂未实施全省范围的监管评级，个别城市如江门、佛山正积极探索试点。为了更好地发挥监管评级的作用，暂未实施分类监管的地方应抓紧推进相关工作，一方面按照“全面、持续、风险导向、定量与定性”的原则，抓紧建立监管评级工作体系；另一方面根据扶优限劣的原则，形成分类监管体系，支持优质的地方金融机构“挤压”不合规的地方金融机构的市场份额，从而形成健康的经营氛围。

（七）探索监管沙盒机制，平衡风险与创新

监管沙盒机制对一部分创新技术和产品的金融机构和初创企业提供放宽性特权支持。其先在一个给定的时间和空间内进行试运行，测试出金融创新产品的漏洞和风险并及时防止外溢，待各方面成熟、完善后，再评判其是否具备推广至更大市场范围的能力或者是直接退出测试。监管沙盒是一种可兼顾金融创新发展与金融风险防范的监管模式，其本质为前准入监管、差异化监管和临时性监管，并提供了金融监管机构与金融创新主体的互动机制，有助于推动金融科技和金融创新的健康有序发展，地方金融机构作为金融创新能力较强的群体，可以考虑引入监管沙盒制度，增进监管机构与金融创新主体之间的良性互动，减少金融创新的监管成本。

虽然监管沙盒尚处于起步阶段，其监管的可行性还未得到充分的验证，是否能够适应并完全融入我国的监管体系也尚需考量。但从我国对地方金融“先发展后监管”的监管路径来看，监管沙盒模式确实为目前所面临的监管滞后的瓶颈给出了一个很好的突破方法。可以充分借鉴英国等地的经验，在地方金融机构集聚的产业园区，优先探索实施监管沙盒模式。

本文根据广州市越秀区副区长陈伶俐提供的资料整理。（2018年）

法经济学视角下小额贷款公司风险防范机制研究

——以广州民间金融街为例

第一章　我国小额贷款公司的发展与特征

第一节　我国小额贷款公司的产生与作用

一、我国小额贷款公司产生的经济分析

（一）供给—需求分析

供给—需求分析是微观经济学中分析市场供求关系的一种方法，就是通过供给和需求曲线来分析供给、需求和价格之间的关系，以及供需曲线背后诸因素对价格和市场交易量影响的一种方法。

1. 小额贷款公司的需求

影响小额贷款公司需求的主要原因是市场主体希望获得潜在的最大利益。按照原有融资模式和机制运行，民间资本没有得到合理利用，资源配置没有达到帕累托最优状态，即改变资源配置方式将会提高效率。这种情况下，原有的制度安排存在较大的潜在利润。当主体意识到改变原来的融资模式或者建立新的融资模式可以获取该潜在利润，就相应地产生了小额贷款公司的市场需求。也就是说，主体选择小额贷款公司为其带来了利益。

小额贷款公司的效用、服务内容、资金价格，以及消费者偏好和收入水平也是影响小额贷款公司需求的主要因素。例如，依据边际效用递减规律，消费者对小额贷款的需求是有一定限度的，如果超过需求的限度，则小额贷款公司就会成为消费者乃至全社会的一种负担。当然，价格是影响小额贷款公司需求的重要因素，除了小额贷款本身的价格外，相关商品，比如说替代品的价格也会影响小额贷款公司的需求，当具有替代关系的小额贷款公司的资金价格上升时，消费者对其他小额贷款公司，或者其他金融机构的需求就会增加。

2. 小额贷款公司的供给

小额贷款公司的供给者是各地政府，与市场上的厂商以自身盈利为目的的生产活动不同，政府的收入主要来自税收等非价格性来源，而不像市场主体来自出售商品的收入（胡秋灵、何显婷，2010）。小额贷款公司供给不足将会导致过多的民间资本找不到投资渠道，就有可能出现非法集资的现象，危害金融秩序。因此，对于市场经济而言，政府对经济发展最大的贡献就是为市场提供制度基础。各地政府在提供小额贷款公司供给时会有很大的规模经济效用，政府可以垄断小额贷款公司的供给，以比其他类似的竞争性机构更低的费用提供小额信贷服务，同时降低供给的成本。

（二）成本—收益分析

小额贷款公司收益是指通过将资金贷给中小微企业、个体户和农户等所获得收入，促进民间资本最佳配置，满足主体的最大需要和利益。在经济市场上，企业以边际收益为目标，对于小额贷款公司而言，边际收益自然也是其追求的目标。根据边际效用递减规律，小额贷款公司的收益是递减的。小额贷款公司在最初设立的时候，将会产生规模效应，其收益也比较高；当边际收益和边际成本相等时，小额贷款公司的收益和回报就会相应地降低；最后，随着小额贷款公司的收益变得很低时，就产生了小额贷款公司规模不经济的现象（孙世艳，2010）。目前，小额贷款公司之所以存在就是因为设立小额贷款公司的成本小于收益，小额贷款公司本身的边际成本小于边际收益。

（三）从制度经济学的角度分析

在改革开放初期，特定的经济环境下形成了单一的政府控制的银行体系，导致国家采用了单一的国有金融产权形式，这种制度在当时的环境下发挥了巨大的作用，它能够集中力量办大事，保证体制内的经济增长。随着经济环境的不断变化，这种体制结构不能分散风险，银行的资源配置效率也不高，最终会发展至与体制相悖的阶段。随着我国经济水平的不断提升，以前粗放式的经济增长难以维系，劳动密集型产品的竞争力下降，产业结构升级迫在眉睫，在产业升级过程中，体制外企业需要大量的金融资源做支撑。但是由于信息不对称，正规金融机构在提供金融资源时会产生较高的交易费用，导致正规金融机构向体制外企业配置资源的意愿不是很强，信贷缺口由此出现。由于资金配置存在缺口，获利机会就会出现，但是国家对民间资本转让资金是有严格限制的，非正规金融机构难以发挥作用。体制外收益的存在会导致民间资本和国家之间不断进行博弈，这会引发资金产权进行重新组合，这种组合最终会导致小额贷款公司的出现。因此，小额贷款公司是制度变迁的必然结果（魏文博，2011）。

二、我国小额贷款公司产生的作用

（一）缓解中小微企业、个体户和农户等的融资难问题

中小微企业，特别是民营企业的蓬勃发展已经成为推动中国经济向前发展的重要力量。然而由于自身规模等原因，中小微企业的发展会遇到诸多瓶颈。尤其是资金短缺已经成为中小微企业发展道路中的主要障碍，个体户和农户也面临着同样的问题。目前，银行业金融机构的贷款条件一般都需要房产、土地等各种形式的抵押物，但是中小微企业、个体户处于发展初期，规模小、有形资产少，加上向银行申请贷款手续烦琐、审批时间长，很难通过正规金融机构获得所需贷款，“融资难”“融资贵”的问题日益突出。而小额贷款公司主要提供小额信用贷款，原则上不需要抵押和担保，手续简便、快捷，中小微企业、个体户和农户能够比较容易获得发展资金，这就很好地缓解了其融资难的问题，为中小微企业的发展提供了“造血”功能。

（二）规范和引导民间融资，为民间资本以正规的方式进入市场提供了渠道

改革开放以来，民间资本逐渐聚积，特别是近十年民间资本增幅较大，据统计，全国民间资本总量为 30 多万亿元。但民间借贷市场发展很不规范，造成了很多问题，例如用暴力的手段进行催收，危害了社会秩序和安定团结。近年来，为应对金融危机和抑制通货膨胀，国家实施了紧缩性的货币与财政政策，这导致民间资本流动渠道不畅。小额贷款公司的出现正好为大量寻求投资出路的

民间资本打开了一条合法、规范的通道。国家通过建立小额信贷制度，对民间资本借贷予以合法化、制度化。这是大势所趋，也是在新的金融形式下，国家和地方政府作出的一种有益尝试。小额贷款公司的出现，不仅可以减少流向高利贷和地下钱庄等非法领域的民间资金，更能促进和引导民间投资的合法化和阳光化。

（三）弥补正规金融支持的不足，完善金融市场结构

中小微企业、个体户和农户对小额贷款的需求量很大，需要的贷款数额较小，但缺乏有效的担保方式，这使得他们很难满足正规金融机构贷款的条件和要求，从而难以享受正规金融机构提供的服务。在大量中小微企业、个体户和农户的金融需求无法在正规金融机构得到满足的这一现实情形下，小额贷款公司应运而生，它的产生正好弥补了传统正规金融机构支持的不足。

（四）有利于健全信息披露制度，建立征信体系

征信体系的建设包括两个方面的内容，首先是借款人的信用记录，其次是小额贷款公司本身的信用状况。小额贷款公司在发放贷款的时候，一般不需要提供抵押、担保，只需要根据客户的信用情况来决定是否发放贷款以及发放贷款的额度，因此，调查和了解客户的信用信息，是小额贷款公司降低信用风险的基础。目前，中国人民银行已经在银行系统中建立了征信系统，商业银行可以登录征信系统查询有关借款人的信用信息。由于没有建立起小额贷款公司客户的征信系统，小额贷款公司也没有接入中国人民银行的征信系统，无法获取借款人在银行系统的信贷信息。在这种情况下小额贷款公司要想获得借款人的真实信息，只能采取实地考察的方式，这大大提高了小额贷款公司的运营成本。随着小额贷款公司的发展，其将逐步建立信用信息数据库，并与中国人民银行的征信系统进行融合。这样可以实现信息共享，降低小额贷款公司的成本，提高其收益。

（五）有利于填补民间金融方面法律的空白，完善金融法制体系

小额贷款公司的持续稳健发展将推动相关法律的完善，并有利于提高其监管规则的法律效力，明确小额贷款公司的性质和监管主体，健全监管法律制度体系。小额贷款公司一经问世就受到各界的关注，其在缓解中小微企业、个体户和农户等的融资难题以及扩宽融资渠道等方面发挥了巨大的作用，但是“只贷不存”的制度让小额贷款公司发展受到限制，这也会促使政府出台相应的政策来扶持小额贷款公司的发展，同时加快完善相应的监管法律法规，保证小额贷款公司的健康发展。

（六）有利于消除贫困，促进地方经济发展，保障社会安定有序运转

最初小额贷款公司的产生是人们关注贫困人口的结果，贫困问题在全球范围内普遍存在，因此，如何帮助贫困人口脱离贫困是国际社会关注的重点，小额贷款公司正是在贫困人口得不到正规金融服务的条件下出现的，它的产生有利于消除贫困，保障社会的安定团结。在我国，小额贷款公司的服务对象还有中小微企业、个体商户等，这些微型经济得到发展，必然能够拉动当地 GDP，促进地方经济发展。

第二节　广州民间金融街小额贷款公司的发展与特点

一、广州民间金融街小额贷款公司发展的重要意义

小额贷款公司作为一类新型的金融组织形式，与传统商业银行错位发展，具有对传统商业银行

信贷拾遗补阙的功能。[①] 小额贷款公司在广州民间金融街的集聚发展，对于整合民间富余资金，解决中小微企业“融资难”问题具有重要作用；同时，街内小额贷款公司积极配合监管部门的监管要求，按规定合法合规经营、及时报备相关业务数据，对于探索民间融资规范化、阳光化也具有重要的理论和现实意义。

（一）盘活民间资本，带动相关产业发展

通过对广州民间金融街的调查分析，发现街内各小额贷款公司业务开展对象主要以股东的上下游企业、市内各专业市场、贸易商圈、科技园区的中小微企业为主，充分发挥了为中小微企业解决融资难题的效能。如某科技型小额贷款股份有限公司，系由广州市名优科技企业发起设立。该公司自成立以来，主打“科技金融”，通过创新贷款产品，对科技型中小微企业采取专利权抵押等新型贷款方式，为民营科技类中小微企业的成长提供宝贵的资金支持。

（二）资金价格透明，规范民间借贷行为

广州民间金融街要求入驻的小额贷款公司按规定每日在广州民间金融街风险监测系统报备业务数据，包括贷款金额、贷款期限和利率等。政府监管部门根据街内小额贷款公司报备的业务数据，按照科学的计算方法，得出金融街内小额贷款平均利率，形成民间融资“广州价格”，并每日通过网络、街内终端电子显示屏及市内主要媒体及时发布。整体而言，民间金融街利率随行就市、公开透明。民间融资“广州价格”的发布为街内外民间融资提供了参考，在一定程度上抑制了高利贷的发生，对民间融资价格起到引导与平抑作用。

二、广州民间金融街小额贷款公司发展的特点

自2005年首批小额贷款公司试点以来，各地方政府纷纷开展小额贷款公司试点，在试点的同时，各地也在逐步探索适合监管实际的监管模式。广州市在试点过程中，积极探索适合小额贷款公司规范、可持续发展的新模式，通过建设广州民间金融街，首开小额贷款公司向园区化集聚发展及监管的先河，为我国探索恰当的小额贷款公司发展及监管模式积累了经验。广州民间金融街内小额贷款公司的发展呈现以下特点。

（一）小额贷款公司产业化、园区化发展

相比国内其他地区小额贷款公司分散、各自经营的特点，广州民间金融街小额贷款公司的首要特点是集聚发展。通过政策扶持和引导，广州民间金融街集中引入一批经营规范、服务优质的小额贷款公司及相关机构，推动民间金融机构集聚发展。广州民间金融街首期、二期分别新设成立10家、20家小额贷款公司，总数达30家，占广州市小额贷款公司总数的61%。目前，广州民间金融街已经进入三期建设，预计在2014年底前，将再有70家小额贷款公司进驻，届时，广州民间金融街的小额贷款公司将达到100家，集聚效应将进一步增强。通过建立小额贷款公司发展集聚区，引导其集聚发展，既有利于通过竞争促使小额贷款公司合法经营、创新经营，也有利于形成集中性、专业化的小额信贷市场，形成小额信贷品牌效应，更为政府的集中、有效管理提供了便利。广州民间金融街的建设，首开小额贷款公司集聚发展的先河，为地方政府探索专业化、集中化的监管模式

---

① 魏文博：《小额贷款公司发展的逻辑框架——基于制度经济学的考虑》，《中国经贸导刊》，2011年第7期，第61－62页。

创造了条件。紧随广州之后，武汉、佛山等地都在借鉴广州经验，开展各具特色的“民间金融街”建设，试行小额贷款公司集聚发展模式。

（二）小额贷款公司规范化、阳光化发展

一直以来，民间金融都游离于监管之外，处于地下状态，由民间资本萌生而来的小额贷款公司在一定程度上也处于监管的边缘地带，在监管主体、监管标准、监管依据等方面都较为混乱，不规范经营现象普遍存在。广州民间金融街通过小额贷款公司园区化发展，形成规模效应、集群效应，使政府在加强监管方面有更多的创新行为：完善现场检查流程、创新非现场监管平台、引导行业自律，经过政府严格监管，金融街内小额贷款公司的内部管理制度不断完善、内控制度逐步健全、业务审批流程逐步规范。在贷款的发放方面，广州民间金融街由政府主导编制并发布了民间融资“广州价格”，将小额贷款公司的平均放贷利率进行公布，为借贷双方利率定价提供了市场参考，降低了交易成本，推动小额贷款公司规范化、阳光化、合法化发展。

（三）小额贷款公司管理提升，稳健发展

广州民间金融街通过政府加强引导、严格从业人员准入，定期对从业人员开展免费培训等，促进小额贷款公司从业人员素质和管理水平大幅提升，公司业务稳健发展。据政府管理部门的现场检查报告显示，主要表现为以下两个方面：①内部管理不断完善，制度愈加健全。金融街内各小额贷款公司均根据《关于小额贷款公司试点的指导意见》（简称《指导意见》）和《广东省小额贷款公司管理办法（试行）》，建立了较为完善的内部管理机制和公司治理结构，制定了稳健、有效的议事规则、决策程序、内审制度等各项管理制度，完善了贷款审批和贷后管理流程，提高了公司治理的有效性。②业务流程逐步规范，风险不断降低。广州民间金融街入驻的小额贷款公司均将业务风险控制放在经营的首位，不断规范业务流程，各自建立了较为科学的授权授信制度、信贷管理制度、资产分类制度和拨备制度。

第二章　小额贷款公司风险分析与评估机制

第一节　小额贷款公司面临的主要风险

目前，我国小额贷款公司按法律性质划分，不属于金融机构，但是由于其与商业银行在许多方面具有相似性，都是从事融资等货币信用活动，二者具有千丝万缕的联系，因此小额贷款公司也面临商业银行的某些风险。商业银行面临的主要风险包括信用风险、市场风险、操作风险、流动性风险、声誉风险和战略风险等。[①] 参照银行业金融机构的风险分类，借鉴国内外学者对小额贷款公司风险的研究，结合我国小额贷款公司的特征、发展现状及存在问题，笔者认为可将小额贷款公司面临的风险分为信用风险、流动性风险、经营风险、操作风险、合规风险、系统性风险以及其他风险（图 1）。

---

① 中国银行业从业人员资格认证办公室：《风险管理》，中国金融出版社，2010 年，第 107 页。

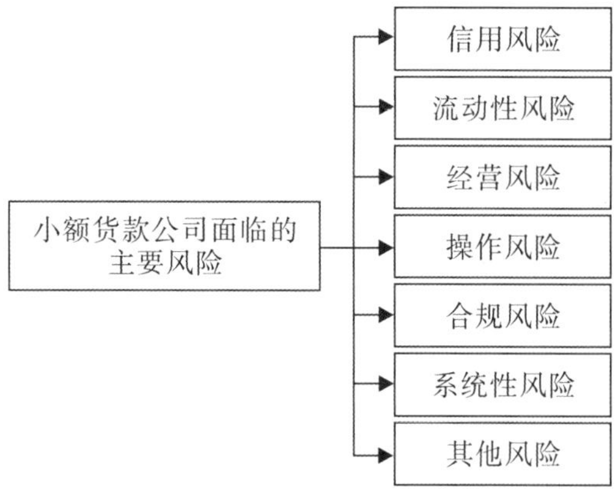

图 1　小额贷款公司面临的主要风险

一、信用风险

参考国内外学者对小额贷款公司风险影响因素的研究成果，结合广州民间金融街小额贷款公司的实际情况，笔者认为从小额贷款公司角度而言，信用风险的影响因素（风险指标）包括信用贷款比率、贷款损失率、贷款损失准备充足率、不良贷款率、逾期贷款率、大额贷款集中度、贷款行业投向集中度、贷款用途、利息回收率以及关联贷款率（表 1）。

表 1　信用风险一览表

序号	风险指标	公式	主要内容
1	信用贷款比率	（信用贷款总额 ÷ 累计贷款总额）×100% （信用贷款笔数 ÷ 总笔数）×100%	信用贷款总额、笔数占贷款总额、总笔数的比率
2	贷款损失率	（不能完全收回本金的逾期贷款 ÷ 累计贷款总额）×100%	不能完全收回本金的逾期贷款占累计贷款总额的比率
3	贷款损失准备充足率	（对不良贷款实际计提的准备金 ÷ 应计提准备金）×100%	对不良贷款实际计提的准备金与应计提准备金的比率
4	不良贷款率	（不良贷款 ÷ 累计贷款总额）×100%	不良贷款占累计贷款总额的比率
5	逾期贷款率	（超过规定还款时间的贷款 ÷ 累计贷款总额）×100%	超过规定还款时间的贷款占累计贷款总额的比率
6	大额贷款集中度	单笔贷款超过一定数额，其累计金额和累计笔数占贷款总额和总笔数的比率	超过规定比率
7	贷款行业投向集中度	（贷款投向某行业的金额 ÷ 累计贷款总额）×100%	投向某一行业的贷款金额占累计贷款总额的比率
8	贷款用途	（每一种贷款用途投向金额 ÷ 累计贷款总额）×100%	贷款的具体流向

（续表）

序号	风险指标	公式	主要内容
9	利息回收率	（利息实际回收数 ÷ 应收数）× 100%	利息实际回收数与应收数的比率
10	关联贷款率	（对关联方的贷款总量 ÷ 累计贷款总额）× 100%	对关联方的贷款总量占累计贷款总额的比率

二、流动性风险

银行业金融机构的流动性风险是指商业银行无力为负债的减少或资产的增加提供融资，而造成损失或破产的可能性。① 实体经济的流动性风险是指经济主体由于金融资产流动性的不确定性而遭受经济损失的可能性。相比较而言，由于小额贷款公司的流动性供给与流动性需求存在不均衡的现状，小额贷款公司的流动性风险更接近于银行业金融机构的流动性风险，是指小额贷款公司没有足够的资金来应付到期的资金偿还需求和未能满足客户的贷款需求或其他即付的现金需求，使其自身蒙受信誉损失或经济损失的可能性。② 但是其又与银行业金融机构存在较大的差异——小额贷款公司资金的来源包括公司股东投入的资本金、捐赠资金、银行融入的资金。因此，小额贷款公司的流动性风险主要来源于三方面：一是资金来源受限，融资渠道狭窄，流动性供给无法满足市场的流动性需求，往往造成公司人力、物力资源的浪费，影响公司的盈利能力，严重时引发公司的流动性风险；二是对融入资金及利息的偿付，即偿债能力降低，无法向银行等金融机构偿还本金的风险；三是小额贷款公司信贷结构不合理导致的流动性风险，比如其为了追求高利润，过多地将资金投向房地产等高风险、资金回收期长的行业，致使无法及时收回本息，不良贷款率过高（表 2）。

表 2　流动性风险一览表

序号	风险指标	公式	主要内容
1	资产负债率	（从银行等其他金融机构借款的数量 ÷ 公司总资产）× 100%	公司负债总额与公司资产总额的比率
2	流动比率	（流动资产 ÷ 流动负债）× 100%	流动资产与流动负债的比率
3	现金比率	（现金资产 ÷ 流动负债）× 100%	公司现金资产与流动负债的比率
4	现金流量比率	（经营现金流量净额 ÷ 流动负债）× 100%	经营现金流量净额与流动负债的比率
5	流动性缺口比率	（流动性缺口 ÷ 同期内到期的表内外资产）× 100%	90 天内的表内外流动性缺口与 90 天内到期的表内外流动性资产的比率

① 中国银行业从业人员资格认证办公室：《风险管理》，中国金融出版社，2010 年，第 156 页。
② 贾政军：《小额贷款公司信贷风险评价研究》，中北大学硕士论文，2012 年，第 35 页。

（续表）

序号	风险指标	公式	主要内容
6	利息保障倍数	（单位时间内经营业务收入 ÷ 借款利息支出）×100%	单位时间内经营业务收入与借款利息支出的比率
7	现金流量利息保障倍数	（经营现金净流量 ÷ 借款利息支出）×100%	经营现金净流量与借款利息支出的比率

三、经营性风险

经营性风险是指决策人员与管理人员在经营管理过程中出现失误而导致公司盈利水平变化，从而产生投资者预期收益下降的可能。小额贷款公司经营好坏，除了受到外部因素的影响，主要在于决策者和管理者的经营管理水平。在财务指标上，主要通过以下几方面反映公司经营状况（表3）。

表3　经营性风险一览表

序号	风险指标	公式	主要内容
1	净资产增长率	[（期末净资产总额 – 期初净资产总额）÷ 期初净资产总额]×100%	公司本期净资产增长额与期初净资产总额的比率
2	资产净利率	（公司净利润 ÷ 资产平均总额）×100%	公司净利润与资产平均总额的比率
3	净利润率	（净利润 ÷ 营业收入）×100%	净利润与营业收入的比率
4	权益净利率	（净利润 ÷ 股东权益）×100%	净利润与股东权益的比率

四、操作风险

小额贷款公司方兴未艾，发展时间短，长者三五年，短者三五月，行业不成熟，管理经验不足，源于公司内部的操作风险成为小额贷款公司面临的重要风险。小额贷款公司的操作风险来自以下几方面：一是内部控制制度不完善。小额贷款公司发展初期，财务、人事、档案、业务管理、内审、信息披露等内部管理制度不健全，存在管理漏洞，容易发生操作风险。二是员工从业经验缺乏，专业素质不高。一方面，小额贷款行业刚刚兴起，行业经验不成熟；另一方面，小额贷款行业不能完全借鉴银行业的贷款技术，需要在长时间的经营过程中不断摸索，总结经验。三是小额贷款公司业务量大，员工人数少，容易出现操作失误。小额贷款公司以“小额、分散”为放贷原则，虽然贷款金额小但贷款笔数多，大大增加了员工的工作量。

五、合规风险

合规风险主要是指小额贷款公司因违反法律法规监管要求、自律性组织制定的有关规则而可能受到法律制裁或监管处罚、重大财务损失或声誉损失的风险。从实质内容看，合规风险主要是强调小额贷款公司“因各种自身原因主导性地违反法律法规和监管规则等而遭受的经济或声誉的损失”。

合规风险有大有小，轻者被警告、约谈，受到处罚，重者整改甚至退出市场。合规风险不同于其他风险的最突出特点就是受小额贷款公司主观选择的影响很大。根据《指导意见》以及各省、市制定的小额贷款公司管理办法，小额贷款公司的合规风险主要表现在以下几个方面（表4）。

表4　合规风险一览表

序号	风险指标	主要内容
1	资金来源是否合规	①股东缴纳的资本金；②捐赠资金；③来自不超过两个银行业金融机构的融入资金
2	催债方式是否合法	不得暴力催债
3	单笔贷款利率是否符合要求	上限不超过中国人民银行公布的贷款基准利率的4倍，下限不低于中国人民银行公布的贷款基准利率的9/10
4	单笔贷款数额是否符合要求	不得超过500万元
5	是否超过限额放款	不得超过资本金及融入的资金之和
6	是否跨区域贷款	在本区县范围内或监管部门特许的区域范围内开展业务

六、系统性风险

系统性风险是指由整体经济、政治、社会等大环境因素引起的，不为公司所预测或控制的风险（表5）。

表5　系统性风险列表

序号	风险指标	主要内容
1	国家宏观经济情况	经济走势、中国人民银行规定的基准利率等
2	国家相关法律和政策	国家根据国情制定的关于小额贷款公司的法律法规和优惠政策
3	行业竞争度	小额贷款公司面临来自金融机构及行业内部的竞争压力

第二节　小额贷款公司风险成因分析

目前，全国各地对小额贷款公司风险产生原因的研究很多，但大多仅从现象角度说明，以现象解释现象。本节将利用法经济学和经济学的相关理论对小额贷款公司风险产生的原因进行分析。

一、信息不对称分析

一般而言，小额贷款公司的客户是中小微企业和个人（农户），而这部分客户的特点正是难以得到足够的有效信息量。首先，从小额贷款公司方面来说，由于无法连接中国人民银行的征信系统，因此在评价借款人的偿债能力和诚信水平方面有困难。其次，从客户方面而言，一是信息披露的意愿不高。由于披露信息成本高以及不愿对外提供内部经营信息和财务信息，所以中小微企业及个人（农户）披露信息的积极性不高。二是缺乏信息披露的渠道。现有的信息收集披露机构、平台仅对大型企业、跨国公司的信息感兴趣，而不愿去采集、披露中小微企业及个人（农户）的信息。三是信息的产生能力弱。中小微企业和个人（农户）一般没有完善的财务制度和严格、规范的财务报表，小额贷款公司采集客户偿债能力信息的成本较高。

由于以上原因，小额贷款公司难以获得足够有效的信息量来评价客户。在与中小微企业及个人（农户）的交易中，小额贷款公司处于信息劣势的地位，产生了信用风险问题。中小微企业及个人（农户）便可能滥用自己信息优势的地位，增加小额贷款公司收回贷款的难度，引发道德风险问题。小额贷款公司为了弥补高风险可能带来的损失，便提高贷款利率。这反过来又会引起道德风险上升的问题，使小额贷款公司的信用风险程度提高，最终结果可能是无法收回本金。

二、成本收益分析

小额贷款公司的成本是指公司运作的整个动态过程所付出的代价。这种代价的描述，包括从静态的制度到动态的运作，从表层的设施到深层的心理。[①] 具体而言，这是各种物力、人力和财力的耗费，包括进入成本、经营成本和守法成本。进入成本是指小额贷款公司进入小额信贷市场初期的组织创建成本、人力资源成本和信贷管理制度成本。经营成本包括小额贷款公司在运营过程中产生的员工薪酬福利、水电费、租金、业务支出等成本以及为避免公司人员、场所闲置而融入资金的成本。守法成本是指小额贷款公司守法经营过程中支出的税赋、人力等成本以及违规经营获取额外收益的机会成本。

小额贷款公司的收益是指小额贷款公司在遵守法律规定的前提下，完善公司管理制度，改进贷款审批流程，控制信贷风险，降低公司运营成本，促进实现公司资源的最佳配置，满足公司的最大需要和利益。广义而言，其收益不仅包括经济收益，而且还有法律收益和社会收益。经济收益是指小额贷款公司降低成本、增加利润而获得经济上的利益。法律收益是指小额贷款公司守法经营而获得的监管机构的正向评价。社会收益则是指小额贷款公司支持实体经济发展而获得的社会正向评价。

三、制度经济学分析

新制度经济学代表人物诺斯认为：“制度是一个社会的游戏规则，或形式上是人为设计的构造人类行为互动的约束。制度是一系列被制定出来的规则、守法程序和行为的道德伦理规范，它旨在约束追求主体福利或效用最大化的个人行为。”[②] 整个社会层面有国家制定的规则、守法程序和行为的道德伦理规范组成的制度，对社会中每个人的行为进行约束，维护良好的社会秩序；企业是市场中最重要的主体，也有自己的管理规章、运营制度，对自己和员工的行为进行规范，建立畅通的上下交流渠道，营造和谐的公司环境，减少交易费用，追求效用最大化。作为市场主体的小额贷款公司只有通过完善内部组织架构、风险控制制度、业务决策流程以及人员管理制度，才能避免因不完善或者有问题的内部操作过程、人员、系统或外部事件而导致的直接或间接损失的风险；否则，小额贷款公司会面临巨大的操作风险。

---

① 钱弘道：《法律的经济分析工具》，《法学研究》，2004 年第 4 期，第 134 - 147 页。

② ［美］道格拉斯·C. 诺斯：《经济史中的结构与变迁》，陈郁、罗华平等译，上海三联书店、上海人民出版社，1994 年，第 225 页。

四、外部性分析

各地小额贷款公司自设立以来，为中小微企业和个人（农户）有效解决了资金短缺问题，给整个社会带来了正能量，这就是正外部性。以广州民间金融街为例，截至2013年7月底，街内入驻小额贷款公司累计为中小微企业和个人（农户）提供融资服务超过百亿元，放贷金额约占广州市同期的60%，有效为商务与科技服务、节能环保、时尚创意、生物与健康、农产品加工等行业解决“融资难”问题。但是，主要以民间资本投入设立的小额贷款公司，天生具有非法集资和洗钱的便利性，容易跨过法律这条红线。小额贷款公司的风险一旦爆发，会引起信用危机，扰乱金融秩序，给社会带来巨大的负外部性。

第三节　小额贷款公司风险评估机制

小额贷款公司面临的各种风险是相互联系、相互作用的，因此在对小额贷款公司进行风险评估和管理时，应积极推行全面风险管理的理念，建立健全风险评估机制，通过评定风险水平，为风险管理提供参考依据。

一、小额贷款风险指标体系构建

建立小额贷款公司风险评估体系应该从我国小额贷款公司实际情况和影响因素出发，充分考虑风险量化体系的独特性，使体系具备系统性、全面性、适用性、定性与定量相结合等特征，所构建的小额贷款公司风险预警指标体系应能够全面、客观地评价分析小额贷款公司的风险水平。

（一）指标设计原则

小额贷款公司风险指标应当能够客观、全面地评价小额贷款公司的风险水平，对其发生风险的可能性和发生风险导致损失的范围和强度进行评估。其中构建一套适合小额贷款公司的风险指标体系是建立小额贷款公司风险评估机制的前提和基础。兼顾我国小额贷款公司的实际情况和影响因素，应遵循以下几点原则：一是可操作性好，所选取的指标要能相对便捷地获得准确、可靠的原始数据样本，并且合成的指标应该能够对小额贷款公司风险有显著的预警作用；二是具有全面性，设计的指标应全面分析小额贷款公司所面临的风险，根据小额贷款公司面临的各类风险分析可知，指标体系有必要同时涵盖信用风险、流动性风险、经营风险、操作风险、合规风险和系统风险等方面；三是可量化，各项指标能够给出具体代表的风险类型的风险值，融合后的整体风险指标也可以根据设定的风险预警区域，得到代表整体风险的风险值；四是开放性原则，我国小额贷款公司正处于试点阶段，无论是经营风险还是推出的金融产品都在不断变化，所建立的风险指标体系也应该随着小额贷款公司实际业务的发展和变化进一步调整和完善。

（二）建立初始指标

根据本章第一节对小额贷款公司面临的主要风险的分析，并追溯其风险发生的源头，分析小额贷款公司风险产生的主要原因，本文除了依据金融风险管理的目标和原则，参考商业银行风险管理和小额贷款公司风险管理的相关指标，还结合了小额贷款公司信贷专家和部分学者的意见，初步建立了小额贷款公司风险指标体系（图2），其中包括了6项一级指标（A1—A6）和35项二级指标

（B1—B35）。小额贷款公司风险指标体系如下：

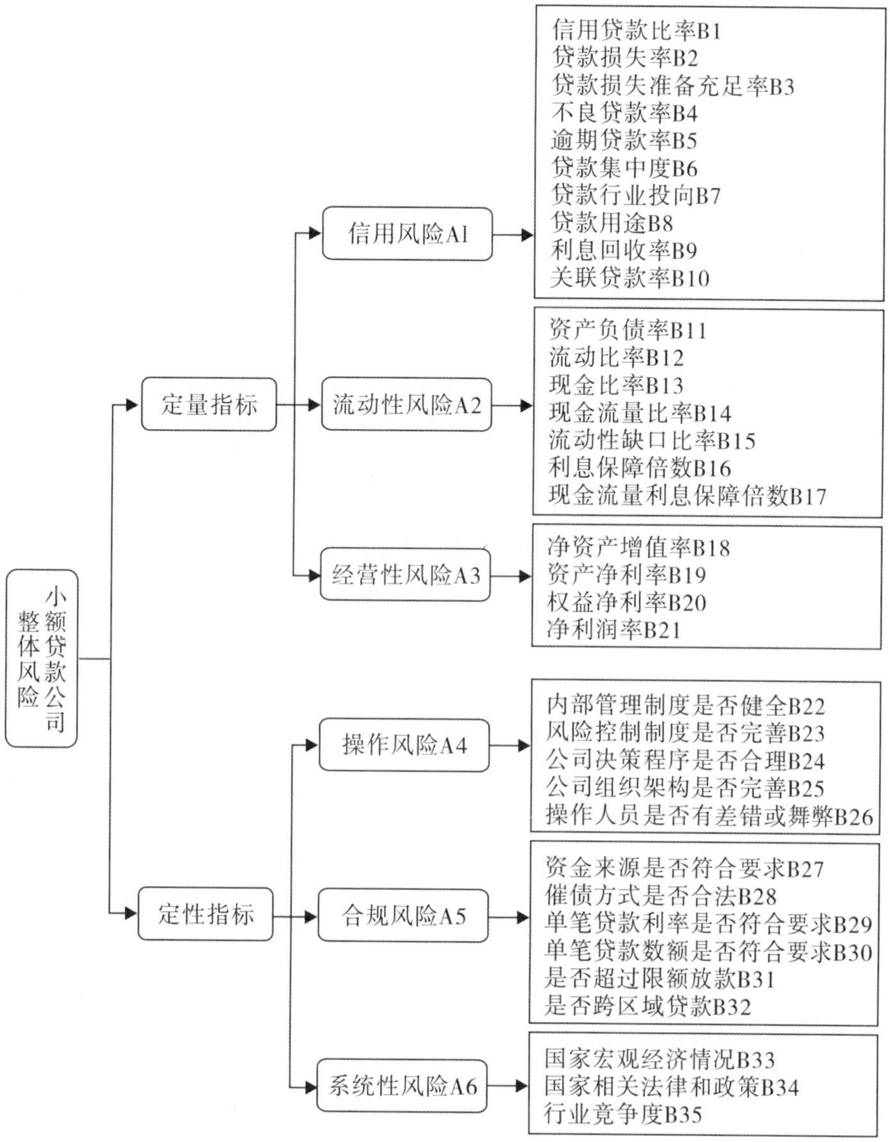

图2　小额贷款公司风险指标体系

二、小额贷款公司风险评估方法

本章运用信息不对称分析、成本收益分析、制度经济学分析、外部性分析等分析工具对小额贷款公司面临风险的分析，初步确立了信用风险、流动性风险、经营风险、操作风险、合规风险及系统风险等6项构成的小额贷款风险测评初始指标。笔者参考商业银行的相关风险测评理论和指标体系，通过统计或者专家判断等方法对二级指标做进一步删选，再根据层次分析法对风险指标的权重进行赋值，最后根据行业水平、小额贷款公司实际情况建立相应的风险预警阈值范围。

（一）确定风险指标影响权重

单个风险指标只能说明小额贷款公司某特定的风险，不同指标传递和包含的风险信息内容大不相同，根据上面风险指标的分析结果，由于小额贷款公司风险涉及的指标较多，而每个指标对小额贷款公司风险的作用力及影响程度差别较大，因此在对小额贷款公司进行风险评价之前，需要选择一个恰当的方法对各个指标进行权重的分析和确定（表6）。

表6　小额贷款公司各风险指标的权重

一级指标	子系统权重	二级指标	各指标在子系统中的权重
		信用贷款比率 B1	
		贷款损失率 B2	
		贷款损失准备充足率 B3	0.0895
		不良贷款率 B4	0.1608
		逾期贷款率 B5	0.0451
		贷款集中度 B6	0.1917
		贷款行业投向 B7	0.1254
		贷款用途 B8	0.0552
信用风险 A1	0.2147	利息回收率 B9	0.0447
		关联贷款率 B10	0.0426
		资产负债率 B11	0.1867
		流动比率 B12	0.0582
		现金比率 B13	0.0747
		现金流量比率 B14	0.1176
		流动性缺口比率 B15	0.0965
		利息保障倍数 B16	
		现金流量利息保障倍数 B17	
		净资产增值率 B18	0.2243
经营性风险 A3	0.3248	资产净利率 B19	0.1704
		权益净利率 B20	0.1433
		净利润率 B21	0.4620
		内部管理制度是否健全 B22	0.1426
		风险控制制度是否完善 B23	0.2612
操作风险 A4	0.0984	公司决策程序是否合理 B24	0.1055
		公司组织架构是否完善 B25	0.2483
		操作人员是否有差错或舞弊 B26	0.2344
		资金来源是否符合要求 B27	0.1314
		催债方式是否合法 B28	0.1656
合规风险 A5	0.0919	单笔贷款利率是否符合要求 B29	0.1656
		单笔贷款数额是否符合要求 B30	0.1859
		是否超过限额放款 B31	0.0656
		是否跨区域贷款 B32	0.1859

（续表）

一级指标	子系统权重	二级指标	各指标在子系统中的权重
系统性风险 A6	0.1032	国家宏观经济情况 B33	0.2970
		国家相关法律和政策 B34	0.1634
		行业竞争度 B35	0.5396

（二）确定预警阈值范围

在得出每层各指标的权重后，还必须运用科学的计算方法得出该指标层每一个指标在综合指标体系中的权重。具体计算方法如下：将该指标权重与相应的上一层的权重大小相乘，计算出该指标在上一层中的权重，假如之上还有一层，再将权重与上层的权重大小相乘计算出新的权重。按照以上方法，计算出该指标相对于目标层的权重为止，最后将各指标权重与指标具体值相乘，得出风险综合指数指标体系。① 计算公式如下：

$$\Phi = \sum_{i=1}^{6} \sum_{j=1}^{35} B_j W_{Bij} W_{Ai}$$

其中，W_{Ai}是子系统一级指标 A1—A6 的权重，W_{Bij}是二级指标 B1—B36 对应于子系统中的权重，B_j 是各类指标的风险值。计算小额贷款公司风险综合指数时，各财务类指标风险值根据自身的实际情况，以及行业水平确定一个基准值进行计算；各非财务类指标风险值通过专家评分法赋值，采取加权平均的方法计算出各指标的最终风险值，再代入以上公式计算出风险预警指数。在一定历史数据的分析基础上划分小额贷款公司风险预警指数的范围，较好的情况是采用 3～5 年的历史数据运用以上的风险评估方案进行试算，再与实际情况加以对照，以确定一个基本合适的风险预警值范围。随着系统的运作和自身数据的积累，风险预警值范围会有相应的调整，并最终使得该范围的划分越来越科学、准确。

以 0～1 之间作为风险预警指数的取值范围，指数越高表明小额贷款公司风险越大，反之则越小。本文按照小额贷款公司风险的严重程度将预警指数分为五级，按照绿、蓝、黄、橙、红不同颜色的灯区代表风险由低到高的各类不同的预警级别（周开国，2005），如表 7 所示。

表 7　各风险状态下对应的风险预警值

状态	绿灯区	蓝灯区	黄灯区	橙灯区	红灯区
五级分类	正常类	关注类	次级类	可疑类	损失类
风险预警值	0.90～1.00	0.75～0.90	0.60～0.75	0.45～0.60	0～0.45

注：根据中国人民银行颁布的《贷款通则》设计。

三、基于熵减理论的小额贷款公司风险目标函数

熵减理论是复杂系统理论的一个重要方法，将熵减理论运用到小额贷款公司系统中，可以更深入、更全面地分析和评价小额贷款风险指标，提供最优化的决策方案，使得决策成本降到最低而使

① 宋荣威：《商业银行构建信贷风险预警指标体系的探讨》，《四川师范大学学报》（社会科学版），2007 年第 5 期，第 37－42 页。

收益最大化。

尽管基于熵减理论的风险分析具有复杂繁多的数学公式，但因其具备程式化设计的特征，使得该方法容易掌握，输出结果是对主观风险的定量评价，结果易于被决策者接受。由于风险的发生带有概率性，传统的风险分析方法多从定性的层面对风险进行分析；基于熵减理论的风险分析则克服了客观风险发生的不确定性，是对主观风险的定量分析，一定程度上反映了分析者对风险事件信息的掌握程度。

为了弥补一般经济学分析的不足之处，从小额贷款公司的实际情况出发，结合本章中提出的小额贷款公司风险指标体系，同时考虑金融监管，引入熵减理论建立基于监管下的小额贷款公司风险分析的决策函数，旨在帮助提高监管效率，降低监管成本，积极防范小额贷款公司风险。从熵的角度而言，这实质上就是一个使系统无序度降低的过程，也是熵减的过程，表现为小额贷款公司风险价值目标函数的熵值在一定的监管边界条件下实现最小化。拟建立小额贷款公司风险决策函数如下。

$$\varphi_{ijk} = f(A_{ij}, \phi_k), (i \in 1,2,3,\cdots, m; k \in 1,2,3,\cdots, h)$$
$$A_{ij} = g(\mu_i, \sigma_j)$$

其中，φ_{ijk} 代表小额贷款公司益损值，A_{ij} 是供决策者选择的方案变量，ϕ_k 是小额贷款公司可能面临的风险，μ_i 代表监管强度，σ_j 代表监管成本，f 是非线性函数。

第三章　小额贷款公司利率定价与风险防范

第一节　国外和国内的小额贷款利率定价模式比较

一、国外小额贷款公司利率定价模式

小额贷款起源于20世纪70年代，来源于孟加拉国著名经济学家穆罕默德·尤努斯教授的小额贷款试验。尤努斯设立小额贷款机构的目的就是帮助穷人，因此他反对小额贷款实行过高的利率水平，在他看来，小额贷款利率高出当地存款利率8%～10%是完全合理的，但如果高于这个范围，那就是不合理的。他还将小额信贷机构分为三类，包括绿色区域、黄色区域和红色区域。尤努斯称绿色区域为扶贫型的小额信贷项目，采取的利率水平是市场利率减去资金成本之后不大于10%；在黄色区域经营的小额贷款机构采取的利率水平则应该是在用市场利率减去资金成本后小于或等于15%；而红色区域经营的小额贷款机构则是利润最高的小额贷款机构。在红色区域中采取的利率水平则一定要在市场利率减去资金成本的基础上高出15%，因为红色区域内的小额信贷实行的是商业化的操作，其最终目标是使得股东或投资者获取最大利益。

在尤努斯理论的基础上，根据MIX提供的相关数据，Gonzalez（2010）对全球小额信贷情况进行深入研究后给出了他的研究结果。他认为红色区域所占范围最大，全球3/4的小额信贷机构都处在红色区域内。他还认为对机构进行分类要以其经营费用为依据，而不该以其利润为依据。

除了Gonzalez的研究之外，Yaron（1992）也专门研究了小额信贷机构的补贴率并得出了平均已赚利率的计算公式，即

$$\bar{r} = \frac{i + i_{IPTW} - p_{IPTW}}{\bar{L}}$$

其中，$\bar{r}$ 为平均已赚利率；i 为已赚利息；i_{IPTW} 为及时还款利率折扣后的利息收入；p_{IPTW} 为及时还款部分的年准备；$\bar{L}$ 代表年平均贷款资产。

二、国内小额贷款公司利率定价模式

我国的小额贷款公司并没有形成一个统一的定价模式，各地小额贷款公司在进行贷款利率定价时会较多参考其他金融机构的定价模式，表 8 总结了几种传统的贷款利率定价模型。

表 8　四种传统的贷款利率定价模型

模型分类	模型公式	优缺点	适用对象
成本加成定价模型	贷款利率 = 资金成本 + 贷款费用 + 风险补偿费 + 目标收益	成本导向型。能够直观表现贷款的价格结构，但未考虑市场竞争和客户需求	较适用于具有卖方特征和比较成熟的贷款市场
价格领导定价模型	贷款利率 = 基准利率 + 风险溢价	市场导向型。有针对性和灵活性，能细分贷款业务，但未考虑筹资成本和经营成本等	较适用于利率市场化程度较高的贷款市场
客户盈利分析定价模型	贷款利率 =（为客户提供服务的总成本 − 从与客户往来中的获益）÷ 贷款额 + 目标利润率	客户导向型。贷款价格更具竞争力，但对机构成本核算水平要求较高	较适用于金融机构往来密切、贡献度大的客户贷款定价
成本收益定价模型	税前收益率 =（贷款利息收入 + 补偿余额收入 + 其他服务收入）÷（贷款额 − 补偿余额）	能满足借款人的综合性需求，能实现风险量化，但要求金融机构部门设置和业务流程完善	金融机构内部使用的贷款定价系统

以上四种利率定价模型都符合国家利率管理和产业政策的基本要求，同时符合信用社可持续发展的盈利目标，但是这几个模型也有差别，他们对不同的贷款类型或者不同客户的差别性定价是不同的。

第二节　我国小额贷款公司利率定价机制分析

一、利率定价的目标与原则

（一）小额贷款公司利率定价的目标

小额贷款公司是为了满足中小微企业、个体商户和农户等有大量资金需求但无法享受正规金融服务而产生的，即小额贷款公司的市场定位就是小额信贷市场。小额贷款公司所进行的任何活动都不应偏离其市场定位，利率定价也不例外。因此，小额贷款公司利率定价的目标之一就是为无服务或者服务水平低下的金融信贷需求者提供服务。此外，小额贷款公司是企业性质的组织，其进行一切市场活动都是为了盈利，因此小额贷款公司进行利率定价的另一个目标就是实现利润最大化。

（二）小额贷款公司利率定价的基本原则

覆盖面与可持续性是小额贷款公司开展利率定价的基本原则，也是小额贷款行业普遍接受的两个衡量小额贷款公司成功与否的标准。

覆盖面包括小额贷款覆盖的深度和规模两方面的内容。深度是由小额贷款公司服务客户的贫困程度和收入水平等方面决定的，小额贷款公司服务的贫困者越多，其覆盖面就越深；规模是指小额贷款公司提供的贷款等产品覆盖的客户数量。小额贷款具有额度小、期限短，但运营成本和管理成本较高等特点，因此只有在客户足够多的情况下才有可能呈现规模经营的效果，从而降低单笔贷款业务的平均成本，实现小额贷款公司的高回报和可持续发展。

可持续性指小额贷款公司在财务上能够保证机构的可持续性经营，即小额贷款公司的利率定价要坚持风险和收益相对称。小额贷款的利率水平要涵盖业务的成本和费用、风险损失和盈利目标，同时要兼顾市场竞争策略，使得小额贷款的价格竞争建立在理性定价的基础上。目前主流观点是若小额贷款公司要实现自身的可持续性经营，其收入能否覆盖其成本是决定性的验证标准。

二、需求方的利率定价分析

（一）小额贷款资金需求情况

目前国家的产业政策和产业结构都在不断调整中。在产业政策方面，逐渐倾向中小微企业；在产业结构方面，虽然第二、第三产业在国民经济中的比重逐渐增加，但是农业依旧是国民经济的主导。目前，投向农业的资金有所增加，产品质量和生产技术得以改进。但是中小微企业由于自身规模限制等原因，在发展过程中会遇到诸多问题，其中“融资难”问题是限制其发展的最主要瓶颈。农业在发展过程中也会遇到同样的问题，尤其是在经济落后的地区，农村生产条件较为低下、产业结构单一，导致生产效率低，农户收入水平不高，这些地区亟须资金来改善这种状况。

对小额贷款的资金需求主要表现在两个方面：生产性需求和消费性需求。生产性需求是指小额贷款公司客户所贷款项主要用于扩大再生产、购置固定资产和生产材料，以及弥补流动资金不足等；消费性需求除了解决基本的衣、食问题之外，多数客户借款主要用于购房、购车、教育、医疗等方面，这部分的资金需求较大。

小额贷款的资金投向或者个人贷款用途也直观反映出客户对小额贷款的资金需求。入驻广州民间金融街的小额贷款公司将资金需求分为行业和个人两个维度。其中，行业又细分为以下几个方面：制造业，建筑、房地产业，信息传输、计算机服务和软件业，农林牧渔业，住宿、餐饮业，服务业，批发和零售业等。个人贷款用途细分为以下几个方面：流动资金贷款，专项贷款，住房贷款，汽车贷款，教育贷款和医疗、保健类贷款等。

（二）小额贷款投资项目的生产收益问题

分析小额贷款投资项目的生产收益问题，有助于对小额贷款客户的贷款偿还能力进行评价。首先，中小微企业、个体户和农户的力量通常比较弱，尤其是农户，生产技术较低，受自然条件影响很大，收成波动大、不稳定。此外，中小微企业、个体户和农户都是价格的被动接受者，当他们提供的产品价格波动幅度较大时，其收益就很难得到保证。其次，中小微企业、个体户和农户等的生产具有生产规模小、经营场地分散、难以形成规模效应的特点，一般而言，三者，特别是个体户和农户在生产过程中，不需要支付自己的劳动工资，他们生产的产品售出收入扣掉生产的投资费用，便得出项目的生产收益。从这个角度来看，小额贷款投资项目的收益一般都大于零。但是他们面临税负的负担，甚至有时税负较重，如果他们不扩大再生产，其收益可能会很难覆盖其成本。此时，如果他们得到一笔资金来扩大再生产，则资金回报率会较高。

（三）需求方与小额贷款利率定价

目前小额贷款市场发展较为充分，其客户群体逐渐庞大起来，对小额贷款的需求不断扩大。而且小额贷款需求具有刚性的特点，对小额贷款公司潜在客户而言，能否获得贷款是他们首先要考虑的问题。从需求方来看，影响小额贷款利率定价的因素有资金的供求状况、贷款偿还率、投资项目资金回报率和税收等。一般而言，只要小额贷款公司的放贷利率低于或等于资金回报率，这些客户就愿意向小额贷款公司借款并从事生产投资活动。

三、供给方的利率定价分析

（一）影响小额贷款公司利率定价的因素

合理利率应该能够补偿小额贷款公司的管理费用、资金成本及通货膨胀导致的资金及贷款损失。[①] 小额贷款公司财务可持续发展的要求用公式来表示：信贷运作的收入 = 运营成本 + 资金成本 + 资金损失 + 来自政府或者其他捐赠者资助的小额信贷机构的利润。[②] 所以，影响小额贷款公司利率定价的因素主要有以下几个方面：运营成本、资金成本、收益率水平、短期贷款利率、社会信用状况、预期利润率水平以及各种补贴等。

（二）基于供给方的利率定价模型

目前国内外学术界比较认可的利率定价模型是 Morduch 盈亏平衡模型和 Rosenberg 模型。Morduch 盈亏平衡模型的计算公式成立是有前提条件的，它假设所有的放贷活动或者投资活动都发生在一个年度内，因此计算出的利率是某一个年度的盈亏平衡利率。但是在小额贷款公司的实际运营过程中，其放贷业务或者投资业务不可能都发生在一个年度内，很可能会跨越几个年度。而且，在跨越几个年度的业务中，有部分业务在发生的期初年度内有可能是亏损的，并不能达到盈亏平衡，因此 Morduch 盈亏平衡模型这种只着眼于某一个年度计算出来的盈亏平衡利率可能有失偏颇。而 Rosenberg 提出的计算模型没有考虑贷款拖欠率，这样可能会高估实现收支平衡时的盈亏平衡利率，这种模型在还款率较高但是投资收入较少的情况下计算得出的利率的偏差较小，但是在还款率较低而投资收入较高的情况下，运用这种模型计算出的盈亏平衡率的偏差可能就会增大（表9）。

---

① 刘文璞：《中国农村小额信贷扶贫的理论与实践》，中国经济出版社，1997 年。

② 鲁爱民、林静珊、吴茜：《小额贷款公司的利率定价问题研究》，《北方经济》，2010 年第 17 期，第 82 - 83 页。

表 9　Morduch 盈亏平衡模型与 Rosenberg 模型的比较

模型种类	优点	缺点（要求）	适用范围
Morduch 盈亏平衡模型	确定的利率水平可以涵盖机构的各种成本，避免亏损的发生	只能使机构做到收支相抵，却没有考虑机构的成长和可持续发展	较适用于政策性和具有扶贫性质的贷款定价
Rosenberg 模型	计算方法简单，考虑了机构的成本和可持续发展需要的利润	利用该模型计算的利率水平可能不是很精确	较适用于刚刚成立、规模较小的金融机构贷款定价

第四章　小额贷款公司信用管理与风险防范

第一节　小额贷款公司信用管理与风险

小额贷款公司属于民间金融的范畴，一方面其不同于传统银行业金融机构，另一方面小额贷款公司主要从事放贷业务，又不同于一般的工商企业对信用的管理，其自身的非规范性发展及天生所具有的内部缺陷，导致其信用风险明显大于一般企业，较一般企业更需要加强信用管理。

（一）小额贷款公司信用管理的必要性

小额贷款公司主要面向中小微企业、中低收入阶层人群提供小额度信贷服务，作为民间金融的范畴，小额贷款公司不由银监会进行监管，但小额贷款公司实质从事的是金融业务，管理不善就可能影响整个金融体系的稳定与安全，再加上小额贷款公司萌生于民间金融，其自身发展过程中的非规范性使其具有天生的内部缺陷，若不加以正确的规范引导，极有可能给整个金融市场乃至实体经济带来危险，因此，有必要从加强信用管理的方面来防范风险。

（二）小额贷款公司信用风险评估的特殊性

①特殊的贷款对象。小额贷款公司的服务对象主要是中小微企业、个体商户和农户等，这些群体相较于银行的中小客户来说，还款能力更低，不适于直接套用商业银行的信用管理指标体系。

②特殊的风险。前已述及，小额贷款公司在经营过程中，面临着不同于正规金融机构的各类风险，而在所有风险中，信用风险当属于小额贷款公司面临的首要风险。通常理解，信用风险是指借款人没有按照合同约定按时偿还贷款而给贷款人造成损失的可能性，小额贷款公司的信用风险主要表现为贷款客户的违约问题。

③特殊的法律性质。根据《指导意见》，小额贷款公司并没有被纳入金融机构范畴，而被归为一般公司制企业法人，不在中国人民银行、银监会的监管范围之内，尴尬的身份，使得小额贷款公司在不需要接受银监会及中国人民银行等金融监管部门的监督管理和业务指导的同时，也无法享受一般金融机构所能享受的各项金融优惠政策。

第二节　构建小额贷款公司客户信用评估模型

信用风险管理的关键是信用风险评估，而信用风险评估的关键则在于评估指标的选取和评估模型算法的建立。下文将基于动态模糊聚类算法构建小额贷款公司中小企业法人客户信用风险评估模型，并对实际案例进行试算，结果表明该模型具有良好的评估效果，能为信用风险的防范提供有效指导。

一、信用评估方法的国内外研究现状

随着计量数学的发展，更多的数学方法逐渐被引入信用评级中，信用评价开始呈现出度量分析的趋势。目前，信用评价最常用的方法大多都是基于分类的方法。如多元判别分析（MDA）、Logistic 回归模型、Probit 回归模型等统计分析方法，还有近年来国内学者和专家纷纷提出的信用评分法（詹原瑞、田宏伟，1998）、综合评判法（朱顺泉、李一智，2002）、判别分析法（姜明辉、王雅林，2004）、神经网络预测法（吴冲、吕静杰，2004），等等，这些方法里面都不乏可取之处，而在具体的运用中仍然存在很多局限。如 MDA 要求样本数据服从正态分布和等协方差，而实际中的大量数据并不服从这些统计规律；Logistic 回归模型对中间区域的差别敏感性很强；神经网络模型存在黑箱性、不稳定性、随机性和过度拟合等问题。随着大量计量方法被引入，信用评价模型研究由定性向定量、由静态向动态发展，使得管理者可以根据市场和交易方采用合适的信用动态风险衡量模型。

本文运用聚类分析方法来对小额贷款公司的客户进行信用评价，经过分析得出信用数据不服从具体某类分布时，可采用变量的名义尺度和次序尺度按照定量、定性指标进行分类。基于我国信用数据具有明显的非正态分布特征，将动态聚类分析方法应用于小额贷款公司企业客户信用评价具有较强的针对性和适用性。

二、动态模糊聚类信用评价模型

（一）模糊聚类基本概念

聚类分析方法属于非参数统计办法的一种，其主要优点是不要求样本数据总体服从某种具体分布，既可用于定量研究也可用于定性分析。在进行传统的聚类分析时，一般将待分类的样本严格划分到某一类中，各类之间具有非此即彼的关系，即每一类的界限必须明确规定，这些分类的模式称为硬聚类，然而，在现实中有很多样本无法给出严格的分类界限，具有模糊性。基于模糊聚类的分析方法能够描述样本归属于不同类别的不确定性程度，更客观地反映了样本数据的组成系统。

（二）动态模糊聚类分析方法

动态模糊聚类分析方法的基本思想是：先将所研究的 N 个样本各自归为一类，计算它们之间的相似程度，选择最相似的或距离最小的两类归为一个新类，计算新类与其他类之间的相似程度或距离，选择最相似的或距离最小的两类归为一个新类；每次归类就减少一个类，直到所有的样品都划到一个类为止（A. B. Geva and D. H. Kerem, 1998）。

设有 n 个样本 y_1，y_2，…，y_n，每一个样本 y_i（$i=1, 2, \cdots, n$）有 m 个特性指标，即 $y_i=(y_{i1}, y_{i2}, \cdots, y_{im})$，其中，$y_{ij}$（$i=1, 2, \cdots, n$；$j=1, 2, \cdots, m$）表示第 i 个样本第 j 个特性指标，则 N 个样本的特性指标矩阵为

$$Y=\begin{bmatrix} y_{11} & y_{12} & \cdots & y_{1m} \\ y_{21} & y_{22} & \cdots & y_{2m} \\ \vdots & \vdots & & \vdots \\ y_{n1} & y_{n2} & \cdots & y_{nm} \end{bmatrix}$$

由于 m 个特性指标的量纲和数量级不相同，致使对各特性指标的分类缺乏一个统一尺度，所以必须对数据进行标准化，使每个指标值均统一于某共同的数值特性范围。数据标准化的方法有多种，在此采用平移－标准差变换：

$$y'_{ij}=\frac{y_{ij}-\bar{y}_j}{\sigma_j}$$

其中，$\bar{y}_j=\frac{1}{n}\sum_{i=1}^{n}y_{ij}$，$\sigma_j=\sqrt{\frac{1}{n}\sum_{i=1}^{n}y_{ij}-\bar{y}_j}$。通过该变换，每个变量的均值为0，标准差为1，且消除了量纲的影响。但是数值不一定在［0，1］的范围内。对已进行标准化处理的数据矩阵建立样本与样本之间的模糊相似矩阵为

$$R=\begin{bmatrix} r_{11} & r_{12} & \cdots & r_{1m} \\ r_{21} & r_{22} & \cdots & r_{2m} \\ \vdots & \vdots & & \vdots \\ r_{n1} & r_{n2} & \cdots & r_{nm} \end{bmatrix}$$

其中，$r_{ij}(0\leqslant r_{ij}\leqslant 1, i=1,2,\cdots,n; j=1,2,\cdots,m)$ 表示样本 y'_i 与样本 y'_j 的相似程度。当 $r_{ij}=0$ 时，则表示样本 y_i 与 y_j 完全不同；$r_{ij}=1$ 时，则表示样本 y_i 与 y_j 等同；当 $i=j$ 表示样本 y_i 与本身的相似程度，其值恒取为1。

建立模糊相似矩阵有很多种方法，在此选取欧式距离法：

$$d(x_i,x_j)=\sqrt{\sum_{k=1}^{m}y_{ik}-y_{ji}}$$

以上得到的模糊矩阵仅仅是一个模糊相似矩阵，可能具有传递性，即 R 不一定是模糊等价矩阵，为了进行分类，还需将 R 改造成模糊等价矩阵。根据传递闭包 $t(R)$ 为模糊等价矩阵，并可通过逐次平方法求传递闭包 $t(R)$，对 $t(R)$ 再取适当的 λ，其中 $\lambda\in[0,1]$，由 λ 截矩阵 R_λ，便可得到动态聚类。

第五章　小额贷款公司法律监管与风险防范

第一节　我国现行小额贷款公司法律监管制度

小额贷款公司面临的风险可能对其本身造成损失、减少其收益，而且可能传导至整个资本市场甚至是实体经济，因此，为了防止小额贷款公司的风险由内而外向其他经济实体蔓延，除需要完善小额贷款公司利率定价机制、建立信用管理机制外，更需要完善小额贷款公司的外部监管制度环境，防范小额贷款公司可能引发的风险。

一、小额贷款公司的准入监管

市场准入监管是对小额贷款公司风险监管的逻辑起点，通过设定严格的市场准入条件可以在源头上控制小额贷款公司可能面临的风险，对小额贷款公司的准入主要从股东准入条件、注册资本准入要求、高级管理人员准入资格等方面进行规定。

（一）股东准入条件

小额贷款公司股东准入条件包括人数和资格两个方面，在人数方面，《指导意见》的要求与《中华人民共和国公司法》（简称《公司法》）规定基本一致，小额贷款有限责任公司和股份有限公司分别要求由50个以下的股东和2名以上200名以下的股东组成。对于股东资格，《指导意见》未做特别规定，个人、企业、其他社会组织只要无不良信用记录和犯罪记录，都可以成为小额贷款公司的股东。各地在小额贷款公司试点过程中，针对本地经济发展水平和试点工作实践，对企业法人、自然人、其他社会组织作为小额贷款公司股东的准入资格条件分别做了较为详细的规定。

（1）企业法人作为小额贷款公司股东需具备的条件。企业法人投资设立小额贷款公司时，因其作为小额贷款公司的主发起人和一般股东需满足的资格条件不同。按照《广东省小额贷款公司管理办法》的规定，当境内企业法人作为小额贷款公司的一般股东时，要求其具有法人资格、信用记录良好、财务状况良好、资金实力雄厚、净资产率达到30%以上、权益性投资比例不超过50%且入股资金来源真实合法。当企业法人作为小额贷款公司主发起人（或最大股东）时，除满足一般股东的准入资格以外，还需是当地实力雄厚的骨干企业，公司治理结构完善，申请前一年净资产达5000万元以上、资产负债率在70%以下，申请前3年连续盈利且利润总额超过1000万元。之所以规定这一更高的主发起人准入要求，是因为主发起人的出资作为小额贷款公司资本金的最主要来源，要确保其资金的真实合法，同时能保持较强的、持续的抗风险能力。

（2）自然人作为小额贷款公司股东需具备的条件。《指导意见》要求，自然人作为小额贷款公司的股东应该无犯罪记录和不良信用记录，此外，广东省还要求自然人具有完全民事行为能力、社会声誉和信用记录良好，入股资金属于自有的合法资金，不能是借贷资金或者他人委托资金。

（3）其他社会组织作为小额贷款公司股东需具备的条件。其他社会组织指依法成立、具有一定的组织机构和相对独立的财产，但又不具备法人资格的组织，最典型的有私营独资企业、合伙企业、社会团体、个体经营户、企业法人的分支机构等。其他社会组织因其具有一定的组织机构和财产，所以也可以投资设立小额贷款公司，但应当具有法定的投资主体资格、资金实力雄厚、社会声誉良好、无不良信用记录。

（4）境外机构作为投资股东需具备的条件。《指导意见》对境外机构在国内投资设立小额贷款公司未作明确规定，广东省明确规定境外小额信贷组织或金融机构可以作为小额贷款公司的投资人，但对境外机构投资设立小额贷款公司规定了更为严格的条件。例如，要求境外机构最近1年的总资产不少于10亿美元，当境外机构为银行业金融机构时，要求其资本充足率至少达到8%且高于其注册地银行业的平均水平，当境外机构为非银行金融机构时，其资本总额至少应达到加权风险资产的10%。

（5）股东持股比例及转让限制。股东持股比例反映了小额贷款公司所有权的权属分配情况，过于集中往往容易产生风险，主要表现为大股东容易利用优势持股地位损害其他投资者利益，从而导致小额贷款公司发生经营风险；另外，从利益最大化的理性经济人角度看，大股东拥有持股优势，使其便于进行低成本关联交易，从而抽逃注册资本。《指导意见》对小额贷款公司的股东持股比例做了限制，规定单一投资人及其关联方持有的股份，不得超过其10%的注册资本总额。《指导意见》对股东持股比例的限制“虽然是基于分散风险考虑，但是这种行政权力主导的强化股权结构分散性的做法，人为地提高了资本组合的交易成本，也不利于公司的有效治理，同时更使得国内外一些真正拥有小额信贷经验和投资意愿的机构望而却步。”[①] 所以，在实际试点过程中，为了吸引优质民营企业出资设立小额贷款公司，各地在小额贷款公司试点中纷纷突破了对股东及其关联方持股10%的规定，放宽了对股东持股的限制。例如广东省就规定主发起人及其关联方对小额贷款公司的持股比例总共不得高于注册资本的45%，其余的每个出资人及其关联方持股比例总共不得高于注册资本的10%。此外，上海、重庆、浙江、内蒙古等国内小额贷款公司试点比较成熟的地方也都不同程度地提高了主发起人或最大股东及其关联方的持股比例。

一方面，提高大股东的持股比例，有利于吸引更多优质的民营资本投资设立小额贷款公司，降低市场上资本组合的交易成本，从而引导市场剩余资本更好地向资金短缺者转移；但另一方面，提高持股比例在某种程度上也增大了大股东利用优势地位干预小额贷款公司独立经营的可能性，扩大了小额贷款公司的经营风险。所以，地方在试点中一般考虑通过限制大股东的股权转让来予以防范，例如，广东省规定小额贷款公司主发起人持有的股份自小额贷款公司成立之日起3年内、其他股东2年内不得转让。

（二）注册资本准入要求

注册资本是小额贷款公司市场准入的另一个重要条件，注册资本的多少，将直接影响小额贷款公司的业务规模和抵御市场风险的能力。小额贷款公司以发放贷款为主要经营业务，为保证其持续经营的能力和抵御市场风险的能力，往往需要比一般的公司法人更多的注册资本，相对于普通公司，小额贷款公司的注册资本准入有如下要求。

（1）只能以货币出资。在出资形式上，普通公司的股东可以用货币出资，也可以用实物、土地使用权、知识产权等有形资产或无形资产出资，但小额贷款公司的股东只能以货币形式出资，且需为自有资金，不得为借贷或者委托资金。

（2）注册资本须一次足额缴纳。普通公司的股东可以自公司成立之日起2年（投资公司5年）内缴足认缴的注册资本，而小额贷款公司的出资人须一次足额缴纳认缴的注册资本，不得分期缴纳。

（3）注册资本数额要求较高。根据公司法规定，有限责任公司、股份有限公司的注册资本分别不得少于3万元和500万元，小额贷款公司因其业务的特殊性，其注册资本要求明显高于普通公司，《指导意见》要求有限责任形式和股份有限形式的小额贷款公司的注册资本分别不得少于500万元和1000万元。地方在试点中，往往对小额贷款公司的注册资本要求更高，例如，广东省要求有限责任形式和股份有限形式的小额贷款公司的注册资本分别不得少于3000万元和5000万元。除此之外，上海、重庆、浙江等地也不同程度地提高了小额贷款公司的注册资本最低限额。

（三）高级管理人员准入资格

人才是现代企业发展的关键，小额贷款公司的良好运作离不开优质、高效的管理团队。高素质

---

① 温克坚：《过度监管之下的小额贷款公司》，《西部论丛》，2008年第11期，第64－65页。

的董事、监事和高级管理人员可以提高小额贷款公司的内部管理水平，降低经营风险，确保其稳健经营；相反，高级管理人员素质低下，识别和控制风险的能力不足，往往容易导致经营中的操作风险，从而影响小额贷款公司业务的开展，因此，有必要对小额贷款公司的高级管理人员任职资格进行严格限定。

（1）高级管理人员的消极任职资格。《指导意见》对小额贷款公司拟任董事、监事和高级管理人员，要求无犯罪记录和不良信用记录，其他未作具体规定。《公司法》对一般公司的高管消极任职资格做了规定，小额贷款公司作为一种特殊的公司，其高管人员自然应该符合《公司法》所规定的任职资格。

（2）高级管理人员的积极任职资格。《指导意见》要求，拟担任小额贷款公司的董事、监事和高级管理人员者要掌握一定的专业知识和具有相关的从业经验，但对具体的量化指标未做详细规定。严格要求小额贷款公司高级管理人员的积极任职资格，有利于保证小额贷款公司的稳健运行，降低经营风险。各地方在进行小额贷款公司试点时，除部分省、市采取了与《指导意见》一致的规定外，大多数省、市出于风险防范的考虑，对小额贷款公司董事、监事和高级管理人员做了更为严格的准入规定。①具备一定的金融知识。如浙江省要求小额贷款公司董事具有大专以上学历，同时还应掌握其拟担任岗位职责所需要的金融知识；广东省要求小额贷款公司董事、监事应该掌握其拟任职岗位职责所需要的金融知识、经验和工作能力。②具有一定的从业经验。如广东省要求小额贷款公司董事、监事和高级管理人员的拟任人年龄必须在65周岁以下，有3年以上相关经济工作经验；对拟担任董事长和高级管理人员的，则要求有8年以上相关经济工作经验或者5年以上银行业工作经验。

二、小额贷款公司的运营监管

小额贷款公司的运营监管即对日常业务开展情况的监管，是对小额贷款公司的重点监管事项，涉及小额贷款公司日常业务开展的各个方面，包括贷款利率、业务范围、资金来源、业务经营区域等。

（一）贷款利率管制

小额贷款公司按照市场化的原则开展经营活动，在相关法规允许的范围内，自主经营、自担风险、自负盈亏。根据《指导意见》的规定，小额贷款公司贷款利率按照市场原则自主确定，但必须在中国人民银行公布的贷款基准利率的90%～400%。根据最高人民法院《关于人民法院审理借贷案件的若干意见》中关于民间借贷利率的规定，“司法部门规定的上限”应为银行同类贷款利率的4倍，大部分省、市在试点时遵循了《指导意见》关于贷款利率的限制，如广东、浙江、上海等地均将利率定价在90%～400%之间，当然，在倍数的参照利率上，各省、市略有差异，如广东严格按照“同期同档次贷款利率的4倍”来规定，而浙江、上海等则采用“中国人民银行公布的贷款基准利率的4倍”的表述。也有部分省、市为了控制小额贷款公司的经营风险，缩小了利率浮动区间，例如天津就规定贷款利率上限为“同期同档贷款基准利率的2倍”。

（二）关联放贷管制

小额贷款公司的主发起人多为从事生产经营活动的实体企业，当主发起人面临资金短缺时，极有可能从小额贷款公司获取关联贷款。理论上而言，小额贷款公司的关联方作为一个独立的企业法人或有民事行为能力的自然人，有权从小额贷款公司获得贷款，但各地之所以要对小额贷款公司向其关联方的放贷行为进行严格的限制，主要目的在于防止小额贷款公司通过关联放贷而变相抽逃出资。然而《指导意见》并没有对股东抽逃出资作出任何规定，为了弥补这一不足，防止股东在公司成立以后变相抽逃出资，地方在试点的时候大多根据自身情况对关联放贷行为进行规定。例如，广东省规定小额贷款公司不得向本公司股东、董事及高级管理人员及其关联方提供贷款，其他省、市如浙江、黑龙江、上海、天津也对小额贷款公司关联放贷行为进行了限制，只是对关联方的具体界定范围宽窄不一，有的仅限于股东，有的则包括股东、董事和高级管理人员，还有的甚至包括主要员工。

（三）资金来源管制

由于不能吸收公众存款，加上融资渠道有限，小额贷款公司在运营过程中普遍存在贷款资金不足的问题。《指导意见》将小额贷款公司的资金来源限定为三种途径：一是股东缴纳的注册资本；二是获得的捐赠资金；三是从不超过 2 家银行业金融机构融入的不得超过资本净额的 50% 的借贷资金。小额贷款公司资金来源渠道被严格限制，既不能吸收公众存款也不能向内部或外部集资，放贷的资金规模非常有限。

（四）贷款集中度限制

作为以发放贷款为主要业务的小额贷款公司，信用违约风险是其面临的最主要的风险，由于注册资本金额较少，小额贷款公司对违约风险的承受能力相对于传统商业银行来说普遍较弱。从理论上讲，小额贷款公司不可能完全消灭信用风险，而只能尽量将其控制到最低，所以，有必要对小额贷款公司的贷款集中度进行严格的监管。现有规定对小额贷款公司贷款集中度的限制基本都是从对同一借款人的贷款额度和贷款比例两个方面来进行限定的，《指导意见》就明确要求，小贷公司应坚持“小额、分散”的原则来发放贷款，对同一借款人的贷款余额要低于 5% 的自身资本净额。各地在开展试点时，根据当地的经济社会发展水平，适当做了调整或者补充规定，例如广东省规定同一借款人的贷款余额上限为 500 万元。

（五）业务范围限制

小额贷款公司不能像传统商业银行那样吸收公众存款，业务范围比较单一，虽然部分地方在进行试点时，对经营较好的小额贷款公司的业务范围采取了一定的放宽政策，如广东省规定，除经营放贷业务之外，若小额贷款公司满足“规范经营 1 年以上、各项监管指标优良”两个条件，可以向省金融办申请开展针对中小企业融资、理财等的咨询业务，以及票据贴现、资产转让回购、委托贷款等业务。但整体而言，为了防范金融风险，各地小额贷款公司的经营业务范围有限，较为单一。

（六）业务经营区域管制

为了控制借款人的违约风险，小额贷款公司往往选择在由血缘、地缘等因素构建的熟人社会开展业务，依托于血缘、地缘等最原始的方式来避免信息不对称导致的信用风险。为了防范这一风险，各地管理办法一般会对小额贷款公司经营的地域范围进行限定，要求小额贷款公司在本行政区域内开展业务，例如广东省就规定小额贷款公司不得跨县域经营业务，这在一定程度上可以降低小额贷款公司因了解客户资信而投入的成本，降低可能面临的信用风险，但也束缚了小额贷款公司业务的开展。

（七）重大事项报备

小额贷款公司应建立信息披露制度，按监管规定向公司的股东、主要监管部门披露经营过程中的重要信息，包括财务报表、主要业务经营情况、重大变更事项、向银行获取融资的情况等；小额贷款公司向银行业金融机构获取融资的，还需要向为其提供融资的银行业金融机构披露上述信息。要求小额贷款公司对重大变更事项及时向有关部门报备，有利于监管部门及时掌握小额贷款公司的经营情况和业务变动情况，防范和化解金融风险。

（八）完善的内部管理制度

完善的内部管理制度能够有效降低小额贷款公司运行过程中的各种风险，使小额贷款公司的生产经营活动有序、有效地进行，确保小额贷款公司资产的安全、完整，还可以压缩、控制经营成本，实现业务经营效益最大化。因此，现有规定要求小额贷款公司应按照《公司法》规定建立健全公司治理结构，明确各组织机构之间的权责关系，建立健全贷款管理制度、财务会计制度等各项制度，确保内部业务操作流程规范，尽量减少业务操作不规范所导致的成本支出和经营风险。

（九）资产损失准备充足率要求

金融机构的资产损失准备充足率为信用风险资产实际计提准备与应提准备之比，一般来说不应低于100%。《指导意见》要求，小额贷款公司的资产损失准备充足率应始终保持在100%以上，以全面覆盖其经营的信用风险。

三、小额贷款公司的市场退出制度

依据《指导意见》和各地方的试点管理办法，小额贷款公司的市场退出方式主要有解散、破产、转制为村镇银行三种方式。当小额贷款公司出现了公司章程规定的解散事由，营业期限届满，股东大会决议解散、合并或者分立，被吊销营业执照，被责令关闭或者被撤销，被人民法院依法宣布解散的情形之一时，小额贷款公司应解散并注销法人资格。若小额贷款公司出现不能清偿到期债务，且资不抵债的情形时，应该进行破产清算，从而退出市场。除解散和破产清算之外，小额贷款公司还有另一个退出小额信贷市场的途径，即转制为村镇银行。转为村镇银行之后，小额贷款公司可以公开吸收公众存款，其法律性质由普通企业法人变为银行业金融机构，这也是其退出市场的一种方式。

第二节　广州民间金融街小额贷款公司监管制度创新

小额贷款公司的发展离不开健全的法规政策环境和有效的外部监管。各地在如火如荼地开展试点的过程中，也在逐步探索适合监管实际的监管模式。广州在试点过程中，积极探索适合小额贷款公司规范发展的地方政府监管模式，通过建设广州民间金融街，首开小额贷款公司集聚发展及集中监管的先河，探索形成了现场监管、非现场监管和行业自律监管的复合监管体系，制定了有针对性、操作性强的监管办法及指引，引导集聚区内小额贷款公司合法合规经营，为我国探索恰当的小额贷款公司监管模式积累了经验、提供了示范。

一、建设小额贷款公司集聚发展示范区

为了引导小额贷款公司良性、健康地发展，广州在试点的过程中，创造性地建设了广州民间金

融街，引导广州市内小额贷款公司集聚发展，建设了国内首个民间金融集聚园区，引导小额贷款公司向园区化发展。小额贷款公司向园区化、规模化发展，对处于小额贷款公司试点阶段的我国来说，具有重要的理论和实践意义。首先，小额贷款公司集聚园区的建设，有利于形成集中性、专业化的小额信贷市场、形成小额贷款市场的品牌效应。其次，同一个园区多家小额贷款公司集聚发展，有利于市场优胜劣汰作用的发挥，通过市场竞争的力量促使小额贷款公司合法经营、创新经营。最后，小额贷款公司的集聚发展，为集中、有效的监管提供了便利，为地方政府探索专业化、集中化、统一化的监管模式创造了条件。

广州民间金融街的建设，为探索小额贷款公司园区化发展开创了先河，其成功的实践也为国内其他省、市的发展提供了示范，紧随其后，武汉、佛山等地都在借鉴广州经验，试行小额贷款公司集聚发展模式，通过小额贷款公司集聚园区的建设促使小额贷款公司规范发展。

二、完善监管制度和流程

作为近几年新兴的市场主体，小额贷款公司经营放贷业务，具有类金融机构性质，不同于一般的企业法人，因此需要对其加强监管；加上小额贷款公司只能经营放贷业务，不得吸收公众存款，又不同于传统金融机构，因此需要采取不同于传统金融机构的监督管理规定。而目前我国并无专门规范小额贷款公司的法律规定，对小额贷款公司监管的有最高效力的法律文件还只是一些部门规章和地方政府规章。这些规定虽然为广州民间金融街小额贷款公司的监督管理提供了一定的法规政策依据，但是，这些规定多为通行规定，存在针对性和可操作性不强等问题。

为了更好地管理集聚区内入驻的小额贷款公司，结合广州民间金融街的实际，积极探索对民间金融街入驻企业的规范化管理及其他政策，金融监管部门制定了《广州民间金融街小额贷款公司监督管理办法》《广州民间金融街服务指引》《广州民间金融街诚信合规经营承诺书》以及《广州民间金融街入驻企业评优评级管理办法》《小额贷款公司现场检查指引》等金融街管理系列配套制度，为小额贷款公司的监管提供了良好的政策依据，以确保广州民间金融街的金融机构规范经营、稳健发展。

三、多元化的监管主体体系

监管主体不明确是监管小额贷款公司时面临的主要问题之一，为了实现对小额贷款公司的有效监管，首先必须明确监管主体，然后赋予其必要的监管权力。

（一）明确政府监管主体及职责

各地方在进行试点时多指定省级政府金融办作为小额贷款公司监管的主管部门，广东省也在管理办法中指定省金融办为全省小额贷款公司试点工作的主管部门，由县级人民政府履行对小额贷款公司的日常监管职能并承担风险防范和处置责任。

广州民间金融街位于越秀区长堤大马路，金融街内小额贷款公司的日常监管职能和风险防范及处置责任由越秀区人民政府承担，实践中主要由越秀区人民政府金融工作办公室具体执行监管职能。随着广州民间金融街小额贷款公司数量的逐渐增加，为了加强监管，克服政府监管的非专业性、监管力量薄弱等问题，成立了广州民间金融街管理委员会，整合政府金融办的职责和专业人才，同时公开招录国内金融、法律领域的高端人才组成监管队伍，承担小额贷款公司的设立初审、日常监管、政策研究、业务培训等工作。

当然，“金融监管机构应该享有行政执法权以及一定的立法权与准司法权，在必要时对违法行为行使裁决的权力并追究相关人的责任。”① 在进行小额贷款公司试点时，地方政府要组建专门的监管部门承担监管职责，也有必要以立法的形式赋予其行使日常监管职能所必需的行政处罚权以及一定的规则制定权与准司法权。

（二）建立健全行业监管机制

从长远来看，金融业合法、稳健地运行，不仅在于监管当局的监管，更需要社会中介、行业协会的广泛参与。② 从世界上其他国家的经验来看，行业协会对小额贷款公司的自律监管发挥着非常重要的作用，有效监管应该是政府性监管与行业中介组织监管并存的金融监管模式。我国小额信贷市场行业协会体系尚不健全，自律监管职能存在缺位，随着小额信贷行业的发展，为更好地促使小贷公司规范发展，仅由监管部门依靠行政强制手段难以达到有效监管的目的。

广州民间金融街小额贷款公司发展模式充分注意到了发挥自律组织在监管和服务上面的优势，推动街内各企业发起成立了民间金融商会。广州民间金融商会作为区域性的行业自律组织，旨在通过行业自律，促使企业遵纪守法、合法诚信经营；同时充当企业与政府之间的桥梁，为会员企业与政府监管部门提供一个沟通的平台，实现企业、政府和社会的多赢。商会的日常工作主要包括根据经营规范性、经营业绩及业务创新情况，对小额贷款公司进行评星评级，进行奖优罚劣，探索建立小额信贷市场优胜劣汰的市场化退出机制；对街内的小额贷款公司定期开展经营自查活动，帮助会员企业规范经营、合法经营；为会员企业提供法律维权、金融论坛及业务培训等各类服务，以提升小额贷款公司的合法经营意识。

四、创新监管技术手段

在科学和技术日新月异的今天，传统的非现场监管手段已经难以适应监管的需要，无论是金融市场较为成熟的国外金融监管还是国内金融监管，不管是传统的正规金融机构的监管还是新兴的非正规金融机构的监管，都需要利用现代科学技术来改进传统监管措施。依托计算机系统实现对小额贷款公司的非现场监管，是提高监管效率、降低监管成本的有效手段，更是适应现代金融监管技术创新趋势的需要。目前，小额贷款公司如雨后春笋般迅速发展，成为中小微企业及居民个人融资不可或缺的重要渠道，在经济利益的驱动下，极有可能出现非法集资、非法吸收或变相吸收公众存款、违背利率政策发放贷款、抽逃资本、洗钱、使用非法手段催债等非法金融活动和违法犯罪活动。因此，需要由政府主导，同时引入社会力量，建立智能化的风险监测预警体系，通过智能化、信息化、网络化手段实现对小额贷款公司经营状况的实时监管、定向分析及监测预警，进一步优化监管手段、降低监管成本、提高监管效率。

广州民间金融街在小额贷款公司的监管过程中，除严格按照相关监管办法定期对小额贷款公司进行全面现场检查，还非常注重监管手段的创新和监管措施的技术化，专门研究开发了广州民间金融街风险监测系统，将其作为政府的非现场监管平台。广州民间金融街风险监测系统是以广州民间

---

① 高以成、肖秋元：《论小额贷款公司监管机构的合法性选择》，《湖南广播电视大学学报》，2012 年第 1 期，第 56 - 61 页。

② 同上。

金融街的建设与发展为背景，专门针对小额贷款公司业务特点和风险特点的非现场监管平台，定期采集小额贷款公司的业务信息，通过智能化技术手段分别对其资本的充足性、流动性等关键指标作出评价，并根据智能算法和经典模型及时测算、生成小额放贷的价格指数，实现对被监管小额贷款公司经营状况的实时监管、定向分析及监测预警，大大提高了监管效率。

五、注重政策激励和公共服务

小额贷款公司的规范、可持续发展，不仅需要有效的监管防止其违法经营，更需要良好的政策环境和公共服务对其予以正确的引导，广州民间金融街在这方面做了有益的尝试。

（一）出台有针对性的扶持政策

小额贷款公司的设立，带有极强的宏观政策导向，它是为弥补现行金融公共服务的不足而设，但其发展却缺少政策的扶持，在日益商业化的经营模式下，随着商业性小额贷款公司的快速发展，其扶贫性宗旨受到营利性的较大冲击。因此，为了继续引导小额贷款公司发挥原有的扶持中小微企业和“三农”的作用，就需要有关部门加大政策扶持。在当前国家层面的优惠政策如税收优惠尚未出台之时，由地方政府在试点时结合自身财政预算制定针对本地小额贷款公司发展的扶持政策，对小额贷款公司扶持中小微企业给予一定的财政贴息或者风险补偿是一个可行的办法。广州民间金融街在建设中，一方面努力争取省甚至国家在扶持中小额贷款公司发展方面的政策突破，另一方面由地方政府先行出台有针对性的小额贷款公司的扶持政策，设专项资金，对小额贷款公司通过资金扶持中小微企业、自身规范经营、业务创新等给予一定的贷款风险补偿和经济奖励，对小额贷款公司合法经营进行正向激励。①

（二）提升公共服务水平

公共服务是政府的主要职能，为了使辖区内小额贷款公司规范经营，政府从配套建设、理论支持、信息查询等方面为街内企业提供了各类优质的公共服务。①完善的配套服务。政府通过街内园林绿化、交通改善、清洁卫生等提升街区经营环境，同时通过引入会计师事务所、律师事务所、仲裁院、金融法庭等为小额贷款公司提供完善的配套服务。②理论研究服务。由政府推动成立民间金融研究院，聘请国内外民间金融领域的知名专家定期开展学术论坛、学术沙龙、业务培训等，帮助小额贷款公司提升经营管理水平及业务创新能力。③信息查询服务。由政府协调中国人民银行广州分行为街内小额贷款公司开通征信查询绿色通道，同时探索建立区域内的信用数据库，为小额贷款公司提供信用信息查询服务，以提升其信用风险管理能力。

第三节　完善我国小额贷款公司法律监管制度体系

构建合法、适度、有效的法律监管制度不但能降低政府监管成本，提高监管的效率，更重要的是能够防范风险，避免由风险导致的区域经济受损。从世界范围内来看，小额贷款公司发展较成熟的国家，一般都有比较完善的监管法律制度和比较清晰的监管思路，我国现行小额贷款公司的法律

---

① 广州市越秀区人民政府和广州市金融办于 2013 年 2 月联合印发了《关于促进广州民间金融街发展的实施意见》，对集聚区内小额贷款公司发展给予扶持。

监管制度存在立法缺失、监管主体混乱、具体监管制度不完善、退出机制缺失等诸多问题，难以适应对小额贷款公司监管的需要，亟须进行完善。

一、加强立法，健全监管的法律依据

任何监管都必须依法进行，监管主体的确立、监管权力的取得、行使都必须依法进行。合理完善的法律制度体系是有效监管的保障和逻辑起点，脱离法律的框架进行金融监管是不切实际的。小额贷款公司在我国诞生至今时间并不长，其发展是一个从不完善逐步完善的长期的过程，在这一过程中，没有良好的法律环境、完善的法律制度体系做保障，就很难达到有效监管从而防范风险的目的。因此，为确保监管的有效性，防范小额贷款公司经营中潜存的各类风险，就必须完善现有法律法规，提高监管依据的效力位阶，将小额贷款公司的监管主体、监管内容、监管流程和违规处罚以法律的形式予以确定。

鉴于我国小额贷款公司发展并不成熟，而立法本身需要长期的调研、论证、起草等酝酿过程，对小额贷款公司的规范监管不能操之过急、仓促立法，在完善小额贷款公司的监管法律依据、提高小额贷款公司监管的法律效力上，建议采取自下而上、遵循从地方政府规章到地方性法规再到法律的立法路径。从短期来看，可以由省或者较大市的人民代表大会制定地方性法规来规范本地小额贷款公司的行为。一方面，从必要性而言，由于现行规定对小额贷款公司违规处罚偏轻、处罚措施不健全，使得小额贷款公司从成本收益的角度分析有从事违规行为的原动力；为了提高监管效力，防止监管流于形式，极有必要加大对违法违规经营的处罚力度，而处罚的设定，要求提高小额贷款公司监管的法律效力位阶。另一方面，从可行性而言，由于小额贷款公司目前的发展还属于地方试点阶段，各地经济发展水平不一，导致小额贷款公司发展程度不一，制定统一的全国性小额信贷机构管理法的条件尚不成熟。地方性法规虽然效力不如法律高，但可以进行一定的监管授权和设定一定的行政处罚。

当然，地方性法规的法律效力也有限，况且适用的地域有限，不能普惠地适用于全国，届时依然可能存在各地监管标准不一的情形。因此，地方性法规对各地小额贷款公司进行规范和引导也是暂时性和过渡性的，待立法条件成熟后，再根据各地小额贷款公司发展的实践经验进行总结，借鉴国际经验，对小额贷款公司制定相应的法律，如《小额贷款机构监督管理法》，对包括小额贷款公司在内的小额信贷机构的法律地位、市场准入、业务经营、合并变更、市场退出、监管主体、监管内容、违规经营的处罚措施等以法律的形式予以确立。在此基础上，各地方再结合自身发展实际，适时修改或废止自身的地方性法规，逐步完善各效力层级的监管制度规定，使在对小额贷款公司进行监管时真正有法可依。

二、明确监管主体，合理厘清监管职能

构建完善的小额贷款公司监管机制，首先需要解决的是谁来实施监管的问题，即确定监管的主体。监管者还应享有一定的行政执法权、立法权及准司法权，因此，为了实现对小额贷款公司的有效监管，有必要明确监管主体，同时赋予其必要的监管权力。

（一）对银监会作为小额贷款公司监管主体的驳斥

在理论研究上，许多学者主张小额贷款公司的监管主体应该是银监会，认为小额贷款公司从事

的发放贷款业务，具有货币性、信用性等资产经营的特征，属于实质上的金融业务范围内，理应由银监会负责监管。而银监会通过制定《指导意见》将小额贷款公司定位为一般企业法人，以此来排除自身对小额贷款公司的监管责任是不符合法律规定的。结合小额贷款公司试点实践，笔者并不主张由银监会履行对小额贷款公司的监管职能，理由如下：第一，《指导意见》之所以将小额贷款公司定性为普通企业法人并将其监管职责赋予地方人民政府，直接反映了作为监管部门的银监会本身并不愿意承担对小额贷款公司的监管职责这一事实，若一味地要求银监会来对小额贷款公司进行监管，只能是理论上的一厢情愿；第二，小额贷款公司相对于传统银行业金融机构而言，由于其不吸收公众存款，且自身规模较小，引发系统风险的可能性要远远小于商业银行，从资源的稀缺性及边际效用最大化的角度看，考虑到银监会的监管对象已经十分庞大，银监会应该将其有限的监管资源用于更可能导致系统风险的银行业金融机构的监管，对小额贷款公司的监管则可以由政府履行；第三，小额贷款公司既不属于银行业金融机构，也不属于《银行业监督管理法》中由银监会批准设立的非银行金融机构，自然不属于银监会的监管对象范围；第四，现有规定允许当小额贷款公司发展到一定程度之后转制为村镇银行，不可否认，当小额贷款公司转制为村镇银行之后可以公开吸收存款时，将其纳入银行监管系统，由银监会进行监管理所当然。

（二）成立专门的监管主体行使监管职能

在试点实践中可以由政府组建小额贷款公司监督管理委员会，承担对小额贷款公司的日常监管职能，明确其对小额贷款公司的设立审批、日常运营监管、风险防范和综合协调等具体职责，同时以立法的形式赋予小额贷款公司监督管理委员会行使日常监管职能所必需的行政处罚权以及一定的规则制定权与准司法权。

就目前我国小额贷款公司的监管实践而言，成立监督管理委员会专司小额贷款公司的监管权尚需解决两个问题：一是我国对小额贷款公司监管的规范性文件法律效力偏低，根据《中华人民共和国立法法》及相关法律的规定，尚不具备对小额贷款公司监督管理委员会履行监管职能所需各项权力的授权权限；二是成立小额贷款公司监督管理委员会涉及政府职能部门增设的编制审批问题。针对这两个问题，可以先在县（区）一级进行小额贷款公司监督管理委员会试点，以政府金融办为主要监管力量，同时整合公安、工商、税务等行政执法资源，通过抽调公安、工商、税务等人员组成小额贷款公司监督管理委员会的过渡性机构，履行对小额贷款公司的日常监管。待国家制定规范小额贷款公司的专门法律文件之时，在该法律文件中明确小额贷款公司监督管理委员会的监管权，同时将县（区）一级的监督管理委员会试点过渡到建立全国性小额贷款公司监督管理委员会，在省、市、县（区）设派出机构负责对辖区内小额贷款公司的日常监管。

三、完善小额贷款公司具体的监管制度

随着各地小额贷款公司试点的推进，实践中的许多问题表明，《指导意见》和各地管理办法关于小额贷款公司的具体监管制度和措施存在很多缺陷，需要及时进行修改、完善，以适应小额贷款公司快速发展的需要。

（一）完善小额贷款公司的准入监管

市场准入监管是对小额贷款公司监管的起点，对于小额贷款公司的准入，《指导意见》及地方均对注册资金、股东资格、高管资格及准入的具体流程进行了规定，整体而言，现行规定对小额贷

款公司采取了较为严格的准入标准，一定程度上保证了小额贷款公司较强的风险承受能力，能够防范和化解金融风险，维护社会公共利益。然而，纵观《指导意见》和各地管理办法，它们注重对于准入的实体条件的规定，表现为对注册资本金额、出资形式、股东资格、高管任职资格等的量化指标规定；而对于小额贷款公司准入的具体审批流程，则规定得较为粗略甚至没有规定，使得地方监管部门在对小额贷款公司进行监管时存在较大的随意性和不规范性。

一方面，就准入的实体条件而言，在以后提高小额贷款公司立法效力时，建议在法律中对小额贷款公司准入条件如注册资本、高管任职资格等作出统一规定的同时，考虑到各个地方经济发展的实际，为地方提高标准预留一定的空间。另一方面，就准入的审批流程而言，建议研究制定小额贷款公司准入监管实施细则或审批工作指引，明确市场进入的筛选流程和标准，从严规定小额贷款公司申报、审批的具体操作流程；对申请设立小额贷款公司的申报材料种类、格式规范予以明确规定；允许审批机关对小额贷款公司提供的材料的真实性做进一步深入的调查。例如，对于股东出资的审批，不仅要对资产本身是否真实、是否足额进行审核，更要对资产的来源及其合法性进行审核：对于自然人股东的收入来源、经济能力、出资资产的合法性要严格审查；对于法人股东尤其是主发起人的运营能力、所属行业及小额贷款公司设立以后经营的市场定位等都要进行审查，从源头上控制虚假设立的情况，防范和化解风险。

（二）完善小额贷款公司的运营监管

运营监管作为小额贷款公司监管的核心环节，各地对其经营的业务范围、贷款投放、贷款集中度、贷款利率、贷款资金来源等进行了详细的规定，普遍来讲，这些监管规定多以严格为基调。实践证明，过严的监管规定已经束缚了小额贷款公司业务的开展和可持续发展，因此，在设计小额贷款公司运营监管制度时，不应一味求严，而应区别不同的监管事项而区别对待，遵循“重则更重，轻则更轻”的理念，采取松紧结合的监管方式。

1. 严把“三条红线”，防范经营风险

各地小额贷款公司管理办法均对小额贷款公司从事非法集资、暴力催债和洗钱活动予以禁止，由于该三项行为具有较大社会危害性，被公认为小额贷款公司不可触碰的“三条红线”，对于这三条红线，要严格监管，一旦发现，要从严处罚。此外，对于小额贷款公司从事发放非法高利贷和账外经营的行为，也采取严格的监管。对于这五种情形，现行监管实践意识到了其危害性而对其予以禁止，然而对禁止的法律后果却并未明确，各地在实践中多从刑法、民法等法律制度中寻找依据，通过判断小额贷款公司是否违反有关规定而对其进行一定的刑事和民事处罚，然而，小额贷款公司作为一个特殊的市场主体，其行为有时候未必能在刑法和民法中找到合适的处罚依据，建议在未来立法时，对这五种情形的具体构成要件、处罚措施作出具体的规定，区别其行为的危害程度而更多地从经济手段来予以惩罚。

2. 适度放宽其他经营管制，确保可持续发展动力

科学合理的运营监管机制，不仅要有利于防范风险，维护正常的社会经济秩序，更要能使小额贷款公司健康、可持续发展。因此，在对前述五种情形采取更为严格的监管制度设计时，建议适当放宽小额贷款公司其他运营方面如经营范围、资金来源、贷款利率等的限制。

（1）适当放宽经营范围。

在经营范围方面，现行规定仅允许小额贷款公司发放贷款，同时，贷款发放局限于特定区域，

贷款发放行业也要求主要针对“三农”，这样的要求直接限制了小额贷款公司的良性竞争和发展，不符合市场经济的本质要求。建议在保证小额贷款公司“只贷不存”的前提下，适当允许经营业绩好、管理规范的小额贷款公司从事其他的一些经营业务，如咨询、理财等业务，以增加小额贷款公司的经营收入来源；对于放贷区域，随着试点的推进，可以由仅限于县级行政区域逐步向全市、全省过渡；而贷款对象，可以针对小额贷款公司自身性质，分商业性小额贷款公司和政策性小额贷款公司而区别对待，对于商业性小额贷款公司，应降低其扶农、支农的贷款比例，更多地遵循市场的原则自主选择贷款客户，而对政策性小额贷款公司，则可以在其扶农、支农方面要求较高的贷款比例。

（2）推行市场化的利率定价机制。

现行政策考虑到小额贷款公司的操作成本、资金成本、经营的信用风险等都比一般的银行业金融机构更高，现有规定对小额贷款公司实行了相对固定的优惠利率政策，允许小额贷款公司的利率放宽到中国人民银行规定的基准利率的90%～400%，然而，这一政策上的放宽是否真正符合小额贷款公司的经营实际，满足其市场需求，似乎还有待商榷。小额贷款公司的经营成本和所面临的经营风险客观上决定了其需要更高的利率，从国外小额贷款公司的发展经验来看，高利率是普遍存在的，人为地限制贷款利率往往会妨碍小额贷款公司持续发展。因此，在以后的制度构建中，建议取消对小额贷款公司利率上限的强制性规定，通过市场自身的调节作用来确定贷款的利率，通过市场化的利率定价来平抑小额贷款公司所面临的风险，弥补其经营成本和风险控制成本。

（3）创新资金获取途径。

小额贷款公司不能吸收存款，而《指导意见》又对其通过其他途径获取资金来源做了严格的限制，这使得小额贷款公司的融资渠道和融资规模非常有限，从而影响了其为中小微企业提供金融服务功能的发挥。为解决这一问题，许多地方在试点中纷纷探索对小额贷款公司融资进行松绑的措施，集中表现为提高小贷公司融资比率、提高最大股东持股比例等。这些措施虽然在短期内可以帮助小额贷款公司摆脱资金紧张的困境，然而，这样的方式融资数额有限、难以为小额贷款公司持续供血，不能从根本上解决小额贷款公司经营资金短缺的问题。在完善法律制度时，应适当放松对小额贷款融资以及其他资本注入的限制，同时，鼓励融资创新：一方面可以允许小额贷款公司通过增资扩股，提高向银行业金融机构融资比例的方式增加资金来源；另一方面，允许小额贷款公司进行融资模式的创新，如通过与有实力的公司开展资金合作、债权让与、资产证券化、发放债券等方式来解决资金不足问题。

四、建立完善的监管措施体系

有效的监管机制依赖于有力的监管措施和手段，各地在试点的过程中，对小额贷款公司的监管措施主要借鉴了银监会对银行业金融机构的监管经验，采取了现场检查和非现场检查相结合的监管措施。以下结合小额贷款公司的业务特点和风险特点，探讨如何完善小额贷款公司的监管措施。

（一）完善现场检查流程

现场检查主要是由监管人员现场对小额贷款公司的合同文本、财务收支凭证、风险内控制度、业务流程等进行检查与核实。实践中小额贷款公司现场检查制度多是借鉴银行业、保险业、证券业等的现场检查制度，但有必要针对小额贷款公司自身的经营特征和监管实践，进一步完善小额贷款公司现场检查制度。一是在监管人员方面，在对小额贷款公司进行现场检查时，可以由政府监管部门牵头，依托中介服务机构，引入律师、会计师、资产评估师等专业人员组成检查工作小组，以弥补目前监管部门的监管能力有限、监管专业人员配备不到位的缺陷，进一步提高监管的专业化水平。二是在监管标准和流程方面，可以在法律中授权地方针对各地实际，在不违反现行法律法规的前提下，制定针对小额贷款公司的《现场检查工作指引》，对现场检查的重点检查项目、检查流程和标准进行统一规范。

（二）提高非现场监管的信息化水平

在监管措施中，传统的非现场监管主要由监管人员对被监管者所报送的监管资料包括内部管理制度、财务报表、业务信息等进行核实，在科学和技术日新月异的今天，这样一种传统的非现场监管手段已经难以适应监管的需要。利用高科技手段对小额贷款公司进行非现场监管，是提高小额贷款公司监管效率、降低监管成本的有效手段，在改进传统非现场监管措施时，要引入现代化科学技术手段，建立针对小额贷款公司的风险监测系统，通过智能化技术手段实现对小额贷款公司经营状况的实时监管、定向分析及监测预警，进一步优化监管手段、降低监管成本、提高监管效率。

五、细化违规经营的处罚规则

构建合理的违规处罚规则是完善小额贷款公司法律监管制度不可缺少的一部分，也是监管措施切实有效的有力保证。设定合理的违规惩罚力度，为小额贷款公司设定一定的违规操作成本，针对不同的违规行为采取不同的处罚力度，使小额贷款公司能对自己违规经营的法律后果有一定的预期，有利于督促其合法合规经营。

（一）构建科学的处罚措施体系

现行规定如《指导意见》、地方小额贷款公司管理规定等，其自身法律效力位阶所限，导致了对小额贷款公司违规行为处罚规定的缺失，因此，在完善小额贷款公司法律监管制度时，要及时弥补这一缺憾。鉴于现行刑法、民法对于单位犯罪、法人违法从事民事行为等处罚体系较为完备，当小额贷款公司从事违法行为构成犯罪时，或者因从事民商事活动侵犯他人合法权益时，可以直接适用刑法、民法的有关规定，在此，多从政府监管的处罚措施角度，探索对小额贷款公司从事违规经营的经济责任来完善其处罚措施。未来立法时，可以根据小额贷款公司违规经营行为的严重程度，赋予监管部门适时采取警告、违规风险提示、与高级管理人员约谈、取消主要责任高级管理人员从业资格、强制培训、责令停业整顿、督促限期整改、接管、限制经营业务范围、处以一定经济罚款、吊销营业执照等处罚措施。

（二）探索建立市场退出机制

在退出机制上，前文已述及《指导意见》与各地管理办法对小额贷款公司的解散与破产的具体方式和程序做了比较原则的规定，基本没有突破《公司法》与《中华人民共和国破产法》的规定。在此，根据各地试点管理办法中关于小额贷款公司禁止从事的业务内容，探讨以下几个可能导致小额贷款公司市场退出的情形，供以后立法时参考。

1. 非法集资

小额贷款公司不能吸收公众存款，其放贷的资金来源非常有限，经营的业务种类也非常单一，这使小额贷款公司的经营规模受到严重制约。作为追求经济效益最大化的理性经济人，小额贷款公司极有可能为了追求经济利益而采用非法集资等手段来扩大贷款业务规模，因此，为了防止小额贷款公司非法集资，扰乱金融市场秩序，有必要对其从事非法集资活动进行严格的监管，并从制度上设计一定的行政或者刑事处罚。《指导意见》禁止小额贷款公司从事非法集资活动，对发生非法集资行为的，由省级人民政府负责处置，构成犯罪的，依法追究其非法集资的刑事责任。可见，《指导意见》将小额贷款公司从事非法集资活动的处置权给了省级人民政府。

地方在试点中明确了小额贷款公司从事非法集资的活动的，可以取消试点资格，吊销营业执照。例如，广东省就明确规定小额贷款公司吸收或变相吸收公众存款，或者从事非法集资活动的，由有关部门对其取消试点资格，吊销营业执照，并追究主要负责人的法律责任。此外，我国刑法也明确将非法吸收公众存款和集资诈骗规定为犯罪行为，对非法吸收公众存款和集资诈骗的单位和直接负责人给予刑事处罚。

2. **暴力催债**

小额贷款公司多由民营资本发起设立，民营资本的所有者往往有着根深蒂固的欠债还钱的传统思维模式，再加上目前我国法制环境对于债权人司法保护力度不够，通过法律途径保护债权人合法权益的成本高昂，这都使得小额贷款公司在借款人发生信用违约时，极易发生恶意或者暴力讨债现象。为防止暴力催债行为，维护基本的市场经济秩序，各省、市试点过程中都严格禁止小额贷款公司采取暴力或者其他非法手段实现债权的行为。然而，对于小额贷款公司发生暴力讨债的法律后果，现有规定并不明确，对于造成损害结果的，只能根据侵权法和刑法的有关规定对有关侵权行为人进行处罚。因此，应该完善对其恶意或暴力讨债行为的处罚措施体系，同时针对小额贷款公司特殊企业法人的性质，体现一定的差异化，在立法中明确并加大对小额贷款公司及其直接负责人的行政处罚力度，将暴力催债作为吊销小额贷款公司营业执照并撤销其经营资格的条件，同时，对于因暴力催债而触犯刑法的行为人要移交司法机关依法追究其刑事责任。

3. **账外经营**

小额贷款公司经营贷款业务，为了规避政府监管、偷逃税款，也有可能发生发放贷款却不按照会计制度记账、登记，或者不在会计报表中反映的账外经营行为。《指导意见》和地方小额贷款公司管理办法均要求小额贷款公司按国家有关规定建立健全财务会计制度，以便能够真实地记录并全面地反映其业务开展情况和收支情况；但对于小额贷款公司违反法律规定，未按要求建立健全财务会计制度、发生账外经营时如何处理未作具体明确的规定。鉴于小额贷款公司经营放贷业务，具有一定的类金融机构属性，在探讨其市场退出机制时，可以借鉴《商业银行法》《金融违法行为处罚办法》关于商业银行等金融机构的规定，对小额贷款公司从事账外经营，视情节轻重给予不同的处罚制度设计，对“小额贷款公司账外经营行为，情节严重”的应该吊销其营业执照，强制其退出市场经营。

4. **非法高利贷**

非法高利贷是民间借贷的普遍现象，其利率远高于银行同期贷款利率，有的甚至达到银行贷款利率的几十倍。对于非法高利贷的认定，不能仅仅局限于小额贷款公司发放贷款的利率高于《指导意见》和地方管理办法对放贷利率的限制，在利率逐步市场化的背景下，对非法高利贷应从背离市场利率定价机制来认定。对于小额贷款公司贷款利率超过司法部门规定的贷款利率上限（银行同期贷款利率的4倍）时，是否认定其为非法高利贷还应综合考虑交易的真实性、借款人信用、贷款的成本、承受的风险及市场供求状况等；若适当的高利率是双方当事人从经济角度综合谈判的结果，则不应认定其为非法高利贷。

5. **洗钱活动**

根据巴塞尔银行监管委员会的定义，洗钱是犯罪分子为掩盖资金的真实来源和受益所有权关系，利用金融系统将违法获取的资金从一个账户转移到另一个账户，或者犯罪分子利用金融系统向客户提供资金保管服务来存放款项的行为。在当前经济全球化、资本流动国际化的情况下，洗钱活动对国际金融体系的安全、对国际政治经济秩序的危害极大。因此，各国均对洗钱活动进行了严格的规制，例如，我国于2006年10月31日出台了《中华人民共和国反洗钱法》，专门对非法洗钱活动进行详细规定，此外，《中华人民共和国刑法》也对洗钱犯罪作了明确的规定。

洗钱对社会经济秩序的危害极大，而小额贷款公司作为发放贷款的准金融机构，极有可能被犯罪分子用来进行洗钱活动，通过假的借贷合同、向小额贷款公司假投资等手段来清洗非法资金，因此，为了维护正常的市场经济秩序，促使小额贷款公司合法合规经营，防止犯罪分子通过小额贷款公司进行洗钱活动，应该明确规定从事洗钱行为作为导致小额贷款公司市场退出的情形之一。

本文节选自广州市越秀区金融工作局局长廖检文博士毕业论文。(2013年)

广州民间金融街建设民间金融创新试验区策略研究

一、广州民间金融街发展的机遇与挑战

（一）党中央和国务院高度重视民间金融发展

引导规模庞大的民间资本规范发展，缓解中小微企业的融资难题，引起了党中央和国务院的高度重视。2005 年 2 月，国务院发布《关于鼓励支持和引导个体私营等非公有制经济发展的若干意见》，这是中华人民共和国成立以来首部以促进非公有制经济发展为主题的中央政府文件，文件指出要放宽非公有制经济的市场准入，加大对非公有制经济的财税金融支持。2008 年 5 月，银监会和中国人民银行联合发布《关于小额贷款公司试点的指导意见》，文件确定了小额贷款的性质、设立、资金来源、资金运用和监督管理，为小额贷款公司的发展指明了方向。2009 年 2 月，国务院出台了《关于进一步促进中小企业发展的若干意见》，这一文件提出了切实解决中小企业融资难问题的措施。2010 年 5 月，国务院再次出台了《关于鼓励和引导民间投资健康发展的若干意见》，这是针对民间资本的出路而专门出台的文件，其中对民间资本进入金融服务领域规定了若干鼓励和引导措施。2013 年 7 月，国务院办公厅出台《关于金融支持经济结构调整和转型升级的指导意见》，文件明确规定要“整合金融资源支持小微企业发展”和“扩大民间资本进入金融业”。

（二）广州市具有进行民间金融创新的市场化基因

广州的民营经济发达，中小企业众多，民间资本充裕，民间金融活跃，拥有民间金融创新的基础。据粗略统计，广东地区民间资本规模超过万亿元，仅广州市的民间融资总额推算就超过了 3000 亿元。此外，广州也是中国首批沿海开放城市之一，改革开放以来，广州民营经济发展迅速，广州市中小企业数量占据广州企业总数的 99.81%，划出了一道充满活力的发展轨迹，充裕的民间资本和发达的民营经济为广州的民间金融创新奠定了良好的市场化基础。

（三）早前民间融资无序发展的危害尚存

20 世纪 90 年代末，广东发生“广国投”破产事件，作为国内首例金融机构破产案，其对金融市场造成的冲击之大、影响之远，至今仍未完全消除。2011 年，广东再次爆发华鼎、创富危机，使得广东的整个担保行业面临重新整顿的局面，让广东的金融业再次出现局部动荡。在深刻吸取“广国投”破产事件教训的基础上，积累经验，以规范华鼎、创富危机为契机，进行民间金融创新，积极、稳妥地发展民间金融，让地下金融阳光化、合法化，无疑将是一次转危为机的重大机遇。

（四）地区先行先试的传统和当下金融创新的紧迫性

一方面，广东历来是中国创新开放的前沿阵地，具有敢为天下先的传统。同时，国家针对广东的政策也相对开明，深圳经济特区就是一例，2013 年行政审批体制创新试点省份确定广东也是一

例。另一方面，当前金融体制是计划经济的产物，有高垄断、高管制的特点，由于为中小微企业服务的成本较高，正规金融机构主要为国有企业、集体企业、大中型企业服务，正规金融机构为中小微企业融资服务的较少。因此，中小微企业迫切希望进行金融创新。

二、国外及国内民间金融业创新的经验、做法及成效

（一）德国城市金融创新经验及启示

20 世纪中期，德国经济得到了飞快的发展，金融体制与行业不断完善、健全，银行与企业的金融联系不断密切，各个行业的经济状况不断改善，政府对整个经济金融体制的监管不断加强。德国金融制度仍然是一种以全能银行体系为主导的制度。在国际竞争日益激烈的情况下，德国中小银行纷纷合并，大银行日益国际化以增强自身实力。德国金融改革的最大的特点就是长期以来一直坚持混业经营制度。具体做法如下：

（1）混业制度是德国一直坚持的金融制度。从德国经验看，混业经营和统一监管具有明显优势，可以减少摩擦成本，降低信息采集成本，改善信息质量，获得规模效益，也可以减少多重监管制度对金融创新的阻碍，提高监管效率和金融竞争力。

（2）德国金融业有较强的监管力量。在德国，联邦银行、联邦金融监管局、联邦审计院以及其他机构各自作为金融监管体系的组成部分，其职责和定位都有相关的法律授权和明确的规定，有分工、有合作，这既避免了职责交叉，减少了部门重叠带来的资源浪费，又防止了职责划分不清晰所带来的部门间的矛盾，提高了效率。同时，德国金融业又有较强的外部监管力量，既有来自政府部门的监管，也有来自社会的监督。

（3）德国中央银行制度比较健全。德国的商业银行是全能型银行，即其商业银行既可以经营综合性的银行业务，又可以同时经营存贷款、证券、保险等金融业务，充分享受到不同金融业务间的多样化效应的好处。

德国城市金融创新对广州民间金融街建设民间金融创新试验区的启示：

（1）完善金融体系的有关法律与政策法规。政府对经济行情以及金融市场的监管是非常重要的，加强政府对金融行业的监管，一方面可以正确发挥政府的监管作用，另一方面，可以监督金融市场的运作情况，防止不法事件的发生。在我国的金融体制改革过程中，也要注意各项政策措施的连贯性和严谨性，根据不断变化的实际形势完善相应的法律法规，为金融行业乃至整个市场经济的发展作出努力。

（2）混业经济模式是大势所趋，要坚持混业经济模式。在德国金融改革过程中，采用混业经济模式，有利于坚持和完善德国的金融体系与市场，促进金融体制的不断完善，维持经济市场的稳健发展，混业制度是经过历史考验的制度，应结合我国金融体系的发展现状，结合我国经济体制的具体特点，银行与证券业相结合，发挥各自的特点与优势，促进整个金融体系的健康稳健发展，减少经济发展的风险。

（3）加强对整个金融体系的监管。加强金融监管，有利于维护整个市场经济的稳定发展，树立广大公众对整个市场的信心，控制经济发展的风险，促进经济稳健持续增长。我国的国债管理体系有很多不合理之处，与西方国家的先进做法有很大差距。因此，建议政府有关部门，借鉴发达国家的做法，加强管理体制的改革，加大品种和交易方式的创新力度，提高市场风险防范和控制能力。

（二）新加坡金融创新经验及启示

为将新加坡建设成全球财富管理中心，新加坡政府持续推动各个环节的优化发展，首要配套改革的是投资者基础的深度和广度，然后是商业机会的创造，包括对数据网、通信系统和人才市场等基础设施的建设，以及信托公司、税务改革、法律咨询、投资顾问和会计、评级以及媒体制度在内的各个环节的重构。更为广义的构建财富管理中心，还涉及文化问题。

（1）建立高效的领导体制，策划发展金融业的各种计划。新加坡政府在金融业的发展方面扮演着积极主动的角色。在1998年到2000年间，为领导和实施大规模金融体制改革，新加坡首先成立了一个由李显龙负责的，由银行家、咨询顾问和政府官员组成的银行业发展咨询委员会（FSRG），就如何构建私人银行中心、如何进行高效透明的监管进行积极研讨。FSRG下设七个委员会，分别负责债券市场、股票市场、基金管理、国债及风险管理、企业融资、保险和再保险、全球电子银行领域的整改建议。这些领域全部由政府与市场专业人士合作规划，充分吸收意见后，再由政府成立九个工作组，针对金融领域的各个部类提出具体设计，然后由金融管理局和市场专业人士合作的相关部门共同推进执行。

（2）开放资本市场，放松资本市场的管制。其主要内容有以下六个方面：①进一步对外资机构开放资本市场。从2000年1月起，外资机构为新加坡投资者处理的最低交易额将从原先的500万新加坡元下调至50万新加坡元，2001年以后，将取消最低交易额限制。②加快发展金融衍生产品市场。从1999年12月1日起，在新加坡证券交易所交易的金融衍生产品中，不再区分内外资机构，而是实行统一的交易准证制度。③放松佣金管制。从2000年1月起，逐步放松对交易佣金的管制；2001年1月以后，各证券经营机构可自行决定佣金水平。④调整交易结算期限。从2000年3月15日起，从目前的T+5调整为T+3，并逐步向T+1的目标过渡。⑤放宽对经纪商的资金限制。从2000年1月起，经纪商的贷款与其流动资金比例，将从目前的6倍调高至8倍；法定最低缴足资本额，将从目前的3000万新加坡元下调至1500万新加坡元。⑥鼓励外国证券进入新加坡。新加坡金融管理局将采取有利政策，积极吸引外国公司到新加坡发行股票、债券及其他证券，并在新加坡证券交易所上市，同时，积极开发和发展新的金融衍生产品，提高新加坡资本市场对东南亚及国际金融市场的影响力度。

（3）培育债券市场、提供投资产品。新加坡为培育债券市场、提供投资产品而不惜改变以往的两个坚持：一是坚持新加坡元的非国际化，二是坚持严格的政府预算制度。为此，在供给一端，新加坡政府在培育债券市场、提供投资产品方面采取了两大举措：第一个重大举措是新加坡元的国际化，1998年8月，新加坡出台了《新加坡元国际化指引》，即允许外资机构发行新加坡元债券。首先是国际金融公司（IFC），紧接着包括通用电气、花旗集团和房利美等在内的许多跨国公司，都发行了大量新加坡元债券。第二个重大举措是发行政府长期债券。当时新加坡政府预算盈余很高，并无举债需求，但是为了给债券市场提供完整的收益率曲线，推进公司债券市场的发展，新加坡政府率先推出了十年期国债，并宣布了今后发行债券的日程表。紧接着，政府关联公司诸如凯德置地等公司也被要求发行债券，用以提升其资本结构，并推动债券市场的流动性。

（4）专门培养新一代的私人银行家。由于私人银行业务的激增，每年需增加500名左右私人银行家，为此，新加坡政府直接投资公司和淡马锡公司共同出资设立财富管理学院，专门培养新一代的私人银行家。一名基础的客户经理需要经过一年半的学习和实习才能初步成为一名合格的私人银行家。

（5）实施税收激励计划。税收激励计划总的政策是面对全球化竞争，为保持国家竞争力而调低税率。新加坡的主要税务优惠：①创业公司、海外投资公司及某些海外公司的投资亏损可获得减税；②一些金融机构和公司的指定收入只需缴付优惠税率的10%，包括金融公司的亚元货币单位，经批准的基金管理公司、证券公司、信托公司，有岸外寿险、岸外风险保险和再保业务的保险公司，新加坡交易所会员的金融期货和外汇的交易。与金融有关的豁免缴税：①金融机构在亚元货币单位所得收入；②证券公司从获准岸外集团信贷或包销活动中所得收入；③海外投资者通过金融机构的亚元货币单位、经批准的基金管理公司所管理的资金取得的指定收入；④经批准的托管公司所管理的海外信托的指定收入。

（6）提供相应的法律支持。为吸引外国人来进行信托投资，在加强账户的保密程度方面，新加坡采取了比瑞士更严厉的法律制度。2001年，新加坡修改了银行客户保密制度的相关法律规定。根据修改后的法律，违法者可能面临7.6万美元以上的罚款，或最多3年监禁，甚至两项处罚合并执行。而在瑞士，对相当行为的惩戒为大约3.8万美元罚款或6个月监禁。另外，新加坡还修改了信托法律。许多欧洲国家都采用“法定继承权”的概念，即由国家规定必须留给某个家庭成员的财产比例。这些法律规定优先于遗嘱和信托协定。2004年12月，新加坡实施了新的信托法，允许在新加坡进行信托投资的外国人可以不受“法定继承权比例”的限定——而在其他国家和地区，对超出继承权比例获得的财产，政府或课以重税，或直接收缴国家。新加坡金融管理局的数据显示，该项政策实施后，在新加坡进行信托投资的资产2004年增至近500亿美元，而2002年时，这一数字还不到250亿美元。新加坡是一个非常重视计划和管制的国家，目前它正趋向于放松监管，这与中国由计划经济向市场经济转轨具有相似之处。

广州民间金融改革和金融发展应从国际市场竞争的角度进行考虑，并加以认真学习和借鉴。

（1）金融改革需要整个经济体的其他部门进行配套。金融政策必须要有相应的财政政策，现代化的银行体系，以及富于弹性、有自行调节能力的劳动力市场等的配合，当然更需要政治上的高层扶持。

（2）要有适合的、开放的人力资源政策。薪酬制定和人才招聘是金融业人力资源政策的核心实务工作。广州民间金融街金融管理公司每年都对金融领域的薪酬水平做调查，使之努力达到市场水平，但不是以最高收入为参考。

（3）政策措施应结合具体的国情。广州民间金融街在经济社会进步方面所取得的举世瞩目的业绩，与其重视将国际经验、国际规则与本国具体情况结合是分不开的。

（三）温州城市金融改革创新经验及启示

温州市民营经济发达，民间资金充裕，民间金融活跃。而近年来，温州部分中小企业出现资金链断裂和企业主出走现象，这对经济和社会稳定造成了一定影响。开展金融综合改革，切实解决温州经济发展存在的突出问题，引导民间融资规范发展，提升金融服务实体经济的能力，不仅对温州的健康发展至关重要，而且对全国的金融改革和经济发展具有重要的探索意义。2012年3月，国务院审批通过《浙江省温州市金融综合创新试验区总体方案》。

温州市金融综合改革的12项主要任务：①规范发展民间融资。制定规范民间融资的管理办法，建立民间融资备案管理制度，建立健全民间融资监测体系。②加快发展新型金融组织。鼓励和支持民间资金参与地方金融机构改革，依法发起设立或参股村镇银行、贷款公司、农村资金互助社等新型金融组织。符合条件的小额贷款公司可改制为村镇银行。③发展专业资产管理机构。引导民间资金依法设立创业投资企业、股权投资企业及相关投资管理机构。④研究开展个人境外直接投资试点，探索建立规范、便捷的直接投资渠道。⑤深化地方金融机构改革。鼓励国有银行和股份制银行在符合条件的前提下设立小企业信贷专营机构。支持金融租赁公司等非银行金融机构开展业务。推进农村合作金融机构股份制改造。⑥创新发展面向小微企业和“三农”的金融产品与服务，探索建立多层次金融服务体系。鼓励温州辖区内各银行机构加大对小微企业的信贷支持。支持发展面向小微企业和“三农”的融资租赁企业。建立小微企业融资综合服务中心。⑦培育发展地方资本市场。依法合规开展非上市公司股份转让及技术、文化等产权交易。⑧积极发展各类债券产品。推动更多企业尤其是小微企业通过债券市场融资。建立健全小微企业再担保体系。⑨拓宽保险服务领域，创新发展服务于专业市场和产业集群的保险产品，鼓励和支持商业保险参与社会保障体系建设。⑩加强社会信用体系建设。推进政务诚信、商务诚信、社会诚信和司法公信建设，推动小微企业和农村信用体系建设。加强信用市场监管。⑪完善地方金融管理体制，防止出现监管真空，防范系统性风险和区域性风险。建立金融业综合统计制度，加强监测预警。⑫建立金融综合改革风险防范机制。清晰界定地方金融管理的职责边界，强化和落实地方政府处置金融风险和维护地方金融稳定的责任。

温州城市金融改革创新对广州民间金融街建设民间金融创新试验区的启示：

（1）需要通过体制机制创新，构建与经济社会发展相匹配的多元化金融体系，使金融服务明显改进，防范和化解金融风险能力明显增强，金融环境明显优化，为全国金融改革提供经验。

（2）由于温州金融综合改革意义重大，浙江省和温州市政府要对其高度重视，加强组织领导，积极稳妥、深入细致地做好工作。广州市也需要成立工作组具体负责实施改革方案。中国人民银行会同有关部门，要加强指导、协调和监管，随时注意总结经验。

（四）上海外滩金融创新试验区建设及其启示

上海在打造国际金融中心的进程中，在空间规划上重点布局了“一城一带”，“一带”就是外滩金融集聚带，以融资租赁机构、信托机构、股权投资类机构等为主。其中最重要的是打造互联网金融集聚区，提出支持网上银行、网上保险、网上证券等互联网金融落户外滩金融集聚带。支持各类信息技术公司和互联网企业发起或参与设立创新型互联网金融服务企业。支持互联网企业和银行、保险、证券等机构的融合，不断创新金融服务产品。支持利用云计算、大数据等资源和平台，改变传统依靠物理网点提供金融服务和产品销售的方式。

打造民营金融集聚区也是试验区的重点，主要包括支持有实力的民营企业加快产融结合，设立金融控股公司、财务公司或其他新型金融机构。积极争取金融监管部门支持，协助民营资本发起设立自担风险的民营银行、金融租赁公司和消费金融公司等金融机构。积极支持符合条件的民营企业设立小额贷款公司、融资性担保公司等机构，鼓励通过发行中小企业私募债、资产证券化等方式拓宽融资渠道和规模。

此外，金融创新试验区的举措还包括创新小微企业融资机制与平台、加快外滩金融载体建设、支持外滩金融创新、提升服务金融创新人才的水平、优化多层次金融配套服务功能等。

上海外滩金融创新试验区建设对广州民间金融街建设民间金融创新试验区的启示：

通过广州民间金融街打造成民间资产管理中心、资本运作中心和金融专业服务中心。将新的金融业态、模式、领域和力量汇集在一起，实现占用资源少，但调动资源服务实体经济能力强的目的。

三、广州民间金融街民间金融创新试验区实施策略

（一）促进互联网金融产业创新发展

一是搭建互联网金融产业发展平台，形成项目、人才、资本、信息等要素的集聚区，重点引进一批行业内龙头企业，构建完整的互联网金融产业链。二是依托互联网金融实验室、互联网金融税务研究室和互联网金融法治研究中心三大科研机构，加强对互联网金融技术、产品和商业模式创新及重大技术、产品和商业模式创新的研究，引导其开展移动互联网、大数据、云计算等技术与金融业跨界融合并制定互联网金融行业年度法治报告。三是鼓励银行、证券、保险等传统金融机构和小额贷款公司等民间金融机构互联网化，鼓励其大力开展互联网金融业务。四是加强对互联网金融机构的风险防范，互联网金融本身的特殊性，致使其监管理念和方式与传统的金融监管理论存在一定的差异，因此结合互联网金融本身的特色，其监管也应从信息、IT、大数据、搜索引擎、充分披露等方面来考虑，甚至可考虑外包 IT 公司来监管互联网金融企业。

（二）建立健全配套服务体系

一是研究制定优惠扶持政策。整合梳理现行国家省、自治区、直辖市实行的民间金融发展方面的优惠政策，研究制定更具吸引力的一系列先行先试政策，除加大落户奖励、房租补贴、风险补偿等基本奖励力度之外，应引导民间金融机构进行产品、发展模式等方面的创新，并给予一定的奖励。此外，可以通过评选试验区内杰出人才、先进单位等方式，将企业本身及其高管缴纳的税金返还。二是创建民间金融全国知名品牌示范区。结合民间金融发展的实际情况创新，制造出一套可复制的民间金融管理服务体系。同时组建产业联盟，制定行业内共同遵守的联盟标准。三是强化基本硬件建设，提高对入驻机构基本的物业、维修、水电、停车等的服务质效。

（三）加快社会信用体系建设

加强社会信用体系建设，探索建立负面清单机制，加大对失信行为的惩戒力度。优化提升民间金融街信用信息平台，积极与法院、公安、税务、交警等部门对接，合法、合理、分步骤地抓取各职能部门掌握的信用信息，搭建区域性信用信息数据库；进一步整合所掌握的信用信息，建立健全企业和个人的评分系统；完善信用服务市场，推动征信产品应用；引导金融街征信公司规范发展，为民间金融机构提供业务信贷评级、信用评级、信用调查、征信查询等征信服务。

（四）推动利率市场化进程

一是健全民间金融指数体系。在现有的民间融资“广州价格”、小额贷款利率指数、民间金融景气指数的基础上，进一步研发新的民间金融指数，编制民间融资“广东（岭南）价格”。坚持稳步发展，有计划、分步骤地推进民间融资“广东（岭南）价格”的编制工作，分步骤采集珠三角乃至广东省的小额贷款公司业务数据；逐步完善指数的层次体系，研发中国民间金融发展指数、互联网金融指数、小额贷款市场风险预警指数、民间信贷市场走势预期指数等或者研发分行业、分区域的民间金融指数，打造出多层次、广覆盖、能反映民间资本供求状况的价格指数体系。二是放宽小贷公司放贷利率及票据贴现利率的限制，允许街内小贷公司根据市场商业原则自主确定贷款和票据的贴现利率。

（五）加强民间金融风险防范

民间金融创新试验区包含各种业态，涉及多种业务，且各业务之间往往存在联系，因此要建立

健全的风险监管机制。一是建立主监管员制度，直接负责辖区内小额贷款公司初审工作和日常监管，并对小额贷款公司的经营与变动进行动态跟踪。二是建立联席会议制度，专题研究日常监管工作中遇到的各种新情况、新问题。三是进一步丰富、完善现有的金融街风险监测系统，加强对系统的数据挖掘和分析功能，实现信息化实时监管。四是加大人才引进力度，开展监管员业务培训，加快监管队伍建设，提升监管人员素质和业务水平。五是依托民间金融商会开展行业自律工作，引导试验区内民间金融机构严格自律，规范经营。六是建立与银行业金融机构的沟通协调机制，加强协调配合，增强监管合力，依托银行业金融机构加强对小额贷款公司的融资管理。

本文根据广东行政学院、广州民间金融街管委会课题组提供的资料整理。课题组负责人：周芳、林先扬。课题组成员：唐红军、龚文艳、谢小凤、林嘉、程军强。(2014 年)

广州民间金融街：创民间金融规范发展先河，引民间金融持续创新浪潮

在广东省、广州市政府及有关部门的大力支持和指导下，广州市越秀区开拓创新、不断进取，园区产业生态圈逐渐完善，规模效应日益显现，品牌影响力迅速扩大，服务实体经济能力屡屡实现新突破，持续推动民间金融阳光化、规范化发展，不仅肩负起广州民间金融发展排头兵的重要作用，同时为其他城市作出示范，为广州金融建设“闯出一条新路来”。

一、“广州价格”成民间金融利率风向标

“广州价格”通过公开、详尽的数据掌握民间借贷利率的定价权，影响了珠三角地区的民间借贷。对于广州市民来说，无论是借钱还是还贷，他们都会拿广州民间金融街公布的利率作个比较，心里就有了杆秤。

随着成都、武汉等地的民间金融街的落成，各地的民间金融指数也频频亮相，但其他地区的民间金融指数大多只是单一的指数，而广州民间金融街研发了民间融资“广州价格”（平均利率、平均费率）、小额贷款利率指数、民间金融景气指数，建立反映资金供求状况和监管治理环境的市场化定价机制，初步构建了中国民间融资（广州）价格指数体系。民间融资（广州）价格指数的发布为街内外民间融资提供了参考，在一定程度上抑制了非法高利贷的发生，对民间融资价格起到引导、平抑的作用。

二、先行先试助推民间金融创新发展

广州民间金融街是广州市加快建设区域金融中心的重大举措。目前，广州民间金融街已建成全国民间金融产业发展示范区、全国最具影响力的“互联网＋小贷”先行试验区、国家级现代服务业集聚区、广东省首批创新创业金融街试点区、广州市首批互联网金融产业基地、广州市内资商业保理试点区。同时，广州民间金融街持续先行先试，创新发展“互联网＋小贷”“互联网＋证券”“互联网＋保险”等创新型金融机构。

1. 创新金融机构集聚发展

截至2016年，广州民间金融街园区内入驻机构达到411家，其中主导产业234家。园区内企业累计为近7万家中小微企业、中低收入者和“三农”提供融资近4000亿元，直接或间接拉动社会投资超2万亿元，累计贡献各项税费近20亿元，是金融街建设前的10倍以上。

广州民间金融街政策亮点纷呈，先行先试优势明显。2012年，广州市以长堤大马路为民间金融发展核心区，建成全国首条民间金融街，支持民间金融机构集聚发展。建街以来，越秀区金融局自主研究、率先发布了民间融资“广州价格”，小额贷款利率指数、民间金融景气指数等一系列反映民间融资市场资金供求状况的价格指数，规范民间借贷市场，降低交易风险和成本，成为辐射珠三

角，影响全国的民间融资价格风向标。

支持各类创新型民间金融机构发展。一是成立全国首家小额再贷款公司——广州立根小额再贷款股份有限公司，目前可为广东省范围内的小额贷款公司发放贷款，被誉为“小贷央行”，是我国小额贷款公司融资渠道的创新突破。二是成立全国首家专注于民间金融的市场化征信公司，为民间借贷双方提供信用调查、征信查询等服务，填补了民间金融领域的征信空白。

率先开展“互联网 + 小贷”试点。广州民间金融街已建成全国“互联网 + 小贷”先行试验区，吸引了国内外知名上市公司，行业龙头唯品会、广联达、广发互联、复星集团、新大陆等 24 家企业纷纷入驻民间金融街，实缴注册资本近 50 亿元，引领全国“互联网 + 小贷”发展潮流。

2. 创新民间金融服务体系

打造系列政府公共服务平台。一是建成民间金融街综合服务中心，为公众提供借贷咨询、股权交易、资产交易，以及法律、会计等“一站式”专业配套服务；二是自主研发小额贷款公司业务操作系统，为企业提供无纸、便捷的办公条件，帮助企业规范业务流程，降低运营成本；三是成立民间金融街征信公司，提供中小企业信贷评级、中小企业信用评级、商业调查、征信查询等企业和个人征信服务，以满足社会多层次、全方位、专业化的征信服务需求。

成立系列智力机构提供研发支持。成立广州民间金融研究院、互联网金融实验室、互联网金融法治研究中心、互联网金融税务研究室等系列研究机构，为园区发展和企业经营提供产品研发、从业培训等智力支持。

提供互联网金融企业孵化服务。打造互联网金融产业基地和互联网金融孵化中心，集聚展示、孵化、研发三大功能。不仅能为园区内现有的民间金融企业提供服务，还可以为国内外所有有志于创新创业的企业、个人提供包括项目路演、战略培训、注册辅导、政策指导、资金申请、资源对接、融资支持、上市辅导等在内的“一揽子”服务。

为园区企业发展提供资金扶持。筹备越秀区产业发展投资基金，以“金融 + 产业升级”为导向，围绕“金融商贸、健康医疗、文化创意、高新技术”等核心产业，通过基金运作的杠杆作用、资本集聚效应，撬动更多社会资本。

3. 创新民间金融服务产品

2012—2016 年，广州民间金融街园区信贷产品由 12 个增加到 138 个。部分企业的金融产品创新获广州市年度金融创新成果先进单位荣誉称号，例如，海印小贷的“海印安居贷”、恒隆小贷的“恒隆商户贷”、广建小贷的“易分期”等。

依托广州民间金融街整体品牌和公共服务，经过 4 年多的长足发展，园区企业已由建设初期单纯的数量增长过渡到企业内生成长、做优做强的内涵式发展阶段。园区内 411 家企业按中国人民银行的标准开展了信用评级，其中 3A 级企业 2 家、A 级以上企业 31 家，通过 ISO9001 管理体系认证企业 7 家；同时，园区内企业获批集体商标 1 个、省著名商标 1 个、市著名商标 1 个。

4. 创新民间金融监管体系

紧跟民间金融创新步伐，不断创新监管机制，研究制定了《越秀区小额贷款公司主监管员制度》《越秀区防范民间金融风险联席委员会制度》及《越秀区民间金融突发事件应急预案》等一系列制度，逐步建立起事前防范、事中监管、事后处置的一整套完善的风险管理机制。

制定监管标准和操作规范。研究编制了《民间金融街小额贷款公司监管手册》（简称《手册》），规范监管工作流程，明确操作细则，促进监管标准化、规范化，《手册》得到广泛认可，并已被推广至全省范围内使用。

探索“互联网＋”监管模式。自主研发小额贷款公司业务操作系统，规范企业放贷流程和业务标准；研发风险监测系统，依托互联网信息技术，对民间金融机构业务开展、资金往来等进行实时、动态监管，实现监管的信息化。

率先开展信用评级试点。园区在全省范围内率先开展小贷公司和融资担保公司信用评级试点，依托评级结果，强化园区内企业管理，建立负面清单制度和市场退出机制。

完善法律维权机制。成立全省首个金融审判庭、全市唯一的金融仲裁院，引入公安经济侦查中队和公证部门，设立警务室，及时化解民间借贷纠纷，健全法律维权机制。

5. 开创民间金融建标先河

2015 年 3 月，越秀区获国家质检总局同意筹建全国民间金融产业知名品牌示范区，陆续建成民间金融管理、服务、技术整套标准体系，成功申报 1 项国家标准和 3 项省级标准，开创民间金融建标先河。2016 年 9 月，越秀区顺利通过国家质检总局验收，标志着广州民间金融街品牌建设从“品牌打造”进入“品牌输出”加速发展新阶段。

在搭建民间金融标准体系，制定国家标准和地方标准的背景下，品牌影响力不断攀升。截至 2016 年，广州民间金融街已与沈阳、哈尔滨、南宁、西安等地签订了品牌输出战略合作协议，为兄弟城区创建新兴金融品牌、管理产业园区、服务地方实体经济等定制专业化、系统化、个性化的“一站式”解决方案。

三、互联网小额贷款引领全国小额贷款行业新浪潮

2014 年 8 月，在省金融办、市金融局的大力支持下，广州民间金融街园区突破性首设在全国范围内开展业务的互联网特色小额贷款公司，现已吸引了广发证券、熊猫金控、保利地产、上海复星、唯品会等国内外上市企业纷纷抢滩民间金融街。

截至 2016 年 9 月，园区内共有 24 家互联网小额贷款公司，注册资本近 50 亿元，其中最高 5 亿元，最低 1 亿元，分别由传统金融、电子商务、物流、建筑装饰、地产、旅游、新型互联网等行业内综合实力雄厚、品牌知名度较高的优质企业发起设立。资金利用率约为 42. 37%，累计发放贷款近 3 万笔，贷款发生额近 20 亿元，贷款余额近 20 亿元。2016 年 6 月末的贷款余额较 2015 年末增长 1. 3 倍，业务规模逐步扩大，呈现出较强的经营活力。

（1）多层次普惠金融体系的有益补充。互联网小额贷款公司大多基于股东产业链或嵌入匹配相关的消费场景开展业务，能够更好地了解客户的风险点、收益特征，贷款对象是实体经济中具备特定还款来源却由于抵押物不够、信用值不高、规模太小等，不被传统金融机构认可的小微信贷需求者。此外，传统小额贷款公司由于线下获客、尽职调查、贷后管理等耗费大量人力、物力和财力，倾向于贷款金额较大的贷款对象，平均每笔贷款金额 200 万～300 万元。而互联网小额贷款公司借助互联网现代信息技术、产业数据基础，可以降低交易成本，大规模开展小额度的贷款，民间金融街互联网小额贷款公司平均每笔放贷金额约 6. 7 万元。“小额、分散”的模式进一步提高了融资服务的覆盖率和可得性，有助于健全多元化、广覆盖的普惠金融体系。

（2）供给侧结构性改革的重要组成部分。互联网小额贷款公司是金融领域创新的重要表现形式，其鼓励金融创新，借鉴互联网金融大数据分析评级的做法，积累和挖掘中小微企业交易数据，很好地解决了融资双方信息不对称的问题，降低了金融成本和管理风险，提高了服务中小微企业的

效率。同时，通过技术创新和产品创新，互联网小额贷款公司能够为社会投资主体和融资主体提供符合其需求的金融产品供给，意义重大。

（3）补齐短板，打通金融服务的“最后一公里”。互联网小额贷款公司贷款方式简便、高效快捷的特点，正是疏通金融服务“最后一公里”的良方、优化金融生态的“催化剂”。如“拉卡拉小贷”，于2016年5月20日正式运营，所开展业务种类都为个人消费贷款，日均处理贷款能力超过1000万元。截至2016年，“拉卡拉小贷”累计发放贷款金额4.68亿元，累计业务笔数2.09万笔，平均每笔2.24万元。降低成本，切实缓解中小微企业融资贵问题。通过大数据分析运用，互联网小额贷款能有效降低信息不对称的交易成本和风控成本。比如“唯品会小贷”利用线上信用数据和线下存货、订单相匹配的综合征信，在审核成本和风险控制中达到一个较好的均衡，形成特有的生态圈，在生态圈内进行业务的推广，从而降低成本，控制违约率。

本文选自《南方日报》2016年11月15日报道（有删减）。通讯员：吴煜晖、张晓慧、谢小凤、单小芳。(2016年)

第二篇

民间金融监管体系

民间金融主要面向中小微企业、个体户、农户提供金融服务，是正规金融的有益补充，在一定程度上缓解了中小微企业“融资难、融资贵、融资慢”的问题。我国于 1993 年开始支持小额信贷业务发展，2008 年中国人民银行和银监会共同出台《关于小额贷款公司试点的指导意见》后，小额贷款公司开始蓬勃发展，成为各地民间金融中数量最多、影响最大的民间金融机构，同时，满足小额贷款公司的监管需求也迫在眉睫。

本篇汇编了有关小额贷款公司监管的研究论文、研究报告共 8 篇，对网络小额贷款公司监管评级、小额贷款公司监管机制创新及监管体系建设等进行了深入探讨，有的已在广州民间金融街实际应用并取得较好的成果。

值得关注的是，为加强民间金融监管，原属商务部门管理的融资担保、商业保理、典当等，由银保监会委托地方金融监督管理部门监管。这对地方金融监管是新的挑战，也是新的研究课题。本篇抛砖引玉，期望我国民间金融监管研究取得更多成果。

广州民间金融街小额贷款公司发展特点、制约因素与对策探讨

为了响应国家、广东省对于小额贷款公司的试点要求，探索小额贷款公司规范、健康、集聚发展，进一步规范民间资本，缓解中小微企业“融资难”问题，广州市决定在越秀区长堤大马路建设集资金借贷、财富管理、支付结算、信息发布为一体，为中小微企业和居民个人提供全方位、多样化的金融服务的民间金融集聚区。2012 年 6 月 28 日，广州民间金融街首期开业，首期入驻各类民间金融机构及配套机构 35 家，其中小额贷款公司 11 家；2013 年 6 月 23 日，广州民间金融街二期开业。经过一年多的发展，广州民间金融街的机构由 35 家发展到 102 家，其中小额贷款公司 30 家，民间金融街的金融集聚效应进一步凸显，其已成为在一定范围内具有相当影响力的民间金融集聚区。本文通过分析广州民间金融街小额贷款公司的发展特点、制约因素，提出相关对策，以促进其持续快速发展。

一、广州民间金融街小额贷款公司发展的意义、现状与特点

（一）小额贷款公司发展的意义

小额贷款公司作为一类新型的金融组织形式，与传统商业银行错位发展，具有对传统商业银行信贷拾遗补阙的功能。小额贷款公司在广州民间金融街的集聚发展，对于整合民间富余资金，解决中小微企业“融资难”问题具有重要作用；同时，街内小额贷款公司积极配合监管部门的监管要求，按规定合法合规经营、及时报备相关业务数据，对于探索民间融资规范化、阳光化也具有重要的理论和现实意义。

（1）盘活民间资本，带动相关产业发展。一方面，改革开放以来，我国民营经济发展迅速，民间资本迅速积聚，规模越来越大，特别是近十年增幅更大，全国民间资本总量为三十多万亿元。由于传统金融体制的约束，规模庞大的民间资本缺乏有效的资金流通渠道，无法通过正规金融市场得到释放。另一方面，我国大量的中小微企业及农业经营面临着难以从传统正规商业银行获取融资的难题。小额贷款公司的设立，为民间资本转变为合法金融资本提供了有效途径，引导规模庞大的民间资本为需要资金支持的中小微企业、农村农民等服务，推动相关产业的发展。通过对广州民间金融街的调查分析，发现街内各小额贷款公司业务开展对象主要以股东公司的上下游企业，市内各专业市场、贸易商圈、科技园区的中小微企业为主，充分发挥了为中小微企业解决融资难题的效能。如盛融小额贷款股份有限公司，系广州市名优科技企业发起设立。该公司自成立以来，主打“科技金融”，通过创新贷款产品、对科技型中小企业采取专利权抵押等新型贷款方式，为民营科技类中小微企业的成长提供宝贵的资金支持。

（2）利率公开透明，促使民间融资价格阳光化。在小额贷款公司试点以前，庞大的民间资本因

无合法的释放途径而一直在地下钱庄流动，在一定程度上扰乱了金融市场秩序，影响我国金融市场的稳定。小额贷款公司设立以后，按照国家、省、市的有关政策规定开展放贷业务，将一直游离于监管之外的民间借贷行为纳入政府规范化的管理，既可以使得民间借贷行为得到政策保障，也有利于政府加强监管，促使民间借贷健康、有序发展，维护金融秩序的稳定。入驻广州民间金融街的小额贷款公司必须按规定每日在民间金融街风险监测系统报备业务数据，其中包括贷款金额和利率。政府监管部门根据街内小额贷款公司报备的业务数据，按照科学的计算方法，得出街内小额贷款平均利率，形成民间融资“广州价格”，并每日通过网络、街内终端电子显示屏及市内主要媒体及时发布。整体而言，民间金融街利率、费率随行就市，随市场浮动，利率公开透明。民间融资“广州价格”的发布为街内外民间融资提供了参考，在一定程度上抑制了非法高利贷的发生，对民间融资价格起到引导、平抑作用。

（二）小额贷款公司发展现状

广州民间金融街首期建设新设成立10家小额贷款公司，占广州市小额贷款公司总数的40%，注册资本总额21亿元，引入一家小额贷款公司分支机构。自成立以后，各小额贷款公司相继开业，街内融资需求旺盛、借贷市场活跃，小额贷款公司业务量稳定增长。根据广州市越秀区金融办统计数据，截至2013年7月15日，累计放贷2652笔，为中小微企业和个人提供融资达104.25亿元，主要为农业、科技、节能环保、时尚创意、生物健康等行业及个人解决“融资难”问题。广州民间金融街二期建设新设成立19家小额贷款公司，加上首期10家新设的及1家分支机构，街内小额贷款公司已经达到30家，集聚效应进一步增强，已成为在广州市乃至广东省都具有相当影响力的小额贷款公司集聚区。

（三）小额贷款公司发展的特点

广州民间金融街采取“政府引导、市场运作”的原则，通过一定的政策扶持和引导，集中引入各类民间金融机构及配套服务机构，探索民间金融机构集聚发展的新模式。

（1）小额贷款公司成行成市，集聚发展。相比国内其他地区小额贷款公司分散、各自经营的特点，广州民间金融街的首要特点是小额贷款公司集聚发展。通过政策扶持和引导，街内集中引入一批经营规范、服务优质的小额贷款公司、融资担保公司、典当等民间金融机构及其他配套服务机构，促使民间金融机构集聚发展。经过首期和二期建设，广州民间金融街内的小额贷款公司已经达到30家，占广州市小额贷款公司总数的70%。

（2）小额贷款公司管理水平提升，稳健发展。从国内各地小额贷款公司的经营情况来看，小额贷款公司普遍存在从业人员素质不高、公司管理水平较低、内控机制不完善等问题。广州民间金融街由政府加强引导，严格管理从业人员准入，定期对从业人员开展免费培训，使得小额贷款公司从业人员管理水平普遍提升，业务稳健发展。据政府管理部门的现场检查报告显示，开业半年来，广州民间金融街小额贷款公司内部管理制度不断完善、内控制度逐步健全、业务审批流程规范，表现为以下三个方面：①内部管理不断完善，制度愈加健全。街内各小额贷款公司均根据《关于小额贷款公司试点的指导意见》（简称《指导意见》）、《广东省小额贷款公司管理办法（试行）》，建立了较为完善的内部管理机制和公司治理结构，制定了稳健有效的议事规则、决策程序、内审制度等各项管理制度，完善了贷款审批和贷后管理流程，提高了公司治理的有效性。②业务流程逐步规范，风险不断降低。民间金融街入驻小额贷款公司均将业务风险控制放在经营的首位，不断规范业务流程，各自建立了较为科学的授权授信制度、信贷管理制度、内部控制制度、资产分类制度和拨备制度。截至 2013 年 7 月 15 日，各小额贷款累计放贷总金额超过 104 亿元，贷款整体质量良好，暂未发生不良贷款；所有入驻小额贷款公司均按规定充分计提资产损失准备，完全符合监管规定。③业务报备及时，监管较为高效。街内各小额贷款公司积极配合监管部门的要求，按要求及时、完整地提供贷款情况月度统计表等共七项报表，同时，严格按监管要求将当月发生业务录入非现场监管平台，使各级监管部门得以及时掌握小额贷款公司业务开展的各项信息，实时监测小额贷款公司经营情况及风险状况。

二、广州民间金融街小额贷款公司发展的制约因素

（1）放贷资金来源有限，小额贷款公司面临“无钱可贷”的局面。我国还处于金融发展初期，金融体系一直以来都是银行主导型的，银行在企业资本来源中起着最重要的作用。根据银监会和中国人民银行发布的《指导意见》的规定：“小额贷款的主要资金来源为股东缴纳的资本金、捐赠资金和来自不超过两个银行业金融机构的融入资金。小额贷款公司从银行业金融机构获得融入资金的余额，不得超过资本净额的 50%”。根据该规定，小额贷款公司只能以股东缴纳的资本金、捐赠资金和来自不超过两个银行业金融机构的融入资金进行放贷，其中，向银行的融入资金不得超过自有资本净额的 50%。根据广州民间金融街对入驻企业资本金的要求，入驻小额贷款公司注册资本金不得少于 2 亿元，远远高于《指导意见》中对于小额贷款公司注册资本金的要求。然而，部分入驻小额贷款公司负责人表示，虽然广州民间金融街入驻小额贷款公司的注册资本金较高，但依然难以满足小额贷款公司业务开展的需要，到 2012 年 11 月底，街内多家小额贷款公司自有资金已经全部放贷出去，即将面临“无米下锅”的窘境。《指导意见》允许小额贷款公司向银行融资，但考虑到小额贷款公司的企业性质和经营特点，其融资成本往往较高，这影响了小额贷款公司向银行融资的积极性。况且，由于向银行业金融机构融资“不得超过资本净额的 50%”，也限制了小额贷款公司的融资规模，难以从根本上解决小额贷款公司资金短缺问题。小额贷款公司只贷不存的业务限制和融资比例的限制，严重影响了街内小额贷款公司业务的开展和自身的发展壮大。

（2）借贷双方信息不对称，贷款投放不足。小额贷款公司面向的客户多是难以从银行等正规金融机构获取贷款的人。这些借款人部分是因为急需用款，但更多的是因为自身资产有限、抵押物不足等而选择快捷灵活的小额贷款公司，这使得小额贷款公司的贷款多以信用贷款为主。而在现代社会信用体系缺失的情况下，这种“无担保、无抵押”的信用放款无疑加大了小额贷款公司的信贷风险，一定程度上对小额贷款公司开展放贷业务设置了障碍。正因为如此，小额贷款公司多选择在熟人社会放贷，对于不甚熟悉的客户，则往往选择审慎对待。为了消除街内小额贷款公司的这种放贷障碍，帮助小额贷款公司业务做大、做稳，政府出面与中国人民银行广州分行沟通，为街内小额贷款公司开设了征信查询绿色通道，使小额贷款公司能够更好地了解借款人的信用情况。不可否认，开通中国人民银行征信查询绿色通道为小额贷款公司防范贷款信用风险具有重要的作用，然而，鉴于小额贷款公司贷款对象本身的特殊性，很多借款人从来没有在银行借过款，导致部分借款人的信息无法在中国人民银行征信查询系统中查询到，这使得小额贷款公司仍然面临着很高的信用风险。

（3）高额的税负，压缩了小额贷款公司的利润空间。根据《指导意见》和《广东省小额贷款公司管理办法（试行）》的规定，“小额贷款公司是由自然人、企业法人与其他社会组织投资设立，不

吸收公众存款，经营小额贷款业务的有限责任公司或股份有限公司”。作为一个公司性质的企业法人，小额贷款公司在法律性质上并不是金融机构，无法享受与金融机构一样的税率，小额贷款公司需要像普通企业一样缴纳5.56%的营业税和25%的企业所得税，这对小额贷款公司来说，显然是一个沉重的负担。

（4）经营业务单一，限制小额贷款公司的收入来源。根据《广东省小额贷款公司管理办法（试行）》的规定，小额贷款公司的业务在经广东省金融办批准之后，可以办理各项小额贷款和其他经批准的业务，截至2019年，广州民间金融街入驻的企业只有1家小额贷款公司在开展放贷业务之外，已经批准可以办理中小微企业融资、理财等咨询业务，而其他公司都只能开展放贷业务。经营业务的单一，增加了小额贷款公司的经营风险，限制了其发展壮大。

（5）单笔贷款额度太小，影响业务开展效率。监管部门为了防范经营风险，防止贷款过于集中，要求小额贷款公司在发放贷款时遵循小额、分散的原则，对同一借款人的贷款余额不得超过小额贷款公司资本净额的5%；广东省还规定了最高贷款额度限制，要求对同一借款人的贷款余额不得超过资本净额的5%且不得超过500万元。这一规定对广州民间金融街的小额贷款公司来说，对其业务的开展造成了很大的限制。《指导意见》之所以规定地方在同一借款人贷款余额不得超过资本净额5%的标准内可以参考所在地经济状况和人均GDP水平，制定最高贷款额度限制，是因为《指导意见》所规定的小额贷款公司的最低注册资本额本身较低，且各地经济社会发展水平不一，小额贷款公司本身又具有扶贫富农的特性；而广州民间金融街内小额贷款公司的最低注册资本为2亿元，按5%的标准对同一借款人的贷款余额应为1000万元，广东省管理办法要求不得超过500万元，实质是作了更为严格的规定，将《指导意见》打了对折，使得单个借款人的贷款余额不得超过小额贷款公司资本净额的2.5%。广州民间金融街位于广州市的中心城区，经济发展水平高于甚至远高于国内其他地区，尤其是落后的偏远农村地区，做这样的限制明显与当地经济状况和人均GDP不相符，不利于当地小额贷款公司的发展壮大。

（6）利率浮动上限较低，难以匹配经营成本。小额贷款公司的贷款利率浮动区间为中国人民银行公布的同期同档次贷款基准利率的90%～400%之间，具体贷款利率由借贷双方根据市场交易协商确定。表面看来，小额贷款公司的贷款利率较高，应该有较高的利润空间和较大的发展前景，实则不然。第一，小额贷款公司面临较高的税负。《指导意见》将小额贷款公司定位为一般性的企业法人，其无法享受金融机构的低税率，必须向普通企业一样承担5.56%的营业税和25%的企业所得税，高税负必然压缩小额贷款公司的经营利润。第二，小额贷款公司小而散。小额贷款公司本身规模较小，无法向传统金融机构那样产生规模经济，再加上其放贷业务也要求小而分散，使其每放贷一笔贷款无论金额多少都必须付出同样的成本性支出，重复增加的放贷成本无疑也挤压了小额贷款公司的经营利润。第三，小额贷款公司面临较大的放贷风险。小额贷款公司面临的客户基本是难以从传统商业银行获取贷款的信用级别较低的客户，大多数还贷能力不是很强，这增加了小额贷款公司的放贷风险，面对高风险，金融市场往往要求高收益、高回报。然而，利率浮动区间的规定，人为地限制了市场对利率的决定作用，使小额贷款公司的经营风险和收益不匹配。

三、进一步促进广州民间金融街小额贷款公司发展的对策

广州民间金融街小额贷款公司的发展面临诸多制约因素，需要从法规政策层面予以一定的突破和完善，为促使小额贷款公司发展壮大，充分发挥其缓解中小微企业融资难题的效能，建议从以下

几方面对现有法规政策予以完善。

（1）拓宽融资渠道。广东省规定小额贷款公司向银行业金融机构的融资余额不得超过净资本的50%，且融资的银行不得超过2家，经营满一年以后，可以融资至资本净额的100%。这一融资比例的规定，相较于海南、重庆等地的规定，仍显保守；此外，从银行融资的门槛较高、手续复杂、流程较长，还要接受银行对资金投向的监督，一定程度上影响了小额贷款公司向银行融资的积极性。现有政策应适当放宽对融资渠道的限制，允许小额贷款公司通过一些新的途径获取资金，如降低小额贷款公司增资扩股的条件；允许设立小额再贷款公司给小额贷款公司提供再贷款服务；允许小额贷款公司通过信贷资产转让等业务获取流动资金；对经营规范的小额贷款公司，允许其通过债券市场融资等。

（2）完善征信体系。前文已述及小额贷款公司与借款人之间存在较大的信息不对称，束缚了小额贷款公司业务的开展，中国人民银行广州分行为广州民间金融街的小额贷款公司开设了征信查询绿色通道，但由于小额贷款公司并未真正全面接入小额贷款公司征信系统，查询借款人信用必须先向中国人民银行征信处申请，手续烦琐、流程复杂、耗时耗日，与小额贷款公司快捷、迅速的放贷特征不相符。另外，现有征信体系本身不完善，部分借款人尚未进入中国人民银行征信系统，会出现查询不到借款人信用的情况。因此，需要从两方面努力，为小额贷款公司的发展提供信用支撑：一是探索将小额贷款公司介入中国人民银行的征信系统的方式，为小额贷款公司查询借款人信用提供便利；二是进一步完善征信系统的信用数据，扩大信用数据的采集范围，将小额贷款行业积累的信用数据也逐步纳入征信数据库。

（3）降低税收负担。小额贷款公司面临的是与一般企业相同的税负，故其一直积极呼吁降低税负，为了促进小额贷款公司的发展，许多学者在明确小额贷款公司法律性质，将小额贷款公司纳入金融机构，使其享受金融机构的税收待遇方面做了许多的论证。笔者认为，小额贷款公司纳税额度的立法规定效力较高，地方政府或者国家直属部门恐难以改观，从地方政府的层面而言，为促进小额贷款公司发展，可以对小额贷款公司财政补助、税收地方分成部分予以减免等。此外，对于广州民间金融街本身而言，其作为国内首条民间金融街，在引导民间资本规范发展、服务中小微企业方面进行了重要的探索，可以学习国内其他金融改革实验基地，争取成为国家级民间金融改革试验区，从而享受包括税收优惠在内的许多优惠政策。

（4）放宽业务范围。现有法规政策为小额贷款公司拓宽业务范围预留了空间，允许小额贷款公司在经省金融办批准之后经营其他业务，此处“其他”之规定为地方开展小额贷款公司试点赋予了足够的自由裁量权，因此，地方完全有权力根据试点需要批准小额贷款公司经营其他业务。对于经营较为规范的小额贷款公司，可以适当批准其开展其他业务，如咨询业务、理财业务、票据业务等。

（5）提高单一贷款余额。相较于广州核心城区的经济社会发展水平，对同一借款人贷款余额不得超过500万元的限制明显过于严格，建议修改《广东省小额贷款公司管理办法（试行）》，将小额贷款公司对同一借款人的贷款余额不得超过净资本的5%且上限为500万元的规定改为不得超过净资本的5%。

（6）利率逐步市场化。利率市场化是现代金融改革的趋向，对于小额贷款公司的放贷利率来讲，逐步实现市场化尤显重要。第一，小额贷款公司不得吸收公众存款，其放贷资金为自有资金，不同于银行类金融机构，不存在广泛的存款人利益保护问题，作为资本所有者，小额贷款公司有强烈的盈利欲望。第二，就小额贷款公司面临的经营风险和放贷成本而言，小额贷款公司更需要有定价的自主权，由市场对利率实施成本、风险与收益的核算，从而确定贷款利率。

本文根据广州民间金融街课题组提供的资料整理。课题组负责人：刘中。课题组成员：方兴锋、郭超群、张志峰、刘星君、孙晓娟。(2019 年)

小额贷款公司监管的机制创新

——基于广州民间金融街的启示

随着中国市场经济的快速发展，民营经济也越来越活跃。一方面，民营经济的迅速发展积累了大量的民间闲置资本，另一方面，有许多中小微企业、个体户等在发展时存在资金严重紧缺问题，二者的共同作用使中国的民间借贷非常活跃。为了丰富市场融资渠道，缓解民营经济的融资难题，同时引导民间资本的投资流向，中国于2005年开始小额贷款公司试点工作，并于2008年发布了《关于小额贷款公司试点的指导意见》（简称《指导意见》）。试点工作开展以后，小额贷款公司迅速发展，大大缓解了中小微企业和农民的融资难题，但也导致了风险的迅速集聚，亟须政府的有效监管来防范风险。

一、小额贷款公司监管：一个紧迫的问题

中国于20世纪80年代初开始引进和推行小额信贷扶贫模式，但小额贷款公司的出现却只有8年的历史。2005年，中国开始进行小额贷款公司试点，最初在山西、陕西、内蒙古、四川、贵州五地成立了7家小额贷款公司。随着国家政策的放宽，由民间资本投资设立的商业性小额贷款公司呈现快速发展的态势，据中国人民银行的统计数据显示，截至2012年底，小额贷款公司从试点之初的7家，经过短短7年的迅速发展，已达到全国共有6080家，贷款余额5921亿元，从业人员超过6.5万人。

从图1可以看出，中国小额贷款公司的发展非常迅猛。小额贷款公司的蓬勃发展，一方面弥补了正规金融机构的不足，取得了显著的经济和社会效益，但另一方面使风险迅速集聚。2010年10

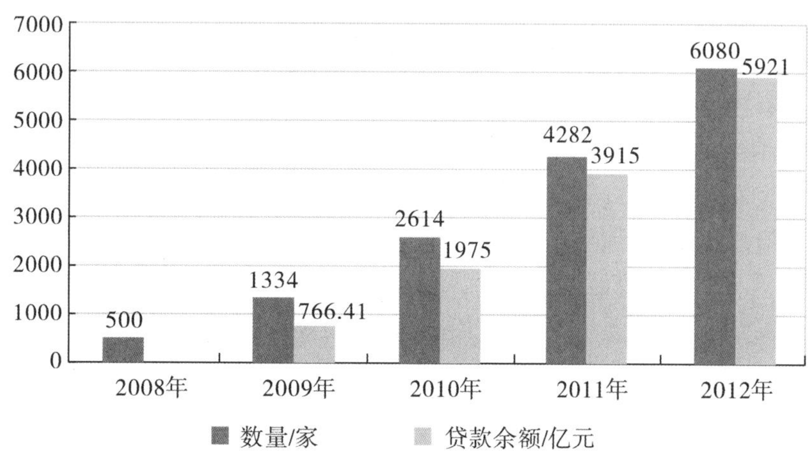

图1　2008—2012年小额贷款公司数量及贷款余额变化趋势

数据来源：根据中国人民银行网站公布资料整理

月印度安得拉邦爆发的小额信贷危机、2011 年温州爆发的民间借贷危机的警示意义在于提醒政府必须要加强对小额贷款公司的监管。

加强监管是防范金融风险的需要。金融行业是一个天然的高风险行业，小额贷款公司虽然在法律上没有被纳入金融机构，但实际上从事着金融业务，其在经营过程中也面临着像传统金融机构一样的信用风险、操作风险、法律风险、市场风险等金融风险，若不加监管而任由其无序发展，必然导致风险的集聚。虽然小额贷款公司放贷的是自有资金，但其资金放贷出去一样会对社会经济的发展产生乘数效应，对实体经济尤其是中小微企业的发展造成较大的影响，其资金运用不当也可能像银行一样带来风险，给实体经济造成冲击。此外，小额贷款公司由民间资本投资设立，以发放贷款为主要业务却不能吸收公众存款，在逐利的驱使下极有可能发生非法集资、非法高利贷等特殊风险，因此，政府有必要加强对小额贷款公司的监管。

加强监管是引导民间资本规范发展的需要。改革开放以来，随着社会经济的快速发展，中国聚积了大量的民间资本，特别是近十年增幅非常快，有数据显示，全国民间资本总量为 30 多万亿元。大量的民间资本因无合法的释放途径而在地下钱庄流动，给社会经济的发展带来较大的隐患，民间借贷规模和影响迅速扩大成为社会关注的焦点问题（岳彩申，2011）。在中国民间借贷从市场化显性信用阶段向规范化合法信用阶段转变的过程中，小额贷款公司的出现正好为大量追求增值的民间资本开辟了一条规范发展的路径（黄晓梅，2012），有利于避免民间资金流向非法高利贷和地下金融领域，对引导民间资本规范发展具有重大意义。

二、小额贷款公司监管的现实与困境

小额贷款公司在中国还是一个新生事物，对其监管还处在摸索阶段，尚无成熟的、可供借鉴的模式、经验，更未出台专门的监管法律。当前最主要的监管依据是中国人民银行、银监会出台的意见、通知以及地方政府及其职能部门出台的办法、暂行规定等，监管、立法的缺失导致小额贷款公司监管存在许多问题。

（1）监管主体混乱，监管效率低下。截至 2014 年，对小额贷款公司监管的最高效力文件是中国人民银行与银监会于 2008 年联合出台的《指导意见》，该文件将小额贷款公司的监管职责授予给省级地方政府予以确定，但对具体由地方政府哪个部门来履行监管职责未做明确规定，而是授权由省级人民政府自行确定一个主管部门负责监管。实践中各地方政府对监管主体进行了明确，但具体的监管部门却颇显差异：广东、广西、辽宁等规定由政府金融办履行日常监管职责；贵州、河南等规定由中小企业管理局负责监管；河北承德市则规定由专门的试点领导小组负责监管；甚至还有的地方规定由金融办、工商、公安、经贸等部门进行联合监管。监管主体的混乱使各地采取的监管措施、手段等五花八门，监管效率非常低下。

（2）行业协会不成熟，自律监管缺位。行业协会是由某一行业的企业自愿组成的非营利性组织，具有自律性、自发性、非营利性等特征。国外对小额贷款机构的监管经验表明，行业协会对小额贷款公司的自律监管发挥着非常重要的作用，是政府监管的重要补充。中国小额贷款行业协会等自律组织发展不够成熟，还存在较多缺陷。首先，小额贷款公司行业协会体系不健全。完善的行业协会体系应是由中央到地方的多层次的行业协会构成的有机体系，鉴于小额贷款公司本身发展不成熟，中国行业协会发展也有所欠缺，虽然近几年发展也很快，但多为地市级行业协会，县（区）级、省级小额贷款公司行业协会较少，更没有形成全国性的小额贷款公司行业协会。其次，小额贷款公司行业协会具有较浓的行政属性。中国小额贷款公司行业协会大多由政府牵头、以相应的政府监管部门为主管单位，发动辖区内小额贷款公司成立。协会成立以后，日常运作也受监管部门较多的行政干预，不少行业协会更多的是政府监管的延伸，未能发挥行业独立的自律监管作用。最后，小额贷款公司行业协会发展的法律体系不完善。完善的法律体系是行业协会发展的重要支撑，小额贷款公司监管法律的缺失，使得行业协会的发展同样面临着法律制度缺位的障碍，行业协会的法律性质、地位、组织机构、设立程序、具体职责缺乏法律法规来予以明确，行业协会的自律监管效能难以发挥。

（3）征信建设滞后，信用监管环境缺失。健全的社会信用体系对规范市场经济秩序、防范和化解金融风险具有重要意义，小额贷款公司的稳健运行，自然离不开良好的社会信用环境。当前，中国社会信用体系普遍缺失，经济活动中的不诚信现象随处可见，这加大了小额贷款公司的信用风险。《指导意见》将小额贷款公司定位为一般工商企业而非金融机构，其无法被纳入中国人民银行的征信系统，虽然《指导意见》指出要将小额贷款公司纳入信贷征信体系，但规定过于笼统，对具体该如何接入未予明确。实践中对此也还处在探索阶段，尚无成功实践，这使小额贷款公司了解借款人信用状况的渠道受阻。再者，就现有中国人民银行的征信数据本身而言，也存在信息的不完整性，未能覆盖所有公司风险处置责任的，方可在本省（自治区、直辖市）的县域范围内开展组建小额贷款公司试点。民营企业，尤其是小额贷款公司的放贷对象——中小微企业、农民、个体工商户等，这些群体多由于自身经济条件等原因，从未从银行获得过贷款，其信用信息也尚未纳入征信查询系统，即使小额贷款公司能够通过一定途径进行查询，也存在查询时日长、效率低，部分借款人信息查询不到等问题。征信建设滞后的现状，使小额贷款公司在开展放贷业务时，往往难以了解借款人的信用状况，加大了风险隐患。

（4）信息化监管不足，监管手段有待改进。借助计算机系统进行金融监管在中国尚处于起步阶段，现有非现场监管系统的运行还不是很完善，还有许多技术难点尚待攻克，大多数系统基本上只是现行手工系统的模拟，尚不具备综合分析、预测及决策功能，有些系统甚至因实用性差而难以推广。小额贷款公司由于其性质定位而被排除在金融机构监管之外，再加上其自身的特殊性，即使被纳入金融机构监管，中国人民银行的金融机构监管信息系统也未必适合小额贷款公司，可以说，国家层面的小额贷款公司技术化、智能化监管几乎还未起步。地方政府在进行监管时，又往往受自身职能繁杂、监管队伍力量薄弱、监管经验不足等多个因素的限制而无精力也无能力进行监管的技术创新。实践中，地方政府部门多借鉴银行业的监管措施，采取现场检查与非现场监管相结合的监督检查制度，前者由工作人员进入小额贷款公司经营场所进行检查，需要耗费大量的人力、物力和时间，监管成本高、监管效益低下，难以成为常态化的日常监管措施；后者多限于对报送的各类文件资料、财务报表的审查，缺乏现代化、高科技的监管手段，对银行业非现场监管的借鉴也是形似而神非，难免出现药不对症的尴尬情况。

三、小额贷款公司监管的机制创新：广州模式

小额贷款公司的健康发展离不开有效的监管，各地方政府在开展试点的过程中，也在逐步探索适合监管实际的监管模式。广州市在试点过程中，积极探索适合小额贷款公司规范发展的地方政府监管模式，通过建设广州民间金融街，首开小额贷款公司向园区化建设及监管的试点，为中国探索恰当的小额贷款公司监管模式积累了经验。

（一）成立广州民间金融街管理委员会作为监管主体

监管主体不明确是小额贷款公司监管时面临的主要问题之一，为此，广东省制定了《广东省小额贷款公司监督管理办法（试行）》，其中指定省金融办为全省小额贷款公司试点工作的主管部门，由县级人民政府履行对小额贷款公司的日常监管职能并承担风险防范和处置责任。

广州民间金融街位于越秀区长堤大马路，集聚区内小额贷款公司的日常监管职能、风险防范及处置责任由越秀区人民政府承担，实践中主要由越秀区人民政府金融工作办公室具体执行监管职能。随着广州民间金融街小额贷款公司的数量逐渐增加，为了加强监管，克服政府监管的非专业性、监管力量薄弱等问题，越秀区经过论证和审批，成立广州民间金融街管理委员会专司辖区内小额贷款公司的监管。管理委员会内设政策法规科和发展规划科，整合政府金融办的职责和专业人才，同时公开招录国内金融、法律领域的高端人才组成监管队伍，承担小额贷款公司的设立初审、日常监管、政策研究、业务培训等工作。

（二）开发风险监测系统，提高非现场监管的信息化水平

在广州民间金融街的管理模式中，监管部门除沿用传统的现场监管手段，定期组织人员对小额贷款公司进行全面现场检查之外，还创造性地开发了广州民间金融街风险监测系统（简称“风险监测系统”），作为小额贷款公司的非现场监管平台。

风险监测系统是专门针对小额贷款公司业务特点和风险特点的非现场监管平台，定期采集小额贷款公司的业务信息，通过智能化技术手段分别对其资本的充足性、流动性、安全性、收益率等关键指标作出评价，并根据智能算法和经典模型及时测算、生成小额放贷的价格指数，实现对金融街内小额贷款公司经营状况的实时监管、定向分析及监测预警，大大提高了监管的工作效率。风险监测系统又名广州民间金融街非现场监管系统，依托网络作为技术载体，主要包括四个平台：

（1）基础数据平台。该平台的主要功能是收集并存储被监管企业的基本静态信息，为监测系统的监管统计分析和风险预警提供静态信息来源。具体包括录入、查看和修改小额贷款公司股东、组织机构、高管、从业人员、注册资本等基本信息；通过报备、审批等实现对公司从业人员的监管；录入小额贷款公司借款人基本信息如基本身份信息、贷款规模、利率、还贷记录等信息。

（2）信息报备平台。该平台是风险监测系统最主要的资源库，依托网站为小额贷款公司提供业务信息录入及报备端口，采集小额贷款公司每笔经营业务信息，构成监管部门对其业务监管、风险评估等模型分析的强有力的数据支撑。信息报备平台主要收集的是小额贷款公司的动态业务数据，数据的报备要求做到具有及时性、真实性。

（3）风险预警平台。该平台是风险监测系统的核心平台，通过设定好科学的数据分析模型及风险控制模型，对基础数据平台和信息报备平台采集的数据进行主题分析、各类贷款指标分析及风险分析，形成反映小额贷款动态变化的利率、费率指数，同时通过其他指标的异常分析，判断小额贷款公司是否存在违规经营行为并及时作出风险预警，提示监管部门注意小额贷款公司的违规行为，使监管主体可以及时掌握小额贷款公司的经营情况，提高风险监控水平，达到有效监督、预防风险、辅助决策的目的。

（4）信用数据平台。该平台通过多渠道采集小额贷款公司、从业人员、借款人的信用数据形成信用档案，为日后监管部门、小额贷款公司和个人提供区域内信用信息查询服务。

（三）探索建立区域性的信用数据库

现有征信系统信息的不完整性及小额贷款公司法律性质的尴尬、业务对象的特殊性使建立区域性的信用数据库变得极有必要。广州民间金融街依托风险监测系统，在广州市以至广东省范围内采集、保存、整理小额贷款公司、融资担保公司等机构及其从业人员、客户的信用交易记录，同时由政府协调接入公安、法院、质监、税务、工商等职能部门的信用信息，探索建立区域内集中、统一的企业和个人基础信用信息数据库，为日后监管部门、小额贷款公司和个人提供信用查询服务。区域内信用数据库的建立，为小额贷款公司判断企业和个人的信用状况和偿债能力、进行信用风险管理提供了重要决策依据，对防范经营风险具有重要意义。

（四）成立民间金融商会，履行自律监管职能

广州民间金融街监管模式充分注意到了发挥自律组织在监管和服务上面的优势，推动街内各企业发起成立民间金融商会。广州民间金融商会作为区域性的行业自律组织，旨在通过开展行业自律，促使企业遵纪守法、合法诚信经营；同时充当企业与政府之间的桥梁，为会员企业与政府监管部门提供一个沟通的平台，实现企业、政府和社会的多赢。商会的日常工作主要包括：根据经营规范性、经营业绩及业务创新情况，对小额贷款公司进行评星评级、奖优罚劣，探索建立小额信贷市场优胜劣汰的市场化退出机制；对金融街内的小额贷款公司定期开展经营自查活动，帮助会员企业规范经营、合法经营；为会员企业提供法律维权、金融论坛及业务培训等各类服务，以提升小额贷款公司的合法经营意识。

（五）形成民间融资“广州价格”，引导借贷利率阳光化

为了防范违法高利贷的发生，广州民间金融街通过收集、分析小额贷款公司的放贷数据，同时考虑市场变动、国家政策等价格影响因素，通过设定合理的权重，依托科学的计算模型，生成小额贷款的市场平均利率和指导利率，即民间融资的“广州价格”，并通过各种渠道公开发布，为小额信贷市场提供价格参考，逐步形成小额贷款公司的借贷利率价格引导机制，从而实现对小额贷款公司放贷利率的有效监管。

（六）有针对性的政策扶持和优质的公共服务

小额贷款公司的规范、可持续发展，不仅需要有效的监管防止其违法经营，更需要良好的政策环境和公共服务对其予以正确的引导。广州民间金融街在这方面做了有益的尝试。

（1）针对性的政策扶持。小额贷款公司的设立，带有极强的宏观政策导向，其是为弥补现行金融公共服务的不足而设立，具有极明确的扶贫性质，随着商业性小额贷款公司的快速发展，其扶贫性宗旨受到营利性的较大冲击。为了引导资金流向，同时防止小额贷款公司因逐利而违法经营，越秀区人民政府和广州市金融办联合出台了针对广州民间金融街小额贷款公司的扶持政策，设专项资金，对小额贷款公司通过资金扶持“三农”及小微企业、自身规范经营、业务创新等给予一定的贷款风险补偿和经济奖励，以此对小额贷款公司合法经营进行正向激励。

（2）优质的公共服务。提供公共服务是政府的主要职能，为了使辖区内小额贷款公司规范经营，政府从配套建设、理论支持、信息查询等方面为金融街内企业提供了各类优质的公共服务。①完善的配套服务。政府通过街内园林绿化、交通改善、清洁卫生等提升街区的经营环境，同时通过引入会计师事务所、律师事务所、仲裁院、金融法庭等为小额贷款公司提供完善的配套服务。②理

论支持。由政府推动成立民间金融研究院，聘请国内外民间金融领域的知名专家定期开展学术论坛、学术沙龙、业务培训等，帮助小额贷款公司提升经营管理水平及业务创新能力。③信息查询服务。由政府协调中国人民银行广州分行为街内小额贷款公司开通征信查询绿色通道，同时探索建立区域内的信用数据库，为小额贷款公司提供信用信息查询服务，以提升其信用风险管理能力。

四、广州模式对中国小额贷款公司监管的启示

适度、有效的监管不仅能降低政府监管成本、提高监管效率，防范和化解金融风险，还能促使小额贷款公司健康、有序地发展。从世界范围内来看，凡是小额贷款公司发展较成熟的国家，一般都有比较完善的监管法律制度和比较清晰的监管思路，针对前述中国小额贷款公司监管存在的诸多问题，结合广州民间金融街对监管模式的创新经验，可以得出以下监管启示。

（1）引导小额贷款公司集聚发展。通过建立小额贷款公司集聚区，引导其集聚发展，既有利于通过竞争促使小额贷款公司合法经营、创新经营，也有利于形成集中性、专业化的小额信贷市场、形成小额信贷品牌效应，更为政府的集中、有效管理提供了便利。广州民间金融街的建设，首开小额贷款公司集聚发展的先河，为地方政府探索专业化、集中化的监管模式创造了条件；紧随广州之后，武汉、佛山等地都借鉴广州经验，试行小额贷款公司集聚发展模式。因此，国内其他省、市在开展小额贷款公司试点时，为了便于监管，同时促进小额贷款公司稳健发展，可以借鉴广州模式，通过园区化的建设，促使小额贷款公司集聚发展，便利政府集中监管；但在建设过程中，也要注意结合当地实际，充分论证，切勿照搬照抄，防止画虎不成反类犬。

（2）形成多元化的监管主体体系。从长远看，金融业合法、稳健的运行机制，不仅在于监管当局的监管，更在于通过监管链接，促使社会中介、行业公会、金融机构内部稽核与监管当局的监督管理形成一种默契，变成一种合作（高以成、肖秋元，2012）。对小额贷款公司的有效监管应该是政府性监管与行业中介组织监管并存的金融监管模式。首先，成立专门的政府监管主体。为了实现对小额贷款公司的有效监管，首先必须明确监管主体，然后赋予其以必要的监管权力。金融监管机构应该享有行政执法权以及一定的立法权与准司法权，主要表现为根据授权依法制定具有规范性意义的具体标准或规则以及执行这些标准与规则，在必要时对违法行为行使裁决的权力并追究相关人的责任（陈勇阳，2012）。在试点实践中可以由政府组建专门的监管主体如小额贷款公司监督管理委员会（简称“管委会”），承担日常监管职能，明确其对小额贷款公司的设立审批、日常运营、风险防范和综合协调等具体监管职责，同时以立法的形式赋予其行使日常监管职能所必需的行政处罚权以及一定的规则制定权与准司法权。

就目前中国试点实践来看，成立管委会专司小额贷款公司的监管权尚需解决两个问题：一是目前的规范性文件法律效力偏低，根据《中华人民共和国立法法》及相关法律的规定，其尚不具备对管委会履行监管职能所需各项权力的授权权限；二是成立管委会涉及政府职能部门增设的编制审批问题。针对这两个问题，可以先在县（区）一级进行管委会试点，以政府金融办为主要监管力量，同时整合公安、工商、税务等行政执法资源，通过抽调公安、工商、税务等人员组成管委会的过渡性机构，履行日常监管职能。待国家制定专门法律文件之时，在该法律中明确管委会的监管权，同时将县（区）一级管委会试点过渡到建立全国性管委会，在省、市、县（区）设派出机构负责对辖区内小额贷款公司的日常监管。

（3）建立健全行业监管机制。不管是从国外的监管经验还是国内如广州的监管经验来看，行业

协会对小额贷款公司的自律监管都发挥着非常重要的作用。中国小额信贷市场行业协会体系尚不健全，自律监管职能存在缺位，随着小额信贷行业的发展，为更好地促使小额贷款公司规范发展，仅由监管部门依靠行政强制手段难以达到有效监管的目的（陈颖健，2010）。需进一步完善现有监管机制，逐步形成多层级的行业协会体系，依靠行业协会的自律管理，作为政府监管的有益补充，促进小额贷款公司的发展，降低政府的监管成本，从而取得更好的监管效果。在试点之初，笔者不否定可由政府引导行业协会成立，但在协会成立之后，政府尤其要注意避免对行业协会的过度干预，尽量引导其自我运作，充分重视发挥其行业自律监管的作用，健全自律机制，强化自律管理的有效性，与监管部门的监管互为补充，相互促进。

（4）提高监管的信息化水平。在科学和技术日新月异的今天，传统的非现场监管手段已经难以适应监管的需要，无论是金融市场较为成熟的国外金融监管还是国内金融监管，不管是传统正规金融机构的监管还是新兴的非正规金融机构的监管，都需要利用现代科学技术来改进传统监管措施。依托计算机系统实现对小额贷款公司的非现场监管，是提高监管效率、降低监管成本的有效手段，更是适应现代金融监管技术创新趋势的需要。

目前，小额贷款公司如雨后春笋般迅速发展，成为中小微企业及居民个人融资不可或缺的重要渠道，在经济利益的驱动下，极有可能出现任何形式的非法集资、非法吸收或变相吸收公众存款，违背利率、费率政策发放贷款，以及抽逃资本、洗钱、使用非法手段催债等非法金融活动和违法犯罪活动。因此，需要由政府主导，同时引入社会力量，运用公开化、信息化、网络化手段实现对小额贷款公司经营状况的实时监管、定向分析及监测预警，进一步优化监管手段、降低监管成本、提高监管效率。

（5）建立区域性的信用数据库。征信是构建现代化金融体系重要的制度支撑，征信业的发展对完善社会信用体系建设、提高社会的诚信意识具有积极作用（刘晓剑、张强，2012）。虽然，企业信用信息基础数据库和个人信用信息基础数据库联网运行以来，社会各界反映较好，但是从宏观角度看中国征信系统建设尚处于起步阶段。尤其是小额贷款公司尚未接入银行的征信数据库，再加上其放贷对象的特殊性和小而快的业务特点，也未必真正适合与银行业金融机构实现信息共享。从广州民间金融街的经验来看，考虑到整个小额信贷行业的长远发展，在当下极有必要建设以小额贷款公司为代表的民间金融机构信用信息基础数据库和相关借款人信用信息基础数据库，以此为契机使小额贷款公司告别“熟人社会”的民间信用，建立起一个独立于银行征信系统的、现代化的民间金融征信系统（陈斌彬，2009）。通过开发现代化的民间金融征信系统并建设针对小额贷款公司建立智能化的风险监测预警体系，通过智能信息服务平台，依法调查、采集、保存、整理和提供小额贷款公司、从业人员、借款人的信用信息，同时由试点地区的政府协调区属各职能部门，接入该三类群体的税务、质检、公安、社保等各类信用信息，首先建立区域性的地方民间金融信用信息数据库，随着小额贷款公司试点的推进，再逐步实现区域之间、民间金融与银行业现有征信数据的对接和贡献，真正构建全国性的社会信用体系。

（6）进行合理的利率定价。小额贷款公司试点的初衷之一即规范民间借贷，防范因高利贷而给社会造成的不稳定因素。试点工作开展以后，小额贷款公司在引导民间资本投资流向，规范民间借贷行为方面确实成效明显。然而，小额贷款公司多由民间资本投资设立，其出身即决定了其逐利的本性，在高额利益的诱惑下，虽是明令禁止，难免有部分小额贷款公司铤而走险，做出违法的事。采取广州非堵而疏的做法，由政府在法律规定的范围内考虑市场因素和小额贷款公司本身的经营因素，制定并公开发布小额贷款指导利率，影响小额信贷市场借贷双方的谈判标准，从而引导小额贷款公司放贷利率的规范化，防止违法高利贷的发生，实现政府监管的目的。

（7）注重政策激励和提升服务。广州民间金融街的发展经验表明，政府正向的激励引导和良好的公共服务对小额贷款公司的稳健发展具有重要的促进作用，因此，在对小额贷款公司进行监管时，不能忽视对其进行政策扶持和基础服务。首先，加大政策扶持力度。小额贷款公司的设立本身带有极强的政策性，但其发展却缺少政策的扶持，在小额贷款公司日益商业化的经营模式下，要继续引导其发挥原有扶持小微企业和“三农”的作用，就需要有关部门加大政策扶持。在国家层面的优惠政策如税收优惠尚未出台之前，地方政府在试点时可以结合自身财政预算制定针对本地小额贷款公司发展的扶持政策，对将贷款投向小微企业、“三农”等的小额贷款公司给予一定的财政贴息或者风险补偿，还对于管理规范、合法经营、业绩突出、创新成果显著的小额贷款公司给予一定的奖励。其次，完善公共服务。政府要充分履行自身的公共服务职能，从业务培训、科研配套、专业服务配套等方面做好公共服务工作，为小额贷款公司的发展营造一个良好的营商环境。

本文根据广州民间金融街管理委会员课题组提供的资料整理。课题组负责人：吴煜晖。课题组成员：郭超群、单小芳、邓波、吴丽婷、曾培伟。(2014 年)

广州市越秀区网络小额贷款公司监管评级及操作体系建设研究报告

第一部分　监管评级体系建设研究

一、网络小额贷款公司监管评级的目的

随着互联网金融行业的兴起与发展，网络小额贷款公司（简称“网络小贷公司”）利用互联网技术开展网络小额贷款业务逐渐呈现出不同于传统小额贷款公司的业务特点，其在大幅度提高了消费者信用意识、改善了金融服务质量和效率的同时，更使消费者直观感受到了信用带来的便利，搭建起以信用为标尺的普惠金融服务体系。虽然科技创新下的“互联网＋小额贷款”这一新兴业态发展时间较短，但暴露出的“校园贷”、“首付贷”、“现金贷”、暴力催收、畸高利息等金融风险和社会风险隐患不容忽视。监管部门不断出台文件严格规范小额贷款公司开展网络小额贷款业务的合规管理，整顿小额贷款行业突出风险。落实到具体监管来看，如何分类管理新业态下的风险和合规问题，以何种方式明确对问题企业的精准监管，怎样确定对行业内合规经营、风控到位且发展良好的企业予以鼓励扶持是地方监管部门在对辖区内企业进行监督管理时一直要思考的问题。

广州市越秀区作为广东省乃至全国开展网络小额贷款业务的聚集地，汇聚了众多行业巨头来此成立小额贷款公司，借助强大网络平台资源展开网络小额贷款业务，几年间机构数量大幅增加且贷款规模迅猛扩张，但正是由于网络小额贷款机构和业务的集中高速发展，监管部门需要随着监管对象的更迭创新，在现有监管办法管理、监管手段监督的基础上，建立一套以监管导向为评价依据，持续评估合规和风险的长效监管机制，利用网络小额贷款监管评级对开展网络小额贷款业务的小额贷款公司进行强监管、严监管，分类管理并配合适当监管资源，提高监管质量和效率。同时网络小额贷款监管评级作为一种监管手段能够补充、完善地方监管文件中尚未明文规定的要求，从而体现强监管导向，审慎管理。

二、建立网络小额贷款公司监管评级的基础分析

（一）当前网络借贷金融机构地方监管分析

为建立具有一致性的网络小额贷款公司监管评级体系，我们从以下四个方面展开对网络借贷金融机构地方监管的分析研究：①从已出台相应监管办法的10个省、区、市入手，通过解读政策要求，深入剖析“互联网＋”下的监管重点；②网络小额贷款公司实质仍是小额贷款公司，仍应遵守现有小额贷款公司监管规定，所以我们结合小额贷款管理办法综合来看小额贷款行业的监管核心；③由于与网络借贷金融机构贷款业务具有相似性，因此我们结合目前最新的网络借贷信息中介机构

监管细则来考虑“互联网”属性下的监管方向；④根据社会反映的突出问题，网络小额贷款专项整治文件也是我们研究的重点，能够体现当前监管的着力点。对监管政策的分析主要来自以下文件（表1、表2）。

表1　部分省、区、市专项整治文件一览表

地区	文件	日期
广东	《广东省人民政府金融工作办公室关于进一步促进小额贷款公司规范发展的意见》	2016年12月7日
	《广州民间金融街互联网小额贷款公司管理办法（试行）》	2016年11月14日
	《广东省小额贷款公司利用资本市场融资管理工作指引（试行）》	2016年3月23日
	《广州市小额贷款公司监督管理暂行办法》	2013年4月11日
	《广东省小额贷款公司管理办法（试行）》	2013年1月24日
江西	《关于调整补充〈江西省网络小额贷款公司监管指引（试行）〉有关规定的通知》	2017年1月3日
	《江西省网络小额贷款公司监管指引（试行）》	2016年9月5日
	《小额贷款公司试点工作实施意见和暂行管理办法》	2009年2月13日
重庆	《关于调整重庆市小额贷款公司有关监管规定的通知》	2016年10月27日
	《重庆市小额贷款公司开展网络贷款业务监管指引（试行）》	2015年12月29日
	《关于印发重庆市小额贷款公司融资监管暂行办法等项制度的通知》	2012年6月4日
	《重庆市小额贷款公司试点管理暂行办法》	2008年8月1日
河南	《河南省网络小额贷款公司监管指引（试行）》（豫政金〔2017〕144号）	2017年5月16日
	《河南省小额贷款公司试点管理暂行办法》	2016年2月14日
上海	《上海市小额贷款公司互联网小额贷款业务专项监管指引（试行）》	2016年12月16日
	《上海市小额贷款公司监管办法》	2016年9月23日
黑龙江	《黑龙江省小额贷款公司开展网络小额贷款业务试点相关监管政策规定（试行）》	2017年4月6日
	《黑龙江省小额贷款公司管理办法》	2016年5月26日
湖南	《湖南省小额贷款公司网络贷款业务监管指引（试行）》	2017年7月20日
	《关于促进小额贷款公司持续健康发展的实施意见》	2017年7月14日
	《湖南省小额贷款公司试点工作实施意见》	2011年9月15日
	《湖南省小额贷款公司监督管理办法（试行）》	2011年9月15日
云南	《云南省小额贷款公司开展互联网小额贷款业务监管指引（试行）》	2017年5月8日
	《云南省人民政府办公厅关于印发云南省小额贷款公司管理办法的通知》	2011年8月11日
内蒙古	《内蒙古自治区小额贷款公司开展网络小额贷款业务试点监督指引（试行）》	2017年5月31日
	《内蒙古自治区小额贷款公司试点管理实施细则（修订）》	2013年1月28日
宁夏	《宁夏回族自治区小额贷款公司开展网络小额贷款业务监督办法（试行）》	2016年12月29日
	《宁夏回族自治区小额贷款公司管理暂行办法》	2016年8月1日

表 2　全国性专项整治文件一览表

专项	文件	日期
小额贷款	《关于小额贷款公司试点的指导意见》	2008 年 5 月 4 日
P2P	《网络借贷信息中介机构业务活动管理暂行办法》	2016 年 8 月 24 日
校园贷	《关于进一步加强校园贷规范管理工作的通知》	2017 年 6 月 19 日
现金贷	《关于规范整顿“现金贷”业务的通知》	2017 年 12 月 1 日
网贷	《小额贷款公司网络小额贷款业务风险专项整治实施方案》	2017 年 12 月 11 日

着眼于以上四个方面，我们对监管文件进行了深入的研究，由于各地方监管部门对审批设立条件、经营管理规范、合规要求和监督管理等有所不同，在对监管要点进行分析时，汇总归纳了各省、区、市的相同点和不同点，以此合理确定符合目前及未来网络小贷公司监管的管理评价方向。

1. **注册资本**

由于网络小贷公司网络高效、便捷的获客模式，加上不受地域限制开展贷款业务的优势，其客户和贷款规模要远远大于传统小额贷款公司，因此监管部门对网络小贷公司最低注册资本要求高于传统小额贷款公司，8 省、区、市注册资本最低为 2 亿元或 3 亿元，广东注册资本最低为 1 亿元，江西注册资本最低为 5 亿元。

随着网络小贷公司的发展，在审批设立条件时晚出台监管文件的省、区、市对注册资本的要求大体高于略早出台的地区，监管评级时应从高要求资金实力以符合行业发展趋势。

2. **主发起人资质**

随着监管要求的不断清晰明确，对主发起人的资质要求正不断提高，股东资质是否具有良好的社会声誉、诚信记录、纳税记录、财务状况，出资资金来源是否符合法律法规规定和监管要求等均要进行严格审查。针对主发起人资质的要求具体从行业背景、财务要求、出资资金来源、主发起人限制四个方面进行了规定。

（1）行业背景。

“互联网 +”化的小额贷款公司，对小额贷款行业发展提出了更高要求，要将传统线下业务流程转换为线上完成，实现网络获客，利用平台积累的大数据，以内生数据为基础分析客户信用风险，并在线上完成贷款全流程服务，这就要求小额贷款公司在从事金融服务的同时有着强大的互联网基础以保证业务的顺利开展，能够根据环境变化及时提高网络手段抵抗各类风险。

因此，监管部门对主发起人资质的互联网化进行了要求：主发起人应为境内实力较强、拥有大数据基础的互联网企业，有互联网平台客户资源作为支撑。除满足上述条件外，各地在其他可准许条件上有所不同：①黑龙江对主发起人的要求为可以是境内外主板上市公司及其控股企业、中央直属企业或省属企业及其控股企业、境内外金融机构；②云南要求可以是金融机构和金融控股集团及其全资子公司；③内蒙古要求可以是境内上市公司及其控股企业，中央、自治区直属企业；④宁夏要求较为宽泛，为优质上市公司（或为同一实际控制人的优质企业）、有实力的国有企业或优质民营企业即可。

可见随着试点地区的增加，在明确对主发起人相关资质要求的基础上，鼓励上市公司、国有企业等优质公司参与到网络小额贷款的发展中来，充分发挥优质资源在小额贷款行业的科技创新力量。

（2）财务要求。

10 省、区、市中，广东和河南规定了对网络小贷公司主发起人的财务要求，上海和宁夏在 2016 年出台的小额贷款公司管理办法中重新定义了对小额贷款公司主发起人的财务要求，其余地区仍遵循小额贷款公司监管规定。

从各省、区、市对主发起人的财务指标要求来看，主要包括：①2 或 3 年连续盈利能力；②累计利润超过一定规模或为出资额的 2 倍；③净资产为出资额的 1 ～ 2 倍；④总资产达到一定规模；⑤资产负债率不超过 70%；⑥权益性投资比例不超过 50%。

从具体差异来看，重庆、内蒙古的要求较为宽松，为连续 2 年盈利、资产负债率不高于 70%、权益性投资余额原则上不超过本企业净资产的 50%（合并会计报表口径）；广东除上述要求外，还规定了申请前一个会计年度净资产不低于 5000 万元、总资产不低于 10 亿元；河南在原小额贷款管理办法之上增加最近 3 个会计年度连续盈利，累计净利润总额不低于其出资额的 2 倍，基于要求主发起人持股比例不得低于注册资本的 50%，允许突破规定的持股比例上限，即主发起人最低出资 1.5 亿元，那么连续 3 年累计净利润总额就不能低于 3 亿元。对主发起人包括资本规模、盈利能力、负债水平在内的财务指标要求，体现了股东应在具有一定规模实力、负债良好且盈利能力有保证的基础上开展小额贷款业务，能够保障小额贷款公司得到股东的持续支持。

（3）出资资金来源。

各省规定股东应以来源合法的自有资金向网络小贷公司投资，在网贷专项风险整治文件中要求进一步运用穿透式监管手段，核实真实出资资金来源，防止出资资金存在风险，股东是否以委托资金、债务资金等非自有资金出资入股，是否委托他人或接受他人委托持有小额贷款公司股权是出资资金来源监管的重点。

（4）主发起人限制。

江西省在 2016 年 9 月 5 日出台了网络小额贷款监管指引后，随即在 2017 年 1 月 3 日发布调整公告，补充道：由于之前资质条件过于放松，引入的都是互联网金融平台，导致个别经营不规范、涉及校园网贷的互联网金融平台在江西省设立网贷公司，在全国造成不利影响，因此在企业资质方面要严格把控，严控互联网金融企业发起设立或参股网络小额贷款公司；同一企业或个人只可在省内发起设立或参股一家网络小额贷款公司。

广东在出台网络小额贷款监管办法时规定小额贷款公司不得投资设立 P2P 网络借贷平台、互联网非公开股权融资平台等互联网金融企业；小额贷款公司的股东设立 P2P 网络借贷平台、互联网股权融资平台等互联网金融企业，应与小额贷款公司建立风险隔离墙、防火墙，小额贷款公司和互联网金融企业的账户、资金、账目应严格分离管理。

可以肯定的是，介于试点地区的监管经验，黑龙江、内蒙古在出台的网络小额贷款监管指引中明确规定，鉴于网络借贷信息中介机构相关管理实施细则尚未完善，不允许网络借贷信息中介机构发起或参股开展网络小额贷款业务试点的小额贷款公司；不允许以网络借贷信息中介机构作为开展网络小额贷款业务试点的网络平台。

随着《网络借贷信息中介机构业务活动管理暂行办法》的实施，各省加强网络小额贷款与网络借贷中介的风险隔离，首先从股东上就限制了网络借贷信息中介机构发起或参与设立网络小贷公司，其次网络小贷公司不能通过网络借贷信息中介机构发放贷款、开展资产（或债权）转让等业务，更不能通过相互推介客户、开展关联业务达到互通获利的目的，严防网络借贷信息中介机构将风险转移至小额贷款行业，或相互合作分散风险。

通过政策对主发起人公司性质要求、相关财务指标达标、出资资金真实可靠、非网络借贷信息中介机构参与等解读，主发起人资质要求是必须要纳入动态监管评价的，要把握主发起人的经营、业务变动情况，防范风险从股东身上引起。各省设立的审批条件不一致可能使不符合时下强监管要求的主发起人参与新兴的网络小额贷款行业，损害新生力量健康、持续发展。因此，要持续评估予以治理整顿。

3. **融资政策**

小额贷款公司融资方式主要为银行借款、行业内拆借、主要法人股东定向借款、信贷资产转让、资产证券化、投资基金，目前各地主要通过融资渠道或监管评级分类结果确定融资比例，融资比例不超过资本净额的50%、100%或200%。具体从各地融资政策（融资方式和比例）、防范资金来源风险外溢、融入资金限制3个方面来分析。

（1）从当前各地融资政策来看，广州、上海、江西、云南仍规定不能向超过2家银行借款（其余地区不做限制），除江西是各类融入资金余额不得超过资本净额2倍外，其余3地银行借款均为不能超过50%。宁夏、黑龙江、河南规定各类债务性融资余额不得超过资本净额的200%。湖南根据监管评级分类结果从0至300%划分4档债务融资比例。

重庆和广州根据融资方式确定融资比例上限，其中，重庆：①以银行业金融机构融资和回购方式开办资产转让业务的，两项融资余额之和不得超过公司资本净额的100%（含100%）；②主要股东定向借款的，融资余额不得超过公司资本净额的100%（含100%）；③开办同业资金借款业务的，借出资金余额不得超过公司资本净额的50%，借入资金余额不得超过公司资本净额的30%。广州：①银行借款为不超过资本净额的50%；②发行债务类融资工具的，各类债务融资合计金额，不得超过公司注册资本的1倍；③从投资基金融入资金，融入资金余额不超过资本净额的50%。

（2）从防范资金来源风险外溢来看，P2P网络借贷风险专项整治工作领导小组和互联网金融协会在针对小额贷款公司融资资金来源的问题上，均考虑加强监管严防资金风险外溢。《小额贷款公司网络小额贷款业务风险专项整治实施方案》文件中明确要求监管部门要核查不同融资方式下真实的资金来源：①通过股东借款方式融入的资金应核实是否为股东自有资金。②通过信贷资产转让、资产证券化等方式融资的，应核实是否符合有关规定；审批（备案）手续是否齐备；是否通过互联网、地方各类交易场所或线下协商方式销售、转让及变相转让本公司的信贷资产；穿透式核查最终投资者是否是合格投资者；其用于交易的基础资产是否是合法合规的信贷资产；是否存在直接或变相以“现金贷”“校园贷”“首付贷”等为基础资产发售（类）证券化产品或其他产品。③以信贷资产转让、资产证券化等名义融入资金的比例是否按照有关要求执行。

（3）从融入资金限制来看，《关于规范整顿“现金贷”业务的通知》文件中进一步加强融入资金限制：①禁止通过网络借贷信息中介机构融入资金；②以信贷资产转让、资产证券化等名义融入的资金应与表内融资合并计算，合并后的融资总额与资本净额的比例暂按当地现行比例规定执行，各地不得进一步放宽或变相放宽小额贷款公司融入资金的比例规定；③对于超比例规定的小额贷款公司，应制定压缩规模计划，限期内达到相关比例要求。

总的来看，监管不断出台文件规范网络小贷公司融入资金，其规范要求和合规考察重点是监管评级时要着重考虑的。针对融资政策，监管要明确允许融资方式、核实相应融入资金的来源是否符合法律规定和监管要求、限定融资比例，防范风险外溢和高杠杆带来的激进发展。同时在股东资格、信贷隔离基础上进一步禁止 P2P 公司为网络小贷公司提供资金，严格执行股东、资金、业务隔离，防止两者在业务模式创新的层层嵌套下掩盖风险。

4. 贷款限额

各地结合辖区内情况对贷款限额作出了不同规定，主要有以下 4 种：①上海和云南规定借款人为自然人的，同一借款人贷款上限原则上不超过 20 万元；借款人为法人或其他组织的，同一借款人贷款上限原则上不超过 100 万元，此规定与 P2P 监管要求一致。②宁夏根据监管评级五级分类结果，规定同一借款人的贷款余额为不超过资本净额的 5%～30%。③内蒙古、河南、重庆、江西规定同一借款人的贷款余额为不超过资本净额的 5%。④广州规定同一借款人的贷款余额为不超过资本净额的 5%，且不超过 500 万元。

为防止贷款金额过大，造成信贷资产集中，各地均对贷款限额比率有要求，所以对资产质量进行评价时要考虑这方面是否遵守了监管部门对于资产集中度的要求。

5. 风险管控体系

网络小贷公司虽然和传统小额贷款一样主营贷款业务，需要对客户材料进行审核，根据客户资质授信，完成放款至还款等流程，但传统小额贷款主要通过人为定性分析判断和打分卡打分的方式完成审核和授信，放款、还款根据情况选择银行转让或现金支付。这与网络小贷公司的经营模式完全不同，网络小贷公司主要通过非面对面的网络形式获客，客户信息来自网络平台积累的客户经营、消费、交易及生活等网络留痕信息进行大数据风控模型审核客户资质，根据模型机器打分判断是否符合申请条件和预授信管理，放款、还款资金为电子支付方式，贷后管理也主要通过监测模型控制风险。这种信息化业务操作流程要求网络小贷公司不能仅仅保持现场尽职调查、审贷分离、贷后回访那么简单的人工流程，而是要求企业建立一套完善的具有内生数据基础的互联网风控管理体系作为贷款业务的载体，实现贷前审核、贷中支付、贷后监测等环环相扣的数字化风控技术。

从各地对网络风控体系政策要求来看，主要分为两种。

（1）江西、河南、重庆、内蒙古、宁夏在对网络小贷公司风控能力规定方面，均要求在借款主体方面，严格贷前客户身份识别和背景真实性调查，必要时通过线下调查或征信机构等第三方核实客户信用情况，对线上数据积累、量化模型和信用评级结果进行校正；在贷款产品方面，结合各公司风控管控能力，合理确定网络贷款额度、利率和期限，有效控制信用风险敞口；在资金流向方面，加强贷中支付审查和贷款资金流向监测，强化贷后资金用途验证和后续管控工作。

（2）上海和云南要求建立健全、有效的互联网小额贷款风险控制体系，包括基于大数据的风控模型、风险识别的机制、风险监测的手段、风险处置的措施等，建立从客户身份识别到贷款资金流向跟踪的全流程风控体系。

从风险管理体系应达到的合规要求来看，《关于规范整顿“现金贷”业务的通知》中严格规定风控体系应做到：①严防无场景依托、无指定用途、无客户群体限定、无抵押等特征的“现金贷”业务畸形发展。②不得以任何方式诱致借款人过度举债，陷入债务陷阱。应全面持续评估借款人的信用情况、偿付能力、贷款用途等，审慎确定借款人适当性、综合资金成本、贷款金额上限、贷款期限、贷款展期限制、“冷静期”要求、贷款用途限定、还款方式等。③不得向无收入来源的借款人发放贷款。④单笔贷款的本息费债务总负担应明确设定金额上限，贷款展期次数一般不超过 2 次。⑤各类机构应坚持审慎经营原则，全面考虑信用记录缺失、多头借款、欺诈等因素对贷款质量可能造成的影响，加强风险内控，谨慎使用“数据驱动”的风控模型。

健全的风控体系和风控合规管理是监管评级时评价的重点。不断加码的监管力度，要求小额贷款公司信贷产品要以实际应用场景为依托，为具有明确贷款用途且可被验证的客户群体提供金融服务；要根据客户收入水平、信用情况综合考虑资金成本、贷款金额上限、贷款期限、贷款展期限制、还款方式等，不得违反审慎性原则，为无收入依据、无明确用途的客户提供过度贷款。

6. **互联网信息安全管理体系**

网络小贷公司在线上处理业务时既要考虑线上风控体系的建立，更要不断完善互联网信息安全管理体系，一套行之有效的网络安全管理体系不仅能保证企业安全运营，也能保障消费者、企业、社会公众各方的信息安全。

各地均要求网络小贷公司完善网络防火墙、入侵检测、数据加密等安全防护措施，建立应急处置预案以及灾难恢复计划等互联网信息安全管理体系，切实保障各类信息安全。江西、重庆、内蒙古在此基础上提出要建立健全客户信用数据库管理，做好服务器维护和数据备份工作；宁夏对于信息安全和应急灾备处理提出每两年至少开展一次全面的安全评估，接受国家或监管部门的信息安全检查和审计，网络贷款业务运营两年以内，应当建立或使用与其业务规模相匹配的应用级灾备系统设施，此规定同网络借贷管理办法对网络安全的要求一致，切合实际地对企业网络安全作出了明确规定。网络借贷管理办法还规定，使用第三方数字认证系统的，应当对第三方数据认证机构进行定期评估，保证有关认证安全可靠并具有独立性。

网络安全作为网络小贷公司监管不同于传统小额贷款公司的主要特征之一，是对小额贷款公司评级时从未有过的，因此网络小贷公司监管评级时要对这方面进行评估，根据政策要求确定严格的评价标准，充分考虑网络不安全带来的危害。监管从两方面向企业提出了要求：一方面，企业自身应具备网络安全设施和管理制度来完善网络安全管理技术手段和控制措施；另一方面，企业应当按照国家网络安全相关规定和国家信息安全等级保护制度的要求，开展网络贷款平台定级备案和等级测试，或由第三方专业评估机构提供网络贷款业务系统和数据备份系统测试报告和安全评估报告。

7. **信息披露**

小额贷款公司在信息披露时，主要围绕向股东、地方金融监管部门、向其提供融资的机构披露经具有资质的中介机构审计的财务报表和年度业务经营情况、融资情况、重大事项等信息。但在建立网络小贷公司信息披露制度时，不仅要向上述披露对象披露相关信息，更应在贷款前全面、公开地向客户披露其应知晓的信息，充分提示相关风险，保护金融消费者权益。

具体来看，要求在客户申请贷款环节的显著位置披露包括但不限于以下内容的信息：①公司基本信息。包括开业批复、营业执照、经营许可证、公司及分支机构地址、联系电话，还可进一步披露监管评级结果、股东背景、组织架构、法定代表人及高级管理人员基本信息等信息。②网络贷款信息。包括服务内容、贷款条件、贷款利率水平和费用项目标准、还本付息和计息方式，其中向借款人收取的综合资金成本应统一折算为年化形式。③其他应告知的信息。包括逾期处理方式、贷款形态分类标准、是否接入中国人民银行征信系统和其他征信机构以及业务投诉电话。

文件中列明的必要披露信息应作为监管评级中对信息披露的评价标准。企业披露信息的完善，可以使消费者知晓公司是否为有正规经营资质的网络小贷公司，以提高信任度；最重要的是使客户在具体了解贷款产品，充分知晓贷款综合费率、还款方式、逾期处理的基础上认可金融服务；最后要给客户沟通渠道去完善后续工作，方便客户反馈意见、举报投诉违规违法行为。

8．**信息安全**

与传统小额贷款公司通过客户提供纸质资料获取客户资料的方式不同，网络小贷公司在客户授权的前提下通过合法合规的手段获取客户相关信息，经过大数据模型上千个字段的分析，可以掌握的高价值信息要远远超过传统小额贷款公司，对客户的信用画像还原度极高，而高价值信息既是公司的商业机密更是消费者的高度隐私，所以要充分保护消费者的权益，应当加强客户信息安全保护，不得以“大数据”为名窃取、滥用客户隐私信息，不得非法买卖或泄露客户信息。未经借款人许可，不得擅自获取客户隐私信息，不得将借款人提供的信息用于所提供服务之外的目的。

从监管指引来看，使用和披露以下客户信息，均应经客户授权许可：从开展网络贷款业务相关的网络平台上获取客户的任何信息；将已经获取的客户信息用于本公司网络贷款业务以外的其他用途；将借款客户的借款信息提供给监管部门、征信机构等第三方机构（重庆、内蒙古、宁夏政策规定）。

9．**监督管理**

各地对小额贷款公司的监管手段主要集中在以下几个方面。

（1）小额贷款公司报送数据。

小额贷款公司向注册地所在的县（市、区）监管部门按月或季提交以下材料：财务报表、银行对账单、银行账户资金往来明细；经营情况报告，包括但不限于各类信贷产品经营情况、业务流程风控变化情况、融资情况、重大事项等内容。小额贷款公司要配合监管工作，及时、准确、完整地报送上述材料。

（2）监管部门非现场监管。

建立非现场监管系统，由小额贷款公司按照有关规定及时在非现场监管系统中录入真实、准确、完整的网络贷款业务、财务和管理信息。

监管部门对网络贷款业务风险进行统计、分析、监测和评估，广州规定监测内容主要为资金使用、公司治理、资产质量、流动性、财务和内部控制等方面的信息；云南定期对融资情况、管理人员情况、资本金变动情况进行统计分析，当网络贷款业务出现异常现象时应进行质询，及时预警和提示网络贷款业务风险，适时提出开展优化资产质量要求等。

（3）监管部门现场监管。

监管部门定期与不定期对小额贷款公司开展现场监管，定期按季、半年或年到小额贷款公司营业场所实地检查，听取汇报，查阅有关文件、账册、单据、银行流水，核验系统数据与监管系统数据的准确性、及时性，委托第三方审计或评级；不定期根据非现场监管系统风险信息或群众举报投诉，及时进行现场核查，查处相关违法违规行为。

（4）注册地所在的县（市、区）监管部门向上级监管部门汇报。

注册地所在的县（市、区）监管部门定期向上级监管部门提交经营情况报告：经营情况、风控情况、融资情况、财务管理情况、重大事项等，上报年度综合评级结果将网络风险、欺诈案件作为重大事项向上级监管部门报备，并通报至其他开展网络小额贷款业务的小额贷款公司。

河南还在监督管理中规定通过国家企业信用信息公示系统（河南），公示小额贷款公司行政许可信息和行政处罚信息，实现信息共享、社会监督、监管协同和失信惩戒。对合规守信的网络小贷公司予以支持和激励，对严重违法失信的网络小贷公司及其高级管理人员实行市场禁入制度，实现一处违法、处处受限。

10. 合规管理

监管政策中最重要的就是对禁止、严禁项作出的严格要求，这是网络小贷公司合规的底线，若达不到最起码的要求，则所做的一切建设、管理、规范都没有意义，所以监管评级中围绕着合规的管理评价是整个体系的重中之重。针对合规管理，可将其整理成基本要求、与网络借贷信息中介机构间的合规要求、经营范围要求、经营管理要求、融资要求、监管配合6个方向来分析。

（1）基本要求。

① 禁止以任何方式非法集资或吸收公众存款。

② 不得通过网络平台设立资金池、自筹资金、“明股实债”。

③ 公司股东不得（变相）抽逃资本金。

④ 不准通过网络平台为本公司或本公司关联企业融入资金。

⑤ 禁止通过互联网平台或地方各类交易场所销售、转让及变相转让本公司的信贷资产。

⑥ 禁止发放贷款用于股票、期货等投机经营。

⑦ 不得超出核准经营范围。

⑧ 不得未经批准设立分支机构。

⑨ 公司不得未经批准变更注册资本、公司名称、经营范围和主发起人等事项。

⑩ 不准在市外的银行开设本公司的基本账户。

⑪ 不准在公司账外核算网络小额贷款的本金、利息和有关费用。

⑫ 禁止发放任何违反法律有关利率规定的贷款，以利率和各种费用形式对借款人收取的综合资金成本应符合最高人民法院关于民间借贷利率的规定即36%的限制。

（2）与网络借贷信息中介机构间的合规要求。

① 不准为网络借贷信息中介机构推荐借款客户或与其互相开展资产（或债权）转让业务。

② 禁止通过网络借贷信息中介机构融入资金。

（3）经营范围要求。

① 不准在辖区外办理线下自营贷款业务。

② 不准通过网络平台在市外办理委托贷款业务。

③ 不准通过网络平台办理或在市外办理股权投资类业务。

④ 禁止投资基金类、投资类、担保类公司和网络借贷信息中介机构。

⑤ 禁止开展担保业务和为民间借贷提供中介服务。

⑥ 禁止销售股权证明、变相公开发行股票、从事股权众筹、实物众筹业务。

（4）经营管理要求。

① 不得将不具备还款能力的借款人纳入营销范围：不得向未满18周岁的在校学生提供网络贷款服务，不得向无收入来源的借款人发放贷款。

② 禁止利用网络平台宣传、推介融资项目或开展任何形式的融资活动。

③ 不准隐瞒客户应知晓的本公司有关信息和擅自使用客户信息、非法买卖或泄露客户信息。

④ 不得对信贷产品和业务进行虚假、欺诈或过度广告宣传和销售。

⑤ 不得违反借款人意愿搭售产品或附加其他的不合理条件。

⑥ 不准对外提供担保。

⑦禁止公司与未办理网站备案手续或取得相应的电信业务经营许可的互联网平台合作发放网络

小额贷款；与无放贷业务资质的机构共同出资发放贷款；为无放贷业务资质的机构提供资金发放贷款；与第三方机构合作开展贷款业务的，将授信审查、风险控制等核心业务外包；通过“抽屉协议”等方式接受无担保资质的第三方机构提供增信服务以及兜底承诺等变相增信服务，第三方机构向借款人收取息费。

⑧ 各类机构或受委托的第三方机构应以合法、适当的方式为逾期借款人提供还款提醒服务，不得通过暴力、恐吓、侮辱、诽谤、骚扰等方式催收贷款。

（5）融资要求。

① 以股东借款方式融入的资金不得是股东的非自有资金。

② 以资产证券化方式融资的，不得存在以下情况：审批手续不全、穿透式核查销售、转让信贷资产使不符合投资者要求、直接或变相以“现金贷”“校园贷”“首付贷”等为基础资产发售（类）证券化产品或其他产品。

（6）监管配合。

① 公司应按照规定提供报表、报告等文件资料。

② 公司不得拒绝或阻碍主管部门检查监督。

（二）各地监管评级办法分析

在深入了解网络小贷公司监督管理重点的基础上，通过分析成熟的传统小额贷款公司、商业银行、网络借贷评级办法来完善评级体系架构，从而使整理的监管要点形成完整的评价要素，并与相应评价指标密切结合，继而形成一套既能覆盖监管要点又能一致性评价的监管评级体系。

我们对 10 个省、区、市的小额贷款公司监管评级办法、商业银行监管评级指引和网络借贷平台评级方法进行了研究，具体监管评级文件如表 3 所示。

表 3　部分省、区、市商业银行及网络借贷平台的监管评级办法一览表

日期	地区	监管评级办法
—	广东	《广东省小额贷款公司监管评级办法（试行）》
2013 年 4 月 1 日	四川	《四川省小额贷款公司监管评级暂行办法》
2014 年 4 月 11 日	江苏	《江苏省小额贷款公司监管评级办法（暂行）》
2014 年 7 月 11 日	浙江	《浙江省小额贷款公司监管评级办法（试行）》
2015 年 2 月 13 日	福建	《福建省小额贷款公司年度考核评价暂行办法》
2015 年 8 月 22 日	河北	《河北省小额贷款公司分类评级标准（新）》
2015 年 12 月 29 日	重庆	《重庆市小额贷款公司监管评级指标及规则》
2017 年 4 月 24 日	山东	《山东省小额贷款公司分类评级办法》
2017 年 5 月 18 日	湖南	《湖南省小额贷款公司分类监管评级办法》
2017 年 7 月 14 日	天津	《天津市小额贷款公司监管评级工作指引》
日期	其他	监管评级办法
—	商业银行	《商业银行监管评级内部指引》
—	网络借贷	网贷之家《P2P 评级方法》

各地在监管实施过程中，都会用到监管评级作为分类监管依据，在统筹了解小额贷款公司情况的基础上，给予相应奖惩，监管评级办法主要规定了评级工作组织方法、等级评定、评级指标及标准三个方面。

1. 评级工作组织方法

除重庆、天津外，各地主要采取小额贷款公司自评、县（市、区）监管部门在自评基础上经核查进行初评、市级监管部门审核评级工作、省级监管部门审定评级结果，最后将评级结果予以公告；重庆、天津主要根据动态监管数据评定，主监管员确定监管评级初步结果，以评级审核会议等形式集体讨论审核，由上级监管部门审定评级结果并予以公布。这两种方法最显著的区别就在于数据的来源，由监管部门利用动态监管数据自主评级，并进行合理、准确判断使监管评级效率更高，既可以提高企业及时、准确、完整填报数据的积极性，又可以提升非现场监督管理水平。

2. 等级评定

评价结果的划分标准主要和配套的结果运用相关，各地均以百分制按四级或五级分类监管，配套的结果运用主要集中在监管方式和频率、融资渠道和杠杆水平、创新业务开展、同一借款人不得超过资本净额比例、政府奖励扶持等分类管理应用。

3. 评级指标及标准

在搭建网络小贷公司监管评级指标体系前，注重研究各地评级办法中的评级指标和标准，因为网络小贷公司同传统小额贷款公司既存在业务模式的不同，又存在经营业务的同质性，所以要分析网络小贷公司业务指标与现行办法存在的相同点；网络小贷公司同商业银行在贷款业务方面十分趋同，因此研究商业银行监管评级体系十分重要；由于 P2P 也是全线上业务服务模式，也存在贷款业务，所以借鉴大型平台对 P2P 评级的相关指标，可以掌握网络化业务监管指标重点。

（1）从评级要素来看。

各地小额贷款公司监管评级办法评价要素大体一致，评价重点集中在风险控制、合规经营、公司治理、业务发展等方面，且风险控制相对而言权重最高，这几方面也是能够集中反映监管重点的领域。商业银行监管评价重点是资本量、资产质量、管理质量、盈利状况、流动性风险、市场风险和信息科技风险，可以看出商业银行的监管评级针对性更强，专注于商业银行风险监管核心，评价范围更加全面。网络小贷公司经营范围主要是发放小额贷款，这与商业银行资产端业务基本相同，那么商业银行监管评级中评价贷款业务最重要的要素是资产质量，考量其对贷款质量的风险把控且权重最高，网络小贷公司监管评级同样应该重视资产质量的评价，因为其主要依靠自有资金放贷，若放出去的钱款多形成了难以收回的不良资产，信贷资产组合风险不佳，将严重影响资金回笼，阻碍公司正常发展。评级要素中管理质量评价了公司治理情况、内部控制状况，这是对一般工商企业进行评价时必不可少的一项，网络小贷公司作为从事金融服务的工商企业，更应注重对公司治理的管理评价，防范治理缺陷带来的风险；对盈利能力的评价主要是为了考核财务管理能力，良好的资本回报能够保障企业持续经营。商业银行信息化程度高，所以监管评级中单独考虑了对信息科技风险的评价，网络小贷公司与传统小额贷款公司的主要区别就在于信息化水平高，因此网络小贷公司监管评级也应单独对信息科技风险进行评价，精准监管新风险点。

网络借贷信息中介机构的评级方法时参考网贷之家的评价体系，具体评价要素如表 4 所示。

表4 部分省、区、市的指标要素及商业银行、网络信贷平台的评级要素一览表

地区	指标要素
广州	风险性（88分）、其他（12分）、合规性
重庆	公司发展能力（35分）、风险管理能力（50分）、公司盈利能力（15分）
浙江	支农支小、合规经营、风险防控、接受监管
天津	内部管理、信息化建设、财务指标、社会绩效、合规经营
山东	公司治理情况（10分）、业务开展情况（35分）、风险防范情况（35分）、合规经营情况（20分）
湖南	公司治理和管理情况（25分）、合规经营情况（45分）、接受监管情况（30分）
四川	资本管理指标（15分）、主营业务指标（30分）、经营风险指标（15分）、业务集中度指标（25分）、内部管理指标（15分）、合规经营指标
河北	公司治理情况（10分）、业务开展情况（45分）、风险防范情况（20）、合规经营情况（25）
江苏	关联交易、信贷业务合规性、投资业务合规性（仅适用于科技小额贷款公司）、利率水平、资金管理、负债、系统使用情况和未经审批的许可事项
宁夏	资本结构、公司治理、人力资源、经营管理、信用风险管理、监管合规性、变更事项、业务运行
借鉴对象	评级要素
商业银行	资本充足（15%）、资产质量（15%）、管理质量（20%）、盈利状况（10%）、流动性风险（20%）、市场风险（10%）、信息科技风险（10%）
网络借贷平台	成交积分、人气积分、技术积分、杠杆积分、流动性积分、分散度积分、透明度积分、品牌积分、合规积分（网贷之家）

资料来源：各省监管评级办法、中北联整理

（2）从具体评价指标来看。

我们通过对上述评级要素的整理，深入整合了相关要素的相应指标以便分析研究。内部管理指标主要为公司治理结构和人力资源情况；风险控制主要为不良管理，客户、金额、期限、担保方式、行业集中度分析；业务发展主要为贷款业务增长水平、资金使用效率、贷款投向；盈利能力主要为资本回报率、税收贡献度。在设计网络小额贷款指标时这些重点指标应纳入评价。

监管评级具体指标如表5所示。

表5 相关要素相应指标的具体分析

指标要素	具体指标
内部管理	股东构成、资本结构、高管履职、部门设置、从业人员人数、人员结构、制度建设、经营稳定性
风险控制	贷款损失准备充足率、不良贷款率、逾期贷款率、贷款损失率、前十大客户贷款总额占比、最大单户贷款比例、单户贷款余额不超过200万元的占比、单户贷款100万元以下的占比、单户贷款300万元以上的占比、平均单笔贷款额、贷款期限6个月以上新增贷款占比、短期贷款比重、信用+保证贷款占比、房地产（含建筑业）贷款比重

（续表）

指标要素	具体指标
业务发展	贷款余额增长率、贷款客户增长率、放贷比例、资金放贷比率、资本周转倍数、贷款加权平均利率、股东及关联方贷款比重、投资业务比重、委托贷款业务比重、“三农”贷款比重、小微企业贷款比重
盈利能力	净资本利润率、总资产利润率、主营收入占比、成本收入率、贷款收息率、人均净利润、税收贡献度、审计报告类型
合规经营	遵从小额贷款公司管理办法规定

三、构建网络小额贷款公司监管评级指标体系

（一）构建思路

1. 借鉴各地监管指引和办法，梳理小额贷款行业监管脉络

虽然广州已出台小额贷款公司开展网络小额贷款业务的监管办法，但由于各地情况不同，监管的力度和范围存在差异，所以在建立越秀区网络小贷监管评级体系时，应充分借鉴各地对网络小额贷款的监管要求，全面覆盖监管规范进行从严评价，使得对越秀区网络小贷公司的监管评级更加客观公正，且与整体监管环境具有一致高度，以便评级结果的分类管理能够符合严监管要求。

2. 抓住监管重点，融合相对成熟的金融机构评级管理理念

在抓住网络小贷公司监管要点基础上，我们将其与监管评级要素和指标融合起来，以评级的角度展现对监管重点的评价。因此研究了传统金融机构评级理念，在传统小额贷款公司监管评级评价公司治理、风险控制、合规经营、业务发展的基础上，融入商业银行资产质量、信息科技安全的评级要素，借鉴网络借贷评级对技术、分散度、透明度的可参考指标，完善指标体系框架和要素，健全网络小贷公司监管评级体系。确立围绕公司治理、管理水平、信息科技安全、资产质量、发展能力五个要素搭建网络小贷公司监管评级体系，清晰明确的监管方向有助于长效监管。

3. 多维度数据化定量分析、少量人工定性判定，持续动态风险监测

为使监管手段与监管对象相匹配，避免监管滞后带来监管套利的重大风险隐患，网络小贷公司监管评级与非现场监管系统紧密结合，借助实时掌握的监管数据对监管重点内容进行持续动态风险监测，充分利用系统的信息采集功能进行多维度数据化定量分析，结合少量人工定性判定，高效便捷地实现监管评价，提高监管评级这一监管手段的应用性和易用性，大幅提升监管质量。同时，在用非现场监管数据作为监管评级依据，分类结果又影响企业经营的情况下，可以提高企业及时填报人工数据的积极性、校验数据的准确性，以改善非现场监管系统数据中存在的不及时、不准确、不完整问题。

4. 紧密围绕网络小贷公司金融风险重点、监督管理指引搭建网络小贷公司监管评价体系

网络小贷公司监管评级作为长效监管机制，以长期有效的评价要素构成监管评级指标体系，保障总体风险把控方向不变；以行业新暴露风险点、监管部门新整顿规范点组成监管评级调整项，借助调整级别或限制级别的方式，保证持续严监管、强监管不变，从而实现监管全面覆盖和风险有效防控。

（二）基本原则

1. 持续风险监管和总体风险把控相结合

依靠数据指标监测和日常监管合规评价的分级预警机制，持续风险监管；结合风险监测情况进行监管评级，站在从严监管规范的角度，凝聚各级监管部门的指导要求，科学、客观地评价网络小贷公司的治理能力、管理素质、风险水平、合规经营和发展情况，以严监管、强监管的态度把控总体风险。

2. 数据自动化评级与监管检查相结合

全面、准确地掌握小额贷款公司监管数据，利用非现场监管系统数据实现高效自动化评级流程，既可提高监管能力使其与网络小贷公司的信息化水平相匹配，防止信息滞后造成监管套利，又能调动小额贷款公司填报系统积极性。数据自动化评级同时十分注重与监管检查的结合，对小额贷款公司日常监管和现场检查结果在监管评级中均得到充分体现，使数据与实际情况相互验证核查，保证监管评级结果的准确性。

3. 立足行业发展，完善监管评级体系

由于网络小贷公司业务发展迅猛、业务创新迭代快等，风险触发点极易发生变化，所以监管规范要不断对经营规则和监管机制进行完善。为确保监管评级体系的评价能够涵盖全部风险要素和合规要求，同时保证监管评级的持续稳定性，设计以调整项的方式来解决对新风险、新规范的机动调整，继而形成监管评级体系的完善机制。

（三）监管评价要素

1. 公司治理

关注资金来源的合法性、股东资质的合规性、组织架构的健全性、人员配置的匹配性、治理结构的稳定性。主要评价指标包括资本构成、组织架构及人力资源等。

2. 管理水平

关注经营管理的规范性和合规性。主要评价指标包括涵盖业务各环节的风险管控体系、信息披露、监管配合和规范经营等。

3. 信息科技安全

关注网络安全和信息安全。主要评价指标包括互联网信息安全管理体系建设、信息采集、处理和使用的合法性和安全性等。

4. 资产质量

关注信贷资产组合的风险水平、不良资产风险、风险准备金计提情况。主要评价指标包括资产分类、信贷资产集中度、不良及逾期资产管理等。

5. 发展能力

关注贷款业务的运营情况、资金的运用效率、经营盈利状况。主要评价指标包括贷款业务发展水平、资金使用效率、资本回报率等。

第二部分　监管评级操作体系设计

一、网络小额贷款公司监管评级操作体系设计思路

监管评级操作体系是指通过权责明确的组织架构，管理清晰的、操作规范的评级流程，保障监管评级工作顺利开展的组织和管理体系。

在越秀区金融工作局（简称“区金融局”）网络小贷公司监管评级操作体系设计过程中，主要借鉴专业信用评级机构操作体系监管要求，结合区金融局自身的组织架构，通过建立评级组织架构，规范信息收集、核验和分析，力求建立一套既符合区金融局特点，又满足日渐严格的监管要求，实现动态化、规范化的监管评级于一体的操作体系。具体构建思路包括以下几点。

（一）借鉴信用评级机构的体系思路

构建规范的评级操作流程是保证评级工作有效推行和高效运转的基础。本次体系设计过程主要参考了专业信用评级机构在业务发展和日常管理过程中形成的相对规范、严密的内部操作流程，并以监管规定的形式进行了明确，比如中国人民银行发布的《信贷市场和银行间债券市场信用评级规范》，中国证券业协会发布的《证券市场资信评级机构评级业务实施细则（试行）》，成为指导评级业务开展的重要规范文件。

信用评级机构的操作流程主要是从三个部分进行构建和规范的，第一，规范尽职调查为主的信息收集方式、工作小组制的组织形式、信息审核等的严密组织、人员分工和业务操作方式，保障评级信息采集的全面、客观。第二，通过评级阶段的信息分析、测算的标准化要求，来把控评级标准的客观性、一致性。第三，明确决策机制，通过等级评定制度、专家委员会制度以及质量审核制度等保障等级确定的公正性、客观性。

（二）结合越秀区金融工作局的特点设置相应组织架构

越秀区金融工作局地方金融监管资源相当有限。目前区金融局形成科室、局两层架构，局内下设办公室、业务管理科 2 个机构，其中业务管理科主要负责协助和支持金融监管部门对广州民间金融街区域内小额贷款公司、融资性担保机构等金融机构进行监管。由于评级属于监管的一部分，所以在设计监管评级的组织架构时仍然依托现有架构来完成相应工作。借鉴专业评级机构的做法，在区金融局归口管理的前提下，将组织结构分为操作层、支持层和决策层。

操作层。主要由业务管理科承担，负责网络小贷公司监管评级的具体执行。包括收集评级对象风险信息、业务和交易信息，开展监管等级评定工作；持续监测和汇总报送小额贷款公司的风险预警和风险事件；认真做好评级对象监管评级工作资料的保存和保密工作。采用双人复核制度。

支持层。主要由外部第三方机构承担，负责信息安全的专项审计，负责承接评级尽调和第三方机构分析。信息安全专项审计主要是委托第三方外部测评机构按照国家网络安全相关规定和国家信息安全等级保护制度的要求，针对网络贷款平台安全、系统安全的等级测评工作，并将等级测评作为核查、验证监管指定工作的重要依据。评级外包是在监管部门组织和协调下，委托专业评级机构

开展的监管评价工作。监管部门对评级标准、流程履行监督和验收权力，因此监管部门不能因将评级外包而豁免责任。

决策层。监管部门通过建立集体决策机制，比如设立监管评级专家委员会，或监管评级办公室等形式，对监管评级的组织、管理、结果制定及应用起决策作用。集体决策机制由区金融局主管领导总牵头，采用一人一票表决制和区金融局主管领导一票否决制，进行集体决策。

（三）建立多层次的信息获取方式

监管评级信息收集过程中，主要以日常监管信息为主，以专项尽职调查为补充。日常监管信息包括企业报送的监管报表和区监管系统业务信息，内容相对丰富，信息的连续性和关联性强，可以作为定量分析的重要指标以及定性判断的主要依据。尽职调查，包括现场核查、审计、专项约谈等手段，一般针对性较强，对日常监管信息起到查证和核实作用，也是监管部门进行现场监管的重要手段。建立多层次的信息获取方式主要体现为以下三个渠道。

（1）从监管系统中获取信息。由于网络小贷公司历史较短，区监管系统面临接口对接难、信息采集途径单一、信息难以核对等问题，导致信用信息的完整性、准确性不强，给监管评级设计和实施带来诸多限制；未来随着监管系统的升级和不断完善，获取的信息与企业提报的监管报表数据之间可以形成互验，监管系统中获取的信息对监管评级能起到一定作用。

（2）从日常监管报表中获取信息。网络小贷公司报送的监管报表一般以月度业务信息、年度企业基本信息为主，因此在监管评级中一般以年度相关报表为重点考察对象，以月度信息进行动态监测。

（3）通过尽职调查获取信息。这主要是对上述信息进行核查、校验，以及其他评级相关信息的补充，主要包括企业基本信息变动情况、人员结构和资质、信贷业务、融资和业务发展以及其他需要核查调研的内容。

（四）建立动态评级机制

目前，国内相关省份监管部门针对网络小贷公司的监管评级还处于“一年一评”的状态。另外，因网络小贷公司具有互联网性质，大幅增加小额贷款公司的业务种类、业务范围、地域范围和经营规模，会使得其经营、信用风险越发难以控制和预料。比如窃取、滥用客户隐私信息；暴力催收；多头借贷，过度授信；通过变相收取各种费用导致利率超高；以及法人治理结构虚化等引起了国家金融管理部门和社会高度关注。随着网络小贷公司整顿方案的逐渐出台，监管越来越严格，对监管及时性的要求也越来越高。动态监管评级能够推进监管效率的提高和监管效果的提升，实现分类监管的目标。

本次网络小贷公司监管评级操作体系中通过明确诸如重大经营预警、重大负面舆情、重要事件等触发监管评级启动的风险因素，确定启动动态监管评级。

二、信用监管工作组织和岗位分工

（一）信用监管工作组织结构

1. 实行归口管理

区金融局为网络小贷公司监管评级分类工作的归口管理部门，牵头组织其管辖的网络小贷公司等级分类各项工作。

区金融局业务管理科负责具体评级组织、管理和执行工作，主要负责网络小贷公司监管评级审定工作；负责组织辖区内各小额贷款公司现场检查工作；指导和协调第三方机构。

2. 建立集体决策机制

为做好监管评级工作，建立如下集体决策机制。

（1）组织形式。可以通过设立专业化的监管评级专家委员会制度或监管评级会议制度等方式实现集体决策。其中，区金融局主管领导为监管评级工作总牵头，成员包括业务科主管领导人员、业务科监管员等。可以聘请外部行业、协会、第三方机构等的专业人员组成评审专家。

（2）表决方式。集体决策一般以会议形式集中表决为主。表决方式和参与表决的专家成员名单由区金融局主管领导确定。议事表决时，采取“一人一票制”，表决结果需经2/3以上的与会人员投票通过。同时，区金融局主管领导有一票否决权，对监管评级结果及应用决策负责。同时外部专家可以列席，列席人员就相关议题发表意见，但无表决权。

3. 第三方机构参加或主导方式

第三方专业机构参加或主导年度监管评级过程，主要工作包括现场尽职调查、审核线下申报资料和信息查证、资料整理、级别评定、结果汇总等。

（二）评级相关岗位的岗位职责

监管评级共设置2种岗位：初评岗、评级审批岗。

1. 初评岗

初评岗由2～3名业务科监管岗（含资深监管人员）负责，实行双人核查制度。

主要职责如下：

①启动本辖区相关受评对象的监管评级工作，含年度定期评级、动态跟踪评级等工作，并以书面形式，向相关受评对象下达监管评级通知书。

②根据工作安排拟定具体监管评级工作的组织和筹备方案，包括组织第三方机构在内的现场评估工作组（若有）。

③拟定或审核评级所需资料基本要求，协调现场评估工作组完善进场工作方案。

④组织和协调现场检查工作，整理现场评估工作的检查结果。

⑤根据相关受评对象监管评级标准的要求，对受评对象的信用状况进行打分，形成初评结果，并将初评结果提交其他初评岗人员进行审核。

⑥监测评级对象风险，包括受评对象业务异常、重大指标异常，以及其他重大事项等，并将监测到的重大风险上报审批岗，提请启动动态跟踪评级。

⑦参加集体评审会议，并参与表决，同时根据集体评审决议，修改“监管评价表”及评级结果。

⑧审核其他初评岗对“监管评价表”的打分，并将审核后的初评结果提交业务科主管领导（评级审批岗）。

⑨总结评级指标体系问题，提请监管评级专家委员会或评级工作小组对评级指标体系进行调整。

⑩根据最终评级结果，下发分类监管方案和相应整改要求。

2. 评级审批岗

评级审批岗由业务科主管领导负责。岗位职责：

①指导、服务、监督初评岗的评级工作，对评级工作的正常开展负责。

②确定具体监管评级工作的组织和筹备方案，包括第三方机构在内的现场评估工作组（若有）。

③确定年度评级或动态评级的评级对象。

④提请评审专家委员会（或工作小组）召开集体会议，审议监管评级初评结果，并参与表决。

⑤提请评审专家委员会（或工作小组）召开集体会议，审议监管评级复评申请资料，并参与表决复评结果。

⑥批准初评岗提出的请求，同意启动指标体系调整流程。

⑦定期组织分析评级结果，及时向上级反映。

三、监管评级操作流程

（一）监管评级整体流程

监管评级操作流程由评级触发、评级准备、初评、复评、结果确定、发布及汇报等环节组成。监管机构内部操作的定期监管评级或动态监管评级流程如图1所示。

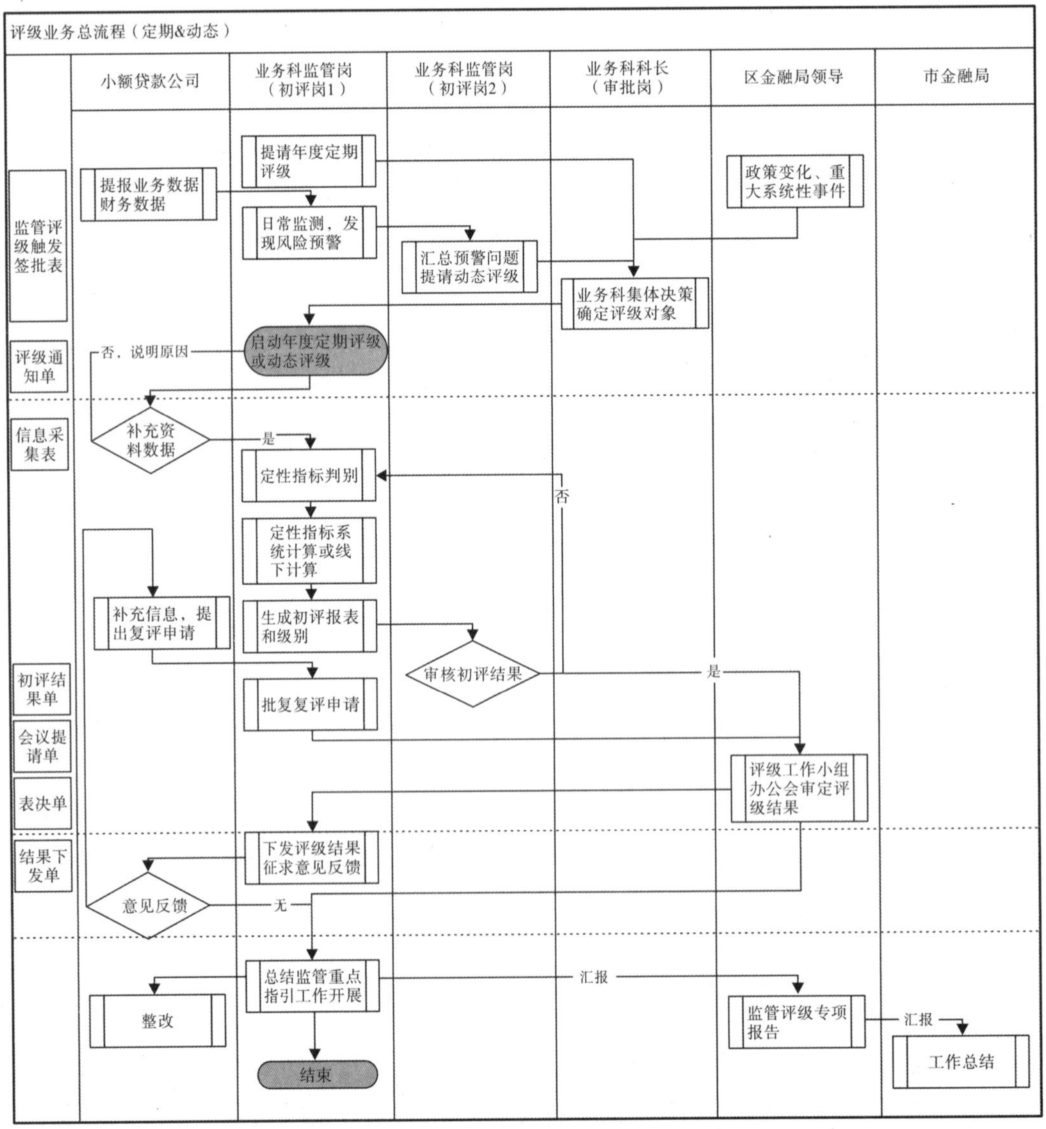

图1 监管机构内部操作的定期或动态监管评级流程

通过引入第三方机构的年度定期监管评级流程如图 2 所示。

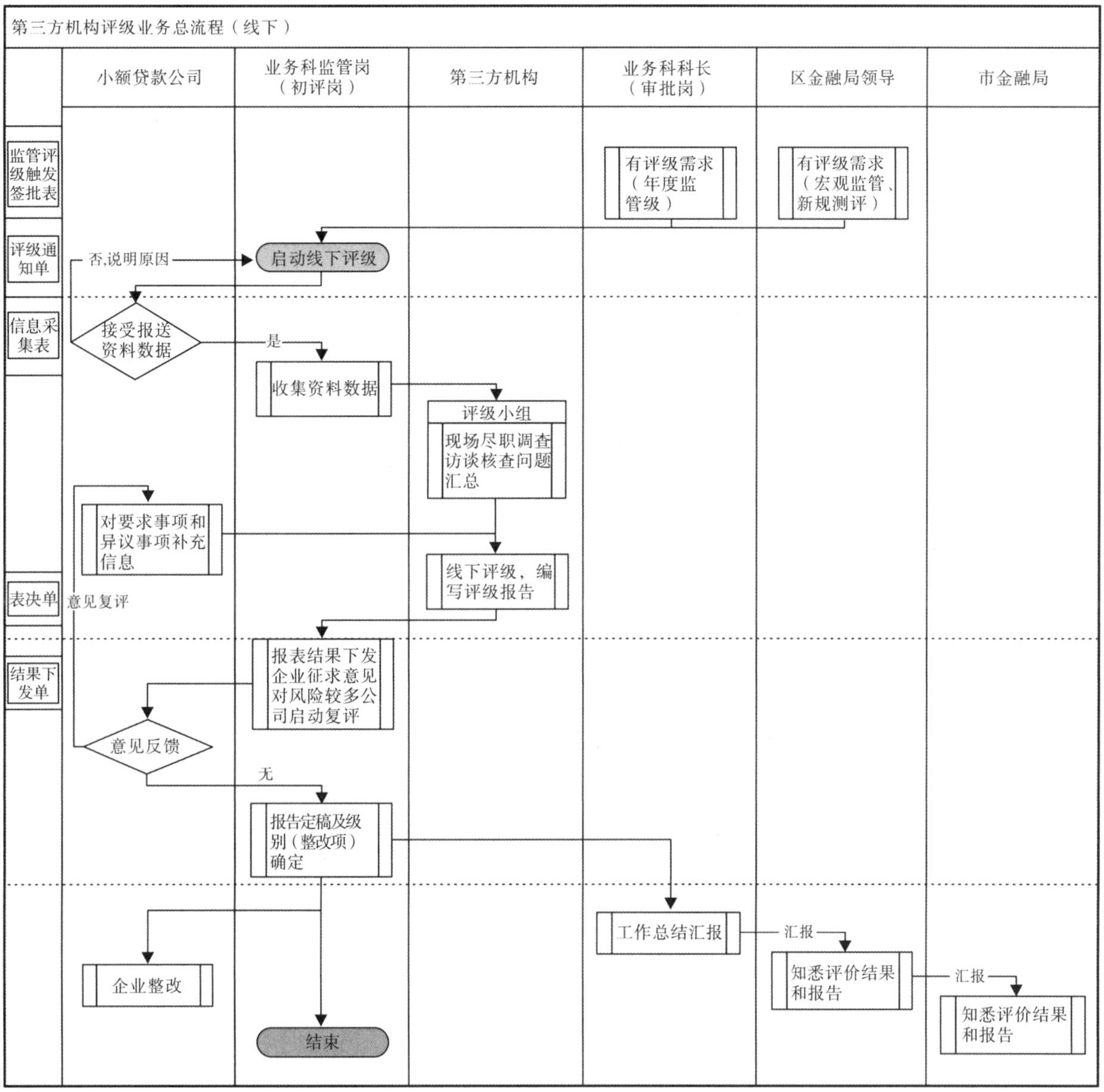

图 2　第三方机构的年度定期监管评级流程

（二）监管评级流程分解

1．评级触发

（1）定期监管评级。

定期监管评级周期为一年一次。区金融局对网络小贷公司的年度监管评级于企业年报审计后的 1～2 个月内（预计次年 5 月底）完成。

定期监管评级名单由区金融局根据上级部门重点监管要求和政策规定，以及辖区内企业的基本情况制定。原则上监管评级名单包括辖区内全部相关类型的企业。

（2）动态监管评级。

动态监管评级主要通过以下事件触发：

①企业提报的日报表数据出现重大指标预警信号，包括利率超过国家相关规定、不良或逾期贷

款大幅提升、单笔或单一客户贷款规模超过国家标准等。

②企业提报月度报表中，指标出现重大预警信号，主要经营预警信号如表6所示。

表6　预警信号分析

一级指标	二级指标	预警信号
资产质量	资产分类	资产损失准备充足率大幅低于100%
	不良管理水平	逾期贷款率环比大幅提升
		不良贷款率及逾期90天以上贷款率环比大幅提升
		贷款损失率环比大幅提升
	信贷资产集中度	同一借款人及其关联方的贷款余额超过国家规定
		加权平均利率超过36%的国家规定
发展能力	业务发展	累计贷款增长率连续3个月下降超过20%
		贷款余额增长率连续3个月大幅下降
		资金放贷比率超过150%
	盈利能力	税收占比连续3个月大幅下降，且远低于行业平均水平

③负面信息：发生重大经营舆情、法院起诉量大幅增加、投诉量大量增加等。

④信用评级D级的，增加风险监控。

⑤政策变化或重大系统性风险事件导致需要启动跟踪评级。

2. **评级准备**

评级准备包括评级启动、资料收集、系统外资料收集、信息核实、信息记录。

（1）评级启动。

①定期评级，一般由业务科主管领导（评级审批岗）明确当年参加监管评级的受评企业名单、监管评级组织方案和工作方案，区金融局主管领导下达监管评级指令，启动年度监管评级工作。业务科监管员（初评岗）根据工作安排拟定第三方机构筛选条件，确定本次参与监管评级的第三方机构名单，并进行任务分配；同时向辖区内受评企业下发评级通知书。

②动态评级，一般指定期评级的动态化跟踪评级。

首先，由初评岗根据小额贷款公司的月度上报数据、日运行报表，监测关键指标的异常情况，并上报业务科主管领导（评级审批岗），或者根据区金融局主管领导重点工作安排，由业务科负责人（评级审批岗）拟定监管评级名单和动态评级启动申请。

其次，业务科主管领导（评级审批岗）通过组织内部会议，确定应启动动态监管评级的公司名单，并上报区金融局相关领导审议。

再次，经过区金融局主管领导审批通过后，由初评岗启动对相应受评对象的动态评级工作。

最后，业务科监管员（初评岗）根据工作安排拟定是否需要第三方机构参与，确定本次参与监管评级的第三方机构名单，并进行任务分配；同时向辖区内受评企业下发评级通知书。

③第三方机构参与。

如需第三方机构参与监管评级的，由监管部门确定具体的第三方机构，由初评岗人员下发通知给第三方机构，双方单位签署合作协议。

（2）系统内资料收集。

监管评级资料的收集和整理是小额贷款公司监管评级的基础，由初评岗完成，区金融局内现场检查人员、机构准入监管人员需向初评岗提供必要的信息支持。初评岗应力求全面、广泛地掌握评级所需要的全部信息，信息来源结构见图3。

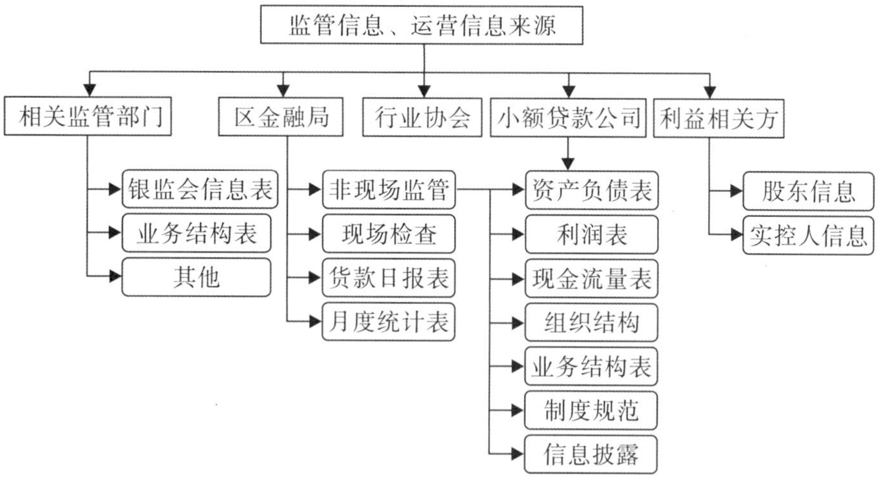

图3 信息来源结构

监管评级资料收集原则：①合法性原则。应以符合国家法律、法规的途径采集企业运营信息，不应以欺诈、窃取、贿赂、利诱、胁迫、侵入计算机等非法手段获取企业运营信息，并应保护国家、社会公共利益及企业的合法权益。②真实可靠原则。收集到的信息真实可靠是评级最基本的要求，因此要求对收集到的信息进行核实。③全面性原则。要求所收集到的信息要尽可能全面、完整，涵盖受评对象的管理活动、业务经营和运行发展等全过程，为评级的科学性提供保障。④时效性原则。只有及时、动态的信息才能有效满足监管评级和风险监控需求。

信息收集规范包括如下内容：

①资料获取渠道：广东省监管系统、越秀区监管系统、互联网金融相关行业协会、网络小贷公司、“信用中国”网站、税务机关、人民法院、第三方机构、其他有助于了解网络小贷公司信用信息的渠道。

②监管系统内资料收集。

监管部门应定期收集网络小贷公司向省级监管系统报送的非现场监管报表，及向区监管系统报送的日常业务信息，具体非现场监管报表包括资产负债表、现金流量表、利润表、放贷情况月报表、贷款情况月度统计表、月度统计表、贷款业务结构表、资产损失准备充足率计提情况表等，并按监管需要进行加工处理。对网络小额贷款公司及监管部门在信息提报、分析、判断过程规范要求如下。

A. 网络小贷公司应主动、及时把相关的业务数据和财务数据上报监管系统，供监管部门监督。

B. 不及时、全面提报监管信息的，由业务科监管员在评级调整项中按“不配合监管部门日常监管、监管检查，不及时、准确、完整地提报相关监管数据”酌情扣分。

C. 定期监管评级期间及后续动态跟踪过程中，区金融局业务科初评岗通过对网络小贷公司报送的报表数据进行分析，综合评价网络小贷公司的风险状况。

D. 监管部门根据网络小贷公司所报备的业务数据和报表数据通过“线上 + 线下”监控的方式，实时查询受评对象信用状况，及时监控受评企业信用风险和合规风险，引导网络小贷公司规范化、审慎化发展。

E. 通过监管系统升级，对现有监管系统进行升级改造，采用智能化技术手段实现对辖区内小额贷款公司及其从业人员、经营状况进行实时监测预警，保证风险被及时了解。

(3) 系统外资料收集。

①要求受评对象补充提报相关资料。

除监管系统内资料外，初评岗或第三方机构可根据工作需要，向网络小额贷款公司定期或不定期收集相关业务经营和风险状况的书面信息资料。内容一般包括以下几点：

A. 经审计的财务报告，用于对其提报财务报表（资产负债表、利润表、现金流量表）相关信息的核对和完善，分析受评对象业务发展能力和盈利能力。

B. 组织结构信息，包括部门设置信息，董事、监事部门及高管人员结构和稳定性信息，人员配置信息等，考察组织机构的合理性、公司治理结构的完善性。

C. 合规经营情况，包括催收情况，超高综合利率信息，校园贷、首付贷、无特定场景和指定用途的现金贷说明。

D. 风险外溢情况，包括资金来源及安全性、贷款流出领域风险、资产证券化风险、资金嵌套风险等说明。

E. 风险管理制度和程序规范性专题报告，包括风险管理、审核管理、贷后管理、逾期管理等方面的制度完善性及规范执行情况，以及信贷业务风险评估方法、产品发展策略等执行情况说明。

F. 信息建设及安全性说明，包括互联网信息安全管理体系建设，信息采集、处理和使用的合法性和安全性。

G. 信息披露情况。主要考察是否按照监管规定在指定位置或文本中披露如下信息：a. 公司基本信息，包括监管部门相关批复、经营许可证、营业执照、公司及分支机构地址、股东背景、组织架构、法定代表人及高级管理人员基本信息、联系电话。b. 网络贷款信息，包括服务内容、相关产品详细描述、贷款条件、办理贷款流程步骤及所需资料、贷款利率水平和费用项目标准、年化综合费率、还本付息和计息方式、逾期处理方式、贷款形态分类标准、是否接入中国人民银行征信系统和其他征信机构、业务投诉电话。c. 各级监管部门监督举报电话，考察对业务客户信息公开的程度。

受评对象按照监管要求准备相关资料，并加盖公司公章，进行提报。

②利益相关方资料收集。

利益相关方信息，主要考察发起人或实际控制人是否持续具有较强实力；在所在行业和领域是否排名靠前、知名度高；是否具有大数据方面的雄厚基础；能否依托其网络客户资源为产业链上的中小微企业、个人等提供融资服务。

由受评对象提供，并加盖公司公章。

③其他相关监管资料收集。

相关监管部门包括银监会、中国人民银行及其下属的互联网金融风险专项整治、P2P 网贷风险专项整治工作领导小组办公室等。主要收集以下信息：

A. 政策信息。国家监管部门监管政策和动向信息、其他省份行业风险暴露的监管信息等。

B. 现场检查及整改信息。现场检查主要指依据非现场监管系统显示网络小贷公司存在违规经营或存在潜在的风险而进行有针对性的检查，主要收集现场检查方案、检查报告及受评对象整改方案等。

C. 其他相关信息。包括区金融局及所属行业协会在日常管理中接受调查并认定的投诉举报信息、社会媒体报道的相关小额贷款公司负面信息。从媒体、第三方机构采集信息，定期采集社会公众媒体的新闻报道和评价；第三方机构尽调报告、信用评级结果，专业分析人员的分析报告等。

除上述信息以外，初评岗或区金融局监管员有针对性地审核、实地走访，以深入掌握被评公司风险状况，或要求被评公司报送已报送信息的补充报告和情况说明。

（4）信息核实。

初评岗或委托的第三方机构对受评对象提供的资料进行审查，核实定性信息，比对定量信息。发现不准确的，排除是否是人为报送质量问题，作为现场核实的重要依据和主要内容，要求受评对象进行补充和说明。

①信息准确性审核。可通过以下办法审核信息的准确性——省、区两个系统之间的数据对比；审计报告、专项报告与月度提报报表之间的数据对比；尽职调查；现场检查。

②信息及时性审核。根据省内相关政策法规规定，审核信息是否及时上报，如网络小贷公司线上业务是否实时接入；非现场监管系统中月度监管报表提报的及时性等。

③信息完整性审核。根据省内相关政策法规规定，要求网络小贷公司提供的数据必须要完整，不应有缺失和遗漏。

④信息真实性审核。根据网络小贷公司提供的银行账户资金往来明细的材料、审计部门出具的受评对象审计报告、业务合同等，核实网络小贷公司业务的真实性。

（5）信息记录。

初评岗或第三方机构在完成信息收集、质量控制和网络小贷公司修改或说明之后，初评岗或第三方机构应对上述采集信息、质量审核和信息说明记录在案，以便日后查询。

3. 初评

（1）信息分析。

监管部门除定期收集监管报表信息外，应结合不定期收集来的其他信息及现场检查信息，了解省网络小贷公司非现场监管系统、金融街风险监测系统出现预警的原因及网络小贷公司违规违法经营的情况、业务领域和各种管理制度，掌握被监管机构业务活动和风险状况的相关信息。在此阶段，主监管员可根据预警、违规两个层次对收集到的网络小贷公司的经营信息进行分类整理，以便接下来进行监管分析和撰写监管分析报告。

（2）合规性分析。

合规性包括企业提报的监管报表和现场检查中的资金来源及杠杆水平，借款人借贷规模、利率，信息披露，信贷资产风险覆盖情况等方面的合规情况。

在进行合规性分析的过程中，初评岗或第三方机构应当分析以下几个方面：

A. 被评对象融资途径及资金来源合规性。依据非现场监管报表中的贷款业务结构表，分析资金源于股东、信贷资产转让、资产证券化、地方交易市场等情况及是否符合监管规定；根据现场检查核查真实性。

B. 股权管理。结合企业征信报告、主发起人及实际控制人社会声誉、诚信记录、纳税记录、财务状况等分析主发起人及实际控制人的信用状况，及其对公司的持续影响。

C. 综合实际利率。依据非现场监管报表，测算平均贷款利率，结合现场对贷款合同的检查，考虑手续费、管理费、保证金等，综合考量实际利率是否超过年化36%。

D. 贷款范围。通过网贷产品是否有客户群体限定（学生、无业、高危职业、重病）、高风险客户识别、评估借款人的信用情况（信用记录缺失、多头借款、欺诈）等分析产品运营、风险控制水平。结合现场检查获取的贷款合同，综合判断网络小贷公司的贷款业务合规和风险控制程度。

E. 信息安全。依据信息采集表中关于网络平台的说明，分析网络小贷公司的信息系统建设情况、知识产权、信息安全、网络安全、客户信息保护等是否合规。

F. 财务状况。按照评级指标计算公式，进行各项财务指标测算，分析财务状况和业务发展能力。

G. 风险外露。公司主要风险管理的运行情况是否合规；结合现场检查，核验是否有超出核准经营范围的经营活动，诸如在辖区外办理线下自营贷款业务，通过网络平台在市外办理委托贷款业务，通过网络平台办理或在市外办理股权投资类业务，投资基金类、投资类、担保类公司和网络借贷信息中介机构开展担保业务和为民间借贷提供中介服务等情况。

H. 监管配合等。

（3）初步评分。

初评岗严格遵循《广州越秀区互联网小额贷款监管评级体系研究报告》中的“互联网小额贷款监管评级指标体系”和“评级标准”，根据动态（或年度）监管数据和信息，合理、准确地判断评级对象的整体状况，逐项对定性指标、定量指标进行判定和计算。生成初评报表，并依据等级标准，确定初评级别。

（4）审核。

初评岗执行评级审核功能，对初评报表的计算数值、得分一一审核。如有不同意见，需列明，返回给初评岗，由初评岗重新判定和计算，重新生成初评报表。如无不同意见，将初评报表上报给评级审批岗。

4. 级别评定

监管评级结果由集体会议审议确定。由评级审批岗提请监管评级专家委员会（或办公会）以集体讨论方式进行。参会人员包括区金融局领导、区金融局业务主管、初评岗、评级审批岗、相关外部专家、业务科相关人员列席。初评岗总结会议纪要，并收集、保存审定意见表。

5. 征求意见

初评岗将评委会（或办公会）最终审定的评级结果向网络小贷公司进行通报，同时要求网络小贷公司在3个工作日内对评级结果提出反馈意见。

6. 复评

如果受评对象对监管评级结果有异议，应在规定的时限内向监管机构提出复评申请并提供加盖公章的补充资料，阐明理由。由初评岗判断是否批复复评申请，并由原集体决策会议审定复评。

如果评级对象对监管评级结果有异议，但不能在规定的时限内提供充分、有效的补充材料，初评岗可不受理复评请求。

复评结果为首次评级的最终信用级别，且复评仅限一次。若确定有重大评级信息遗漏，或者原会议出现重大判断失误，可以对初评结果进行调整。复评结果下发被评级的网络小贷公司，不再征求意见。

7. **结果确认**

如果评级对象对监管评级结果没有异议，则评级结果为首次评级的最终级别。网络小贷公司应于 3 个工作日内向初评岗提供结果确认书，并报告对问题和缺陷的整改措施。

8. **发布及汇报**

发布汇报，监管机构的监管评级工作结束后，评级审批岗应总结评级结果以及各单项要素存在的主要风险和问题、监管重点，通过会谈、审慎监管会议等途径汇报给区金融局领导，再由区金融局领导汇报给广州市金融局。并通报要求网络小贷公司整改的建议。

为了防止对监管评级结果的误用和滥用，各级监管机构及参与评级工作的监管人员应当对网络小贷公司的监管评级结果进行严格保密，严禁向第三方披露监管评级情况。

各级监管机构应当严格按照规定的程序和形式向受评对象通报其综合评级结果以及存在的主要风险和问题。监管机构不得将监管评级结果向公众披露，以防止评级结果被外界曲解而引发市场的负面评价，对网络小贷公司造成不利影响。网络小贷公司应当对本公司监管评级结果严格保密，不得向本公司以外的任何人员披露，不得出于商业目的或其他考虑向新闻媒体或社会公众披露第三方机构主导的监管评级。

尽职调查。第三方机构小组收到《监管评级工作通知》及评级对象的评级资料后应与评级对象沟通，确定实地调查工作方案。依据对评级资料的初步审查结果，第三方机构确定详尽的评级对象实地调查内容。实地调查包括与评级对象的高层管理人员及有关人员进行访谈、查看评级对象现场、对评级对象关联的机构进行调查与访谈等方面的工作。第三方机构工作小组在实地考察和访谈之后，应根据实际情况随时修改或补充相关资料，并建立完备的实地调查工作底稿。

报告撰写。第三方机构工作小组依据收集的评级对象资料、实地调查工作底稿、非现场监管信息、现场检查报告、投诉举报信息等，在对收集资料进行定性与定量相结合、静态和动态相结合的综合分析基础上，初步确定评级对象的信用等级，初步拟定监管评级报告。

级别审定。第三方机构工作小组撰写的监管评级报告和工作底稿需经第三方机构的信用评审委员会集体决策审定，评审委员会应当根据监管评级等级标准及级别限制条件，决定评级对象的监管评级等级，评级结果需经 2/3 以上的与会评审委员同意方为有效，评审委员会委员应签名并签署意见。

提交下发。第三方机构小组的监管评级结果以监管评级报告形式提交给初评岗，由初评岗验收确认。再由初评岗通过会谈、审慎监管会议等途径，向网络小贷公司董事会、高级管理层通报评级结果、主要风险、存在的问题和整改建议，同时要求网络小贷公司在 3 个工作日内对评级结果提出反馈意见。

四、监管评级运行机制

（一）建立、健全监管机构内部管理机制

监管评级由监管机构主导实施。应制定切实有效的一系列机制以保障在实施过程中组织统筹、科学安排、有序推进、合理运行和提高完善。

监管机构在监管评级工作中的内部管理机制包括监管评级触发机制、监管评级专家委员会管理办法、监管评级指标体系动态调整机制。

1．监管评级触发机制

监管评级触发机制包括定期监管评级和动态监管评级，其中动态监管评级包括立即启动和月度启动。

定期监管评级周期一般为一年，是以网络小贷公司为主的、全面的、内容系统的、现场检查的监管评级。

定期监管评级需经初评岗、审批岗周密筹备，包括业务科系统的工作安排，相关工作组严密的现场核查，监管评级专家委员会的集体审议。

动态监管评级属于不定期评级及跟踪评级。需经审批岗根据日常监管事项和监管系统引起预警，业务科针对重点事项和重点预警确定评级对象，做出简要的工作安排，可以安排（非必须）现场核查，并由监管评级专家委员会集体审议动态监管评级结果。

2．监管评级专家委员会管理办法

若确定组建监管评级专家委员会，应制定相应的管理办法，对组织筹备、职责权利、专家选聘、表决方式等事项做出管理约定。

3．监管评级指标体系动态调整机制

评级方法的科学性是衡量和保障监管评级结论公正性的重要基础。为体现监管评级分类监管和差别监管的要求，对网络小贷公司的监管评级结果的后两个级别和评级标准应予定期（一年或者三年）细化和调整。

细化和调整的指标主要是根据全国性金融风险防控政策和区域内新出现的风险现象，针对级别调整项（指标）的增加或减少，以及针对个别指标评定标准的浮动调整。

细化和调整坚持以下原则：一是对评级对象得分比较集中的，尽可能扩大分值区间，并对标准予以细化；二是对予以适当调整的标准或需要从严监管的内容，尽量降低分值和缩小分值区间。

（二）建立监管评级外部信息收集机制

信息收集工作是网络小贷公司监管评级的基础和工作重点。除了网络小贷公司定期报送到监管系统的信息和数据以及监管机构通过现场检查和约谈方式获取的信息和数据外，仍有一部分经营合规信息和风险外溢信息需要通过外部渠道获取。

获取外部信息的目标是，确保外部信息收集的时效性、完整性和准确性，完善外部信息收集过程的规范化和程序化，确保监管评级相关人员能及时参与收集信息并共享所需信息。外部信息主要包括：①政策信息，即国家监管部门监管政策和动向信息、其他省份行业风险暴露的监管信息等。②合规经营信息，即暴露催收信息、超高综合利率信息、校园贷、首付贷、无特定场景和指定用途的现金贷等。③风险外溢信息，即资金来源安全性、贷款流出领域风险、资产证券化风险、资金嵌套风险等。

外部信息收集渠道主要包括主要监管部门（中国银监会普惠金融部及法规部、中国人民银行等)、地方税务法院系统、行业性综合媒体、区域内重点产业企业和行业企业、社会公众人员。

（三）建立第三方机构筛选机制

在监管评级中引进第三方专业机构是重要的政府工作创新，是政府工作现代化的重要一步。今后，借助外部力量进行第三方评估将成为政府工作的常规机制。

网络小贷公司监管评级第三方机构评估的基本原则：坚持管评分离，由独立的第三方机构进行专业化评级；坚持客观公正，分类评估，确保评级公信力；坚持引导激励，以评级促监管，促进监管评级工作有序推进。

区金融局要按照公开、公平、公正的原则，向社会公开网络小贷公司监管评级的项目、内容、周期、评审流程、资质要求等，择优选择第三方专业机构，明确第三方专业机构的服务内容、服务期限、权利义务、违约责任、评级验收、合同兑现，等等。

第三方专业机构要严格依照监管评级标准和程序，按照要求认真做好网络小贷公司监管评级工作，同时制定相关政策要求第三方专业机构客观公正开展监管评级工作，不得利用监管评级谋取不正当利益，引导评级人员严格遵守监管评级工作纪律，自觉接受评级对象和社会的监督。

本文根据北京中北联信用评估有限公司、广州市越秀区金融工作局课题组提供的资料整理。课题组负责人：刘中。课题组成员：郭超群、林嘉、董方玉、曾培伟。(2017 年)

小额贷款公司利率神经网络预测模型研究

——以广州民间金融街为例

一、小额贷款公司利率预测概述

（一）小额贷款公司利率风险

利率风险是指市场利率变动的不确定性给金融机构造成损失的可能性。随着我国金融市场利率市场化改革的推进，利率风险将成为小额贷款公司面临的主要风险之一。由于小额贷款公司利率风险管理体制不健全、对利率风险认识不够、缺乏相关领域专业人才等，所以当市场利率变动时，小额贷款公司往往会面临较大的利率风险。

（二）利率预测：小额贷款公司利率风险控制的前提

影响小额贷款公司市场利率变动的因素来自多个方面，包括运营成本、资金成本、投资项目的收益率水平、同期商业银行的短期贷款利率、社会信用状况、贷款规模、预期利润率以及各种补贴等，此外，通货膨胀率、自然灾害等也会对小额贷款公司利率定价产生一定的影响。为了避免或减少利率变动所带来的风险损失，小额贷款公司必须掌握科学的利率预测方法和技术，建立有效的利率风险控制体系。

准确预测利率是有效进行风险管理的前提，利率预测的内容有利率变动的方向、变动的水平、周期性的转折点等。对市场利率走势进行预测是金融机构利率风险管理工作的前提与基础，尤其在监管部门或者金融机构采取积极主动的风险管理策略时，科学、准确的利率预测显得更为重要。科学、准确的利率预测结果可以为小额贷款公司的资产负债管理提供可靠的决策依据，及时运用适当的方法和相应的工具，才能在利率变动中最大限度地减少风险损失、增加经营收益。

二、利率预测模型——BP 神经网络

（一）神经网络预测原理

BP 神经网络（Back Propagation Neural Network）是一种按照误差逆传播训练的多层前馈神经网络，是目前应用最广泛的神经网络模型之一。BP 神经网络包括两个方面：一是信号向前传播；二是误差反向传播。它不需要预先知道具体的映射关系，而是通过学习和储存大量的输入、输出之间的映射关系，利用反向传播不断调整网络的权值和阈值，使得网络的误差平方和最小。BP 神经网络能够实现输入到输出的任何复杂非线性映射关系，对求解内部机制复杂问题具有很大的优势，且具有一定的概括和推广功能。因此本文将利用 BP 神经网络对小额贷款公司利率数据进行拟合预测。由于小额贷款公司的利率数据可以看成一个时间序列，并假设利率时间序列数据为 $\{x_1/x_i \in \mathbf{R},\ i=1,\ 2,\ \cdots,\ L\}$，时间序列预测的含义就是通过一定的算法实现利用序列前 N 个时刻的值，预测出后

M个时刻的值。其中，对于数据样本的分类以序列前 N 个时刻的数据作为滑动窗，将其映射为 M 个值，则这 M 个值代表前 N 个数据后的 M 个时刻上的预测值。将数据分成一定数量的样本后，如果把每个样本的前 N 个值作为 *BP* 神经网络的输入数据，后 M 个值作为输出目标，通过学习，就可以利用 BP 神经网络实现从 RN 到 RM 的映射，实现预测利率数据时间序列的目的。

（二）利率预测的基本步骤

利用 BP 神经网络对时间序列数据进行预测前，需要先将小额贷款公司利率数据划分为用于训练（或拟合）和预测两大部分。本文采用 BP 神经网络对广州民间金融街的小额贷款公司利率数据进行预测，具体实现步骤如下。

1. 构造网络训练样本

受各种复杂因素影响下的小额贷款公司利率是一个动态变化、不稳定的非线性系统，其未来走势除了受周围经济环境的影响外，还会受到某些人为因素、政府调控行为等的影响。在构建 BP 神经网络过程中有必要选择正常运作下的利率样本数据，因为异常数据将会导致 BP 神经网络预测能力下降。选取多少样本数据进行训练也是一个重要的考虑因素，当训练样本数据太大时可能会使得计算量大大增加，训练结果无法拟合、收敛，将最终导致预测失败，而过少的样本数据又可能导致拟合误差过大。因此，本文选取了小额贷款公司期限结构为 1 个月的利率数据样本进行 BP 神经网络的构建。

2. 数据样本预处理

如果数据样本比较复杂，在利用 BP 神经网络进行预测前，为改善数据样本本身的分布特征，降低 BP 神经网络对数据样本的敏感度，避免原始数据过大造成网络麻痹，可以将原始数据进行适当预处理或变换，使得数据样本能够主动适应网络，提高网络的学习预测能力。其中最常用的预处理方法是将原始数据进行归一化处理。

3. 构造训练样本

基于大量利率历史数据进行预测，并对这些利率数据进行技术分析，分析周期的选择恰当与否对预测结果会有直接的影响。基于研究考虑，本文进行利率预测的分析周期选取为 30 天，即用期限结构为 30 天的利率价格作为预测的依据，依次将连序 30 天的利率数据作为网络的一个输入数据，后 30 天的数据作为输出数据（即目标数据），按此方式进行滑动式的排列，形成 BP 神经网络的训练样本数据序列。

4. 构建二层动态神经网络结构进行预测

多层神经网络能力非常强，一般来说，多层神经网络具有较强的模拟性，一个两层的神经网络，其第一层是 S 型函数，第二层是线性函数，就可以用来模拟任何连续有界的函数。因此，在本文中选择了两层的神经网络，选择 11 个隐层神经元、30 个输入神经元、30 个输出神经元。

5. 训练网络

在本文中最大的迭代次数为 4000，目标收敛精度为 0，并对各种算法进行比较评价，最后确定使用 Levenbery – Marquardt 算法进行网络训练仿真（表 1）。

表1 各种训练算法结果比较

算法	Levenbery – Marquardt 算法	带自适应学习率和动量因子的梯度递减法	带自适应学习率的梯度递减法	带动量因子的梯度递减法	梯度递减法
收敛步长	7	258	471	3000	3000
收敛精度	5.8907e – 015	2.6325e – 009	2.0507e – 009	0.082599	0.12146

以上的神经网络训练结果表明，在这几类算法中，Levenbery – Marquardt 算法以最快的收敛速度和最少的迭代次数达到了最高的收敛精度，因此本例中选择了 Levenbery – Marquardt 算法进行网络仿真训练。

6. **利率数据的预测**

如果训练样本较少，会出现网络的预报误差较大的情况，若想获得理想的预测效果，应采用大量的数据样本，如一年甚至几年的利率数据。

具体预测数据结果见表2。

表2 神经网络时间序列预测模型预测结果

Predict = 16.4720		17.0130	16.5630	16.6840	16.6670	16.8300
16.3860	16.5730	16.3580	16.4480	16.5830	16.8970	16.8600
17.1650	15.8340	15.6610	18.7240	19.1660	19.1662	19.0670
19.5970	19.5860	19.5740	19.6020	19.5470	19.5490	19.7280
19.7260	19.7270	19.7240				

通过对广州民间金融街利率数据进行 BP 神经网路时间序列预测模型分析，验证了该模型具有较好的预测能力和推广能力，说明所构建的基于动态利率数据的 BP 神经网络时间序列预测模型的有效性和适用性，进一步说明预测结果的可信度和良好的参考价值。

三、结束语

随着利率市场化改革在我国的不断推进，监管部门对利率预测的要求必定会进一步提高，因此，监管部门应当开展利率风险管理和利率预测的研究工作。

在实际经济生活中，影响利率变动的因素很多，而利率水平与利率结构的变动往往是许多因素综合作用的结果，因此，准确预测利率水平的未来走势和利率结构可能的变化是困难的。然而，利率预测具有重要的理论及实践意义，利率预测的各种方法也只有在利率预测实践中反复修改验证才能不断发展和完善。科学、准确的利率预测是小额贷款公司进行有效的资产负债管理的前提条件与基础，也是监管部门建立有效利率风险控制体系的基础。因此，不管是小额贷款公司本身，还是政府监管部门，都必须重视利率风险管理工作，加强市场的利率预测。

本文选自《财经界（学术版）》（2013 年 10 期）。作者：廖检文，中南财经政法大学经济学院博士生；陈柳洁，中山大学工学院博士生。（2013 年）

互联网小额贷款模式创新与合规发展

互联网小额贷款公司不同于传统小额贷款公司，更不同于P2P平台，其作为一股有活力的新生力量，已逐步成为我国金融体系有机整体的一部分，能够在普惠金融、中小微企业和消费金融等领域提供有力补充，支持中国向消费经济转型，更好地解决人民日益增长的美好生活需要和金融发展不平衡、不充分之间的矛盾。

随着互联网应用的普及，大数据和云计算等新技术的兴起，互联网金融快速发展。互联网小额贷款依托于最新的信息科学技术，充分利用和整合在经营与消费过程中产生的交易、支付、经营、物流等信息，满足个人消费和中小微企业的融资需求特点。但新兴业务也出现了校园贷、现金贷、高利贷、暴力催收、脱实向虚等金融乱象。为此，监管部门出台了多项关于规范互联网小额贷款业务的新规，对互联网小额贷款公司的服务标准和风险控制提出了要求，行业监管日渐严格和规范。

一、互联网小额贷款公司的独特性

互联网小额贷款公司不同于传统小额贷款公司。在当前银行金融机构以对公业务为主，而消费信贷和中小微企业信贷供不应求的矛盾下，互联网小额贷款这种新型的机构和模式是我国金融体系的良好补充。互联网小额贷款公司，即网络小额贷款公司，是指在网络平台上获取借款客户，综合利用网络平台积累的客户经营、消费以及交易等行为大数据信息或即时场景信息分析客户信用风险和进行预授信，并在线上完成贷款申请、风险审核、贷款审批、贷款发放和贷款回收等全流程贷款服务的特色类小额贷款公司。从本质上看，互联网小额贷款公司仍属于小额贷款公司，其主要以自有资金和政策规定渠道的融入资金从事放贷业务，不能吸收公众存款，其与传统小额贷款公司的区别在于通过互联网技术和大数据风控，提升了小额贷款公司的放贷效率和服务地域范围。值得一提的是，互联网小额贷款公司不同于网络借贷信息中介平台（俗称“P2P平台”），二者存在本质的差异，应注意区分。根据《网络借贷信息中介机构业务活动管理暂行办法》，网络借贷信息中介机构是指依法设立，专门从事网络借贷信息中介业务活动的金融信息中介公司，该类机构以互联网为主要渠道，为借款人与出借人（贷款人）实现直接借贷提供信息搜集、信息公布、资信评估、信息交互、借贷撮合等服务。首先，企业的性质不同，P2P平台主要扮演“中介”的角色，主要为出借方和借款方提供相关的服务和信息介绍；而互联网小额贷款公司并不具有中介的角色，只是为客户提供信贷和风控服务。其次，互联网小额贷款公司实行持牌经营，需通过各省、地方金融监管部门审批，监管对公司股东资质、资本金、风险拨备、杠杆比例、贷款经营用途等都有明确的要求，准入门槛较高；而P2P平台实行备案登记制，目前只有《网络借贷资金存管业务指引》对P2P平台提出了银行资金存管的要求，《网络借贷信息中介机构业务活动管理暂行办法》设置了13条禁令，要求平台备案，并对借款人的额度进行了限制。

监管的缺失使得P2P领域鱼龙混杂，也暴露出许多风险问题，问题平台事件频发，如一年半内非法吸收资金500多亿元、涉及投资人约90万名、受害投资人遍布全国的“e租宝”案，以及法定代表人向公安机关投案自首的百亿级的P2P平台“善林金融”等。所以，互联网小额贷款公司应坚持规范经营、支持政府监管，真正服务实体经济。

互联网小额贷款机构作为小额贷款公司与互联网技术的结合体，通常由民间资本或新兴的互联网产业参与，机制较为灵活，和互联网生态结合紧密，能够根据新的业态迅速反应，招聘专业的队伍，内部转型和培训成本较小，迅速形成对中小微企业和消费金融客户群服务的能力，是金融机构的有效补充。自互联网小额贷款牌照发放以来，其贷款规模迅速发展，已形成了一定的产业规模。互联网小额贷款公司与传统小额贷款公司对比见表1。

表1　互联网小额贷款公司与传统小额贷款公司对比

公司种类	相同点	不同点					
		准入条件	业务模式	贷款金额	贷款形式	放贷范围	风险
互联网小额贷款公司	本质上都是小额贷款公司，都以自有资金发放贷款	较严格（有互联网基因、大数据基础、应用场景）	利用互联网技术及积累的大数据实现获客、风控、放贷、贷后管理的互联化	小额、分散，笔均贷款金额较小（消费类贷款约1万～2万元，供应链金额稍大）	信用贷款为主	全国	欺诈风险+传统小额贷款风险
传统小额贷款公司		相对较低	线下获客、尽职调查、贷后管理	笔均贷款金额200万～300万元	担保贷款和信用贷款兼有	广州市内	传统小额贷款风险

注：表格数据以广州市越秀区内小额贷款公司为分析样本

互联网小额贷款公司与P2P平台对比见表2。

表2　互联网小额贷款公司与P2P平台对比

项目	相同点	不同点				
		公司性质	资金来源	准入条件	风险控制	监管主体
互联网小额贷款公司	都属于网络借贷，借助于互联网开展业务；都属于民间借贷范畴，为中小微企业和个人提供融资；业务对象都面向全国	小额贷款公司	自有资金、规定渠道融资	有明确的市场准入条件和严格的审批程序	借助长期积累的产业大数据基础进行征信调查	地方金融主管部门
P2P平台		信息中介平台	投资人资金（社会公众）	暂无明确市场准入规定	依托借款人在线提交的资料，或线下风控	银监会承担负责行为监管，地方金融主管部门负责机构监管

二、互联网小额贷款的业务模式

互联网技术的日新月异也催生了互联网产业的蓬勃发展，正因为如此，互联网小额贷款能够有效地获取更多维度的数据，通过更高效、低成本的风控手段，提供多种特色的产品模式，更有针对性地服务新兴产业和生态的融资需求，有力支持实体经济发展。

模式一：场景式消费金融产品

消费金融模式的小额贷款公司多结合主发起人自身的生态流量资源，运用科技创新，积极开辟消费场景，以此设计产品并进行风险控制，涵盖网络购物、租房、旅游等多种消费场景。客户通过全流程的线上操作完成申请，提交主体信息与实际经营数据后即可进行借款申请评估，基于大数据技术的快速审核，极大提升和优化了客户借款与还款体验。

模式二：供应链信贷产品

供应链金融模式主要依托核心企业及其上下游企业开展业务，针对供应链管理和经营特征，设计出集产品创新、信息管理、线上融资和风险管理于一体的全方位服务平台，为核心企业上下游企业提供融资服务。例如广州的金诺小额贷款责任有限公司，依托金螳螂集团的家装市场资源，以室内装饰客户群为主体，融设计、幕墙、家具、景观、艺术品、机电设备安装、城市智能、家装电商等中小企业及商户于一体，深耕家装上下游供应链金融市场。再如复兴云通小额贷款有限公司依托股东资源，结合医药购物平台的资金流、物流、采购合同等信息，专为医药购物平台供应链上游的医药供货方和下游的医药零售门店提供金融服务产品。

模式三：物流信贷产品

这是一种专为物流承运商、司机提供的应收账款专业金融服务，根据物流的传输信息对承运企业和司机的应收账款提供融资服务，使其及时取得运费，有效解决承运物流公司和司机流动资金紧缺的问题。

模式四：发票贷

这是一种专为税控系统开具增值税发票的、为纳税企业客户量身定做的网络小微企业贷款产品。产品以企业真实开票、纳税等经营数据作为信用依据，只要申请企业依法开票纳税、有固定经营场所、无实质性不良信用记录即可在线实时申请，无须额外提供任何申请材料，无抵押、免担保，把普惠金融、税银互动落到实处。

模式五：电商消费分期服务

主要是为在电商平台上购物的客户提供消费分期服务，客户在购买产品的同时即可通过全流程的线上操作完成申请，实现便捷的金融服务，促进客户的消费升级。

模式六：普惠型信贷产品

普惠型信贷类的小额贷款公司业务模式，主要致力于为中小微企业、“三农”和个人提供小额信贷类产品，贷款以信用类为主，具有“覆盖广、金额小、周期短”的特点。

三、互联网小额贷款需合规发展

作为一项新生事物，互联网小额贷款发展迅速，但同时存在一些问题，主要包括：第一，多头授信问题严重，存在共债现象，借新还旧，并未真正服务实体经济；第二，高利贷在消费金融行业较为常见，尤其是非持牌平台或者互联网小额贷款与第三方合作开展消费放贷时，借款人承担的实际借款利率（名义利率、借款服务费、咨询费、手续费等）远超过高利贷借款利率的现象普遍存在，超过了中小微企业和消费人群所能承受的利率范围，带来很大的社会问题；第三，暴力催收，持牌类的互联网小额贷款公司直接催收的较为规范，较少出现暴力催收的情形；但暴力催收在一些委外催收机构甚至是非持牌类互联网放贷平台中往往较为普遍；第四，客户信息、个人隐私保护，存在未得到客户的允许泄露客户信息的情况或在电子贷款合同中未充分提示借款人，使其在未注意的情况下就签了授权事项；第五，征信制度不够完善，消费者征信观念淡薄，还有很多的客户是征信白户，不了解自己的征信报告是一份需要认真维护的重要档案；第六，对没有还款能力或收入过低的客户提供贷款，甚至过于激进，向客户提供超过其偿付能力的贷款额度，最终导致客户无法偿还，由此引发很多社会问题；第七，目前互联网小额贷款的监管现状总体来说尚未形成统一监管，均为地方试点，各地政策不完全一致，杠杆、准入等条件不一致，面对快速发展的消费金融行业，监管不明晰，存在部分监管空白地带和监管套利行为。针对行业中存在的乱象，监管机构应及时发现问题并深入解剖分析原因，积极采取措施，有效纠正制止，严厉打击不法分子，以支持、包容的政策环境和动态有效的监管促使行业健康、有序发展。例如，广州市越秀区人民政府办公室于2016年10月28日印发了《广州民间金融街互联网小额贷款公司管理办法（试行）》，加强对互联网小额贷款公司的监督管理，规范互联网小额贷款公司的经营行为。2017年12月1日，互联网金融风险专项整治工作领导小组办公室、P2P网贷风险专项整治工作领导小组办公室共同发布了《关于规范整顿“现金贷”业务的通知》，加强小额贷款公司资金来源审慎管理，禁止以任何方式非法集资或吸收公众存款，禁止通过互联网平台或地方各类交易场所销售、转让及变相转让本公司的信贷资产，禁止通过网络借贷信息中介机构融入资金。此前互联网小额贷款的资金来源通常包括自有资金，P2P资金，来自银行、信托等持牌机构的资金，以及资产证券化资金。由于互联网小额贷款公司不具备资金存储募集功能，在融资杠杆受限的情况下（目前全国最高的融资杠杆是2倍），放贷规模受到限制，互联网小额贷款公司的盈利能力大受影响，应探索合规、有效的资金通道来促进互联网小额贷款公司健康、有序发展。

四、结语

中国经济已经步入消费经济时代，但传统银行以对公业务为主，转型零售银行面临诸多挑战，而中小微企业信贷和消费金融需求旺盛但供给不足，该领域的产品和服务供给依然存在很大的提升空间。优秀的互联网小额贷款公司通过金融科技的应用，充分收集征信、经营、资金、消费、物流等信息，建立健全、有效的风险控制体系，包括基于大数据的风控模型、风险识别的机制、风险监测的手段等，解决信息不对称的问题，弥补传统金融业务的不足，与更多的金融机构和流量伙伴合作，一起更好地服务中小微企业客户群和消费者群体，成为现代金融业的重要组成部分。同时，互联网小额贷款行业还要依托监管机构、坚持持牌经营，加强监管，服务正确的客群、实体经济，杜绝高利贷、校园贷、现金贷、盘剥低收入人群、暴力催收等行业乱象，确保互联网信贷行业能够得到健康、可持续发展。

作者：申志华，中国人民银行征信评分模型项目专家；刘中，广州市越秀区金融工作局副局长。（2019年）

数字化技术求解普惠小额信贷的“三角不可能”

——以广州民间金融街小额贷款公司为样本

普惠金融立足于机会平等的要求和商业可持续原则，为相关社会各阶层提供适当、有效的金融服务，其功能是多元化的，包括资金清算、风险管理、各样融资配置方式、各种投资方式、多元化的金融产品需求等，但就目前国内具体情况而言，小额信贷仍是最基础、最广泛的普惠金融需求，特别是针对传统金融“二八定律”外的“长尾客户”提供的各类定价合理的小额融资服务。其客户群体可大致分为小企业和微型企业、个体工商户和农业经营主体（包括普通农户）、未获得银行融资服务的城乡群众等（为便利表述，以下通称“小微群体”），与一般意义的普惠金融服务对象基本一致。

基于此，普惠小额信贷需建立触达群体普遍、融资定价优惠、覆盖广、成本低、可持续的普惠金融服务体系。既要实现融资服务的普遍性、全面性，广泛触达传统金融无法或难以覆盖的群体；又要解决资金可获得性基础上的合理且可负担问题；而经营机构有能力完成、实现小额信贷业务的“普”与“惠”但不亏损，可不间断持续运营。小额信贷信息对称难、投放效率低、市场风险大，在特定时期如给予其政策性成本补偿，尚可以兼顾“普与惠”。但政策补偿存在阶段性或不足以覆盖成本流失，市场还是普遍遵循高息覆盖高成本的原则，如坚守“普与惠”则机构负重难行导致亏损而不可持续经营，因此普惠小额信贷的“普及、优惠、可持续”天然带有矛盾性，上述三者要求在当前环境下构成“不可能三角”，一般情况下三者只能取其二。那么是否小微群体的融资难、融资贵在商业信贷层面就是无解的问题，或者只能依赖源源不断的外部输血，依附于政策性金融架构之上？

问题的根源主要有两个方面：其一是技术问题。小微企业普遍面临着平均存活期不足两年、没有财务报表、单笔贷款金额小、运营成本高；大量城乡群众个人游离于传统征信体系以外，成为所谓的“征信白户”等问题，这意味着在信贷技术上没有突破就无法打破这个“不可能三角”。很多银行曾做过尝试，迄今依然没有合适的解决方案。其二是机制问题。传统意义上银行业对不良贷款的考核机制较为严格、容忍度偏低，这就间接导致了银行对开展小微群体的小额信贷业务持审慎态度，在没有实证技术支持的前提下，银行开展小额信贷业务吃力不讨好。因此，需要有具备实证技术与风控能力的创新型金融机构来协助解决这两大难题。下面以广州民间金融街的小额贷款公司运营及政府管理服务为例，探索利用数字化技术破解普惠小额信贷的“三角不可能”。

一、普及有数——数据驱动的小微风险评估和互联网信贷产品

由于小额信贷投放效率低、管理成本高，小额信贷经历过最初以抵押物为主的抵押贷款，再到后来的“三品三表”、信贷工厂、IPC交叉检验技术等，但并未得到大规模推广，也未随着互联网、大数据时代的到来而迅速进化，长期以来以小微群体为对象的小额信贷技术的发展非常缓慢。IPC仍严重受限于对人的培养与管理，对互联网及其他能有效推动信息对称的新技术、新场景研究与应

用不足；信贷工厂技术，只做到了流程标准化，并未实质性解决小微原始数据采集与基础信息对称的问题，同质化严重。互联网、大数据、云计算给信贷技术的提升带来了机会，基于互联网企业的大数据及场景资源，结合对外部经济环境、行业数据与风险预警信息的利用，打造普惠小额信贷数据化解决方案、渗透小微产业链生态。

广州市蝶×小额贷款有限公司成立于2016年11月，是国内知名财务软件企业旗下金融版块的重要组成部分。其以“科技创新，数据驱动”为原则，依托母公司680万企业客户和海量数据，深入挖掘数据价值，通过将ERP、税务、发票、财务、工商、司法以及个人等相关信息深度整合，建立起一套全线上、数据驱动的小微风险评估和互联网信贷产品体系。基于“ERP数据和税务数据模型”的信贷产品，在获取客户授权的前提下，通过对ERP、税务、司法、工商、流水等信息的采集、分析、鉴真，全面还原企业日常经营情况，对其风控状况作出准确的风控评价。以客户端智能采集的企业税务数据为基础，结合外部多维数据，利用大数据分析的手段及研发的企业信用风险评价体系，最终输出企业贷前信审报告及贷后风险报告。报告可翔实地反映企业经营情况、交易全资、稳定性、成长性及风险指标，对企业进行全方位信用评估及风险监控。截至2019年4月底，累计服务小微客户9000余户（其中未从银行获取过贷款的客户占近80%），实现放款近8亿元，逾期率仅约0.3%。

二、优惠有据——资金垂直精准匹配客群，减少无效成本支出

普惠小额信贷的实践是对风险的把控能力，数字化技术基于大数据风控，可将传统金融前端销售依靠大量的人工推荐、后台依赖人工作业的重人力模式，升级为依赖系统和数据自动决策的在线实时自动信贷模式。相比用抵押物、收入流水证明等粗放式的传统风控方式，基于大数据的线上信贷审批系统将进一步提高信贷业务审批效率，充分体现信贷业务电子审批高效性，信贷调查、分析评价、审批决策和放款审查人员均通过系统调阅信贷业务影像资料和电子信息，纸质审批资料不再做审批环节中流转，同时实现“三集中”，即集中审批、集中审查放款与集中档案管理。新技术的运用最终能够帮助降低金融服务成本，提升服务效率，推动金融服务的普惠，尤其是让广泛分布的城乡客户群体获得信贷服务变得规模化，成本更低。

广州海×小额贷款有限公司立足“三农”，依托发起人积累的客户资源，为其上下游海产养殖户、饲料经销商等中小企业提供小额贷款服务。依托集团20多年积累的数十万客户数据，在对行业客群细分分析的基础上，对金融服务产品进行优化升级、细分甚至组合，从而让金融服务产品更精准匹配相应客群——不但细分的单个服务产品和客户需求更加匹配，而且可以通过组合产生整体解决方案，从而满足农户更加立体的金融服务需求。产品方案匹配度越高，客户满意度也越高，金融机构的产品效益得到了最大化。海×小额贷款有限公司针对养猪户、鸡鸭养殖户、鱼虾养殖户分别设计了猪乐贷、蛋禽贷、鸭乐贷、鸡乐贷、鱼虾乐贷等多类农户小微贷产品，全部为信用贷款，平均贷款金额在5万～30万元，平均年利率仅10%～13%，相对于村镇农户间的民间借贷利率降低了40%，解决农户的资金周转问题，为其脱贫致富提供了信贷保障。

三、服务有方——数据监管，构建公平有序、多层次的小额信贷资金供给体系

当前大部分小额贷款公司自有资金规模相对于信贷业务需求差距较大，同时受融资渠道、杠杆率等限制，难以获得有效金融资源来支持其进行有规模、低利率、安全的小微信贷投放，往往被迫

在次级贷、高风险的市场徘徊。低成本资金，必须经过融资担保、履约保险、高比例劣后保证金的加持，才能进入经营体内再循环，小额贷款公司自身尚且融资难、成本高，从而可能加剧普惠小额信贷的融资难、融资贵问题。

广州民间金融街经过近7年的发展，规模效应已经十分显著，以地方性金融机构集聚为核心，数字信息化监管为依托的金融产业园区已经基本成型，金融街进一步发挥引导金融扶持实体经济，推动金融体制改革，探索地方性金融机构监管机制优化的先行引领作用，由单纯的数量增长型转向高质量发展的效益内涵型。抓住科技进步机遇，深化创新地方性金融发展，围绕“利用数字技术降低成本，扩大金融服务的覆盖面，深化金融服务的渗透率”的主旨，以数字技术为基础，以“互联网+”为平台，以普惠金融为方向，拟建设全面覆盖、重点渗透、创新性强、满意度高的普惠金融数字监管服务中心。

为拓宽地方性金融机构融资渠道，提升不良资产处置效能，优化数据共享方式，实现监管职能与服务职能的有机统一，依托金融街设立“广州普惠金融数字监管服务中心”，为广州市乃至广东省的小额贷款公司提供：①融资登记；②融资撮合；③不良资产处置信息撮合；④合规性审核；⑤数据共享平台（贷款查重）；⑥监管信息反馈；⑦提出监管建议等服务功能。平台的建设将有助于规范小额贷款公司的融资方式，提高融资及不良资产处置效率，增强资金使用的透明度，监控资产质量，实现监管与服务职能的统一。

广州民间金融街将利用数字技术推动普惠小额信贷发展，平衡发展中的创新与风险，发挥数字技术为金融服务带来的巨大潜力，着力为小微群体提供适当、有效的金融服务；在实现数字普惠小额信贷的过程中，平衡好鼓励创新与识别、评估、监测和管理新风险之间的关系，维护金融消费者合法权益，牢牢守住金融风险防控底线，为数字普惠小额信贷“普及、优惠、可持续”的协调发展提供可复制、可推广的先进经验。

作者：吴煜晖，广州市民间金融街管理委员会副主任。（2019年）

越秀区小额贷款公司监管体系建设研究

自广州市越秀区小额贷款公司（简称“小贷公司”）试点工作启动以来，在越秀区委、区政府的正确领导和广东省、广州市有关部门的大力支持下，经过5年多建设，辖内小额贷款行业（简称“小贷行业”）规模不断扩大，资金实力和服务能力持续增强。但是，随着小贷公司集聚发展，监管工作面临巨大挑战，监管力量有限与监管任务繁重矛盾凸显，加快推进监管体系建设势在必行。

一、小贷公司监管体系建设情况及主要成效

区金融办高度重视小贷公司监管工作，借助现有力量，加快制度创新，严格控制风险，有效防止了风险积聚，初步搭建起了符合地方特色，内部控制与外部监管相结合，各项监管制度不断完善，监管内容、监管模式和监管对象逐步明确，信息化监管手段渐次铺开的全方位一体化动态监管体系。

（一）协调监管力量，构建长效机制

（1）高度重视监管专业人才队伍建设。以盘活现有监管人才为基础，以培养、吸引专业监管人才为补充，分3批组织监管人员到高校参加监管工作培训，历次现场检查工作均聘请会计师事务所专业人员进行专项辅导，有计划选派监管人员赴国内兄弟单位调研、交流；请示区编委办酌情增强监管力量，吸引各大高校金融学院、法学院在校学生参与监管执法辅助工作，育引结合，汇聚人才。

（2）加快推进小贷行业自律组织建设。通过公助民办方式，积极开展与广州民间金融商会的互动交流工作，助力广州民间金融商会建立行规行约磋商和评议机制，促使成员自我管理、自我约束和自我净化的功能明显增强，承接政府职能转移和参与社会管理的作用明显加大，诚信、自律水平明显提高。目前已基本建立起法制健全、规范有序、分类指导、监督有力的行业自律体系。

（3）重点扶持科研机构开展研究工作。支持广州民间金融研究院承办民间金融领域的科研和培训工作；借助研究院汇聚民间金融专家学者的平台优势，合作开展10多项专项课题研究，组织辖内各小贷公司共计154名学员参加小贷业务培训班。既强化了监管人才队伍建设，又提高了小贷公司内部监管能力，联动机制初显成效。

（4）大力支持司法力量参与金融执法。开展与广州金融仲裁院、越秀区人民法院金融审判庭的沟通交流活动，动态监控小贷公司放款情况；借助小贷公司重大事项报备制度，及时跟进不良贷款处理进度，引导小贷公司借助专业化审判力量，建立起有效沟通和经营风险反馈机制，健全民间金融法律维权机制，促进小贷公司及时查堵漏洞、防范风险，为进一步打造公平、安全、高效的民间金融发展环境提供司法保障。

（5）积极配合公安机关维护治安秩序。配合辖区警务室开展治安管理工作，于2014年8月联

合区公安分局、广州民间金融街管理公司走访辖内各小贷公司，检查小贷公司的金库建设、安全监控设备布置、红外警报系统安装等情况，力争实现全天候、多功能科技防范网络体系，提高监控的效率和效果，维护辖内治安秩序。

（6）着力推进公众参与监管执法工作。督促辖内开业的小贷公司在营业场所显著位置悬挂营业执照、税务登记证和市、区金融办监督举报电话牌，安排监管人员专门负责接听、处理小贷公司监督举报内容；持续关注新闻媒体宣传报道内容，与广州日报、羊城晚报、新快报等本地媒体单位建立合作机制，加强对外宣传报道管理。

（二）落实监管制度，提高监管水平

（1）梳理现有监管法律法规。一是整理完成《小额贷款公司政策法规汇编》，共收录各级法律、行政法规、地方性法律、部门规章等73个规范性文件，方便监管人员学习掌握监管规范；二是编制完成《广州民间金融街小额贷款公司监管手册》，落实各项监管制度，为加快推进监管体系建设指明具体路径。

（2）加快制定监管工作细则。一是制定《广州民间金融街小额贷款公司申报指南》《广州民间金融街服务指南》，细化申报程序，方便辖内小贷公司理解、操作；二是制定《越秀区小额贷款公司主监管员制度（试行）》和《越秀区小额贷款公司监管工作联席会议制度》，细化监管措施和手段；三是拟订《越秀区小额贷款公司风险性突发事件处理预案》，加快建立动态跟踪、上下联动、渠道畅通、反应迅速的金融风险预防机制。

（三）细化监管内容，避免监管套利

（1）做好初审工作。承担辖内各小贷公司的设立、变更、终止等事项的初审工作，对相关申报材料的真实性、完整性、合法性提出初审意见，指导、帮助小贷公司筹建及开业；对小贷公司设立之后的增资扩股，变更股东、高级管理人员，跨区域设立分支机构等变更事项，提出初步审核意见；对小贷公司解散、破产等的终止申请材料进行审核。

（2）重视非现场检查工作。依托广东省小额贷款公司非现场监管系统和广州民间金融街风险监测系统，对小贷公司的经营情况实行持续、动态监控，及时处理风险预警；形成以日常监管报告与月度数据报表为载体的小贷公司日常监管信息传递机制，进一步畅通信息传递渠道；配合中国人民银行广州分行、省金融办开展信用评级试点工作；以小贷公司合规状况为基础，参考市场竞争力、风险管理能力等指标，综合评定小贷公司类别，实施分类监管。

（3）开展现场检查工作。定期、不定期开展全面检查和专项检查工作，每半年组织1次针对辖内各小贷公司的全面检查工作，目前已形成工作机制，共计实施全面检查8批次；针对非现场检查过程中发现的小贷公司存在的违法违规行为，及时启动专项检查工作，集中审查小贷公司信贷资产质量指标，切实防范风险积聚。

（4）强化风险处置工作。收集、传报小贷公司日常监管信息，对可能发生风险的预警信息进行全面评估和研判。依风险严重程度，分别采取提出建议、风险提示和要求整改等措施；发生严重风险的，督促小贷公司按要求开展整改工作并及时提交整改报告。研究制定风险性突发事件处理预案，一旦发生风险性突发事件，及时启动应急预案。

（四）明确模式对象，提升监管效能

实行政府监管和行业自律相结合的监管模式。在政府监管方面，明确区金融办作为小贷公司业

务主管部门职责的同时，初步建成民间金融监管协同机制，多方联动防风险，全区监管一盘棋。同时，树立科学监管理念，严格履行法定职责，重点开展对辖内已成立或拟成立的小贷公司的监管工作，始终坚持寓监管于服务，以服务促监管，厘清监管对象，实行分类监管，逐步完善小贷公司监管体系。

（五）善用信息工具，强化日常监管

加快推进日常监管信息平台建设，利用信息化工具开展监管工作，实现持续、动态非现场监管。一方面，充分利用现有的广东省小额贷款公司非现场监管系统、广州民间金融街风险监测系统开展非现场检查工作；另一方面，酝酿广州民间金融街风险监测系统升级改造工作，初步制订功能软件综合解决方案，委托专业公司开发广州民间金融街小贷公司业务管理系统，该系统历经数次修改、完善，目前已进入最终测试阶段。

二、当前工作面临的困难及存在的主要问题

经过5年多快速发展，小贷公司监管体系已初步建成，但进一步推进、完善监管体系时依然面临一些亟待解决的问题。

（一）监管制度不完善

当前小贷公司监管制度的主要特点是内部控制规范多，外部监管规范少，立法层级普遍偏低，甚至很多监管工作无法可依，比如小贷公司的退出机制不明确，监管工作联席会议制度尚未建立等。作为基层监管部门，只能组织力量制定一些实施细则和内部指引，其他有关监管权限、监管协调、监管边界等问题均处于待定状态，现行制度规范依据与监管执法工作实际不匹配。

（二）协调机制不健全

辖内小贷公司的监管现状是区金融办为小贷公司的业务主管部门，承担小贷公司设立、变更、终止的初审工作，开展小贷公司日常管理、业务指导、督促检查和风险处置等工作；工商分局负责小贷公司的设立登记、名称审核等工作；公安司法机关负责小贷公司违法犯罪行为的查处工作；中国人民银行广州分行负责小贷公司的利率、资金流向的跟踪监测工作。实际操作中容易出现监管真空与职能重叠现象，在监管的时效性、可操作性、协调性等方面存在一些问题，急需建立联席会议制度，加强执法协调，提升监管效能。

（三）机构人员不完备

区金融办与广州民间金融街管理委员会合署办公，目前仅内设综合科，无专门监管科室从事监管工作。现有的3名兼职监管人员（其中1名为行政编制，2名为事业编制）除完成自身工作任务外，还需负责辖内43家小贷公司的监管与服务工作。随着金融街三期建设的推进，未来辖内将吸引更多的小贷公司，监管工作面临点多、面广、人少、任务重的困难，一旦小贷公司有意利用政策法规漏洞规避监管，将极大增加监管工作难度，遗留风险隐患。

三、加快推进小贷公司监管体系建设的工作思路

下一步，区金融办将直面问题，攻坚克难，力争通过几年建设，率先建立起符合科学发展要求的、与市场经济取向和广州区域金融中心城市建设相适应的，集内部控制、外部监管为一体的，涵

盖监管目标、原则、主体、对象、工具、制度等要素的全方位一体化动态监管体系。

（一）落实主管部门监管职责，创建法治化营商环境

综合平衡、科学配置监管力量，扎实推进非现场检查和现场检查工作，严格市场准入门槛，建立动态监测系统，关注各项指标变化，灵活运用全面检查和专项检查工作手段，创新升级信息化监管工具，借助广州民间金融商会、广州民间金融研究院、广州立根再贷款公司的力量建立小贷公司风险联动机制，及时研究、通报企业风险状况，严禁出现非法吸收存款、非法集资、账外经营、暴力催收等问题，确保小贷公司合法经营。

（二）建立联席委员会工作机制，探索协调监管新模式

针对国内部分地区民间金融机构风险不断暴露的情形，结合辖内实际，拟探索成立越秀区民间金融风险防范联席委员会（简称“联席委员会”），联席委员会风险防范工作对象涵盖小贷公司、互联网金融公司、投资中介公司等民间金融机构，成员包括但不限于区法制办、区委维稳办、区信访局、区发改局、区经贸局、区财政局、区司法局、区审计局、区法院、广州民间金融街管委会（区金融办）、区公安分局、区工商分局、区工商联、区国税局、区地税局等单位。同时，建议区公安分局在广州民间金融街内设立区公安分局广州民间金融街经侦中队。通过联席委员会制度建设，逐步形成动态跟踪、上下联动、渠道畅通、反应迅速的协调监管新模式。

（三）加强监管法律法规建设，促进行业规范化发展

在梳理现有法律法规的基础上，进一步推进《越秀区小额贷款公司主监管员制度》《越秀区小额贷款公司监管工作联席会议制度（试行）》等的落实工作，继续深入研究小贷公司信用评级制度、分类监管制度、市场退出机制等一系列重大理论和实践问题，不断完善小贷公司档案管理规范，推动贷款资产和贷款资产收益权转让工作。到 2016 年，基本建成与省、市法律体系相配套，体现民间金融街特色的小贷公司监管法规制度体系。

（四）推进监管人才队伍建设，开创监管工作新局面

积极推进监管人才队伍建设。一方面，上级部门应充分考虑金融街监管工作现状，支持区金融办增设监管科室，配备专职监管人员；另一方面，充分利用广州市大力引进高层次金融创新人才项目战略机遇，通过公开招聘、竞聘择优等机制和手段加强监管人才队伍建设，力争培养和造就一支规模适当、结构优化、布局合理、素质优良的小贷公司监管人才队伍，盘活人力资源存量，用好人力资源增量，为提升监管工作质量提供智力保障。

（五）依托动态长效监管手段，提升信息化监管效能

更新升级广州民间金融街风险监测系统，加快推进小贷公司业务管理平台建设，力争监管层级空间布局不断优化，基础平台建设取得重大突破，科技创新实力全面提升。到 2014 年末，由区金融办牵头开发的小贷公司业务管理系统全线铺开，实现业务管理系统无缝对接现有广东省小额贷款公司非现场监管系统、广州民间金融街风险监测系统的目标，推动各信息平台达到行业内先进水平。

（六）深化信用评级试点工作，改善类金融生态环境

根据信用评级试点工作要求，一是积极推动辖内小贷公司主动申请、踊跃参与信用评级工作，力求加强信贷窗口指导，拓宽小贷公司融资渠道，逐步建立小贷公司发展的正向激励机制；二是针

对信用评级报告提出的风险关注点，制定分类整改意见，推动小贷公司不断强化自律意识、完善内部管理制度；三是实施分类监管，根据信用评级结果将小贷公司分门别类，实施宽严不同的管理措施。改善类金融（民间金融）生态环境，推进监管工作更好、更快发展。

长期以来，作为广东省、广州市金融业发展的重点工程、广州市十大产业项目之一，各级政府和领导高度重视广州民间金融街的建设、发展，多位越秀区领导更是亲力亲为，数次来金融街调研、指导工作，有力支持和推进了辖内金融监管和风险防范工作。今后，区金融办将进一步深入贯彻落实各级领导指示，加快推进小贷公司监管工作，健全促进宏观经济稳定、支持实体经济发展的现代小贷公司金融监管体系。

作者：张晓慧，任职于广州市越秀区金融工作局。(2014 年)

放开民间金融源头活水

——广州民间金融街服务民营经济和小微企业的启示

金融是经济的血脉，为实体经济服务是金融的天职，也是金融的宗旨。那么，怎样才能把金融这头异常活跃的“经济巨兽”圈回到实体经济的围栏之内呢？广州民间金融街的思路是，通过发展金融产品创新，使市场参与各方提高交易效率，降低交易成本和交易风险，优化资源配置功能。金融街汇聚了一大批民间金融企业，设计出一系列金融创新产品，在满足自身收益回报的同时，也缓解了当下的民间融资难问题，一举双赢。

依托场景的消费金融产品：以客户需求为导向，增加产品功能，既让客户以更低的成本获得资金，也使金融机构实现更大的利润追求，针对小微企业及个人不同的资金需求开发出新的金融产品。

广州复星云通小额贷款有限公司就是一家致力于打造覆盖广泛的场景化小企业融资渠道、个人消费金融服务的民间金融机构。2018 年，复星云通小额贷款公司在普惠金融产品创新上取得了显著突破，陆续推出了服务小企业的平台贷、星商贷和服务消费者的星云贷、星通贷。星云贷，贷款金额一般在 2 万～30 万元，以贷款人的房供、车供、保单为依据，主要针对有征信记录、有结构化资产数据的客户群体，是基于场景数据的分期贷款。星通贷，贷款金额在 2 万～50 万元，以借款方的电商订单、发票税金、物流信息为主要依据，面向有征信记录、有结构化经营数据的客户群体，是针对小微企业（或小微企业主）的流动资金贷款。

广州海圆小额贷款有限公司以振兴我国农业经济为己任，立足“三农”，依托股东海大集团积累的客户资源，为其上下游海产养殖户、饲料经销商等中小企业提供小额贷款服务。海圆小额贷款有限公司针对养猪户、鸡鸭养殖户、鱼虾养殖户分别设计了猪乐贷、蛋禽贷、鸭乐贷、鸡乐贷、鱼虾乐贷等多类农户小微贷产品，平均贷款金额在 5 万～30 万元，平均年利率为 10%～13%，期限为 2～12 个月。农户贷业务为农户购入养殖饲料提供金融服务，其审批快、利率低，能解决农户的资金周转问题，为其脱贫致富提供信贷保障。

依托母公司发展的供应链金融产品，金融产品植入供应链现实场景，可以提供增值服务和体验，同时可以降低产品风险发生的可能性。在国内信用体系建设尚未健全的情况下，只有将金融融入各类生产场景中，与真实交易结合进而促进消费，才能让供应链金融服务更加安全。

拉卡拉小额贷款公司推出的“商户贷”是供应链金融的一种。该产品于 2016 年 5 月推出，以小微商户在拉卡拉支付公司的月度交易流水情况为主要授信依据，以拉卡拉支付公司为商户提供服务的 App 以及智能 POS 机为媒介，向小微商户提供用于经营的信用贷款。该产品为小微商户群体提供 3～12 个月的中短期经营类的贷款产品，满足小微商户经营性资金需求，目前放贷总额34. 73 亿元，发放笔数合计 110243 笔，满足了大量小微商户经营性贷款需求。

广州市金诺小额贷款公司依托中国建筑装饰百强企业、行业内第一家上市公司——金螳螂集团的家装市场资源，以室内装饰客户群为主体，融设计、幕墙、家具、景观、艺术品、机电设备安装、城市智能、家装电商等中小企业及商户于一体，深耕家装消费金融市场。“一贷通”直击产业链上下游中小企业融资难、流程长、利率高的痛点，是领先的“供应链＋金融＋互联网”标杆产品，通过大数据、互联网等技术进行信用评估和风险管理，为核心企业上下游供应链提供量身定制、灵活便捷的金融服务，重塑多方共赢的供应链金融生态圈，已为200多家中小企业提供供应链金融服务，有效解决了上下游中小企业融资难、融资贵的问题。

近期，全国各地发生多起P2P平台违规事件，受害人达百万之众。这么多的平台垮掉，这么多的个人受害，问题出在哪里？怎样加强监管？

广州是全国防范、化解金融风险做得最早、最好的城市之一，早在2017年年中，就建立了全国地方政府中第一家金融风险监测防控中心。这套包括8个子系统的“金鹰系统”，利用人工智能、互联网、大数据、区块链等科技手段，实现了360度无死角的金融风险防控。

地方金融监管体系的主要作用体现在四个方面：一是具体细化实施中央监管政策；二是补充完善监管政策的空缺；三是试验创新、积累经验；四是发挥特殊调节作用，自主解决地方问题。根据这些，广州民间金融街把地方监管体系的作用定位为“补充完善”和“试验创新”。目前，越秀区已经初步搭建起“准入、制度、标准、技术、指数”五位一体的风险防控体系，这是为广州民间金融街发展保驾护航的堡垒。

准入：严把市场准入门槛。为保证入驻金融街内的民间金融机构持续、健康发展，广州民间金融街在建设过程中严格考核主发起企业持续注资、抗风险、大数据挖掘、业务整合和技术研发等综合能力，制定了系列准入标准，筛选出一批如广发证券、新大陆、广联达、唯品会等以上市公司为背景设立的地方性金融机构。“准入关”的严格把控，有效隔离了大部分潜在风险，为稳定发展夯实了基础。

制度：完善监管制度体系。整合国内知名学府的金融学专家、教授和一线监管干部，认真分析和借鉴国内外地方性金融机构经营管理和风险监管的做法和经验，研究制定民间金融风险应急预案、小额贷款监管办法、主监管员制度等近10项监管规范性文件，构建起事前防范、事中监管、事后处置的一整套完善的风险管理机制。

标准：开创民间金融建标先河。在全国范围内率先开展民间金融标准化工作，研究编制了《小额贷款公司监管手册》，规范监管工作流程，明确操作细则，促进监管标准化、规范化，得到主管部门的认可，并已推广至全省范围内使用；首创民间金融风险防范标准，成功发布国家标准《民间金融资产评价指标分类》1项，省地方标准《互联网小额贷款公司监管信息管理标准》《互联网小额贷款公司运营信息管理规范》2项，为全国民间金融风险防范提供示范引领。

技术：探索“互联网＋”监管模式。自主研发了非现场监管系统，实现了与各入驻企业业务系统的数据对接，增加了数据可视化演示、基础数据的信息化管理和业务数据的深层挖掘等内容；围绕“严控资金来源”和“严管高管准入”两项原则，建立起负债端分析、银行账户监控以及高管人才信息库管理；通过非现场监管体系采集的企业经营数据和基础数据，有效挖掘出隐藏在海量数据中的经营规律与风险变化趋势，以大数据、云计算、人工智能等科技手段，提供全面、精准的数据和分析，从而对金融行为进行实时监控，实现风险早识别、早预警、早发现、早处置；进一步优化民间金融监管模式，提升民间金融监管效率，降低机构合规成本。

指数：降低民间融资风险和成本。广州民间金融街建设之初，就致力于民间金融的改革创新，率先研究发布了我国第一个民间融资价格指数——“广州价格”，为借贷双方提供价格参考，引导民间融资合法化、规范化、阳光化。民间融资价格指数的发布，将民间融资由地下引到地上，整体降低了民间融资利率，使得融资价格在合法、合理的范围内浮动，“破冰”民间金融价格不透明的难题，推动民间融资成本下降超过50%，大幅减轻了中小微企业的融资成本，提高了中小微企业的融资能力。

经过几年努力，广州民间金融街已发展成“立足广州、辐射珠三角、影响全国”的民间资本集散地、民间金融研发中心、民间金融创新中心和民间融资价格风向标。未来，金融街将践行高质量发展路径，提高民间金融发展平衡性和协调性，扩大金融街品牌示范区影响力，保持规模扩大和质量提升继续走在全国前列，着力将民间金融街建设成实体经济、科技创新、现代金融、人力资源协同发展的产业园区。同时，打好防范、化解重大风险攻坚战，加强金融风险防范，打造金融安全运行区，努力争当全国民间金融改革的“试验田”、创新的“先行者”。

本文2018年11月14日发表于《中国改革报》(内容有删减)。记者：赵庆国、周福红、黄昊、谭永禧。通讯员：吴煜晖、唐红军、孙晓娟。(2018年)

第三篇 民间金融政策法规

民间金融对企业融资渠道的拓展、金融体系效率的提升、资源的合理配置乃至国家经济的快速发展，都起着重要的推动作用。与此同时，民间金融存在的政策法规不完善、标准缺失等问题，严重影响民间金融的发展。因此，有必要开展民间金融政策法规研究，建立民间金融行业的标准体系，以促进民间金融的健康发展。

本篇共包括4篇研究报告和1篇研究论文。研究成果中，《“十三五”时期广州民间融资立法问题研究》分析了广州民间融资立法难点；《民间金融标准体系研究》制定的民间金融标准体系表，填补了民间金融领域标准体系的空白，为进一步开展民间金融标准研究与制定奠定了基础。1篇研究论文对民间融资法律监管进行了探讨，并提出了相关对策建议。我们期待更多学者继续深入研究，共同为完善民间金融政策法规，推动民间金融标准研究与制定及标准化工作，促进民间金融发展作出更大的贡献。

“十三五”时期广州民间融资立法问题研究

第一章　国家层面民间融资立法存在的问题

一、民间融资的定义、形式与意义

民间融资，一般公认的定义是在政府批准并进行监管的金融活动（正规金融）之外所存在的游离于现行制度法规边缘的金融行为。民间融资又被称为“非正规金融”（informal finance）。

民间融资的形式主要包括民间借贷、集资、民间票据贴现等多种方式，从组织形式上看，包括小额贷款公司、典当行、担保公司、私募股权基金、合会、P2P 网络借贷公司等。

民间融资的形式便捷、灵活，在一定程度上满足了部分小额信贷的需求，在提高了社会闲散资金利用率的同时，也为中小企业开辟了一条新的融资渠道。民间融资是正规金融的必要补充，向金融体系内注入了外部竞争因素。因此，民间融资对于融资渠道的拓展、金融体系效率的提升、资源的合理配置乃至国家经济的快速发展都有着重要的推动作用。①

但是民间金融在发展过程中存在无序发展、欺诈、投机混杂、筹资者“跑路”、庞氏骗局等问题，危及了社会稳定，侵害了投资者的利益。因此，如何因势利导，堵疏结合，规范发展民间金融，成了摆在政策制定者面前的一道亟须解决的重要课题。

二、民间融资发展的法律障碍与存在的问题

（一）落后的规章尚未被废止

尽管《最高人民法院关于审理民间借贷案件适用法律若干问题的规定》（法释〔2015〕18 号）对民间融资的主体资格进行了大范围突破，如：

第十一条　法人之间、其他组织之间以及它们相互之间为生产、经营需要订立的民间借贷合同，除存在合同法第五十二条、本规定第十四条规定的情形外，当事人主张民间借贷合同有效的，人民法院应予支持。

第十二条　法人或者其他组织在本单位内部通过借款形式向职工筹集资金，用于本单位生产、经营，且不存在合同法第五十二条、本规定第十四条规定的情形，当事人主张民间借贷合同有效的，人民法院应予支持。

第十三条　借款人或者出借人的借贷行为涉嫌犯罪，或者已经生效的判决认定构成犯罪，当事

① 吴晓灵：《中国金融消费者保护报告 2014》，上海三联书店，2014 年，第 7 页。

人提起民事诉讼的，民间借贷合同并不当然无效。人民法院应当根据合同法第五十二条、本规定第十四条之规定，认定民间借贷合同的效力。担保人以借款人或者出借人的借贷行为涉嫌犯罪或者已经生效的判决认定构成犯罪为由，主张不承担民事责任的，人民法院应当依据民间借贷合同与担保合同的效力、当事人的过错程度，依法确定担保人的民事责任。

（二）对民间借贷利率的规定仍存在诸多问题

《最高人民法院关于审理民间借贷案件适用法律若干问题的规定》（法释〔2015〕18 号）大胆创新，重要突破了民间借贷利率的“四倍红线”，并确立了如下“两线三区”的复合性规则。

第一区，年利率未超过 24% 的，为法定之债，可申请法院强制执行。

第二区，年利率超过 24%，但不超过 36% 的，为自然债务，拥有债权保持力，但无强制执行力。详言之，借贷双方约定的年利率超过 24% 但不超过 36% 的，并非无效，当出借人请求给付时，借款人可以拒绝给付，出借人不得通过公权机关强制借款人履行。假如借款人已经给付且出借人受领了，法院亦不得认定为不当得利要求出借人返还。

第三区，年利率超过 36% 的，超过部分的利息约定无效，借款人可请求出借人返还已支付的超过年利率 36% 部分的利息。①

这一规定尽管进步很大，但也存在着以下问题：

其一，“自然债务”的意义不大。对于年利率超过 24% 但不超过 36% 的利息部分，新的司法解释规定为自然债务，这似乎是一大突破，其实实际意义不大。“自然债务”意味着当出借人请求给付时，借款人可以拒绝给付，出借人不得通过公权机关强制借款人履行，而只能自力救济。这要么导致出借人在放款时想方设法进行规避，以确保该部分“自然债务”的实现，甚至还会借助于所谓的“黑社会”或“灰色手段”；要么没有实际意义，所谓的“两线三区”实际上还是“一线两区”。由于 24% 的年利率相当于“四倍红线”，因此，可以认为，“四倍红线”仍未被突破。

其二，“两线三区”看似进步，但对出借人来讲也可能意味着境况更差，对借款人也未必是好事。根据 1991 年《最高人民法院关于人民法院审理借贷案件的若干意见》［法（民）发〔1991〕21 号］第六条的规定，“民间借贷的利率可以适当高于银行的利率，各地人民法院可根据本地区的实际情况具体掌握，但最高不得超过银行同类贷款利率的四倍（包含利率本数）。超出此限度的，超出部分的利息不予保护”。这一规定在现实中被解读为，4 倍以上部分的利息是“自然债务”，债务人已经给付的，不得要求返还。但是，根据最新的司法解释，年利率超过 36% 的部分利息，为“非法债务”，借款人已经给付的，可请求出借人返还。

其三，长短期借款“一刀切”。即未区分长期借贷与临时性资金周转，一律采用相同的司法政策。之所以如此，是因为政策制定者担心，如对短期利率单独设置更高的利率上限，则易于产生潜在的多重困境——长短期借贷难以区分、法律规避行为难以化解、短期利率难以设定、长短期借贷利率可能倒挂等。② 长短期借款一刀切的利率政策，有着易于执行的优势，但也存在漠视正常的对临时资金周转的市场需求的问题。再加上前述之年利率超过 36% 的部分利息，借款人已经给付的，可请求出借人返还，可能将导致年利率超过 36% 的短期借贷无生存空间。在“自然债务”时，短

① 王林清：《民间借贷利率的法律规制：比较与借鉴》，《比较法研究》，2015 年第 4 期，第 185 – 200 页。

② 王林清：《民间借贷利率的法律规制：比较与借鉴》，《比较法研究》，2015 年第 4 期，第 185 – 200 页。

期资金周转需求者尚有资金可求，而如今在“非法债务”阶段，法律消灭了市场，利率管制使短期资金周转需求者再无资金可觅，丧失了获得贷款的机会。

（三）民间融资犯罪的刑事入罪门槛较低

我国民商事法律对待民间融资的态度是堵截大于疏导、防范大于治理、猜忌大于信任。从现行刑法规定和司法实务情况来看，对民间融资中的借款行为是以非法集资类罪名来规制，对出借资金行为则以非法经营罪、高利转贷罪进行规制。严格的刑罚制度监管同时带来另一个问题，就是非法集资类的刑事案件数居高不下。

由于非法民间融资的刑事入罪门槛较低，行政处罚也较少严格执行，而是直接适用非法集资类的刑事罪名，非法民间融资活动很容易触及刑事法律的红线。处理民间融资，关键在于处理好刑民交叉案件，应当改变传统思维，并遵循“先民后刑”的原则，克制刑法随意介入的冲动。

（四）未对非法集资的“口袋罪”作出突破

中国作为发展中国家，金融抑制现象较为普遍，如长期的利率管制、非金融企业间借贷的明令禁止、外资金融机构的严格准入等，对于金融业务采取特许制度。凡是未经金融监管部门批准的融资行为都有可能纳入非法金融业务活动的范围，成为法律制裁的对象，因此造就了多个“孙大午”案，对应刑罚也相当严苛。在2011年最高人民法院《关于审理非法集资刑事案件具体应用法律若干问题的解释》实施前，司法实践中很少区分企业为了正常的生产经营进行的民间融资与非法集资，一般企业的民间融资均被定性为非法集资。[①] 在金融管制的背景下，这种“一刀切”的做法很难适应社会的发展。将一般的民间借贷归入非法集资的范围之内，不利于金融市场的健康发展。《最高人民法院关于审理民间借贷案件适用法律若干问题的规定》（法释〔2015〕18号）仅规定了民事问题，未对正常的民间借贷与非法集资做出清晰的区分。

在对民间融资越来越宽松的整体环境下，无论理论界还是实务界都在思考民间融资违法与犯罪的边界，并进行了有益的实践。例如，浙江省高级人民法院、浙江省人民检察院、浙江省公安厅发布的《关于当前办理集资类刑事案件适用法律若干问题的会议纪要》（浙高法〔2008〕352号）规定，“为生产经营所需，以承诺还本分红或者付息的方法，向相对固定的人员（一定范围内的人员如职工、亲友等）筹集资金，主要用于合法的生产经营活动，因经营亏损或者资金周转困难而未能及时兑付本息引发纠纷的，应当作为民间借贷纠纷处理”。

（五）欠缺放贷人条例，法律规制体系不完整

《最高人民法院关于审理民间借贷案件适用法律若干问题的规定》（法释〔2015〕18号）关于企业间借贷的效力方面有重大突破。最高人民法院经研究认为，对于企业之间的民间借贷应当给予有条件的认可。本司法解释为此规定：企业为了生产经营的需要而相互拆借资金，司法应当予以保护。当然，解禁并非完全放开。最高人民法院在新闻发布会上表示，正常的企业间借贷一般是为解决资金困难或生产急需偶然为之，但不能以此为常态、常业。作为生产经营型企业，如果以经常放贷为主要业务，或者以此作为其主要收入来源，则有可能导致该企业的性质发生变异——质变为未经金融监管部门批准从事专门放贷业务的金融机构。生产经营型企业从事经常性放贷业务，必然严

---

① 汪丽丽：《债权类民间融资演化为犯罪的制度动因及其防范》，《法学论坛》，2012年第3期，第112－119页。

重扰乱金融秩序，造成金融监管紊乱。这种行为客观上损害了社会公共利益，必须从效力上作出否定性评价。但是，通读该司法解释，除了第十四条“违背社会公序良俗”该兜底线条款外，并未见对以经常放贷为主要业务的非金融机构企业放贷合同的否定性评价条文。而以第十四条的“违背社会公序良俗”为由否定经常性放贷委实牵强。因为是否允许其经常性放贷属于经济秩序的问题而非社会秩序的问题。换言之，最新司法解释放得太宽了。最高法院在开禁的同时想收条口子，但由于没有相应的立法权，只能作罢。这个口子其实只能由立法机关或行政机关来收，即有必要出台专门的放贷人条例。

第二章　我国各地民间融资立法探索及其创新

一、鄂尔多斯地区

（一）地方立法探索

鄂尔多斯市人民政府2012年第6次常务会议于6月5日讨论通过并发布了《鄂尔多斯市规范民间借贷暂行办法》（简称《暂行办法》），这是金融改革启动以来，国内出台的首部系统规范民间借贷的规范性文件。

《暂行办法》共计八章三十八条，主要包含制定这一暂行办法的目的宗旨、适用范围、民间借贷的界定、行业主管和监督机关、民间借贷的主体资格、民间借贷双方的权利义务、民间借贷应当遵循的基本原则、民间借贷合同的形式与登记、民间借贷中介服务、民间借贷登记服务中心、民间借贷纠纷处理等内容。

民间借贷是鄂尔多斯地方金融的重要组成部分，据有关机构估计，鄂尔多斯民间借贷资本规模达2000亿元。鄂尔多斯民间借贷形式一般包含个人、组织、小额贷款机构、企业间的拆借、典当行等多种形式，各类组织加在一起约有上千家。2011年以来，部分民间借贷主体缺乏管理能力和风险意识导致资金链断裂，造成社会对鄂尔多斯民间借贷的极大疑虑，地方金融活力减退，使得鄂尔多斯的经济发展受到较大制约，《暂行办法》便是在这个背景下出台的，当地政府希望能借此规范民间金融的发展，帮助地方金融打破困境，恢复活力，促进经济社会全面健康发展。

（二）亮点措施

1．设立企业化运营的民间借贷信息网络平台

《暂行办法》第五条规定：“市人民政府引导和规范民间借贷有关中介服务组织和个人，在自然人、企业以及其他组织之间开展民间借贷中介服务，引导资金供需双方对接，提高民间资本效率。市人民政府鼓励和支持设立企业化运营的民间借贷信息网络平台，创建民间借贷登记服务中心，探索通过信息技术和金融创新推动实现民间借贷市场阳光化、规范化和专业化发展。”

鄂尔多斯民间借贷服务中心于2012年11月18日开业并运营。该中心是在工商部门登记注册的有限责任公司，全称为“鄂尔多斯民间借贷服务中心有限公司”，注册资本500万元，是鄂尔多斯民间资本投资服务中心的子公司，而鄂尔多斯民间资本投资服务中心是一家有一定政府背景的一般

企业法人，其中地方国有投资公司参股约 30%。民间借贷服务中心的主要职能和服务项目有收集和发布借贷供求的各类信息；建立信用信息数据库；发布本市不同时期的民间借贷指导性利率；邀请银行、小额贷款、担保、典当、公证、法务、评估、支付结算等组织机构入驻中心，根据借贷当事人意愿，提供“一站式”服务，为民间借贷提供完备的法律服务；为借贷当事人提供规范借贷合同文本、合同公证、交易支付结算和登记备案服务；建立健全保密制度，依法保护借贷双方的商业秘密和个人隐私，确保各类信息的安全。目前在该中心进行的信息登记、借贷成交暂不收费，但由进驻该中心的法律援助中心、公证处、律师事务所、会计师事务所、担保公司等机构提供的公证、法务、评估、支付结算等服务按各自的标准进行收费。

2. 民间借贷的登记与备案

《暂行办法》第十条规定：“民间借贷交易应当采用专门针对民间借贷所制定的规范借贷合同文本。借贷合同应载明借贷双方真实姓名或名称（法人单位附企业营业执照复印件、法定代表人证明、个人身份证复印件）、借款金额、借款利率、借款用途、借款期限、还款方式、担保方式和约定纠纷处理方式等事项。民间借贷达成交易之后，借贷双方应提供合同文本及摘要，到民间借贷登记服务中心备案。”

该办法的起草人中央财经大学法学院黄震教授介绍，为了使民间借贷可测可控，《暂行办法》要求，合同一旦签订并履行，放贷人应到所在旗（区）民间借贷登记服务机构进行登记和民间借贷合同备案。为此创设民间借贷中介服务，运用先进的信息技术，建立安全、高效、诚信的民间借贷网络平台，消除民间借贷中存在的信息不透明、不对称，不便于跟踪监测等弊端，规范民间借贷行为，保障借贷双方当事人的权益。

3. 创新纠纷预防与解决机制

《暂行办法》第六章对纠纷处理进行了专章规定，主要内容如下。

（1）调解。民间借贷纠纷发生后，借贷双方应友好协商争取达成和解，和解不成可以在第三方主持调解下协商解决纠纷。

（2）自律管理与接受投诉。由民间借贷登记服务中心发起成立鄂尔多斯市民间借贷协会，积极发挥行业协会的自律作用，加强民间借贷当事人金融知识和风险教育，配合人民调解机构调解投诉问题。

（3）仲裁。借贷合同中如有仲裁条款，可以申请仲裁解决。鄂尔多斯市仲裁委员会在审理民间借贷案件时，要发挥“高效便民、一裁终局”的特点，及时审结案件，并对缴纳仲裁费有困难的当事人加大“缓、减、免”的力度。

（4）成立民间借贷风险基金。由民间借贷协会发起、在民间借贷登记服务中心登记的民间借贷市场主体共同出资成立民间借贷风险基金，建立民间借贷风险处置机制和行业自救机制。

（5）市人民政府制定民间借贷风险防范和处置预案，加强风险监测、预警和处置工作。对可能出现的民间借贷纠纷进行全面摸排，提前制定处置预案，坚决防止出现因处理不当而损害群众的利益，引发群体性事件。对排查出的非法集资、非法吸收公众存款等违法案件或潜在的风险隐患，应立即按照预案采取措施，及时依法处置。

（6）提倡法院调解。《暂行办法》规定，人民法院按照国家法律和有关司法解释审理民间借贷纠纷案件，要深入贯彻“调解优先、调判结合”的工作原则。对于涉及众多放贷人或者借款人的案件、放贷人与借款人之间情绪严重对立的案件以及判决后难以执行的案件等，要先行调解，重点调解、努力促成当事人和解。人民法院应妥善审理与民间借贷有关的金融案件，优先受理经登记备案的借贷当事人起诉案件，依法认定民间借贷合同的效力，保护合法的民间借贷法律关系，遏制民间融资中的高利贷化和投机化倾向。

（三）缺陷与不足

1. 没有厘清合法与非法民间金融的边界

《暂行办法》仅仅是在现有法律框架内对有关法律条文的进一步梳理和综合，就连起草人之一的中央财经大学教授黄震也认为其并没有太多内容的创新。因此在固有的如何区别非法集资、非法吸收公众存款与正常的民间融资的问题上，仍然缺乏有效甄别的边界。2011 年最高法院司法解释明确了非法集资的非法性、公开性、利诱性和社会性四大特征。但何为向社会不特定人群公开宣传熟人与熟人间的蛛网扩展和传播，孰罪与非罪依然有较大的不确定性。

2. 有关民间借贷登记备案的规定约束力不强

《暂行办法》第十条规定，民间借贷达成交易后，借贷双方应提供合同文本及摘要，到民间借贷登记服务中心备案。同时，第三十一条规定，人民法院优先受理经登记备案的借贷当事人起诉案件。但这些原则性规定的实际操作意义并不大，因为即便是未按要求进行登记备案的民间借贷纠纷，只要当事人提出诉讼请求，人民法院也应该受理。因此《暂行办法》有关民间借贷要进行登记备案的规定约束力并不强。

3. 民间借贷登记的积极性不高、成交量较小

虽然市政府为民间金融借贷双方搭建了交易服务平台，即鄂尔多斯民间借贷服务中心，但从目前来看，借贷双方的积极性还不够高，2013 年前 5 个月只成交了 3 笔，金额仅 1000 万元。究其原因，一是前述的民间借贷要进行登记备案的规定并无强制约束力。二是在当前经济、金融不太乐观的形势下，人们对民间借贷的信任危机仍然存在。三是借贷服务中心并不能真正提供一站式服务，办理抵押手续还需借贷双方到有关部门登记，而目前土地、车辆管理部门对银行业贷款业务以外的企业、个人的任何经济往来都不开办抵押登记业务，而各旗（区）房产管理部门对房产抵押登记的管理执行也不尽相同，有的也不办理个人房产抵押登记。四是出借人对抵押物保值变现关注度较高，要求抵押物在评估价值基础上的折扣较大，借款人一般不愿承受。五是出借人对利率的要求和借款人期望的利率之间有一定差距，导致匹配较难实现。出借人登记的月利率多为 2.5%，而借款人登记的月利率多为 2% 以下。

4. 民间金融监管薄弱

当前对民间金融的外部监管较为薄弱，没有明确、专门的机构对民间金融活动实施统一监管，有关部门如金融办、工商局、公安局以及中国人民银行、银监局等或多或少都有一定的监管责任，但是未能形成有效的监管合力，而且各个部门之间缺乏及时、有效的信息沟通和共享，对防范和化解由民间金融所引发的风险存在一定的滞后性。

二、温州地区

（一）地方立法探索

2012 年 3 月，国务院决定设立温州金融综合改革实验区。2012 年 3 月 28 日的国务院常务会议

确定了温州市金融综合改革的十二项主要任务。[①]

历经近两年酝酿，2013 年 11 月 22 日，浙江省第十二届人民代表大会常务委员会第六次会议通过了《温州市民间融资管理条例》（简称《条例》），这是中国第一部民间借贷的地方性法规，比《暂行办法》的立法层级高。《条例》在体例篇章上分为总则、民间融资服务、民间借贷、定向债券融资和定向集合资金、监督管理、法律责任、附则共七章四十九条，较为有效地将民间融资纳入监督的阳光之下。《条例》于 2014 年 3 月 1 日正式施行。与此同时，《温州市民间融资管理条例实施细则》（简称《实施细则》）也同步实施。

作为全国第一部对民间融资作出专门性规定的法规，也必为将来国家级、省级及其他地方立法提供参考依据和标准。[②] 并可能会倒逼全国性的立法。

（二）亮点措施

1. 明确界定了民间融资与民间借贷的关系

《条例》将民间借贷规定为民间融资的类型。除了民间借贷外，定向债券融资、定向集合资金等也是民间融资的方式。

《条例》第二条第二款规定："本条例所称的民间融资，是指自然人、非金融机构的企业法人和其他组织之间，通过民间借贷、定向债券融资、定向集合资金等方式，进行民间资金融通的活动。"

民间融资因其自身的民间性、概念模糊性的特点要求立法部门在立法的时候必须明确界定民间融资的概念。民间借贷因其手续简单、效率高、方便快捷所以大量存在于民间，而民间融资作为一种游离于金融机构之外的价值转移及以本付息为形式的融资行为，和民间借贷又不完全相同，如果对两者的概念界定不准确，很容易混淆民间融资和非法集资、非法吸收公众存款等刑事罪名的边界。《条例》对于民间融资类型的列举及分类清楚界定了民间融资和民间借贷的关系：民间借贷是民间融资的一种类型，二者是包含与被包含的关系。《条例》规定的民间融资既包括传统的民间融资（民间借贷），还包括定向债券融资、定向集合资金。也就是说定向债券融资、定向集合资金是

---

① 这十二项改革任务是：第一，规范发展民间融资。制定规范民间融资的管理办法，建立民间融资备案管理制度，建立健全民间融资监测体系。第二，加快发展新型金融组织。鼓励和支持民间资金参与地方金融机构改革，依法发起设立或参股村镇银行、贷款公司、农村资金互助社等新型金融组织。符合条件的小额贷款公司可改制为村镇银行。第三，发展专业资产管理机构。引导民间资金依法设立创业投资企业、股权投资企业及相关投资管理机构。第四，研究开展个人境外直接投资试点，探索建立规范、便捷的直接投资渠道。第五，深化地方金融机构改革。鼓励国有银行和股份制银行在符合条件的前提下设立小企业信贷专营机构。支持金融租赁公司等非银行金融机构开展业务。推进农村合作金融机构股份制改造。第六，创新发展面向小微企业和"三农"的金融产品与服务，探索建立多层次金融服务体系。鼓励温州辖区内各银行机构加大对小微企业的信贷支持。支持发展面向小微企业和"三农"的融资租赁企业。建立小微企业融资综合服务中心。第七，培育发展地方资本市场。依法合规开展非上市公司股份转让及技术、文化等产权交易。第八，积极发展各类债券产品。推动更多企业尤其是小微企业通过债券市场融资。建立健全小微企业再担保体系。第九，拓宽保险服务领域，创新发展服务于专业市场和产业集群的保险产品，鼓励和支持商业保险参与社会保障体系建设。第十，加强社会信用体系建设。推进政务诚信、商务诚信、社会诚信和司法公信建设，推动小微企业和农村信用体系建设。加强信用市场监管。第十一，完善地方金融管理体制，防止出现监管真空，防范系统性风险和区域性风险。建立金融业综合统计制度，加强监测预警。第十二，建立金融综合改革风险防范机制。清晰界定地方金融管理的职责边界，强化和落实地方政府处置金融风险和维护地方金融稳定的责任。

② 周雅静：《对〈浙江省温州民间融资管理条例〉（草案）的评析及完善建议》，《商场现代化》，2013 年第 29 期，第 130－132 页。

首次以立法形式确立的中小企业可以发行债券的融资方式，使发行债券筹资不再是“股份有限公司、国有独资公司和两个以上的国有企业或者其他两个以上的国有投资主体投资设立的有限责任公司”独有的筹资方式。在众多的法学家看来，这是《条例》的最大创新点。[①]

2. 规定大额民间借贷需要强制备案

大额民间借贷涉及数额较大，政府公权力机构在事前并不知情，等到事情发生以后则因为取证困难而较难通过法律的途径来保障借贷人的权利。在这次《条例》的制定中，增加了强制备案的规定。

《条例》第十三条规定：

“民间借贷具有下列情形之一的，借款人应当自合同签订之日起十五日内，将合同副本报送地方金融管理部门委托的民间融资行业服务机构备案：

（一）单笔借款金额三百万元以上的；

（二）累计借款金额一千万元以上的；

（三）单笔借款金额二百万元以上不满三百万元或者累计借款金额五百万元以上不满一千万元，且涉及的出借人累计三十人以上的。

按照前款规定不需要报送备案的，借款人可以自愿报送备案；借款人也可以就还款情况报送备案。”

更难能可贵的是，《条例》对于大额民间借贷备案制度做了正反两方面的设计，从而确保民间借贷登记备案的实际落实。例如规定备案材料具有证据效力、合法性依据等正向鼓励规定，这就从积极的角度鼓励出借人积极主动地向备案部门登记备案来确保自己的权益。[②] 反向约束主要有：应备案未备案的，或提供虚假信息的则由金融管理部门责令限期改正；逾期不改正的，予以公示；情节严重的，处罚款。[③] 通过规定不作为的行政处罚后果来告之融资双方违法的成本和后果，同样可以起到指引的作用。这与鄂尔多斯的法规相比前进了一步。

3. 规定设立专业的资金管理机构

为了达到规范民间借贷、有效配置资金的效果，除了备案外，《条例》还规定了设立专业的资金管理机构——民间资金管理企业、民间融资信息服务企业和民间融资行业服务机构来管理民间借贷资金，让供求双方更有保障。《实施细则》对这三类机构进行了界定。

民间资金管理企业，是指在温州市行政区域内设立，并经温州市人民政府金融工作办公室备案的，从事定向集合资金募集和管理等业务的民间资本管理有限责任公司或者股份有限公司。

民间融资信息服务企业，是指在温州市行政区域内设立，并经温州市人民政府金融工作办公室备案的，包括信贷服务中介企业（P2P）、理财信息服务企业、众筹融资服务企业等在内的非金融企业。民间融资信息服务企业主要从事资金撮合、理财产品推介等业务，但不得从事代理结算、发

---

① 李炜：《民间融资法规体系的构建与实施——以〈温州市民间融资管理条例〉为鉴》，《西南金融》，2014年第10期，第69－72页。

② 《条例》第三十条规定：“有关国家机关办理与民间融资活动相关的案件时，应当将民间融资备案、登记、报告的材料视为效力较高的证据和判断民间融资活动是否合法的重要依据。”

③ 《条例》第四十条规定：“违反本条例第十三条第一款规定，民间借贷的借款人不履行备案义务或者提供虚假备案材料的，由地方金融管理部门责令限期改正；逾期不改正的，作为未经备案的民间借贷行为予以公示；情节严重的，对个人处一万元以上五万元以下的罚款，对企业处五万元以上二十万元以下的罚款。”

行理财产品和受托理财业务。[①]

民间融资行业服务机构，是指经温州市人民政府金融工作办公室核准，在一定区域范围内提供《条例》第八条规定的民间融资相关公共服务的机构。

民间融资行业服务机构主要从事民间融资活动见证、从业人员培训、理财咨询、权益转让等服务活动。经地方金融管理部门委托，民间融资行业服务机构还可以从事下列活动：①发布民间融资综合利率指数等相关信息；②民间融资活动信息收集、统计和风险监测、评估；③建立民间融资信用档案，对民间融资的资金使用和履约情况进行跟踪分析；④受理本条例规定的民间借贷备案；⑤地方金融管理部门委托的其他事项。[②]

这三类专业资金管理机构的设立，使得从事定向集合资金募集管理的专业机构、开展融资的中介服务机构和为民间融资活动提供行业服务的机构各司其职，分工协作。

4. 发布了“温州指数”

“温州指数”，即温州民间融资综合利率指数，该指数及时反映民间金融交易活跃度和交易价格。该指数样板数据主要采集于四个方面：由温州市设立的几百家企业测报点，把各自借入的民间资本利率通过各地方金融办不记名申报收集起来；[③] 对各小额贷款公司借出的利率进行加权平均；融资性担保公司如典当行在融资过程中的利率，由温州经信委和商务局负责测报；民间借贷服务中心的实时利率。对这些利率进行加权平均，就得出了温州指数。它是温州民间融资利率的风向标。2012 年 12 月 7 日，温州指数正式对外发布。

温州指数的编制是温州金融改革的重要成果，具有民间借贷价格指示作用。温州指数若能做到实时发布、时效性强，将有利于建立健全民间融资监测体系，做好民间融资动态跟踪和风险预警。

5. 规定了民间借贷中介机构的资格准入制度

借贷中介机构在实际操作中乱象丛生，很多不具备资历的公司违反公司注册内容，超越权限从事借贷业务，或者违规、违法进行借贷业务，也有些中介机构增设种类繁多的名目收取额外担保费用或者为了追债而不择手段。许多中介机构在实践中为了追逐利润的最大化而不惜铤而走险，非常容易产生违法犯罪问题。因此对于民间借贷服务中介的市场进入应该设置高于《中华人民共和国公司法》所规定的设立条件和资质要求。

例如，《条例》第六条和第七条分别对民间资金管理企业、民间融资信息服务企业做出了以下要求：

第六条　在温州市辖区内可以设立从事定向集合资金募集和管理等业务的民间资金管理企业，其注册资本不低于五千万元，注册资本应当是实缴资本。

第七条　民间资金管理企业应当在工商行政管理部门注册登记之日起十五日内，持营业执照副本向温州市地方金融管理部门备案，并提交能够证明下列情况的材料：

（一）主要发起人具有持续盈利能力，净资产不低于二千万元，且出资额不低于民间资金管理企业注册资本的百分之二十；

---

① 见《条例》第八条。

② 见《条例》第十一条。

③ 温州指数共有约 350 个监测点，涉及小额贷款公司、民间资本管理公司、民间借贷服务中心、实体企业、部分民间借贷委托监测点以及典当行等其他市场主体，基本上涵盖民间融资市场各类参与主体和各种借贷行为。

（二）主要发起人近三年内无重大违法违规经营行为记录；

（三）有相应的专业管理人员；

（四）有完善的风险管理与内部控制制度；

（五）法律、法规规定要求的其他材料。

这样的规定不同于公司企业的一般市场进入的条件，而且高于一般的条件，这一方面为民间借贷中介机构设立了明确的门槛，把那些不具备资质的公司挡在市场的门外，另一方面使得进入市场的机构都具备较高的资质，也可以提高人们对其专业的认可度和信赖度。

6. 规定了定向债券融资和定向集合资金，拓宽了民间融资的渠道

《条例》第十六条规定："企业法人因生产经营需要，可以以非公开方式向合格投资者进行定向债券融资，按约定的期限和方式偿还本息。每期定向债券融资的合格投资者不超过二百人。"并规定了相应的条件，即《条例》第十七条规定："企业法人进行定向债券融资的，应当符合下列要求：（一）系温州市辖区内注册登记的具有法人资格的企业；（二）经营状况良好，有足以支付融资本息的能力；（三）融资后资产负债率不高于百分之七十；（四）融资利率不高于人民银行发布的同档次贷款基准利率的三倍；（五）融资期限在一年以上；（六）法律、法规规定的其他要求。"定向债券融资程序要求是："企业法人进行定向债券融资的，应当事先向温州市地方金融管理部门申请登记；融资情况应当在融资结束之日起二十日内书面报告登记部门。"

关于定向集合资金，《条例》第十九条规定："民间资金管理企业和根据国家规定设立的专业资产管理机构（以下统称定向集合资金管理人）可以以非公开方式向合格投资者募集并管理定向集合资金，对特定的生产经营项目进行投资。每期定向集合资金的合格投资者不超过二百人。定向集合资金的投资方式可以由投资相关各方商定。定向集合资金的合格投资者按募集合同约定享受权益、承担风险。"其程序与定向债券融资的程序要求相同："定向集合资金管理人进行定向集合资金募集的，应当事先向温州市地方金融管理部门申请登记；募集情况应当在募集结束之日起二十日内书面报告登记部门。"

定向债券融资和定向集合资金的合格投资者的条件是："自有金融资产三十万元以上并具备相应风险识别和承担能力的自然人，或者注册资本一百万元以上的企业法人和其他组织，为定向债券融资和定向集合资金的合格投资者。"这比国家层面的合格投资者要求稍低。

《中华人民共和国证券法》或者其他行政法规、部门规章对企业私募债券还没有规定采用何种审核与监管方式。企业任何向民间融资的行为都承担着非法融资的风险，而该融资形式却又是中小微企业能够灵活、及时地募集资金的重要渠道。《条例》立法旨在设立企业私募债券融资制度，保留现在中央有关机关对融资的管理权以外，将区域的地方融资管理权适度地扩张，让"合格的投资者由地方设立，属地性的融资由地方管理"，解决当前企业私募债券融资监管缺位的问题。这从根本上填补了私募债券融资的法律空白，同时由"引导民间资金进入实体"的逻辑转变为"由实体企业直接吸收民间资金"，从而解决融资难问题。

（三）缺陷与不足

1. 民间借贷利率上限未作具体规定

《条例》第十四条规定："民间借贷利率由借贷双方协商确定，但不得违反国家有关限制利率的规定。"换句话讲，对于民间借贷利率的实际操作仍然执行最高法院《关于人民法院审理借贷案件的若干意见》的规定，民间借贷利率最高不得超过银行同期贷款利率的 4 倍，超出此限度的，超出部分的利息不予保护。而实际上银行同期贷款 4 倍利率的规定远远不能满足温州的现实情况。一项中国人民银行在温州的调查报告显示：温州民众可接受的民间借贷利率为 32%～48%。

2. **未涉及跨温州地区间的民间融资的规定**

《条例》第二条第一款规定："本条例适用于温州市辖区内民间融资活动及其监督管理。"作为一部由浙江省人民代表大会常务委员会出台的地方性法规，却未涉及跨温州地区间的民间融资问题，不能不说是一个遗憾。

实际上，浙江的温州、台州、宁波等地作为中小企业、个体工商户的密集地，由于经济的往来频繁、复杂，可能大量存在跨地区间的民间融资、借贷行为，而《条例》没有涉及管辖权的问题。例如温州和宁波、温州和台州之间的民间融资行为就会受到《条例》"温州市区域内"的限制而无法调整，起不到规范调整民间融资、借贷行为的目的。对于这类涉及跨温州地区间的民间借贷在登记备案方面存在登记机构不明确的问题，《条例》中并没有明确规定，这就导致管理部门事前不了解具体情况，事发后处理起来比较棘手。

3. **合法民间融资与非法集资边界没有清晰界定**

民间融资往往数额较大，动辄百万元甚至上千万元，而在刑法中对于非法集资入罪标准则是比较低的。2011 年《最高人民法院关于审理非法集资刑事案件具体应用法律若干问题的解释》第三条规定："非法吸收或者变相吸收公众存款，具有下列情形之一的，应当依法追究刑事责任：（一）个人非法吸收或者变相吸收公众存款，数额在 20 万元以上的，单位非法吸收或者变相吸收公众存款，数额在 100 万元以上的；（二）个人非法吸收或者变相吸收公众存款对象 30 人以上的，单位非法吸收或者变相吸收公众存款对象 150 人以上的；（三）个人非法吸收或者变相吸收公众存款，给存款人造成直接经济损失数额在 10 万元以上的，单位非法吸收或者变相吸收公众存款，给存款人造成直接经济损失数额在 50 万元以上的；（四）造成恶劣社会影响或者其他严重后果的。"如果按照这种标准，民间融资差不多都在百万元以上，那么按照最高人民法院的司法解释，对这些都应追究刑事责任，这是非常可怕的。而《条例》虽然规定了大量借贷应该强制备案，但是违反其规定应承担的行政责任和刑事责任，笔者认为是存在冲突的，实际操作中民事责任和刑事责任、行政责任合在一起而难以认定行为，这样模糊不清的界定对于规范民间借贷所起的作用是有限的。

第三章　广州民间融资发展状况及相关立法评述

一、广州民间融资发展现状

（一）广州民间融资的特点

改革开放以来，我国民间融资的发展历程分为三个阶段：第一阶段为萌发时期——从 1979 年至 20 世纪 80 年代初期，我国一些发达地区和欠发达地区开始出现亲戚、朋友、邻里之间的“友情”借贷行为，其特点是互助性借贷，规模小、利率低；第二阶段为扩张时期——从 20 世纪 80 年代中期至 20 世纪 90 年代中期，民间融资迅速壮大，其特点是从发达地区延伸到欠发达地区，“友情”借贷扩展到商业性借贷，规模不断扩张，利率不断提高，一些地区出现高利贷；第三阶段为规范发展时期——从 20 世纪 90 年代中期至现在，特点是国家加强了引导和监管，各地区发展不平衡，处于规范发展的新阶段。

作为改革开放的前沿阵地，持续发展的经济为广州积累了大量的民间资本，但是与上海、深圳等地相比较，广州的金融业发展并不突出，这也为民间融资的发展留下了空间。2015 年上半年，广州市越秀区金融办委托零点调查公司对市内中小微企业和个人的调查发现，广州市民间融资具有如下特征：①总体利率水平偏高，短期借款年化利率约为 30%，约高出银行贷款 18 个百分点；②信用借款的利率比抵押、担保借款的利率低，由于“软信息”的存在，出借方对借款人“知根知底”，消除了信息不对称的影响，可以对借款人的资信状况做出相对准确的判断，从而降低贷款成本的风险溢价部分；③中小企业贷款难问题直接影响了民间借贷利率，据调查，广州市中小企业从正规金融机构获得资金的满足率仅为 11%，而广州市拥有上百万家中小微企业和个体工商户，资金缺口较大。

（二）广州民间融资存在的问题

近年来，随着经济的快速发展，民间金融市场的不断扩大，广州市也出现了财务代理公司这种在本质上为地下钱庄的伪经营形式。借由财务管理公司之名实为地下钱庄的民间金融形式愈发泛滥。这些公司的主要业务范围包括违规套现、提取住房公积金、放高利贷等。其业务操作过程如下。

1. 违规套现

违规套现一般指的就是社会上一部分不法分子利用信用卡进行非法的交易套现活动。例如，某些地下钱庄的操作者只需要从市场上寻找到几个正在使用的公司牌照，然后再向银行申请使用银联 POS 机设备，这样一个简单的操作步骤这样就可以帮助客户套取超出信用卡提现额度的资金，如果客户没能及时还款，那么极容易引发信用风险和违约风险。

2. 提取住房公积金

我国的住房公积金账户是不能随意提取的，所以地下钱庄便帮助客户办理住房公积金提取手续，这种行为可能在一定程度上便利了客户，但是套取过程中伪造租赁合同和纳税证明等手段却会对社会带来很大危害。对于提取公积金1万元以下的，地下钱庄收取500 元手续费；2万元以上的则收取10%手续费。

3. **放高利贷**

高利贷是民间金融市场的伪形式之一。民间市场的民间借贷利率本就偏高，高于同期银行贷款利率，但是部分机构组织仍不满足，在暴利的诱惑下开展高利贷活动。开展高利贷活动的机构组织有时会与涉黑团伙相勾结，这样一种勾结形式给社会、经济带来的危害将会更大。

4. **地下钱庄猖獗**

地下钱庄是地下经营的形式。广州市的地下钱庄经营也多是不透明或者非公开的，与涉黑团伙相勾结。它们在资金来源和资金用途方面都存在很多问题，它们的资金来源渠道有限，为了开展业务，其大部分其他的资金来源渠道通常是非法的，资金来源解决后，其资金的用途与正规金融机构或者合规经营的民间金融机构也不相同，它们的目的往往不是促进经济的发展，而是牟取暴利、满足私欲。

5. **借贷形式不规范**

民间金融市场一般都非常隐蔽、分散，广州地区也不例外，虽然近些年来民间金融市场越来越走向规范化，但是形式不规范等原因使政府至今没有出台相关的管理办法。比如民间金融市场的借贷活动往往只有口头协议，或者是很简单的借条凭证，并没有正式的书面文件。同时，广州民间金融市场的活跃对国家实行货币政策也会带来一定的区域性冲击，使得中国人民银行对市场上总货币供给量的控制难度加大。而且，在经济发达地区，民间金融市场往往容易被犯罪分子利用，成为其进行某些犯罪活动的便利工具。

二、广州民间融资立法述评

（一）广州民间融资立法现状

广州位于珠三角核心地带，是我国改革开放的前沿阵地，民营经济发达，民间融资活跃，但尚无专门规范民间融资的地方性立法，对于部分民间融资机构，如小额贷款公司、融资性担保公司等，广东省、广州市分别制定了相应的地方性管理办法。省级的如《广东省小额贷款公司管理办法（试行）》《关于开展小额贷款公司试点工作的实施意见》《广东省〈融资性担保公司管理暂行办法〉实施细则》等，市级的如《广州市小额贷款公司监督管理暂行办法》《广州小额再贷款公司业务试行办法》《广州再贷款公司业务试行办法实施细则》等，分别对小额贷款公司、融资性担保公司等的牌照申请和日常监管做了专项规定。

由于地方立法权限有限以及一些其他方面的原因，广州规范民间借贷的地方性规范散见于各类促进中小微企业发展的政策性文件中。

（1）《关于进一步鼓励和引导民间投资的若干意见》。2011 年，广东省政府出台《关于进一步鼓励和引导民间投资的若干意见》，放宽民间投资的范围，允许民间资本进入“农村信用社、城市商业银行、村镇银行、贷款公司、农村资金互助社、信用担保公司、区域保险公司等金融服务领域”，对于引导庞大的民间资本从地下无序经营进入合法、正规的金融机构拓宽了渠道。

（2）《关于支持中小微企业融资的若干意见》。2012 年，为贯彻落实国务院关于扶持中小企业特别是小型微型企业发展的部署，加大对中小微企业的扶持力度，广东省政府出台了《关于支持中小微企业融资的若干意见》，指出要加快发展小额贷款公司、融资性担保公司，加强信用体系和融资环境建设等，进一步拓宽小微企业的融资渠道，解决小微企业的融资难题，这些政策，从侧面反映了广东省对民间资本支持中小微企业的态度。

（3）《关于推进互联网金融产业发展的实施意见》。2015 年 1 月，广州市政府出台《关于推进互联网金融产业发展的实施意见》，鼓励发展互联网金融，在大力扶持互联网金融机构发展的同时，强调要优化互联网金融发展的市场环境、政务环境与法制环境。此外，其对互联网金融发展的风险问题，提出了在国家监管政策之下的各部门协调监管机制，加强对互联网金融企业的风险监测、预警和处置，严厉打击利用互联网技术和以互联网金融名义开展的非法集资、非法证券、内幕交易、非法支付结算等各类外汇活动。

（二）广州规范民间融资的实践探索

2012 年 6 月 27 日，国务院批准了《广东省建设珠江三角洲金融改革创新综合试验区总体方案》，要求重点在珠江三角洲地区推进城市金融改革创新综合试验。广州市要加快建立与国家中心城市地位相适应的现代金融体系和金融服务业高端集聚功能区，不断完善金融资源配置和综合服务功能，加快建设区域金融管理营运中心。为加快推动广州区域金融中心建设，广州市分别在天河区、萝岗区（2014 年 2 月已撤销）、南沙区规划建设了广州国际金融城、广州金融创新服务区和南沙现代金融服务区。同时，作为经济和金融大市，广州市民间资本庞大，地下钱庄监管缺失。为了防范潜在的民间金融风险和促进民间金融发展，广东省、广州市积极探索，分别于 2012 年和 2014 年启动建设了广州民间金融街和广州中小微企业金融服务区。

1. 广州民间金融街

民间融资一直游离于政府的监管之外，社会信用缺失、法律监督不到位，加上经济的波动，其共振效果引发了全国多地的民间借贷危机事件，尤其是温州的民间借贷风波，更是引起了中央高层的高度关注。因此，如何引导民间金融科学发展，使其发挥外部正效应，维护好地方金融稳定，甚至为金融改革发展作出贡献，就成为地方政府亟须解决的问题。2012 年初，为缓解广大中小微企业融资难题，为庞大的民间资本寻找投资渠道，规范民间金融市场秩序，广东省委、省政府批复在素有“百年金融”之称的越秀区长堤大马路启动广州民间金融街的建设。

广州民间金融街位于越秀区长堤大马路，其成功建设，体现了现代新型民间金融机构的区域集聚和集中管理的实践创新，为进一步规范民间金融发展，形成具有区域引领性的民间资金价格提供了新范式，是广州市探索民间融资规范发展的一个成功案例。

（1）探索民间金融集聚发展模式。长期以来，民间金融都因其隐蔽性、无序性、自发性而给我国金融市场带来较显著的不稳定性，也让监管当局束手无策。针对这一特点，广州民间金融街创造性地采取了集聚的模式，立足于广州，以珠三角丰富的民间资本为依托，吸引大量民间资本集聚，通过建立民间金融发展集聚区，引导民间金融企业集聚，通过竞争促使企业合法创新经营、优胜劣汰，不断提升自身产品和服务质量，树立企业品牌，同时为政府高效率、标准化的监管和风险防控提供便利。至 2015 年 6 月，广州民间金融街共入驻机构 158 家；2015 年 1—6 月，街内融资机构累计提供融资 690 亿元，同比增长 2.2 倍，有效扶持实体产业发展。广州民间金融街的创举，为无序发展的民间金融探索出了一个有效的、可复制的监管模式，为我国切实防范和化解民间金融风险做出了有益探索。广州民间金融街的产业发展模式在全国范围内引起了极大反响，国内兄弟城市武汉、成都、西安、东莞、佛山等纷纷借鉴广州模式，建设自身的民间金融集聚区，规范当地民间金融发展。

（2）优化民间融资相关的政务服务。在服务园区企业方面，成立广州民间金融街管理委员会、广州民间金融街综合服务中心、广州民间金融街管理公司等一系列政府服务平台，为园区企业提供借贷咨询、资产交易、征信查询、法律咨询、会计核算等“一站式”、五星级专业服务。成立广州民间金融研究院、互联网金融实验室、互联网金融法治研究中心等科研机构，致力于研究民间金融组织、产品、服务及制度创新，探索制定统一标准；开展专业人才培训；组织金融论坛与沙龙；编辑出版民间金融研究期刊。在服务客户方面，引导成立广州民间金融商会，作为街内行业自律组织，设公共服务窗口、群众投诉电话等，监督企业提升服务和管理水平，提升服务广大客户的能力。

（3）加强民间融资风险防控。长期以来，由于民间金融机构规模小、数量少、行为隐蔽，使得管理成本高、难度大，风险始终难以控制。针对这一特点，广州民间金融街通过建立民间金融发展集聚区，引导民间金融企业集聚，进行集中管理，统一监管标准，创造出一套全新的集中进行风险控制的模式，降低了政府的监管成本，提升了企业合法创新经营的能力；此外，自主研发了广州民间金融街风险监测系统，作为政府非现场监管平台，实现政府对民间融资的实时、动态监管，不断提升非现场监管的信息化水平，此系统现已推广至青海、湖北、云南等国内其他省、市，为其他地方金融监管部门提供示范和参考。

（4）研究发布民间融资价格指数。广州民间金融街依托园区内民间金融研究院，撬动业内专家学者，率先研究并发布了民间融资“广州价格”，小额贷款利率指数、民间金融景气指数等一系列反映民间融资市场资金供求状况和监管治理环境的价格指数，构建起民间融资价格指数体系，为民间借贷双方提供价格参考，对民间融资价格的规范化、阳光化、透明化起到标杆示范作用，降低了交易风险和成本，充分发挥了民间金融价格的高端引领作用。省、市金融主管部门给予其高度评价，已推广至全省运用，使其成为辐射珠三角，影响全国的民间资金价格风向标。

（5）完善民间金融信用体系建设。良好的信用管理，能为民间融资营造良好的市场秩序和环境，而完善的社会信用体系在我国一直是一个短板。广州民间金融街于 2012 年着手研究开发了征信数据平台，采集了上万条中小微企业和个人的民间借贷信息，同时录入了中小微企业和个人及民间融资机构在公安、法院、税务等 7 个区属部门的信用信息，搭建了区域性信用信息数据库。同时，于 2014 年推动成立了广州民间金融街征信公司，进一步开拓了民间金融信用市场，弥补了中国人民银行征信体系的不足，为民间金融规范发展提供信用支撑。

2. 增城农村金融服务区

为满足广大中小微企业的融资需求，广州市决定在增城区新塘镇建设广州中小微企业金融服务区，为中小微企业提供多种融资渠道，优化中小微企业金融服务，降低中小微企业融资成本，并以此为动力促进牛仔产业转型升级。

增城农村金融服务区位于世界牛仔名镇新塘，毗邻增城、萝岗、东莞三大经济技术开发区，规划面积 52 万平方米，截至 2015 年已基本完成前两期项目的开发。增城农村金融服务区的建设致力于解决中小微企业融资难的问题，主要发挥三大作用：第一，发挥桥梁作用。金融服务区作为政府与市场化机制的桥梁，使政府能及时掌握市场信息并作出反馈，发挥桥梁作用，承接上级扶持资金，推动金融服务区建设。第二，强化服务职能。融合全方位资源，引进各类型金融机构及经营顾问机构，为中小微企业提供先进、全面、专业的优质服务，降低中小微企业融资成本，提升中小微企业的市场竞争能力。第三，引导产业升级。通过资本运作以及经营顾问机构的辅导，引导区域产业结构调整，促进区域产业转型升级。

自2014年5月份以来，金融服务区不断强化对进驻金融机构及相关配套机构的管理服务职能，完善园区建设，不断规范民间金融健康发展，积极引进企业44家，其中金融类机构32家，管理顾问类机构及其他配套机构12家。在建设过程中，为引导民间资本服务广大中小微企业，增城农村金融服务区建设三大重点服务工程：

第一，研究发布指数。建立指数发布平台，每日发布民间借贷利率的“广州指数”，通过定期归集，发布利率和汇率，探索形成民间融资定价机制，引导民间融资规范化、阳光化发展。

第二，金融环境网络系统建设。进行金融信息的归集，建设金融服务区信息管理平台，做企业信息的提供者，实时动态地发布企业融资需求、融资价格指数及企业融资条件，组织进园机构成立专业评审委员会，建立进园中小企业征信系统。

第三，区域商业环境网络系统建设。协同行业协会及进园机构，归集和分析区域商业环境信息（包含周围三大高新区高新企业、新塘牛仔城、汽车摩托车配件企业），建立中小企业大数据系统，编制综合指数，供进园机构分享。

第四章　境外民间融资立法实践及其经验借鉴

一、发达国家和地区民间融资立法经验借鉴

（一）美国民间融资立法及实践

1. 美国民间融资立法概况

美国民间融资立法始于20世纪50年代。1953年制定的《中小企业法》是美国第一部民间融资的基本法。以该法为核心，先后制定了《中小企业投资法》《中小企业经济政策法》《中小企业技术革新促进法》《小企业投资奖励法》《创业企业扶助法》等一系列鼓励中小企业融资、扶持中小企业成长的法律。为促进社区银行的发展，解决中小企业的融资难题，1934年发布的《联邦信用社法》历经多次修改。此外，还有许多限制大企业市场扩张、营造公平竞争环境的法律规定，其中最主要的就是《反托拉斯法》。2012年施行的《JOBS法案》（《促进创业企业融资法案》）通过放宽金融监管要求来鼓励美国小微企业融资，扶植企业成长，对融资现状产生巨大影响。

2. 美国民间融资发展的政府防护：中小企业管理局

1958年通过《小企业法案》，同年成立美国联邦小企业管理局（Small Business Administration，SBA），并被国会确定为“永久性联邦机构”，其局长由总统任命，直接向总统负责和汇报工作，在各州均有派出机构。其主要任务是听取中小企业的意见及需求，及时向总统报告；就保护小企业权益向联邦政府提出政策建议；审查和许可中小企业投资公司及风险投资公司；提供资金扶持、咨询与管理培训服务，获得政府采购合同和促进小企业的进出口贸易等。

SBA 拥有总额逾 450 亿美元的商业贷款、贷款担保以及风险资金，此外还备有 50 亿美元的赈灾贷款，俨然是美国小企业强大的财政支柱。经国会授权，SBA 可以与商业银行建立合作关系，为小企业提供信贷支持。贷款形式主要有三种：一是直接贷款，最高额度不超过 15 万美元；二是特别贷款，为振兴地方经济的特别项目和企业贷款；三是担保贷款，为小企业向私营银行或其他金融机构提供担保。[①] 担保可以选择以直接担保和授信担保方式进行，SBA 不干预协作银行的贷款决策，但有权决定是否为贷款担保。贷款发放后，SBA 也不干预企业的运作，只是在企业的确不能偿还贷款时才出面代还。[②]

此外，SBA 还帮助小企业在联邦政府采购中获得“公平份额”。根据《小企业法案》的规定，政府应该在各种采购中给予小企业不少于 23% 的份额。而 SBA 就负责与各个机构保持磋商，确保这一目标的实现。如果政府采购中招标方对小企业履行合同的能力或信用有怀疑而拒绝给予小企业合同，小企业可以申请 SBA 给予帮助。SBA 应当接受申请并派员到现场调查，如果认为小企业能够完成合同项目，则为小企业出具胜任证书。[③]

近年来，SBA 为小企业提供了超过 900 亿美元的贷款担保组合，并利用政府采购项目为100 万家中小企业提供近 100 亿美元的免费咨询和技术援助。[④]

3．美国民间高利贷规制

关于美国高利贷的规制十分复杂，标准主要由各个州掌握。各州的规定并不相同，部分宽松、部分严格。以特拉华州、南达科他州为代表的“宽松派”，法律允许借款人和放贷人协商达成任何利率；而大部分州会限定最高利率，制定反高利贷法。最高利率的设定通常取决于贷款用途、贷款的种类、放贷人的种类以及某些特定用途的贷款。各州的最高利率有所不同，有些是固定利率，有些则与美联储的贴现率有关：纽约州的高利贷界限通常为年利率 16%；华盛顿州高利贷界限通常为年利率 12%，或者合同签署前一个月联邦储备 26 星期国库券初次拍卖报价利率加 4 个百分点，取两者中较高者；密西西比州高利贷界限为年利率 10%，或者为联邦储备利率加 5 个百分点，5000 美元以上的商业贷款不受高利贷限制；阿肯色州非消费性贷款的高利贷界限为联邦储备利率加 5 个百分点，对于消费信贷高利贷通常界限为年利率 17%。利用刑事手段打击高利贷是美国的立法选择。在美国，国会认为其根据《美利坚合众国宪法》第一章第八节“州际贸易条款”有权监管私人交易中的利率问题，但美国国会并没有划定高利贷的具体范围，而是通过《反犯罪组织侵蚀合法组织法》界定了“非法债务”的概念，规定以超过当地两倍高利贷界限的利率放贷并且试图收取该“非法债务”构成联邦重罪。各州层面，违反州高利贷法的法律后果通常具有惩罚性，即处罚金额超过所收取的利率与高利贷之差；各州规定的具体的处罚不尽相同，但是通常都包括罚没已收取的利率或者按利息的倍数罚款；在某些情况下，高利贷还会导致整个贷款合同不得执行、放贷人承担刑事责任等。[⑤] 需要特别说明的是，美国金融体系发达，平均利率较低，其对于高利贷的法律态度未必完全适合我国。

---

① 陈向平：《SBA——美国小企业的保护神》，《创新科技》，2007 年第 4 期，第 56－57 页。

② 齐绍洲、顾本方：《美国中小企业融资机制》，《证券导刊》，2004 年第 25 期，第 21－23 页。

③ 同上。

④ 汪丽丽：《非正式金融法律规制研究》，法律出版社，2013 年，第 126 页。

⑤ 岳彩申：《民间借贷规制的重点及立法建议》，《中国法学》，2011 年第 5 期，第 84－96 页。

（二）日本民间融资立法及实践

1. 日本民间融资立法概况

日本是民间融资发展最为完备的国家之一，也是融资立法最为健全的国家之一。民间融资的发达，一定程度上取决于法律赋予其合法地位。在中小企业的民间融资方面，日本先后制定了《中小企业基本法》《中小企业金融公库法》《中小企业信用保险公库法》《中小企业现代化促进法》等多部法律。其中，《中小企业基本法》在这些法律中具有指导性地位，起到了纲领性作用。针对高利贷现象，日本制定多部法律限定利率，如《贷金业法》《利率限制法》《出资法》《违法金融整治法》等。还有诸如《特殊法人等改革基本法》《特殊法人整顿合理化计划》等法律，完善民间融资法律体系，进一步推动民间融资的合法化。

日本民间融资法律的特点：规定非常详细，可操作性强，民间融资活动有法可依。这也是日本民间融资发达的重要原因。

2. 日本传统民间融资机构的典范："无尽"

日本传统民间融资机构是"无尽"（Mujin），是日本的 ROSCA（Rotating Saving and Credit Association，轮转储蓄与信贷协会）。以是否具有营业特征为划分标准，日本"无尽"有营业性与非营业性两大类型，其"无尽"法制亦如之。[①] 规制"非营业性无尽"的是《讲会取缔规则》，主要包含五方面内容：①设立采用行政许可制；②"无尽"合同要式化（必须书面），由全体会员签章，经主管机关核准；③规范契约内容，详细列明合会契约的必要记载事项[②]；④控制会息，规定会息最高不得超过 30%，即得会会员所得合会金不得低于全额的 70%；⑤区分管理，以会金、会期、会员人数为参数，对不同的"无尽"、讲会分别适用不同的游戏规则。[③]

对于日本营业"无尽"即"无尽业"，规范的基本法制为 1913 年《无尽业法》，值得关注的亮点内容亦有五个方面。①准入行政审批制：无尽业非经主管机关之许可，不得营业，与非营业无尽法制意旨相同；②限制资金运用的范围：营业资金的运用范围不得超出银行存款、邮局储金、存款、信托范围之外；③无尽公司的董事对基于无尽契约所生之债务负连带清偿责任；④主管机关对无尽营业具有随时检查权；⑤严格禁止董事等管理人员自我交易等。[④] 80 年代爆发重大民间金融事件以后，针对投资欺诈事件制定了《投资顾问法》，以保障正规营运的投资业者；针对海外期货的欺诈，制定了多项期货的交易规则；对于可能存在民间金融活动的交易形式也进行了立法规制，较为典型的有 1986 年通过的《特定品保管等之交易契约关系》，主要内容：①对开业严加限制；②适用本法规定的交易，其契约内容包括交易期间、特定商品的收受保管、收益的支付、期满的收回或买断等；③此项交易应在事前以书面形式向客户说明交易内容、业者的经营状况等；④客户在签约

---

① Robert Deke and Koichi Hamada：On the Role of Informal Finance in Japan，Working Paper No. 185IRIS，来源于世界银行网站。

② 讲会之目的、会期及办事地点、每会份各期之会金及会份数、会金及分配金之收付办法、交付会金义务之担保、会金和担保物之保管方法、会员死亡或因事故发生而缺会之处理办法、会主或管理人责任、得会办法、管理人和办事人员报酬、未得会会员分配金及花彩费处理办法、中途散会的处理办法、会费分担办法等内容是合会契约的必要记载事项。会金低于一定数额、会期短于两年、会员人数不满 20 人的讲会，可排除对上述规则的适用，此时，发起人只要向辖区警察机关进行书面申报即可成立讲会，无须申报格式契约。

③ 曹竞辉：《合会制度之研究》，联经出版社，1980 年，第 63 页。

④ 同上，第 64 - 65 页。

后一定期间内可无条件解约；⑤行政机关有进入检查、发布停止业务命令及对违规事件处分等权限。[①]

3. **日本民间高利贷规制**

1983 年，日本制定并实施了《贷金业规制法》。主要内容包括对贷款业采取登记制（以前是申报制）、禁止过剩贷款[②]、对贷款的追讨等业务行为进行限制，主管大臣或者都道府县知事具有监督权限；日本泡沫经济后修改了该法，部分贷金业者力推所谓的“商工贷款”，采用超过法定的贷款利息进行过剩贷款，推行根保证制度[③]等。修改的主要内容包括追加融资时保证人有书面交付的义务、贷款条件的明确化、追讨行为的严格规定以及惩罚制度的强化等；与此同时，日本也修改了《出资法》，将《出资法》中的利息上限，从 1999 年的 40% 下调到 29. 2% 。

21 世纪初，恶劣讨债行为再次横行，日本再次修法，其通称为《地下金融对策法》，基本内容：①强化登记审查制度，严格注册条件；登记时必须本人确认，严格将与暴力团体等“黑社会”有关的人员和资产状况不确定者排除在外。②彻底取缔无登记营业者；严格禁止没有进行登记的贷金业者进行广告、劝诱等行为并对该行为予以处罚；追讨行为的严格规定对没有进行登记的贷金业者同样适用。③强化规定并限制追讨、广告等行为；《地下金融对策法》明示债权追讨时的禁止行为，例如在夜间等不适当的时间段实施追讨，干扰正常的工作场所，对债务人和保证人以外的第三者提出赔偿要求等；禁止夸大广告宣传，禁止以低息贷款广告为诱饵实施高利率放贷以及对无偿还能力的借款人进行劝诱；禁止使用手机进行广告宣传（在登记申请书中，必须明确记载限制广告使用的固定电话或者免费电话）。④建立贷款业务主任制度，每 3 年义务接受业务辅导。⑤强化对高利贷和没有进行登记的贷金业者的处罚；单处或并处 3 年以下有期徒刑或 300 万日元以下罚款；单处或并处 5 年以下有期徒刑或 1000 万日元以下罚款（单位犯，高利贷处以 1000 万日元以下罚款，没有登记进行营业处以 1 亿日元以下罚款）。[④]

《地下金融对策法》从 2005—2010 年间起又历经了几次修订，修改的内容：对没有进行登记的贷金业者的惩罚从 5 年以下有期徒刑或1000 万日元以下罚款提高到 10 年以下有期徒刑或 1000 万日元以下的罚款；贷金业者在放贷过程中，以年利率超过 109. 5% 签订利息合同的，从单处或并处 5 年以下有期徒刑或 1000 万日元以下罚款提升到单处或并处 10 年以下有期徒刑或 1000 万日元以下的罚款，该法同样适用于获取以上利息的贷金业者；进一步对贷金业者的登记要件和追讨行为进行了严格限定；以法人的组织形式设立贷金业协会，自主制定规则限制广告频率，防止过剩贷款，强化贷金业协会的自主监督职能；为保证贷金业者贷款业务的合理实施，最低净资产额由个人 300 万日元、法人 500 万日元，全部提高到 2000 万日元；设立贷金业务主任岗位任职资格考试办法，考试合格者将具备国家认可资格；贷金业者的每个营业场所或事务所，要设置资格考试合格的贷款业务

---

① 滕昭君：《民间金融法律制度研究——由湘西非法集资过程中法制缺位引发的思考》，中央民族大学博士论文，2011 年。

② 过剩贷款在日本贷金业规制法中被明令禁止。该法要求贷款业者在贷款前要对资金需求者、保证人的财力和信用、借款的应用状况以及还款计划等进行详尽调查，超过偿还能力的贷款协议视为无效。

③ 根保证制度是因债权人和主要债务者之间的持续性交易而产生，且将来发生增减的一系列不特定债务的一次性保证制度。

④ 菅原房惠：《信贷业制度的现状和调整态势——关于法律上的变迁和上限利率管制的讨论》，日本国立国会图书馆，2006 年。

主任，设置与否是登记与否的必要条件；为保证贷金业者贷款业务的合理实施，最低净资产额提高到5000万日元；禁止贷金业者签订超过利息限制法规定利息的合同，收取和索要该利息都将视为违法；贷金业者与贷款人签订信贷合同之前，必须将书面合同交付给对方；为强化限制过剩贷款，贷金业者在签订信贷合同之前，有义务对借款人的还款能力进行调查，对于个人客户，要通过指定的信用信息机构进行调查；对贷款总量进行控制，禁止合计贷款额超过其年收入的1/3；非法高利贷罪的利率界限，由年利率超过29.2%下调至年利率超过20%。[①] 然而日本《贷金业法》也对贷金业市场造成了巨大冲击，产生了负面的影响，特别是导致消费者金融行业不景气。有学者对造成这种状况的原因进行了研究，得出以下几点结论：①“强政府”是导致法制度变迁效果不佳的制度原因，日本政府强力干预，加强最高借贷利率管理，严令禁止暴力追讨，贷金公司的贷款风险加大、成本提高，形成政府和市场对贷金公司生存的双重挤压；②日本贷金公司自身经营的局限性是导致法制度变迁效果不佳的内在原因，日本贷金业协会2009年的调查显示，《贷金业法》实施后，贷金公司融资渠道变窄导致经营规模偏小，加之普遍存在抗风险能力弱、内控机制松散、金融产品研发能力不足等经营局限性，制约了其扩张发展；[②] ③贷金公司的“高利贷”形象是导致法律制度变迁效果不佳的外在原因，《贷金业法》修改实施后，为弥补高坏账率所造成的损失，贷金公司还是尽可能地利用了法律规定的利率上限，贷金公司仍然不能摆脱高利贷者的形象。[③]

（三）我国香港地区民间融资立法及实践

1911年，我国香港地区颁布了《放债人条例》（*Money－lenders Ordinance*），对个人及企业从事放债业务作出了相关规定。在1911年版的基础上，1980年香港当局又制定了新的《放债人条例》，同时废止了1911版的《放债人条例》。该条例后又经六次修订，一直使用至今。

1. 准入与牌照制度

香港的《放债人条例》对放债人的准入采取牌照制。由行政长官委任一名公职人员为放债人注册处处长[④]。由注册处处长全权负责牌照的发给、续期、吊销等事宜。任何自然人或实体必须经注册处处长发放牌照方可从事放债业务。牌照的一次有效期为12个月，可以续领。

“放债人”指任何经营放债业务或登广告声明或宣称，或者以任何方式表明系从事该等业务之人士（否认其是否兼营其他业务亦然）。

我国香港地区实行金融牌照分级制，接受存款公司可接受10万港元或以上、最初存款期最少为3个月的存款，存款利息没有最高额限制，但是吸收公众存款则必须获得银行牌照。这个做法实际上是保留了对公众存款最严密的监管，而对大额存款的管制相对较松。[⑤]

《放债人条例》中明确规定申请牌照的放债人必须同时向注册处处长和警务处处长提交申请。在监管过程中，注册处处长和警务处处长均有权提出异议，并互相监督。两者在监管过程中都有权

① 《日本贷金业协会2012年年度报告：法令改正动向》［EB/OL］．2012。http://www.j－fsa.or.jp/doc/material/white－paper/h23/chapter2.pdf.

② 孙章伟：《日本贷金公司的发展现状、问题应对及启示》，《日本学刊》，2010年第6期，第57－70页。

③ 朱军：《日本贷金业法制度的变迁与效果分析——兼论其对中国民间借贷发展的借鉴意义》，《现代日本经济》，2014年第1期，第36－45页。

④ 香港《放债人条例》第4条（1），1999年。

⑤ 岳彩申：《民间借贷规制的重点及立法建议》，《中国法学》，2011年第5期，第84－96页。

对申请提出异议，但牌照是否发放的最终决定权则在于牌照法庭的裁决。①

对于没有牌照或未在牌照规定范围内从事放债业务的，认定为犯罪。《放债人条例》第 29 条（1）："任何人经营放债人业务而——（a）没有牌照；或（b）在其牌照内指明的处所以外的任何地方经营该业务；或（c）不按照其牌照内所列条件经营该业务；或（d）在其牌照被暂时吊销期间经营该业务，即属犯罪"②。对无牌照的规制还体现在《放债人条例》第 23 条中：除非放债人交出牌照或以其他方法令法庭信纳在贷款之日、订立协议之日或取得保证之日（视属何情况而定）领有牌照，否则无权在任何法庭追讨由他贷出的款项或该笔款项的利息，亦无权强制执行他所订立的协议或强制执行就其贷出款项而取得的保证。③

2. **放贷合规性审查**

在放债范围限制方面，《放债人条例》中对放债业务经营有严格规定：领牌人必须严格按牌照上所示明的范围经营放债业务。任何人不得：①无牌照经营放债人业务；②在牌照所指明的处所以外任何地方经营放债人业务；③不按照牌照上的条件而经营放债人业务。④ 放债人的交易行为有严格的程序限定，不但要求双方签订条例规定形式的协议，而且规定了放债人向借款人提供结算书的义务。

香港《放债人条例》中规定，任何放债人订立的贷款协议如直接或间接规定以下事项，即属非法：①支付复利；②禁止以分期方式偿还贷款；③以根据协议到期的款项有所拖欠为理由而提高利率或提高利息款额。

贷款宣传也需要符合《放债人条例》的规定。《放债人条例》第 26 条规定，放债人为其放债人业务而发出或刊登，或安排发出或刊登广告、通告、商务信函或其他同类文件的，必须以展示任何其他姓名或名称所用的同样显著方式展示牌照内指明的放债人的姓名或名称。凡看来是表明放债人愿意作出任何贷款的利息条款或愿意作出某宗贷款的利息条款，须列明拟收取利息的年息百分率，并且与其他事项的表明方式同样显著。在索债方式上，放债人不得向借款人收取与该宗贷款有关的成本、费用或开支。若债务人认为自己所需支付的款项严重过高，严重违反公平交易的原则，可向法庭提起诉讼，请求认定该宗交易属敲诈性，重新商议该宗交易。作为监管机构的注册处处长和警方有权进入放债人经营业务的处所，检取他合理相信与该可疑罪行有关及与该放债人作出的贷款有关或与其放债人业务有关的任何簿册、账目、文件或文字。⑤

3. **利率标准**

香港对小额信贷利率的规定比较宽松，更多的是遵循市场利率，允许小额贷款机构根据成本、供求等因素制定合适的利率水平，使其利息收入在覆盖了其运营成本和呆账损失之后还留有盈余。对于融资困难的小企业来说，在没有条件从商业银行等正规金融机构获得贷款的情况下，因低利率而无法得到贷款的损失可能远大于高利率给他们带来的财务负担。与能否获得贷款相比，贷款利率

---

① 香港《放债人条例》第Ⅱ部"放债人的领牌事宜"。

② 香港《放债人条例》第 29 条"放债人犯的罪行"。

③ 香港《放债人条例》第 23 条"除非放债人领有牌照否则不得追讨贷款等"。

④ 香港《放债人条例》第 7 条"经营放债业务之限制"。

⑤ 李有星、罗栩：《论〈放贷人条例〉制定的难点及其解决》，《政治与法律》，2011 年第 6 期，第66－72 页。

的高低显得并不重要，只要低于黑市利率，对中小企业来说就形成了一个融资渠道。① 香港《放债人条例》规定的放贷利率上限是60%。任何人（不论其是否为放债人）以超过年息60%的实际利率贷出款项或要约贷出款项，即属犯罪。关于任何贷款的还款协议或关于任何贷款利息的付息协议，以及就该等协议或贷款而提供的保证，如其实际利率超过年息60%，则不得予以强制执行。任何人犯本条所订罪行则：①一经循简易程序定罪，可处罚款50万港元及监禁2年；②一经循公诉程序定罪，可处罚款500万港元及监禁10年。违反该条例第25条规定，即所订的实际利率超逾年息48%，单凭该事实即可推定该宗交易属敲诈性。在香港禁止高利率放债的双层法律规制架构中，把利率管制水平分别定为年利率60%和48%，是参考香港当时良好的商业惯例和其他司法管辖区（例如英国）的法例而决定的。香港特区政府认为从执法的角度而言，此规定大体上可有效遏止在香港进行的高利贷活动。②

在香港，任何人经注册都可以从事放债业务，放债的利率、金额、期限和偿还方式由借放款双方自行约定，但利率不得超过规定的年息上限6厘以上。在多元融资主体充分竞争的借贷市场中，政府对民间放贷机构的利率水平给予最大的宽容空间，能够极大压缩高利贷生存的空间，同时民间融资的需求亦能得到极大程度的满足。③

二、发展中国家民间融资立法经验借鉴

（一）孟加拉国民间融资立法及实践

孟加拉国政府对小额信贷的发展在态度和政策上是宽容的、支持的，小额信贷有多种形式，其中以乡村银行（格莱珉银行④）最为典型，这也是孟加拉国最早执行小额信贷项目的机构。1976年穆罕默德·尤努斯创办了乡村银行，1983年孟加拉国政府制定了《乡村银行法》，对乡村银行的性质、服务对象、业务范围、内部治理结构、所有权归属、监管方式等作出了规定，同时明确乡村银行可以开展转贷国内及国际金融组织资金，获得利差收入，但不得开展银行结算业务，不得设立金库，也不得吸收社会存款。⑤

格莱珉银行的运营模式是一种团体贷款，即以小组为基础进行信贷，要求同一社区内社会经济地位相近的贫困者在自愿互助的基础上组成贷款小组，并且相互监督，承担连带责任，这种契约治理机制就是依赖同行压力的一种私人治理机制。同时，银行在放贷时要求借款人开设储蓄账户，存款达到一定金额时则需要购买银行股份，从而形成借款人与银行融为一体的经营模式，直接降低了违约风险。格莱珉银行的还贷率高达99%，且贷款的多数是贫困者，贫穷不代表违约率高。

格莱珉银行具有以下几个特征⑥。①面向农村贫困人口放贷，特别强调以妇女为主，接受贷款

---

① 彭晗：《〈放贷人条例〉的制定中应考虑的问题及其国际经验》，《经营管理者》，2009年第4期，第244－245页。

② 香港特区立法会十题：《放债人条例》，2006年11月22日在立法会会议上何俊仁议员的提问和财经事务及库务局局长马时亨的书面答复。

③ 姚斌：《〈放贷人条例〉与浙江民间借贷的法律规制研究》，《商业文化》，2010年第4期，第33－34页。

④ 孟加拉语中，“格莱珉”意为乡村的，所以也有人称其为“孟加拉乡村银行”。

⑤ 赵利梅：《中国和孟加拉国小额信贷模式比较》，《农村经济》，2004年第S1期，第143－144页。

⑥ 滕昭君：《民间金融法律制度研究——由湘西非法集资过程中法制缺位引发的思考》，中央民族大学博士论文，2011年。

的农民一般5人自愿组成一个小组，5～6个小组再组成一个中心。②贷款时间短、持续性强：贷款期一般为一年或52周，从第二周开始还贷，每周还本金的1/50，50周内还清[①]。③累进制贷款方式：贷款发放时，一般按“三二一”顺序，即先贷给两个组员，观察两周后再贷给另外两个组员，最后才是组长，发放贷款时，成员需要把5%的贷款部分作为基金扣留[②]。④采取以小组为成员联保方式：小组成员彼此之间的连带清偿责任，督促成员慎重选择小组成员，减少信息不对称的成本。⑤定期会议与贷款者培训制度：定期会议每周一次，会议上披露成员的信息督促成员还款，以及进行经验交流，对贷款者进行投资培训、文化教育。[③]

在经历了自然灾害与危机之后，格莱珉银行进行了改革，改革也是在坚信穷人讲信用的前提下进行。改革的要点是，①小组成员5%的贷款不再存入集团基金（group fund），而是分别进入个人账户与特别账户；个人账户小组成员可以随时取款，特别账户在3年后，选择提取或者购买银行股份，这两个账户的利率（8.5%）均高于一般商业银行利率（4%）。②引入退休金储蓄计划（pension savings scheme）：对于贷款额超过一定比例的借款者，银行要求其每月存入一定款项，期限为5～10年，5年的存款利率为10%，10年的则为12%，高于格莱珉银行一般存款8.5%的利率；但如果拖延存款4个月以上，将会自动转为一般存款账户，不享受高利率。③结合还贷情况，将贷款同时发放给所有偿还清此前贷款的成员，并非先发给最需要的人，再发给其他人。④再次贷款条件放宽：再次贷款间隔期限由1年缩短至半年，且贷款者即使没有还清此前的所有贷款，只要再次贷款额度不超过前半年已经偿还的额度，也可以获取银行的新贷款，将累加进未偿还贷款之中。⑤根据小组成员具体还款情况、存储计划以及是否参加定期会议来确定其贷款限额，并非像之前那样所有成员都可以享有最高贷款限额。⑥小组整体上无须为个别无法还款的成员进行担保，对于表现良好的小组成员，其贷款额度会随之增加，相反则会下降。⑦针对投资能力强的男性成员，增加了特别投资项目和小微企业贷款（micro－enterprise loans），利率为20%，且这两项计划属于临时贷款，不计算在贷款限额内。⑧贷款种类随着借款人的偿还能力而变：允许贷款人在遇到疾病、自然灾害、意外等现象时重新签订还款协议，还款期限延长（最长为3年），届时仍然无法清偿债务，可以与银行协商“弹性贷款”，在新的弹性贷款偿还6个月之后，仍可根据成员的还款表现确定其新的贷款额度，一般不超过已还款的100%～175%。[④]

（二）南非民间融资立法及实践

南非于2005年通过了《国家信贷法》[⑤]，1968年的《高利贷法》和1980年的《信贷协议法》同时被废止，该法成为世界上较为成功的规制信贷业务与放贷人的基本法律。此外，2006年通过并加以修订的《国家信贷管理规定》进一步加强了《国家信贷法》的实施。

---

① 例如，初次贷款金额为1000元，如借款人按规定还本付息，第二次可贷1500元，最高一次可贷3000元，直至脱贫为止。

② 李薇：《孟加拉格莱珉乡村银行模式Ⅰ到模式Ⅱ的转变及其对中国扶贫的启示》，《中共济南市委党校学报》，2011年第2期，第27－29页。

③ 贾庆林：《格莱明银行（孟加拉国乡村银行）控制交易费用经验谈》，《决策与信息：财经观察》，2008年第3期，第70－71页。

④ 汪丽丽：《非正式金融法律规制研究》，法律出版社，2013年，第158－159页。

⑤ 刘萍、张韶华、孙天琦：《最新放贷人法律：南非〈国家信贷法〉和〈国家信贷管理规定〉》，中国金融出版社，2009年。

《国家信贷法》的主要内容如下。

第一，立法目的：为民间金融或非正式金融提供了同等的起跑线。

南非《国家信贷法》第 3 条诠释了立法目的，①所有南非人皆可以获取信贷的一个可持续的信贷市场的建立：这一目的将所有无法从正规金融机构获取金融资源的群体全部涵盖其中。②坚持公平原则：不同的金融资源提供者拥有平等的法律地位。

第二，信贷提供者及其强制性登记的规定：根据该法的规定，信贷提供者的范围相当广泛，几乎涵盖了社会上各种信贷行为。且强制性的登记规定适用于职业放贷人，将民间地下职业从事放贷业务者纳入法律规制的范畴。

《国家信贷法》第 1 条规定，信贷提供者是指《国家信贷法》中所适用的信贷协议中的“在贴现、偶发性信贷交易或分期付款前提下提供商品或服务者；典当交易前提下提供现金或贷款者；在信贷便利前提下提供贷款者；抵押协议中的抵押权人；担保贷款中的贷款人；融资租赁活动中的出租人；信贷担保中的保证人；按照其他任何信贷协议提供现金或贷款者；任何按照已签订协议取得信贷提供者权利的人”。

根据《国家信贷法》第 39、40、42 条的规定，以下人员在满足一定条件下必须到国家信贷监管机构登记为信贷提供者：①单独或与其他关系人一起至少拥有 100 份信贷协议，而非仅拥有偶发性信贷协议；②在所有明确的信贷协议下（不包括偶发性信贷协议）形成的对信贷提供者的债务超过了 50 万兰特的限额。如果没有按照规定需要登记而未登记的，禁止从事信贷提供活动，基于此签订的信贷协议是违法的，并且是无效的。

第三，规范消费者过度负债的判定标准。

根据南非《国家信贷法》第 79 条第（1）款的规定，消费者出现以下情形时，有足够信息显示特定的消费者，已经或将不能及时归还其作为一方当事人的所有信贷协议的负责时，则消费者过度负债。

此外，第 85 条规定法庭可以宣布和解除过度负债。

第四，界定鲁莽放贷，并做详细规制。

如果在协议签订时或者依协议批准的信贷额度增加，且增加并非依据相关规定[①]作出，并存在以下情形的，则信贷协议是鲁莽的。①不管当时评估结果如何，信贷提供者没有按规定进行评估。②信贷提供者不顾及其可以使用的信息已充分表明以下情形，仍进行评估，并与消费者签订信贷协议：（a）消费者未能全部理解拟签信贷协议下消费者的风险、成本或者义务；（b）签订信贷协议会使消费者过度负债。此外，法庭可中止鲁莽信贷协议。

2006 年《国家信贷管理规定》是《国家信贷法》的细化，其详细规定了南非有关利率的上限（表 1）。

表 1　南非银行利率上限

项目	利率上限
抵押协议	每年（$RR \times 2.2$）+5%

① 即如果消费者在其申请信贷便利时或之后，用书面形式明确要求随时自动增加信用额度，信贷提供者可以单方面增加信贷便利的信用额度。

（续表）

项目	利率上限
信贷便利	每年（$RR\times2.2$）+10%
无担保信贷交易	每年（$RR\times2.2$）+20%
开发性信贷协议	
发展小企业	每年（$RR\times2.2$）+20%
低收入者信房（无担保）	每年（$RR\times2.2$）+20%
短期信贷交易	每月 5%
其他信贷协议	每年（$RR\times2.2$）+10%
偶发性信贷协议	每月 2%

根据《国家信贷管理规定》的规定，缔约费用不能超过基本债务的 15%；且国家信贷监管者必须每隔 3 年，对利率和成本因素进行审查，并向部长提出变化建议。以上对于信贷利率、费用及管理费用的具体规定是我国目前“不超过银行同类贷款利率四倍”的简易规定无法匹及的。[①]

三、我国民间立法的发展概况

（一）继续推进利率市场化改革

如本报告第一章所述，《最高人民法院关于审理民间借贷案件适用法律若干问题的规定》（法释〔2015〕18 号）的“两线三区”复核性规则体系，对放款者来说，可能是一种倒退。但该最新司法表现出来的突破陈规、锐意改革的精神，却是值得大加赞许的。法律规则的完善不可能一步到位，在社会参与、理性对话的基础上进一步修法，能逐步使法律臻于完善。再者，在每个人心目中法律“完善”的标准也是不一样的。

基于此，我们认为“两线三区”复核性规则体系应进一步完善，应本着循序渐进的原则，稳步推进利率市场化改革。

首先，应在区分长期借款和临时性的资金周转（短期借款）的基础上进行分类规制。对短期借款的利率应进一步放开。短期借贷（即借款期限累计不超过 183 个自然日的）的利率可以进一步突破利率限制。当然，如果当事人通过展期、借新还旧、利用关联人进行借贷主体转换等方法规避期限要求的，超过 183 个自然日的部分应属无效。考虑到社会的承受程度和舆论反映，利率突破的程度应以“最高利率可以达到月息 4%”（年息 48%）为宜。年息 48% 比香港“高利贷”最高可达 60% 的年息要低，比最新司法解释的年息 24% 或 36% 要高，能够更有效地反映和回应短期借贷的市场需求。因为我们在调研中发现，在经济发达地区，一些临时性的资金周转，月息 4% 的利率是可以接受的。

其次，对长期借贷，可暂遵照最高人民法院最新的司法解释，即“两线三区”规则。

最后，长远来看，“两线三区”还是应回到“一线两区”。超过界限的，一律视为“自然债

① 汪丽丽：《非正式金融法律规制研究》，法律出版社，2013 年，第 158－159 页。

务”，而不要视为“非法债务”。已经给付的利息，无权要求返还。目前，最新的司法解释将年利率超过 36% 部分的利息规定为“无效”或“非法”，其实是没有相对应的法律依据的。我国立法机关制定的有关民法、金融法、经济法、行政法等方面的法律并没有强制性规定民间借贷主体的放款利率不得超过某一比例。

由于地方立法权有限，该等突破必须由最高人民法院、国务院或中国人民银行授权。希望广州市积极争取这一授权，率先在全国试点。

同时，为了防范风险，防止社会不公，应该给突破“利率限制”的短期借款设置一定的前提条件。笔者认为主要有：

第一，资金来源条件。可遵照《最高人民法院关于审理民间借贷案件适用法律若干问题的规定》（法释〔2015〕18 号）的规定。

第二，资金用途条件。为了防止借款人“饮鸩止渴”，通过“高利贷”从事高风险的投资，应规定“借款目的是为了运用于借款人营业范围内的主业经营，而不能超出主业经营范围从事证券、期货、金融衍生品或股权投资等高风险的投资活动”。但也没有必要限制主业从事证券、期货、金融衍生品或股权投资等高风险的投资活动的企业借“高利贷”。此外，为了防止“高利贷”造成的社会不公，还应规定，借款目的不能用于借款人个人的医疗、教育、衣食住行等生活需要。这些没有还款保障的“生活需要”应该由社会保障体系来解决。

第三，合同形式条件。为了使“高利贷”浮出水面，应规定只有以地方金融监管部门示范文本签订的短期借款合同，且向地方金融监管部门或其委托的机构进行完整备案的，才能突破“利率限制”，这样也有利于有关部门掌握“高利贷”的基本情况，预防和解决纠纷，更有利于税务机关计征税款。

（二）建立对专业投资者的发行豁免机制

1. 证券法对公开发行的豁免

《中华人民共和国证券法（修订草案）》（2015 年 4 月 20 日全国人大审议版）第十六条放开了公开发行的豁免。该条的规定如下：

向下列合格投资者公开发行证券，可以豁免注册或者核准：

（1）国务院及其金融行政管理部门批准设立的金融机构或者认可的境外机构；

（2）前项规定的金融机构管理的证券投资基金以及其他投资性计划；

（3）实缴资本不低于三千万元、所持有或者管理的金融资产净值不低于一千万元的投资公司或者其他投资管理机构；

（4）实缴资本或者实际出资额不低于五百万元、净资产不低于五百万元的除金融机构以及投资管理机构以外的其他企业；

（5）年收入不低于五十万元、金融资产不少于三百万元，具有二年以上证券、期货投资经验的个人。

国务院证券监督管理机构可以根据市场情况变化，调整合格投资者的条件。这一条意味着，无论公开发行的对象数量多寡，哪怕是突破 200 人，只要发行的对象是“合资格投资者”，都可以豁免注册或者核准。换言之，未经有关部门批准，也可以向不特定社会公众发行证券，只要该社会公众是“合资格投资者”。

这一规定显然是借鉴了美国证券法，只不过对于投资者的称谓不同（美国叫“受信投资者”，我国叫“合资格投资者”[①]，资产标准不同（我国的略低）。在美国，除非使用某项“法定例外”，否则所有证券发行和证券交易都要根据《1933 年证券法》第 5 节在美国证券交易委员会进行登记。《1933 年证券法》第 5 节禁止在向美国证券交易委员会注册登记以前进行任何形式的证券销售活动，而且严格限制在注册登记生效以前的促销活动，以及禁止在注册登记生效以前完成证券交易。但它允许很多法定的例外情况。换言之，证券发行和证券交易要想豁免登记，需援引合法的例外条款。

根据美国证券交易委员会第 506 条规则，如果向“受信投资者”（accredited investors）发行证券就可以免于注册登记[②]。此外，第 506 条规则并没有限制“受信投资者”的人数。换言之，只要是向“受信投资者”发行证券，无数其数量多少，都可以免于注册登记。

对于“受信投资者”，美国证券交易监督委员会的《D 条例》（*Regulation D*）规定，“受信投资者”包括以下几种：

（1）银行、保险公司、注册的投资公司（registered investment company）、商业发展公司（business development company）和小商业投资公司（small business investment company）。

（2）美国《雇员退休收入证券法》（*Employee Retirement Income Security Act*）下的“雇员受益计划”（Employee Benefit Plan），但需要由银行、保险公司或注册的投资顾问为其进行投资决策，或者其总资产超过 500 万美元。

（3）资产超过 500 万美元的慈善组织、公司或者合伙企业。

（4）证券发行人（有限合伙企业的）的董事、执行经理（executive officer）或者普通合伙人。

（5）其权益拥有者均为“受信投资者”的商业实体。

（6）在购买证券时，其个人资产净值（individual net worth）或者与其配偶合并计算的资产净值超过 100 美元的自然人。资产净值不包括个人的主要居所。

（7）在过去的两年里，每年的收入均超过 20 万美元，或者与其配偶合并计算时均超过 30 万美元的自然人，且根据合理的预期当年能保持同样的收入水平。

（8）资产超过 500 万美元的信托，该信托并非专为认购证券发行而设立的，其投资决策是由专业人士（sophisticated person）作出的[③]。

之所以作出如此的公开发行豁免安排，其背后的逻辑是“受信投资者”能够进行自我保护而无须注册程序的假定[④]。

向“受信投资者”进行的证券发行，无论投资者的人数有多少，在美国都被称为私募发行，但在我国则可能因股东累计超过了 200 人而被称为公开发行。在判断是否属于私募发行方面，美国判例法中曾有“需求保护”标准说。“需求保护”标准指判断一个发行行为是否非公开发行时，以发行对象是否需要证券法的保护为标准。如果这些受要约人有能力自我保护，无须证券法的保护，那么向这类人的发行就是非公开发行，反之为公开发行。这一学说被后来美国证券交易监督委员会的

---

① 笔者认为，称为“专业投资者”更好。

② 此外，该规则还规定，向 35 名以下的非“受信投资者”发行证券也可以免于注册登记。

③ 邢会强：《抢滩资本 4——私募股权投资（PE）的国际惯例与中国操作指引》，中国法制出版社，2012 年，第 89 – 90 页。

④ 徐明、杨柏国：《模糊的边界：析美国证券公开发行与非公开发行之融合》，《证券法苑》，2010 年第 2 期，第 707 – 730 页。

《D 条例》所吸收。[①]

由中国证监会负责起草《中华人民共和国证券法（修改草案)》，并根据“简权放政”的原则，将上述公开发行豁免写入该法。国内学术界对此鲜有异议者，因此可以预计，该条款届时获得通过从而实施的可能性较大。

2. 公开发行豁免的冲击效应

目前，中国人民银行和银监会还未认识到该条款一旦通过，会对其捍卫的“既得利益”造成的冲击。

在法理上，“证券”是一个含义宽泛的概念。在美国，“投资合同”属于“证券”中的一种。根据“Howey Test”（豪威测试）原则，美国证券法中所谓的“投资合同”是指在一宗合同、交易或计划中，某人①利用钱财进行投资；②投资于一个共同企业；③仅仅由于发起人或第三方的努力；④期望使自己获得利润。

若依此原则，我国司法实践中存在的各种以直接融资形式（如股权、有限合伙份额、受益权凭证等）存在的非法形式行为都可以归入“发行证券”的范畴。也就是说，如果未经相关主管部门进行直接融资，都可以定性为非法发行证券。但是，正是由于《中华人民共和国证券法》即将对向专业投资者公开发行豁免的开禁，从而使得很多非法集资都可以合法化——但前提是须仅向专业投资者发行，而不能向一般的社会公众发行。

如此一来，《中华人民共和国刑法》中的很多罪名的罪状都将改变。例如，非法发行股票、债券罪，根据目前的法律和司法解释，只要发行证券的对象累计超过 200 人，不论其采取何种募集形式，发行对象是否特定，均属于公开发行证券的行为。但是，如果《中华人民共和国证券法（修改草案)》第十六条的规定得以通过，则发行证券的对象累计超过 200 人的未必构成非法发行股票、债券罪。不过，由于《中华人民共和国刑法》第一百七十九条并未具体叙明非法发行股票、债券罪的罪状，因此，这一改变只需修改证券法即可，而无须修改刑法。

此外，非法吸收公众存款罪的罪状也要改变了。因为，根据专业投资者能够自我保护的假定和法理，向累计超过 200 人的专业投资者吸收存款，国家也不必审批、干预，除非吸收存款的目的就是“非法占有”。不过，这又触及另一个罪名——集资诈骗罪。

非法吸收公众存款罪的出现，体现了鲜明的部门保护色彩，而非投资者保护色彩。

我国在制定 1979 年刑法的时候并没有规定非法吸收公众存款罪，这与我国当时实行的高度集中的计划经济体制是紧密相关的，因为这一时期经济不发达，居民手头的现金、存款很少，缺少非法吸收公众存款的土壤和客观基础。国务院于 1992 年通过的《储蓄管理条例》第八条规定：“除储蓄机构外，任何单位和个人不得办理储蓄业务。”第三十四条规定了相应的法律责任。1995 年通过的《中华人民共和国商业银行法》第十一条规定：“设立商业银行，应当经中国人民银行审查批准。未经中国人民银行批准，任何单位和个人不得从事吸收公众存款等商业银行业务，任何单位不得在名称中使用‘银行’字样。”第七十九条规定：“未经中国人民银行批准，擅自设立商业银行，或者非法吸收公众存款、变相吸收公众存款的，依法追究刑事责任；并由中国人民银行予以取缔。”这是我国法律第一次出现“非法吸收公众存款”字样，也是法律第一次对非法吸收公众存款罪进行

---

① 梁清华：《美国私募注册豁免制度的演变及其启示——兼论中国合格投资者制度的构建》，《法商研究》，2013 年第 5 期，第 144－152 页。

规制。1995 年 6 月，第八届全国人大常委会通过了《关于惩治破坏金融秩序犯罪的决定》，其中第七条明确规定："非法吸收公众存款或者变相吸收公众存款，扰乱金融秩序的，处三年以下有期徒刑或者拘役，并处或者单处二万元以上二十万元以下罚金；数额巨大或者有其他严重情节的，处三年以上十年以下有期徒刑，并处五万元以上五十万元以下罚金。单位犯前款罪的，对单位判处罚金，并对直接负责的主管人员和其他直接责任人员，依照前款的规定处罚。"1997 年刑法修订时，该内容被完全吸纳，只在个别字眼上做了更改。

一直以来，官方把非法吸收公众存款入罪理由确定为：由于这种金融活动不仅使民众的财产安全处于"风险"线上，而且这种行为严重破坏了金融管理秩序。有学者指出，如果我们把该罪侵犯的法益视为金融管理秩序，则仍然是一种金融机构中心主义，而不是金融交易中心主义，这在某种意义上强化了金融垄断主义这一市场不公现象。吸储放贷乃是商业银行的核心业务，也是商业银行盈利的基本方式。然而，承诺在一定期限内还本付息或者给付回报并不属于商业银行的专利。作为非正式金融的民间借贷通常也会采行该方式。刑法把一些正常的民间金融活动纳入犯罪范畴不仅是无效果的，而且有害，它必然导致对金融垄断主义的强化，不利于国民经济的健康发展。①

还有学者指出，在我国市场经济建设为中心的时代背景下，非法吸收公众存款罪可休矣！对于"行为人往往不具有商业银行那样的资金实力，在运行过程中缺乏完善的管理、监督机制，其承担风险的能力极弱，根本无法保证供款人资金的安全和利益"的说法，该学者认为，这完全是一种"欲加之罪，何患无辞"的做派，充满了"权力话语"。② 因为政府不应，也从来没有这样的义务和能力去保证民众投资必定有回报。

当然，我们不完全赞同以上学者的主张。我们认为，从保护公众投资者的角度看，向社会公众公开发行证券和存款（单），应经国家有关部门审批。但是如果该投资者是专业投资者，由于不存在信息不对称和实力不对等，或信息不对称和实力不对等不甚严重，因此，国家无须介入、干预，而应该建立豁免机制。

3. 突破建议：建立对专业投资者的发行豁免机制

建议广州市民间集资立法能够明确规定，向不超过 200 名合资格投资者集资或者向超过 200 名专业投资者集资的，本地公安部门和监管机构在处理时不以非法集资论处。

需要说明的是，"合资格投资者"的标准比"专业投资者"的标准低。同时符合以下条件的投资者为本办法所规定的合资格投资者：

（1）自有金融资产一百万元以上的自然人或者净资产五百万元以上的企业和其他组织；

（2）具备相应的金融基础知识和风险识别能力。

同时符合以下条件的投资者为本办法所规定的专业投资者：

（1）国务院及其金融行政管理部门批准设立的金融机构或者认可的境外机构；

（2）前项规定的金融机构管理的证券投资基金以及其他投资性计划；

（3）实缴资本不低于三千万元、所持有或者管理的金融资产净值不低于一千万元的投资公司或者其他投资管理机构；

---

① 姜涛：《非法吸收公众存款罪的限缩适用新路径：以欺诈和高风险为标准》，《政治与法律》，2013 年第 8 期，第 52－61 页。

② 申纯：《非法吸收公众存款罪的存废》，《科学教育家》，2007 年第 12 期，第 169－170 页。

(4) 实缴资本或者实际出资额不低于五百万元、净资产不低于五百万元的除金融机构以及投资管理机构以外的其他企业；

(5) 年收入不低于五十万元，金融资产不少于三百万元，具有二年以上证券、期货投资经验的个人。

地方金融管理部门可以根据市场情况变化，调整专业投资者的条件。

这一突破，不仅突破了公开发行证券的现有规则，也突破了非法吸收公众存款的现有规则，而其背后的法理是一脉相承的，体现了对投资者利益的保护而非对部门利益的保护。

（三）为民间融资提供“安全港规则”

在建立对专业投资者的发行豁免机制的基础上，建立广州市民间融资立法进一步明确民间融资的“安全港规则”，从而为区分合法的民间融资和非法集资树立明确的法律标准。

同时符合以下条件的集资行为，本地公安部门和监管机构在处理时，不以非法集资论处：

(1) 向不超过 200 名合资格投资者集资或者向超过 200 名专业投资者集资的。

(2) 集资方账务健全、规范、完整，符合国家财务会计制度，每年均经会计师事务所审计，按照工商登记管理机关的规定进行公示，并向地方金融管理部门或者其委托的民间融资公共服务机构备案。

(3) 募集资金主要用于生产经营活动而非集资方成员的消费及生活。

(4) 不存在代持协议，并依本办法的规定进行完整备案。

这一突破，既满足了民间融资的需求，又不至于造成对社会稳定的冲击。当然，集资人必须严格执行合资格投资者制度和专业投资者制度，不能为了迅速集资而造假。因此，有必要规定投资者标准的证明以及相应的法律责任：投资者应当配合融资方或其代理人进行的投资者适当性管理工作，如实提供申报材料；融资方或其代理人只有在确信投资者提供的材料真实的情况下，才能向符合本办法规定的合资格投资者或专业投资者集资；融资方或其代理人教唆投资者造假的，或与投资者串通造假的，不得援引本办法所规定的安全港规则；给投资者造成损失的，应当承担民事赔偿责任。

（四）尤其强调对老年投资者的保护

针对非法集资中上当受骗者多为老年人的现象，建议本办法对老年人出借资金、进行第三方理财实施更加严格的监管。

一方面，建议对向老年人筹资进行严格监管，即规定：任何个人、企业或组织向年满 60 周岁的投资者筹借资金用于经营，或吸引其从事投资活动的，金额在 5 万元以上的，应向该投资者充分揭示风险，并向其交付相关合同、风险揭示书等，并按本办法的规定进行备案。未备案的，一经查处，由地方金融管理部门或者其委托的民间融资公共服务机构在“风险提示榜”上进行警示。累计未备案五例以上的，由地方金融监督管理机构对其进行监管谈话；情节严重的，处一万元以上，十万元以下罚款。

另一方面，建立首创“老年金融理财公司”，即提倡和鼓励自然人、法人和其他组织设立老年金融理财公司，为老年人提供理财、养老等综合服务。老年金融理财公司除应遵守本办法有关规定外，还应遵守以下规定：①向老年人提供的理财服务等的年化收益率应与同期银行存款利率持平。②定期或不定期地向老年人提供一定的郊游、文娱、心理咨询、讲座等活动。设立老年金融理财公司，向地方金融监督管理机构或其委托的机构备案的，财政、国土等部门给予一定的扶持政策，具体办法另行制定。

本文由中央财经大学课题组供稿。课题组组长：邢会强、曹明星。课题组成员：朱玲、李雪梅、马锦春、闫若冰、莫文艳、郭超群。(2015 年)

我国征信机构业务的法律风险及应对机制研究

第一节 征信业务的法律关系分析

征信公司在开展征信业务的过程中涉及信息主体、信息提供者及信息使用者等不同法律主体，而且同一当事人在不同情形集信息主体、信息提供者及信息使用者于一身。这些错综复杂的法律关系给征信公司的业务活动带来许多风险。分析和把握这些法律关系的性质，明确征信公司在这些法律关系中的权利与义务是征信公司规避风险的关键。

一、征信公司与信息主体之间的法律关系

"信息主体"是在《条例》中新采用的一个法律主体称谓，但是《条例》及《征信机构管理办法》（简称《办法》）等均未界定"信息主体"的含义与范围。《条例》第十三条及第十七条规定，采集个人信息应当经信息主体本人同意，个人信息主体有权每年两次免费获取本人的信用报告。依据以上规定，可见信息主体不仅限于个人，还应当包括企业。从理论上分析，信息主体可以被界定为：其信用信息被征信公司依法收集、整理、保存、加工，并据此对外提供信用报告、信用评估、信用信息咨询等服务的个人与企业等。因此，征信公司与信息主体之间的法律关系是一种平等主体之间的民事法律关系，具体而言，依据民事法律关系产生的不同原因，可以分为合同关系与侵权关系。征信公司与信息主体之间的合同关系基于二者的协议而产生。此种协议可以分为明示同意的协议与默示同意的协议。前者是经信息主体本人明确同意采集的信息；后者如依据《条例》第十三条的规定，法律、行政法规规定公开的个人信息不经本人同意，征信公司就可以采集。至于征信公司与信息主体之间的侵权关系，主要是指征信公司在开展征信业务过程中侵犯信息主体的合法权益所产生的法律关系。

二、征信公司与信息提供者之间的法律关系

《条例》第四十四条规定："信息提供者，是指向征信机构提供信息的单位或个人，以及向金融信用信息基础数据库提供信息的单位。"《条例》第二十一条规定："征信机构可以通过信息主体、企业交易对方、行业协会提供信息，政府有关部门依法已公开的信息，人民法院依法公布的判决、裁定等渠道，采集企业信息。"依据上述规定，信息提供者包括企业、行业协会、政府有关部门及法院等。从信息收集的角度看，征信公司与信息提供者之间的法律关系的性质并不一致：征信公司与企业、行业协会之间的信息采集关系是一种合同关系；征信公司与政府有关部门及法院之间的信息采集关系则是涉及政府信息公开的一种公法关系。

政府部门应当依法为征信公司提供信息。《社会信用体系建设规划纲要（2014—2020 年）》明

确要求要“推进信用信息的交换与共享”。《社会信用体系建设规划纲要（2014—2020）》中规定：“依法推进政务信用信息系统与征信系统间的信息交换与共享。发挥市场激励机制的作用，鼓励社会征信机构加强对已公开政务信用信息和非政务信用信息的整合，建立面向不同对象的征信服务产品体系，满足社会多层次、多样化和专业化的征信服务需求”。工商管理、质量技术监督、食品药品监管、公安、农业（农林、农牧、农林渔业、畜牧兽医、渔业）、商务（经贸）、工信、知识产权、卫生、环保、税务等行政机关都是征信公司的重要信息提供者，这些机关根据现有的法律，也负有信息公开的法定义务。如《中华人民共和国食品安全法》第八十二条规定，国务院卫生行政部门统一公布重大食品安全事故及其处理信息，县级以上农业行政、质量监督、工商行政管理、食品药品监督管理部门依据各自职责公布食品安全日常监督管理信息。2013 年 11 月 20 日国务院常务会议通过关于依法公开制售假冒伪劣商品和侵犯知识产权行政处罚案件信息的意见，除涉及商业秘密和个人隐私外，适用一般程序查办的假冒侵权行政处罚案件信息应当主动公开。执法机关要在作出处罚决定或处罚决定变更之日起的规定时间内，依法公开案件信息，包括违法违规的主要事实、处罚种类、依据和结果等，做到公开透明，并及时回应社会关切。将行政处罚案件信息纳入社会征信体系，使假冒侵权者因信用不良“处处受限”。《中华人民共和国税收征收管理法》第四十五条第三款规定，税务机关应当对纳税人欠缴税款的情况定期予以公告；《中华人民共和国税收征收管理法实施细则》第七十六条规定，县级以上各级税务机关应当将纳税人的欠税情况，在办税场所或者广播、电视、报纸、期刊、网络等新闻媒体上定期公告。国家税务总局为了贯彻《政府信息公开条例》，在 2008 年 4 月印发了关于税务机关信息公开的系列文件：《国家税务总局政府信息公开指南》《国家税务总局政府信息公开目录》《国家税务总局依申请公开政府信息工作规程》《国家税务总局政府信息公开保密审查办法》等。其规定公开事项中跟企业信用信息有关的主要有：行政许可规定、非许可审批及税务稽查情况中的重大涉税案件公告。依据《国家税务总局依申请公开政府信息工作规程》，除按照国家税务总局政府信息公开目录主动公开的政府信息外，信息公开权利人可以根据自身生产、生活、科研等需要，向国家税务总局申请获取相关政府信息。除依据《政府信息公开条例》及《国家税务总局政府信息公开保密审查办法》及其他法律、法规规定免予公开的以外，凡与经济、社会管理和纳税服务等相关的政府信息，国家税务总局均应依申请予以提供。下列依申请公开的政府信息，经审查后，不予公开：①属于国家秘密、商业秘密或者公开后可能导致个人合法权益受到损害的信息；②国家税务总局内部研究、讨论或审议过程中的信息；③国家税务总局内部文件；④公开后可能影响税收调查、取证和检查等税收执法活动的信息；⑤法律、法规及有关规定禁止公开的其他政府信息。

从信息使用的角度看，征信公司与信息提供者之间的法律关系主要是指：当信息提供者非依法提供信息主体的不良信息给信息主体合法权益造成损害时，征信公司是否需要对信息提供者的行为承担连带责任。

三、征信公司与信息使用者之间的法律关系

《条例》第四十四条规定：“信息使用者，是指从征信机构和金融信用信息基础数据库获取信息的单位和个人。”信息使用者可能是信息主体本人，也可能是信息主体之外需要获取信息主体信息的单位或个人。鉴于征信公司是依据《中华人民共和国公司法》及《条例》设立的主要经营征信业务的机构，以营利为目的，故其与信息使用者之间的法律关系是一种有偿的金融服务合同关系。

不过也有例外，《条例》第十七条规定："信息主体可以向征信机构查询自身信息。个人信息主体有权每年两次免费获取本人的信用报告。"此种情形下二者之间是一种无偿合同关系。

第二节　征信业务面临的法律风险

一、信息采集的法律风险

1. 侵害个人隐私信息的潜在风险

由于征信信息的采集可能涉及个人隐私信息，可能会因为采集了公民个人的非公开信息而侵犯个人的隐私权，由此承担侵权责任。美国的《公平信用报告法》在其一开始就规定信用报告"应该明确保护消费者报告机构公平、中立地履行其职责，并尊重消费者的隐私权"。《欧盟数据保护指令》第一条明确规定："为与本指令相一致，成员国应当保护自然人的基本权利和自由，特别是他们与个人数据处理相关的隐私权。"

《中华人民共和国侵权责任法》明确将隐私权纳入了保护范畴，2013 年修订的《中华人民共和国消费者权益保护法》第十四条规定了消费者享有个人信息依法得到保护的权利。《条例》第三条规定从事征信业务及相关活动不得侵犯个人隐私。《条例》第十四条规定："禁止征信机构采集个人的宗教信仰、基因、指纹、血型、疾病和病史信息以及法律、行政法规规定禁止采集的其他个人信息。征信机构不得采集个人的收入、存款、有价证券、商业保险、不动产的信息和纳税数额信息。但是，征信机构明确告知信息主体提供该信息可能产生的不利后果，并取得其书面同意的除外。"《条例》第十四条将隐私信息分为绝对隐私信息和相对隐私信息，前者如宗教信仰、基因、指纹、血型、疾病和病史信息等信息，对于这类信息禁止征信机构以任何理由、任何形式采集；而对于相对隐私信息，如个人的收入、存款、有价证券、商业保险、不动产的信息和纳税数额信息等信息，在征得信息主体同意的前提下，可以按照一定的程序和方式纳入征信系统。不过，需要注意的是，该条规定对于个人信息的保护范围远远小于民法的隐私权保护范围。

（1）他国关于个人信息保护的立法模式。

各国立法对于个人信息的保护主要采取两种模式：一是制定单独的个人信息保护法，可称为综合立法模式；二是通过不同法律来保护个人信息，可称为分别立法模式。综合立法模式在欧洲大陆具有普遍性，已经有 20 多个国家和地区制定了个人信息保护法，德国最为典型。德国联邦议会自 1970 年起开始着手制定《联邦个人资料保护法草案》，最后于 1976 年通过并于 1977 年生效，该法的正式名称是《联邦数据保护法》，人们习惯将其称为《个人资料保护法》，该法第一次系统地、集中地保护个人信息，并彰显出其民事权利的属性。分别立法模式以美国为代表，即在各个行业分别制定有关个人信息保护的法律规则、准则，而不制定统一的个人信息保护法律。迄今为止，美国尚未制定统一的个人信息保护法，在对个人信息的保护，主要是依靠市场和行业自律实现。不过，在对于个人信息和隐私的关系方面，美国法律采取了以隐私统一保护个人信息的模式。美国在 1974 年制定了《隐私法》，该法是针对联邦行政机构的行为而制定的，并着力于各类信息的采集、持有、使用和传输，该法以隐私权保护为基础，通过隐私权对个人信息加以保护。

（2）我国关于个人信息保护的相关规定及理论主张。

我国现行法律体系中有关个人信息保护的规定主要有：①《中华人民共和国民法通则》实施以来的人格权立法，通过一般人格权与具体人格权的保护体系可以对个人信息给予保护，例如通过隐私权或一般人格权来保护个人信息。②《条例》第三条的规定。③2012 年全国人大常委会颁布的《加强网络信息保护的决定》规定：国家保护能够识别公民个人身份和涉及公民个人隐私的电子信息；网络服务提供者和其他企业事业单位在业务活动中收集、使用公民个人电子信息，应当遵循合法、正当、必要的原则，明示收集、使用信息的目的、方式和范围，并经被收集者同意，不得违反法律、法规的规定和双方的约定收集、使用信息。④2013 年修订的《中华人民共和国消费者权益保护法》第十四条规定："消费者在购买、使用商品和接受服务时，享有人格尊严、民族风俗习惯得到尊重的权利，享有个人信息依法得到保护的权利。"

就理论分析而言，个人征信信息的采集与隐私权的保护之间存在一定的现实冲突，平衡这种冲突的立法选择最终取决于私人利益与个人利益的平衡。鉴于我国现行征信立法[①]仅有的几个有关个人信用信息保护的规定远远滞后于现实需求，还没有实现征信专门立法与一般性的民法保护之间的协调，因此我国征信公司不仅要依据《条例》采集个人信用信息，而且需要注意民法及其他法律对于个人信息保护的相关规定。

2. 侵害企业商业秘密及企业商誉的潜在风险

依据《条例》第二十一条第一款的规定，征信公司采集企业信用信息的渠道主要有：企业信息主体自身提供；企业交易对方提供；企业所在行业协会提供；政府有关部门依法公开及法院公布的判决。同时，征信机构不得采集法律、行政法规禁止采集的信息。如属于商业秘密的企业经营信息和技术信息就不在征信公司的信息采集范围内。这就需要征信公司在信息采集的过程中依法对企业信息予以判断。由于《中华人民共和国反不正当竞争法》对于商业秘密的立法采取的是概括性规定——"指不为公众所知悉、能为权利人带来经济利益、具有实用性并经权利人采取保密措施的技术信息和经营信息"，这就给征信公司的判断带来较大的法律挑战。又如征信公司在采集行政执法部门对企业的行政处罚信息时，若采集的信息不准确可能会对企业商誉造成损害。

3. 采集行政机关及司法机关提供信息方面的潜在风险

行政机关与司法机关是征信公司采集信息尤其是采集企业信息的重要来源。征信公司通过该渠道采集的主要风险表现为信息量极少、信息不全面、信息不及时与信息不准确等。

由于我国政府信息公开程度太低，《政府信息公开条例》等相关法律规定操作性不强，使得征信公司通过该渠道所能获得的信息量非常少。尽管依据行政法原理，上述行政机关未依法公开信息，征信公司可以依据《政府信息公开条例》申请行政机关公开，但是不一定能够获得行政机关的同意，因为《政府信息公开条例》规定应当公开的信息范围弹性非常大，即使征信公司提起诉讼也不一定能够胜诉，而且那样对于征信公司的信息采集来说也是得不偿失。在 2009 年广州市"职业打假人"诉广州市工商局信息公开案例中，徐大江要求工商局提供 2008 年 1 月 1 日至 2009 年 5 月 5 日期间对流通领域（商场、超市、百货大楼）的所有行政处罚决定书。工商局的《政府信息不予公开告知书》认为，徐大江不是行政处罚相对人，所以不告知相关处罚决定书内容。广州市中院审理后认为，首先，徐大江要求公开的行政处罚决定书的内容不属于广州工商局应当主动向处罚决定

① 现行全国性的征信立法仅有属于行政法规的《条例》以及部门规章的《办法》。

相对人以外人员公开的政府信息范围；其次，徐大江在向广州工商局提交的《政府信息公开申请书》中仅表示要求公开上述行政处罚决定书的内容是为了了解该局对流通领域的行政执法力度，但徐大江并没有合理说明或提供证据证明其申请获取上述行政处罚决定书的内容是根据其自身生产、生活、科研等特殊需要。广州工商局决定不予公开徐大江申请的行政处罚决定书内容，依法有据。

公共选择理论早就表明，行政机关及司法机关尽管代表国家利益与社会公共利益，但是实际上也有着现实的利益诉求，其政府信息公开行为也是一种理性的经济人的行为。在法律没有作出强制性的公开要求之前，这些部门自然缺乏主动向行政处罚、行政强制及司法活动等直接对象之外的第三人公开信息的积极性，更缺乏向征信公司传递信息的义务。随着中央政府推行政府信息公开力度的不断加强，政府各部门信息公开的范围会逐渐扩大，但是信息的及时性与全面性尚难以保障。而且，《条例》并没有规定政府各部门作为信息提供者所负有的保障信息准确的义务。

二、信息存储的法律风险

2012 年 1 月，亚马逊旗下美国电子商务网站 Zappos 遭到黑客网络攻击，2400 万用户的电子邮件和密码等信息被窃取。2012 年 3 月，央视“3·15”晚会曝光招商银行员工、中国工商银行员工、中国农业银行员工以一份十元到几十元的价格大肆兜售个人征信报告、银行卡信息，导致部分用户银行卡账号被盗。这些典型的数据信息泄密事件凸显了网络时代征信公司在信息存储方面存在的现实风险，也表明征信公司应当切实采取措施保障其所采集信息的安全。为了防范征信公司在信息保存方面的风险，征信机构应当按照国家信息安全保护等级测评标准，对信用信息系统的安全情况进行测评；征信机构信用信息系统安全保护等级为二级的，应当每两年进行测评；信用信息系统安全保护等级为三级及以上的，应当每年进行测评。

《办法》第三十一条规定，征信机构出现可能发生信息泄露征兆的，将会受到中国人民银行及其分支机构的重点监管。

三、信息使用的法律风险

《条例》对征信公司在信息使用方面规定了较多的义务，征信公司如果不能履行这些义务就要承担相应的法律责任。此即征信公司在信息使用方面所面临的主要法律风险。

（1）遵循信息主体书面同意才提供查询的义务。信息使用者需要向征信公司查询个人信息的，征信公司只有在信息使用者取得了信息主体本人的书面同意并约定用途的前提下才能提供查询服务，除非法律规定可以不经同意查询。征信公司违反上述规定提供查询服务给信息主体合法权益造成了损害的，应当承担侵权责任。

（2）格式合同的提示说明义务。在实践中，征信公司往往与信息提供者、信息使用者采用格式合同条款取得个人信息主体的同意。此种做法确实能够提高效率，但是需要注意防范相应的法律风险。因为《中华人民共和国合同法》《中华人民共和国消费者权益保护法》及《条例》等相关法律法规都明确规定了作为格式合同提供方的征信公司，负有提示说明义务，即应当在合同中作出足以引起信息主体注意的提示，并按照信息主体的要求作出明确说明。

（3）征信公司工作人员的依法依规查询与保密义务。征信公司应当明确规定其工作人员查询个人信息的权限与程序，并对查询情况进行登记。工作人员不得违反规定的权限和程序查询信息，不得泄露工作中获取的信息。

（4）相对保障信息准确性的义务。征信公司应当采取合理措施，确保其提供信息的准确性。需要明确的是，这并未规定征信公司绝对负有保障其所提供信息准确的义务，只是一种相对性的义务，即只要尽到了采取合理措施的义务即可。

（5）禁止关联信任报告的问题。由于征信活动存在道德风险，我国有些地方性的征信规定，如江苏、上海及浙江等地的征信规定明确禁止关联信用报告。《上海市企业信用征信管理试行办法》第十三条规定："征信机构与被征信企业存在资产关联或者其他利害关系，可能影响征信活动公正性的，征信机构不得提供有关该企业信用状况的征信产品。"尽管后来制定的《条例》及《办法》没有明确规定征信机构禁止出具关联信用报告的义务，但是从法理上分析，为克服征信活动的道德风险，防范金融风险和维护金融稳定，征信公司理应承担此义务。此外，尽管征信立法没有赋予其义务，但是从公司法上的关联交易规定也可以推断出征信公司应当承担此义务。

第三节　信用信息异议与不良信息方面的法律风险

一、信用信息异议的典型案例

所谓信用信息异议是指信息主体认为征信机构采集、保存、提供的信息存在错误、遗漏的，向征信机构或者信息提供者提出异议，要求更正。

案例1：李某2001年6月在当地信用社贷款2万元，于2003年5月偿还。2010年，李某在办理贷款时，信用记录显示该笔贷款尚未归还，李某提出异议。信用社回复，该贷款历时已久，无法查清是否归还。该异议信息至今未更正。

案例2：胡某2010年7月在工行某网点为他人一笔10万元贷款作了担保。2010年11月，胡某在查询个人信用记录时，显示个人信用记录中有两笔10万元担保贷款。据查，其中有一笔为担保信息重复报送。

二、信息主体的信息异议权与征信公司的核查义务

《条例》第二十五条已经赋予了信息主体以异议权，同时对征信公司赋予了核查义务。征信公司收到异议后，应当按照国务院征信业监督管理部门的规定对相关信息作出存在异议的标注，自收到异议之日起20日内进行核查和处理，并将结果书面答复异议人。经核查，确认相关信息确有错误、遗漏的，征信公司应当予以更正；确认不存在错误、遗漏的，应当取消异议标注；经核查仍不能确认的，对核查情况和异议内容应当予以记载。

三、不良信息的法律风险

1. 不良信息的含义及其风险

不良信息是指对信息主体信用状况构成负面影响的下列信息：信息主体在借贷、赊购、担保、租赁、保险、使用信用卡等活动中未按照合同履行义务的信息，对信息主体的行政处罚信息，人民法院判决或者裁定信息主体履行义务以及强制执行的信息，以及国务院征信业监督管理部门规定的

其他不良信息。由于不良信息对于信用主体的信用状况具有负面影响，一旦征信公司在采集或提供不良信息时违反法律规定，就极有可能因侵权被信用主体起诉。

2. **典型案例**

1995 年 11 月，客户张先生在济宁某银行申请办理准贷记卡一张。1996 年 1 月 17 日上午，张先生在济南遭歹徒抢劫，准贷记卡和身份证一起被抢。1 月 18 日上午 10 时，张先生在济南办理了紧急挂失手续。后该张准贷记卡签购单显示，1 月 17 日该卡发生消费 4 笔，总金额 8300 元；1 月 18 日消费 3 笔，总金额 5889 元；10 月 16 日又发生交易 1 笔，总金额 2558.3 元，金额合计 1.6 万余元。上述款项一直未予归还，由于逾期被银行转为个人不良贷款。2009 年初，张先生在向银行申请贷款时被告知本人存在不良信用记录，1.6 万余元贷款已逾期 12 年未还，本息合计已达 3.7 万余元，属于较为严重的不良记录，由于此记录的存在张先生无法办理新的贷款。张先生认为自己与银行之间并无上述借贷关系，与银行多次交涉未果。2010 年 3 月，张先生将该银行诉至人民法院。原告认为，被告的行为使其名誉权受损，导致其在银行系统信誉大大降低，并造成经济损失和精神损害，依法应承担民事责任。原告请求法院判令被告停止侵害，消除原告不良信用记录，并向原告公开赔礼道歉；赔偿原告精神损害抚慰金 2 万元，经济损失 136188 元。

3. **征信公司有关不良信息的主要义务**

①依法保存不良信息的义务。依据《条例》，征信公司对于个人不良信息的保存期限，自不良行为或者事件终止之日起为 5 年；超过 5 年的，应当予以删除。但是，对于企业信息主体的不良信息的保存期限，《条例》未作明确规定，需要立法进一步完善。②记载说明义务。在不良信息保存期限内，信息主体可以对不良信息作出说明，征信机构应当予以记载。

第四节　征信公司可能承担的法律责任

一、民事责任

总体而言，征信公司因为采集、整理、分析和使用征信信息等行为侵犯信息主体的隐私、信用、商业秘密或商誉，应当承担侵权责任；征信公司向信息使用者提供不准确、不符合约定的信用信息，应当承担违约责任。但是，由于征信业务具有较强的公益性，为了降低征信公司的执业风险，促进征信业的发展，各国法律在征信公司民事责任的归责原则、损失赔偿及举证责任承担等方面的制度设计上具有特殊性。[①]

1. **征信公司侵权责任的构成要件**

一般侵权责任具有四个构成要件：一是加害人实施了侵害行为；二是侵害行为对受害人造成损害结果；三是加害人对其侵害行为具有主观过错，包括故意与过失；四是侵害行为与损害结果之间具有因果关系。征信公司要对其征信业务活动承担侵权责任也需要具备以上四个构成要件。《条例》

---

① 对于信息使用者承担的违约责任，征信公司依据合同法即可确定，体现征信公司民事责任特殊性的主要是侵权责任方面。

第三十八条规定，征信公司具有下列情形，给信息主体造成损害的，依法承担民事责任：①窃取或者以其他方式非法获取信息的；②采集禁止采集的个人信息或者未经同意采集个人信息的；③违法提供或者出售信息的；④因过失泄露信息的；⑤逾期不删除个人不良信息的；⑥未按照规定对异议信息进行核查和处理的；⑦违反征信业务规则，侵害信息主体合法权益的其他行为。依据《条例》的上述规定，征信公司对其征信活动承担侵权责任的主观要件是故意与过失。

在《条例》之前的地方征信立法中，对于征信公司主观要件的要求并不一致。《湖南省企业信用管理办法》第 51 条规定："信用信息提供人、被征信企业或个人因故意或重大过失向征信机构提供虚假或伪造的信用信息；或信用信息使用人违法使用企业或个人信用信息，侵犯企业合法权益或个人隐私，给当事人造成损失的，依法承担民事责任。"该办法采取的是故意主义与重大过失原则。四川、浙江、湖北及上海等省、市的做法与湖南省类似。有的地方性规章如《苏州市企业信用信息管理办法》却并不对主观要件进行考察，而注重结果，实行严格责任原则。《海南省人民代表大会关于加强信用建设的决定》规定："征信、评估机构提供、披露虚假或者失实的信用信息，造成公民、法人和其他组织名誉损害、经济损失的，应当依法承担民事责任。"

《广东省企业信用信息收集与公开管理规定》第三十三条规定："信用信息服务单位及其工作人员违反规定擅自披露或者泄露涉及商业秘密和个人隐私的企业信用信息，或者擅自对企业信用信息进行修改、删除的，由信息化主管部门责令改正；造成严重后果的，依法给予行政处分；构成犯罪的，依法追究刑事责任。"尽管该条没有规定民事责任，但并不意味着广东省的征信机构无须对其征信活动中的侵害行为承担侵权责任。

2. 征信公司与信息提供者之间的责任分担

（1）《条例》发布之前的地方性立法规定。在《条例》发布之前的地方性立法中，关于征信公司与信息提供者之间的责任分担模式有三类。

第一类，信息源责任。许多地方性规章实际上是在明确信息提供人义务的基础上加以确定的，绝大多数地方立法中都明确要求信息提供人保证信息的合法性、真实性。如《深圳市企业信用信息管理办法》第十六条规定："提供信息单位对其向信用中心提供的信息的真实性负责；提供信息单位为政府机关的，其所提供的信息直接来源于企业的，信息的真实性由企业负责；评估机构对其自行征集的信息的真实性负责。"

第二类，试图区分信息提供人和征信机构之间的责任。如海南、辽宁的规定在界定信息提供人和征信机构责任的时候，对信息提供人的义务性要求为"合法性、真实性"，而将征信机构义务表述为"原始性、准确性"要求，但是"原始性、准确性"要求的内涵与"合法性、真实性"要求的内涵在客观上很难分清，从而则无法界定双方的民事责任。

第三类，征信机构负有核实责任与不良信息纠正责任。即要求征信机构对被评估人信用信息承担核实义务，并保证信息的"真实性和合法性"，不履行核实义务且给信息主体合法权益造成了损害，将被追究侵权责任。所谓不良信息纠正责任，即通过赋予征信机构的不当信息纠正义务来保护被征信人的信息权，征信公司不履行不良信息纠正义务且给信息主体权益造成了损害的，将被追究侵权责任。

（2）《条例》关于征信公司与信息提供者之间的责任分担。《条例》第三十二条要求征信机构保障其提供信息的准确性。《条例》第二十六条第三款规定："信息主体认为征信机构或者信息提供者、信息使用者侵害其合法权益的，可以直接向人民法院起诉。"《条例》在"法律责任"章的第四十一条规定："信息提供者违反本条例规定，向征信机构、金融信用信息基础数据库提供非依法公开的个人不良信息，未事先告知信息主体本人，情节严重或者造成严重后果的，由国务院征信业监督管理部门或者其派出机构对单位处2万元以上20万元以下的罚款；对个人处1万元以上5万元以下的罚款。"从以上规定来看，《条例》尚未对征信公司与信息提供者之间的责任划分作出明确的规定，甚至都没有在"法律责任"章中像第三十八条所规定的征信机构承担侵权责任的具体情形那样，规定信息提供者应当对哪些行为承担责任。

3. **信用报告的法律性质及其责任分担**

在征信机构所提供的征信产品中，信用报告是其核心产品，可以分为个人信用报告与企业信用评级报告。鉴于信用报告在金融业活动中的广泛运用及其对信息主体金融活动的重大影响，尤其是美国次贷危机中世界三大信用评级机构的糟糕表现，社会要求信用评级机构对其信用报告承担法律责任的呼声日渐高涨。而要求其承担法律责任的关键是如何确认信用报告的法律性质。美国早期的司法案件中，评级机构被成功起诉过的案件非常少。这主要是因为信用评级机构被定义为"新闻业者"，而评级结果被当作一种"意见"，从而受到了美国宪法第一修正案对新闻出版与言论自由的保护。但是评级机构在实践中扮演的角色与"新闻业者"并不一致：评级机构从发行人（信息使用者）处获得报酬，积极参与金融产品的交易，并且其评级被诸多法律当作一种"基准"或监管许可。美国法院鉴于这些因素不再对信用评级机构给予美国宪法第一修正案的保护，而使其承担应有的责任。

《条例》第二十三条第二款规定："征信机构提供的信息供信息使用者参考。"该规定实际上是对《条例》之前的地方性立法的总结与提升。2002年《深圳企业信用管理办法》第三十七条规定："评估机构作出的信用评估报告仅供报告使用人参考。"深圳的规定成为后来很多地方性立法的参考。如《上海市个人信用征信管理办法》第十七条规定："征信机构提供的个人信用报告和个人信用评估，仅作为用户判断被征信个人信用状况的参考依据。"从比较法上考察，我国地方性立法及《条例》中的上述规定可以溯源至美国早期基于其宪法第一修正案对信用评级机构的保护。但是，征信公司对信息的告知已经超出了"参考"或"建议"的内涵，事实上已成为信息使用者作出某种决定的重要依据之一，对于信息主体的利益影响巨大。因此，一概否定征信公司不承担提供错误信用报告的责任，不仅缺乏正当性，而且将导致相关权利人的权益得不到保障。征信公司在提供信用报告时应当充分认识到其可能承担责任的风险。

二、行政责任

《条例》规定，征信公司因为上述风险承担行政责任的情形及具体的行政责任形态如下。

（1）未经批准，擅自设立经营个人征信业务的征信机构或者从事个人征信业务活动的，由国务院征信业监督管理部门予以取缔，没收违法所得，并处5万元以上50万元以下的罚款。

（2）未依法设立征信机构分支机构、未依法合并或者分立、变更注册资本、变更出资额的，令限期改正，对单位处2万元以上20万元以下的罚款；对直接负责的主管人员和其他直接责任人员给予警告，处1万元以下的罚款。

（3）征信机构有下列情形之一的，责令限期改正，对单位处5万元以上50万元以下的罚款；对直接负责的主管人员和其他直接责任人员处1万元以上10万元以下的罚款；有违法所得的，没收违法所得：①窃取或者以其他方式非法获取信息；②采集禁止采集的个人信息或者未经同意采集个人信息；③违法提供或者出售信息；④因过失泄露信息；⑤逾期不删除个人不良信息；⑥未按照规定对异议信息进行核查和处理；⑦拒绝、阻碍国务院征信业监督管理部门或者其派出机构检查、调查或者不如实提供有关文件、资料；⑧违反征信业务规则，侵害信息主体合法权益的其他行为。经营个人征信业务的征信机构有上述所列行为之一，情节严重或者造成严重后果的，由国务院征信业监督管理部门吊销其个人征信业务经营许可证。

三、刑事责任

征信公司因为上述风险可能承担刑事责任的情形主要规定在《中华人民共和国刑法》（2009 年修正）中。《中华人民共和国刑法》（2009 年修正）第二百五十三条规定：国家机关或者金融、电信、交通、教育、医疗等单位的工作人员，违反国家规定，将本单位在履行职责或者提供服务过程中获得的公民个人信息，出售或者非法提供给他人，情节严重的，处三年以下有期徒刑或者拘役，并处或者单处罚金。窃取或者以其他方法非法获取上述信息，情节严重的，依照前款的规定处罚。单位犯前两款罪的，对单位判处罚金，并对其直接负责的主管人员和其他直接责任人员，依照各款的规定处罚。征信公司作为国家核准的从事征信业务的金融机构，征信公司及其工作人员具有上述刑事违法行为的，构成侵犯公民个人信息罪犯罪，应当依据上述规定追究刑事责任。

不过，《中华人民共和国刑法》（2009 年修正）的上述规定也存在一定局限性。首先，对于单位范围的限定过于狭窄，仅仅将侵犯公民个人信息罪的主体限定于国家机关或者金融、电信、交通、教育、医疗等单位的工作人员，这一规定并不能完全涵盖目前种类众多的信用征集机构。其次，将受到侵害的“公民个人信息”仅限于在履行职责或提供服务过程中获得的公民个人信息，范围过于狭窄。如果不是在履行职责或提供服务过程中获得的公民个人信息，并不适用这一规定，这会使许多信用征集机构利用该漏洞逃避责任。再次，“非法提供”的概念也比较模糊，因为我国相关信用信息的法律规定并未完全明确合法提供的类型，因此“非法提供”就难以在实践中明确适用。最后，该条规定仅限于保护公民个人信息，对于企业信用信息保护并不适用，而企业信用信息的保护同样重要而迫切。

第五节　征信公司防范和化解风险的措施建议

随着《条例》与《办法》的实施，我国征信业将会迎来一个新的发展高潮。广州民间金融街推动成立征信公司可谓正当其时。不过，机遇总是与挑战并存，在我国征信法律制度尚未全面建立、征信业赖以生存与发展的社会信用信息公开仍举步维艰的大环境下，征信公司在日常业务中所面临的上述风险无疑是高悬在征信公司头顶的达摩克利斯之剑。综上所述，笔者以为，征信公司可以从以下几个方面采取切实的措施来防范和化解上述风险。

一、建立并执行合法的信息采集机制

（1）征信公司应当区分个人和企业建立不同的信息采集机制，最好在公司内部按照个人征信业务与企业征信业务组建不同的部门进行分业经营。

（2）在个人信息的采集中，严格依据《条例》第十三条与第十四条执行，采集法律、行政法规规定公开的信息之外的个人信息，都必须经得当事人同意。为避免纠纷，应当采取书面形式经得当事人同意，同时在利用格式合同取得当事人同意时，必须要向当事人尽到提示与说明义务。

（3）征信公司应当明确个人信息与企业信息的采集范围，尤其是对于《条例》第十四条绝对禁止采集的个人信息与相对禁止采集的个人信息要予以明确。对于企业信用信息而言，不得采集法律、行政法规禁止采集的企业信息。鉴于现行法律、行政法规对于禁止采集的企业信息尚无明确规定，这方面需要征信公司结合地方性立法加以把握。就广东省的征信公司而言，依据《广东省企业信用信息收集和公开管理规定》第五条，以下信息纳入企业信用信息收集范围。

①工商管理部门有关企业工商登记注册基本资料、年检情况、企业股权结构及工商行政处罚情况等信息。

②税务部门有关企业税务登记基本资料、企业纳税（包括是否欠缴、偷逃税款）情况、购领发票情况、纳税信用等级及税务行政处罚等信息。

③质监部门有关企业组织机构代码、强制性产品认证、名牌产品、质量监督检查结果及质监部门行政许可、行政处罚等信息。

④经济和信息化部门有关企业行政许可，企业技术创新、技术改造、资质认定、产品技术认定、经营管理及相关行政处罚等信息。

⑤外经贸部门有关对外贸易经营企业备案登记及变更情况、企业对外承包工程和劳务合作经营资格及年审结果、有关行政处罚情况等信息。

⑥统计部门有关企业违法统计及相关行政处罚等信息。

⑦国有资产监管部门有关国有企业资产变动及奖惩等信息。

⑧科技部门有关科技成果鉴定、高新技术企业认定及相关行政处罚等信息。

⑨知识产权部门有关企业专利获奖情况及相关行政处罚等信息。

⑩公安部门有关企业公共安全行政许可及相关行政处罚等信息。

⑪建设、交通部门有关企业资质、工程建设质量或安全事故责任及相关行政处罚等信息。

⑫国土资源管理部门有关企业用地、开发利用矿产资源及相关行政处罚等信息。

⑬安全生产监管部门有关企业安全生产许可、生产安全事故及相关行政处罚等信息。

⑭食品药品监管部门有关企业行政许可、质量检查结果及相关行政处罚等信息。

⑮物价部门有关价格诚信建设及相关价格行政处罚等信息。

⑯环保部门有关污染严重企业、环境污染事故及相关行政处罚等信息。

⑰人力资源和社会保障部门有关企业用工、工资支付、社会保险基本情况及相关行政处罚等信息。

⑱民政部门有关福利企业年检年审及相关行政处罚等信息。

⑲农业、林业部门有关企业行政处罚情况信息。

⑳海洋与渔业部门有关企业用海、海洋环境污染及相关行政处罚等信息。

㉑文化、出版、广电部门有关企业行政许可及相关行政处罚等信息。

㉒其他行政部门的相关企业信用信息。

至于征信公司不得采集的企业信息范围，我国现行法律并没有明确具体的规定，只有一些概括性规定。《条例》第二十一条第二款规定：“征信机构不得采集法律、行政法规禁止采集的企业信息。”实际上，现行《中华人民共和国公司法》《中华人民共和国反不正当竞争法》及《中华人民共和国民法通则》等并没有规定也不可能规定哪些企业信息不得采集。这既凸显了我国征信立法的重大缺陷，也反映出当前主管部门在推进征信业发展上的一个基本立场——严格个人征信管控，放松企业征信规制。这也是《条例》未明确规定不得采集的企业信息范围的原因所在。

如何理解“法律、行政法规禁止采集的企业信息”？笔者以为主要涉及《中华人民共和国保守国家秘密法》与《政府信息公开条例》。如《中华人民共和国保守国家秘密法》第十九条规定：“属于国家秘密的设备或者产品的研制、生产、运输、使用、保存、维修和销毁，由国家保密工作部门会同中央有关机关制定保密办法。”如果与这些设备与产品的研制、生产等有关的企业信息被认定为国家秘密，征信公司就不得采集。又如《政府信息公开条例》第十四条第四款规定：“行政机关不得公开涉及国家秘密、商业秘密、个人隐私的政府信息。但是，经权利人同意公开或者行政机关认为不公开可能对公共利益造成重大影响的涉及商业秘密、个人隐私的政府信息，可以予以公开。”这些政府信息涉及企业信用的，征信公司也不能采集。《广东省企业信用信息公开条例》第四条规定：“企业信用信息公开活动应当遵循合法、公正、准确、及时的原则，依法维护国家利益、社会利益和企业合法权益，保守国家秘密，保护商业秘密和个人隐私。”该条例第十条规定：“行政部门应当依照《中华人民共和国保守国家秘密法》等法律法规和国家有关规定，对拟公开的企业信用信息及时进行审查，对涉及国家秘密、商业秘密、个人隐私以及法律法规规定不得公开的其他内容，应当采取保密措施，不得公开；行政部门不能确定是否可以公开的，应当报有关主管部门或者同级保密工作部门确定。”

综上所述，征信公司不得采集的企业信息范围是涉及国家秘密、商业秘密及个人隐私等企业信息，但是经权利人同意公开的商业秘密、个人隐私或者行政机关基于公共利益需要公开的有关商业秘密、个人隐私的政府信息除外。

（4）征信公司应当规范其与信息提供者之间的信息合作关系。征信公司可以通过协议约定信息提供者保证期所提供信息的真实性、准确性、及时性等，以及信息提供者违反约定义务所承担的违约责任。

二、建立并执行严格的信息异议与核实机制

为了保障所提供信息的准确性，征信公司应当建立和完善严格的信息异议与核实机制。对于信息主体所提出的异议，征信公司应当严格遵照《条例》第二十五条的规定对存在异议的信息进行标注，并在规定的期限内核查，经核查信息确有错误或遗漏的，予以更正；不存在错误或遗漏的，取消异议标注；经核查仍不能确认的，对核查情况和异议内容予以记载。

三、建立并执行严格的信息储存管理机制

为了保障征信公司所采集信息的安全，防止信息被泄露、篡改、滥用，征信公司应当建立严格的信息存储管理机制。首先，征信公司的信用信息系统应当经具有国家信息安全等级保护测评资质的机构出具安全测评报告，达到国家规定的安全标准；其次，建立完善的内控制度与安全管理制度，加强信息安全和风险防范；最后，要特别注意不良信息的保存期限，不良信息超过五年的，必须予以删除。

四、建立并执行严格的信息查询管理机制

为了防止信用信息被非法查询，征信公司应当建立严格的信息查询管理机制。现行《条例》规定了严格的个人信息查询制度：一是必须经信息主体书面同意，但“法律规定可以不经同意查询的除外”，这里的“法律”仅指狭义上的法律，即全国人民代表大会及其常务委员会的立法；二是要有约定的明确用途，以防止信息使用者用于非法目的或者用于约定以外的目的；三是明确征信公司工作人员查询权限与程序及其保密义务。

五、建立并执行严格的征信公司工作人员约束机制

征信公司的征信业务活动最终都是由其工作人员执行，故其业务风险的防范最终需要落实到每个工作人员。为了切实防范其业务活动中的上述风险，应当建立严格的征信工作人员约束机制。一是严格执行征信公司董事、监事及高级管理人员的行业准入制度；二是强化对征信公司工作人员的职业道德约束；三是加强对征信公司工作人员的征信法律知识培训，全面提高其风险防范意识、风险识别与控制能力。

本文作者龚文艳，广州民间金融管委会，广州市越秀区金融发展中心。(2014 年)

民间金融标准体系研究

引　言

民间金融在我国的发展已有约4000年历史，但由于其规模小、风险大、隐蔽性强、稳定性差，民间金融在我国长期游离于政府视野之外。尽管如此，民间金融仍以其强大的生命力和独特的表现形式服务于社会经济发展，为现代金融行业发展拾遗补阙，弥补了金融机构信贷不足。尤其到了现代社会，随着近年来我国经济快速发展，资金供求矛盾日益突出，民间金融更是显示出其在社会经济发展中举足轻重的作用，李克强总理在考察瀚华科技小额贷款有限公司时更是作出了“小额贷款服务小微企业，两‘小’和谐叠加，就能做出大美事业”的高度评价。近年来，我国收缩信贷的宏观调控变化，使得民间融资再度成为热议的话题，政府也逐渐认识到民间金融对经济的作用和影响，民间金融的发展也迎来了新的机遇。

广州作为千年商都，自古以来民营经济助推着城市的发展和变迁。与民营经济发展相伴随的，是庞大的民间资本和繁荣的民间融资市场。在我国二元经济结构转换的过程中，民间金融发挥了重要的作用，然而，形式隐蔽、抗风险能力较弱、经营风险度较大、利率较高、法律法规不健全、社会信用缺失、监管缺失等问题，使得民间金融在发展过程中往往伴随着不规范、无序性等乱象，并引发了一系列的民间借贷危机事件，引起了国家有关部门的高度关注。每个行业的有序发展，都离不开标准化、规范化，由于民间金融行业标准缺失，标准体系不完善等问题，造成了行业发展的乱象，因此，急需通过标准化来引导民间金融行业规范发展。

2015 年 3 月，广州民间金融街正式获批筹建“全国民间金融产业知名品牌创建示范区”，取得全国唯一的民间金融产业知名品牌示范区筹建资格。民间金融产业知名品牌示范区的批准筹建，不仅为广州民间金融街向内涵式纵深发展提供了良好的机遇和平台，更为国家规范民间金融行业发展、试行民间金融标准化提供了良好的抓手。在这样的背景下，为了贯彻落实国家质检总局关于《国家质量发展纲要》和全国知名品牌示范区建设的战略部署，广州民间金融街以示范区创建为契机，积极推动民间金融改革创新，探索民间金融标准化，从规范民间金融行业建设和发展的角度出发，制定各类民间金融企业的准入标准、业务操作规程和民间金融风险防控标准等，建立民间金融行业的标准体系，弥补民间金融领域标准体系的空白，为我国民间金融行业发展积累经验、提供示范。

一、民间金融标准体系编制说明

（一）标准体系编制的背景和目的

民营经济的快速发展，在集聚了大量民间资本的同时，促进民间融资在局部地区出现，为中小微企业、个体工商户等解决发展资金难题提供了新的渠道，二者的良性循环促进我国民间金融的迅速发展，尤其是金融危机以后，民间金融再次进入了发展的快速期。一方面，民间金融的快速发展对我国的经济发展尤其是民营经济的发展起到了积极的促进作用，缓解了中小微企业的融资难题，发挥了补充正规金融服务不足的功能；但另一方面，由于民间金融的“地下金融”特点，缺乏政府监管，在合法性和有效性方面都存在隐患。20 世纪 80 年代中期，也是在温州，由于国有银行的资金供应不足，致使民间借贷活跃，利率极高，将一种被称为“抬会”的民间信贷交易演变成一场金融灾难。从 1985 年到 1987 年初，温州有 30 万人卷入“抬会”风波，会款发生额达 12 亿元之巨。今天的民间金融，融资规模更大、涉及范围更广，为避免历史重演，政府有责任未雨绸缪。

2012 年 6 月，广州民间金融街正式建成开业，成为我国民间金融发展进程中具有标志性意义的事件，它体现了现代新型民间金融机构的区域集聚和集中管理的实践创新，进一步规范了民间金融发展，形成区域引领民间资金价格的新范式。经过 4 年的长足发展，广州民间金融街已经显现出良好的发展势头，民间资金集聚效应、服务中小微企业的金融功能逐步发挥出来，入驻街区的金融机构数量不断增加。广州民间金融街已成为集小额贷款、再贷款、融资担保、典当、互联网金融、电商平台、融资租赁、文化产业、专业配套、商业服务于一体的宜商宜居综合体，多元企业主体、多层服务体系、多样经营方式的民间金融生态圈日趋成熟。

温州借贷危机、“广国投”事件、华鼎事件，是社会主义市场经济建设过程中不可避免而缴交的“学费”，但政府经验不足、管理不到位、监管缺失，同样有着不可推卸的责任。广州民间金融街建设的初衷即以温州事件为训、以历史事件为鉴，通过引导民间金融机构规范发展，防范和避免因民间融资无序进行可能带来的风险，因此，广州民间金融街在建设过程中，尤其注意管理模式及监管措施的创新，积极探索适合民间金融规范发展的地方政府监管模式。广州民间金融街在探索规范民间金融发展的路径时，创造性地采取了民间金融集聚化、园区化的发展模式，在国内首创民间金融机构的集中监管模式，一方面有利于民间金融机构本身的业务发展，通过政府发放的经营牌照实现民间融资由地下到合法的转变；另一方面有利于政府对民间融资进行集中监管，使政府得以及时发现并控制民间融资的风险。

广州民间金融街的建设以“政府引导、市场运作”为原则，旨在通过集聚发展各类民间融资机构，同时引入银行、保险、证券等传统金融机构及律师事务所、会计师事务所等专业配套服务机构，建成全国首条集资金借贷、财富管理、支付结算、信息发布于一体的民间金融街，为中小微企业和居民个人提供全方位、多样化的金融服务，探索形成民间融资的“广州价格”，为广东以至全国缓解中小微企业“融资难”问题，引导民间金融规范发展，为区域产业结构调整创造经验、提供示范。

至 2016 年上半年，街内共集聚各类民间金融机构 215 家，其中，互联网金融机构 37 家，集聚各类民间资本 240.85 亿元；2016 年上半年，街内各类入驻机构累计为中小微企业和个人客户提供融资 770.38 亿元，同比增长 11.65%；贡献各项税收约 2.97 亿元，同比增长约 14.23%。广州民间金融街在民间金融拓荒的道路上，已逐步从以硬件载体打造和企业数量集聚为主的物理集聚过渡到以服务提升和园区品牌培育为主的内涵式创新发展阶段，创造出一个个新的制高点。

2015 年 3 月，广州民间金融街正式获批筹建“全国民间金融产业知名品牌创建示范区”，取得全国唯一的民间金融知名品牌示范区筹建资格，为金融街向内涵式纵深发展提供了良好的机遇和平台。截至 2016 年，广州民间金融街正积极开展“全国民间金融产业知名品牌创建示范区”的筹建工作，着力形成品牌管理体制健全、服务标准体系完善、产业持续健康发展的局面，真正引领我国民间金融创新和发展。

在多层次品牌体系的构建上，广州民间金融街正在探索名牌培育发展工作制度和运行机制，把民间金融街综合服务中心、互联网金融孵化中心等打造为省级、国家级服务业名牌，强化产业核心竞争力，促进产业结构优化升级，并努力培育民间金融服务领域的名牌企业和名牌产品。

在质量指标考核体系的完善上，将“民间金融产业知名品牌示范区”建设与越秀区“质量强区”战略结合，对街内企业进行评优评级，建立企业诚信负面清单制度、失信惩罚机制和市场退出机制以及质量信用档案，并研究开发信用信息平台，探索建立民间金融征信数据库，为民间金融产业发展营造良好信用环境。

在民间金融标准化建设的探索上，从规范民间金融产业园区建设和发展的角度，制定各类民间金融企业的准入标准、业务操作规程、民间金融风险防控标准和征信标准等，探索建立民间金融运行的标准体系。同时，引导企业建立并完善囊括企业运营、内部管理、业务操作、风险控制的相关技术标准，填补民间金融领域标准体系的空白。针对上述各种问题，需要制定一个适用于民间金融行业发展的标准体系，作为一项规划和纲领性文件，推动民间金融街标准化工作的进程。

标准体系是民间金融标准化工作总体发展规划的重要组成部分，是科学的、具有内在有机联系的民间金融业标准化发展的蓝图，将为行政管理机构和企业领导者在决策标准化发展方向、制定标准化政策、调控标准化计划等方面提供有效的技术支持，是研究、分析、优化标准体系和协调相关标准界面的重要工具，是对民间金融标准化工作进行系统工程管理的有力指导，也将对促进标准的正确实施、加强与国际接轨、有序发展民间金融业标准化工作起到积极的指导和推动作用。

民间金融标准体系表包含了现行有效的标准和将要制定的标准，勾画出一个标准的系统，体现了民间金融标准化工作在一定阶段的发展状况和整个行业的需求，因此是制定标准化规划和计划的主要依据之一，也是进行管理决策和制定标准化方针政策的重要参考。随着体系研究的逐渐深入，民间金融业各发展的专业领域，如小额贷款、再贷款、融资担保、互联网金融等，都在建立和完善各自的标准体系，这些是非常重要和必需的工作，是对民间金融标准体系的补充和完善。在各个分体系的建立、分析和研究过程中，民间金融标准体系表将起到一个确定构架、划分层次、分清界面、引导选项的重要作用。

本次制定的民间金融标准体系与国家有关法律、法规和民间金融街发展规划及相关政策协调一致，紧密围绕园区企业的经营和行业发展方向；坚持实事求是和可持续发展的原则，充分结合民间金融街发展的实际需求和相关要求；注重国家标准、行业标准和企业标准的研究、优选和整合，构建一个重点突出、科学先进、实际适用、系统配套、适度超前的民间金融标准体系，使其既具有先进性、指导性，又具有科学性和可操作性。

（二）标准体系分析

本次研究的民间金融标准体系表共收集标准 215 项，其中国际标准 17 项、国家标准 40 项、行业标准 76 项、地方标准 8 项，此外，提出 74 项待制定标准的清单。民间金融标准体系的制定对规范民间金融产品和服务创新，促进民间金融行业信息交流，提高民间金融服务质量，提高行业监督效率具有重要的作用，有效解决了民间金融行业整体标准化体系还不完善、标准比较零散、结构不够合理、标准之间内容交叉、标准制定不够及时等问题，为下一步民间金融标准化提供了良好的指导。建立完善的民间金融标准化体系框架，既是提升标准化工作质量的要求，也是金融业时代发展的要求。通过建立结构合理、层次分明、重点突出的标准化体系框架，全面指导民间金融标准化工作，增强不同标准之间的系统性、协调性和科学性发展，可以有效发挥民间金融标准化服务、支持、保证和促进作用。

二、民间金融标准体系结构图

（一）民间金融标准体系框架

民间金融标准体系框架是编制相关标准制、修订规划和计划的重要依据，是在民间金融领域范围内包括现有、应有和预计制定标准的蓝图，它将随着民间金融行业的发展而不断更新和充实，因此该框架图是民间金融街推进标准化工作的一项重要的基础性工作。

标准体系包括基础标准、服务提供标准、保障标准三个子体系。通过分级树状结构将民间金融标准体系分类（图1），可以清楚地展现民间金融标准体系的脉络与布局，有利于依据标准体系，加快民间金融产业区域协同发展的一体化进程。

（二）民间金融标准子体系

1. 基础标准

基础标准是对民间金融标准化活动中被普遍使用的、具有广泛指导意义的、纲领性的规范文件，包含对民间金融行业信息沟通协调的基本概念定义。

基础标准包括体系与框架标准、基础信息资源标准、术语标准。基础标准是对民间金融服务基础事项作出的规范，分设3个子类（表1）。

表1　基础标准类目定义

小类名称	内容描述
1.1 体系与框架标准	体系与框架标准是编制民间金融标准体系，指导民间金融标准制定、修订的指导性文件，内容涉及民间金融业标准化的规划和计划，标准制定的原则、基本要求等
1.2 基础信息资源标准	基础信息资源标准应按照“统一标准、一数一源、共建共享、逻辑集中、职属管理、授权使用”的原则统筹设计，明确民间金融信息共享的内容、方式和责任，健全信息共享机制
1.3 术语标准	术语标准是指对民间金融及其各业态术语的定义和内涵作出的规范，是民间金融行业发展的基础，并能被普遍使用，具有广泛的指导意义

2. 服务提供标准

服务提供标准主要是对民间金融各类企业所涉及的金融产品和服务作出的规范，包括现在主要的民间金融企业类型所提供的各种主要的业务类型，既有近年高速发展的网络借贷、互联网小额贷款等创新业务，也有最古老、最原始、堪称民间金融业鼻祖、专门收取抵押品而放款的特殊民间金融服务的典当行业务。本标准体系中服务提供标准子体系主要包括小额贷款业务标准、网络借贷平台业务标准、典当行业务标准、融资性担保业务标准、商业保理业务标准、融资租赁业务标准、第三方支付业务标准、众筹业务标准、征信业务标准、消费金融业务标准；鉴于民间金融是一个快速发展并不断创新的行业，本标准体系还预留了空间，对以上业态之外，设置其他民间金融业务标

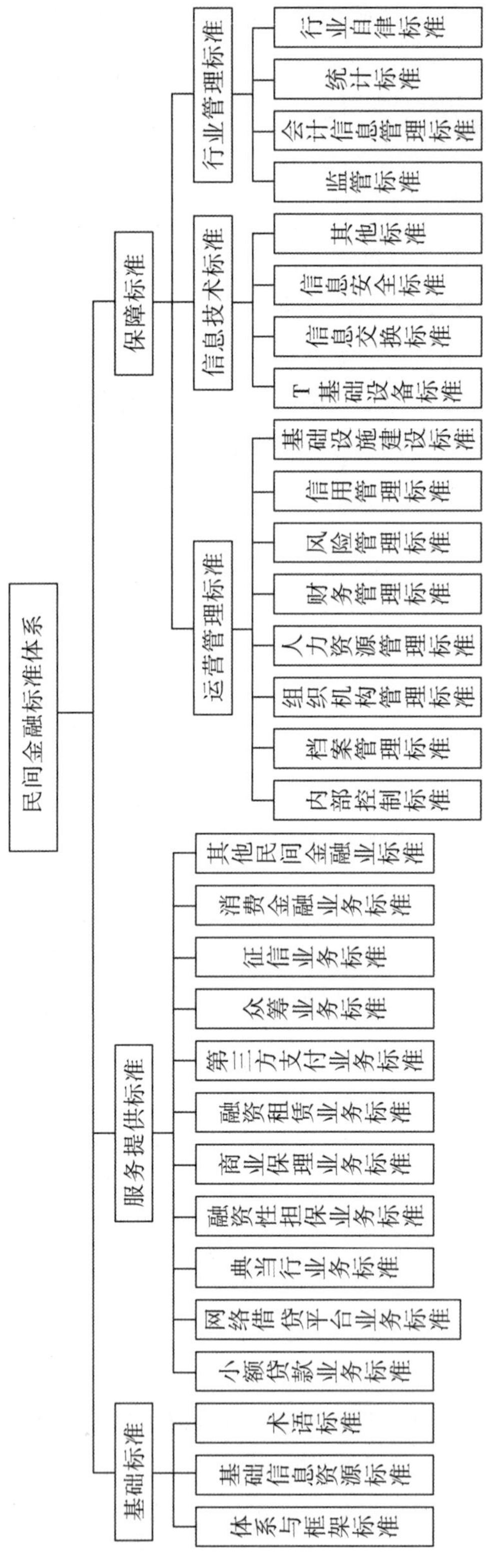

图1 民间金融标准体系结构

准。服务提供标准按业务领域、服务方式，分设11个子类（表2）。

表2　服务提供标准类目定义

小类名称	内容描述
2.1 小额贷款业务标准	小额贷款业务标准包括小额贷款公司的融资产品、贷款服务、咨询服务、票据贴现标准等
2.2 网络借贷平台业务标准	网络借贷平台业务标准主要包括网络借贷平台业务操作流程规范、网络借贷平台业务活动基本要求等
2.3 典当行业务标准	典当行业务标准主要包括动产典当操作技术规范、典当行产品评估规范等
2.4 融资性担保业务标准	融资性担保业务标准主要包括融资性担保公司业务流程规范、融资性担保企业评级标准等
2.5 商业保理业务标准	商业保理业务标准主要包括商业保理公司业务流程规范等
2.6 融资租赁业务标准	融资租赁业务标准主要包括融资租赁企业评价准则、融资租赁业务操作流程等
2.7 第三方支付业务标准	第三方支付业务标准主要是规范第三方支付机构开展业务的标准
2.8 众筹业务标准	众筹业务标准主要包括众筹项目融资行为规范等
2.9 征信业务标准	征信业务标准主要对信用管理事项进行规范，内容涉及征信信息规范、征信信息采集、信用记录（报告）、信用调查、信用评分、信用评级、信用服务等事项
2.10 消费金融业务标准	消费金融业务标准主要包括消费金融公司开展业务的规范及服务标准
2.11 其他民间金融业务标准	其他民间金融业务标准包括民间金融中介机构（信息咨询）服务质量规范、金融外包服务规范、民间金融产业园区服务质量评价规范

3. **保障标准**

（1）运营管理标准。

运营管理是民间金融行业为保证正常运营、履行工作职能、提高运营决策效率、降低运营成本、提高工作收益而对企业设组织部门、人力资源、资金财务、风险控制等实施的管理活动。

运营管理标准是对民间金融运营管理事项作出的标准和规范。运营管理标准按业务管理维度分设8个子类（表3）。

表3　运营管理标准类目定义

小类名称	内容描述
3.1.1 内部控制标准	内部控制标准是内部控制建设、评价与审计等相关管理活动的、排除民间金融各类型企业差异的一致性规范要求
3.1.2 档案管理标准	根据国家级有关部门档案管理的相关法律及规定，结合民间金融企业的工作实际，制定的档案管理工作相关的标准，其内容涉及民间金融企业档案的定义及范围、档案管理标准术语、档案分类、档案元数据、档案存放技术要求、档案管理流程等
3.1.3 组织机构管理标准	组织机构管理标准指民间金融企业及其各级分支机构、内设部门的管理标准，主要包括各级机构的分类及管理工作的统一标准

（续表）

小类名称	内容描述
3.1.4 人力资源管理标准	人力资源管理标准是指在人力资源规划、岗位、招聘、培训、任免、绩效、薪酬等人力资源管理各环节涉及的标准，以及人力资源信息管理标准
3.1.5 财务管理标准	财务管理标准是根据国家颁布的财经法规和规章制度，对民间金融企业财务活动制定标准化管理流程，为民间金融企业经营活动和管理决策提供专业化的财务支持服务的标准
3.1.6 风险管理标准	风险管理标准是针对民间金融企业的信用风险、市场风险、操作风险、流动性风险进行管理的标准，其内容涉及各类风险的分类、定义、识别等基础标准；各类风险的计量模型开发、数据分析、风险监测等技术标准；各类风险管理流程、框架等方法和管理标准
3.1.7 信用管理标准	信用管理标准是指民间金融企业遵循国家法律法规和监管要求，结合相关的战略规划、风险偏好及信贷政策制定的贷前授信评价、贷中授信审批及贷后监控等一系列标准，其内容涉及授信业务及项目评估评价、客户信用等级审定、授信业务审批、贷后风险监控预警、信贷资产风险分类和信贷质量监控等方面
3.1.8 基础设施建设标准	民间金融企业基础设施的建设和管理需要参照统一的行业标准，目的是保证机构组织运营和安全、提高服务水平、降低运营成本、提高销售能力。基础设施建设标准主要包括安全防范标准等。

（2）信息技术标准。

现代民间金融企业对信息化依赖程度较高，信息技术是民间金融企业实施的民间金融信息化建设活动，包括IT基础设施建设，应用系统开发、测试、运行、维护以及安全技术应用、信息技术咨询与服务等。

信息技术标准是对民间金融企业信息技术应用活动相关事项所做的规范。信息技术标准分设4个子类（表4）。

表4　信息技术标准类目定义

小类名称	内容描述
3.2.1 IT基础设施标准	对包括承载、支持民间金融企业信息技术开发、测试、运行的IT基础设施进行规范。内容涉及计算机机房、网络通信设备系统软件等技术规范
3.2.2 信息交换标准	对信息交换过程中的协议与报文等技术事项进行规范
3.2.3 信息安全标准	对民间金融企业信息技术安全防护事项进行规范，内容涉及信息安全通用标准规范、设备安全、网络通信安全、系统软件安全、应用研发运行安全、身份认证、敏感信息保护以及业务连续性保护等
3.2.4 其他标准	难以归并到以上标准类目的信息技术标准

（3）行业管理标准。

行业管理是指民间金融企业行政主管部门实施的金融市场管理和行业监管活动。行业管理标准是对行业管理事项所做的规范，分设4个子类（表5）。

表 5 行业管理标准类目定义

小类名称	内容描述
3.3.1 监管标准	对民间金融行业监督管理开展的数据采集、风险防范、监督检查等工作进行规范，包括现场检查标准、非现场监管标准等
3.3.2 会计信息管理标准	对民间金融企业会计信息相关事项进行规范
3.3.3 统计标准	对民间金融信息采集、编制、发布等相关事项进行规范
3.3.4 行业自律标准	对行业自律相关事项进行规范，内容涉及民间金融行业自律组织服务规范等事项

三、广州民间金融标准统计

民间金融标准体系表（表6）共收集215项标准，其中17项国际标准、40项国家标准、76项行业标准、8项地方标准，并提出74项待制定标准的清单。民间金融标准类别分布见图2。

表 6 民间金融标准统计表

统计项	标准数/个	占标准总数比例/%
国际标准	17	7.91
国家标准	40	18.60
行业标准	76	35.35
地方标准	8	3.72
待制定标准	74	34.42
合计	215	100

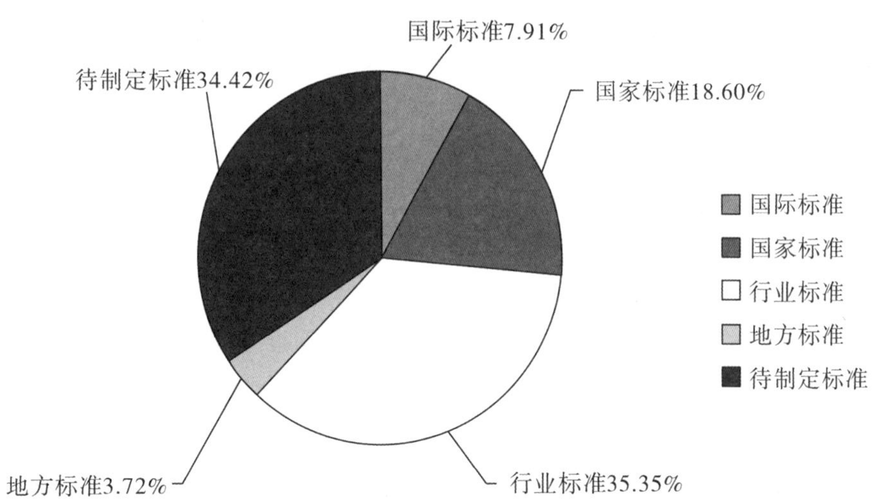

图 2 民间金融标准类别分布

本文根据广州民间金融街管理委员会、广州市标准化研究院提供的资源整理。(2016年)

广州民间金融街小额信贷“广州价格”形成机制研究

第一章　广州民间金融街小额信贷“广州价格”形成的背景、意义、现状与问题

广州民间金融街（简称“民间金融街”）作为我国金融改革创新的重点试点，其产生主要有两方面的原因：一是源于我国宏观经济发展、产业转型升级和金融改革发展对现代金融行业提出的外在要求；二是来自广州市自身区位优势、区域经济发展特点和制度改革创新的内在驱动。

从外在要求角度来看，在我国宏观经济发展和产业转型升级的大背景下，全国各主要经济发展区域均开始积极整合自身现有的经济资源，完善、更新自身金融系统。从内在驱动角度来看，广州作为中国核心城市之一以及珠三角工业区的核心辐射点，其本身产业结构经济发展模式就为民间金融、民间信贷提供了坚实的基础，而 2012 年的《广东省建设珠江三角洲金融改革创新综合试验区总体方案》的正式颁布则为广州金融发展带来了更多的政策优势。

一、发展民间小额信贷是国家宏观金融发展改革的外在要求

（一）发展民间小额信贷是解决信贷管制下货币市场资金供需不平衡的需要

长期以来，为了控制宏观金融风险，我国金融监管部门长期通过信贷规模管制、调整准备金率等手段，控制商业银行贷款规模，对商业银行信贷规模进行数量管制。中国人民银行通过收紧信贷规模，上调存款准备金率，放松信贷规模以及下调存款准备金率，影响商业银行的信贷投放，以达到限制商业银行贷款，控制整个社会货币资金流通存量的目的。同时，对商业银行贷款实施价格管制，利率（价格）不是由市场供求双方决定的，而是由中央银行规定的，利率成为中央银行进行货币调控的政策工具。一方面，以上举措将导致信贷、资本市场上的资源配置扭曲，降低资本产出比率，提高社会整体的融资成本，价格与数量的双重管制最终将促使行业融资成本不对等现象愈发严重。另一方面，这种管制也将减弱金融部门对经济发展的推动作用。若金融监管部门对商业银行的贷款利率进行管制，当管制利率低于均衡利率时，必然影响资金供给。所以，一方面当前我国信贷管制政策使信贷供需者之间存在资金缺口，可用的信贷难以全面覆盖有需求的企业，另一方面非市场化利率也导致资金的使用效率低下，资金的价格难以反映市场的真实需求，以及存在超过管制利率的隐形收费。

民间小额信贷业务的出现则是对利率、信贷管制下的市场的一个有益补充，通过建立民间货币资金市场，反映实际资金价格以及填补资金供需缺口。

（二）发展民间小额信贷是解决中小企业融资难问题的需要

中小企业是我国经济发展中最活跃、最具创新能力的经济主体，在国民经济发展过程中起到了

举足轻重的作用。根据中国中小企业国际合作协会发布的《中国中小企业健康发展报告（2012）》，截至2011年底，全国工商登记实有企业1253.1万户，个体工商户3756.5万户，其中中小企业占全国企业总数的99.7%。我国中小企业总产值已占到全国经济总量的60%，缴税额占国家税收总额的50%，提供了将近80%的城镇就业岗位。

由于目前市场机制、社会信用环境不完善等诸多因素限制，中小企业进行融资时受到的限制比较多，融资困境是制约我国中小企业发展的主要因素。充裕的资金支持是中小企业健康成长不可或缺的一环。但中小企业难以满足银行贷款条件且贷款评估风险较大，以及自身财务管理水平较低，再加上基层银行发放贷款的权限相对有限，致使银行向中小企业发放贷款的积极性普遍不高。因此，中小企业在融资方面处于弱势地位，资金持续性短缺已成为制约中小企业发展的瓶颈。民间小额信贷的产生是对商业银行信贷业务的有益补充，也为解决目前中小企业融资难问题提供了一个有效的解决路径。

（三）发展民间小额信贷是规范我国非正规金融的需要

目前我国金融体系中以“影子银行”为代表的非正规金融问题正日益突出，而非正规金融对我国宏观金融稳定造成了极大的潜在隐患。“影子银行”包含两部分，一部分主要包括银行业内不受监管的证券化活动，以银信合作为代表，还包括委托贷款、小额贷款公司、担保公司、信托公司、财务公司和金融租赁公司等进行的“储蓄转投资”业务；另一部分为不受监管的民间金融，主要包括地下钱庄、民间借贷、典当行等。而非正规金融特征有三点：一是资金来源受市场流动性影响较大；二是由于其为负债而不是存款，不受针对存款货币机构的严格监管；三是由于其受监管较少，杠杆率较高。而其进一步发展则将对我国商业银行、宏观经济以及企业自身发展方面造成不利影响，且因其隐蔽性强，危机爆发前难以出现征兆从而预警防范工作更加难以部署、实施。

通过建立民间金融街，可以实现对以上以“影子银行”为代表的非正规金融机构和业务集中管理，严格保证街内风险控制和运营的规范。这样有利于降低行业和企业的运营风险性，减少其对宏观金融稳定的冲击。

二、形成民间金融街小额信贷“广州价格”的意义及优势

（一）建设民间金融街的现实意义

广州民间金融街设立的意义主要有两方面，一方面，为助推广州金融一体化进程，提升广州城市功能中金融服务能级；另一方面，为广东乃至全国缓解中小微企业“融资难”问题，引导民间金融规范发展，为区域产业结构调整提供示范参照与发展经验，并期望通过以制度规范、交易活跃的民间金融交易市场为基础探索形成民间小额信贷的“广州价格”，使其成为在广东省甚至全国具有引领作用的金融市场指标。

进一步来看，目前的广州城市功能中区域金融中心或者与城市经济地位相匹配的金融服务覆盖功能是城市发展的一个明显短板，尤其是与与之近邻的香港和深圳相比。从城市地理角度来看，深圳和香港具备成为金融中心的先天优势，但广州以民间金融街为金融发展突破点，舍弃千篇一律的宏伟规划而专注于广东实体经济结构以及国内当下最为核心的经济微观发展问题，则具备后发优势，能快速填补目前区域金融功能的空白。广州民间金融街设计的最高功能目标则不仅仅局限于集聚现有民间金融机构，而是试图形成具有特色的民间小额信贷“参考价”的设计，在全国金融界形

成具有影响力以及引领中小企业融资的“广州价格”。同时，从监管运行角度来看，广州民间金融街小额贷款公司（简称“小贷公司”）、担保公司、典当行业的监管办法草案等政策法规已经制定，相关草案正在征询公众意见。依法治街、依法搞金融，这是民间金融街持续发展以及发挥其金融功能的必要条件。最后，民间金融街的建设也是广州“三旧”改造、产业转型升级的重要举措，摆脱了旧城改造主打房地产的格局，是新型城市化理念的重要体现。其指导意义在于旧城改造并不一定就是推倒重来，可以对旧城的历史底蕴作深度的开发。广州民间金融街对街区的改造以仿古、体现金融元素为主，并启动了“百年金融历史文化展”，强调广州金融发展的传统底蕴。

从更加长远的角度来看，中小企业融资难一直是我国经济发展的一大顽症，而民间借贷不正规又压不住，有些社会群众已经将民间借贷与高利贷画上了等号。此番广州以广州民间金融街作为民间金融改革创新的试验点，将极大地推动规范民间金融借贷服务，推动中小企业发展。融资难与高利贷是中小企业面临的双刃剑，如果广州民间金融街在这个领域有所突破，甚至会极大地促进广州地区民营经济的发展，改变当前广州民营企业在做大、做强方面的不足。如果更进一步借力金融政策倾斜或者品牌效应外溢，进而引发民营资本规范地、合法地大量进入金融领域，甚至倒逼国有商业银行、国有证券公司、国有保险公司等大型金融机构改变作风，那么此番创立民间金融街也将是中国金融市场化的重要探索。

（二）民间金融街小额信贷“广州价格”的形成优势

所谓“广州价格”，我们可以简单地认为是广州民间金融街内形成的民间小额信贷利率（价格）。这一价格是通过整合民间金融街内各小额贷款公司的贷款利率（价格），形成具有市场指导意义的资金融通价格。广州作为经济大省的省会城市，其对周边地区、珠三角、华南地区的经济影响力较大，具有形成“广州价格”的优势。

（1）广州经济发展总量与质量支持。广州经济发展总量在国内占有领先地位，广州坚实的经济总量为民间信贷提供了发展的基础，多种形式的经济发展模式为民间信贷创造了基本资金来源，从而保证了资金供给，现有闲散资金存量也促使民间信贷成为一种较为可行的资金投资渠道。而广州高质量的经济发展则防范了民间信贷出现信贷链崩盘的危险，而规范、细致的现场监督和后台辅助信息搜集的金融监管模式不仅促进了主流资金融通的健康发展，也降低了发展民间信贷的监管边际成本，为民间信贷的阳光化提供了有力的支持。

（2）广州市场经济机制建设较为完善，无论商品市场还是货币市场都能较为有效地遵循市场规则配置资源，能从客观上促进经济结构调整。在现有市场结构上做大、做精、做细民间信贷市场有利于促进中小企业的发展。而广州中小企业的发展壮大，无疑对于促进生产、扩大就业、迅速提高广东的生产力水平有着重要的战略意义。广州本地或者周围卫星城市正进行产业转型升级，而产业转型升级则无疑需要资金的支持以提供资本的原始积累，以及临时性资金缺口的填补，而民间信贷可以很好地发挥融资补充作用，并且可以进一步促进产业产品创新，推动广州具有区域特色的产业和产业集群的形成和发展，一定程度上防止了广州区域经济结构的趋同。

（3）发展民间信贷可以为广州市民间资金提供方便、快捷的投资渠道，拓展经济增长的空间，提高资金利用效率。2012 年，广州市人均地区生产总值达 105909 元，位居五个国家中心城市之首，同时，广州民营经济创造的社会价值财富也在逐渐增加，出现了资金溢出需求，而无论从微观个体还是中观企业层面都出现了创造资金供给的潜在条件。而民间融资则为这一部分资金创造了正规渠道。民间金融本身填补了传统金融业的缺失，并向传统金融业的管理体制和服务水平提出了挑战。同时民间借贷方便、快捷以及市场化利率的优势，也为银行、信用社提高服务水平提供了参考和借鉴。这种规模优势和渠道优势也为分散在民间的资金提供了一个整合平台，更加优化了资金配置。

（4）民间金融街能在规范对中小企业服务管理的同时加强对中小企业全方位的培训，不断提高中小企业的自身素质。其作用具体体现在：加强现代企业制度建设，推动企业健全各项基础管理制度，逐步形成较为科学的经营决策程序，基本实现决策科学化和民主化；推进中小企业进行公司制改造，真正建立起适应市场经济竞争需要的公司法人治理结构；继续推进中小企业信用制度建设，完善中小企业信用信息系统和信用档案数据库，建立适合中小企业特点的信用信息征集与评价体系，提高目前中小企业信用度。

三、民间金融街内小额贷款公司的现状及存在的问题

（一）民间金融街地理空间的布局规划

截至2013年，民间金融街通过街区规划门铺设置共吸收容纳了20多家各具特色的民间金融公司。随着民间金融街品牌形象逐渐提升，有意向进驻民间金融街的小贷公司和担保公司的机构越来越多，但长堤大马路目前可用的商业空间有限。民间金融街首期规划容纳企业的数量是有上限的，这对于街区管理方提出了更大的协调整合问题。同时从民间金融街的长远规划来看，提升民间金融街的金融服务效率需要规划企业入驻布局，减少企业和客户之间的选择成本以及加强金融街内市场的信息共享程度。

（二）街内小额贷款公司的组织结构与业务发展

截至2013年2月，民间金融街内小贷公司共12家，注册资本共22.5亿元（表1）。

表1 民间金融街小贷公司基本情况

小贷公司名称	成立时间	注册资本	小贷公司名称	成立时间	注册资本
广建小贷	2012年6月15日	2亿元	金瑞泰小贷	2012年5月18日	2亿元
广永小贷	2012年6月19日	2亿元	金悦小贷	2012年5月14日	1亿元
海印小贷	2009年5月14日	1.5亿元	民兴小贷	2012年6月4日	2亿元
恒隆小贷	2012年5月17日	2亿元	盛融小贷	2012年7月5日	2亿元
华易小贷	2012年6月20日	2亿元	越秀小贷	2012年5月29日	3亿元
华佑小贷	2012年7月9日	2亿元	阳光小贷	不详	1亿元

自民间金融街开业以来的前3个季度内，小贷公司实际放贷金额分别为155732万元、192347万元和62286万元（表2）。

表 2　民间金融街小贷公司近年来贷款业务情况

小贷公司名称	2012 年第三季度实际放贷金额/万元	2012 年第四季度实际放贷金额/万元	2013 年第一季度（截至 2 月）实际放贷金额/万元
广建小贷	10495	16220	4555
广永小贷	9615	20100	5645
海印小贷	20066	15705	5430
恒隆小贷	3760	22745	10480
华易小贷	24480	5209	7760
华佑小贷	3850	18018	8040
金瑞泰小贷	26251	20310	5187
金悦小贷	22495	18380	0
民兴小贷	13947	14784	6572
盛融小贷	8015	20670	2600
越秀小贷	12758	20206	5313
阳光小贷	0	0	704
合计	155732	192347	62286

从上述信息我们可以发现，目前民间金融街内小贷公司注册资本金都较为平均，约为 2 亿元，多家小贷公司的资金使用率也平均约 80%，市场的需求仍然比较旺盛，小贷公司的供给也已经达到自身公司规程要求以及风险杠杆控制的上限。按照现有规模，整条民间金融街的信贷业务发展极限为 30 多亿元，而这与填补整个广州乃至整个珠三角的中小微企业的需求缺口仍有一段距离。同时，现有的交易情况对于整个市场的反应仍然欠缺，所以如何在风险可控的情况下，做大、做精整个民间金融街市场，将民间金融街的街内市场规模合理化扩充，加大街内信贷业务量总和对于珠三角地区的辐射能级则是亟须解决的问题。“广州价格”要想成为能充分反映区域经济发展的先导指标，首先其市场应当具有充足的流动性、活跃性以及竞争性的基本特征。

（三）民间金融街信贷交易利率的价格指引功能的形成

民间金融街要想具有显著性的市场指引能力，街内金融机构大量集聚，街内做市商有足够的市场占有率从而真实地反映市场交易情况至关重要。民间借贷定价机制即“广州价格”形成的成败关键，是利率市场化能否放开，即民间金融街内各个小贷公司是否可以根据市场资金供给需求的真实情况给出定价。如果仍然实行利率管制，探索利率市场化，通过真实的市场交易的价格发现机制形成“广州价格”将难以实现。而在没有得到中央有关部门授权或者相关政策出台的情况下，探寻市场微观机制设计将成为一大难题。同时，当企业需要进一步做大、做强的时候，经营所需原始资本需要更多资本金支持，因此将促使小贷公司增资扩股，从而对公司资本结构、公司治理提出更高的要求。

（四）小额信贷“广州价格”发布指数成分的选择

现阶段，“广州价格”指数成分选择以街内企业为主，街外具有代表性的民间金融机构为辅的方式，收集民间借贷的市场供求、利率、费率信息，并进行分析形成综合指数，定期发布，以此形成政府指导价。而根据民间金融街设计之初的金融街价格制定导向功能，“广州价格”的成分中是否应该囊括街外企业，街内企业的价格引导效果的实现是否应该更加关注街内市场有待进一步探讨。

（五）民间金融街信贷利率的规范性

民间金融街信贷利率的形成本身具有基本的定价制度，这是由现实金融市场规制所限制的。但民间小贷公司在实际商业操作中则可能远离市场规范，形成民间市场实际利率，并出现违规违法行为。这一方面说明市场的失衡和政策环境的不完善，另一方面说明制度不符合市场实际。利率市场化最终权限集中在中央部委，但这些部委未必掌握各个分市场真实的企业资金供需情况，而地方政府又没有金融体制改革和出台金融政策的权限，所以需要中央赋予地方关于金融改革创新的权限或者出台相关针对性的配套制度。

（六）民间金融街信贷利率期限结构的走势形状的特殊性

以 2012 年第 4 季度为例，民间金融街部分小贷公司中短期平均利率分别为：18.52%（10 天）、18.39%（1 个月）、17.70%（3 个月）、16.60%（6 个月）、17.35%（1 年）（表 3）。

表 3　2012 年第 4 季度民间金融街部分小额贷款公司的利率期限结构

贷款期限	10 天	1 个月	3 个月	6 个月	1 年
广永小贷	21.60%	20.06%	19.80%	21.00%	24.00%
恒隆小贷	16.20%	12.84%	12.53%	7.10%	10.00%
华佑小贷	16.69%	15.40%	16.14%	15.12%	18.00%
金瑞泰小贷	17.23%	17.30%	15.45%	16.79%	15.85%
海印小贷	21.59%	21.59%	18.65%	18.27%	—
金悦小贷	17.83%	11.88%	11.88%	10.96%	—
广建小贷	—	22.22%	21.12%	19.40%	21.20%
华易小贷	—	18.00%	19.49%	18.79%	19.49%
民兴小贷	—	22.32%	20.62%	17.65%	15.61%
越秀小贷	—	22.32%	21.28%	20.93%	14.64%
平均利率	18.52%	18.39%	17.70%	16.60%	17.35%

目前，金融街内各家公司的利率期限结构走势并不一致，有下倾斜形、U 形甚至倒 S 形，而从趋势走势上来看，这明显体现出金融街内市场定价机制以及市场微观主体的交易者的决策不合理以及市场预期混乱。同时，针对小额信贷的需求特色，对于一年期、一年期以上的中长期资金借贷产品市场交易量极其小，而“广州价格”里一年期、一年期以上的贷款利率的来源以及价格发现效应问题值得商榷。在目前的实际操作中，长期贷款交易基本是“关联贷款”，即由小贷公司将资金放贷给自己的公司大股东。从整个利率期限结构来看，短期 10 天内的贷款是“救急”，客户不在乎利息，只在乎快速，因此利率走高；3 个月是很多贸易商回款的时间，过桥贷款需求量大，利率也较高；6 个月贷款可能用来投入生产，利率太高客户承受不了。至于一年以上的高息贷款，可能是大

股东给小贷公司“做利润”，没有太多参考意义。3 个月左右的利率是最真实的，应该保留；长期利率价格则可能失真，无法体现出市场的真实情况。综上所述，如何统一指引或者规范民间金融街街内市场的利率期限结构，形成趋势统一、符合市场预期与运行的利率价格是当前管理部门需要着手处理的问题。

（七）现实经济的波动对街内经营企业的冲击

小额信贷市场总量增长幅度与企业业务能力增幅之间的匹配并不同步，而当现实经济出现波动时，金融街内经营企业并没有很明确的应对策略。一方面，对于 2012 年来说，因为该年我国经济环境发展并不明朗，市场的观望情绪显著增强，而实体生产企业用于扩大产能、增加资金流转的贷款需求萎缩；另一方面，银行的流动性比 2011 年强，小贷公司的业务量受到一定挤压。目前，小贷公司的整体抗风险能力较弱，整合民间金融街内现有资源形成良好的经济风险隔离带对街内市场的培育、壮大有着举足轻重的现实意义。

第二章　广州民间金融街小额信贷“广州价格”的含义及概念界定

一、民间金融街小额信贷“广州价格”的含义

2012 年 6 月，广东省副省长陈云贤在广州民间金融街开业仪式上指出：应尽快将民间金融街建成国内首条集资金借贷、财富管理、支付结算和信息发布为一体的，体现岭南风情、广州特色和民间特点的金融街。为中小微企业和居民提供融资、理财服务，形成民间融资的“广州价格”，为国家促进民间金融规范化发展提供经验借鉴和示范，为广州市进一步加快区域金融中心建设，建设幸福广东和金融强省贡献应有的力量。陈云贤副省长的讲话对于我们研究民间金融街小额信贷“广州价格”的形成机制具有重要的指导意义。鉴于目前“广州价格”这个概念尚未完全清晰，在开展本课题的研究之前，我们首先定义什么是“广州价格”。本课题认为，当民间金融街小额信贷业务对某一特定地域民间小额信贷市场的影响程度超过某个临界点时，民间金融街小额信贷利率即该地域的“广州价格”。

我们可以看出，民间金融街小额信贷“广州价格”的含义主要凸显了“地域”“业务”和“影响程度”这三个方面，以下将从这三方面深入剖析“广州价格”。

二、民间金融街小额信贷“广州价格”含义的具体剖析及界定

（一）地域方面的含义解析

“广州价格”含义中的“地域”是指民间金融街小额信贷“广州价格”所影响到的区域范围，我们将其划分为三个层次，分别是广州市、广东省及全国。

首先，民间金融街小额信贷“广州价格”指引广州市民间小额信贷市场。近年来，广州市借国家金融综合改革和广东推进金融强省建设的东风，充分挖掘长堤大马路作为广州金融发源地的人文

历史底蕴，大力推进民间金融街的建设，积极引进包括小额贷款公司、融资担保公司、典当行、银证保等金融机构。截至2013年2月，已有12家资金实力较强、经营状况良好的小贷公司入驻民间金融街，为民间金融街小额信贷“广州价格”的形成奠定了微观基础，也为民间金融街小额信贷“广州价格”反映广州市民间资金的供需状况，引导广州市民间小额信贷市场合理、规范定价创造了条件。

其次，民间金融街小额信贷“广州价格”引导广东省民间小额信贷市场。2012年度广州市的地区生产总值已占广东省的23.75%，2012年末广州市的金融机构本外币各项贷款余额也占到了广东省的30.5%，广州市作为广东省的省会和重要的经济、金融中心，省内其他地区所需资金的大量拆借活动也在此进行，因而民间金融街小额信贷“广州价格”一定程度上反映了全省民间资金的融通状况，应能在广东省民间金融的规范发展方面发挥引导作用。

最后，我们认为利用广州市及广东省在全国的金融影响力，广义的民间金融街小额信贷“广州价格”会影响到全国的民间小额信贷市场。广州市自古以来就是全国瞩目的一线城市。历史上，清代一口通商的政策孕育了广州市浓厚的商业文化和活跃的民间小额信贷市场。改革开放以来，广州市作为改革开放的前沿阵地，积极发挥着先行先试的示范作用，在此期间，广州市的民营经济迅速发展，一大批充满活力的民营企业纷纷涌现，民间投资空前活跃，民间借贷活动频繁，民间金融市场持续发展，因而广州市民间金融街小额信贷“广州价格”对于全国民间小额信贷市场定价体系的规范具有一定的参考和引导作用。

（二）业务方面的含义解析

我们所定义的“广州价格”中的“业务”包括三个层面：一阶矩、二阶矩和期限结构。之所以运用数学中“矩”的概念来描述“广州价格”的业务，是因为矩可以用来刻画金融市场间的信息溢出。以下先介绍矩和信息溢出的定义，再详细解剖业务所涉及的三个层面。

矩是描述随机变量概率分布宏观特性的一类常用的量。设X为一个随机变量，$F(X)$是其分布函数。对于任一正整数k，X^k的数学期望EX^k称为X的k阶原点矩，$E(X-EX)^k$称为X的k阶中心矩。例如：一阶原点矩EX为数学期望，一阶中心矩为零，二阶原点矩EX^2为数学期望，二阶中心矩为方差$Var(X)=E(X-EX)^2$。

信息溢出是指一个金融市场上传播的信息具有外部性，会引起另一个金融市场的变化。信息溢出可以分为均值溢出和波动溢出。均值溢出是指一个金融市场价格的变化引起另一个市场价格发生变化，这种影响有正负之分；波动溢出是指一个金融市场的波动传递到另一个金融市场，引起该市场的波动，这种影响无正负之分，只有大小之分。

1. 一阶矩层面的概念剖析

在具体的研究过程中，我们所用的一阶矩是指小额信贷利率的变化。在一阶矩层面，民间金融街小额信贷“广州价格”的变化引起了特定地域民间小额信贷市场利率的变化。

由于现实中的金融市场间存在信息溢出，民间金融街小贷公司对不同期限贷款的利率水平信息，可能会通过各种途径为广州市、广东省乃至全国小贷公司所了解，而后者出于竞争等原因，在制定或调整自身贷款利率水平时可能会有所考虑，从而为民间金融街小额信贷利率的变化影响广州市、广东省、华南地区乃至全国小额信贷市场提供了条件。

2. 二阶矩层面的概念剖析

在具体的研究过程中，我们所用的二阶矩是指小额信贷利率的波动。在二阶矩层面，民间金融街小额信贷“广州价格”的波动引起了特定地域民间小额信贷市场利率的波动。

当民间金融街部分小贷公司对宏观经济走势等的判断出现明显转变时，这些小贷公司可能会迅速调整贷款的利率水平，与其他小贷公司贷款的利率水平形成较大差异，此时，民间金融街小贷公司同一期限贷款利率的方差会变大，贷款利率的波动随之增强。由于现实中的金融市场存在信息溢出，广州市、广东省乃至全国的小贷公司出于不同的认知水平各自作出决策，同一期限贷款利率的方差可能也会变大，客观上形成民间金融街小额信贷利率的波动向外扩散的现象。

3. **期限结构层面的概念剖析**

期限结构是指贷款的利率与贷款期限之间的关系，可以用一条曲线来表示，横轴表示贷款期限，纵轴表示贷款利率。这样一来，曲线上的点代表了小额贷款公司发放某个期限的贷款时，向借款人要求的利率水平，利率水平一般由该期限贷款的供需状况和风险程度决定。在期限结构层面，民间金融街小额信贷“广州价格”的期限结构参与了特定地域民间小额信贷市场利率期限结构的形成。

民间金融街小贷公司结合经营区域的供需状况，分别制定了短期、中长期、长期贷款的利率水平，形成了符合小额信贷特点的利率期限结构。由于现实的金融市场存在信息溢出，广州市、广东省乃至全国的小贷公司为了不断提高盈利水平，规避经营风险，可能会参考民间金融街小贷公司的现行做法，形成适合自身情况的利率期限结构，从而使民间金融街小贷公司贷款利率的期限结构具有了一定程度上的外部性。

（三）影响程度方面的含义解析

“广州价格”含义中的“影响程度”是指民间金融街小额信贷“广州价格”对特定地域民间小额信贷利率的变化及波动所起到的不同等级的作用，我们将其划分为四个层级，分别是无影响、有影响、显著影响、统治性影响。

综合“业务”“地域”和“影响程度”三方面的内容，我们认为民间金融街小额信贷“广州价格”在某一特定地域是否已形成并成熟，应取决于“广州价格”对于广州市民间小额信贷利率的变化及波动是否存在统治性影响，对广东省民间小额信贷利率的变化及波动是否存在显著影响，以及对全国民间小额信贷利率的变化及波动是否有影响（表4）。当“广州价格”在这些特定地域产生如此影响时才能被称为“广州价格”。通过图1，可以对本课题所定义的“广州价格”有更清晰的认识。

表4 “广州价格”是否形成的判断标准

地域	影响程度
广州市	统治性影响
广东省	显著影响
全国	有影响

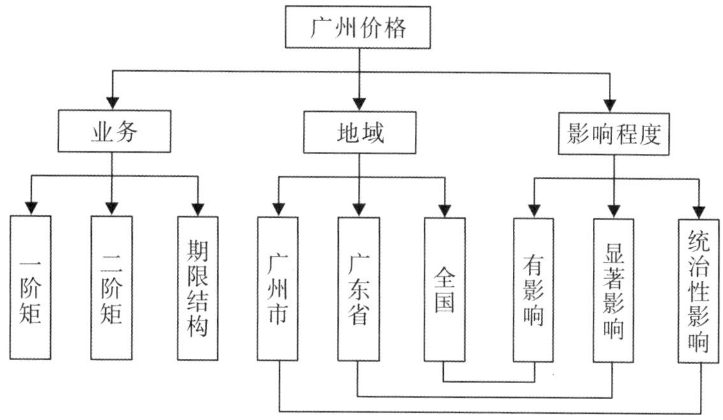

图1 “广州价格”定义分解图

第三章 广州民间金融街小额信贷“广州价格”的现状及测度

为了研究民间金融街小贷公司的合意数量，我们首先对目前阶段民间金融街小额信贷“广州价格”的现状及其测度进行分析。

一、民间金融街小额信贷“广州价格”的现状

（一）民间金融街小额贷款公司贷款利率的现状

如表5所示，民间金融街不同小贷公司同一期限贷款的利率水平存在明显差异，以10天的小额信贷为例，贷款的平均利率为16.73%，而广永小贷的贷款利率达到了21.60%，同时，盛融小贷的贷款利率仅为6.00%，因此，10天的小额信贷利率的方差水平相对较高，达到了0.27%，而1个月、3个月、6个月、1年期贷款利率的方差分别为0.16%、0.13%、0.20%、0.18%，体现了现阶段民间金融街小贷公司贷款利率具有一定的波动性。

表5 2012年第4季度民间金融街小贷公司的利率水平及波动现状

贷款期限	10天	1个月	3个月	6个月	1年
广永小贷	21.60%	20.06%	19.80%	21.00%	24.00%
恒隆小贷	16.20%	12.84%	12.53%	7.10%	10.00%
华佑小贷	16.69%	15.40%	16.14%	15.12%	18.00%
金瑞泰小贷	17.23%	17.30%	15.45%	16.79%	15.85%
海印小贷	21.59%	21.59%	18.65%	18.27%	—
金悦小贷	17.83%	11.88%	11.88%	10.96%	—
广建小贷	—	22.22%	21.12%	19.40%	21.20%

（续表）

贷款期限	10天	1个月	3个月	6个月	1年
华易小贷	—	18.00%	19.49%	18.79%	19.49%
民兴小贷	—	22.32%	20.62%	17.65%	15.61%
越秀小贷	—	22.32%	21.28%	20.93%	14.64%
平均利率	16.73%	18.04%	18.12%	17.06%	17.82%
利率的方差	0.27%	0.16%	0.13%	0.20%	0.18%

（二）民间金融街各小额贷款公司贷款利率的期限结构分析

1. 民间金融街小额贷款公司贷款利率的期限结构概况

利率期限结构是指在某一时点上，不同期限资金的收益率与到期期限之间的关系，这种关系可以用一条曲线来表示，如水平线、向上倾斜和向下倾斜的曲线。

2012年第四季度民间金融街小贷公司贷款利率期限结构如图2所示，呈现中间低、两头高的特点。10天平均年化贷款利率达到了最高值18.52%，随着贷款期限的延长，平均年化贷款利率震荡下滑，6个月平均年化贷款利率达到了最低值17.06%。当贷款期限从6个月延长到1年时，平均年化贷款利率有所回升。

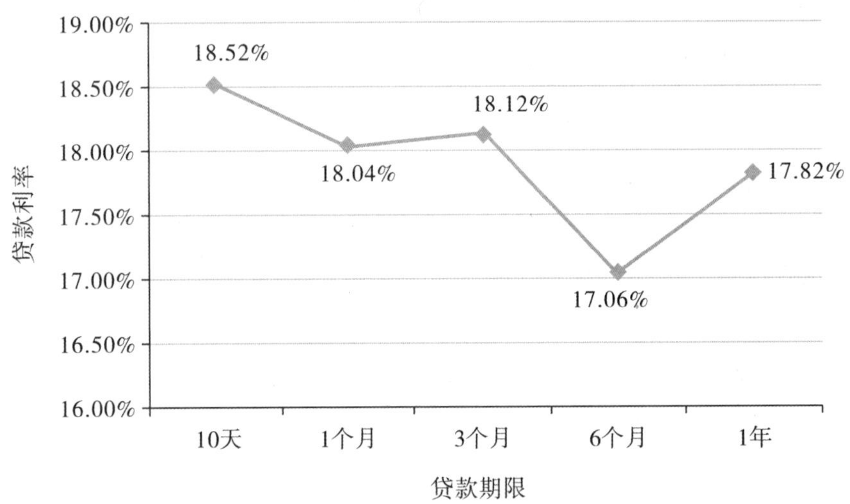

图2 2012年第四季度民间金融街小贷公司贷款利率期限结构图

如果我们仅统计2012年第四季度10天、1个月、3个月、6个月、1年各个期限均有实际放贷的小贷公司，如图3所示，2012年第四季度民间金融街小贷公司贷款利率曲线中间低、两头高的特点更加凸显，呈现出近似U形的格局。

2. 民间金融街小额信贷利率期限结构与Shibor的对比和分析

为了研究现阶段民间金融街小贷公司贷款利率期限结构的成熟程度，我们引入上海银行间同业拆放利率（Shanghai Interbank Offered Rate，Shibor）进行了对比。上海银行间同业拆放利率以位于上海的全国银行间同业拆借中心为技术平台进行计算、发布并命名，是由信用等级较高的银行组成报价团自主报出的人民币同业拆出利率计算确定的算术平均利率，是单利、无担保、批发性利率。

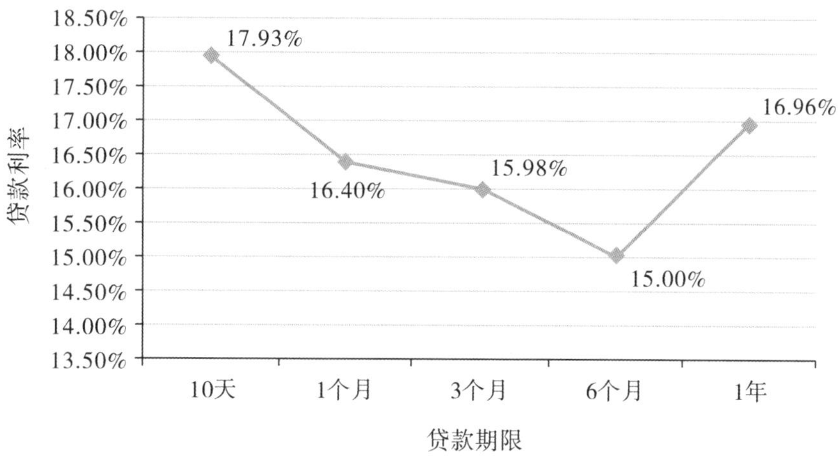

图 3　2012 年第四季度民间金融街小贷公司贷款利率期限结构图（统计口径调整后）

目前，对社会公布的 Shibor 品种包括隔夜、1 周、2 周、1 个月、3 个月、6 个月、9 个月及 1 年。

Shibor 的形成机制与在国际市场上普遍作为基准利率的伦敦同业拆借利率（London Interbank Offered Rate，Libor）的形成机制非常接近。Shibor 报价银行团现由 16 家商业银行组成，包括公开市场一级交易商、外汇市场做市商，以及在中国货币市场上人民币交易相对活跃、信息披露比较充分的银行。全国银行间同业拆借中心授权 Shibor 的报价计算和信息发布，每个交易日根据各报价行的报价，剔除最高、最低各 2 家报价，对其余报价进行算术平均计算后，得出每一期限品种的 Shibor，并定时对外发布。Shibor 自 2007 年 1 月 4 日推出以来，逐步成为全国金融市场的基准利率。如图 4 所示，Shibor 的利率期限结构基本呈现单调递增的特点，期限越长，风险越高，这与现阶段民间金融街小额信贷利率期限结构近似 U 形的特点相比存在较大的差异。

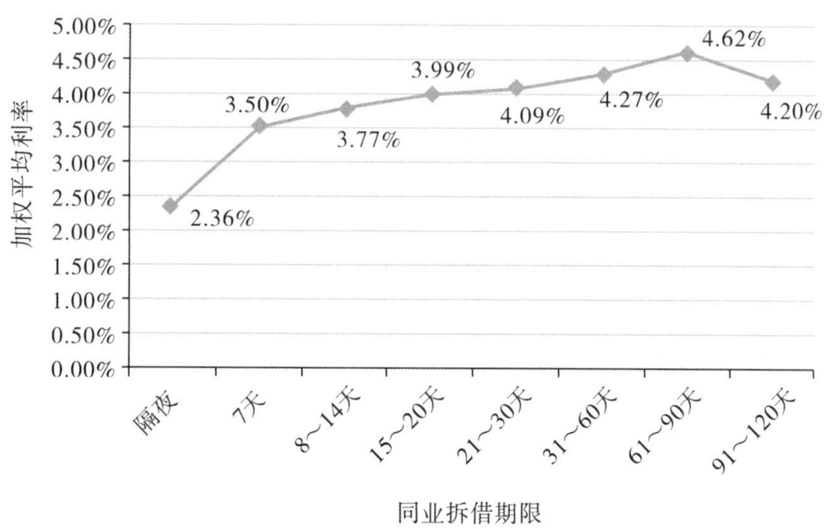

图 4　2012 年末上海银行间同业拆放利率期限结构图

为了进一步研究现阶段民间金融街小额信贷利率期限结构相对于 Shibor 的成熟程度和内在合理性，我们对民间金融街不同小贷公司贷款的利率期限结构做了更细致的分析，发现街内小贷公司贷款利率期限结构的格局大致可以分为三类：递减型、U 形和波浪形。

（1）民间金融街小贷公司递减型贷款利率期限结构分析。

如图5所示，民间金融街海印、民兴、越秀、金悦这四所小贷公司贷款利率的期限结构呈现递减型格局。

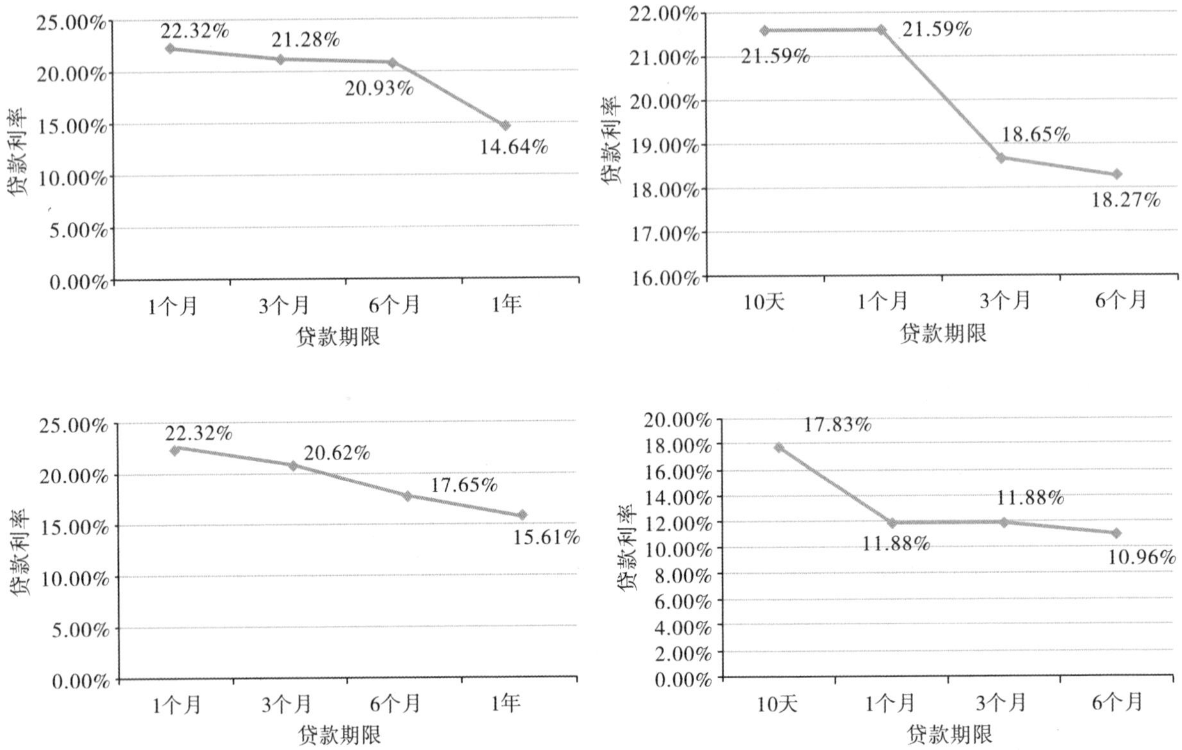

图5 民间金融街小贷公司递减型贷款利率期限结构图

（上图依次为海印、民兴、越秀和金悦）

与传统的银行借贷市场不同，这些小贷公司贷款的短期利率反而高于长期利率。结合调研走访了解到的情况，我们认为这一现象的背后可能存在以下驱动因素。

第一，较短期贷款的违约风险可能更高。与大型国有企业不同，中小民营企业面对银行时处于劣势，而宏观调控时期民营企业通过正规渠道融资更加困难，为了不至于陷入信用危机，民营企业不得不求助于民间借贷。有时民营企业在银行新批贷款下发前一段时间内现金流趋于紧张，需要进行短期的民间拆借以解燃眉之急，短期贷款利率因而上升。

以1个月贷款与6个月贷款为例，1个月贷款更多情况下属于过桥融资性质，与6个月贷款借款人相比，1个月贷款借款人的财务风险可能更高，信用状况可能堪忧，甚至不排除借新还旧的可能性。因此，对于较短期贷款，小贷公司往往会要求相对更高的收益率。而上海银行间同业拆放利率的报价银行是信用级别较高、定价能力较强、市场声誉较好的商业银行，对于较短期贷款的考虑与小贷公司区别较大，因而贷款的短期利率和长期利率表现也存在较大差异。

第二，较长期贷款更有利于分摊管理费用。以3个月贷款与6个月贷款为例，小贷公司用于6个月贷款借款人信用状况调查、贷款使用过程跟进监督上的管理费用与3个月贷款借款人相比差距并不大，而6个月贷款的管理费用相比3个月贷款可以在长得多的期限内进行分摊，客观上降低了小贷公司同一时期的管理费用率，为6个月贷款灵活定价提供了更多的空间。

第三，较短期贷款存在更多的资金闲置问题。对于期限较短的民间借贷贷款人在期满后，小贷公司需要重新寻找借款人放贷，中间可能造成资金闲置，这样就造成了部分损耗和浪费，降低了资金的盈利能力。

（2）民间金融街小贷公司 U 形贷款利率期限结构分析。

如图 6 所示，民间金融街广永、恒隆、广建、华佑这四所小贷公司贷款利率的期限结构呈现 U 形格局，较短期贷款的利率仍然偏高，而与递减型贷款利率曲线不同的是，U 形贷款利率曲线在贷款期限由 6 个月延长至 1 年时，贷款利率出现了一定程度的回升。

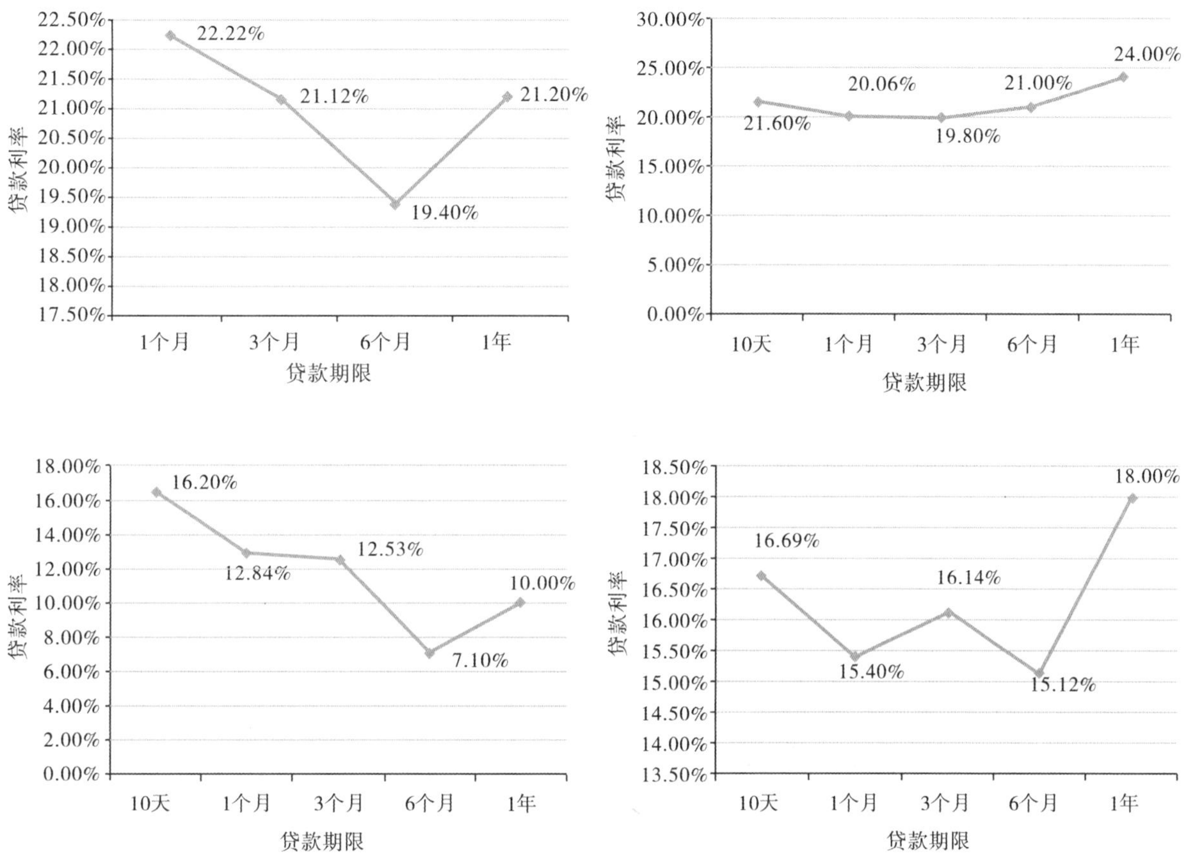

图 6　民间金融街小贷公司 U 形贷款利率期限结构图

（上图依次为广永、恒隆、广建和华佑）

我们在调研、走访的过程中发现，民间金融街部分小贷公司认为，1 年贷款的违约风险高于 6 个月贷款，随着期限的延长，违约风险在考虑贷款利率定价中开始发挥主导作用，而我们认为利率回升现象至少表明，尽管民间金融街小额信贷利率的期限结构与上海银行间同业拆放利率有所差异，高利率仍在相当程度上发挥着长期贷款风险的补偿作用。

（3）民间金融街小贷公司波浪形贷款利率期限结构分析。

如图 7 所示，民间金融街华易和金瑞泰这两所小贷公司贷款利率的期限结构呈现波浪形格局，没有明显的趋势规律可循。我们认为，这个现象反映出民间金融街部分小贷公司对各个期限贷款利率的定价能力可能有待提升，也不排除部分小贷公司贷款对象和业务模式较为特殊，申报利率与实际利率不同的可能性。

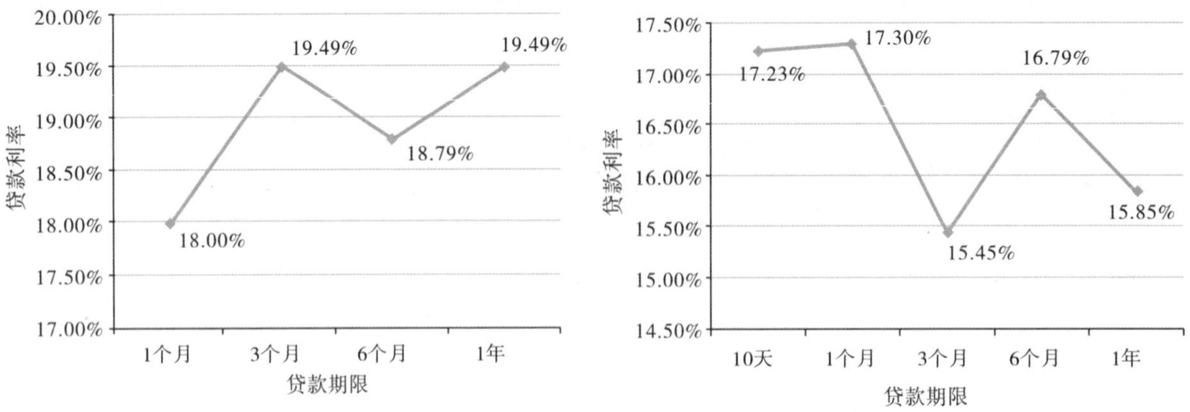

图7　民间金融街小贷公司波浪形贷款利率期限结构图

（上图依次为华易和金瑞泰）

民间金融街小额信贷利率期限结构的多种形态体现了街内小贷公司发展水平有所不同，不同小贷公司对各个期限贷款利率的定价能力也有差距，日常经营时对小额贷款风险的识别程度不尽一致，民间金融街小额信贷行业对各个期限贷款利率的定价机制尚不够成熟，民间金融街小额信贷利率的报价体系与上海银行间同业拆放利率相比也存在着相当的差距。

3. 民间金融街小额贷款公司贷款利率期限结构的合理性分析

民间金融街小贷公司贷款利率期限结构的多种形态一定程度上也存在着内在合理性。广州市乃至广东省的民间金融生态环境与全国其他地区相比较为活跃，活跃的民间金融生态环境决定了民间借贷形态的多样性。金融学的一些经典理论，包括预期理论、流动偏好理论、市场分割理论等也可以提供不同角度的解释。

我们认为，在各种利率期限结构理论中，偏好习性理论对民间金融街小贷公司多样化的利率期限结构最具解释力。偏好习性理论认为，长期利率取决于市场对未来短期利率预测的平均值并加上期限升水。因此考虑了偏好习性的因素就可以更好地解释利率曲线，由于长期利率曲线的形状由预期未来利率与期限升水共同决定，它们正向或反向地引导民间小额信贷市场的投资者脱离了偏好习性。如果利率轻微往上倾斜，说明投资者预期未来利率与现在持平；如果利率迅速往上倾斜，说明投资者预期未来利率将要上升；如果利率曲线是平坦的，说明投资者预期未来利率轻微下降；如果利率曲线往下倾斜，说明投资者预期未来利率将要快速下降。如果剔除期限升水这一因素，投资者预期未来利率水平可能存在不同趋势。长期利率的期限升水变化不定，导致不同期限利率曲线表现为各种形状，使民间借贷利率期限结构出现多样性与异常性。

二、民间金融街小额信贷“广州价格”的测度

$$\text{一阶矩层面贷款余额的比重} = \frac{\text{民间金融街小贷公司贷款余额}}{\text{受影响地域范围小贷公司贷款余额}} \tag{3-1}$$

$$\text{二阶矩层面贷款利率方差的比重} = \frac{\text{民间金融街不同小贷公司贷款利率的方差}}{\text{受影响地域范围不同小贷公司贷款利率的方差}} \tag{3-2}$$

（一）“广州价格”对广州市小额信贷市场利率影响程度的测度

1. 一阶矩层面“广州价格”对广州市小额信贷市场利率影响程度的测度

在测度民间金融街小额信贷“广州价格”对广州市民间小额信贷市场利率变化的影响时，我们会根据上文所介绍的两种估计方法对数据进行处理并计算。对于第一种估计方法，我们将2012年第四季度民间金融街小贷公司的实际放贷金额加总，得到2012年末民间金融街小贷公司的贷款余额为19.23亿元，同时我们将2012年第四季度广州市小贷公司的实际放贷金额加总，得到2012年末广州市小贷公司的贷款余额为28.78亿元，根据式（3-1），计算可得2012年末民间金融街小贷公司的贷款余额占广州市小贷公司贷款余额的66.82%［（19.23÷28.78）×100%］。再根据上一章的指标设计，一阶矩层面的影响程度可记为2.56分，民间金融街小额信贷“广州价格”对广州市民间小额信贷市场利率存在显著影响（表6）。

根据第二种估计方法，我们将2012年民间金融街小贷公司的注册资本额加总，得到2012年末民间金融街小贷公司的贷款余额为21.5亿元，同时我们将2012年广州市小贷公司的注册资本额加总，得到2012年末广州市小贷公司的贷款余额为40.5亿元，根据式（3-1），计算可得2012年末民间金融街小贷公司的贷款余额占广州市小贷公司贷款余额的53.09%［（21.5÷40.5）×100%］。同样根据上一章的指标设计，一阶矩层面的影响程度记为2.10分，民间金融街小额信贷“广州价格”对广州市民间小额信贷市场利率存在显著影响（表6）。

表6　“广州价格”对广州市小额信贷市场利率变化影响的测度

所选估计方法	2012年末民间金融街小贷公司贷款余额	2012年末广州市小贷公司贷款余额	一阶矩层面贷款余额的比重	分值	影响程度
第一种	19.23亿元	28.78亿元	66.82%	2.56分	存在显著影响
第二种	21.5亿元	40.5亿元	53.09%	2.10分	存在显著影响

2. 二阶矩层面“广州价格”对广州市小额信贷市场利率影响程度的测度

在二阶矩层面，我们将计算民间金融街小贷公司各期限贷款利率的方差及其占特定地域中小贷公司各期限贷款利率方差的比重。

（1）10天贷款利率方差比重的计算。

2012年第四季度民间金融街不同小贷公司10天贷款利率的方差为0.27%，同一时期广州市不同小贷公司10天贷款利率的方差为0.18%。根据式（3-2），民间金融街不同小贷公司10天贷款利率的方差占广州市不同小贷公司10天贷款利率方差的150.00%［（0.27%÷0.18%）×100%］。依照上一章二阶矩层面的指标设计，民间金融街小额信贷“广州价格”对广州市民间小额信贷市场10天期限贷款利率影响较小，二阶矩层面的影响程度应记为0分。

（2）1个月贷款利率方差比重的计算。

2012年第四季度民间金融街不同小贷公司1个月贷款利率的方差为0.16%，同一时期广州市不同小贷公司1个月贷款利率的方差为0.14%。根据式（3-2），民间金融街不同小贷公司1个月贷款利率的方差占广州市不同小贷公司1个月贷款利率方差的114.29%［（0.16%÷0.14%）×100%］。依照上一章二阶矩层面的指标设计，民间金融街小额信贷“广州价格”对广州市民间小额信贷市场1个月期限贷款利率影响较小，二阶矩层面的影响程度应记为0分。

（3）3 个月贷款利率方差比重的计算。

2012 年第四季度民间金融街不同小贷公司 3 个月贷款利率的方差为 0.13%，同一时期广州市不同小贷公司 3 个月贷款利率的方差为 0.14%。根据式（3－2），民间金融街不同小贷公司 3 个月贷款利率的方差占广州市不同小贷公司 3 个月贷款利率方差的 92.86% [（0.13% ÷0.14%）×100%]。依照上一章二阶矩层面的指标设计，民间金融街小额信贷“广州价格”对广州市民间小额信贷市场 3 个月期限贷款利率影响较小，二阶矩层面的影响程度记为 0.23 分。

（4）6 个月贷款利率方差比重的计算。

2012 年第四季度民间金融街不同小贷公司 6 个月贷款利率的方差为 0.20%，同一时期广州市不同小贷公司 6 个月贷款利率的方差为 0.19%。根据式（3－2），民间金融街不同小贷公司 6 个月贷款利率的方差占广州市不同小贷公司 6 个月贷款利率方差的 105.26% [（0.20% ÷0.19%）×100%]。依照上一章二阶矩层面的指标设计，民间金融街小额信贷“广州价格”对广州市民间小额信贷市场 6 个月期限贷款利率影响较小，二阶矩层面的影响程度记为 0 分。

（5）1 年贷款利率方差比重的计算。

2012 年第四季度民间金融街不同小贷公司 1 年贷款利率的方差为 0.18%，同一时期广州市不同小贷公司 1 年贷款利率的方差为 0.19%。根据式（3－2），民间金融街不同小贷公司 1 年贷款利率的方差占广州市不同小贷公司 1 年贷款利率方差的 94.74% [（0.18% ÷0.19%）×100%]。依照上一章二阶矩层面的指标设计，民间金融街小额信贷“广州价格”对广州市民间小额信贷市场 1 年期限贷款利率影响较小，二阶矩层面的影响程度记为 0.09 分。

我们将以上计算得到的各期限利率方差比重的影响程度及分值列于表 7。

表 7 “广州价格”对广州市小额信贷市场利率波动的影响程度

贷款期限	民间金融街小贷公司贷款利率的方差	二阶矩层面贷款利率方差的比重	分值	二阶矩层面影响程度
10 天	0.27%	150.00%	0 分	影响较小
1 个月	0.16%	114.29%	0 分	影响较小
3 个月	0.13%	92.86%	0.23 分	影响较小
6 个月	0.20%	105.26%	0 分	影响较小
1 年	0.18%	94.74%	0.09 分	影响较小

在我们获取的民间金融街经营数据中，存在少数小贷公司各个期限的贷款利率显著低于同行业其他公司的情况，由此计算得到的 2012 年第四季度民间金融街小贷公司 10 天、1 个月、6 个月贷款利率的方差高于广州市，民间金融街小额信贷“广州价格”对广州市民间小额信贷市场利率波动的影响主要体现在 3 个月及 1 年的贷款利率上，总体影响程度相对较低。

（二）“广州价格”对广东省小额信贷市场利率影响程度的测度

我们仍将从一阶矩和二阶矩的层面测度“广州价格”对广东省小额信贷市场利率的影响程度。但在二阶矩层面，缺失相关的样本数据，我们将 2012 年第四季度广州市不同小贷公司各个期限贷款利率的方差作为广东省同一时期的参考值，得到2012年第四季度民间金融街不同小贷公司各个期限贷款利率的方差占广东省比重的近似值。

而在一阶矩层面，我们沿用两种估计方法测度民间金融街小额信贷"广州价格"对广东省民间小额信贷市场利率变化的影响。根据第一种估计方法，我们将2012年第四季度民间金融街小贷公司的实际放贷金额加总，得到2012年末民间金融街小贷公司的贷款余额为19.23亿元，而2012年末广东省小贷公司的贷款余额为284.49亿元，根据式（3-1），计算可得2012年末民间金融街小贷公司的贷款余额占广东省小贷公司贷款余额的6.76%［（19.23÷284.49）×100%］。再根据上一章的指标设计，一阶矩层面的影响程度记为0.34分，民间金融街小额信贷"广州价格"对广东省民间小额信贷市场利率影响较小（表8）。

根据第二种估计方法，我们将2012年民间金融街小贷公司的注册资本额加总，得到2012年末民间金融街小贷公司的贷款余额为21.5亿元，而2012年末广东省小贷公司的贷款余额为284.49亿元，根据式（3-1），计算得2012年末民间金融街小贷公司的贷款余额占广东省小贷公司贷款余额的7.56%［（21.5÷284.49）×100%］。再根据上一章的指标设计，一阶矩层面的影响程度记为0.38分，民间金融街小额信贷"广州价格"对广东省民间小额信贷市场利率影响较小（表8）。

表8 "广州价格"对广东省小额信贷市场利率变化影响的测度

所选估计方法	2012年末民间金融街小贷公司贷款余额	2012年末广东省小贷公司贷款余额	一阶矩层面贷款余额的比重	分值	影响程度
第一种	19.23亿元	284.49亿元	6.76%	0.34分	影响较小
第二种	21.5亿元	284.49亿元	7.56%	0.38分	影响较小

（三）"广州价格"对全国小额信贷市场利率影响程度的测度

如表9所示，在测度民间金融街小额信贷"广州价格"对全国民间小额信贷市场利率变化的影响时，基于第一种估计方法，我们将2012年第四季度民间金融街小贷公司的实际放贷金额加总，得到2012年末民间金融街小贷公司的贷款余额为19.23亿元，而2012年末全国小贷公司的贷款余额为5921亿元，根据式（3-1），可得2012年末民间金融街小贷公司的贷款余额占全国小贷公司贷款余额的0.32%［（19.23÷5921）×100%］。再根据上一章的指标设计，一阶矩层面的影响程度记为0.02分，民间金融街小额信贷"广州价格"对全国民间小额信贷市场利率影响较小。

基于第二种估计方法，我们将2012年民间金融街小贷公司的注册资本额加总，得到2012年末民间金融街小贷公司的贷款余额为21.5亿元，而2012年末全国小贷公司的贷款余额为5921亿元，根据式（3-1），计算得2012年末民间金融街小贷公司的贷款余额占全国小贷公司贷款余额的0.36%［（21.5÷5921）×100%］。再根据上一章的指标设计，一阶矩层面的影响程度记为0.02分。我们认为，民间金融街小额信贷"广州价格"对全国民间小额信贷市场利率影响较小（表9）。

表 9 “广州价格”对全国小额信贷市场利率变化影响的测度

所选估计方法	2012 年末民间金融街小贷公司贷款余额	2012 年末全国小贷公司贷款余额	一阶矩层面贷款余额的比重	分值	影响程度
第一种	19.23 亿元	5921 亿元	0.32%	0.02 分	影响较小
第二种	21.5 亿元	5921 亿元	0.36%	0.02 分	影响较小

而在二阶矩层面，相关数据依然缺失，我们将 2012 年第四季度广州市不同小贷公司各个期限贷款利率的方差作为全国同一时期的参考值，得到 2012 年第四季度民间金融街不同小贷公司各个期限贷款利率的方差占全国比重的近似值。

（四）“广州价格”对各地域小额信贷市场利率影响的总测度

上文我们通过估计和调整民间金融街小贷公司贷款余额和贷款利率的方差分别占各个地域范围小贷公司贷款余额和贷款利率方差的比重，得到了“广州价格”对各个地域范围小额信贷市场在一阶矩和二阶矩层面的影响程度及分值。接下来，我们分别按 1∶1和2∶1 的权重对一阶矩层面和二阶矩层面的比重进行加权求和，得到综合加权比重和相对应的分值，从而度量民间金融街小额信贷“广州价格”对各个地域范围民间小额信贷市场利率的变化及波动的影响程度。

如表 10 所示，我们选取了二阶矩层面 3 个月贷款利率方差的比重，并对其进行调整，使之与一阶矩层面贷款余额比重的数值意义相统一，然后将一阶矩层面和二阶矩层面的比重按照 1∶1 的权重进行求和。计算得出，“广州价格”对广州市民间小额信贷市场影响程度的综合加权分值为 1.52 分，“广州价格”对广州市民间小额信贷市场有影响；“广州价格”对广东省民间小额信贷市场影响程度的综合加权分值为 0.29 分，“广州价格”对广东省民间小额信贷市场的影响较小；“广州价格”对全国民间小额信贷市场影响程度的综合加权分值为 0.12 分，“广州价格”对全国民间小额信贷市场的影响较小。

表 10 民间金融街小额信贷“广州价格”的测度结果（按 1∶1 权重加总）

所选估计方法	地域影响范围	一阶矩层面比重	一阶矩层面分值	二阶矩层面比重	二阶矩层面分值	1∶1 综合加权比重	1∶1 综合加权分值	影响较小	有影响	存在显著影响	存在统治性影响	“广州价格”是否形成
第一种	广州市	66.84%	2.56	95.34%	0.23	35.75%	1.52		√			否
	广东省	6.76%	0.34	95.34%	0.23	5.71%	0.29	√				否
	全国	0.32%	0.02	95.34%	0.23	2.49%	0.12	√				否
第二种	广州市	53.09%	2.10	95.34%	0.23	28.87%	1.30		√			否
	广东省	7.56%	0.38	95.34%	0.23	6.11%	0.31	√				否
	全国	0.36%	0.02	95.34%	0.23	2.51%	0.13	√				否

接下来，我们改用 2∶1 的权重对一阶矩层面贷款余额的比重和调整后二阶矩层面 3 个月贷款利率方差的比重进行加权求和。计算得出，“广州价格”对广州市民间小额信贷市场影响程度的综合加权分值为 1.87 分，“广州价格”对广州市民间小额信贷市场有影响；“广州价格”对广东省民

间小额信贷市场影响程度的综合加权分值为 0. 30 分，“广州价格”对广东省民间小额信贷市场的影响较小；“广州价格”对全国民间小额信贷市场影响程度的综合加权分值为 0. 09 分，“广州价格”对全国民间小额信贷市场的影响较小（表 11）。

表 11　民间金融街小额信贷“广州价格”的测度结果（按 2∶1 权重加总）

所选估计方法	地域影响范围	一阶矩层面比重	一阶矩层面分值	二阶矩层面比重	二阶矩层面分值	2∶1 综合加权比重	2∶1 综合加权分值	影响较小	有影响	存在显著影响	存在统治性影响	“广州价格”是否形成
第一种	广州市	66. 84%	2. 56	95. 34%	0. 23	46. 11%	1. 87		√			否
	广东省	6. 76%	0. 34	95. 34%	0. 23	6. 06%	0. 30	√				否
	全国	0. 32%	0. 02	95. 34%	0. 23	1. 77%	0. 09	√				否
第二种	广州市	53. 09%	2. 10	95. 34%	0. 23	36. 94%	1. 56		√			否
	广东省	7. 56%	0. 38	95. 34%	0. 23	6. 59%	0. 33	√				否
	全国	0. 36%	0. 02	95. 34%	0. 23	1. 79%	0. 09	√				否

由民间金融街小额信贷“广州价格”的测度结果可知，按照 1∶1或2∶1 的权重进行加权求和而导致的差异并不大，至少没有改变对于“广州价格”形成现状的判断结果。我们认为，形成该现象的主要原因是现阶段民间金融街小贷公司贷款利率的方差占各个地域范围小贷公司贷款利率方差的比重相对过高，如民间金融街小贷公司 1 个月贷款利率的方差反而高于广州市小贷公司 1 个月贷款利率的方差，所占后者的比重达到了 114. 29%。民间金融街小贷公司贷款利率方差的偏高，既反映了街内小贷公司数量有限，贷款利率的方差相对更容易受到利率水平较低的少数小贷公司的影响，也体现了目前民间金融街小额信贷“广州价格”尚未完全形成的阶段性特点。

第四章　促进广州民间金融街小额信贷“广州价格”形成的政策建议

下面针对前文的研究，并结合国内外经验，提出促进广州民间金融街小额信贷“广州价格”形成的政策建议。本课题的重点是确定民间金融街小贷公司的合意数量，由于篇幅限制，对于其他建议，我们只提出方向和理念，其具体的制度和规则设计，有待在后续研究中细化和深化。

一、增加小贷公司数量，强化民间金融街集聚效应

“广州价格”设计中最核心的功能体现在完善市场定价机制，指导民间借贷市场价格的形成。市场价格形成机制建设的核心微观基础在于增加广州市民间金融街小贷公司数量，通过集聚效应尽可能地吸纳、整合民间信贷资源，扩充整个民间金融街内市场交易微观单元个数，从而加强街内市场的做市能力和竞价能力，提高整个街内市场的业务量，扩大民间金融街的辐射面。

根据上文分析，“广州价格”要在广州市形成统治性影响，民间金融街需要集聚至少 17 家小贷

公司；要在广东省形成显著影响，民间金融街需要集聚至少73家小贷公司；要在全国有影响，民间金融街需要集聚至少606家小贷公司。

根据截至2013年2月民间金融街现有12家小贷公司的情况，若“广州价格”要在广东省形成显著影响则还需要吸纳61家小贷公司，进一步达到统治性影响则金融街需要再集聚104家小贷公司。只有先做好“量”的原始积累奠定基础，才能从微观扩展到宏观，发生“质”的蜕变，形成有影响力、有市场指引力的“广州价格”。

目前，在民间金融街建设的初期探索阶段，考虑到金融风险的控制和民间借贷市场自身监管体系的不完善，用比较简单易操作的增加小贷公司的数量这种模式，一方面可以发挥集聚效应优势，通过乘数效应做大民间金融街内市场的业务量，促使街内市场的价格信息向街外市场溢出，另一方面可以加强街内市场企业单元的互动，从而鼓励街内市场参与者的议价行为，通过促进微观参与者的市场互动进一步强化“广州价格”的窗口指引功能，形成完善的“广州价格”体系。

二、完善“广州价格”形成的微观机制设计

价格形成的微观机制的核心在于以市场配置资源为基础，依托完备的市场交易体制引导价格制定与调整的制度安排。要明确界定价格的决策主体，要实现价格形式的转换由市场自动定价。

三、调整现行民间金融街小额信贷“广州价格”指数成分

针对广州民间金融街现阶段发布的价格指数，最急需解决的就是价格指数中报价企业成分的选择问题。现行民间金融街的“广州价格”指数还包括街外市场的报价者，并非真正意义上的广州民间金融街内市场价格指数，应该考虑将其剔除。

在编制市场价格指数时，可以考虑针对不同小贷公司的业务总量或交易频率适当赋予相应的权数，从而提升市场价格指数的价格发现功能，真实地反映市场不同交易主体的活跃程度，进而度量整个市场的活跃繁荣情况。

四、合理设计价格指数，强化市场指导功能

针对民间金融街借贷市场上的交易品种，可以参照上海银行间同业拆放利率的形成机制计算价格指数。要考虑三个因素：一是抽样，二是加权，三是计算程序。

五、细分“广州价格”每日公开发布利率指数

现阶段广州民间金融街每日发布的小贷公司资金业务平均利率，按照不同的贷款期限与业务种类，划分为10天、1个月、3个月、6个月、1年期的贷款利率以及3个月、6个月、1年期的担保业务费用利率。随着民间金融街内市场价格形成机制的不断完善和民间金融街“广州价格”影响力的不断增强，广州民间金融街内贷款利率需要更加公开和透明，这有利于进一步降低交易成本，促使贷款利率收敛于市场价格，而落实到具体操作上，则表现为应根据不同的贷款期限和业务的种类，进一步细分利率指数，从而更加精准地反映民间金融街小额信贷市场的需求信息。

六、创新指数种类，丰富“广州价格”层次体系

在每日发布小贷公司资金业务平均利率水平之上，民间金融街可以尝试设计发布广州民间金融

街内市场风险预警指数、民间信贷市场走势预期指数、小贷公司经营景气指数等多种指数信息，更好地打造广州民间金融街品牌。

七、建立民间金融街内教育培训机制，促进街内资金定价合理化

根据观察，现阶段民间金融街内各家小贷公司的资金利率价格的期限结构趋势并不统一，而且有的小贷公司出现结构错配现象，有的小贷公司利率走势显现出明显的随机游走不确定性，整个街内市场的各个市场单元的利率水平呈价格发散状。

为保证小额信贷“广州价格”的合理性与市场指引功能的有效发挥，民间金融街管理者应当建立完善的街内教育培训机制，促使各家小贷公司利率价格收敛于市场均衡价格的同时，利率期限结构回归市场理性。

八、参照中国人民银行征信体系，建立完善的小额贷款征信系统

应尝试推动小额贷款征信系统建设，登记企业与个人的相关信用信息，保障民间金融街小贷公司平稳运行。小贷公司成立时间不长，人员有限，基础建设较为薄弱，对债务人资信情况的调查能力相对较弱，小贷公司必须依托社会的力量构建小额贷款征信系统，完成对债务人资信情况的调查。

九、完善公司治理结构，规范小额贷款公司发展

应鼓励民间金融街小贷公司构建合理、高效的公司治理结构，完善、健全民间金融街小额信贷“广州价格”形成的微观基础。

具体地，可以在股权结构、董事会作用、公司具体管理和组织方面着手进行研究设计，不断完善公司内部的风险管理体系，规范稳健经营，规避系统风险。

十、以中小企业信贷为主，服务地区产业升级转型

为了充分发挥小贷公司的比较优势，使“广州价格”更好地服务中小企业技术升级，推动地区产业转型，可从以下三个方面着手：①信贷产品创新；②信贷评级管理；③信贷业务模式。

本文课题组负责人：王曦。课题组成员：吴越、徐浩升、陈淼、庄园。(2013 年)

广州民间金融街征信公司组建研究

第一章　征信业国内外经验分析

征信业在国外已经有100多年的发展历史，目前基本形成了三种征信模式：公共征信模式、市场化征信模式和行业协会征信模式。

第一节　国外三种征信模式对比分析

1. 公共征信模式的优劣

优势：政府组织下的公共征信模式，可充分发挥国家各有关部门的合力，筹建庞大的征信系统。由中央银行或金融监管当局设立公共征信机构能够使政府充分掌握金融市场的运行信息，进而及时采取针对性的监管措施。利用监管者的行政手段和法律手段强制采集分散在各处的信用信息，保障了信息的完整性和及时性。政府既是征信系统的组建者，又是使用者和监管者，运作成本较低。政府主导的征信产品属于公共产品，收费低廉，降低了使用者获取信息的成本。

劣势：公共征信模式在信息征集上不够灵活，且以信贷数据为主体的数据结构也不够全面，难以在复杂的经济环境中真实反映征信主体的信用状况。同时，公共征信机构只对银行业金融机构等特定的对象提供信用报告服务，商贸领域和服务领域虽对信用报告有需求，却无从取得，出现了银行消费信用快速增长而社会消费信用发展缓慢的情况。此外，公共征信机构与其他政府部门一样，在缺乏利益刺激的情况下，员工工作积极性不高，服务质量相对较差。

2. 市场化征信模式的优劣

优势：市场化征信模式中，征信机构在利润目标的刺激下，能够积极主动、广泛深入地采集信用信息，并能根据市场需求提供多样化的征信服务，使所有有需求的市场参与方都能在法律允许的范围内通过付费的方式获取需要的信息，有利于实现信用信息效用的最大化。

劣势：市场化征信模式下对隐私的保护较为困难。一方面，把握住信息自由流通和个人隐私保护之间的平衡点非常困难。另一方面，以利润最大化为目标的私营化征信机构可能出于盈利目的违法操作，形成对个人信息权益的损害。大量同质的征信机构的存在和相互竞争，也在一定程度上造成了社会资源的浪费。此外，不同征信机构征集信用信息的渠道不同、标准不一，存在一定的时间差和空间差，可能出现不同机构对同一主体信用评价的偏差，影响信用产品的参考价值。

3. 行业协会征信模式的优劣

优势：行业协会征信模式中，各行业协会充分发挥专业特长，收集信用信息及时、准确。会员按照协会规定定时提供标准的信用信息，增强了信用信息征集的稳定性，降低了征信成本。

劣势：行业协会本身首先代表着该协会会员的利益，其次才关注消费者的权益，在会员利益和消费者隐私保护的两难选择中，偏向于自己的会员，一旦政府监控不力，极易产生道德风险。同时，行业协会征信机构的服务对象仅为会员，而会员对信用产品的需求比较狭窄，信用产品的专业指向性较强。此外，仅向会员开放的服务模式，同样使商贸领域和服务领域对信用产品的需求得不到满足，一定程度上形成资源的闲置和浪费。

第二节　国内三地征信模式比较分析及启示

目前在我国，浙江省、上海市和深圳市征信体系建设起步较早，进展较快，已率先在国内取得了一些经验，形成了目前各具特色的征信体系建设模式。

三地的社会征信体系建设是经济社会发展到一定阶段的内在要求，尽管起点不一，发展环境不同，但都取得了较快进展，且各具特点。在法规制度建设方面，三地都注重不断完善社会信用制度，制定信用规章、信用标准、制度建设，使征信活动有法可依、有章可循。深圳比较早地进行了立法。上海市已经出台各类信用规范性文件 100 多份。

在管理制度方面，三地党委、政府高度重视，加强组织领导，形成了组织推进构架。上海市成立了由市政府领导担任召集人、62 家主要综合部门和监管部门组成的上海市社会诚信体系建设联席会议；2003 年成立市征信管理办公室，在上海市信息化委员会增挂；2005 年设立诚信建设和征信行业监管两个职能处室，配置专门人员编制，建立了征信机构备案、回访、统计等管理制度。各区也相应建立了联席会议制度。浙江省成立了省“信用浙江”建设领导小组，下设办公室，由省发改委牵头，负责企业、个人联合征信系统建设的组织协调，省企业信用发布查询中心承担具体工作。深圳市委托市工商局承建企业信用信息中心。

三地在社会征信体系建设过程中，注重把中央要求和地方实际结合起来，把法规建设和道德教育结合起来，把政府推动和市场运作结合起来，明确目标，创新实践，稳步推进，成效明显，有不少方面值得借鉴，比如法规先行是社会征信体系建设的制度保障，政府推动和支持是社会征信体系建设的前提条件，建设统一的公共数据库是社会征信体系建设的核心工程，市场化运作是社会征信体系建设的基本方向，分步实施是社会征信体系建设的基本方法，营造诚信环境是社会征信体系建设的社会基础。

第二章　信用信息采集

信用信息是指能够反映企业和个人信用情况的信息。征信企业进行信用评级和提供征信报告，必须以反映被评者信用的各种信用信息为依据。因此信用信息的收集是征信企业生存、发展的基础。目前，信用信息的采集面临着两个难题。其一是法律的障碍。企业信用信息的采集涉及企业的商业秘密和商业信誉。个人信用信息的采集涉及个人隐私的保护和个人的声誉。这都要求征信企业在法律许可的范围内采集信用信息。其二是信息公开程度的障碍。政府所掌握的一些信息，根据法律的规定是应当公开的，但是在目前的实践中，公开的程度还不高。本课题试图为征信公司在法律许可的范围内采集信息找到途径。

第一节 信用信息采集范围的原则

征信企业收集信用信息应当根据下面的原则来确定采集信息的范围和种类。

一、合法性原则

征信企业采集的信用信息必须是合法的。我国有关法律明确规定了信用信息采集的范围。如《中华人民共和国政府信息公开条例》（简称《政府信息公开条例》），规定了政府部门掌握的有关企业和个人信息公开的范围。《广东省企业信用信息公开条例》也规定了企业信用信息公开的范围。凡是属于法律规定的公开范围的信用信息，都属于可采集的信息。凡是法律禁止采集的信息，则不应当采集。如有关个人身体状况、民族、宗教信仰等的信息，即使被采集者同意，也不应当采集。

二、时效性原则

征信企业采集的信用信息必须是在时效期间内的信息。本研究报告所谓的信用信息的时效性，是指有关企业或者个人的信用信息仍然在对被评者的信用产生影响的期间内。例如，某企业在10年前被法院判决的支付义务，仍然没有执行完毕，则该信息仍然对判断企业的信用具有影响，则应当采集。但是，假如该判决已经在几年前履行完毕，对企业目前的发展没有影响，则不应当采集。

三、针对性原则

所谓针对性原则，是指所采集的信息能够反映企业的信用状况。

四、连续性原则

信用信息只有具有连续性或者持续性，才能有效判断企业或者个人的信用情况。因此采集信息应当尽量采集具有连续性、持续性的信息，力争能够准确反映被评者的信用状况。

第二节 信息采集的范围和种类

《中华人民共和国征信业管理条例》（简称《条例》）将征信企业的业务分为企业征信和个人征信，因此征信公司需要采集的信息也分为两类研究。

一、企业类信用信息

对于被评的企业，征信公司应当采集下列信息。

1. 企业的主体身份类信息

辨别、判定企业的主体身份是信用评级的前提。有关企业主体身份信息的采集，要达到以下目的。首先，信息要能够判断企业的性质。根据我国有关法律的规定，我国的企业类型众多，例如，从投资主体来划分，可以分为国有企业和民营企业；从投资主体的国别来划分，可以分为内资企业和外资企业；从企业股东的多少来划分，可以分为独资公司和合资公司；从公司承担责任的角度来划分，又可以分为有限责任公司和合伙企业。不同性质的企业，对评级的结果有着很大的影响，因此所采集的信息要能够反映企业的属性。其次，采集的信息要能够辨别、判定企业主体身份的真伪与合法性。例如，被评企业的陈述是否和工商登记、税务登记、办法特许证部门的信息一致；有没有伪造、夸大、变造、过期；采集的有关信息要能够证实或者验证。最后，采集的信息要能够判定被评者所属的行业和经营范围。综合上述目的，应当采集企业的下列信息：①企业的营业执照和内档资料，企业登记的时候，工商局所颁发的营业执照和内档资料能够反映企业的属性、经营范围、股东等基本状况。②企业的税务登记证。税务登记证可以验证企业的真伪。③企业的机构代码证信息。机构代码证信息可以验证企业主体信息的真伪。④企业法定代表人的基本信息。

（2）企业的财务信息。对于被评的企业而言，需要判定其信用登记的基本信息是否是企业自身的财务信息，包括企业的营业收入情况、资产负债情况等。根据评级的需要，需要采集的企业财务信息主要包括下列内容：①企业的注册资本金和净资产；②企业的营业收入；③企业的负债情况；④企业的应收账款；⑤企业的应付账款；⑥企业的纳税状况；⑦企业的固定资产；等等。企业的财务类信息要具有连续性和完整性，要尽量采集企业近 5 年的企业财务信息。

2. **企业股东和高级管理人员的基本信息**

企业的股东和高级管理人员的素质、能力等对于企业的生存、发展有着重要的影响。因此也应当采集企业股东和高级管理人员的信息。《条例》第十三条明确规定：“企业的董事、监事、高级管理人员与其履行职务相关的信息，不作为个人信息。”根据《条例》的规定，对企业进行评级，可以采集下列人员的信息：①企业的法定代表人；②企业的自然人股东信息；③企业的总经理、副总经理、主管主营业务的高级管理人员和技术骨干。需采集上述人员的下列信息：①身份证信息；②无犯罪记录信息；③学历信息和有关从业资格、专业技术资格信息。

3. **企业经营违法类信息**

企业在经营中如果经常有违法行为，受到行政处罚，则会对企业的信用产生很大的影响。因此对于企业合法经营的信息也需要采集。这类信息主要采集以下范围内的信息：①企业因违法受行政处罚的信息。如企业污染环境受处罚的信息，企业侵犯知识产权受处罚的信息，企业生产、销售假冒伪劣产品受处罚的信息等。由于行政处罚的种类繁多，不同的企业在经营中所发生的违法行为不同，因此这里仅仅列举一些较为常见的行政违法行为。具体情况要依据不同的行业分类，细化需要收集的行政处罚。②企业拖欠税款信息。企业在经营中如果拖欠税款，可能会被税务机关追缴税款，并受处罚。③诉讼类信息。企业如果遇到诉讼败诉，则可能会承担支付义务，这对企业的信用影响也非常大。④拖欠水电费信息。任何企业的经营都需要用水、用电。如果企业不能够按时缴纳水电费，则说明企业的经营出现异常，经济实力严重下降。⑤企业的犯罪记录。许多企业的经营中涉及商业贿赂，生产、销售假冒伪劣产品等犯罪行为，这些犯罪行为也会严重影响企业的信用等级。

4. **企业的经营实力类信息**

企业的经营状况，除了从企业自身提供的财务资料等判断之外，还可以从一些企业之外的途径获得。这些信息的作用有两个：一是可通过这些信息甄别企业自己提供信息的真伪；二是这些信息本身也可以用于判断企业信用的状况。这些信息包括：①企业为员工缴纳的公积金信息。如果企业持续为员工缴纳公积金，且缴纳的金额较高，缴纳金额与企业的其他财务信息相一致，则企业的信用度较高，反之则信用度较低。②企业为员工缴纳的社保信息。③工程、政府采购等招投标中标信息。④企业获得政府资助的信息。⑤企业的年审报告。

5. **中国人民银行征信中心的信息**

企业到商业银行开户的存款、付款和贷款等都有记录，这些也是判断企业信用的基本信息。我国已经建设国家金融数据库。中国人民银行征信中心代表政府运营金融数据库。中国人民银行征信中心对外提供有关企业账户基本信息的征信报告。

二、个人类信息

对于个人的信用评级或者征信报告，需要采集下列信息。

1. **主体身份信息**

确定被评主体的身份是信用评级或者征信报告的基本内容。确定一个自然人的主体身份的信息主要有两种情况。其一是收集身份证信息资料。身份证信息资料是确定一个公民身份的基本资料。其二是居住证信息。由于目前我国的人口流动比较大，特别是大中城市有许多外来的人员，根据有关城市管理的法律规定，外来人员在当地经常居住的，需要办理居住证件。《广东省流动人口服务管理条例》明确规定，流动人口需要在居住地办理居住证。

2. **工作信息**

自然人的工作状况对信用等级有着重大的影响。主要收集自然人工作方面的信息：①工作的单位及单位属性。单位属性是指单位是国家机关，还是事业单位员工、国企、民营企业等，单位所处的地域也应当了解。②工资待遇。自然人的收入状况，一般按照经常性的年收入计算。③参加工作年限。④职务。⑤学历状况和职业资格状况。自然人的学历、职业资格对于其工作、收入的影响特别大。⑥单位的基本情况。⑦缴纳公积金信息。⑧纳税情况，由于有工作单位的自然人的收入与单位有着很大的联系，因此也应当对自然人工作单位的基本情况有一个了解。

3. **经商信息**

自然人经商的，需要收集其经商的信息。自然人从事商业活动主要是指自然人从事的经常性、稳定性的商业活动。主要包括股权投资、经营企业等。需采集下列信息：①参与企业的基本信息，即企业的名称、行业、注册资本等；②所持有的股份比例；③分红或者盈利情况。

4. **固定财产状况资料**

自然人拥有固定资产的状况对其信用的影响也非常大。有固定资产的自然人的信用度较高。要收集自然人的下列固定资产信息：①房产信息；②车辆信息；③贵重物品，如珠宝等信息。

5. **违法、犯罪的信息**

主体的违法、犯罪行为对主体的信用影响非常大。需要到公安机关调取主体的违法、犯罪记录。自然人违法的种类比较多，难以一一统计。但是对自然人影响较大的违法行为主要有吸毒、赌博等不良习惯。需要去公安机关调取信息主体因赌博、吸毒被处罚的记录。自然人犯罪，对其信用影响也非常大，需要到公安机关调取犯罪记录的信息。

6. **诉讼信息**

自然人如果有诉讼纠纷，则会影响其信用。

7. **中国人民银行征信信息**

自然人在商业银行开立账户的，都会有金融信息。这是判断一个自然人信用情况的基本资料，需要调取。

三、禁止采集的信息

采集自然人的信用信息的范围主要是上述范围的信息。另外，需要注意的是，采集自然人的信用信息要注意保护自然人的隐私，防止出现采集歧视性信息的情况。有一些属于自然人个人隐私的信息和涉及歧视的信息是不能采集的。《条例》第十四条规定："禁止征信机构采集个人的宗教信仰、基因、指纹、血型、疾病和病史信息以及法律、行政法规规定禁止采集的其他个人信息。"《上海市个人信用征信管理办法》第八条明确规定："征信机构不得采集下列个人信息：①与个人信用无关的信息；②民族、种族、家庭出身、宗教信仰、政治信仰以及身体形态、基因、血型、疾病和病史等可能使被征信个人受到歧视的信息；③法律、法规规定应当保密或者禁止采集的其他个人信息。"目前广东省和广州市还没有这样的法规。根据《条例》的规定，参照《上海市个人信用征信管理办法》的规定，从尊重人权、反对歧视、保护公民隐私的角度来看，下列信息征信公司不得采集：①民族信息；②种族信息；③家庭出身信息；④宗教信仰信息；⑤身体状况信息（包含基因、血型、疾病和病史等）；⑥法律规定的其他信息。当然，由于国籍和被评者所在国有一定的关系，因此被评者的国籍信息需要采集。

第三节　信息采集存在的问题

从目前的情况来看，征信企业采集征信信息的法律障碍已经不存在。相反，有许多法律制度保障征信企业收集征信信息。首先，相关的法律制度已经要求政府所掌握的信息公开。《政府信息公开条例》已经于 2008 年 5 月 1 日实施。该条例第六条明确规定："行政机关应当及时、准确地公开政府信息。"对于涉及企业和自然人的违法、犯罪的信息，政府应当公开。对于涉及企业商业秘密和自然人隐私的信息，在得到权利人的授权之后，也可以公开；《政府信息公开条例》第十四条规定："行政机关不得公开涉及国家秘密、商业秘密、个人隐私的政府信息。但是，经权利人同意公开或者行政机关认为不公开可能对公共利益造成重大影响的涉及商业秘密、个人隐私的政府信息，可以予以公开。"《广东省企业信用信息公开条例》第六条规定："行政部门应当将依法履行职责中掌握的下列企业信用信息予以公开：①企业的基本登记事项、组织机构代码；②企业取得行政许可的情况；③企业产品、服务、管理体系的认证情况和商标认定情况；④企业产品质量的抽查、检验、检疫、检测情况；⑤企业年度审计、审核情况和企业社会保险登记证年检情况；⑥企业拖欠社会保险费和行政事业性费用的情况；⑦企业拖欠、骗取、偷逃税款的情况；⑧企业违法用工、拖欠员工工资等重大劳动保障违法行为的查处情况；⑨企业重大质量、安全生产、环境污染等事故的责任追究情况；⑩生效的行政处罚记录；⑪其他依法应当公开的企业信用信息。法律法规对公开事项另有规定的，从其规定。"根据上述规定，政府所掌握的对企业信用评级所需要的信息基本上都属于公开的范围。《广东省企业信用信息公开条例》第十六条规定："公民、法人和其他组织可以通过登录网站或者提出申请等方式，查询本条例第六条规定的企业信用信息。企业或者经企业授权的单位和个人查询其企业自身信用信息的，行政部门可以提供本条例第六条规定以外的该企业信用信息。""行政部门对申请查询的企业信用信息能够当场提供或者答复的，应当当场提供或者答复；不能当场提供或者答复的，应当自受理之日起十个工作日内提供或者答复。"

有关法律、法规对采集个人信息的规定较为严格。2013 年 3 月 15 日生效的《条例》对个人信息的采集做了严格的规定。第十三条规定："采集个人信息应当经信息主体本人同意，未经本人同意不得采集。但是依照法律、行政法规规定公开的信息除外。"第十四条规定："征信机构不得采集个人的收入、存款、有价证券、商业保险、不动产的信息和纳税数额信息。但是，征信机构明确告知信息主体提供该信息可能产生的不利后果，并取得其书面同意的除外。"采集个人信息的法律规定较为严格，但是也并非不能公开。《政府信息公开条例》第十四条明确规定，对于涉及自然人隐私的信息，在得到权利人的授权之后，可以公开；征信企业在获得权利主体授权的情况之下，也可以采集到相关信息。

根据上述法律，法律对征信企业采集个人信息的情况分为两种。第一种情况是无须采集者同意即可采集的信息，这些信息是信息主体的违法信息，如信息主体的偷逃税款、行政违法等信息；第二种情况是信息主体的合法信息。这些信息的采集必须要有两个前提条件：其一是取得被采集者本人的同意，即取得授权；其二是需告知其提供信息的不利后果。这里需要注意的是，在告知其不利后果时，不能采取格式合同的条款，而需要作出特别说明。在具备这两个条件的前提下，征信企业才可以采集信息主体的个人信息。不过需要注意的是，企业的董事、监事和高级管理人员从事与职业有关的个人信息，不属于个人信息，而属于企业信息。

根据上述的法律规定，征信企业采集企业征信信息是不存在法律障碍的。在取得授权和告知风险的情况下，采集个人征信信息也是可行的。但是，征信企业采集征信信息的过程并不会一帆风顺，下列 3 个问题会严重影响信息的采集。

（1）信息采集的效率不高。政府所掌握的信息虽然要按照《政府信息公开条例》的规定公开，但是有些政府部门对查询答复的时间比较长。例如，某些部门的行政处罚信息可能在处罚结果出来之后很久都没有公开。征信企业去查询信息时，政府部门虽然给予查询，但是答复的时间要很久。《政府信息公开条例》第二十四条规定："行政机关收到政府信息公开申请，能够当场答复的，应当当场予以答复。行政机关不能当场答复的，应当自收到申请之日起 15 个工作日内予以答复；如需延长答复期限的，应当经政府信息公开工作机构负责人同意，并告知申请人，延长答复的期限最长不得超过 15 个工作日。"根据这一规定，政府部门对查询申请答复的时间一般是 15 个工作日。这样长的时间，显然会导致评级工作的效率低下。这需要征信企业和政府部门建立良好的关系，争取尽快查询到征信信息。例如申请查询无犯罪记录信息，按照正常程序，可能需要 15 个工作日左右。但是如果和公安机关建立良好的关系，可能仅仅需要 3 天甚至更短（例如，自己去公安机关查询无犯罪记录，需要 15 个工作日，但是委托广州公证处做公证去查询，包括出公证的时间，仅 5 天左右即可）。

（2）政府部门提供的信息不一定适用于评级。由于政府部门所掌握的信息并非是为了信用评级而收集或者储存的，因此这些信息在侧重点、格式、内容等方面未必适用于信用评级。

（3）某些政府部门信息透明度不高。尽管《政府信息公开条例》明确规定了政府的信息要依法公开，但是个别政府部门还是设置障碍，不愿公开信息。

第四节　信息采集的途径和方法

征信公司应当建立自己的数据库或者信息平台，采集、积累征信信息。为有效采集信息，建议采取如下方式。

一、由被评企业和个人自己提供信用信息

信用评级最为基本的信用信息是掌握在被评者自己手中，例如，企业自己的财务信息、股东信息等。征信企业在接受委托时，应当要求被评者及时提供信用信息。被评者需要提供信息以及为征信公司采集信息提供必要的帮助。

被评者应当根据征信公司的需要提供信息。征信公司在接受委托时，应当向被评者提出要求，并指导被评者提供信息。征信公司的指导包括被评者提供信息的范围、内容及格式、确认等。需要企业提供的信息会根据指标体系列出详细的清单。

二、被评者应当给征信公司提供采集信息的必要协助

一些信息，如被评者拖欠水电费、拖欠税款等信息，政府部门和有关机构有权公开，但是被评者合法缴纳税款、及时缴纳水电费的金额等信息，有关政府部门和机构则无权公开。采集这些信息需要被评者提供必要的协助。这些协助主要有：①提供授权委托书，被评者授权征信公司到有关机构采集信息；②确认采集信息的准确性。

几乎所有法律允许采集的征信信息都能在得到被评者授权的情况下获得。建议下列信息在获得被评者授权后到有关部门或者机构采集：①纳税信息。企业如果有拖欠税款，则税务部门会公开。但是合法纳税信息，没有企业的授权，税务部门不会提供。企业也有纳税凭证和记录，为验证企业财务信息的真伪，需要在得到授权后去税务部门采集。同样的道理，水电费等信息也需要授权采集。②缴纳水电费信息。③缴纳公积金和社保信息。④中国人民银行征信信息。⑤企业的工商内档资料。⑥被评者本人或者被评企业股东、高级管理人员和法定代表人的身份信息。⑦到公安机关和检察院采集无犯罪记录信息；等等。

三、与政府部门建立良好的合作关系

政府所掌握的信用信息应当根据法律的规定公开。但是，如前所述，由于政府部门提供信息的效率较低，或者有关部门不愿意配合提供信息，为保证采集信息的效率和质量，需要与有关政府部门和机构建立固定的合作关系，保证信息采集的效率和质量。建议尝试通过下列方式与政府有关部门建立合作关系。

1. 争取市政府授权征信公司为企业信用信息服务单位

如何建立起征信公司与政府各部门及司法机关之间的信息共享机制是征信公司成立以后面临的最大难题。从根本上解决问题的方案是赋予拟成立的征信公司一定的社会公共性——争取市政府授权其为企业信用信息服务单位。这一方案的依据是《广东省企业信用信息公开条例》第十三条。该条规定："省、地级以上市人民政府应当采取措施，实现行政部门之间的企业信用信息资源共享，并根据需要，可以指定或者委托有关单位或者部门建立企业信用信息发布系统，负责收集、整合并统一公开行政部门掌握的企业信用信息。具体规定由省人民政府制定。"《广东省企业信用信息收集和公开管理规定》第四条规定："省或地级以上市人民政府指定或委托的负责建立企业信用信息发布系统的单位或部门，统称为企业信用信息服务单位。企业信用信息服务单位负责收集和整合企业信用信息，为行政部门提供信息共享及为社会提供信息查询服务。"有了市政府的授权，征信公司就可以名正言顺地向各部门收集、整合企业信用信息，既可以为行政部门提供信息共享，也可以为

社会提供信息查询服务，从而极大地推动广州市的企业信用体系建设。

2. 建立信息发布平台

征信公司可以建立一个信息发布平台，与有关政府部门和机构合作，将企业、个人违法的信息在平台上发布（企业或者个人违法的信息应当公布）。建立这一平台之后，可以与政府部门合作，免费为政府有关部门发布违法信息。对于政府来讲，可以多一个发布违法信息的平台；对于征信企业而言，可以及时获得征信信息。

3. 建立信息查询的合作关系

征信公司在获得被评者授权之后，采集信息是合法的。征信公司可以加强与政府部门的沟通，与其建立良好的合作关系，保证征信公司在提出查询申请之后，以最快的速度获得信息。

4. 合作建立数据库

征信公司可以和政府部门合作，共同建立数据库。有些政府在履行自己的职责时也需要一些有关企业、个人的数据。但是，苦于人力、物力有限，无法建立。征信公司可以和这些政府部门合作，共同建立数据库，共享信息。

四、与各种行业协会合作采集信息

广州地区的行业协会较为发达。各种行业协会都有一定数量的会员。征信公司应当充分发挥在广州民间金融街（简称“金融街”）的优势，与行业协会建立合作关系。行业协会协助征信公司采集企业信息，为企业建立信用档案。征信公司和行业协会一起合作，为行业协会的会员单位融资提供服务。

五、通过技术手段（如网络）采集信息

现在的网络技术十分发达，各种信息都可以在网上找到。网络上的信息可以分为三类。其一是政府网站公开的信息，许多政府机构都建有信息公开的网站，这类网站的信息是较为真实、可信的。这类网站有：①公安部门的身份证信息查询系统；②机构代码证查询系统；③政府信息化系统；④人民法院被执行人信息查询系统（以后法院的判决也会公开）；⑤广东省建立的工程招投标信息网站；⑥工商、税务、环保等职能部门的网站；⑦广州信用网。其二是被评者自己建立的网站。许多企业都建有网站，会发布许多信息。但是采集这些信息时需要注意的一个问题是企业自身在网站上发布的信息许多带有宣传企业的目的，其真实性和准确性需要通过其他信息验证。其三是第三人的评价信息。

上述网络信息，可以通过一定的技术手段直接获得。但是由于这些信息是通过网络得到的，因此在使用时需要注意以下几点：①这些信息一定要从较为可靠的网站获得，如政府网站和企业自己的网站，对于可信度不高的网站发布的道听途说的信息不可采集；②这些信息在使用时需要经过被评者的确认；③这些信息需要进行格式化处理。

六、和其他征信机构合作共享信息

征信机构之间可以合作，相互分享信息。如中国人民银行征信中心建设的金融数据库和深圳鹏元征信公司的个人信息数据库已经建成。金融街的征信公司可以和它们合作，共享数据。课题组在2013 年 12 月中旬到位于北京、上海的征信中心调研。在调研中，课题组表达了合作的愿望，但中

国人民银行征信中心的负责人表示，合作需要一定的条件。如果金融街的征信公司成立之后，有一定的数据且符合中国人民银行征信中心的要求，可以合作。金融街的征信公司应当建立自己的数据库，在采集的数据达到一定数量，有了与他人互利合作的基础之后，可以和其他征信机构合作，交换信息。金融街的征信公司在获得个人征信业务许可之前，可以采取“组建金融街风险控制联盟”的方式，首先在金融街采集信息，建立数据库。

七、组建金融街风险控制联盟

征信公司应当充分发挥在金融街经营的优势来采集信息和发展客户。征信公司成立之后，应当由征信公司牵头，在广州民间金融街管理有限公司的协助下，在民间金融街内组建风险控制联盟。成立联盟既是征信公司扩展收入来源的途径，也是一种重要的信息采集方法。风险控制联盟的成员包括广州地区（不仅仅是金融街）的小额贷款公司（简称“小贷公司”）、融资担保公司、典当行、融资中介公司等。

许多中小企业和个人在借款时，往往向多家机构或者个人借款。由于信息不对称，小贷公司和融资性担保公司无法评估借贷风险。通过组建风险控制联盟，小贷公司等机构将所掌握的信息互通共享，从而掌握借贷者在小贷公司和融资性担保公司借款的情况。

风险控制联盟是一种民间金融企业间有互助性质的组织。各成员将自己所掌握的信息提供给联盟组织，从而享有获得他人所掌握的信息的权利。联盟属于征信公司内部的机构，不是独立的组织机构。联盟的收费和活动都是以征信公司的名义进行。如果联盟以独立的名义进行活动，则会产生两个问题。一是注册问题，如果联盟作为一个独立的民间组织组建，则需要到民政部门登记；二是作为独立的民间组织，联盟只能收取很低的会员费，无法盈利。

征信公司牵头负责组织风险控制联盟，可以获得三种收益。其一是可以获得成员提供的征信信息。成员加入联盟的条件之一是将自己客户的信息免费提供给联盟。征信公司可以获得征信数据。其二是可以收取会员费。民间金融企业加入联盟成为会员，需要缴纳一定的会费。会费的金额不宜过高。成为会员之后，会员可以享有一定的权利。其三是可以宣传信用评级理念，建立稳定的客户源。小贷公司等民间金融机构都是征信公司的稳定客户源。由于我国的征信行业处于起步阶段，许多企业和个人还没有使用信用产品的意识。组建联盟，向成员宣传征信产品，可以逐步培养小贷公司等机构使用信用产品的习惯。

联盟组建之后，联盟成员可以享有以下相应的权利，履行相应的义务。

联盟成员应当履行的义务：①缴纳会费，每年的会费大约为 5 千到 1 万元左右；②在法律规定范围内，将客户的信用信息纳入民间金融街的征信数据库，会员在开展业务的时候，需要让客户签署授权文件，允许会员将信息提供给征信公司；③参加征信公司组织的研讨会、论坛，配合管委会、管理公司和征信公司组织的调研和评级研究。

成员享有下列权利：①免费共享入会小贷公司、融资担保公司的借贷信息查询；②以优惠的价格享受中国人民银行的征信信息查询；③以优惠的价格享受代理信用信息查询；④会员的客户可以优惠的价格享受信用评级服务；⑤免费享有征信公司的年度行业发展报告；⑥免费参加每年一次的风险控制培训。

第五节　信息处理与信息维护

一、制定信息处理的标准

信息的采集需要有一定的标准。征信公司成立之后，要制定信息采集的标准。中国人民银行征信中心在信息的采集上制定了严格的标准。各个商业银行都是按照这一标准提供信息给中国人民银行征信中心。国务院在 2014 年月 15 日通过的《社会信用体系建设规划纲要（2014—2020 年）》，明确要求要制定全国统一的信用信息采集和分类管理标准。但是这一标准尚未制定。在国家统一的标准出台之前，征信公司应当先制定自己的信息采集标准。在制定信息采集标准的时候，建议参考中国人民银行征信中心的信息采集标准。未来的征信公司的信息是要和中国人民银行征信中心对接的，因此参考这一标准来采集信息有利于将来的对接。

二、设置信息的时效性阈值

采集信用信息需采集在时效性范围内的信息。信用信息的时效性是指在一定的时间内对被评者的信用评价有影响的信息。信用信息超过时效，则不得用于评价被评者的信用。目前还没有法律规定信用信息的时效。但是，《条例》规定了不良信息保存的时间。《条例》第十六条规定：“征信机构对个人不良信息的保存期限，自不良行为或者事件终止之日起为 5 年；超过 5 年的，应当予以删除。”根据这一规定，不良信息保留的时间最长为不良行为或者事件终止之日起 5 年。这是法律规定的最长年限。参照这一法律规定，征信企业采集的信息中，不良信息应当是自不良行为或者事件终止后 5 年以内的。但是对于反映信息主体信用良好的信息，则可以根据信息的种类，不受 5 年的时间限制，制定各自的采集时效。

三、信息的定期更新和维护

企业和个人的许多信用信息是会不断变化的。征信公司的数据库需要持续不断地采集信息，并及时更新。当然，每一日都更新数据也是不现实的。建议信息按照下列原则更新。

1. 评估前更新

对于受托对企业或者个人进行评级或者出具征信报告的，在出具报告前搜索、更新一次受评主体的信息。

2. 常规更新

对于征信公司在日常的信息采集中采集的数据，按照每月一次的频率更新，每月对信息主体的信息进行一次采集或者更新。对于一些年度信息，如年审报告，则按照年度进行更新。

3. 跟踪更新

对于某一些较为特殊的信息，采用“跟踪更新”的方法，如信息主体的诉讼信息、拖欠税款的信息，指定业务人员专门跟踪，有新的结果，马上更新信息。

第三章　信用产品的开发与设计

金融街征信公司业务的开展分为两个阶段。第一个阶段是开展企业征信业务，第二个阶段是申请个人征信业务的许可，在获得许可之后，全面开展企业和个人的征信业务。在获得个人征信业务许可之前先开展个人信息的代理查询业务，以弥补不足。

金融街组建的征信公司在产品的开发和设计上，首先，要注意吸收其他公司的成功经验。国内的征信企业经过30多年的发展，积累了丰富的经验，有一些企业在产品的设计上是有成功之处的。其次，设计产品要充分发挥金融街的优势。组建征信公司的首要目的是服务金融街，而立足金融街也是公司业务开展的依托。金融街的小贷公司需要大量的征信服务。征信公司就是要充分考虑为小贷公司的客户提供服务。这些客户主要是中小微企业和个人。因此征信公司在产品的设计上就是立足于中小微企业和个人业务。再次，应当树立“立足广州，服务广东”的原则。金融街的征信公司应当定位为一家区域性的商业征信公司。组建这一公司首先要服务于金融街，但是最终的目标应当定位为服务广东全省，特别是珠三角地区。最后，应当将征信业务和评级业务全部展开来。征信业务和评级业务是相辅相成的。开展征信业务，组建数据库，既可以提供征信服务，又可以为评级创造有利条件，而评级也为征信业务提供了数据。

当然，金融街的征信公司究竟要提供什么产品和服务，还需要由自身能够采集到的信息、市场对信用产品的需求来决定。这就需要征信公司在成立之后开展对市场的调研，然后决定产品类型。对金融街征信公司的产品和服务的建议如下。

一、借贷信用评级报告

目前，商业银行和小贷公司审批贷款都是依据财产担保的状况，很少依据信用评级报告。但是依据信用评级报告审批贷款是今后的发展趋势。征信公司应当广泛开展借贷信用评级业务，为商业银行、小贷公司的借款客户提供信用评级报告服务。借贷信用评级报告分为企业版和个人版。分别为中小企业和个人的借贷提供信用评级报告。这一类报告的侧重点是对借款企业与个人的还款信用和能力的评定。

二、工商信用评级报告业务

企业和个人的工商信用评级报告是指针对企业和个人出具的反映企业基本信息和信用评价的报告。企业和个人参与商务活动，需要了解交易对象和合作对象的信用情况。在信息不对称的情况下，企业和个人会越来越倾向于通过独立的第三方机构了解交易对象或者合作对象的基本情况和信用评价。

政府的采购招投标，根据法律的规定，也需要对参与投标的企业信用进行考察。《中华人民共和国政府采购法》第二十二条明确规定：“供应商参加政府采购活动应当具备下列条件：……②具有良好的商业信誉和健全的财务会计制度……④有依法缴纳税收和社会保障资金的良好记录；⑤参加政府采购活动前三年内，在经营活动中没有重大违法记录。”其虽然没有明确规定参加政府采购投标的企业一定要提供信用报告，但是其中要求的良好的商业信誉、依法纳税和缴纳社会保障资金的良好记录、没有重大的违法记录等，却是只有信用评级报告或者征信报告才能完整体现的。随着政府采购招投标的逐步完备，今后使用信用评级报告或者征信报告来审查投标企业的资格，必定是发展趋势。同样，在工程招标和申报政府科研经费的资助方面，也会逐步采用信用报告来审查资格。

工商信用报告的用途主要：①用于参加工程、政府采购的招投标资格审查；②企业和个人申请政府科技等项目的资助或者补贴；③挑选商业合作伙伴；④重大投资项目决策；等等。

工商信用评级报告的侧重点与借贷信用评级报告有区别。工商信用评级报告主要是提供企业的基本信息和企业的资质，其在本行业的影响力、业绩、信用等。而借贷信用评级报告则侧重于企业的经营状况、还款来源和还款能力。

三、企业和个人的征信报告

接受委托，为企业和个人提供征信报告。征信报告与信用评级报告的区别在于，征信报告根据委托，仅仅提供信息主体的基本信息，但是不提供评价。这一报告主要使企业和个人在进行商业谈判或者交易的初期，对交易对象有一个基本的了解。

开展这一业务时需要注意的是，在征信公司取得个人征信业务的许可证之前，不能提供个人的征信报告。为了弥补这一缺陷，本课题组建议征信公司先开展个人信息的代为查询工作（详见本部分的“代理个人信息查询业务”）。

四、协助查询中国人民银行征信中心的征信信息

目前，中国人民银行征信中心还没有对广东省的小贷公司开发查询端口。为便于小贷公司开展业务，征信公司争取中国人民银行征信中心在征信公司设立查询端口，为小贷公司查询中国人民银行的征信信息提供便利。征信公司适当收取一些手续费。

五、小贷公司申报信用审核报告

对于在民间金融街新申报的小贷公司，可以在审查阶段，要求其提供发起人的信用报告和股东、高管的个人信用信息资料。

六、小贷公司风险控制培训

征信公司和民间金融研究院、高校合作，撬动专家资源，对小贷公司的风险控制提供培训（风险控制联盟的会员单位每年享受一次免费的培训）。

七、代理个人信息查询业务

为弥补暂时无法经营个人征信业务的遗憾，先开展代理个人信息查询业务。代理个人信息查询业务属于受委托办理的业务，不属于个人征信业务。为避免从事个人征信业务的嫌疑，代理查询个人信息业务应当注意以下几点：一是必须有客户的明确授权；二是对于查询到的信息不做任何的修改、整理和评价；三是单独提交给客户，在评级报告中不引用、参考。

征信公司代理查询个人信息业务中，代理查询的信息主要有：①个人的中国人民银行征信信

息；②个人的诉讼信息；③个人的犯罪记录信息；④个人的公积金、社保、水电费缴纳、纳税等信息；⑤个人经商的工商登记信息等。

八、个人公积金贷款信用评级报告

征信公司可以和公积金中心合作，开展个人公积金贷款信用评级服务。

九、信用管理和咨询服务

随着征信公司业务的开展，征信公司积累的信用信息和信用管理的经验和资料越来越多。征信公司在开展业务过程中，将会培养出信用评级和信用管理的专家。征信公司可以利用人才优势，开展企业信用的管理服务和咨询服务。

企业信用的管理服务主要有：①企业信用档案建设。征信公司负责为客户建设信用档案。②信用风险提示。征信公司针对客户在经营中遇到出现的可能影响其信用的情况进行警示。③追讨货款。征信公司可以接受企业的委托，对客户借款、货款的支付情况进行实时监控和催付。④对委托人客户的信用进行监控。接受委托人的委托，对其客户的信用进行月度、季度或者年度的评估。⑤协助企业建立信用管理系统。

征信公司也可以为企业提供信用咨询服务。

十、信用体系建设服务

征信公司可以利用账务的信用信息和积累的经验，为政府建设信用体系提供服务。

十一、提供研究报告

随着征信公司征信数据的积累，征信公司可以和高校及研究机构合作，为企业、政府提供各种研究报告。

第四章　征信公司组建建议

根据以上研究，课题组对征信公司的成立提出如下建议。

一、股东及出资条件

征信公司的投资主体以民间投资者为主。征信行业属于技术性、专业性比较强的新型企业，在经营中需要非常强的专业水平和非常高的管理水平。如果征信公司的投资主体是政府，则面临着高水平专业人才的招聘和管理的难题，经营的成本必然非常高。民间投资者在成本管理、人才的待遇等方面等方面都会优于国有企业。征信行业需要非常高的公信力。如果征信公司的投资主体是国有企业，则今后经营中预防各种贿赂，保持独立、公正的难度非常大。如果征信公司在今后的经营中失去公信力，除了企业自身的生存问题之外，还必然会连带损害政府的形象和公信力。而民间投资者会比较注意自己的信誉。另外，鼓励、吸引民间投资符合十八大的精神和市场经济规律。

由于征信行业在我国的发展并不顺利，在征信公司成立的前期，需要政府的扶持和推动。因此在征信公司创立时期，为体现对民间投资的鼓励和支持，广州民间金融街管理有限公司可以作为投资的参与者之一出资持有少量的股份，在初期协助征信公司协调各个方面的关系，扶持征信公司的发展，等征信公司运营正常之后再将股份转让退出。建议征信公司的投资主体结构如图 1 所示。

①广州立根小额再贷款股份有限公司持有 20% 的股份。

②广州民间金融街管理有限公司持有 10% 的股份。

③其他各类民间投资者持有 70% 的股份。

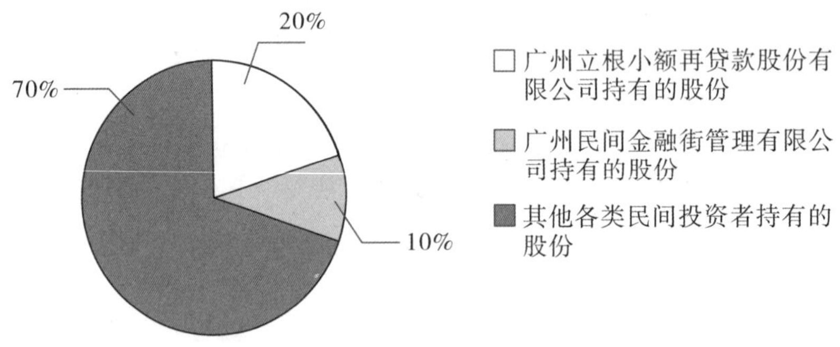

图 1　广州民间金融街征信公司股东构成

在各类民间投资者中，可挑选两类投资者参与。一种是有较强经济基础且具有民间投融资经营业务的企业或具有民间投融资经验的个人；另一种是具有金融、财会、法律等专业背景的专业人士出资参股。如前所述，由于征信行业的经营确实需要金融、法律、财会等专业人士的参与，《办法》第二十三条明确规定了从事个人征信业务的征信公司的董事、监事和高级管理人员任职的条件是从事征信工作 3 年以上或者从事金融、法律、会计、经济工作 5 年以上的大专毕业生，熟悉与征信业务相关的法律法规和专业知识。挑选一部分具有专业背景的人士入股征信公司，可以满足这一规定的条件，对于公司将来申报个人征信业务、引进人才也非常有帮助。

二、征信公司的组建条件

（一）注册资本

《条例》将从事征信业务的机构分为两大类：从事个人征信业务的机构和从事企业征信业务的机构。对于从事个人征信的机构，《条例》和《办法》规定其需要报请中国人民银行征信管理局审批，并规定了非常严格的审批条件，如仅注册资本就要求 5000 万元。征信公司未来的目标是同时开展个人征信业务和企业征信业务，因此应当按照个人征信业务申报的标准，注册资本为 5000 万元。

（二）其他条件

《条例》及《办法》对从事个人征信业务的征信公司的成立规定了其他条件。《条例》第六条规定："设立经营个人征信业务的征信机构，应当符合《中华人民共和国公司法》规定的公司设立条件和下列条件，并经国务院征信业监督管理部门批准：①主要股东信誉良好，最近 3 年无重大违法违规记录；②注册资本不少于人民币 5000 万元；③有符合国务院征信业监督管理部门规定的保障信息安全的设施、设备和制度、措施；④拟任董事、监事和高级管理人员符合本条例第八条规定的任职条件；⑤国务院征信业监督管理部门规定的其他审慎性条件。”《办法》第六条规定：“设立个人征信机构，除应当符合《征信业管理条例》第六条规定外，还应当具备以下条件：①有健全的组织机构；②有完善的业务操作、信息安全管理、合规性管理等内控制度；③个人信用信息系统符合国家信息安全保护等级二级或二级以上标准。”

根据上述规定，征信公司要从事个人征信业务，需符合下列条件：

（1）持有公司股份5%以上的股东要信誉良好，最近3年无重大违法违规记录。

（2）个人信用信息系统符合国家信息安全保护等级二级或二级以上标准。

（3）拟任董事、监事和高级管理人员符合法律规定的条件。

（4）有健全的组织机构。

（5）有完善的业务操作、信息安全管理、合规性管理等内控制度。

三、组织机构和任职条件

《办法》第六条规定，从事个人征信业务的征信公司要有健全的组织机构。另外，《条例》第八条和《办法》第二十二、二十三条对征信公司的董事、总经理等高级管理人员的任职条件也做了规定。

（一）组织机构

征信公司除设立一般公司常设的机构和职位，如董事会、监事、总经理等部门和职位之外，还需要根据征信公司业务开展的需要，设立以下特殊的部门：信用评级和资信调查部门、数据中心（或数据平台）、研究中心、监察部门、法务部、专家委员会。征信公司的组织机构建议如下：

（1）董事会。董事会是公司的最高权力机构，由全体股东和股东委派的代表组成。董事会决定公司的经营方向、重大事项，选聘公司的总经理和高级管理人员。

（2）董事长。董事长代表董事会，是公司的法定代表人。

（3）监事。监事由董事会选举产生，代表董事会监督公司的管理和运营，向董事会负责。

（4）总经理。总经理负责公司的日常事务和经营管理，向董事会和董事长负责，接受监事的监督。

（5）人力资源部。人力资源部在总经理的领导下，负责公司人才的引进和人事管理。

（6）评级业务部。评级业务部在总经理的领导下，负责公司的信用评级业务、征信报告业务和公司产品的研发。

（7）资信调查部。资信调查部在总经理的领导下，负责公司业务中的资信调查、信息采集、代为查询个人信用信息。

（8）财务部。财务部在总经理直接领导下，负责公司的财务工作。

（9）数据中心（或数据平台）。数据中心在总经理的领导下，负责信用信息的采集和储存，并负责为公司的信用评级提供数据和征信信息；负责研发征信查询系统、评级模型。

（10）监察部（与人力资源部门合并）。监察部在总经理的领导下，负责监督员工泄密、商业贿赂等问题。公司成立的初期，可以不设立独立的监察部，在人力资源部门内设立一个机构代行这一职责。

（11）法务部。征信公司开展的业务涉及企业和个人的信用信息，非常容易遇到侵权、侵犯商业秘密、侵犯个人隐私等法律问题。因此，业务的开展必须有法律专业人士的参与。法务部在总经理的领导下，对公司的信息采集、评估报告、征信报告的内容、结论等进行审核。

（12）研发中心和专家委员会。征信公司应当设立研发中心。研发中心的职责主要有两个：研发评级技术和新的征信产品。研发中心可以由两个部分组成：一是公司的专业研发人员。二是外聘的计算机、财会、金融、统计和法律等领域的专家。研发中心负责管理、联系外聘的专家。我国目前较大的征信公司都已经培养起自己的专家团队；如大公国际资信评估有限公司和天津财经大学联合创办了“大公信用学院”，组建了自己的博士后流动站；组建了一批以博士后、博士、教授为主的专家团队；在大公国际资信评估有限公司内部，设立研究院。各类专家可以为公司的下列业务提供帮助：①研发征信产品。②审核评级报告。重大的评级报告需要专家提出审核意见。③出具研究报告。征信公司今后承接的政府信用建设课题、行业发展研究课题等，都需要专家的参与。④参与制定公司的发展规划和业务规划。⑤协调各领域的关系。各类专家在征信业务涉及的各个领域都有一定的影响力，可以帮助征信公司协调各个方面的关系。

四、员工及任职条件

对于征信公司工作人员的任职条件，《条例》和《办法》仅仅对董事、监事、总经理等高级管理人员规定了任职条件，对于其他人员没有规定任职条件，但是根据业务开展的需要，也应当设定一定的条件。

1. 公司董事、监事、总经理等人员的任职条件

《办法》第二十二条规定：“个人征信机构的董事、监事、高级管理人员，应当在任职前取得中国人民银行核准的任职资格。”第二十三条规定：“取得个人征信机构董事、监事和高级管理人员任职资格，应当具备以下条件：①正直诚实，品行良好；②具有大专以上学历；③从事征信工作 3 年以上或者从事金融、法律、会计、经济工作 5 年以上；④具有履行职责所需的管理能力；⑤熟悉与征信业务相关的法律法规和专业知识。”第二十四条规定：“有下列情形之一的，不得担任个人征信机构董事、监事和高级管理人员：①因贪污、贿赂、侵占财产、挪用财产或者破坏社会主义市场经济秩序，被判处刑罚，或者因犯罪被剥夺政治权利，执行期满未逾 5 年的；②最近 3 年有重大违法违规记录的。本办法所称重大违法违规记录，是指除前款第一项所列之外的犯罪记录或者重大行政处罚记录。”根据上述规定，征信公司的董事、监事、总经理、副总经理、业务主管等高级管理人员的任职条件是：①大专以上学历；②从事征信工作 3 年以上，或者从事金融、法律、会计、经济工作 5 年以上；③熟悉与征信业务相关的法律法规和专业知识。

2. 数据中心工作人员的任职条件

数据中心的管理人员需要有较强的计算机软件和信息安全的开发能力。高级管理人员的任职条件为：①计算机专业博士学位；②具有软件开发和系统维护 5 年以上实践经验。一般员工的任职条件为：①计算机专业大学本科毕业；②具有较强的学习能力和软件开发能力。

3. 信用评级师的任职条件

信用评级师是开展业务的核心人才。担任信用评级师需要具备下列条件：①大学本科以上学历；②具备财会、金融、法律等专业的学历证明；③从事会计、审计工作5年以上。目前这一方面的人才十分缺乏。在公司成立之时，可以从其他信用评级公司中招聘2～3位业务骨干。同时，以民间金融研究院为依托，借助高校的力量，招聘一批有一定基础的工作人员进行业务培训，尽快培养出一批信用评级师。

4. 法务部人员的任职条件

法务部需要聘请具有律师从业经历，且对征信行业有一定研究的律师担任公司的法律顾问。另外再招聘2～3名法律专业毕业，且通过司法考试的人员做专职的法务人员。

5. 研发人员的任职条件

担任研发中心的工作人员需要具备下列条件：①在其他评估公司有3年以上信用评级工作经验，具有信用评级的能力；②大学硕士及以上学历，特别优秀的可以放宽到本科学历；③具有信用评级和征信产品研发能力。公司聘请的专家委员会专家需具备下列条件之一：①大学本科以上毕业，具有金融、财会、法律等专业10年以上从业经验；②具有博士学位，或具有高等院校副教授以上职称，从事金融、财会、统计或法律专业的教学工作。

6. 资信调查人员的任职条件

从事资信调查的人员应具备下列条件：①法学、会计、金融等专业毕业；②本科学历；③具有2～3年工作经验。

五、开发信用评级模型

未来信用评级的数量巨大，为提高评级效率，避免人为因素的干扰，应当采取计算机系统的评级模型和评级师打分结合的评级模式。开发出计算机系统的评级模型，只要输入相关的信息，即可得到一个初步的结果。然后在此基础上，评估师根据一定的标准和条件进行一些修正。评级模型系统采用目前世界上较为流行的评分制。最终根据评分再划分信用等级。

六、建设广东中小企业商业数据库

随着中国征信行业的发展，中国正在逐步形成三大征信数据库：中国人民银行主导的金融库、政府主导的行政管理征信数据库和以征信企业为主的商业征信数据库。这三者之间是一种互补关系，而非竞争关系。目前，中国人民银行征信中心的金融数据库已经形成规模。各地政府的行政管理征信数据库正在建设之中。金融街的征信公司应当根据业务开展的需要，组建自己的商业数据库。根据金融街征信公司业务的需要，建设数据库应当瞄准中小企业和个人，建设中小企业和个人的商业信用数据库。

七、设计合理的信用产品

征信公司的产品和服务是企业生存的基础。金融街的征信公司应当根据自身特点确定合适的产品和服务类型。征信公司成立之后，应当根据自身的特点，确定产品和服务类型。

八、制定合理、完备的业务流程

征信公司应当设计完备的业务流程。业务流程的设计应当考虑下列原则：①合法性原则。征信公司的业务经常涉及企业的商业秘密、商业信誉和个人的隐私与名誉等问题，在业务流程中一定要注意避免出现违法的行为。②高效原则。征信公司的业务量大，设计业务流程要满足效率的要求，提高收集信息的速度。③业务的高质量原则。产品和服务的质量是企业的生命，业务流程要有利于保证产品和服务的质量。征信公司应根据上述原则设计业务流程。

本文根据广州大学、广州民间金融街管委会课题组供稿整理。课题组负责人：邓成明、李伟。课题组成员：廖检文、周芳、龚文艳、刘广、阳建勋、丁兆浩。(2014 年)

第四篇 民间金融文化建设

文化是一个国家、一个民族的灵魂。文化兴，国运兴；文化强，民族强。没有高度的文化自信，没有文化的繁荣兴盛，就没有中华民族的伟大复兴。金融文化源于金融实践，反过来指导金融实践，最后又随着金融实践的发展而发展。没有金融实践，就产生不了金融文化；没有金融文化的影响，金融实践就难以健康运行。因此，研究金融文化，就是研究金融的“魂”。

广州民间金融街园区所在地——长提大马路，是岭南文化集散地，“十里洋场”商业文化发源地，人文底蕴深厚，岭南特征明显，传承着广州这座历史名城的灿烂文化，继承着水上丝绸之路发祥地的金融传统，是广州近代金融业的发祥地和金融中心。可以说，广州民间金融街建设取得的成功，得益于其深厚的“十里洋场，广州外滩”历史金融文化熏陶，彰显着新时期广州民间金融街建设者对民间金融文化的传承和发扬。

本篇收录整理了 2 篇金融文化研究报告和 1 篇媒体对广州民间金融街发展状况的新闻报道合辑。其中，研究报告深入分析了金融文化，特别是民间金融文化建设中存在的问题及其根源，提出了以民间金融标准化推进民间金融文化建设的新思路、新方法。新闻报道合辑则摘编了广州民间金融街各个发展时期，媒体的相关报道与评价。

广州金融文化的传承与创新研究

——基于广州民间金融的考察

第一章　绪　　论

广州是千年商都，对外贸易十分繁荣。著名的横贯亚、非、欧三大洲的“海上丝绸之路”在东汉时期即已形成，广州是其起点。很长一段时间，广州都是中国对外贸易的最大港口，还一度成为唯一对外贸易口岸。近代广州金融业虽不及上海、香港繁荣，但也是重要的全国金融中心。在长期的金融发展中，依托于独特的岭南文化、广府文化，广州金融文化有其鲜明的特色，许多有益成分对于今天仍有重要的借鉴意义、现实意义。对于这一部分，包括对于什么是金融文化、广州金融文化的内涵、广州金融文化的具体表现形式等，都欠缺研究或者研究不足。即使有一些纸面上的研究，也没有将传统金融文化与现代金融发展有机地结合起来，变为金融活力的实际源泉。在金融文化建设上，广东打造出了一批具有岭南特色的金融文化名片。比如，出版了《岭南金融史》等数十本专业水平较高的书籍，建设岭南金融博物馆，设立广州国际金融研究院和国家金融发展研究院，引进国际金融论坛（IFF）、亚洲金融协会智库等重大项目，举办了中国（广州）国际金融交易博览会、中国风险投资论坛、21 世纪海上丝绸之路国际金融合作论坛、岭南金融文化节等一系列金融盛会，“金羊奖”“金榕奖”“金融年度十大新闻评选”等活动既丰富了金融文化载体，又为新时代金融发展提供了力量源泉。①

越秀区具有深厚的金融文化历史底蕴，其中，广州民间金融街园区所在地——长堤，是岭南文化集散地，“十里洋场”商业文化发源地，人文底蕴深厚，岭南特征明显，传承着广州这座历史名城的灿烂文化，继承着水上丝绸之路发祥地的金融传统，是广州近代金融业的发祥地和金融中心。越秀金融这几年的发展成绩显著，金融业实现增加值 959.37 亿元，增长 8.1%，占全市近 1/2。也在金融文化建设方面做了不少工作，比如建设金融博物馆，中国（广州）民间金融博物馆是国内第一家以民间金融为主题的博物馆。开设广州金融书店，金融书店位于广州民间金融街，是集书店、休闲、旅游、商务于一身，以财经类书籍为载体的特色书店。民间金融街建设创新传统发展模式，将旧城改造与产业升级相结合，突出“民间特色、岭南风格”，既保留、恢复了传统广州金融区风貌，又融入新的时代气息，等等。但是，对于广州金融文化（越秀金融文化）究竟应当包括哪些内容，这些优秀金融文化如何与现代金融发展有机结合，如何在新形势下对优秀金融文化进行创新以开创越秀金融发展的新局面，这些问题均需要深入研究，这正是本课题要研究的内容。

---

① 欧阳卫民：《推进新时期广东金融文化建设》，《中国金融》，2019 年第 5 期，第 9 – 11 页。

第二章　新中国成立前的广州金融文化

第一节　明末清初之前的金融文化

一、广州贸易、金融在明末清初之前的发展

翻阅中国金融史，金融文化的出现，可以回溯到两千多年前。从货币来到世间，金融文化就有了自己拓展的长天阔地。据著名作家谭锦旭先生考证，中国最早记载金融文化的文献是《国语》。《国语·周语》记载：远古时代，天灾降临，先王为拯救百姓，便造出货币以解决百姓交换中的困难。这是圣王制币说的肇始，应是世界上最早的货币传奇。而《管子·山权数》则有更具体、更明确的记载：禹汤遭受水旱之灾，百姓卖儿鬻女。为让百姓赎回子女，禹汤便造出了货币。[①]

由此可见，金融与商业密不可分。研究广州的金融，需要从广州的商业开始。广州的商业，因其特殊地理位置，一开始就与海外贸易联系在一起。从唐代开始，惠爱街（今中山四路、五路）、双门底（今北京路）一带就成为广州行政中心、商业中心；上下九、第十甫商业中心是第二个商业中心，长堤、西濠口商业中心是第三个商业中心，特别是金融中心。[②] 十三行行商在广州东至仁济路，西至杉木栏路，南至西提珠江边，北至十三行路一带。[③]

据《竹书纪年》一书记载，在春秋战国时代（公元前770—前221年），处于"百越之地"的番禺，已有木船出海航行了。最早的、严格意义的、包含有进出口业务的海外贸易，则应是汉武帝元鼎五年（公元前112年）平定南越之后，于元封元年至后元二年（公元前110—前87年）间，组织派遣船队，携带黄金、杂缯（丝绸）从广东最南端的徐闻、合浦出海贸易。[④] 到了东汉时期，印度、大秦（东罗马）的商人直接来到广东贸易。[⑤] 东汉桓帝延熹九年（166年），大秦（罗马帝国）第一次由海路前来岭南进行贸易，标志着横贯亚、非、欧三大洲的"海上丝绸之路"初步形成。[⑥] 西晋时广州已成为中国海外贸易的直接进出海港口。东晋时期，以广州为中心的广东海外贸易已逐步发展起来了。这个时期从广州出口的商品主要是丝、绫、绢等丝织物；而进口商品有珍珠、香料、翡翠、金银宝器、金刚石等。隋唐时期广州成为世界著名的港口。

至唐代，更全面开放海外贸易，北自登、莱，南至交、广，开展对高丽、新罗、日本、东南亚、印度、波斯等国家的贸易，而以南海道为主，特别是以"广州通海夷道"的贸易最为重要。唐代从广州起航直到波斯湾、东非和欧洲的海上贸易航线，全长共1.4万千米（计广州至巴士拉约

---

① 赵晓舟：《"一带一路"背景下的金融文化融合与创新》，光明网，2018年10月15日。

② 李明：《近代广州》，中华书局，2003年，第27页。

③ 同上，第31页。

④ 黄启臣：《广东开放海外贸易两千年——以广州为中心》，《深圳大学学报》（人文社会科学版），2007年第2期，第150－157页。

⑤ 同上。

⑥ 欧阳卫民：《推进新时期广东金融文化建设》，《中国金融》，2019年第5期，第9－11页。

1.004 万千米，巴士拉至马斯喀特约 1200 千米，马斯喀特至桑给巴尔约 3452 千米），现代缩短为 1.032 万千米，这是 16 世纪以前世界上最长的远洋航线，经过 30 多个国家和地区，标志着广东海外贸易的蓬勃发展，显示了广州成为当时中国海外贸易的最大港口，也是世界著名的贸易大港。唐开元年间（714 年左右），唐王朝在广州设置中国历史上第一个对外贸易管理机构——市舶使院。

两宋政府仍然推行开放海外贸易的政策，而且一改唐代坐等外商前来贸易的被动策略，采取主动走出海外贸易的措施。北宋“开宝四年，置市舶司于广州……凡大食、古逻、阇婆、占城、渤泥、麻逸、三佛各诸蕃，并通贸易”。市舶司管理海外交通和贸易。两宋时，到广州贸易的国家和地区又大为增加，国家和地区达 130 多个。有著名的“广州通海夷道”。北宋时，广州成为中国最大的外贸港口。元代继续设市舶提举司，与广州有贸易往来的国家和地区达 141 个。元代广州出现了“舶牙”，即专营进出口贸易的经纪人。①

明朝实行朝贡贸易，广州、宁波、泉州为对外通商港口，后来广州甚至成了唯一通商口岸。明代广州中外贸易集市点在今天的荔湾区十八甫路、怀远驿一带。② 万历年间，每年冬、夏两季在海珠岛举行为期数周的定期市，为交易会的前身。广州海珠岛（今长堤一带）的濠畔街、高第街一带成为繁华外贸区。英国于 1685 年在广州设立商馆，1685 年设立海关（全国仅 4 家）。

二、明末清初之前金融文化的若干特点

虽然目前的文献没有关于这一阶段广州金融的明确记载，但是由广州商业繁荣，外贸兴盛，可以推断一定伴随着金融服务的存在甚至繁荣。从广州流行金银做货币可以窥见广州金融兴起之一斑。金银的信用明显超过铜钱，因为金银纯度高，不易掺杂使假。

东晋南朝时期，全国通用的货币为铜钱，但在交广地区，由于海外贸易的影响，全以金银为货币。白银成为当地的主要流通货币，表明其贸易体系的特殊性。③ 唐朝时期，岭南通用货币为金银和铜钱，金银为主。唐会昌以后，清远节度使刘隐铸开元通宝和开元平宝，背“广”字。宋朝时流通货币主要是铜钱，也有铁钱，金银也可做货币使用。④ 元代市舶贸易中禁止使用金银铜钱出口，改使用纸钞，即中统钞，可兑换金银。明代主要是铜钱。从器物文化视角看，商业街、定期市的出现和兴起，包括海上丝绸之路的出现和兴起，都是器物文化的具体体现。使用金银作为货币，以及专门对外贸易机构的设立，都是制度文化的体现。崇尚商业、重视对外贸易、重视以金银为外在体现的信用，则是一种较为成型的心态金融文化。当然这一时期，心态文化还处于早期，制度文化建设成果也不多，还没有十分明确的金融活动的文字记载，但是根据常理推断显然应该存在。

第二节　明末清初至新中国成立前的广州金融文化

清康熙二十四年（1685 年）重开海禁，于广州设立粤海关管理对外贸易，继而有垄断中国对

---

① 陈泽泓：《广府文化》，广东人民出版社，2012 年。

② 中荔：《十三行》，广东人民出版社，2004 年，第 3 页。

③ 陈泽泓：《广府文化》，广东人民出版社，2012 年，第 398 页。

④ 欧阳卫民：《岭南金融史》，中国金融出版社，2015 年，第 8 页。

外贸易的广州洋行即十三行。[①] 十三行是负责（垄断）对外贸易业务的机构，广府买办是中国最早的买办。1842 年十三行取消。[②] 近代粤籍金融商以穗港系的银行和银号为主，被称为“华南财团”，以香港和新加坡为活动基地。[③] 粤省近代金融业以广州为中心。[④]

一、银行业

1845 年，英国丽如银行在广州设立分行，是外国资本在中国境内设立并发行纸币的第一家银行、中国第一家新式金融机构。[⑤] 官办银行始于清末（1904 年），最初为广东省官银钱局。大清银行广州分行章程规定：一是设经理一员、协理一员，由总办在粤省商界中，选取熟悉商情者派任。二是所有本省银行汇解京沪各处之公家款项，均由分银行办理。三是所有本省之一切寄存公家款项，均由分银行办理。四是有维持市面之责。五是京师总行与各地分行，应与粤银行联络一气。[⑥] 自 1904 年起广州创办的各类银行，包括广东官银钱局、大清银行广东分行（1909 年）、交通银行广东分行（1908 年）、大信银行、中央银行（1924 年）。[⑦] 第一家华商银行——中国通商银行 1897 年成立于上海，广州设有分行。民国初期广州的银行主要有广东银行（1912—1914 年）、广东地方实业银行（1917—1920 年）、省立广东银行（1920—1922 年）、惠丰商业储蓄银行（1923—1937 年）、南方商业储蓄银行（1923—1937 年）、广东中央银行（孙中山创立，1924—1932 年）、广东省银行（继承广东中央银行，1932 年至“二战”后）、广州市立银行（1930—1939 年）、广东丝业银行（1930—1937 年）、金华实业储蓄银行（1933—1936 年）、广东实业银行（1936—1938 年）、广州嘉华储蓄银行（1921—1938 年）。此时期广州银行的主要特点：官办银行实力强，在全国地位较高，但是商办银行规模、影响均有限；官办银行受政治形势影响严重；银行业放款利率特别高。[⑧]

民国时期官办银行有广东银行（1912—1914 年）、中国银行广东分行（1914—1919 年）、广东地方实业银行（1916—1920 年）、省立广东银行（1919—1924 年）、广州市立银行（1928—1949 年）等。广州私营银行有东亚银行（1920 年）、嘉华银行（1923 年）、国民储蓄银行（1928 年）、中国国货银行（1929 年）。[⑨] 据 1937 年统计，商办银行主要有广东银行、大信银行、广州嘉华储蓄银行、中国国货银行、中国农工银行、广东实业银行、丝业银行、盐业银行、国华银行、金城银行、中南银行、东亚银行、上海商业储蓄银行、香港汕头商业银行、新华信托储蓄银行、香港国民商业储蓄银行。或设分行于广州，或设总行于广州。[⑩]

---

① 中荔：《十三行》，广东人民出版社，2004 年，第 5 页。

② 王永平：《广州发展纪事》，广东经济出版社，2013 年，第 69 页。

③ 张晓辉：《近代粤商与社会经济》，广东人民出版社，2015 年，第 86 页。

④ 同上，第 110 页。

⑤ 王永平：《广州发展纪事》，广东经济出版社，2013 年，第 71 页。

⑥ 肖茂盛：《大清银行纸币在广州的命运》，见陈泽鸿《广州话旧》，广州出版社，2002 年，第 242 页。

⑦ 王永平：《广州发展纪事》，广东经济出版社，2013 年，第 95 页。

⑧ 张晓辉：《民初广州银行史略（1912—1936）》，见陈泽鸿《广州话旧》，广州出版社，2002 年，第257－260页。

⑨ 广州市越秀区人民政府地方志办公室，广州市越秀区政协学习文史委员会：《越秀史稿》，广东经济出版社，2015 年，第 449 页。

⑩ 周斯铭：《五十年来的广东金融概况》，见广东省政协文化和文史资料委员会《广东文史资料精编》上编第 3 卷，中国文史出版社，2008 年，第 7 页。

中华人民共和国成立后仍在运营的广州私营银行共有 7 家：新华（新华信托储蓄商业银行）、中实（中国实业银行）、上海（上海商业储蓄银行）、金城、国华、聚兴诚以及和成银行。总部均在外地。之后作为合营银行成为中国人民银行的一部分。[①]

《广州指南》以表格形式列出了当时在广州的各类金融机构以及经纪行、按押店（当铺），其中在今越秀区域的如下（表 1 ~ 表 4，备注栏为笔者所加）。

表 1　20 世纪 30 年代广州市越秀区金融机构表（银行）

名称	地址	备注（地址今名）
广东省立银行	长堤	长堤大马路
广东省立银行第二兑换所	小北路	小北路
东亚银行	太平南路	人民南路
国货银行	西濠口	西濠口
嘉华银行	太平南路	人民南路
五华实业信托银行	一德路	一德路
广东信托公司	一德路	一德路

表 2　20 世纪 30 年代广州市越秀区金融机构表（银号）

名称	地址	备注（地址今名）
广昌成记	东堤永曜北 74 号	永曜北街
胜兴	中华南路 16 号	解放南路
协丰	永汉北路 159 号	北京路北段

表 3　20 世纪 30 年代广州市越秀区金融机构表（找换店）

名称	地址	备注（地址今名）
德信	东山庙前街 47 号	庙前街
卢勤记	五仙路 41 号	不存
宝昌	五仙路 55 号	不存
诚兴	永汉北路 205 号	北京路北段
五昌	永汉南路 136 号	北京路北段
怡安	五仙路 60 号	不存
德祥	东山庙前街 15 号	庙前街

① 田君正：《简谈旧广州的私营银行》，见广州市政协学习和文史资料委员会《广州文史资料存稿选编（八）》，中国文史出版社，2008 年，第 434 页。

（续表）

名称	地址	备注（地址今名）
协元	惠爱东路417号	中山五路
两信	永汉北路7号之一	北京路北段
同栈	海珠路3号	海珠路
速源昌记	永安街17号	永安街
昌荣	惠爱中路153号	中山五路
协丰	惠爱东路279号	中山五路
万兴	一德中路307号	一德中路
胜兴	中华南路16号	解放南路
南记	靖海路32号	靖海路
南发	五仙路71号	不存
仁信	一德路392号	一德路
荣隆	五仙路52号	不存
义成昌	惠爱东路279号	中山五路
同兴	五仙路69号	不存
昌源	永汉南路131号	北京路南段
永源	中华南路55号	解放南路
万利	惠爱中路49号	中山五路
恒昌关记	永安街32号	永安街
东华	大东路131号	中山三路
恒记	永汉南路90号	北京路南段
永兴	永汉南路94号	北京路南段
德记	五仙路61号	不存
思昌肇记	越秀南路182号	越秀南路
德昌	一德路410号	一德路
业成	永汉南路137号	北京路南段
江华栈	龟冈马路26号	龟冈大马路

表4　20世纪30年代广州市越秀区金融机构表（储蓄会）

名称	地址	备注（地址今名）
大中储蓄银行	太平南路	人民南路
南华置业储蓄公司	万福路	万福路

广东钱局。1647 年，广东开局铸造制钱。1723 年，广东省铸局改名为广宝局，但铸钱时有停滞。广东造币厂光绪十五年（1887 年）建于广州大东门黄华塘乡（今黄华路广东党校）。①

1887 年，张之洞创办了广东钱局，这是我国用机器大量铸币的开始，也是以银本位制统一中国货币的第一步。②张之洞于广州大东门外黄华乡（今黄华路一带）购地 80 余亩建厂，设有铜厂和银厂，1889 年 2 月建成。清朝灭亡之前，共领过生条银 1000 余万两，宝粉银月 177 万两，纹银 8000 余万两，旧洋银 440 余万两。

二、银钱业

广州的银钱业滥觞于清康熙朝前。忠信堂各会员银号成立于 1675 年，由顺德人经营，1873 年拥有会员 68 家。银号为无限责任性质。③ 银钱业曾被称为广州百业之首，但企业规模较小。1923 年成立广州市银业公会。银业公会成立后，创办了广州市唯一的综合性金融贸易市场。1930 年改称银业交易所。

（1）银钱业的业务。按主营业可以分为做架银号、做仓银号、找换店及找钱台。银业公市假西荣巷银业公会为市场。一日两市：早市和午市。实际上成了买空卖空扰乱金融的场所。④ 做架，指经营存、放、汇款业务做仓银号，主要是买空卖空西纸（港纸）、中纸，找换金银货币和买卖有价证券。其他业务，如凭票业务，是一种凭票兑银的纸票。

（2）银钱业的组织和制度。银号的组织，以集股经营的为多，独资经营的也不少。1936 年前，广州市场交易以银毫为单位。其时全国均以大洋为通用货币⑤，银号工作人员绝大部分是顺德人，多有亲戚关系，整体待遇不差，劳资纠纷不多。封建迷信，供奉赵公明元帅。新年开市第一天选择晚上 12 点潮水涨满的时候，举行一些仪式。⑥ 1927 年拟定规则八条：凡同业有被外行挞欠者，即宜将该挞欠行股东及司事经手人姓名标贴于会内，使众周知；凡同该挞欠围内字号有连带关系者，同业亦一律宣告停止其交易及买卖汇驳一切交收；凡挞欠号的股东及司理经手人，各债务未清而再行另改字号营业者，亦一律宣告停止其交易买卖及汇驳交收；凡本会同业内有故抗众，对于已宣告停止交易及买卖汇驳交收之店号，而仍与之交易者，一经查出有据，每次罚款五百元以示惩戒。如不遵罚，即行革除会籍，不得入市买卖，会底充公，⑦ 另有租仓、仓务规则，业务由公会自治科负责。会员缴纳会费和厘金进场交易，可进行买卖汇单、港纸、中纸及有价证券交易，每日分早、午两市，以手势议价，多以互拍对方肩头、大呼“杀呀”表示成交。成交后不须立据，多守信用，不

---

① 广州市政协学习和文史资料委员会：《广州文史资料存稿选编（八）》，中国文史出版社，2008 年，第 32 页。

② 肖茂盛：《张之洞的币制改革》，《广州研究》，1986 年第 4 期，第 64－67 页。

③ 黄毓芳：《简述广州银业公市情况》，见广东省政协文化和文史资料委员会《广东文史资料精编》上编第 3 卷，中国文史出版社，2008 年，第 222 页。

④ 同上，第 218－220 页。

⑤ 伍文龙：《1921—1935 年广州银号琐谈》，见广东省政协文化和文史资料委员会《广东文史资料精编》上编第 3 卷，中国文史出版社，2008 年，第 223 页。

⑥ 伍文龙：《1921—1935 年广州银号琐谈》，见广东省政协文化和文史资料委员会《广东文史资料精编》上编第 3 卷，中国文史出版社，2008 年，第 228 页。

⑦ 张晓辉：《近代粤商与社会经济》，广东人民出版社，2015 年，第 115 页。

得反悔。但有时也有假成交，表面成交之后握手搔抓对方掌心以示未成交。[①] 一般由有影响的大银号担任理事，它们组成银业集团操纵银市，广州银市受香港金融市场操控。1932 年金融危机导致大量银号倒闭。[②]最盛时有 100 多家，1936 年有 80 家。[③]

（3）岭南银号的经营文化。

组织结构以合伙经营为主，独资经营少。经营者分顺德帮和四邑帮。顺德帮势力最大。1948 年后，银号在形式上改为股份有限公司，但股东仍然负无限责任。一家银号工作人员一般 20 人左右，设有司理（即经理），由股东推荐，又有内柜（管账）、交收员（交收、估币、筛银）、行街（接洽客户、调查市情客户、代客买卖外币外汇等）等各司其职。银号均采用旧式簿记，不对外公开经营状况。

广州银钱业的公共组织比较完善。中心堂设于广州西关第十甫连珠里内。会馆建于 1675 年，是一栋庙宇式建筑，室内按照旧有的习惯划分功能区域，入门两侧为休息候盘区，进二门后是买卖香港汇单区，再进入里间是买卖西纸现货区，大堂则是买卖西纸期货区。交易大堂两侧，设有木桌数张用于找价及清算。银业同业公会制定《保障放揭规则》（共 8 条）。

交易管理规范。交易办法，开市次数，议定公盘（即公价），包括港纸和港单公盘、西息和中息众盘。1937 年政府重新议定银市规程，允许买卖各国通货和国内一切有价证券，但必须进行实物交割。严格限制入市经纪人资格：以银业公会会员和合法经纪为限。经纪人要缴纳 1000 元基本金，并由两家以上银业介绍，人数由财政厅核定为 60 ～ 80 人。

三、岭南（广州）保险业

1835 年英商在广州创办裕仁保险公司［另一说，嘉庆十年（1805 年）外商开设的谏当保安行，又称广州保险社、协会[④]］，为最早在中国出现的保险公司。到 1924 年，保险业发展盛极一时。[⑤] 1875 年，经北洋大臣李鸿章批准，轮船招商局在上海设立保险招商局，在广州和汕头设立分局，是为最早的华资产物保险公司。[⑥]“一战”期间，华资保险公司迅速发展，本地保险公司有羊城、珠江、广州大华。设分公司的有香港均安、香安，上海联保、永安和先施产物保险公司，及华安合群人寿保险公司。至民国二十年（1931 年）初，中外保险公司数量达 140 多家，其中外商分公司 80 多家，集中于沙面英法租界，仅依靠广东省的本国洋行做书面担保。[⑦]

保险管理法规，主要以广东省、广州市颁布的规则为主。如《广州市取缔经营火烛保险事业公司暂行规定》、《广州市取缔投买火烛保险规则》、《取缔广州联保火烛保险公司暂行规定》、《广州市火烛保险公司章程》［民国十五年（1926 年）］、《广州市人寿会管理章程》［民国二十六年（1937 年）］。其中《广东省保险事业暂行条例》［民国十七年（1928 年）］遭到列强抗议，后做了

① 欧阳卫民：《岭南金融史》，中国金融出版社，2015 年，第 210 页。

② 张晓辉：《近代粤商与社会经济》，广东人民出版社，2015 年，第 113 – 117 页。

③ 周斯铭：《五十年来的广东金融概况》，见广东省政协文化和文史资料委员会《广东文史资料精编》上编第 3 卷，中国文史出版社，2008 年，第 4 页。

④ 欧阳卫民：《岭南金融史》，中国金融出版社，2015 年，第 221 页。

⑤ 张晓辉：《近代粤商与社会经济》，广东人民出版社，2015 年，第 124 – 125 页。

⑥ 欧阳卫民：《岭南金融史》，中国金融出版社，2015 年，第 222 页。

⑦ 同上，第 223 页。

一些妥协。

人寿会。人寿会是一种小规模人寿保险，由商人号召设立，初期不受国家保险业法规管理，其办法大抵是组合若干贫老无依之人认占会（份），按月缴纳汇银三四毫，中途身故由会赔偿丧葬费百余元，供满十五年犹健在者，可以停止供纳直至寿终，仍得如数领取偿金。[①] 5 年内故者，偿金 50 元；5 年以外故者，每年递增 10 元。满 20 年者，停缴会费，先给付寿金 100 元，寿终再付 100 元。清光绪年间（1875—1908 年），人寿会共有 17 家。1935 年，禁止设新的人寿会。后人寿会逐渐衰亡。

四、典当、会合等其他金融形式

典当铺。广州典当业鼎盛期在清末民初，全城总数超过 400 家，真是“当铺多过米铺”，主要群集于商业旺地西关一带，当时流传一句行话“要找老当铺，先到西关来”。在当时，进出银行是体面、兴旺的表现，涉足当铺则被视为败家行为，所以，大凡当铺入门正中处，必置一座高大屏风，俗称“遮羞板”，借以遮挡行人视线。

广州中山四路“大东门大押”，高楼、厚墙、小窗。“东平大押”古碉楼，位于中山四路 1 号，紧邻当年犹存的明代东城门的城门楼。

这座碉楼造型的当铺旧址建于清代，俗称为“大东门当铺”，是当时全市第二大当铺。与中山七路西门口的另一当铺——宝生大押，遥相呼应。古建筑平面呈方形，北侧高五层，南侧高四层，建筑物外立面呈碉楼状。如今仅存当铺的仓库楼，四面都有开窗，窗口都是内大外小，花岗岩石窗套，屋顶建有女儿墙，使得整幢建筑外观上呈现出碉堡状，其于 1999 年被定为广州市级文物。清末民初广州珠江北岸，老城区东西全长不过 4 千米左右，民居商铺鳞次栉比，多为低矮平房，城市制高点除了越秀山镇海楼、石室（圣心大教堂）、六榕塔和光孝塔外，其余的地标式建筑竟是 6 座大当铺，它们自西而东顺次排列，分别是西关大押（西关）、宝德大押（宝庆中约）、迪吉大押（梯云路）、昌兴大押（龙津西）、宝生大押（西门口）和东平大押（大东门）。这 6 座大当铺均高出全城天空的轮廓线，最高的要数西关大押，第二高的是东平大押，第三高的是宝生大押。

到了 20 世纪 30 年代以后，广州新式银行陆续开业，典当生意不断受到挤压，加之政局动荡，当铺经营艰难，最终由盛转衰，一批批“执笠”。

合会，是一种广东民间的互助式信用合作组织。

票号发展。出现时间为清道光年间（1821—1850 年）。清代广东票号共有 19 家，大都设在广州市濠畔街，有山西票号平遥帮、祁县帮、太谷帮，浙江帮源丰润，安徽帮义善源。票号业务包括汇兑业务、存款放款业务等。

五、近代广州金融文化之传承内容点评

近代，广东尤其是广州依靠地位优势，成为中国对外开放的先行地、前沿地，一大批粤籍商人兴起，形成了独特的粤商文化。关于什么是近代粤商文化，全哲洙认为，是“敢为人先、勤劳务实、善观时变、勇于创新、开放兼容、合作共赢、利通五洲、达济天下”的精神。[②] 张晓辉认为，

---

① 同上，第 231 页。

② 张晓辉：《近代粤商与社会经济》，广东人民出版社，2015 年，第 482 页。

粤商文化包括：竞争思想、自救思想，变革、创新、进取的品质，浓厚的商业革命气息，务实诚笃、灵活敏捷，注重亲情、团结凝聚，开放兼容、合作共赢。[①] 据1948年的估计，广州商行中外省商帮占50%，洋商占30%，本地不足20%。广州金融文化是粤商文化的具体体现，也凝聚了粤商文化的精髓。

广州金融文化从心态文化方面看，以下几个特点突出：对外开放与包容创新的心态；讲究诚信与秉持信念的经营理念；遵从传统及相关仪式的乡帮文化。广州金融文化比较突出的缺陷有：官、民始终保持一种若即若离的关系。总体上说，广州金融既有开放、地利、先行的优势，但也有始终没有得到来自官方最大力支持的痛处，这也使得广州金融的发展受到了很大的制约。

第三章　民间金融文化创新实践及问题

第一节　新中国成立后广州银行业的发展历程

新中国成立后，银行业的发展经历了四个阶段，广州银行业的发展也不例外。

1949—1978年为单一银行体系时期。1948年12月1日，中国人民银行在石家庄正式成立。1949年，正式赋予中国人民银行国家银行的职能。同年，中国人民银行成为国家指定外汇外贸专业银行，中国人民银行总管理处划归中国人民银行领导。1949年中华人民共和国成立后，银行业先经历了公私合营阶段，随后很快进入全行业大合并阶段，最后形成单一银行体系。私营金融业在中国人民银行的正确领导下，在国家所有制改革的变革中带头完成了全行业的公私合营，没有发生旧社会常见的金融风潮、信用危机，保全了广大存款人的利益，维持了社会稳定。金融业的社会主义改造完成，为国民经济由恢复转向大规模的经济建设做好了金融方面的准备。[②] 在改革开放之前，我国主要实行统一的计划经济，银行业也实行统一的金融体制，中国人民银行除了发行货币以外，还办理对企业和个人的存贷款业务。当时的中国人民银行并没有明确的中央银行职能，并非是中央银行与商业银行的混合，而是唯一的商业银行。

1978—1985年为大一统格局破冰、四大专业银行成立阶段。1978年12月，中共十一届三中全会召开，改革开放的大幕拉开。1979年2月，中国农业银行恢复，打破了大一统的金融体制格局。1979年3月，中国银行、中国建设银行相继独立。1983年9月，国务院正式下发了《关于中国人民银行专门行使中央银行职能的决定》，提出“中国人民银行专门行使中央银行职能，不再兼办工商信贷和储蓄业务，以加强信贷资金的集中管理和综合平衡，更好地为宏观经济决策服务”，同时决定“成立中国工商银行，承担原来由人民银行办理的工商信贷和储蓄业务”。1984年1月，中国工商银行成立，工商业贷款和储蓄业务从中国人民银行中剥离出来。

1986—2003年为股份制银行、城商行成立，国有专业银行实现商业化改制阶段。在这个阶段

① 同上，第481－499页。

② 田君正：《新中国诞生后广州的私营金融业》，见广州市政协学习和文史资料委员会《广州文史资料存稿选编（八）》，中国文史出版社，2008年，第452页。

中，商业银行体系的多元化趋势更趋明显，市场活力也不断提升，具体体现在以下几个方面：一是股份制商业银行陆续成立。1986 年 7 月，交通银行成为新中国成立后第一家股份制商业银行。之后，中信实业银行、招商银行、深圳发展银行相继建立。1996 年 1 月，中国民生银行成立，这是我国第一家主要由民营企业投资的全国性股份制商业银行。二是政策性银行成立，国有专业银行实现商业化改制。1994 年，国家开发银行、中国进出口银行和中国农业发展银行这三大政策性银行相继成立。三是城市信用社改革，城商行成为银行体系的新成员。1985 年底，武汉汉正街小商品市场成立第一家城市信用社。1998 年，中国人民银行发布《关于城市合作银行变更名称有关问题的通知》，将城市合作银行统一更名为城市商业银行。四是规范外资银行准入和业务范围。五是行社脱钩，农信社回归“合作制”。在 1978 年之前，农信社一直由中国人民银行直接管理。1996 年 8 月，国务院农村金融体制改革部际协调小组发布《农村信用社与中国农业银行脱离行政隶属关系实施方案》的通知，正式实行“行社分离”。

2003—2013 年阶段，国有大行股改上市、多元化银行体系基本建立。2004 年，国务院启动国有银行股份制改革，推进建立现代金融企业制度。在这一阶段中，除国有银行股份制改革与发展之外，其他类型的银行业机构也随经济高速增长，而取得了快速的发展，多元化、市场化的金融体系逐步形成。

第二节 广州民间金融的发展及其文化内质

一、民间金融发展历史及特点

（一）民间金融概念界定

国外多将民间金融（informal finance）界定为“非正规金融”，是指在政府批准并进行监管的金融活动（正规金融）之外所存在的游离于现行法律监管边缘的金融行为，是为民间经济融通资金的所有非公有经济成分的资金活动。在我国，民间金融一直没有一个公认的定义，仁者见仁，智者见智。中国人民银行对其的界定是：民间金融活动泛指非金融机构的自然人、企业以及其他经济主体（财政除外）之间以货币资金为标的的价值转移及本息支付的经济行为，是与国家依法批准设立的金融机构的资金融通行为相对而言的。由此可见，民间金融主要是指在我国银行保险系统、证券市场、农村信用社以外的经济主体所从事的资金融通。实践中，通常将纳入地方金融监管的小额贷款公司、典当行、融资性担保公司、融资租赁公司、商业保理公司、金融资产管理公司、区域性股权市场、投资公司、农民专业合作社、社会众筹、交易场所认定为民间金融的典型组织形式，即俗称的“7 +4”类机构。

（二）我国民间金融发展历程

民间金融在我国历史悠久，作为现代民间金融的雏形，如民间借贷、典当、合会早在夏商时期已有零星的记载，西周时代关于民间借贷就有明确的记载，迄今已有约 4000 年的历史。

1. 夏商至明清时期民间金融发展情况

公元前 2000 多年的夏商时期，民间信贷逐步兴起，之后从春秋时期的实物信贷，到秦朝统一货币，再到唐宋的纸币，伴随着国家的统一和经济的发展，以民间信贷为主要形式的民间金融日渐繁荣。到明清时期的钱庄、票号，中国的民间信贷发展到鼎盛。有研究数据显示，至清末（1911年）我国共有钱庄4365家，按照清代的行政区划，平均每个府（相当于现在的地级市）约13家；除了钱庄，票号有475家，分支机构更是覆盖全国。近代山西的金融业，可以说代表了当时世界金融的最高水平，电视剧《乔家大院》就是以此为背景，描述了主人公乔致庸苦心经营，实现汇通天下的远大抱负的真实故事。

2. 中华人民共和国成立至改革开放初民间金融发展情况

这一时期，我国处于高度计划经济时代，公有制占绝对统治地位，社会主流意识形态对非公有成分非常排斥。并且中华人民共和国成立后，我国大力改造和整顿金融业，将私营银钱业通过组建公私合营银行进而和平赎买等方式收归国有，并取缔了典当，这种经济环境下，传统的民间金融业基本绝迹。

3. 改革开放至今民间金融发展情况

改革开放的一声春雷，让奄奄一息的民间金融瞬间容光焕发，民间自由借贷规模迅速扩大。有数据显示，改革开放的前30年，我国的民间金融市场的贷款规模以年均17.8%的增长率迅速扩张。然而，由于其自身的局限性及风险性，国家对民间金融始终未予肯定。直到2005年，中国人民银行在《2004年中国金融区域运行报告》中首次正式承认民间金融对正规金融的重要补充作用，民间金融才得以正名。同年，中国人民银行开始在四川、山西等省份进行小额贷款公司试点，民间金融迎来发展新纪元。

此后，国家和地方政府出台了一系列放宽金融准入的政策，鼓励民间资本进入金融领域，这为民间金融的发展带来了全新的环境和机遇。2012年是我国民间金融改革发展进程中具有重要历史意义的一年——浙江温州建立了金融综合改革试验区、广州设立了民间金融街、福建泉州成立了金融服务实体经济综合改革试验区，民间金融区域集中管理实践在许多城市如火如荼地进行，启用新思想、运用新模式、探索新路子成为新一轮民间金融发展的新动力。

（三）我国民间金融发展特点

我国民间金融发展的主要特点可以归纳为六个方面，具体如下。

1. 服务对象特殊

与正规金融相比，民间金融的最大特点是发生在亲戚朋友和熟人之间，借贷双方不仅是一般的市场交换关系，更是一种超越市场关系的特殊社会人际关系。这种关系多依托于借贷双方之间的血缘、地缘、乡缘等因素而天然形成。这种借贷关系的特殊性，使得民间金融相对于传统官方金融而言，具有更多的优势，如拥有更充分的信息优势、具有对贷款实施监督和跟踪管理的便利条件等。

2. 交易的隐蔽性

由于民间金融长期没有阳光化，难以得到法律保护，民间融资公开化程度总体不高，民间借贷没有固定的场所，交易具有分散性、隐蔽性。同时，因为涉及个人财产问题，行为主体一般不会轻易向别人吐露融资的有关情况。出于不好撕破脸皮、高息融资业务拿不上台面、初始约定又没有规范手续、诉讼成本过高等考虑，部分民间金融参与者在出现纠纷之时选择协商缓释或自身消化，其隐蔽性更强。

3. 地区差异明显

民间金融的发展与当地的经济发展水平和人们的融资意识具有明显的关联性，因此，我国的民间金融发展呈现出明显的区域差异。在沿海地区尤其是长三角的和珠三角民营经济活跃的地区，民间借贷一直是民营企业的主要融资渠道，民间金融发展迅速，而在中西部省份则发展相对缓慢。

4. **运营方式灵活**

与正规金融机构相比，民间金融机构的运营方式较为灵活，主要表现在以下几个方面：贷款手续简便，抵押、担保的条件较低，客户贷款准入条件较低，贷款审批程序简便，所用时间很短，一般半天就可以放款，借助互联网和大数据，甚至可以做到一分钟放款，多则二至三天；民间金融机构发放的贷款一般都是短期贷款，绝大部分都是一年之内的贷款；还款方式较为灵活，还款期限以借贷双方协商为主。

5. **风险控制不完善**

随着利率市场化的不断推进，利率水平表现出不确定性和多变性，民间金融机构的业务单一、资产负债结构单一，使其面临较大的操作风险和融资风险。而目前民间金融机构发展尚不成熟，再加上从业人员素质普遍较低，对风险认识不足，民间金融机构内部缺乏一个完善的风险控制体系。

6. **监管机制不健全**

传统金融市场中银行、保险、证券等机构发展较为成熟，已有较为完善的监管机制，而民间金融则缺乏完备的监管机制，大多数民间金融形态的企业如典当行、小额贷款公司、融资担保公司等，即使有监管，也是授权于某些部门和地方政府管理，并未实质纳入金融监管体系，导致我国有些民间金融活动既无法归入官方金融监管统计报表与计划，也无法纳入金融监管机构的日常管理范围，这势必对民间金融活动的规范性造成影响。

（四）我国民间金融发展的意义

民间金融的发展，弥补了正规金融的不足，对我国社会经济具有重要的推动作用。民间金融满足了人们日常生活紧急支付和民营企业扩大生产经营规模的资金需求，减轻了中小民营企业对银行的信贷压力，转移和分散了银行的信贷风险。积极稳妥地发展民间金融，将部分从银行体系分流后的社会资金，通过适当的渠道引入民间金融市场，转变成直接融资，对于改变当前中国融资结构中直接融资比率过低、社会融资过于依赖银行贷款的格局无疑是有积极意义的。

1. **缓解中小微企业“融资难”问题**

中小微企业，特别是民营企业的蓬勃发展一直是我国经济的重要推动力。然而由于自身规模等原因，中小微企业的发展会遇到诸多瓶颈。尤其是资金短缺已经成为中小微企业发展道路中的主要障碍，个体户和农户也面临着同样的问题。目前，银行业金融机构的贷款一般都需要房产、土地等各种形式的抵押品，但是中小微企业、个体户处于发展初期，规模小、有形资产少，加上向银行申请贷款手续烦琐，审批时间长，很难通过正规的金融机构获得所需贷款，“融资难”“融资贵”的问题日益突出。而民间融资多为信用贷款，原则上不需要抵押和担保，手续简便、快捷。中小微企业、个体户和农户能够比较容易地获得发展资金，这就很好地缓解了他们的“融资难”问题，为其发展提供了造血功能。

2. **为民间资本进入金融市场提供渠道**

我国民间资本市场非常活跃，据不完全统计，我国民间资金规模超 30 万亿元，然而如此庞大的民间资本却缺乏合法、高效的投资渠道。民间借贷市场发展很不规范，造成了很多问题，例如用暴力手段进行催收，危害了社会秩序和安定团结。近年来，为应对金融危机和抑制通货膨胀，国家实施了紧缩性的货币与财政政策，这导致民间资本流动渠道不畅。民间金融的发展正好为大量寻求投资出路的民间资本打开了一条合法、规范的通道，不仅可以减少民间资金流向高利贷和地下钱庄等非法领域，更能促进和引导民间投资的合法化和阳光化。

3. 弥补正规金融支持的不足，完善金融市场结构

中小微企业、个体户和贫困人口对小额贷款的需求总量很大，但单个客户需求的贷款数额较小，而且缺乏有效的担保方式，这使得他们很难满足正规金融机构贷款的条件和要求，从而难以享受正规金融机构提供的服务。在大量中小微企业、个体户和贫困人口的金融需求无法在正规金融机构得到满足的这一现实情形下，小额贷款公司应运而生，它的产生正好弥补了传统正规金融支持的不足。

二、越秀民间金融发展历程

2012 年，越秀区抓住民间金融发展新机遇，传承长堤大马路传统金融中心优势，建成全国第一条集"聚集、服务、定价"三大功能为一体的广州民间金融街。依托百年金融的厚重沉淀，广州民间金融街的发展有了根基和基地，并从这里起航，逐步发展壮大。针对广州地区民间闲置资金充裕、中小企业资金需求旺盛、民间借贷活跃、民间金融风险较大的情况，以促进中小微企业加快发展为目的，引导民间资本规范发展为目标，提出在长堤大马路打造集资金借贷、财富管理、支付结算、信息发布为一体，为中小微企业和居民个人提供全方位、多样化金融服务的民间金融街。

从 2012 年 6 月起，广州民间金融街相继建成全国民间金融产业知名品牌创建示范区、全国金融科技先行试验区、国家级现代服务业集聚区、广东省民间金融创新发展示范区、广东省首批创新创业金融街试点区、广州市首批互联网金融产业基地，逐渐发展成为"立足广州、辐射珠三角、影响全国"的民间资本集散地、民间金融研发中心、民间金融创新中心和民间融资价格风向标，是全国首个集资金借贷、财富管理、支付结算、信息发布为一体的民间金融集聚区，开创了民间借贷先河。2012 年 6 月 26 日，在广东省金融工作会议上，中共中央政治局委员、广东省委书记汪洋将"广州民间金融街"的牌匾交到广州市越秀区人民政府手中，标志着广州民间金融街正式建立并落户越秀区。2012 年 6 月 28 日，广州民间金融街开业仪式在长堤大马路大三元酒家旧址举行。广东省原副省长陈云贤出席仪式并宣布广州民间金融街开业，广州原市委副书记、市长陈建华为广州民间金融街揭牌。是日，广州民间金融街管理有限公司、广州民间金融研究院和广州民间金融商会 3 家配套服务机构挂牌成立。2015 年 3 月，越秀区获国家质检总局批准，在广州民间金融街建设基础上筹建"全国民间金融产业知名品牌创建示范区"，成为全国首个获批筹建的金融领域知名品牌示范区。2016 年 9 月，成功建成"全国民间金融产业知名品牌创建示范区"。2017 年，广州民间金融街进驻机构 562 家，提供融资 1881.79 亿元，以 208 亿元的价值获评全国服务业区域品牌前五强。

越秀区设广州民间金融街管委会（下设发展促进中心）与越秀区金融局合署办公，为越秀区人民政府派出机构，正处级，代表越秀区人民政府对广州民间金融街进行管理和服务，属地街道为越秀区人民政府人民街道。

广州民间金融街地处岭南"十里洋场"商业文化集散地和现代金融发源地越秀区长堤大马路，西至人民南路，东至海珠广场，毗邻珠江北岸，全长 800 余米，规划区域约 59 万平方米，自 2012 年 6 月启动建设以来，已成为广州民间金融改革开放和现代化建设的窗口和试验场，在全国首创建设民间金融产业集聚区，主要集聚民间金融业态及相关配套机构，致力于为广大中小微企业和个人提供小微金融服务，突出“集聚、服务、定价”三大功能，为国家民间金融规范化管理创造经验，为探索民间融资阳光化和规范化管理提供示范。

三、越秀民间金融文化品质的定位和体现

（一）保留旧城风貌、融进现代元素、突出文化传统

金融街创新传统发展模式，将旧城改造与产业升级相结合，突出“民间特色、岭南风格”改造原则，首创“因地制宜、修旧如旧”改造模式，通过统一规划、整体设计、综合整饰，物业整治面积近5万平方米，陆续打造了民间金融博物馆、民间金融书店，发展金融文化旅游，促进文、商、旅深度融合，打造文、商、旅发展新模式；通过“腾笼换鸟”，对长堤大马路沿街、果菜西社区商铺进行业态调整、统筹置换，引进各类民间金融机构616家，激发市场经济活力，积累产业转型升级新经验。广州民间金融街所在的区域，古为江海，渐成浅海滩涂之域。常有船家靠岸停泊，登陆活动。船家与市民融合聚居，繁衍生息。加上该地区很早便是广州的商业旺地，对外贸易活跃，带动该地区人口不断增长，人口逐渐稠密。中华人民共和国成立后，人口出生率逐年上升。改革开放后，吸引了大批外来务工人员到此务工经商，工商从业者规模逐渐增大，主要从事服务、建筑、运输、家政等行业。至2017年，广州民间金融街吸引民众到此谋生，市民和客商聚集。街区内有安业里、兴贤里、海珠石、果菜西、太平通津5个社区。2017年，5个社区的户籍人口10734人，常住人口24018人。产业结构中100%为第三产业，以批发、零售、住宿餐饮、其他服务业为主。进入广州民间金融街的外来人口以务工、经商为主，主要从事服务、运输、饮食等行业。

（二）民间金融服务继承传统、追求创新

金融街历经六年砥砺发展，产业生态圈逐渐完善，规模效应日益显现，品牌影响力迅速扩大，金融风险防控成效显著，服务实体经济能力实现新突破。作为全国唯一的民间金融产业发展示范区、全国金融科技先行试验区、国家级现代服务业集聚区、广东省民间金融创新发展示范区、广东省首批创新创业金融街试点区、广州市首批互联网金融产业基地，首创金融风险防控国家标准和地方标准3项，推动民间金融健康、规范发展。截至2018年12月，金融街入驻机构达到616家，其中主导产业297家。吸引10家“世界500强”、23家“中国500强”、60余家国内外上市公司投资入驻金融街，服务实体企业超50万家，提供融资额超5000亿元，直接税收贡献共计30亿元。

（三）打造国际大都市文化与金融融合的海珠广场CBD

海珠广场位于广州城市传统中轴线与滨江景观带的交点，是广州市唯一的大型滨江广场。作为广州重要的商贸活动中心，片区内有中国首届进出口交易会旧址（缤缤广场）以及20世纪70年代前市内最高的标志性建筑——广州宾馆。海珠广场片区主要包括泰康路、起义路、回龙路，目前业态为酒店、商铺、餐饮、旅游、零售百货、娱乐、电子商务、办公等，片区范围内物业总用地面积约为68.6万平方米，已落成建筑面积共计约147.1万平方米，新建面积将超过50万平方米，其中星寰中心南北塔楼将建成符合国际领先标准的超甲级写字楼。海珠广场资源禀赋优势显著、交通区位优势明显、服务支撑优势凸显。利用广州老城市新活力的契机，通过空间载体升级、产业规划布局等一体化提升措施，引进一批战略型外向型的金融机构、文化创意、科技创新、现代服务等企业，将海珠广场片区升级打造成为文化金融CBD，助力广州实现老城市新活力，在综合城市功能，

城市文化综合实力，现代服务业，现代化、国际化营商环境方面出新、出彩，为广州建设国际大都市、区域金融中心贡献越秀的智慧和力量。

第三节　广州民间金融街对金融文化的继承

广州民间金融街的核心区域——长堤大马路是广州核心城区的老旧街区，陈旧的建筑、狭窄的街道、低端的产业使得该区域经济增长动力不足、发展空间受限、改造难度大、产业转型难，如何让老城区保留原有功能、文化的同时焕发新生，需要探索新的思路。广东有着活跃的民间资本市场，在2012年上半年广州民间金融街建设初期，广东地区民间资本规模就已超过1万亿元，其中仅广州的民间融资总额推算就超过了3000亿元。所以依托基础深厚的民间金融产业来带动产业结构优化升级是该区域谋求新发展和新路径最为有益的尝试。

一方面，广州民间金融街建设以广府文化为魂，把产业业态提升、城区更新改造、历史文化保护、社会民生改善四者有机结合，通过规划引领，构建多样化、门类齐全的金融产业业态，集中引入小额贷款公司、融资性担保公司、典当行等民间融资机构，同时引入银行、证券、保险等传统金融机构，形成以民间金融为主的金融产业，发展针对民间金融的律师、会计、公证、资产评估等专业配套服务产业，引入商业、休闲、旅游、餐饮等商业配套产业；同时发展挖掘长堤的金融历史文化，建设民间金融博物馆、金融书店等金融文化产业，延伸了金融产业链。

另一方面，广州民间金融街在建设过程中，全部采取修旧如旧、产业置换的模式，共完成近5万平方米的外立面综合整饰，涉及楼宇50多栋，置换商铺和仓库700余户，增设专用停车位近200个，为街内入驻企业、社区居民提供了便利、舒适的办公及居住环境，土地利用价值得到一定程度的恢复，土地利用率得到提高。同时，不断拓宽街内物业载体范围，创新“一园多区”发展模式，建设“众创金融”产业园，开展“金融＋科技”创新创业活动，增加街内综合服务的广度和深度，以较低的成本实现了“腾笼换鸟”和转型升级。

第四节　民间金融对金融文化的创新

越秀金融、广州民间金融街在多方面对金融文化进行了创新，下面主要从互联网金融文化创新、民间金融产品创新、服务机制创新等方面进行考察。

一、互联网金融创新

人类进入互联网时代后，金融与互联网结合成为必然趋势，但是互联网与金融结合的具体形式、途径，还是依赖金融企业和行业的创新力。广州民间金融街自创建以来，始终将互联网金融创新作为一个主攻方向，形成了自己的互联网金融文化。广州民间金融街创新发展“互联网＋小额贷款”“互联网＋证券”“互联网＋保险”等新型金融机构，构建起全国体系最丰富、涉及面最广、针对性扶持力度最大的民间金融政策体系。2017年，广州民间金融街“互联网＋金融”普惠金融发展示范基地成功获批广州市重点项目。作为互联网金融基地，广州民间金融街以广州市越秀区现代服务业发展为基础，搭建了互联网金融产业发展平台，完善相关基础设施建设，并引进了一批重点龙头企业，构建完整的互联网金融产业链；同时重点成立互联网金融研发部门，并探索制订互联网金融规范管理法规和行业服务标准，构建具有民间金融特色的成熟商业模式，广州民间金融街在互联网金融方面的发展既保持了行业规模的发展，也有效控制了行业风险的发生。

在“互联网+小额贷款+普惠金融”模式的指引下，以海印、恒隆等小额贷款公司，唯品会、拉卡拉等互联网小额贷款公司以及立根小额再贷款公司等为代表的核心企业集聚带动效应逐步体现，成为广州民间金融街发展的主要生力军。有小额贷款公司84家，互联网金融企业64家，银行、证券、保险及其分支机构、融资担保公司、典当行、商业保理28家。配套机构由成立之初的2家发展为80家。产业链条完善，成为涵盖小额贷款公司、小额再贷款公司、融资担保、典当行、互联网金融、电商平台、商业保理、文化产业、专业配套、商务服务于一体的综合性专业街区，形成民间金融、文化产业、服务平台、中介服务、法律维权等全产业链的业态格局。企业主体多元、服务体系完善、充满创新活力的民间金融集聚区日趋成熟。

截至2017年底，广州民间金融街集聚“互联网+金融”机构64家，涵盖互联网小额贷款、网络平台、众筹平台、互联网征信、电子商务等产业类型，其中以互联网小额贷款的发展最为突出。

如广州唯品会小额贷款有限公司成立于2014年7月，注册资本3亿元，是广东省批复的首家试点互联网特色小额贷款公司，主要面向唯品会（中国）有限公司的会员单位以及产业链上的中小微企业客户、商户、个人等提供快速、灵活的贷款服务，实行特色经营。截至2017年底，唯品会（中国）有限公司注册会员数量已破亿，合作供应商7000余家，唯品会小额贷款公司依托唯品会商城，借助唯品会平台大数据进行用户洞察和分析，根据用户的需求定制金融服务。公司经营业务以供应链金融、个人消费金融为主。又如广州拉卡拉网络小额贷款有限责任公司依托拉卡拉支付核心支付平台，以及小微商户和个人用户的数据积累，利用大数据鹰眼风控系统，实现全流程在线为小微商户和个人消费者提供信贷服务。2018年全年共发放贷款49.9亿元，24万笔，笔均贷款约2万元，2018年度税收贡献2990万元，通过“大数据+征信”技术，把“小额、分散”做到极致，是“小而美”普惠金融发展的成功典范。广州拉卡拉网络小额贷款有限责任公司以集团庞大的交易数据库和云计算为基础，真正做到“以客户为中心”，创建了产品策划、客户筛选、营销推广、资质审查、快速放款、风险控制、贷款回收等贯穿整个信贷流程的流水线小额贷款模式，极大地缩短了审批时间，简化了审批流程，降低了贷款成本，大幅度提高了融资效率。又如广东广发互联小额贷款股份有限公司注重信息系统建设，从设立之初就制定了一套金融科技规划，为公司业务、管理、融资等提供技术支撑。业务系统方面，公司消费金融业务系统（微信端）2016年7月上线运营，实现了全业务流程线上化，截至2019年2月底，系统累计放款19.48亿元，线上线下累计放款26.26亿元。又如成立于2016年11月7日的广州市蝶金小额贷款有限公司，依托金蝶国际软件集团有限公司，一直致力于打造互联网金融服务生态圈，一贯坚信科技的力量能改变传统信贷。依托金蝶国际软件集团有限公司25年来沉淀生成的海量数据，广州市蝶金小额贷款有限公司运用ABCD（即AI人工智能、Blockchain区块链、Cloud Computing云计算、Big Data大数据）等前沿科技，将金融、财务、企业、个人等相关信息深度整合，积极研发金融信贷产品，推出了“伙伴贷”“员员贷”“信保贷”等一系列产品，践行普惠金融。

二、民间金融产品创新取得实质性突破

广州民间金融街汇聚了一批民间金融机构，设计出一系列民间金融创新产品。从产业到企业，再到产品，民间金融创新产品是广州民间金融街的立足之本，对于民间金融街产业链价值的实现最

终是落实在民间金融创新产品上的。广州民间金融街内的机构针对不同客户群，设计了100余种融资产品。除“助科贷”“商铺贷”“工程通”等产品外，还依托金融街在线平台开发了成长在线系列、享乐在线系列以及在线增值系列等产品系列。其中成长在线系列主要为有资金周转需求的企业或个人向投资者借款，由小额贷款公司、担保公司或典当行等合作方审核并提供本息保障的产品，如“资转速”“票据宝”“经营红”“商圈通”等；享乐在线系列主要为有消费资金需求的个人向投资者借款，由消费金融机构审核并提供还款保障，如“进修易”“购车易”“置业宝”等；在线增值系列主要为金融街在线平台代售的银行、基金等金融机构的在售理财产品，如“月月盈”“周周利”“日日鑫”等。丰富的产品架构满足了客户多样化的需求，有效盘活了民间资本。

作为广东省民间金融创新发展示范区，广州民间金融街积极鼓励街内入驻机构针对不用客户设计个性化的产品服务，经过多年的发展，街内民间金融产品创新氛围活跃，金融产品涉及范围广、种类多。截至2017年底，广州民间金融街内机构共有各类融资产品近200种，部分企业还凭借金融产品创新获“广州市金融创新成果先进单位”的荣誉称号。金融产品的不断创新，让广州民间金融街持续保持活力，同时也不断擦亮“广州民间金融街”品牌。

三、服务机制实现全面创新

广州民间金融街构建了“管委会+管理公司+服务平台+行业自律组织+研发机构”的管理服务体系，通过规范街内管理服务、搭建政府公共服务平台、完善司法保障服务、打造民间金融研发中心等方式，形成“政府服务街内企业，街内企业服务实体经济”的良好格局。

管理服务体系中，各主体各司其职，相互协作，很好地促进了广州民间金融街的发展，具体来看：广州民间金融街管理委员会是街区行政主管部门，负责街区发展规划、政策制定和综合协调管理等工作，并与越秀区金融工作办公室合署办公，负责推动全区金融业发展；广州民间金融街管理有限公司是街区的市场化配套服务机构，负责街区产业规划、招商引资、具体配套物业服务并代政府受理入驻企业的各类政策扶持及奖励申请；广州民间金融街综合服务中心是街区的公共服务中心，为入驻企业机构提供借贷咨询、信息登记查询、股权交易、资产交易及会计、法律等各类公共服务；广州民间金融商会是街内行业自律组织，通过开展行业自律，帮助成员机构规范经营、诚信经营，探索建立民间金融法律维权服务机制，维护各会员单位合法权益等；广州民间金融研究院，是为适应民间金融发展和人才培养需要而专门从事民间金融及其相关问题研究的科研机构。

为进一步完善管理服务体系建设，广州民间金融街建立了互联网金融产业基地和互联网金融孵化中心以推动互联网技术在金融领域的应用发展。基地与中心集展示、孵化、研发三大功能为一体，为街内以及国内外的民间金融机构、创新型企业或个人提供包括项目路演、战略培训、注册辅导、政策指导、资金申请、资源对接、融资支持、上市辅导等“一揽子”服务。为促进基地的发展，广州民间金融街还出台了《广州民间金融街互联网金融基地管理与服务办法》，并成立互联网金融实验室、互联网金融法治研究中心、互联网金融税务研究室等系列研究机构。在建成初期，基地便吸引了14家企业入驻，其中互联网金融企业6家、互联网金融科研机构3家、电商O2O体验店1家、电商创业基地1家、社区银行2家、金融商务主题餐厅1家。此外，广州民间金融街还开发民间融资网络借贷与股权众筹投资交易平台，依托“互联网+”模式的创新，打造互联网上的民间金融街——金融街在线。

在机构创新方面，全国首家小额再贷款公司——广州立根小额再贷款股份有限公司、全国首家市场化民间金融征信公司——广州民间金融街征信有限公司、广州市首家内资商业保理公司——广州恒大商业保理有限公司均在广州民间金融街落户。

四、充分挖掘并强化信用文化

良好的信用制度，能够为金融活动的开展营造良好的市场秩序和环境。越秀区通过信用管理进一步丰富了金融信用文化的内涵。

搭建区域性信用信息平台。征信是构建现代化的金融体系重要的制度支撑，征信业的发展对完善社会信用体系建设、提高社会的诚信意识具有积极作用。现有征信系统信息的不完整性及民间金融的特殊性使得建立区域性的信用数据库极有必要。越秀区依托广州民间金融街风险监测系统，在广州市乃至广东省范围内采集、保存、整理小额贷款公司和融资担保公司等机构及其从业人员、借款人的信用交易记录，同时由政府协调接入公安、法院、质监、税务、工商等职能部门的信用信息，建立起区域内集中、统一的企业和个人基础信用信息数据库。区域内信用数据库的建立，为小额贷款公司判断企业和个人信用状况和偿债能力、进行信用风险管理提供了重要决策依据，对防范经营风险具有重要的意义。

设立民间金融征信公司。越秀区在全国范围内成立了首家专注于民间金融信用服务的市场化征信机构，研发征信数据平台，采集广大小微企业和个人的民间借贷信息，为民间融资提供中小企业信贷评级、中小企业信用评级、商业调查、征信查询等企业和个人征信服务，以满足社会多层次、全方位、专业化的征信服务需求，有效降低交易双方的信息不对称，降低融资机构经营风险，建立良好的征信市场秩序，填补了我国民间金融信用市场的空白，弥补了中国人民银行征信体系的不足。

五、完善金融法律法规制度规范

完善民间金融方面系列法规政策。民间金融发展中面临的最大瓶颈是法规政策的缺位，为填补这一不足，越秀区积极从自身职责出发，研究制定相应管理制度。先后出台了《越秀区小额贷款公司监督管理办法》（越府办〔2011〕8 号）、《广州民间金融街网站管理办法》、《小额贷款公司主监管员制度》（越金融〔2014〕185 号）、《小额贷款公司监管工作联席会议制度（试行）》、《小额贷款公司风险性突发事件处理预案》、《广州民间金融街小额贷款公司监管手册》等一系列制度。这些制度在广州民间金融街的先行先试，已取得明显成效。

完善民间金融运行的技术标准体系。无国家标准、行业标准、地方标准是制约民间金融行业健康发展的重要因素，比如安保措施的实行、金库的设立、服务窗口的开放，甚至具体的业务流程等都尚无权威标准，目前民间金融机构多参照银行业、保险业、证券业的标准开展工作，但毕竟不合身、不得体，有缺陷。越秀区以全国民间金融知名品牌示范区的建设为契机，研究民间金融运行的技术标准体系。整合高校和研究机构的标准化、金融、法律领域的专家，研究形成涵盖各类民间金融企业产品服务标准、运营管理标准、信息技术标准、行业管理标准等的全方位标准体系，内容涵盖各类民间金融机构的准入标准、业务操作规程、民间金融风险防控标准和征信标准等。编制《民间金融资产评价指标分类》国家标准并顺利发布，填补了民间金融标准的空白。

健全金融监管体制机制。越秀区加快民间金融创新步伐，不断创新监管机制。包括：①组建一支高素质的金融监管队伍，组建了以法学、金融学、经济学等专业背景为主体的风险监管团队，团队现有6名主监管员和7名辅助监管员，有高度使命感和丰富的监管知识，不断提高防控金融风险业务能力。②建立健全监管制度体系，制定全国首个区（县）级民间金融风险应急预案及小额贷款监管办法、全省首个非法集资案件举报奖励办法、主监管员制度等近10项监管办法，构建起完善的民间金融风险防范制度体系。

研发系列信息化监管平台。利用大数据风控理念研发小额贷款非现场监管系统、小额贷款业务管理系统、接入“广东省地方金融风险防控系统”等，实时掌握小额贷款公司每笔业务的数据，动态监测小额贷款公司业务运行情况，全面推进民间金融监管体系的实时化、信息化。

第五节　越秀金融文化中的创新要素、主要路径及其不足

我们从三个层次来观察越秀金融文化的创新，即器物文化、制度文化和心态文化的创新。

（一）器物文化创新

越秀金融区特别是民间金融街在保留、恢复、发扬原有金融地址、街道、建筑及其他物质上，下了相当大的功夫，取得了显著成效。民间金融街成立伊始，对旧城进行了改造。坚持“民间特色、岭南风格”改造原则，将旧城改造与产业升级相结合，首创“因地制宜、修旧如旧”改造模式，通过统一规划、整体设计、综合整饰，物业整治面积近5万平方米，陆续打造了民间金融博物馆、民间金融书店，发展金融文化旅游，促进文、商、旅深度融合，打造文、商、旅发展新模式；通过“腾笼换鸟”，对长堤大马路沿街、果菜西社区商铺进行业态调整、统筹置换，引进各类民间金融机构616家，激发市场经济活力，积累产业转型升级新经验，成为广东省民间金融创新发展示范区、广东省首批创新创业金融街试点区、广东省首个内资商业保理试点区、广州市首批互联网金融产业基地、国内首个集“资金借贷、财富管理、支付结算、信息发布”为一体的民间金融集聚区。主要不足有：金融街区域的改造虽然取得了相当显著的成绩，但显示度还是略显不足，特别是没有标志性的现代建筑，也没有标志性的具有强烈传统风貌风格的仿古建筑。对于仿古方面，研究不够深入，并不能真正还原旧貌，未能准确把握过去建筑的细节、精髓。在现代元素融入方面，也略显不够。特别是文化进入还不够，园区缺少顶尖大学的金融研究机构或者金融学院。通过开发民间金融服务产品实现创新，金融街街已成，但市稍嫌不够，“势”头不够旺，比如金融街的辐射力还不够强劲。百尺竿头，不进则退。

品牌建设和创新，是无形器物文化的重要体现。民间金融街在品牌建设方面成绩显著，如获国家质检总局授牌“全国民间金融产业知名品牌创建示范区”，成为全国首个且唯一一个金融类示范区，区域品牌价值达208.35亿元，是全国服务业区域品牌十强第5名。率先发布民间融资“广州价格”，成为辐射珠三角、影响全国的民间融资价格风向标。但是也存在一些不足，如没有制定、实施完整的、一以贯之的品牌战略，品牌定位不够明晰、高端。

（二）金融制度创新

金融制度创新层面包括金融产品、管理制度、行为礼仪、组织机构等方面。

金融产品创新。金融产品是金融服务的中心，也是金融文化的重要载体。民间金融街园区企业针对不同小微企业和民营企业特点，开发个性化创新产品，达成金融服务乃至金融文化创新。开发园区各类融资产品超200种。经过4年多的发展，民间金融街园区信贷产品由2012年的12个增加

到2019年的200多个。设计出面向科技型小企业助推发明技术走向市场化、产品化的“助科贷”，面向个体户凭商铺租赁权获得快捷、高效贷款的“商铺贷”，面向工程建设提供短期工程周转贷款的“工程通”等诸多广受欢迎的贷款产品。金融街制度建设亮点：全国首家小额再贷款公司，全省率先开展互联网小额贷款公司试点；全省首个金融审判庭、全市唯一的金融仲裁院；全省范围内率先开展小额贷款公司和融资担保公司信用评级试点；研究、率先发布了民间融资“广州价格”，小额贷款利率指数，民间金融景气指数等一系列反映民间融资市场资金供求状况的价格指数，规范民间借贷市场，降低交易风险和成本，成为辐射珠三角，影响全国的民间融资价格风向标。但是，金融创新产品仍有不足的地方，一是创新产品仍然不够丰富，二是没有成熟、稳定的创新产品，三是没有特别成功、影响力强大的创新产品出现。

对民间金融服务体系进行创新。一是打造系列政府公共服务平台：建成民间金融街综合服务中心，为公众提“一站式”专业配套服务；自主研发小额贷款公司业务操作系统，为企业提供无纸化、便捷的办公条件，帮助企业规范业务流程，降低运营成本。二是成立系列研究机构，提供智力支持。成立广州民间金融研究院、互联网金融实验室、互联网金融法治研究中心、互联网金融税务研究室等系列研究机构，整合中央财经大学、江西财经大学、厦门大学、中山大学、广州大学等国内知名高校100余位专家形成专家团队智库，为园区发展和企业经营提供产品研发、从业培训等智力支持。三是提供互联网金融企业孵化服务。打造互联网金融产业基地和互联网金融孵化中心，集聚展示、孵化、研发三大功能。不仅能为园区内现有的民间金融企业提供服务，还可以为国内外所有有志于创新创业的企业、个人提供包括项目路演、战略培训、注册辅导、政策指导、资金申请、资源对接、融资支持、上市辅导等在内的“一揽子”服务。四是筹备建立越秀区产业发展投资基金，通过基金运作的杠杆作用、资本聚集效应，撬动更多社会资本。

民间金融监管体系创新。监管文化是金融文化的重要内容，通过制定相应制度，来创新风险管理体系。如研究起草制定了《越秀区小额贷款公司主监管员制度》《越秀区防范民间金融风险联席委员会制度》及《越秀区民间金融突发事件应急预案》等一系列制度，逐步建立起事前防范、事中监管、事后处置的一整套完善的风险管理机制；建成全国首个信息化风险监测平台，实现运用大数据对小额贷款公司进行科学化非现场监管；搭建民间金融征信体系，夯实金融街信用信息数据平台，目前已采集百万条企业和个人的民间借贷信息，并同步录入多个区属部门的信用信息，初步建成区域性的信用数据库；开展小额贷款公司和融资担保公司信用评级试点，建立负面清单制度和市场退出机制；完善法律维权机制，成立全省首个金融审判庭、全市唯一的金融仲裁院，健全法律维权机制。

金融标准创新。民间金融街重视标准建设，制定监管标准和操作规范，为民间金融立标置范。如编制了《民间金融街小额贷款公司监管手册》，规范监管工作流程，明确操作细则，促进监管标准化、规范化；编撰业务和管理标准，以标准引导企业规范经营，提升企业服务质量。①搭建民间金融标准体系。整合广州市标准化研究院、中央财经大学、广州大学、华南理工大学、广东技术师范大学等高校和研究机构的标准化、金融、法律领域专家，研究形成涵盖各类民间金融企业产品服务标准、运营管理标准、信息技术标准、行业管理标准等的全方位标准体系。②首创民间金融风险防范标准。组织专家和园区内企业编制国家标准《民间金融资产评价指标分类》1项，省地方标准有《互联网小额贷款公司监管信息管理标准》《互联网小额贷款公司运营信息管理规范》2项，填补了民间金融风险防范标准的空白。下一步，园区还将通过已成立的民间金融商会，组织、引导企业建立联盟标准和企业标准，通过标准的实施、推广，逐步引导行业健康、规范化发展。

为促进民间金融街园区的发展，越秀区政府制定了一些配套优惠政策文件，如《广州市越秀区促进优质企业发展暂行办法》（越府办〔2017〕65 号）、《广州市越秀区促进产业园区发展和商务楼宇提升暂行办法》（越府办〔2017〕64 号）、《越秀区集聚高端人才暂行办法》（越府办〔2017〕63 号），其中惠及金融企业的规定近 30 项。也制定了诸如监管规范、征信标准体系、民间金融管理规范等制度。但是这些政策或制度，一则不够宏观，拘泥于具体事务，二则层级不够高，能作为的空间有限，效力也有限。

（三）心态文化创新

金融心态文化是人们对于金融活动的价值理念。民间金融的近代和当代的发展，经历了从夹缝中生存到国家鼓励的过程，体现在金融心态文化方面，主要表现为政策鼓励与规范监管的理念。前面述及的器物文化和制度文化，都是心态文化的具体体现和载体。金融从业者的思想意识、伦理道德、心理状态、精神风貌、思维方式、信仰、价值观等，是金融心态文化的核心。

1. 对民间金融发展由抑制到支持

金融天然是一个风险行业。民间金融具有隐蔽性、分散性、不规范性，虽与正规金融处于统一的金融市场中，但由于其自身存在的规模小、区域性强等特点，民间金融的抗风险能力弱，一直以来都游离于政府视野之外。尤其是在计划经济时代，传统的民间金融业基本绝迹；改革开放以后，民间金融迅速发展。然而，由于自身的局限性及风险性，国家对民间金融始终未予肯定。直到 2005 年，中国人民银行在《2004 年中国金融区域运行报告》中首次正式承认民间金融对正规金融的重要补充作用，民间金融才得以正名。

此后，国家和地方政府出台了一系列放宽金融准入的政策，鼓励民间资本进入金融领域，这为民间金融的发展带来了全新的环境和机遇。2005 年，中国人民银行开展小额贷款公司试点；2012 年，浙江温州建立了金融综合改革试验区、广州设立了民间金融街、福建泉州成立了金融服务实体经济综合改革试验区。紧随其后，各地掀起了一股民间金融集聚区建设热潮，佛山、东莞、武汉、成都、西安、哈尔滨纷纷建设民间金融街。民间金融区域集中管理实践在许多城市如火如荼地进行，启用新思想、运用新模式、探索新路子成为新一轮民间金融发展的新动力。

2. 对民间金融活动由放任到严格监管

金融具有天然的风险属性，需要受到严格监管。我国的金融监管是对传统意义上的正规金融的监管，是对经市场准入的金融机构和金融业务的监管。民间金融因无法律审批和准入授权，长期处于地下状态，又被称作“地下金融”或者“灰色金融”，给人一种非法的既视感。事实上，国外学者通常称民间金融为“非正式金融”，即游离于国家监管体系之外的、民间自发进行的金融交易活动。由于我国民间金融普遍以民间资本为主，各地发展规模大小不一、分布面广，且各自独立开展经营，呈现明显的分散特征，在资金的逐利本性下，我国民间资本的借贷者和放贷者普遍存在一些投机心态，使得民间金融一直游走于法律灰色地带，监管难度较大，难以形成有效的监管机制，成为金融监管的灰色地带。

3. 金融心态文化建设的不足

随着近年来民间金融的不断发展和市场机制的不断完善，政府对民间金融的态度也逐渐变为肯定、引导和支持，进而也开始强调对民间金融的监管和风险防范。前述在金融制度文化创新中从中央到地方出台的一系列与民间金融相关的监管法规即是这一心态文化的直接体现。笔者认为，开放竞争意识、创新优质意识、诚信为本意识是越秀金融文化的优良传统，也是值得大力弘扬的要素。越秀民间金融所取得的成绩与金融心态文化密不可分，但心态文化建设仍然存在一些不足，如对内对外开放的程度仍然不够，竞争意识还不够强，吸引的国内外大金融机构和资本数量、质量还有待加强；金融创新的主动意识还有欠缺，创新的思路还不够大胆开阔，创新的办法还不是很多；诚信建设方面，企业、从业人员对诚信的认识还不全面、深刻，将诚信贯彻到金融事业中的程度仍然不够，关键是对金融诚信没有上升到信念、信仰的层次；等等。

第四章 金融文化建设促进金融发展的对策、建议

第一节 金融器物文化建设促进越秀金融发展的对策、建议

金融器物文化建设可以分为有形器物文化建设和无形器物文化建设。下面从这两个方面提出相应对策、建议。

建议一：金融街的改造还需要再升级，规划建设一幢新的广州民间金融国际大厦。

民间金融街成立伊始，对旧城的改造坚持“民间特色、岭南风格”改造原则，将旧城改造与产业升级相结合，首创“因地制宜、修旧如旧”改造模式，通过统一规划、整体设计、综合整饰，打造文、商、旅发展新模式；通过“腾笼换鸟”，对长堤大马路沿街、果菜西社区商铺进行业态调整、统筹置换，探索产业转型升级新经验。笔者认为，金融街的改造还需要再升级、再强化。在保持民间金融街特色的前提下，适应大湾区发展需要，将越秀区广州民间金融街打造成全国的民间金融中心，进一步突出其全天候、全方位金融服务中心的特色，最终将广州民间金融街建设成中国的华尔街。建议规划建设一幢新的广州民间金融国际大厦（名称可以再斟酌，如“广州国际金融创新中心”），以解决民间金融街办公场地紧张的难题，提升越秀金融的标志性。广州国际金融创新中心应当定标西塔、东塔，有很高辨识度。

建议二：进一步提升越秀金融的文化地位和文化品位。

提升越秀金融的文化地位和文化品位，加强与大学、研究机构的合作，金融区内有国家级的金融学院和国家级重点研究基地落户。顶尖大学金融学院或者世界级、国家级的金融研究机构就落户在新的标志性建筑内，而这些学院或研究机构的领导者则可以是包括诺贝尔经济学奖得主在内的世界顶尖学者。这种文化与金融的可视性结合，必将成为金融街的新亮点。其他如金融博物馆，除了继续坚持广州、岭南特色外，也可以努力办成世界一流的金融博物馆，一起置于标志性建筑内。

建议三：制定、实施品牌战略。

无形器物建设方面，进一步强化越秀民间金融品牌。在进一步突出其倡导促进创新、为中小企业及创新创业者服务的同时，确定越秀金融在广州金融的中心地位，促进其实力升级、形象升级。将越秀金融总体定位为：实力顶级，开放包容，特色鲜明（民间金融），创新卓越。精心制定越秀

金融品牌战略，将品牌战略与发展规划统一起来，并始终如一地贯彻下去。品牌建设，首先是越秀金融及民间金融街整体品牌的进一步塑造、擦亮，除了吸引世界金融巨头企业落户外，还要努力打造一批属于越秀金融、具有品牌效应的明星金融企业和创新企业。以创建国家文化与金融合作示范区为契机，实施海珠广场片区物业载体、产业布局、城市环境一体化提升工程，推进恒基星寰国际、广鹏地块、万菱广场、广州宾馆等150万平方米载体建设提升利用。需要将品牌实物化、可视化，精心研究、制作品牌标志、招牌、装束、口号、标贴等，精心设计、努力维护建筑风格、窗口形象等，高度重视并采取有效措施提高越秀金融品牌的曝光率，大大提升传统媒体及新媒体版面占有率等。

第二节　金融制度文化建设促进越秀金融发展的对策、建议

金融行业的管理风格、宗旨、目标、礼仪、制度、程序和管理设施，金融行业的行为习惯、传统、作风、社会分工、人际关系和组织结构等，规定着金融行业及其内部每一位人员的行为规范，反映金融行业的外在文化特征。

建议四：创新企业和个人征信制度。

信用制度的建设。创新信用文化的主要途径：一是健全企业信用制度。完善企业信用评估体系，建立全国统一的企业信用市场，制定行业标准，建立跨行业、跨部门的网络化信用数据库，通过这一系列的载体建设，创新企业信用文化。二是健全个人信用体系。目前我国严格意义上的个人信用体系基本上是空白的，急需建立个人信用的登记制度、资信评估制度以及风险预测制度等。特别是由于现代消费信用制度的不断完善，人们的信用意识将进一步增强。现代市场经济就是信用经济，信用经济的发展必将进一步推动信用文化的创新。建立现代个人、企业信用标准，特别是适合金融领域的信用标准势在必行。

建议五：研究制定《金融企业、从业人员行为及礼仪规范》。

行业规范要进一步完善。一方面，金融监管部门在宏观层面上，在广泛调研、吸纳包括学者、事务部门工作者的意见基础上，制定既具有国际性、开放性，又具有局部适应性的管理规范。另一方面，也要积极鼓励企业、行业机构等民间组织主动制定、推行自己的行为规范。建议制定《金融企业、从业人员行为及礼仪规范》，以树立正确的金融意识和金融信念为核心，增强金融从业人员的使命感、荣誉感、归属感。

建议六：恢复、发扬传统金融文化礼仪、仪式。

任何一种文化，都离不开特定的仪式、形式，金融文化也不例外。笔者认为，恢复、发扬传统金融文化中的一些特殊礼仪、仪式，同时融进一些现代元素，具有现实的积极意义。如广州银业的开工仪式，除了是行业本身的礼仪之外，更是一种宣传模式和营销模式。现代社会不仅可以通过传统的方式来制造阵仗，还可以采取类似的思路和方法。比如，利用现代的声、电、广、信（通信），尤其是充分利用媒体和网络，来凸显越秀金融的存在感，甚至使之成为一种外在、众所周知的仪式，这需要投入大力气和大量资金支持，这种仪式要与眼球经济和网络流量紧密相连。

建议七：立项进行金融领域地方立法研究。

中国现代金融在文化维度表现的缺失，在于先天性的法律文化缺失。法律是一种巨大、稳定、持久的信用。金融基本法律制度的立法权属于中央，省级人大、政府有一定的立法权，市级人大包括广州这样的副省级省会城市，立法权限受到相当大的限制。目前，广东金融领域地方立法还几乎是空白，政府规范性文件有一些，但立法层级偏低，效力稳定性、权威性都打了折扣。广州可以利用省会和中心城市的地位优势，向省级部门反映合理诉求，通过省级立法来实现行业规范升级为地方立法。建议立项进行一次金融领域地方立法及其他规范性文件清理，为进一步完善地方立法向省级、市级相关部门提供建议与参考意见。

第三节　金融心态文化建设促进越秀金融发展的对策、建议

金融心态文化又称金融精神文化，它是金融文化的核心层，是金融文化的灵魂。金融心态文化的核心是以价值观念和思维方式为主体的传统观念。除了夯实传统的金融文化理念之外，传统理念中还要突出诚信要素和开放要素。

建议八：深入进行金融信念、信仰教育，金融企业家要勇于担当。

金融业的信用是建立在诚信基础上的债权—债务（授信—受信）的关系。在这一关系中，双方除了对对方资金、财力上的信心外，还包括对对方道德品质的信任。诚信的夯实，除了制度层面的保障之外，最关键的是从业人员内心有对诚信的坚强信念。这种诚信的信念，依托于诚信文化，是中华文化优良传统中根深蒂固的诚信理念，“人无信不立”，有时甚至需要提升到信仰的层次，才能真正夯实诚信之基。

金融文化建设需要一批勇于担当的金融企业家。马克思曾经讲：“银行家的话比牧师的话还重要。”这就对银行家、金融企业家提出了严格的道德要求。然而，目前一些“金融企业家”的社会形象并不让人感到乐观，金融危机以来尤甚，甚至有的沦为全球共诛的对象，如麦道夫之流。真正的金融企业家不应是单纯的技术专家，不应是唯利是图的“资本家”，更不应是“庞氏骗局”的发明家，而应当是在金融这个特定领域精通专业、兼通其他，能够把握行业规律、掌控发展方向、带领行业前进的实干家；应当是有思想而非空想，有信仰而非迷信，有理想而非理想“化”的思想家；应当是对社会负责、严于律己、勇于担当的政治家。政治家与政客有何区别？政治家以社会为己任，以社会为“家”，他们从历史的角度考虑问题，这是一种境界；政客是在社会做“客”，以社会为施展权术的平台，这是“现得利”主义。培育万年松当然不如栽种白菜、萝卜来得快，但万年松的价值岂是白菜、萝卜可以比肩的？中国金融文化建设需要一批对社会负责、勇于担当的“金融企业家”。他们要以社会为己任，以行业长远发展为己任，“苟利国家生死以，岂因祸福避趋之”，不在乎一时的利害得失，不计较个人的功名利禄。中国金融文化建设能否成功，中国金融业能否抓住机遇、继往开来，关键在此。

建议九：进一步扩大、深化对内对外开放竞争。

开放、包容、竞争，一直是广州的鲜明特色和传统优势，既包括对国内其他地区的容纳、开放，更包括对发达金融市场的开放。越秀金融的进一步发展，需要采取更有力度的措施扩大、深化对内对外的开放。既要勇敢“请进来”，又要坚定“走出去”。在国有金融市场开放有诸多限制的

情况下，可以充分利用民间金融的优势，扩大对内对外的开放。特别是应当抓住国家大力发展粤港澳大湾区的历史机遇，加快对外开放的步子，跨越式发展广州尤其是越秀的金融业，使广州成为全国、亚洲乃至世界的金融中心，越秀则成为中心的中心。

金融文化应该是具有市场竞争意识的文化。在市场经济条件下，任何一个金融企业都面临着市场竞争，这种竞争的冲击时刻影响着金融企业的观念和行为。如果金融企业不是从寻求竞争优势的角度来考虑自身文化的建设，金融文化就失去了存在的意义。因此，金融文化的建设必须在竞争中不断地发展、完善。

建议十：研究金融文化创新策略。

要把鼓励创新作为金融文化的一个重要组成部分。金融创新主要体现在观念创新、制度创新、科技创新、组织创新、工具创新、管理方法创新等方面。当前就是要加快对机构设置、业务品种、金融工具、金融管理制度的创新。金融文化创新的主要策略有：①始终坚持满足消费者需求这一创新的根本动力。金融文化创新发展的方向、主要内容及创新的途径都始终围绕着一个中心，即满足消费者的需求。在某种程度上，金融文化的创新方向是由消费市场的需求决定的，而且消费者的需求也会在金融文化的创新过程中得到发展，二者密切联系，相互依存、相互促进，共同推动了人格的不断完善和人的自由和全面发展。②充分利用金融文化创新的直接动力。金融文化创新的直接动力主要是指各种利益参与者在金融活动中，对利润的最大化需求。金融市场的发展要坚持以促进个人的发展为主要的价值取向，将人类的发展作为最终的关怀目标。只有实现资本的利润追求性与金融消费者的需要相互统一和相互协调，金融文化创新才能促进人的发展和社会的进步。

建议十一：创立广州民间金融街会员制。

金融服务中小企业、创新创业者，是越秀金融文化创新的核心理念，越秀金融走民间金融发展的总方向、总路子是完全正确的，关键是要用金融文化创新指导具体的金融实践创新，同时将金融实践创新的成果、要素融入金融文化中。在当前形势下，越秀区应紧扣广州全球金融资源配置中心战略布局，厚植金融产业及中央驻粤金融监管机构聚集优势，加快构建大金融工作格局，抢占新金融制高点，巩固提升金融强区地位。抓住国家金融业扩大对外开放契机，大力吸引国际金融资本集聚，引进高质量外资金融机构设立新公司、开展新业务，形成吸引境外资本集聚的“强磁场”。按照高端化、国际化、品牌化发展导向，高位统筹重点项目产业主题招商，重点引进大型银行、保险、证券等高端金融业态，吸引跨国公司、地区总部、国际组织落户。

民间金融组织初创期一般都实行会员制，因此建议创设民间金融街会员制。会员制包括两种类型。一种类型是金融消费会员制，银行等金融机构会按照投资金额、服务使用程度等标准，将客户划分为不同等级的会员，分别享受不同的权益，例如理财赎回便利、产品购买优先级、参与线下活动机会等。因此形成了各种权益的会员体系、高净值客户体系，乃至私人银行与信托机构。另一种类型是金融机构或行业实行会员制，入会成员不仅可以享受金融区的各种特殊优惠，而且可以分享民间金融街未来发展的红利。两种类型会员制度具体内容待后研究。

建议十二：采取有力措施落实金融文化建设。

最后，如何落实金融文化建设？我们认为可以从以下几个方面来贯彻落实：一是从思想上、组织上加强对金融文化建设的领导。首先，要提高金融决策者对金融文化软实力即金融核心竞争力的认识，把金融文化建设作为与金融发展、金融改革、金融开放、金融监管、金融法制建设同等重要甚至更为重要的任务。其次，要加强对金融文化建设的组织领导，设立专门的机构承担对金融文化建设的统筹协调职责；要集中力量围绕金融发展现状研讨金融文化的定义、内涵、外延和发展重点，编制《越秀金融文化建设纲要》，规划和指导中国金融文化建设。二是从操作上、实施上加大对金融文化建设的宣传。成立金融文化研究专业组织、组建金融文化讲师团，创办金融文化宣传新载体，通过开展巡讲、组织培训、网上问答、远程辅导、讲座论坛、有奖征文、创先评差以及各种寓教于乐的方式，从解决现实问题入手，将践行社会主义核心价值观和不同金融企业核心价值理念作为中国金融文化建设的切入点，面向中国金融从业者进行金融文化教育，通过制度建设和行为引导，形成金融从业者积极学习金融文化、深刻领会金融文化、认真实践金融文化、努力发展金融文化的自觉性。三是从制度上、投入上加大对金融文化建设的支持。要从制度上明确金融文化建设和金融文化工作者的角色定位，确保其应有的从业地位。要把金融文化建设作为提升金融软实力、形成核心竞争力的重要工作列入各级决策机构的议事日程，放在与业务发展同等重要的位置，同计划、同部署、同考评、同激励。要在最高决策层设置首席文化官，让勇于负责、敢于担当、熟悉金融文化的“金融企业家”担任此职，以正确把握行业规律、掌控发展方向、引领行业前行。要适度增加对金融文化的人力、财力、物力投入，确保金融文化建设最基本的人力、财力、物力需求。金融文化建设能否成功，金融业能否创新发展，以上都是不可或缺的条件。四是从理论上、建设上加强对金融文化建设的引领。习近平总书记2017年在第五次全国金融工作会议上以“三个重要”对金融的地位和作用作出了新的概括，即“金融是国家重要的核心竞争力，金融安全是国家安全的重要组成部分，金融制度是经济社会发展中重要的基础性制度”。习近平总书记的讲话为我国金融文化研究指明了方向。

本文由广州民间金融街管委会、暨南大学法学院课题组供稿。课题组负责人：彭玉勇、刘中。课题组成员：黄翔、吴煜晖、方兴锋、唐红军、邓波。(2018年)

以民间金融标准化推动广东民间金融企业文化建设研究

一、民间金融企业文化与民间金融标准化关系

（一）民间金融标准化

《标准化工作指南　第1部分：标准化和相关活动的通用词汇》（GB/T20000.1—2002）对标准化的定义是：为了在一定范围内获得最佳秩序，对现实问题或潜在问题制定共同使用和重复使用的条款的活动。因而标准化可以理解为，在经济、技术、科学和管理等社会实践中，对重复性的事物和概念，通过制订和实施标准达到统一，以获得最佳秩序和社会效益。

标准化是一门学科，同时又是一项管理技术，标准化作为一项科学活动，其应用范围几乎覆盖了人类社会活动的各个方面；标准化作为人类实践活动的产物，不但是规范人类实践活动的有效工具，而且是人类社会发展进步所不可背离的一项基本法则。标准化是组织现代化的手段，是科学管理的组成部分，是企业推行现代化管理的重要基础。金融标准化是标准化在金融领域中的具体体现，民间金融标准化则是指标准化在民间金融领域中的具体体现，包括对术语、数据元、符号、代码、文件格式等的要求；通信、数据处理、安全和通用报文等方面的应用要求；金融产品的要求；金融活动中的管理、运营和服务的要求；等等。

（二）民间金融标准化对民间金融企业文化建设的作用

习近平总书记在2014年听取兰考县汇报时强调："标准决定质量，有什么样的标准就有什么样的质量，只有高标准才有高质量。"金融标准是金融的"通用语言"，是金融专家知识和金融最佳实践融合的成果，为提高金融治理能力和实现治理体系现代化提供支持。民间金融企业数量众多、小而分散，存在标准缺失、标准体系不完善等问题，造成了行业发展的诸多乱象，导致行业形象受损、信用基础动摇，因此急需通过标准化引导民间金融行业规范发展，推动民间金融企业文化建设。民间金融标准化的重要作用表现在以下几个方面。

1. 民间金融标准化有利于形成投资者利益最大化的民间金融企业产权文化

产权制度本是作为一种正式制度存在的。但是，非正式制度是其基础，并对其发挥作用产生能动的影响。民间金融企业的产权，决定了其为谁所有，谁承担风险，谁享受收益。由于委托—代理关系的存在，风险与收益存在很大的不确定性和不对称性，如果没有一种有效的基于产权认同和尊重的文化约束，那么，在金融市场巨大的潜在风险下，道德风险必将凸显，民间金融企业所有者将承担所有风险而没有获得利益的权利；由于民间金融企业与社会的高度关联性，其产权权能的作用边界不仅受制于经济学的"成本—收入"分析（当边际成本大于其边际收入时，权利主体就会自觉地放弃超出边际收入的那部分权能），它还取决于一些非经济因素，特别是伦理道德的因素。比如，当某些合乎经济判断的金融权能的实施可能会破坏整个社会的稳定，带来金融风险的扩散时，对他

人利益的损害不管是直接的还是间接的，它们都构成权能作用的“禁区”。

制定实施民间金融企业组织机构管理标准、财务管理标准、风险管理标准、信用管理标准等系列民间金融企业运营管理标准，以及民间金融企业所涉及的金融产品和服务提供标准，必然要求民间金融从业者更加认真地履行工作职能，提高服务质量，保障民间金融企业正常运营，促使管理团队提高运营决策效率、降低运营成本、提高企业效益。而以民间金融行业管理标准规范行业管理事项，有利于政府主管部门完善对民间金融企业的监管活动，防止民间金融企业逾越产权权能边界而损害公众利益。

2．民间金融标准化有利于形成健康的民间金融企业成本文化

制定实施民间金融企业财务管理标准、人力资源管理标准、产品与服务提供标准是民间金融标准化工作的重要内容。财务管理标准是根据国家颁布的财经法规和规章制度，为民间金融企业经营活动和管理决策提供专业化的财务支持服务的标准；人力资源管理标准是指人力资源规划、岗位、招聘、培训、任免、绩效、薪酬等人力资源管理各环节涉及的相关标准，以及人力资源信息管理标准；产品与服务提供标准是对民间金融各类企业所涉及的金融产品和服务，包括现在主要的民间金融企业类型所进行的各主要业务作出的规范。

上述有关标准的宣传与贯彻实施，有利于规范民间金融企业财务管理，同时可以通过标准学习宣传，推动企业成本管理基本知识的普及，加强员工成本管理教育，树立全员成本效益观念，使员工主动参与成本管理。通过实施相关标准不断增强员工的成本意识和成本管理意识，全面确立和牢固树立“成本效益”的思想，明确成本的管理对企业的生存和发展的重要性，形成企业共享的基本价值观、基本准则和劳动目标，由此使每个员工都能充分地认识到自己在成本管理中的责任和作用，以及企业生产经营成本管理和不断降低对自身的好处，从而调动每个员工改进成本和努力降低生产经营成本的积极性、创造性，把他们凝聚在一起，以成本为中心，将员工的思想、认识、行动统一到降低成本、提高效益的目标上来，形成一种健康的企业成本文化氛围，为整体成本管理的有效实施创造一种良好的环境。

3．民间金融标准化有利于形成符合民间金融企业自身实际的治理文化

公司治理结构的实质就是权力分配制衡机制，即明确股东、董事、经理和其他利益相关人之间权利和责任的分配，规定公司议事规则和程序，并决定公司目标和组织结构，以及实施目标和进行监督的手段。按照传统的产权理论，私有企业的产权所有者享有剩余索取权，且这个所有者具有真正的人格化代表，因此所有者有激励、监督经营者的强烈动机。而从超产权理论看，完善的治理结构必然要求具有合理的产权，但是合理的产权未必能带来完善的治理结构。这可以从超产权理论的逻辑——“竞争—治理机制—效率”中得到印证。然而无论是传统经济理论还是超产权理论，有效的治理结构都跟效率直接相关。即使采取所有权和经营权相分离的委托—代理关系，其委托—代理链也是较短的（通常是股东—董事会—经理），这就有利于克服信息不对称，从而有利于股东监督。但作为一种正式制度的治理结构安排，其是否有效并不是最关键的问题，关键的问题在于如何保证实施。合理的治理安排的传导过程需要非正式制度的文化发挥作用。通过制定、宣传与贯彻实施适合民间金融企业的内部控制标准，规范内部控制建设、评价与审计等相关管理活动，使得股东、董事、监事、经理人员、重要员工等公司利益相关者及其代表，积极参与公司治理过程，从而逐步形成治理公司的理念、目标、哲学。

4. 民间金融标准化有利于培育民间金融企业的风险文化

现代金融企业在拓展业务时，都着力培育其独特的风险文化。民间金融企业的风险管理要靠企业的管理层和风险控制系统的工作人员来具体执行和操作，但是风险管理绝不限于这两个方面的人员，任何岗位的企业员工都要有风险防范的意识。任何员工做任何事情都要自觉地考虑到风险因素，并尽可能地将风险压到最低。

通过学习宣传和贯彻实施民间金融企业风险管理及操作标准、信用管理标准、产品与服务标准等方面的民间金融标准，促使民间金融企业坚持合规经营。金融行业是一个影响面广的行业，一旦发生风险，影响将迅速大面积传播。所以，必须严格按照国家法律、规章经营，赢得监管部门的信赖，树立诚信经营的社会形象；持续的相关标准的学习和培训，不仅能使市场开拓线上的员工和风险控制线上的员工掌握现代风险管理理论和方法，而且能使企业内部全体员工树立风险防范意识，遵守行为操守标准，严守职业道德规范，建立完善的风险控制体系。

5. 民间金融标准化有利于形成良好的民间金融企业营销文化

长期以来，社会对民间金融的印象就是“不规范”。民间金融标准化能够通过以下三个方面助力民间金融企业形成良好的民间金融企业文化，改善其社会形象：①民间金融标准的制定、实施有利于民间金融企业树立先进的营销理念。民间金融服务提供标准的制定与实施，以民间金融企业顾客为中心，从顾客需求出发，对民间各类金融企业所涉及的金融产品和服务作出规范，并对服务质量评价进行规范，既保证了顾客对民间金融企业产品与服务质量的要求，也能使民间金融产品与服务根据市场变化，及时、便捷地满足顾客的需求。②民间金融标准的制定、实施有利于民间金融企业塑造良好的营销形象。营销形象是企业形象向外的延伸。金融营销形象具有相对稳定性和变化性。相对稳定性是由金融行业特征所决定的，要求其传递给人的是稳重、可靠、安全的形象；而变化性则是指，针对不同的细分市场，金融营销的形式有所区别。民间金融行业社会责任规范、民间金融行业广告宣传用语规范、民间金融消费者权益保护规范、民间金融行业信息披露规范、基础设施建设标准、术语标准等系列标准的制定与实施，对民间金融企业社会责任、信息披露、行业宣传、行业术语、IT 基础设施、信息技术等进行规范，使得企业员工从身边小处着手，注重企业在社会上树立良好的形象，形成内部员工“人人都营销”的文化氛围，扩大本企业的影响力和知名度，创造美誉，提升信用，从而稳定地塑造民间金融企业良好的营销形象。③民间金融标准的制定、实施是先进的营销哲学的体现。营销哲学的首要任务就是揭示营销行为的本质。民间金融企业营销文化的主体不仅仅是具体从事与营销相关业务的员工，而应该是全体的职员。从高级管理人员到基层员工，其一言一行都是企业的“窗口”。良好的信用有赖于一种优良的服务。因为他们直接创造并销售的产品就是服务，他们与客户零距离接触。民间金融标准的实施需要企业每一位员工的参与和认真执行，其最终目的就是为民间金融企业顾客提供高质量金融产品与服务，因而民间金融标准的制定与实施本身就是先进的营销哲学的体现。民间金融标准化使民间金融企业通过高品质的产品、良好的服务态度、引人入胜的广告宣传、优秀的公众交流渠道以及标准化的形象，使公众逐渐形成良好的接受态度与心理定式，从而提高企业整体竞争力，取得成功。

二、广东民间金融企业文化发展现状

与银行、证券和保险等企业相比，广东省民间金融企业在资金、技术、人才方面都有着明显不足，经营和管理理念等也有着较大差距，特别是一些企业开始时发展迅速，但是短短几年就轰然倒塌。部分企业管理者逐渐意识到企业文化在增强企业竞争力中的关键作用，开始重视企业文化建设，以树立企业的核心价值观，塑造独特的企业精神，形成独特的核心竞争力，获得竞争优势。

（一）企业文化体系开始形成

经过多年的探索实践，新时期广东省民间金融企业文化体系建设逐步完善，构建起了纵横结合、内外协同的多维度、立体化的企业文化建设框架。广东省大多数民间金融企业建立了自己的企业文化，明确了公司使命、公司愿景、核心价值观、经营理念和战略思维等方面内容，也制定了一系列具体的道德规范和行为准则，同时还加强了理想信念教育。在民间金融企业创业初期，员工薪酬低，但绝大多数员工仍然具有崇高的使命感和责任感，企业对全体员工进行深入的理想教育，重新激发了员工的工作激情，增强了企业持续发展的动力。强化服务文化和创新文化。在实践中，不断开展业务创新，以市场为导向，以客户需求为目标，以满足客户需求为动力，推动企业向前发展，在日常工作中将这些理念传达给每位员工，并将其凝聚成具有自身特色的企业文化，不断拓展服务内涵和理念，通过行业的各种改革方式改善服务。以人为本，在不断发展的过程中，巧妙地将员工的利益与企业的发展相结合。在满足员工基本利益的同时，促进企业不断前进。

部分民间金融企业在其发展过程中，考虑利益相关者利益的同时，最大程度优化股东利益，并将这一经营理念和核心价值观传递给投资者和员工，在民间金融企业文化建设中发挥榜样作用。它们在企业发展中有机结合了企业文化，通过企业文化建设，不仅保持了企业文化的不断传承，也促进了企业的整体发展。通过在业务运营和服务中不断渗透企业文化，得到员工广泛认同，从而提升员工的主动性和忠诚度。例如，广东佛山某融资担保投资公司（简称“佛山公司”）特别重视企业文化建设，并以此为支柱打造企业的核心竞争力。通过对先进文化元素的积极导入，对内部文化沉淀的不断总结、提炼和反复碰撞、磨合，佛山公司现已形成独树一帜的企业文化理念和一系列制度、行为规范，并贯穿落实于企业经营管理的方方面面。《佛山公司纲领》的思想精髓集中体现为一个字——“共”，即主张以佛山公司为纽带，股东与员工结为利益共同体，并与银行、中小企业客户和其他中介服务机构等一切合作者结为战略同盟关系，共同努力、共同创造、共同拥有和分享丰硕成果，以实现共同进步、共同成长的事业理想。佛山公司的“共”文化得到了社会各界的高度认同和赞赏，产生了强烈的凝聚力和感召力。

（二）企业治理文化建设逐步健全

完善企业内部自我控制约束机制是加强企业文化建设的一个重要方面。缺乏内部约束机制，基本的业务开展和管理工作将会无法进行，企业文化建设更是无从谈起，企业将会变成一盘散沙。民间金融企业大都重视内部约束和管理机制的建立和健全。目前，广东省民间金融企业在完善内部控制机制方面主要有以下做法：一是建立内部业务活动约束机制，二是建立内部共同利益机制，三是建立内部相互监督约束机制。

广东民间金融企业按照《中华人民共和国公司法》等有关法律法规的规定和地方金融监管机构要求，进一步健全公司治理制度，完善公司治理结构。建立了包括公司章程、股东大会议事规则、董事会及其各专门委员会议事规则、投资者关系工作制度、董监事和高级管理人员所持本司股份及其变动管理办法等多项公司治理制度。不断完善法人治理结构，完善资产负债管理、风险管理、内部控制等多种管理体制，并取得了一定成果，初步形成了公司治理评价体系，治理结构与治理机制趋于完善。公司成立之初，为使公司管理有章可循、有法可依，启动了规章制度的起草和编制工作。规则明确了公司各部门和每位员工的工作职责，明确了企管、财务、人事、行政、文档等管理制度。这些基本制度的建立，使公司从行政管理到业务管理都具有了规章制度依据，从而也确立了公司的制度框架。

调研中发现，部分公司在长期发展中形成了科学、完善的治理文化，为公司持续、健康发展奠定了坚实基础。如佛山公司在“股权分散，三权分立，专业化团队运作”现代企业制度建设方面特色鲜明、成效显著。其股东结构和股份比例设计十分合理，有效避免了控股股东以自身利益为出发点而损害其他股东利益的可能；在此基础上，佛山公司切实完成了所有权、经营权与监督权的有效分离，权力制衡、信息透明、控制风险，杜绝违规操作和信用缺失行为，有效保障了公司的长期经营绩效和股东利益，增强了国内外投资者的信心，在充分保障股东权益的前提下，最大限度地调动和发挥了经营管理团队的专业智慧乃至全体员工的主动性、积极性。

（三）企业风险文化建设逐渐完善

风险文化决定民间金融企业经营管理过程的风险管理观念和行为方式，在民间金融企业经营管理中占有十分重要的地位。这是因为民间金融企业是在经营和管理风险的过程中获取收益。广东省部分经营良好的民间金融企业已建立起以全面风险管理为核心理念的企业风险文化，他们在整合细化管理流程和业务流程标准化的基础上，加强对相关风险的识别、计量、监测、分析、控制和报告，制定具体的实施程序和步骤，增强风险管理流程的可操作性。把全面风险管理作为日常业务的一部分，与业务活动保持一致并得到持续改进。

此外，规模较大的民间金融企业大多已形成一套严密的业务评估体系，聘请了金融、法律等方面的专家评委。部分企业还与银行建立了长期的合作关系以及风险共担机制，在业务开展、市场营销、客户服务、风险管理和企业基础设施、人力资源管理、资产管理、团队建设等方面开展合作。

（四）企业营销文化开始受到重视

社会公众和从业者对民间金融企业的整体评价为企业形象，是外部表现和综合反映，得到社会承认的企业价值观、企业精神、企业风尚等，是金融产品、服务、人员素质、公共关系与各方面在社会公众和从业者中总的印象，是核心竞争能力的一种外在体现，所以民间金融企业对塑造良好的自身形象非常重视。广东民间金融企业针对本地区消费者的特点，供给丰富多彩且具有地方特色的金融服务，不断加强营销文化建设，以促进其品牌在区域内的发展，提高其业务发展质量，进一步提升企业的品牌形象。

同时民间金融企业还加强员工的行为文化培育，展现民间金融企业的经营作风和精神面貌。在行为文化的熏陶下，大部分企业员工自觉遵守企业内部的各种规章制度，明确自身的职责目标，牢固树立全局观念和大局意识，在日常的行为中切实体现出以客户为中心、以市场为导向的经营理念。民间金融企业通过提升本企业员工的服务质量，来提高客户服务满意程度，赢得广大客户对本企业的良好评价，再以良好的口碑在激烈的社会竞争中建立社会威信。民间金融企业在对市场和市场形象进行准确无误定位的基础上，对金融产品和服务进行改良、创新。运用现代市场的营销方式和公共关系的宣传手段，对本企业品牌进行良好的塑造，使得企业有良好的形象。

（五）民间金融标准化在广东起步，并在企业文化建设中开始发挥作用

广州民间金融街作为全国首条民间金融街，在全国首创民间金融集聚发展范式、全国最具影响力的“互联网 + 小额贷款”先行试验区，建成全省首批创新创业金融街试点区、全省首个内资商业

保理试点区和全省首批互联网金融产业基地，探索形成了民间融资的“广州价格”，并于2017年2月获批全国民间金融产业知名品牌示范区。广州民间金融街取得的巨大成功，与其管理者在金融监管、园区建设等方面重视规范标准要求，对企业经营管理严格要求有着极大关系，并催生了第一项民间金融国家标准，也推动了民间金融街内民间金融企业文化建设，为广东乃至全国缓解中小微企业“融资难”问题，引导民间金融规范发展，创造经验、提供示范。广州民间金融街管理部门组织开展民间金融标准化研究及制定工作，2016年顺利获批国家标准立项《民间金融资产评价与指标分类》，团体标准《互联网小额贷款公司监管信息管理规范》《互联网小额贷款公司运营信息管理规范》即将公布。

近年来，广东一些民间金融企业开始通过完善业务标准、规范业务流程来提高企业管理水平。很多民间金融企业结合工作实践，逐步建立起了配套完整、规范有序的制度规范。民间金融企业业务繁杂，为了便于员工操作，很多企业将制度流程化，把所有制度和规范以流程图的形式固化下来，员工执行起来直观有效，一看就明白。同时也将业务图表化，将每一项业务流程尽可能以图表的形式列出来，员工执行起来简单，便于公司的规范化、标准化管理。这种标准化和流程化的管理，使企业全面管理水平又提升到了一个新的高度，使企业在文化建设各项工作中都有章可循，有力地推进了企业文化的形成和巩固。

三、民间金融企业文化建设存在的问题

（一）对广东民间金融企业文化建设缺乏足够的重视

第一，广东民间金融企业文化缺乏政策指引。目前广东省尚未成立民间金融企业文化推动机构，民间金融企业文化政策供给较少。尚未形成“规划—制定—实施”相协调的“一条龙”民间金融企业文化建设机制。同时在抓好民间金融从业人员政治建设、业务技能培训和宣贯方面支持力度不够。民间金融企业文化建设缺少外来的监督。企业存在问题时能够及时地解决，得益于自上而下的监督体系。民间金融企业文化建设尚处于探索阶段，缺乏行业对比，至于企业文化是否得到很好的执行以及执行效果如何，目前没有制定完善的评价体系和监督机制。很多民间金融企业虽然已经制定了相关的各项制度和员工手册，但是制度执行和检查力度仍不够。制度和培训存在流于形式的问题，没有与制度相配套的具体落实措施。

第二，对企业文化建设认识不足，对其重要作用不够重视。大多数民间金融企业没有意识到企业文化是企业管理的重要内容，受业务压力的影响，将更多的精力放在了业务开拓和风险管理上，文化建设工作被忽视；或以短期效益为重，没有长期经营谋划，轻视文化建设。民间金融企业对企业文化建设不够重视，尚未深刻认识到文化这种“软实力”对企业发展的巨大功效，企业文化建设仍是表面工程，大多数民间金融企业文化建设已呈现出淡化趋势。

第三，民间金融企业对客户和员工的吸引力较弱，标准化建设较为滞后。广东民间金融企业不论是在危机后的高速扩张阶段还是在当前增速回归的转型时期，对业务发展战略都是自上到下地建立相对完善且严格的指标考核体制，但企业文化的无形特征与不可量化性则使其成为游离于这些数据化指标体系边缘的“擦边球”。民间金融企业在业务实践中常常会遇到这样一些问题，如产品营销难以激发客户的购买欲，业务规章制度覆盖全面但违规案件屡禁不止等。这实质上就是企业文化建设面临的一个难题——如何让无形文化有形化，使之与业务发展协调与融合。功利心态造成企业

精神文化缺失，从领导到基层员工，很少有人真正意识到企业文化的重要性，甚至把企业文化作为员工的娱乐文化。被淡化的企业文化意识自然无法渗透给每一位员工，从而加速了员工的离心倾向，民间金融企业文化建设也陷于拾遗补阙的尴尬境地。

第四，民间金融企业文化建设缺乏特色，企业文化建设缺乏长效机制。主要表现为：很多民间金融企业直接生搬硬套银行的企业文化，缺乏民间金融企业自身的特色。有的时候把文化建设说得很重要，一旦忙起来就放到一边，企业经济效益好的时候，抓一抓文化活动，效益差的时候干脆忽略，缺乏一种长效的机制和常抓不放的劲头，在文化活动中还存在员工参与度不高的问题。一些民间金融企业在开展企业文化建设时，没有上升到企业文化层次，没有提炼出符合公司特色的企业文化。这使得员工在价值观、经营理念等精神层面达不成共识，不能形成精神共同体，也不能很清晰地体现公司的价值观和精神，企业文化建设尚未形成体系。业务部门往往不参与其中，一些基层员工对企业文化的内涵理解不深，没有形成广泛认可的企业价值观。

（二）广东民间金融企业治理文化尚未形成系统的框架

第一，民间金融企业组织体系建设不规范。从公司的部门设置来看，大部分民间金融企业下设业务部、风险法务部、财务部、办公室等部门，但在业务部并没有形成专门的业务研发部门，同时公司也没有这方面的研发投入计划，目前公司对于自身产品的设计和开发重视度还明显不足，因此相比同行业其他企业而言，在产品设计方面存在的劣势还比较突出。在运行中，业务的每一项流程都必须准确、高效，虽然公司设置了较为完整的部门机构，但是由于其工作人员太少，各个部门常常不能保证各司其职，在处理业务时效率一般。

第二，部分民间金融企业管理制度不健全。虽然大部分民间金融企业都制定了业务制度、风险管理制度及相应的人事、综合管理制度，但缺乏统一性和系统性。大多制度都是各管一头，往往存在涉及中间交叉环节管理不清晰的现象，也存在涉及同一项事务多重管理、重复工作量较大的现象。不仅在查找和使用制度时费时费力，也给公司各部门、各系统的工作沟通造成了阻碍，影响了工作效率。部分制度存在缺陷和不合理，主要表现在：一是有些制度形同虚设，对于相应的工作已经有了相关的制度约束和管理，但是在实际工作中碍于过程的烦琐或者意义不大，而被部分岗位忽视；二是有些制度因为要求内容过于宽泛，没有界定程度和效力，而在实际操作中被应付了事；三是有些制度对应多头管理，无形中给制度执行者增加了较大的沟通量和工作量，降低了工作效率。

（三）广东民间金融企业风险文化缺乏规范化的体系

第一，部分民间金融企业风险文化的缺失。风险文化是民间金融企业在业务开展过程中长期形成的主流思维方式和行为方式，它隐含在信贷管理的制度和政策当中。民间金融企业风险文化的缺失，一方面表现为利润短视、信贷目标短期化，不能以长远的眼光分析客户的市场价值，缺乏“与客户共同成长的观念”。风险是民间金融企业开展业务中的重要因素，这种做法不仅关系到信贷业务取向，而且对信贷风险认知与判断、突发事件处理等方面都会产生不利影响。另一方面表现为信贷对象的选择缺乏科学标准，民间金融企业在信贷投放过程中普遍“短视”，重视客户当前实力水平，而对客户长远发展缺乏准确判断。

第二，部分民间金融企业风险管理水平较为滞后。有些机构缺乏管理制度和风险控制制度，业务人员缺乏专业知识，识别和控制风险的能力不足。产品设计的风险与收益不匹配，潜在经营风险较大，如担保公司从事的是高风险行业，而收费标准一般为贷款额的2%～3%，风险与收益不匹配。忽视内部管理，内部管理不规范，风险管理弊端丛生。在民间金融企业发展的历史中，形成了不少不利于企业发展的坏风气，如：部分小额贷款公司过于侧重业务发展，极度轻视风险；重视贷款审批发放，忽视贷款之后的跟踪。之所以形成这样的不良之风，主要是因为受到评估考核方式的影响，虽然大多数民间金融企业都在强调收入和风险匹配，但实际上更多考虑的是收益，质量评估受资产分类不及时和审计后置的影响。民间金融企业的“短视”行为，导致“重视资产的规模，轻视资产的质量”。在考核方式上，过于简单和粗暴，直接将放出贷款数量和员工的收入挂钩，这就导致各个部门为了获取收益，盲目扩大贷款规模，而不去审视贷款企业是否具备偿还能力，故意对资产的管控要求视而不见。民间金融企业在贷款发放后，缺乏必要的跟踪管理。

（四）广东民间金融企业营销文化缺乏统筹化的安排

第一，民间金融企业物质文化建设较薄弱，还处于初级阶段。企业的标志、设施、产品等，集中展现了一个企业的外在形象。目前民间金融企业物质文化建设较薄弱，还处于初级阶段，表现为没有根据各个区域的特色设置网点，缺乏精准的定位。部分企业不够重视企业品牌塑造，企业文化宣传不够，没有统一的对外宣传形象。虽然很多企业制作企业宣传手册，绘制文化墙，但是企业文化最终要融入每一个员工的心中，这就需要员工参与到文化建设之中，因此企业需加大文化宣传的力度、丰富文化宣传的形式。

第二，部分民间金融企业员工行为文化缺乏相应的规范。“无规矩不成方圆”，作为一个团队来说，规矩的作用非常重要，要想形成规范、高效的行为文化，就需要规范、高效的行为制度来进行管理，用制度规范行为，使好的行为形成好的习惯，使全员在工作中知道哪些被提倡，哪些不可以逾越，最终，全员形成标准统一的行为习惯，形成公司整体的行为文化。但现实中，公司在此方面往往不够重视、疏于管理，制度上缺乏相应的公司行为文化管理办法，也缺乏相应的规范要求和行为指导，大到演示稿的制定标准、会议讲话稿内容的精炼、部门之间沟通的实效等，小到工牌的佩戴、早晚打卡签到等，不仅仅代表着个体的自我要求，也体现出公司整体的行为。

（五）广东部分民间金融企业产权和成本文化薄弱

第一，部分民间金融企业产权文化发展不充分，广东省民间金融企业在投资者利益维护、产权价值评估、投资者权益保护等环节较为薄弱，产权投资在人们生活中的地位不够高。民间金融企业尚未得到平等的对待，市场主体在交易中常常存在歧视现象，对民间金融的歧视，实际上是对民间金融企业产权权益的不尊重。一个充分发展的产权文化将使投资者的权益在全社会得到尊重和保护，但对民间金融企业来讲，投资者的权益在全社会尚未得到充分的尊重和保护。

另外，民间金融企业的产权，缺乏一种有效的基于产权认同和尊重的文化约束，在金融市场巨大的潜在风险背景下，道德风险凸显，常常存在民间金融企业所有者承担的风险与收益不对等的问题；由于民间金融与社会的高度关联性，其产权权能的实施可能会给金融业带来系统性风险，这将对他人利益造成直接或间接的损害。在调研中发现，有些金融公司为规避金融监管，变相通过捆绑销售，隐性收取保险费和平台费等费用欺骗客户，甚至存在变相暴力催收等行为，从而谋取高额利润，严重干扰了金融市场秩序，对民间金融企业相关方的权益造成了直接的损害。

第二，部分民间金融企业成本文化薄弱。广东省大部分民间金融企业都存在规模小、员工少的状况。在公司运营中则会出现一个员工负责多个岗位工作的现象。由于对财务岗位重要性缺乏认识，在企业发展中非常重要的财务会计岗位常常由从事业务工作的员工担任，部分员工缺乏财务会计方面的专业知识和技能，导致在企业成本和财务管理过程中，出现管理不规范、不专业现象，最终导致企业的财务成本上升。

此外，成本文化的缺失还容易造成民间金融业务的风险。财务若由非专业人士担任，由于他们对财务管理标准不熟悉，对民间金融企业财务标准化管理流程缺乏认识，所以难以为民间金融企业经营活动和管理决策提供专业的财务支持。民间金融企业面对的市场复杂万变，对金融产品成本的衡量、比较和判断是企业财务人员的重要技能，如果缺乏专业的技能，业务开展成本可能将急剧上升。

四、以民间金融标准化推动广东民间金融企业文化建设的对策、建议

（一）推进民间金融标准化

民间金融标准化有利于推动民间金融企业文化建设，广东民间金融文化的提升需要通过民间金融标准化来实现。从国内外金融业标准化工作的发展现状来看，现有的金融业标准化技术委员会制定的标准大多是为银行业、保险业等传统金融形态量身定制的，尚没有机构专门研究、制定和实施与民间金融密切相关的标准体系。

国外主要的金融标准化组织包括国际标准化组织（ISO）下的金融服务标准化技术委员会（ISO/TC68）和个人理财技术委员会（TC222），以及国际货币基金组织（IMF）、欧洲银行标准委员会（ECBS）、环球银行金融电信协会（SWIFT）、国际金融信息交换组织（FIX）、金融服务技术联盟（FSTC）、国际编码机构协会（ANNA）等。这些组织所制定的标准主要涵盖了银行核心业务、银行信息安全、金融交易卡报文规范等内容，而 IMF 等组织制定的标准多数与货币和金融统计相关。ISO/TC68、TC222 共已制定发布了 59 项正式标准（另有 10 项在制定中），这些标准涉及银行、证券、个人理财和其他金融服务领域。

国内主要的金融标准化组织为中国人民银行领导和管理的全国金融标准化技术委员会（CF-STC）（国内编号 SAC/TC180，简称“国家金标委”）。国家金标委目前分设保险（SAC/TC180/SC1）、印制（SAC/TC180/SC12）、证券（SAC/TC180/SC4）3 个分技术委员会，主要负责银行、证券、保险、印钞造币等金融业务标准化工作和国际标准化组织中 ISO/TC68、TC222 的归口管理工作。截至 2017 年 12 月，国家金标委共发布金融国家标准 63 项，金融行业标准 230 项，而近两年来，国家金标委在征信类、银行卡、统计类和电子支付等领域进一步推动了标准化工作，成绩突出。特别是在 2018 年，金融领域国家标准保基础、行业标准强支撑、团标企标大发展的新型标准体系不断健全。一是国家标准筑牢底线。金融领域增加发布金融工具分类、保险术语 2 项国家标准，形成了由 65 项标准构成的金融国标体系，基本满足经济金融管理需要。二是行业标准设定门槛。金融领域新发布移动金融客户端、声纹识别、非银行支付、证券期货场外市场交易等近 40 项行业标准，形成了由 252 项标准构成的金融行标体系，支撑金融业健康发展。同时，为规范引导新技术应用，人工智能、区块链、大数据、云计算等 17 项金融行业标准已经立项，正在加紧研制。三是团体标准、企业标准蓬勃发展。团标方面的金融自助设备运维服务、互联网金融信息披露等 22 项团标相继发布，较好地满足了金融团体自律需要。

上述金融标准化工作的主要对象基本涵盖了传统金融业务以及衍生出来的一些新的金融业态，从而直接忽略了暂时未能进入国家视线的广大民间金融机构。但是民间金融的蓬勃发展已经成为我

国金融领域一支不可忽视的重要力量，其标准化工作终究会受到国家重视。作为走在改革开放前头的广东省，此时切入民间金融标准化工作，不仅顺应了国家的政策导向，而且可以起到试验示范作用。因此广东省有必要设立民间金融标准化技术委员会，通过委员会在全省进行标准化的顶层设计，然后层层向下推进。该委员会应在省标准化主管部门领导下，接受省金融局指导，按照国家标准化法律法规和民间金融发展需求，开展本专业领域内的标准化工作，积极采用国际、国内先进标准，促进民间金融企业交流，提高民间金融服务质量，为民间金融健康发展提供技术支持和服务。委员会应从以下几个方面推进民间金融标准化。

1. **制定、完善民间金融标准体系表**

建立标准体系是民间金融标准化工作最重要的一步，一个符合国情又能体现民间金融特色的标准化体系不仅是国家金融产业总体发展规划的重要组成部分，也是科学的、具有内在有机联系的、符合民间金融业标准化发展的蓝图，它将为行政管理机构和企业领导者在决策标准化发展方向、制定标准化政策、调控标准化计划等方面提供有效的技术支持，是研究、分析、优化标准体系和协调相关标准界面的重要工具，是对民间金融标准化工作进行系统工程管理的有力指导，也将对促进标准的正确实施、加强与国际接轨、有序发展民间金融业标准化工作起到积极的指导和推动作用。

按照国家、行业和地方制定、修订标准的原则，在与国际标准和国内外先进标准进行对比分析的基础上，制定提出广东省民间金融标准体系表。标准体系应与国家有关法律、法规和广东民间金融发展规划及相关政策协调一致，紧密围绕广东民间金融企业的经营和行业发展方向；坚持实事求是和可持续发展的原则，充分结合广东民间金融发展的实际需求和相关要求；注重国家标准、行业标准，特别是团体标准和企业标准的研究、优选和整合，构建一个重点突出、科学先进、实际适用、系统配套、适度超前的民间金融标准体系，使其既具有先进性、指导性，又具有科学性和可操作性。

2. **组织民间金融标准化技术相关标准的制定、修订工作**

制定、修订标准的主要专业领域为民间金融，具体包括小额贷款、融资担保、典当、商业保理、融资租赁、社会众筹等民间金融行业以及民间金融产业园区管理等方面。具体到每个民间金融行业细分领域又涉及该业态企业的产品服务、运行管理、信息技术、行业管理等方面的基础标准、一般标准和特殊标准的制定、修订。

民间金融标准的制定、修订应充分关注广州民间金融街及全省优秀民间金融企业取得的成功经验，组织民间金融领域以及国家企事业单位各行业研究专家参与相关标准的制定、修订，推进企业将核心技术或拥有自主知识产权的技术转化为民间金融标准。

3. **组织民间金融标准的学习宣传、培训、推广工作**

通过金融标准委员会，全面推进面向民间金融企业开展的民间金融标准化学习、宣传、培训活动；对已发布标准的实施情况进行调查和分析，作出书面报告，并适时推广；向广东省标准化管理委员会和有关主管部门提出本专业标准化成果奖励项目的建议；做好标准推荐使用。委员会应与民间金融行业协会密切合作，向民间金融企业推荐已制定标准。

（二）以民间金融标准化推动广东民间金融企业治理文化建设

1. **民间金融企业组织结构标准化建设**

民间金融企业组织结构标准化建设以金融企业治理结构改善为重点，管委会根据现代企业管理模式建立企业结构的宏观组织框架，不同行业民间金融企业根据自己部门的特征制定适宜的治理结构标准，确定金融企业各管理层的权责，明确惩处条例，引入外部监督体系，同时强化外部监管标准化程序。

2. 民间金融企业管理制度标准化建设

金融局根据不同业态的特点，确定民间金融企业管理制度标准化的基本框架，设计一整套制度规则，强化民间金融企业内部管理和外部监督的统一协调。这些制度规则基本包括《董事会议事规则》《董事长工作条例》《董事会基金管理条例》《总经理办公会制度》《总经理工作条例》《总经理基金管理条例》《财务管理制度》《内部审计制度》《劳动人事管理制度》《薪酬福利制度》等。民间金融企业应根据自己的行业特征，按照框架内容制定标准化管理制度条例。

3. 民间金融企业产品创新标准化建设

产品创新和标准化是相辅相成的辩证统一体，产品创新以标准化为外部准则，但可以在一定程度上突破旧的标准，推动新的、更科学合理的标准的建设。企业在正确处理产品创新和标准化的关系时，有利于降低风险、促进产品创新。产品创新设计标准化的具体实施措施是，根据客户产品需求，通过预先分析可能的创新产品主要技术参数及相关资料，提出新产品应符合系列标准和发展的要求。金融企业更要处理好产品创新和标准化之间的关系，考虑到金融产品的巨大信用风险，任何一项创新型金融产品不仅必须有标准化的处理措施以预防对冲风险并按照程序快速处理，而且要符合标准化准则自身更新的一般路径。

4. 民间金融企业业务流程标准化建设

业务流程标准化主要体现在三个方面：规范化、文件化、相对固定。业务流程标准化操作是金融企业业务化繁为简的有效工具，针对经营管理中的每一个环节、每一个部门、每一个岗位，以人为本，制定细致化、科学化、数量化的标准，并严格按照标准实施管理。流程标准化管理依托互联网、社交媒体、移动终端设备等金融科技手段，以可量化的、清晰的数字管理为核心，以简单的、可视化的操作工具为手段，可以克服客户数字鸿沟的挑战，克服操作复杂的困难，让不同教育程度、年龄结构、地区居民之间的数字鸿沟缩小，减少不同群体从新金融服务中获益的能力差异。

（三）以民间金融标准化推动广东民间金融企业营销文化形象建设

1. 制定各类企业形象指引

为统一民间金融企业营业网点视觉形象的设计和建设标准，展示各类民间金融企业的品牌形象，强化客户对营业网点的视觉体验，提升营业网点的吸引力和竞争力，金融局需要制定《民间金融企业营业网点视觉形象建设指引》。充分借鉴国际先进金融机构视觉形象设计的理念和实践，既考虑营业网点现实功能需求，又要有一定的前瞻性，着力打造民间金融的品牌形象。设计思路可以考虑：①全面体现民间金融的品牌特性，传达“绿色、普惠、责任、创新”的核心价值；②以客户为中心，科学划分功能区域，合理规划业务流程，最大限度地方便客户，提高服务效率和质量；③实行模块化设计，按照庄重、简洁、实用和效率的原则，对营业点从内到外的视觉形象进行系统的规范化、标准化设计；④以一种颜色为主基调，形成民间金融企业独特的视觉形象；⑤引用先进的工艺和材质，同时考虑设计、制作、运营成本，既便于取材制作，又便于后期维护。

2. 引入企业形象设计系统

企业形象设计（Cooperation Identy System，CIS）包括理念识别、行为识别和视觉识别，是一种合乎现代企业管理规律的经营策略，把规范化和标准化作为建立企业品牌的重要手段。其中视觉识别系统（Vision Identy System，VIS）是企业的标志，通过图形、文案、色彩的组合体现自身鲜明的特征，最能反映企业的形象，传达企业的文化内涵。同类民间金融企业应该统一企业形象设计，由金融局牵头负责为不同类型的民间金融企业量身定制各具特征的企业形象设计系统。

3. 加强民间金融企业宣传

民间金融企业宣传工作也要突出标准化的工作程序，金融局要引导民间金融企业通过各种标准化途径不断宣传国家金融政策、普及基本金融知识教育、解读各类金融产品的收益和风险、介绍各类金融机构的功能和性质，增进普通民众对地方金融企业所提供的产品和服务的了解。同时，金融局要引导地方金融企业根据标准化程序开展各项工作，在做好宣传工作的同时，扎根基层、回归本源、专注主业、依法合规经营，在优化服务、提升质量上下功夫，为民众构建良好的金融生态。地方金融监管局还要围绕各类地方金融企业，建立系列标准，陆续开展金融服务进社区、专题培训、供需对接等各种活动，全方位、多角度地向社会公众宣传地方金融组织服务经济、服务企业、服务社会的各项举措和成效。

（四）以金融监管标准化加强广东民间金融风险文化建设

1. 推动民间金融企业数据整合

构建金融大数据标准体系，推动民间金融企业数据整合。开发小额贷款、融资担保、保理等民间金融企业的数据模型、信息交换、信息系统、软件测试等信息技术标准。在金融统计标准方面，要统筹建立覆盖本地区的金融基础设施，规范各类投融资行为，建设互联网金融和跨部门、跨行业金融交易的金融业综合统计标准体系。重点制定资产管理产品统计数据等金融业综合统计标准，制定各种金融产品统计信息分类标准。

2. 推进民间金融监管标准化

要推进民间金融监管标准化，必须：

（1）目标统一。依法监督管理金融企业及其业务，努力防范和化解各类金融风险，维护一方金融平安，为地方经济发展创造良好的金融环境。

（2）操作规范。按照金融监管操作规程和责任制实施细则，依据层次管理和岗位负责制，一方面实施梯级管理，分工负责，另一方面分清先后顺序，渐次推进，逐项落实。

（3）手段现代化。应建立金融监管网络标准系统，实现报表数据信息电算化和传输电子化，资料分析和指标监测、动态管理、文件处理电脑化，建立非现场监管和现场检查的预警预订系统，核查资料记录及分类整理应逐步脱离手工操作，以标准化的形式进行档案资料计算机管理和网络化。

（4）再监督制度化。完善和落实内控制度，充分发挥监察与内审的职能作用，定期对金融监管的操作程序、制度执行情况、责任落实情况及执法情况实施再监督，并使之规范化、制度化，确保监管工作依法合规进行。

（5）处置合法化。金融监管的目的在于帮助和督促金融机构依法合规经营，维护好金融秩序，但是对于严重违规经营行为，特别是那些屡查屡犯者，必须依法从重查处。各项处置措施要建立合法化的标准准则，形成轻重有别、依照标准执行的规则体系。

3. 制定民间金融风险防控标准

针对风险防控标准，《金融业标准化体系建设发展规划（2016—2020年）》（简称《规划》）提出了统筹制定系统重要性金融机构、金融控股公司和重要金融基础设施的监管和风险防控标准并提出尤其要加强金融科技的监管和风险防控标准研制。针对金融基础设施标准，《规划》提出要统筹制定、修订支付清算，金融资产登记托管，征信，反洗钱，网络和信息安全等重要金融基础设施标准。这些标准尽管是针对银行、保险、证券等正规金融机构提出的，但是在民间金融推行标准化的过程中，可以考虑把一些能在民间金融企业中推行的标准先做试点，总结经验，形成风险防范标准手册，操作成熟后再全面推广。

（五）以金融标准化加强广东民间金融企业产权文化与成本文化建设

1. 产权文化

建立统一的民间金融企业产权清晰的规范标准，细化企业的权责条例，形成合理的激励机制和约束机制。根据资本金的来源分为以下三种情况：

一是资本金属于经营者私人合伙筹集的，必须清晰确定合伙人之间的股权分配原则、利润分配原则以及公司破产清算时剩余价值的分配原则。目的在于使出资者和经营者具有产权文化意识，尊重合伙人之间的利益关系，加强企业利益相关者之间的道德认同感。

二是资本金是通过外部渠道或平台向分散的个人投资者筹资获得的，金融当局必须统一建立标准化的投资人利益保护条款。考虑到投资者的分散性，权利不容易得到保障，标准化的条款中要特别强调筹资过程中的监督机制标准化、风险防范机制标准化以及出现严重损害所有投资者利益时采用的集体诉讼机制标准化。

三是资本金属于混合所有制形式筹集的，必须以配资比例确定权利关系和责任。尤其是涉及国有资产的，必须建立标准化的利益损失分配机制，防止经营者侵害国家利益，转嫁经营风险，侵吞国家财产。

2. 成本文化

管理大师德鲁克认为追求卓越的企业首要的一条是成本意识，控制成本是帮助企业在某个时期渡过难关的唯一通途。其中，标准化是控制成本最重要的手段，但是标准化必须选择对标，以高水平的企业为标杆，通过洞察标杆企业所为，研究标杆企业成功的实践，整合标杆企业的经验和知识为己所用，从对标的差距中发现自己的潜力，帮助企业少走弯路，尽快找准自己的坐标位置，促使企业加速前进，更快赢得市场机会。

对于民间金融企业的标准化程度，有三个标杆：一是以国际先进水平为标杆制定标准；二是以国内先进水平为标杆制定标准；三是以本企业历史最高水平为标杆制定标准。建议对标发达国家的中小金融机构，这些机构一般都有一套比较成熟的标准体系，是经过了激烈的市场竞争生存下来的，不仅在管理上有很好的成本意识，而且有丰富的对抗风险的经验和法律保护手段。

（六）以金融标准化构建广东民间金融企业文化政策指引

1. 建设“规划—制定—实施”相协调的“一条龙”民间金融标准化机制

民间金融标准化机制包括规划过程中的总体框架建设、制定过程中的指标细化以及实施过程中功能的考量与评估。总体框架建设应该体现一定的灵活性，以适应标准细化过程中需要调整的可能性，同时为标准的实施留有一定的弹性空间。因此要建立金融管理部门、金融标准制定单位以及民间金融企业之间的常规沟通机构，形成长期的定期沟通机制，使规划内容、金融标准化各项指标以及实施过程能够相互协调。

2. **抓好民间金融行业人员政治建设和业务技能培训**

在政治建设上，一是要让从业人员认真学习党和国家领导人关于金融领域风险控制的系列报告，领会目前国内外经济金融方面的紧张局势，了解国家从战略层面上要求金融行业实施标准化的目的。二是要把金融企业完成标准化建设看成一项政治任务，让从业人员认识到作为国家经济血脉的金融是整个国家安全、稳定发展的基础。在业务技能培训上，要激发员工的学习热情和团体力量，使之快速适应金融行业标准化转变，认真学习新的业务技能，最终促进员工整体业务水平的提升。

3. **推动民间金融标准化的贯彻执行和强化政策支持力度**

民间金融标准化工作对于民间金融企业来讲既是机遇又是挑战，金融当局需要从多个方面去推动工作的贯彻执行，重点宣讲标准化给金融企业带来的利益以及适应形势转变的必然性。同时在推行标准化工作的过程中，也要全面阐述国家在政策上的导向和支持力度。

本文由广东技术师范大学课题组供稿。课题组负责人：谢林林。课题组成员：刘福星、吴英杰、廖颖杰。(2019 年)

广州民间金融街社会评价与影响

——有关媒体报道

一、建设成效

（一）一期建设

百年长堤引入金融机构

《广州日报》　2012 年 3 月 7 日

昨日，记者从广州市越秀区获悉，八百米的百年长堤将计划引入 30 家小额贷款公司、担保公司、典当公司等民间金融机构进驻，打造成为集民间金融、高端商务于一体的民间金融街，有望将以首期启动资金撬动 400 亿甚至 1000 亿金融资金，实现内涵与价值的同步提升。

近日，越秀区区长王焕清在政府工作报告中指出，着力建设广州长堤金融街等经济项目，增强千年商都核心的优势和活力。（记者：曾卫康）

广州民间金融街长堤开业

《南方日报》　2012 年 6 月 29 日

“小额贷款年利率 10 天 21.00%、3 个月 21.91%……，融资担保费率 1 年 3.31%、2 年 5.11%……”昨日上午，位于广州长堤大马路的国内首条民间金融街——广州民间金融街正式开业。开业首日的小额贷款年利率、融资担保费率在金融街沿街 LED 户外屏上滚动显示。（记者：陶达嫔、李春江。通讯员：周小莉、陶军）

（二）二期建设

民间金融街二期开工 将重建老字号“大三元”

《南方日报》　2012 年 9 月 26 日

广州民间金融街二期工程开工，“国内民间金融第一街”再升级！据了解，广州民间金融街二期工程将在首期建设基础上，以长堤大马路为核心，东至回龙路、南至沿江路、西至人民南路、北至一德路，规划 59 万平方米的土地拓展建设，整体规划布局为：“一轴、两街、六区”。二期建设计划投入资金 5 亿元，用于打造金融街“五星级、智能化”的综合服务平台，继续引进经营规范、服务优质的民间金融机构。至 2013 年底，预计可再引入金融机构及专业配套机构超过 30 家，有效

撬动各类投资超过100亿元。（编辑：张颖。作者：陶达嫔）

广州民间金融街扩容在即 “广州价格”显效

《第一财经日报》　2013年1月31日

《第一财经日报》近日获悉，广州民间金融街二期正在积极筹备中，争取今年年中引进20家小额贷款公司等民间金融机构入驻。

“广州价格”效应显现

广州对民间金融街最大的期许是建立民间借贷利率的“广州指数”，一些受访人士表示随着宣传和知名度日益提升，“广州价格”已开始略显作用。

“民间金融街每天公布贷款利率，影响在不断增强。街内融资价格更公开和透明，降低了交易成本，目前融资利率有略微下行的趋势。”一位受访人士对本报记者说。（作者：秦丽萍、李隽）

广州民间金融街呈现产业集聚效应

《第一财经日报》　2013年6月21日

1. 4种区域模式助推民间金融阳光化

作为广东金融改革板块之一，近期广州民间金融市场话题颇多：22日，广州民间金融街扩容，金融街二期将正式挂牌；《广州小额再贷款公司业务试行办法》印发，广州市广永国有资产经营有限公司有望主发起成立广州小额再贷款公司，首期注册资本金计划10亿元。

广州民间金融的这一系列动态，反映了地方政府推动区域民间金融阳光化的探索和努力。

不算隐于“地下”不计其数的民间高利贷，目前全国有6000多家小额贷款公司、2000多家自称P2P的网贷公司。如何让民间金融阳光化，使其规范发展，是很多地方区域金融改革大力探索的一个重要问题。而在近几年走过温州等多个城市，对民间金融颇有研究的中央财经大学金融法研究所所长黄震看来，温州、广州、鄂尔多斯和长沙4个城市，在推进民间金融阳光化上已形成了不同的模式，且已初显成效。

2. 广州“集聚化”特色

广州民间金融街去年6月28日开街，截至今年5月底，街内小额贷款公司和融资担保公司等民间融资机构已累计为广州市2000多家企业和个人提供融资服务近80亿元，22日二期挂牌后，街内入驻金融机构总数有望从35家上升至80家，其中主要是小额贷款公司（31家）。

广州民间金融街主要集中一批小额贷款公司、银行、担保公司和典当行，并与温州类似，公开发布金融街利率指数。“将机构集中起来，采集相关数据，也可使交易更加透明，广州与温州是两种路径，分别是实体与网络的集聚，两者殊途同归。”黄震认为。

“下一步，我们将把金融街打造成立足广州、辐射珠三角，在全国具有一定影响力的民间金融集聚基地和形成民间金融‘广州价格’，为广东乃至全国的金融改革创新积累更多经验。”广州民间金融街管理有限公司内部人士对本报说。（作者：秦丽萍。内容有删减）

广州民间金融街已入驻机构102家 提供融资超100亿

《广州日报》　2013年6月24日

昨日上午，广州市2013年十大产业项目之一——广州民间金融街二期正式落成，二期建设的六大项目作为广州民间金融发展的组合拳将重拳出击。

经过一年的发展，广州民间金融街已进驻了102家金融服务机构，入驻民间融资机构累计提供融资服务超100亿元，实现税收超1亿元。陈建华在讲话中更是透露，经市里研究决定，广州珠宝交易中心也将落户民间金融街。

1. **金融街现已入驻民间金融机构及金融服务机构102家**

入驻民间融资机构累计向全市2500余家企业和个人提供融资服务超100亿元。

越秀区区长王焕清介绍，2012年6月28日广州民间金融街（首期）落成，经过一年发展，民间金融的集聚效应已经凸显出来。截至目前，金融街现已入驻期货、证券等民间金融机构，以及金融征信、金融仲裁、民间金融法庭、民间金融博物馆、民间金融研究院等金融服务机构102家，其中小额贷款公司30家，占全市的65.2%。

“更为重要的是，通过民间金融街的综合整饰、交通改善、园林绿化及大力引进各类民间金融及相关机构入驻，使街区整体营商环境得到优化，该街的土地利用价值得到一定程度的恢复，土地利用率提高近2倍，税收贡献率提高近19倍，同时还增加就业岗位2倍。而且民间金融街的建设，带动了周边产业的转型升级，这对广州中心老城区的转型升级是一次非常成功的探索，成为旧城改造的新模式。”王焕清透露，截至2013年6月22日，驻街民间融资机构累计向全市2500余家企业和个人提供融资服务超100亿元，实现税收超过1亿元。与建设之前相比，民间金融街新入驻企业相比原址所经营的企业缴纳税收总额增加了19倍。

2. **原富丽华大酒店变身广州民间金融大厦**

二期项目中，除了将沿骑楼街建筑纳入金融街外，还将位于长堤大马路316号的原富丽华大酒店进行重新改造，该酒店占地面积2328平方米，建筑面积35043平方米，共28层，更名为广州民间金融大厦，主要为入驻小额贷款、典当等民间金融机构，以及会计师事务所、律师事务所等配套机构提供办公场所，致力于打造集金融、商业于一体的民间金融高端集聚园区。

目前，已有9家机构入驻民间金融大厦，其中，小额贷款公司8家，财经媒体1家；在已入驻机构中，华商和安泰2家小额贷款公司及央财云城已完成装修、审批等各项工作。

3. **金城银行广州分行旧址成为民间金融博物馆**

民间金融街的建设尤其注重文化。长堤大马路268号首层为民国时期金城银行广州分行旧址，在二期建设中变身为中国（广州）民间金融博物馆，昨日开馆，是国内首个以民间金融为题材的博物馆，共收藏各类民间金融藏品124件，其中实物84件。

实物藏品中最为珍贵的是广州目前发现的唯一一本民国时期金城银行广州分行存折原本、清末民初从英国进口且品相完整的打票机、清末时期引进国外技术广州首批制造的广州仅有的三个保险柜之一。

记者在现场看到，博物馆根据昔日金城银行历史，专门还原了当时金城银行的办公情景以及保险业务场景，同时在大厅竖起一只“大金蛋”，市民可拿起锤子敲击金蛋，运气好的话，可得到博物馆制作的仿制金币。

广州市首个金融审判庭设在金融街上，除了文化建设，金融街的发展还有法律的保障。今年5月，越秀区人民法院金融审判庭获批设立，是广州市第一个获批成立的金融审判庭，选址于长堤大马路252－256号四楼后座，今天上午就将首次开庭审理两件民间金融纠纷案件。

金融审判庭将主要负责审理管辖范围内的借款、保险、信用卡、信用证、信托等金融相关案件。

从2008年至今，越秀区人民法院已经受理并审结了265件民间金融纠纷案件，在民间金融纠纷审判方面总结了一些经验做法，金融审判庭的成立，可以进一步促进民间金融街依法、规范发展。

4. **金融街打造中国民间金融“广州价格”**

值得关注的是，二期工程建立了广州民间金融指数发布平台。民间金融街编制了利率、费率走势图以及研究开发了小额贷款利率指数和民间金融景气指数。

小额贷款利率指数以即日指数和周K线图的形式表现，主要通过小额贷款利率K线图变化情况，反映民间借贷行业的发展情况。景气指数主要包括先行指数、一致指数和滞后指数三类指数，先行指数用于对经济周期的短期预测；一致指数用于表现经济周期的运行状态；而滞后指数则用来确认经济周期的完备性。两个新指数的发布，对实时了解小额信贷行业的态势，观测和判断民间金融经济波动状况，将起到重要作用。

5. **综合服务中心提供“一站式”专业配套服务**

此次二期落成，共有六大重点项目开张或完成。其中民间金融街的综合服务中心位于长堤大马路荟景湾，作为民间金融街的公共服务平台，综合服务中心将为企业和个人提供借贷咨询、股权交易、资产交易，以及公证、法律、会计等“一站式”专业配套服务。（记者：林洪浩。通讯员：汪浩、朱海靖）

（三）三期建设

广州民间金融街发展小额贷款助推中小微企业

《金融时报》　2014年5月15日

每天在广州市民间金融街街头的终端电子显示屏上都滚动显示着被称为“广州价格”的数据，这是由广州市金融办汇总全市小额贷款公司业务数据，通过规范流程编制而成的民间利率。数据同时通过金融街网站和各类媒体进行披露，实现了民间融资价格的公开透明。

该终端电子显示屏所在的民间金融街是国内首条民间金融街。从2012年开街以来，已接待来自加拿大、美国、中国香港、中国澳门及国内其他城市140余批次2300余人参观学习。省内外一些城市也纷纷借鉴广州的做法打造当地民间金融街。

小额贷款公司是这条街上最主要的入驻机构。截至目前，这里共设立了30家小额贷款公司，占全市小额贷款公司数量的60%；注册资本合计63亿元，占全市的63%；累计贷款金额104.44亿元，占全市的55.5%。据了解，随着民间金融街三期建设工作的正式启动，未来街内小额贷款公司数量预计达到70～80家，民间金融街将被打造成立足广州、辐射珠三角，在全国具有影响力的民间金融集聚基地。

1. **“广州价格”服务中小微企业**

发布“广州价格”是民间金融街发展小额贷款行业的举措之一。广州市金融办相关负责人表示，在首期发布民间融资利率、费率的基础之上，他们将编制金融街二期数据，以丰富民间金融指数的内涵与表现形式。另外，他们还研究开发了小额贷款利率指数和民间金融景气指数，对实时了解小额贷款行业的运行态势、观测和判断民间金融宏观经济波动状况起着风向标的作用。该负责人介绍，民间金融街内服务机构完善，目前已设立金融审判庭、金融街综合服务中心、民间金融博物馆等机构，为小额贷款公司集聚发展提供了良好配套环境。随着全市小额贷款公司数量增多及业务规模、样本数据扩大，民间融资“广州价格”的代表性和影响力不断提高，将对民间融资价格起到引导和平抑的作用。

民间金融街的发展也有效地带动了该市的小额贷款公司规模扩大，提高了服务实体经济能力。截至2013年末，广州小额贷款公司已达到52家，注册资本合计99.5亿元；2013年累计发放贷款188.05亿元，贷款余额95.38亿元，实现利润3.91亿元，缴纳各项税收1.93亿元。

2. 多举措推动小额贷款公司发展

广州市民间金融街形成的小额贷款行业聚集效应，得益于广州市委、市政府全面建设广州区域金融中心的战略。广州经济总量约占全省四分之一，个体工商户超过70万户，私营企业约30万家，以往数量有限的小额贷款公司试点名额难以满足广州经济尤其是民营经济发展的需要。

为了解决这一问题，广州市金融办密切关注我国小额贷款行业发展的新动态、新需求和新趋势，结合广州实际和小额贷款行业发展需要，积极做好指导、监督和服务工作。探索建设民间金融功能区，强化小额贷款行业集聚效应，探索融资价格指数创新，引导区域民间融资规范发展都是金融办推动广州小额贷款行业持续、快速、健康发展六大创新举措的内容。

除了打造民间金融街这一小额贷款行业积聚中心、探索融资价格指数创新、引导区域民间融资规范发展外，广州金融办还在经营地域范围、融资渠道、主发起人所有制、监管措施等方面探索创新。比如以国有资本和民营资本合作设立小额贷款公司，一方面发挥了国有企业的规范性优势，有利于促进行业规范、健康发展；另一方面发挥了民营企业的灵活性优势，有利于提高小额贷款公司的资金运作效率。允许在金融街设立的小额贷款公司经营范围已扩展到全市范围，为广州全市范围内的中小微企业、个体工商户提供了多层次、多种类的融资服务，形成了各自的经营特色。另外，融资途径拓宽增强了小额贷款公司的实力，监管的加强增强了企业的风险意识、法律意识和责任意识，提高了经营管理能力，实现了小额贷款公司稳健、规范经营。

目前，这些创新都取得了良好的效果。民间融资“广州价格”的代表性和影响力不断提高，一定程度上也抑制了高利贷行为，引领和规范了民间融资，降低了中小微企业的融资成本，促进了实体经济发展。小额贷款公司聚集效应为“三农”、中小微企业以及个体工商户提供了优质、高效的金融服务，成为广州金融业发展的一支生力军。

3. 稳健发展创造广州小贷模式

通过创新，在发挥小额贷款优势、服务实体经济的过程中，小额贷款公司自身也得到发展。2013年，由广永国资公司主发起设立的广永小额贷款公司、广州建筑集团主发起设立的广建小额贷款公司的资本回报率分别达到12.04%和10.08%，资本回报率在全市小额贷款公司中分别排名第五位和第八位，创造了良好的经营业绩。

同时，小额贷款公司外部保障也更加完善。去年10月，由广州金控集团主发起设立的全国首家小额再贷款公司——广州立根小额再贷款公司正式开业经营，这家全国率先创设专门服务小额贷款公司的再贷款公司注册资本10亿元。截至2013年末，这家小额再贷款公司在两个月时间里已为8家小额贷款公司提供融资6亿元，在缓解小额贷款公司融资难问题方面发挥了重要作用。广州市金融办相关负责人表示，小额再贷款公司的积极意义在于，一方面打造小额贷款公司的资金池和资产交易平台，帮助小额贷款公司拓宽融资渠道，支持小额贷款公司做优做强；另一方面打造小额贷款公司行业的风险识别器和市场稳定器，分散单个小额贷款公司的风险，维护广州小额贷款行业整体安全、稳健运行。

针对小额贷款行业的未来发展，上述负责人介绍说，下一步将围绕促进小额贷款公司平稳、快速发展和守住不发生区域性、系统性风险这一底线，按照“分类指导、分级监管”的原则，探索开展小额贷款公司分类评级，实行差异化分级管理；探索建立小额贷款公司主监管员制度，明确主监管员工作职责、工作要求和工作纪律；出台小额贷款行业从业人员监管办法，明确准入门槛，强化记录监管，加大惩罚力度，不断强化小额贷款行业从业人员规范经营的意识。（编辑：聂今）

民间金融街三期落成 发力互联网金融

《南方日报》 2015 年 1 月 30 日

29 日，广州民间金融街第三期建设总结会在位于越秀长堤的广州民间金融街召开。广州市副市长陈如桂出席会议，并为广州民间金融街（三期）系列重点项目授牌。陈如桂表示，民间金融街推动了越秀区产业转型升级，接下来广州还要重点挖掘和保护老街区的历史文化。

越秀区相关负责人介绍，在民间金融街三期建设中，顺利建成了广州市首个互联网金融产业基地，并在广州市率先出台互联网金融专项扶持政策；成立了全国首家小额再贷款公司、全国首家专注于民间金融的市场化征信公司、全市首家互联网特色小额贷款公司等，初步形成了涵盖多元企业主体、多层服务体系、多样经营方式的民间金融产业生态圈。

越秀区相关负责人表示，下一步将加快构建现代金融服务体系、建设区域金融中心，规划建设民间金融街扩容提质工程，探索制定民间金融管理、服务与风险防范的标准，进一步提升和发挥以新业态带动旧城更新改造的示范效应，力争再用 2 年左右的时间，培育 5 ～ 10 家民间金融龙头企业，实现民间金融街集聚金融机构超 200 家、年融资规模超 1000 亿元、年税收超 10 亿元，把广州民间金融街发展成为“立足广州、辐射珠三角、影响全国”的民间金融研发中心。（记者：黄玉瑜。通讯员：张慧、朱海靖）

（四）扩容提质

民间金融街：让百年长堤更荣光

《广州日报》 2015 年 12 月 14 日

长堤大马路，位于珠江北岸，东西两端与沿江西路相交。这条全长仅 800 米的老街，被誉为广州的外滩，曾几何时，这里不仅是全国商贸最繁华之地，还创下过历史上中国金融业发展的辉煌。商铺、银行、茶楼、戏院林立，人流如织、灯火辉煌的盛况，曾是千年商都最丰富的注脚。

1. 沉寂：老字号不复往日盛景

“大同”“大公”“大三元”曾是长堤最有名的老字号酒楼，如今大公、大三元早已不复存在，只剩下大同酒家。大同酒家的威水史说起来很多广州人都耳熟能详，曾经接待过周恩来、叶剑英、陈毅等国家领导人，也是宴请各国贵宾的重要场所。世易时移，1978 年就进入大同酒家的副总经理郭松海用“苦苦支撑”四个字来形容如今的经营困境，“以前都是要排长队拿号，现在基本上都做熟客生意，帮衬的都是老街坊。中午的茶市还行，晚上客就很少了，五层楼的经营面积基本上只能开一到两层。”全盛时期，员工有近千人，现在只有 200 多人了。

与大同酒家一样，长堤老字号的经营大多存在困境。东亚大酒店是广州解放时第一面五星红旗升起的地方，如今堆着大堆货物的酒店大堂显得有点杂乱，这些货物都是到附近批发市场进货的住客的。爱群酒店，曾经是广州的地标，如今这家三星级的酒店也早已不再是过往客商的首选。

2. 复兴：历史文化老街活力重现

百年长堤亟须转型升级，方能涅槃重生。可是，转型之路该怎么走？

走进越秀区果菜西社区，你会发现这个被一德路海味批发档口和仓库包围起来的社区，和以前大不一样了。长约50米、高约两层楼的手绘水彩壁画让人眼前一亮，老街重新铺上有铜钱元素的石板，而以前杂乱的电线也隐身于古朴统一的“外衣”后面，四处停放的货车不见了，小区里静悄悄的，老人、孩子在健身路径上聊天嬉戏。而以前的仓库门口不少悄悄挂起了互联网金融公司的招牌。

事实上，果菜西金融社区已是广州民间金融街的第三期项目了。2012年初广东省、广州市宣布在长堤建设国内首条民间金融街，将其打造成为集民间金融、高端商务于一体的民间金融街，在历史城区的活化利用上作出探索。

走在长堤大马路的骑楼下，你会发现，长堤变了。原有的小商铺不见了，嘈杂的网吧和低档的服装店撤离了，杂乱无章的广告牌没有了，更多的是井然有序的小额贷款公司的招牌和显示各种价格的电子屏。人少了，路面清净了，整条街道开始具有了现代金融气息和专业气质。全国首家民间金融博物馆和金融书店，又让这条街有了与金融业态浑然一体的文化味儿。

今年7月，广东省金融办批复同意广州民间金融街先行先试小额贷款行业改革创新。这意味着，全国企业和境外资本均可在金融街设立小额贷款公司，广州民间金融街开始成为真正意义上的“全国民间金融街”。筹建全国首个民间金融知名品牌示范区的工作也在进行中，“接下来，管委会将会加大对金融街文化因素的注入和品牌的打造，使整个街区更具有文化氛围。”

百年的岁月更迭，长堤大马路历经繁华与沉浮，如今，广州民间金融街对活化历史文化街区的探索正在收获果实，站在长堤大马路上，一栋栋银行的大楼，一个个金融机构的招牌既熟悉又陌生，金融业的内核还在，却注入了更多新时代的内容。长堤的未来值得期待！

广州民间金融街以208.35亿元区域品牌价值荣获全国服务业区域品牌十强

《广州日报》 2016年3月21日

3月21日，全国知名品牌创建示范区建设暨2016年区域品牌价值评价结果发布会在北京召开，“广州民间金融街”区域品牌价值评估结果为208.35亿元，区域品牌强度799，并荣登全国服务业区域品牌十强、全国最具潜力区域品牌三十强、全国区域品牌价值百强榜等。

在此次发布会上，中国质量认证中心发布了160个区域品牌价值评价结果，总价值高达1.54万亿元，区域品牌平均价值96.34亿元。广州民间金融街首次参评就以其深厚的品牌积淀、高质服务、开拓创新、产业集聚等优势，从全国160个区域品牌中脱颖而出，成功夺得全国服务业区域品牌十强第5名，并入选全国区域品牌价值百强、全国最具潜力区域品牌三十强。

广州民间金融街作为全国唯一的“全国民间金融产业知名品牌示范区”，自2012年启动建设以来，园区产业生态圈逐渐完善，规模效应日益凸显，接待国外考察团7000余人次，园区品牌影响力、辐射力不断增强。截至2017年2月底，园区入驻金融主导产业260家，集聚各类民间资本达337.66亿元，累计为近80000余户（家）中小微企业和个人客户提供融资达4872.57亿元，大大缓解了中小企业融资难、融资贵的问题，不断推动经济新常态下金融与实体经济良性互动，成为我国民间金融改革的“试验田”、创新的“桥头堡”，引领全国民间金融创新发展。从2015年开始，园区布局品牌输出战略，将建设以来积累的经验提炼形成区域品牌，陆续与国内其他城市签订战略合作协议，为沈阳、哈尔滨、西安等地金融产业创新发展提供智力支持，进一步提升品牌影响力和辐射力，强化民间金融金字招牌。

发展数字普惠金融 提高金融服务效率

《广州日报》 2018年6月25日

珠水长堤，风华正茂，500亿元资本抢滩百年金融街。在短短八百米广式骑楼街，广州民间金融街入驻金融及类金融机构285家，吸纳资本近500亿元。

在这个全国金融改革创新的“试验田”，民间金融街通过建章立制、研发系统、发布指数、制定标准、监管评级五个方面创新，建立健全民间金融风险防控机制，发布国内首个民间金融国家标准，开创全国民间金融监管先河，风险事故“零发生”。

六年砥砺发展，广州民间金融街已成为“立足广州、辐射珠三角、引领全国”的民间资本集散地、民间金融研发中心、民间金融创新中心和民间融资价格风向标，持续推动民间金融阳光化、规范化发展，为金融服务实体经济、防控地方金融风险，积累经验，提供标准。

民间金融街作为全国民间金融产业发展示范区、全国金融科技先行试验区、国家级现代服务业集聚区、广东省民间金融创新发展示范区、广东省首批创新创业金融街试点区、广州市首批互联网金融产业基地，截至目前，已吸引9家世界500强企业、23家中国500强企业、60余家国内外知名上市公司、行业龙头投资入驻。经中国质量认证中心（CQC）测评，园区区域品牌价值达208.35亿元，荣获全国服务业区域品牌（165个）第5名。

广州民间金融街始终致力于民间金融的改革创新，建街之初即研发了全国第一个民间融资价格指数，研究并发布小额贷款利率、融资担保费率、民间金融景气指数等，为民间借贷提供参考，引导民间借贷走向规范化、阳光化，为解决民间金融价格不透明难题踏出了“破冰”之路。六年来，价格指数的示范引领作用不断加强，推动地方民间融资成本下降达50%以上，大大减轻融资成本负担。

民间金融街借助于信息化手段及股东上下游产业链，在供应链金融、消费金融两大领域深耕，辖区机构在服务对象上能进一步下沉至传统金融服务难以覆盖的“长尾”客户。数据显示，发展至今，广州民间金融街内企业共有200多种特色化的数字普惠金融产品，单笔贷款金额已由2012年建街之初的50万~300万元下降至5000~30000元，真正实现了向小微、普惠的转变。

1. 构建“天罗地网”防控标准，创办六年风险事故“零发生”

一直以来，民间金融都因缺乏监管而伴随诸多的乱象。广州民间金融街在全国范围内率先探索民间金融标准化，着力改善我国民间金融法规不健全、规范管理缺失的现状，有效打击非法高利贷和地下钱庄。

今年6月份，由国家标准委发布的首个专门针对民间金融的国家标准《民间金融资产评价指标分类》（GB/T 36379—2018），重点构建了民间金融机构金融资产运营能力的评价指标。

民间金融街构建防范金融风险长效机制，构筑“天罗地网”防控体系。启动“区域拒止”，即建立针对金融风险隐患企业的“重点关注企业名单”，对风险企业实施“区域拒止”；搭建监测预警的“天罗地网”，即接入广东地方金融风险监测预警平台的线上“风险罗盘”，对网络舆情、电子合同存证、宣传内容等进行非现场监测预警，依托举报奖励制度和网格员管理体系，织造群众广泛参与的“排查地网”。

同时，民间金融街通过研究编制了《民间金融标准体系》，形成了涵盖小贷、融资担保、典当、互联网金融等各类民间金融企业产品服务标准、运营管理标准、信息技术标准、行业管理标准等的全方位标准体系。

2. 数字与普惠交汇：小微金融向数字化华丽转身

目前，广州民间金融街正式向省金融办申请创建“广东省数字普惠金融试验区”，并将重点打造以下特色数字普惠金融项目。一是建立产业链（供应链）金融生态圈。发展支持实体经济的供应链金融业务，缓解产业链条中小企业融资难的问题；打造产业链金融服务云平台，提高产业链金融服务的风控水平。二是建设数字普惠企业资产估值及融资平台。为金融科技、大数据、人工智能、区块链等领域的创新创业企业搭建资产估值及融资服务，降低轻资产企业的融资困难。三是建立金融资产数字化云平台。平台将集各类资产的发布、确权、流转、溯源等功能于一身，通过数字化管理，降低资产的流通成本，提高资产的流通效率。四是设立广东省数字普惠金融试验区发展基金。致力于培育和帮助从业机构在普惠金融产品设计、创新合作、数字化手段运用等方面开展研究和应用。（作者：曾卫康）

举全区之力做好海珠广场片区品质提升

《广州日报》　2019 年 4 月 16 日

4 月 15 日下午，位于广州市越秀区长堤的金融科技大厦工地一派忙碌景象，越秀区重点建设项目集中开工推进会在此举行。本次集中开工项目共 10 个，总投资超 36 亿元。其中既有金融科技大厦、江湾新城这样投资大、质量高、效益好的重大产业项目，也有与社会民生息息相关的石室城市客厅、五仙观、起义路等周边老旧小区微改造工程，以及广州健康医疗中心、市第七中学新建综合楼、越秀区少年儿童图书馆等。这些重点项目的集中开工，拉开了越秀区重点建设项目“攻城拔寨”行动的序幕。

投资两百亿，重点项目 47 个

据介绍，15 日集中开工的项目只是越秀区重点推进项目的一部分。2019 年越秀区共安排重点建设项目 47 个，总投资达 219.47 亿元，项目涉及高端产业、基础设施、社会民生等各领域，且与越秀区委、区政府的工作部署紧密结合。

围绕广州市委十一届六次全会提出“推进海珠广场片区建设，打造现代服务业集聚区”、越秀区委十二届七次全会提出“把海珠广场片区建设成为国际大都市文化金融 CBD”的目标，越秀举全区之力做好海珠广场片区品质提升，计划实现西起白米巷—靖海路，东至北京路，北起大南路、大德路，南至沿江西，共约 68 万平方米范围内的物业载体、产业布局、城市环境一体化提升，依托广州民间金融街，推动成立粤港澳大湾区民间金融联盟，将海珠广场打造成为广州民间金融新地标、华南现代金融总部新高地。

此次开工推进会举办地金融科技大厦，是海珠广场片区提升的重点工程之一，该项目由丽新集团投资建设，项目总投资约 14 亿元，总建筑面积 7 万平方米，将建设甲级办公大厦、高端商业和高级餐饮配套等多种功能相融合的城市商业综合体。

而与金融科技大厦一路之隔的海珠广场高端金融总部区（星寰国际商业中心）已经封顶，项目由香港恒基集团投资 32 亿元，全力打造集旅游、办公、娱乐为一体的大型综合体，未来将成为国际金融中心的区域总部中心。相关负责人表示，项目办公楼和部分商业用楼层2019年9月底竣工并投入使用。（记者：廖靖文。通讯员：周小莉、姚瑶、吴心翔）

二、制度创新

“广州价格”成民间金融利率风向标

《南方日报》 2014年5月26日

广州民间金融街定位为“广州四大金融基地”之一，承担缓解中小微企业融资困境，引导广东民间金融阳光合法化的重任。经过近两年的建设，街内入驻机构由首期的35家发展到121家，民间金融街集聚效应明显，建成了全国首条集资金借贷、财富管理、支付结算、信息发布为一体的民间金融街。

据介绍，截至今年4月底，民间金融街内机构累计为全市7000余家中小微企业和个人提供融资达364.23亿元，有效缓解了中小微型企业的融资难题，带动了实体产业的发展。

“金融街的定位是侧重于向中小微企业和居民个人提供金融服务，培育民间金融知名企业，提升民间金融街区品牌，最终是要建立反映资金供求状况和监管治理环境的民间金融利率、费率价格形成机制。”广州民间金融街管理有限公司总经理廖检文表示。（策划：王垂林、姚燕永。统筹：姜玉龙、谭亦芳、陶达嫔）

广州民间金融街 迈入内涵式创新发展新阶段

凤凰网 2015年6月14日

作为广东金融强省和广州区域金融中心建设的重要项目，广州民间金融街自2012年启动建设以来，经过3年的长足发展，已成为涵盖小额贷款公司、再贷款、融资担保、典当、互联网金融、电商平台、融资租赁、文化产业、专业配套、商务服务于一体的宜商宜居综合体，多元企业主体、多层服务体系、多样经营方式的民间金融生态圈日趋成熟。

广州民间金融街管委会相关负责人向（广州）国际金融交易博览会（简称“金交会”）媒体团介绍，目前，街内共入驻各类民间金融及配套机构155家，其中小额贷款公司46家（占广州市的2/3），互联网金融企业15家。今年以来，街内民间融资机构累计提供融资460亿元，同比增长3.5倍；缴纳税收1.6亿元，同比增长2.2倍。广州民间金融街在民间金融拓荒的道路上，已逐步从硬件载体打造和企业数量集聚为主的物理扩张过渡到以服务质量提升和园区品牌培育为主的内涵式创新发展阶段，创造出一个个新的制高点。

1. 创新服务机制，打造高质量公共服务平台

完善的公共服务一直是广州民间金融街在全国保持示范引领地位的关键，在原金融街综合服务中心、广州民间金融研究院、互联网金融实验室、互联网金融法治研究中心、互联网金融税务研究室、广州民间金融商会、民间金融资产交易中心等一系列服务平台的基础之上，不断创新思路，开拓新的公共服务平台——互联网金融孵化中心、民间融资网络借贷交易平台、越秀区产业发展投资基金。

互联网金融孵化中心是在互联网金融快速发展的背景下，配合广州民间金融街互联网金融产业基地的建设而重点打造的。目前，孵化中心的硬件装修已经基本完成，正在进行数据系统的调试，即将建成并正式对外开放。互联网金融孵化中心主要包括基地展示、企业孵化、研发创新三大功能，致力于将其打造成立足广州、辐射华南、影响全国的现代化互联网金融孵化中心和全国互联网金融研发中心，形成互联网金融利率指数发布、互联网金融科研成果发布、互联网金融人才培训三位一体的平台体系。

为更好地服务入驻机构，凝聚和打通微小贷的民间金融产业价值链，金融街正在开发民间融资网络借贷与股权众筹投资的交易平台——金融街在线。金融街在线由金融街公司、知名股权投资基金管理公司及多家有实力的民营企业共同发起设立，以越秀区民间金融街为起点，立足广州，放眼广东，辐射全国，通过线上线下金融资源整合和O2O双轮驱动，实现民间金融产业的结构转型和质量提升，与实业深入契合渗透，真正成为民间金融创新创业产业园区。

金融街正在筹备越秀区新动力产业发展投资基金，将围绕“金融、商贸、健康医疗、文化创意、高新技术”等核心产业，立足越秀，覆盖广州，辐射广东。利用基金运作的杠杆作用、资本集聚效应，撬动更多社会资本，以互联网金融创新服务实业发展，在促进越秀区金融、商贸、健康医疗和文化创意四大核心产业繁荣与复兴的同时，探索金融实业一体化创新之路，促进广州及珠三角地区的产业转型升级。

2. 创新发展模式，筹建全国知名品牌示范区

今年3月底，广州民间金融街正式获批筹建“全国民间金融产业知名品牌示范区”，取得全国唯一的民间金融知名品牌示范区筹建资格，为金融街向内涵式纵深发展提供了良好的机遇和平台。目前，金融街正积极开展“全国民间金融产业知名品牌创建示范区”的筹建工作，着力形成品牌管理体制健全、服务标准体系完善、产业持续健康发展的局面，真正引领我国民间金融创新和发展。

在多层次品牌体系的构建上，金融街正在探索名牌培育发展工作制度和运行机制，把金融街综合服务中心、互联网金融孵化中心等打造为国家级、省级服务业名牌，提高产业核心竞争力，促进产业结构优化升级，并努力培育民间金融服务领域的名牌企业和名牌产品。

在质量指标考核体系的完善上，将“民间金融产业知名品牌示范区”建设与越秀区“质量强区”战略相结合，对街内企业进行评优评级，建立企业诚信负面清单制度、失信惩罚机制和市场退出机制以及质量信用档案，并研究开发信用信息平台，探索建立民间金融征信数据库，为民间金融产业发展营造良好的信用环境。

在民间金融标准化建设的探索上，从规范民间金融产业园区建设和发展的角度，制定各类民间金融企业的准入标准、业务操作规程、民间金融风险防控标准和征信标准等，探索建立民间金融运行的技术标准体系。同时，引导企业建立并完善囊括企业运营、内部管理、业务操作、风险控制的相关技术标准，填补民间金融领域标准体系的空白。

此外，广州民间金融街还通过创新监管方法，进一步研究并完善金融街风险监测系统，提升非现场监管的信息化水平，并加快民间金融监管队伍建设，完善监管标准和流程，促进民间金融持续健康发展。

三、公共服务

广州民间金融街互联网金融基地挂牌

《南方都市报》　2014年4月30日

昨日，广州民间金融街互联网金融基地正式挂牌成立。越秀区副区长陈伶俐向《南方都市报》

记者独家透露，目前越秀区正在研究推出针对互联网金融产业的相关扶持政策，预计“五一”后将正式推出。此外，记者还从当天举办的互联网金融研讨会上获悉，在前期调研的基础上，目前央行正在起草的《关于促进互联网金融发展的指导意见》已经成文，正在报国务院审批，预计很快会下发。

在当天举行的研讨会上，有关互联网金融的监管问题也成为当天讨论焦点，以中央财经大学法学院教授黄震为代表的专家均认为，当前对于互联网金融应在现有法律下采取软性监管。

1. 大力引入互联网金融机构落户

广州民间金融街管理有限公司总经理廖检文对《南方都市报》记者表示，广州民间金融街互联网金融基地主要包括五大任务，其中在推动互联网金融机构方面，一方面大力引进互联网在线理财规划平台、P2P网络借贷平台、众筹融资平台、互联网金融信息搜索平台等互联网金融公司；同时引进国内具有代表性的第三方支付机构，鼓励并扶持互联网金融机构开展标准化金融产品创新。另一方面，推动民间金融街内原有企业的积极“触网”，鼓励金融机构和准金融机构转型升级，发展互联网金融业务。

廖检文表示，目前互联网金融基地还将配套引进互联网金融服务机构，如孵化器、加速器、大学科技园等创新创业服务载体以及创业投资基金、天使基金等。他表示，互联网金融基地力争在3年内，集聚互联网金融企业不少于30家，行业代表企业不少于5家，营业收入不低于100亿元，把广州民间金融街互联网金融基地建设成为国内外互联网金融创新和产业发展的核心区域之一。

2. 越秀区将推出互联网金融产业扶持政策

据悉，除了引入机构外，当天同步挂牌的还有互联网金融实验室、互联网金融税务研究室以及互联网金融法治研究中心。“互联网金融目前的发展一方面是要抓创新，另一方面是要关注保障其发展的政策环境和法制情况，保证健康持续发展。”据廖检文介绍，这将为互联网金融产业发展及国家相关税收政策出台提供可借鉴、可操作的科研成果。

事实上，除了广州，目前各地互联网金融园区已经在陆续酝酿中。此前深圳金融办相关负责人在接受《南方都市报》记者采访时亦透露，深圳三大互联网金融产业园区亦计划在本月下旬挂牌。

此外，《南方都市报》记者从当天的挂牌仪式现场独家获悉，越秀区已经研究推出针对互联网金融产业的相关扶持政策，预计“五一”后将正式推出。

陈伶俐透露，该政策将在《关于促进广州民间金融街发展的实施意见》的基础上，加大对互联网金融机构的政策优惠。其中包括，有望将金融街内越秀区区管物业管理权和收益权下放给民间金融街，用于支持互联网金融发展。此外，廖检文透露，针对互联网金融企业的特点，还将对落户的企业进行补贴，其中补贴的注册资本门槛将比街内原有小额贷款等金融机构更低，同时还将通过落户等政策吸引高端互联网金融专业人才。（记者：陈颖）

广州民间金融街将重点打造互联网金融产业基地和孵化中心

《南方日报》　2016年3月23日

23日上午，越秀区委、区政府在广州白云国际会议中心举办“2016年中国广州国际投资年会越秀分论坛——众创空间新商机民间金融新业态推介会”。会上，越秀区区长苏佩以商贸、金融、健康医疗和文化创意四大主导产业为基础脉络，推介了越秀区创新项目商机。

苏佩介绍，越秀区有着“广府文化源地、千年商都核心和公共服务中心”的美称，商贸、金融、健康医疗、文化创意四大主导产业既是越秀区经济发展的稳定器，也是越秀区现代服务业提升的主引擎。

据了解，2015 年，越秀区在四大主导产业的带动下，实现 GDP 2694.88 亿元，同比增长 7.3%，经济密度达到 80 亿元/平方千米。其中，四大主导产业实现增加值 1809.14 亿元、增长 9.1%，占全区 GDP 比重为 67%。

众创时代，广州民间金融街被寄托了更高的期望。广州民间金融街管委会主任廖检文介绍，“十三五”期间，广州民间金融街将以互联网、创新型金融机构为抓手，促进线上金融街、创投机构、融资租赁、互联网金融企业等集聚发展，打造全国典型、全省领先的民间金融规范发展示范区、众创金融集聚区和中小企业金融服务示范区。

廖检文表示，广州民间金融街还将重点打造互联网金融产业基地和互联网金融孵化中心，进一步巩固提升越秀区作为广州传统金融集聚区的优势和地位。目前，互联网金融产业基地已引入包括恒隆在线、立根开鑫贷等 26 家互联网金融企业。去年 11 月，互联网金融孵化中心也正式运营，同时上线的还有“金融街在线”平台。

交流互动环节中，捷成集团董事李家祥向越秀区委书记王焕清询问越秀区的投资优势所在，引起现场企业家关注。王焕清表示，越秀区一直致力于营造良好的投资环境，加强全方位的保障。一是出台九大板块经济发展政策；二是完善越秀区商业配套综合环境，为企业营造法制化国际化的环境，同时，构筑立体化企业服务体系；三是进一步发挥越秀区作为广州中心城区的优势。“越秀区是广东的教育强区，健康医疗也是首屈一指，”王焕清说，“企业家可以把投资之外的事情交给我们，欢迎大家来越秀投资。”（记者：许晓冰）

金融蝶变引来千亿 撬动三分之一 GDP

《广州日报》 2017 年 6 月 26 日

世界五百强资本逐鹿中国民间金融“华尔街”，助力实体经济；金融蝶变引来 881 亿增加值，撬动整个区域三分之一 GDP。6 月 23—25 日，广州市越秀区携手 16 家辖区内重点创新金融企业，参展第六届中国（广州）国际金融交易博览会。占全市金融“半壁江山”的越秀区，通过金融业服务的提升、提质、提效，助力实体经济。

1. 500 强巨头逐鹿抢滩入驻金融街

据了解，广州民间金融街以全国“互联网 + 小额贷款”先行试验区为抓手，以广东省首批创新创业金融街、广州市内资商业保理试点区为动力，吸纳国内外近 100 家上市公司资本抢滩入驻金融街，品牌示范及辐射效应持续增强。

根据民间金融街相关负责人介绍，绿地、复星、恒大、保利、平安、唯品会、TCL、万达等世界 500 强或中国 500 强企业金融资本纷纷进驻民间金融街。

目前，越秀区借助传统金融产业集聚势能，力促先发数量优势化为资源吸附优势，使越秀金融在广州区域金融中心建设中顺势“蝶变”。截至今年 5 月，越秀区共有 342 家金融机构。其中，银证保全国或区域性总部 95 家，基金 48 家，融资担保、融资租赁、商业保理等公司 26 家，小额贷款公司 79 家，互联网金融公司 36 家，支付公司 16 家。

2. 民间金融街雄踞全国服务业 10 强

2017 年，金融街“互联网 + 金融”普惠金融发展示范基地获批广州市重点项目。截至今年 5

月，集聚“互联网＋金融”机构94家，集聚各类民间资本近400亿元，累计为100多万户的中小微企业和个人客户提供融资超5000亿元。

近日，广东省民间金融创新发展示范区经省金融办批准，并在本次金交会上授牌。该示范区围绕“普助小微，惠及民生”的主旨，省市联动，以广州民间金融街为载体，以普惠金融为方向，创建全面覆盖、重点渗透、创新性强、满意度高的民间金融创新发展示范区。

3月发布的全国知名品牌创建示范区建设暨2016年区域品牌价值评价结果显示，广州民间金融街在全国160个区域品牌中成功评为服务业区域品牌十强中的第5名，并入选全国最具潜力区域品牌30强，品牌价值高达208.35亿元。

3. 全国首创民间金融风险监控系统

据介绍，越秀区构建地方金融稳定工作机制。一是组建专业性的监管团队。成立区金融工作局，设立专门的金融稳定部门，集中一批素质高、业务强的金融管理人才，建立小额贷款公司主监管员制度。二是健全机构分级分类管理、完善市场退出机制。由市、区金融局开展定期检查考评、综合年审，对违规经营或存在重大风险的小额贷款公司、融资担保公司坚决予以清退。三是构筑制度性风险防控网络。成立由越秀区防范民间金融风险联席委员会，建立联席委员会制度；制定《越秀区民间金融突发事件应急预案》，确保风险防范与处置的属地管理责任落到实处。四是建立金融消费权益保护机制。成立全省首个金融审判庭、全市唯一的金融仲裁院，引入公安经济侦查中队和公证部门，设立警务室，及时化解民间借贷纠纷，健全法律维权机制。五是严防和打击非法集资。充分发挥防范和打击非法集资领导小组办公室职能，在做好处非宣传、培训、排查等工作的基础上，时刻保持高度警惕和高压态势，利用大数据风控理念研发和完善非法集资风险监测预警系统，以信息化手段防范非法集资风险，有效防控，坚决打击非法集资活动。

同时，越秀区创新民间金融机构监管方式。一是建制度。制定全国首个区（县）级民间金融风险应急预案及小额贷款监管办法、全省首个非法集资案件举报奖励办法、主监管员制度等近10项监管办法；针对互联网金融特点制定《广州民间金融街互联网小额贷款公司管理办法（试行）》，重点在设立门槛和经营范围上作出差别化监管规定。编制全国首本《广州民间金融街小额贷款公司监管手册》，在全省范围内推广应用，成功申报1项国家标准和3项省级标准，为全省乃至全国树立小额贷款行业监管标准和规范。二是搭平台。利用大数据风控理念研发小额贷款非现场监管系统、小额贷款业务管理系统、非法集资风险监测预警系统等，提升其风险实时监控和风险分析功能，进一步提升金融街征信查重系统的实用性及安全性，全面推进民间金融监管体系的实时化、信息化。三是定标准。在全省范围内推广适用小额贷款监管标准化手册，建立民间金融资产评价指标分类等系列国家、省级监管标准，开创民间金融监管标准引领先河。四是严把关。严把资金流向关，发挥金融街互联网小额贷款公司、商业保理公司等机构发起企业强大的行业背景优势，以母公司产业链上各环节客户为主要放贷对象，将小额贷款服务嵌入贷款主体最需要的环节，疏通互联网小贷公司进入实体经济特别是中小微企业的管道。严把企业运营关，引导民间金融企业建立起符合自身实际情况的风险内控、内部审计等制度，引入卓越绩效管理模式、ISO管理体系等，及时纠正和改进内部控制薄弱环节。

4. 牵手国际金融集团 掀开国际化新篇章

走进民间金融街，金融街管委会正在构建多层次、差异化、相互补充的创新型机构及融资服务体系，吸引全球高端金融企业入驻，优化有效扶持实体经济的产业金融生态圈。

以本次金交会上签约的荷兰普洛菲集团消费金融项目为例，该项目是由越秀区引进荷兰知名金融服务业国际金融集团——普洛菲集团的明星项目，计划在越秀区投资设立外资银行、消费金融公司、小额贷款公司、商业保理公司、融资租赁公司等金融机构，并达成战略合作意向，在三年内对越秀区的总投资超过1亿欧元，该项目的落户及推进将成为越秀区乃至广州市金融产业的国际化深度合作的成功探索。

截至5月，越秀区上市企业（挂牌）56家，年内新增5家，其中在主板上市的企业16家，包括在深圳交易所上市的7家，在上海交易所上市的4家，在美国纳斯达克上市的2家，在香港上市的3家（其中广汽集团为A+H股），在英国伦敦上市的1家，在新三板挂牌的企业40家，到广州股权交易中心累计挂牌的企业308家。

5. 网商小贷不到半年为企业放贷4.14亿

互联网小额贷款公司主要服务于中低收入客户和小微企业，与传统银行和消费金融公司相比，客群更为下沉，同时互联网小额贷款公司的参与机构多为上市公司，在贷款定价上亦注意其合理性，“更下沉的客户，合理的定价，互联网的快速体验”，让互联网小额贷款成为政府发展普惠金融的有益创新。

以广州市网商小额贷款有限责任公司（简称“网商小贷”）为例，网商小贷的发起机构为上市公司新大陆，新大陆在POS机具制造、第三方支付运营方面具有扎实的行业基础，网商小贷的经营团队出自兴业消费金融，经营团队在消费金融和小微金融方面具有扎实的运营经验。网商小贷推出的商户流水贷，就是针对小微企业经营较不规范、可获取书面财务报表信息不多、很难从银行机构获取授信的现状，利用其在支付行业的数据优势，结合小微企业的经营情况，为小微企业提供的小额无担保信用贷款服务。据介绍，该公司今年初正式开始尝试运行，目前已经累计发放贷款4.14亿元。

业内人士认为，这些举措弥补了传统金融机构金融服务的不足，在活跃小微经济、为小微企业解决融资难问题上发挥了重要作用。

6. 亮点项目：民间金融创新发展示范区

广东省民间金融创新发展示范区是以广州民间金融街为载体，以普惠金融为方向建设的全面覆盖、重点渗透、创新性强、满意度高的民间金融创新发展示范区。截至2017年5月，广州民间金融街已建成全国民间金融产业发展示范区、全国“互联网+小额贷款”先行试验区、广东省首批创新创业金融街试点区、广州市内资商业保理试点区、广州市首批互联网金融产业基地，园区入驻机构达到508家，其中264家主导产业，5家世界500强、12家中国500强企业在园区进行投资，吸纳资本近400亿元，服务企业和个人100万余家（户），融资额超5000亿元，累计纳税超25亿元。（作者：曾卫康）

广州越秀聚焦金融服务 助力实体经济

紫荆网　2017年6月25日

6月25日广州电：6月23日，第六届中国（广州）国际金融交易博览会在广州隆重开幕，广州越秀区携手16家辖区内重点创新金融企业参展，集中展示该区金融业发展成果。越秀区区长苏佩对越秀区金融产业发展及金融街建设成效进行现场介绍，参观领导和嘉宾高度肯定了越秀区金融业发展及民间金融街建设成效，并强调越秀区要以提升金融服务实体经济质效为工作重点，把强化金融风险防控摆在重要位置，发挥越秀区作为传统金融强区的辐射、集聚、带动作用，助力广州区域金融中心建设。

自“十二五”以来，越秀区金融产业发展迅猛，金融服务体系完善，产业龙头地位日益巩固，成为我国金融改革创新的“试验田”、创新的“桥头堡”。传统金融根深叶茂，金融机构总部云集，金融业增加值占全市半壁江山。新金融产业砥砺前行，建设成全国民间金融产业发展示范区、全国“互联网+小额贷款”先行试验区、广东省民间金融创新发展示范区、广东省首批创新创业金融街试点区、广州市内资商业保理试点区、广州市首批互联网金融产业基地，着力为社会各阶层和群体提供全方位、多元化的金融服务，提升服务实体经济质效，助力实体经济腾飞。（记者：桂芳锋）

深交所华南基地落户海珠广场，越秀金融锦上添花

《广州日报》　2019 年 6 月 21 日

越秀区政府和深交所在广州市共建深交所华南基地。该基地定位立足广州，辐射大湾区“9+2”城市群的综合性服务平台和全方位宣传窗口。该基地将以六大功能服务体系构筑位于“家门口”的一站式服务新平台。

一是市场服务，培育省内企业上市；二是为企业提供发债服务；三是上市公司监管，企业可在广州基地通过远程视频的方式直接对话深交所监管员；四是提供券商服务，吸引创投基地聚集越秀；五是投融资路演服务，帮助企业融资；六是加强上市企业行业交流，通过座谈、沙龙等方式创造新的合作机遇。（记者：廖靖文。编辑：黄子容）

四、综合整饰

海珠广场及周边将大改造！八大道路重点优化慢行系统

大洋网　2018 年 12 月 21 日

表 1　海珠广场及周边地区改选提升工程

街区及建筑改造提升工程	谢恩里步行街区
景观品质提升工程	高第街、玉带濠步行街区
	广州宾馆
海珠广场	缤缤广场
	万艺精品广场
道路品质提升工程	华侨大厦
	鸿星海鲜酒家
起义路	五仙门电厂地块
解放路	南方医科大学口腔医院
泰康路	华安大酒店

（续表）

回龙路	大都市鞋城
侨光东路	万菱广场
侨光西路	夜景灯光提升工程
沿江路	海珠广场周边建筑

承接云山珠水、最具广州传统风情的海珠广场及其周边地区将大变身！前日，《海珠广场及周边地区环境品质提升工作报告》（简称《报告》）在广州市规委会上进行审议。其中透露，近期将对海珠广场及周边1.3平方千米的地区进行改造提升，包括景观、道路、街区及建筑改造、夜景共四大类22项内容。未来海珠广场将把地下商业和地面公园融为一体，打造千年老城的“活力眼”“激活点”；周边包括起义路、沿江路在内的八条道路，按照一路一特色进行提升，重点优化慢行系统。据悉，该报告将继续深化、优化，工程拟于2019年9月完成。

现状

沿千年轴线接云山珠水

惜业态没落空间品质差

海珠广场及其周边是广州最具传统风情的地区之一。该区域处于千年轴线上，海珠广场衔接云山珠水，是广州两千年历史轴线与滨江的交汇点；同时又有十三行这一百年商行，开启广州近代一口通商的繁荣景象。

特别是海珠广场周边，集聚了第一届广交会场馆、华侨大厦、广州解放纪念雕像等优秀现代建筑，承载着浓厚的老广州情怀，是广州市民的集体记忆。而且海珠广场南临珠江，拥有绵延的滨水岸线，在两岸形成连续的开放空间，自然景观资源丰富。

然而，海珠广场区域现在业态没落，传统商业街衰落，批发业成为主导产业。《报告》指出，该地区以批发业为主导产业，延伸出搬运、零售、仓储、金融等配套行业。随着消费者消费观念的转变，传统批发零售业态也走向没落。同时，街区品质低下，批发产业长期占道卸货，对交通影响较大，公共环境品质可优化空间较大。此外，街区内建筑风貌混杂，传统风格与现代风格的建筑互相穿插，周边立面风格不统一，缺乏维护，整体形象较差。

为此，广州市委、市政府选取海珠广场及其周边区域作为活化利用历史文化资源、提升城市品质的示范区。

改造

重点提升“两广场”“八条路”

升级批发商业开发地下商业

此次改造提升，将以海珠广场周边地块、海珠南广场为核心，以起义路（传统中轴线）、沿江路（一江两岸三带）为主骨架，辐射扩展至民间金融街等周边潜力提升地块与街区。具体来看，北至人民公园，东至北京路，南至南华东路，西至寺前街，包含民间金融街与即将落成的星寰商业广场等设施。总用地面积约1.3平方千米，近期实施重点位于北岸的越秀区。

如何提升品质、引入人流？《报告》提出，一方面注入新活力，借力星寰广场（恒基中心8.7万平方米办公、7.5万平方米商业）与海珠广场地下商业的开发（4万平方米），升级批发商业（8

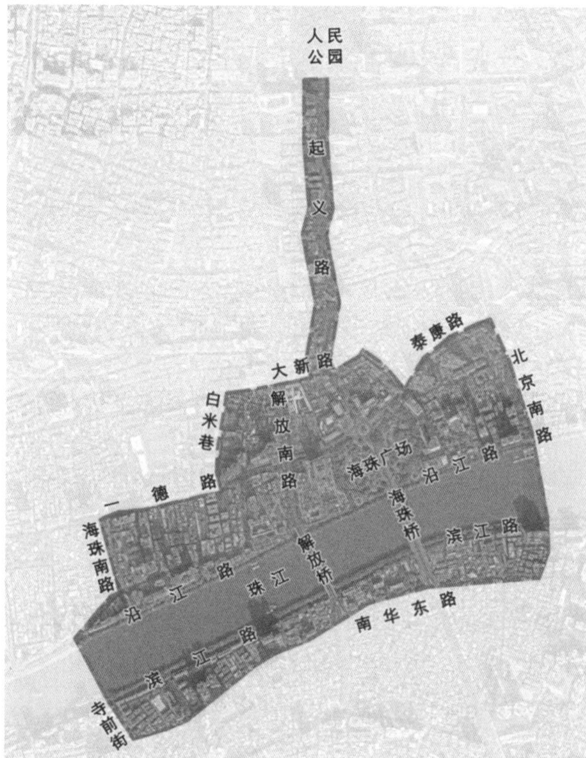

图1　海珠广场及周边区域

万平方米）和周边酒店办公（60 万平方米），永安堂等历史建筑植入文化功能。同时，保护广州历史文化名城风貌，塑造中西合璧、古今交融的活力街区。

另一方面，聚焦空间品质，将建筑、景观、道路一体化，打造吸引人流的景观步行区，重点包括“两广场”（海珠广场、海珠南广场）与“八条路”（起义路、沿江路、长堤大马路、侨光东路、侨光西路、泰康路、回龙路、解放路）。

图2　爱群大厦节点提升效果图

据统计，近期的改造提升工程，共涉及景观品质提升、道路品质提升、街区及建筑改造、夜景灯光改造4类22项设计与施工内容。

“两广场”

南广场打造街区博物馆

设计夜景灯光展演主题

具体怎么改?《报告》透露，“两广场”的重点是场地一体化，突破红线道路街区化，慢行交通设施人性化，场地铺装精细化，绿化布局合理化。其中，最受关注的海珠广场，将打造成千年老城的“活力眼”“激活点”，营造建筑、场地、景观一体化的“泛广场”。打造立体化、网络化的慢行路径，将地下商业空间与地面公园整合为一体，打造一个地下、地上人流自由穿梭的活力公园。

此外，海珠广场将以地面景观的艺术性、功能性为首要出发点，调整地下空间方案，控制中庭开口面积，将梯间等构筑物对地面景观的影响减至最低。同时，地下商业一体化设计，紧密连接地铁站，优化地下步行联系，打造多首层的商业空间。

海珠南广场则打造街区博物馆，释放街区空间，打造文化新场所。一方面，丰富现有文化创新功能；另一方面，增加户外活动空间、改善过街设施、强化步行网络。同时打造多元主题、安全、可驻留的综合性户外活动场所。

值得关注的是，报告提出要进行夜景灯光改造工程，设计展演主题，打造海珠广场周边国庆主题灯光秀。

图3　起义路提升效果图

“八条路”

道路拟增设临时停车区

形成文化金融旅游板块

“八条路”则重点优化慢行带，优化道路断面，连贯自行车道，在骑楼街外设人行道，交叉口采用小转弯人性化处理，打开围闭绿化改为铺装街角广场，并创造街角广场过街等候区；同时增设临时停车区域，策划每条路的主题特色，规范设施带，铺装精细化，并对建筑立面进行整饰、改造。

其中，被誉为千年轴线、历史之路的起义路，将统一立面风格，增加灯光及绿化种植，建设成串联人民公园、高第街、玉带濠、一德路、海珠广场的中轴之路。记者从详细设计图中发现，沿路即有改造提升节点 17 个，其中包括由公房改造的 205 平方米的起义路叙事博物馆等。

广味十足的金融之路——长堤大马路，将对孙逸仙医院和爱群大厦、海珠南路过街、新堤二横路过街、兴贤里门户四大节点进行提升。百年商行的繁荣之路——沿江路，则有新堤三马路街角、新堤二马路街角、永安堂前、侨光西路南、北京南路街角五大提升节点。

在街区及建筑改造提升方面，则以“民间金融”和“批发展贸”为主导，整合提升文化旅游资源，形成“文化休闲”“金融商贸”“旅游接待”三大功能板块。并以恒基中心、民间金融街等活力项目，带动缤缤广场、华厦大酒店等周边项目向高端品质服务业方向提升，整饰建筑外立面，提升建筑品质。（文、图：广报全媒体。记者：杜娟）

五、风险防范

广州探索民间金融管理标准：自建征信平台和退出机制

《第一财经日报》　2015 年 1 月 29 日

如今，在 P2P 的“跑路潮”渲染之下，整个民间金融都被贴上了“风险高”“不规范”“跑路事件”等诸多负面标签。而关于如何规范民间金融的发展，在监管层的政策大框架下，各个地方也在进行先期的探索。

1 月 29 日，《第一财经日报》记者从广州市越秀区金融办了解到，广州民间金融街正依托街内成立的民间金融研究院、互联网金融实验室等研究机构，引入国家级研究资源，探索民间金融管理和服务的规范标准。

“在起步阶段将首先研究建立小额贷款行业标准或者企业联盟标准，在街内小额贷款公司内部试行，再逐步推广至全市乃至全省。”广州市越秀区金融办一内部人士说。

1. 自建民间征信平台

广州民间金融街是广州着力打造的涵盖小额贷款、再贷款、融资担保、典当、互联网金融、电商平台、融资租赁、文化产业、专业配套、商务服务于一体的民间金融生态圈。2012 年 6 月首期建成，截至目前已经建成三期。

街内入驻的金融机构已达 152 家，三期新引入机构 50 家，其中互联网金融机构 11 家。2014 年，广州民间金融街为全市超 15000 家中小微企业和个人提供融资超 1000 亿元，同比增长 5 倍；缴纳税收超 4 亿元，同比增长 2.9 倍。

早期入驻的金融企业以小额贷款公司为主，仅在三期建设期间，广州民间金融街小额贷款公司数量就新增 13 家，已占广州市 2/3 的市场份额，目前仍有多家小额贷款公司排队申请入驻。

而为了服务这些小额贷款公司，2013 年 10 月，金融街成立全国首家小额再贷款公司——立根再贷款公司，由广州金融控股集团发起设立，注册资本 10 亿元，向全市小额贷款公司发放贷款，同时经营小额贷款公司同业拆借、资产转让、票据贴现等业务。

运营至今，立根再贷款公司已与全市33家小额贷款公司开展业务，累计提供121笔共32亿元融资服务，其中同业拆借业务9笔、金额5.49亿元，净利润超亿元，上缴税费总额4112万元。

另外，广州民间金融街自主研发的小额贷款公司业务管理系统已经正式上线运营，正向街内企业推广使用。“下一步，还将研究企业管理的标准、产品和服务的标准、风险防范的标准、园区管理的标准、监管的标准等一系列标准，逐步打造民间金融标准体系。”广州市越秀区金融办内部人士说。

而随着小额贷款公司的入驻，越来越多的金融企业开始向其聚集，包括P2P、担保、典当、融资租赁等。

事实上，对于民间金融来说，最大的风险莫过于信息不对称、不透明带来的信用风险。为此，广州民间金融街去年筹建成立了全国首家专注于服务民间金融产业的市场化征信公司——广州民间金融街征信公司。

广州民间金融街征信公司主要为中小微企业信贷评级、信用评级、商业调查、征信查询等企业和个人征信服务打开一条通道，在此基础上以市场化模式建设征信平台，现已采集上万条企业和个人的民间借贷信息，并同步录入工商、质监、食药监、卫生、法院、公安和地税7个区属部门的信用信息，初步建成区域性的信用数据库。

2. 建立负面清单退出机制

另外，为了规范民间金融的发展，防范风险，广州民间金融街也从组建监管机构、严格市场准入、规范市场运营、完善监管标准和流程、实现风险监测信息化、健全市场退出机制等方面，建立起全方位的风险监管与处置机制，确保广州民间金融街健康、可持续发展。

据了解，目前广州民间金融街已经研究制定了《越秀区小额贷款公司主监管员制度》《越秀区小额贷款公司监管工作联席会议制度（试行）》《越秀区小额贷款公司风险性突发事件处理预案》等一系列制度，逐步建立起事前防范、事中监管、事后处置的一整套完善的风险管理机制。

同时，在现有法规政策框架下，编印《广州民间金融街小额贷款公司监管手册》，规范小额贷款公司监管工作流程和标准，促进监管工作的标准化、规范化。

“我们自主研发了一套风险监测系统，依托现代化的互联网信息技术，对小贷公司日常业务、资金往来等进行实时、动态监管，提升监管的信息化水平。”广州市越秀区金融办内部人士说。

2014年，中国人民银行广州分行将广州民间金融街列为全省小额贷款公司和融资担保公司信用评级的试点区域。“目前我们正在推进相关的工作，将遵循自愿为主、分步推进的原则对街内小额贷款公司进行信用评级，拟依托评级结果，正面激励企业强化内部风险管理，建立企业负面清单制度和市场退出机制。”广州市越秀区金融办内部人士说。（责编：孙汝祥）

举报非法集资奖励千元！越秀区出台全市首个举报奖励办法

大洋网　2017年11月21日

昨日，记者从广州民间金融街获悉，越秀区出台并修订全市首个非法集资举报奖励暂行办法。

据介绍，为进一步调动广大群众参与防范、打击、处置非法集资工作的积极性，构建防范非法集资的基层网络，维护群众的合法权益和社会稳定，越秀区在全市率先出台《非法集资举报奖励暂行办法》，并根据实际需要于近日再次修订并印发。

新办法呈现以下新特点：一是进一步降低举报奖励设立标准。根据非法集资举报案件性质、涉案金额等因素设定了三个奖励等级，奖励金额由 200 元到 1000 元不等，进一步激发了人民群众有奖举报的积极性，做到“举报有效即奖励”。二是进一步简化举报奖励资金计算方法。根据举报线索与事实认定相符程度直接给予固定金额奖励，激励效果更加简明有效，如涉及大案、要案，在原有奖励基础上额外给予 3 万元的一次性奖励。三是进一步简化举报奖励流程。经查实确属涉嫌非法集资最新线索的，越秀区在确认举报事实之日起 5 个工作日内向举报人作出电话反馈，告知其有权申请举报奖励及相关事项，经简易审查程序后，举报人即可领取奖金。（记者：曾卫康。通讯员：翟晓雪）

第五篇 民间金融街发展模式

2012 年 6 月 26 日，广州民间金融街在越秀区长堤大马路正式开业，成为全国首个集资金借贷、财富管理、支付结算、信息发布于一体的民间金融集聚区，为缓解中小微企业融资难、融资贵问题，引导民间金融规范发展积累经验、提供示范，是全国民间金融改革的“试验田”、创新的“先行者”，并已逐渐发展为“立足广州、辐射珠三角、影响全国”的民间资本集散地、民间金融研发中心、民间金融创新中心和民间融资价格风向标。

本篇共收录 4 篇研究报告。其中，有的真实反映广州民间金融发展历史与现状，是帮助读者深入了解广州民间金融街不可多得的文献资料；有的呈现广州民间金融街作为全国民间金融发展示范区的建设成效和经验，无疑对国内其他民间金融集聚区建设具有重要参考意义；有的总结民间金融监管模式创新和民间金融产业组织创新经验，对金融如何服务实体经济具有指导意义。

广州民间金融街品牌建设规划

第一章　广州民间金融街品牌建设分析

一、广州民间金融街品牌建设的基础优势

1. 独特的区位优势

产业基础雄厚。华南地区是中国最早实行改革开放的区域，经济起步较早，民营经济发达，中小微企业众多，但由于近年来金融体制改革，信贷收紧，发达的民营经济得不到相应的金融服务。数据显示，每月经营流水在 5 万元以下的小微企业是资金的主要需求群体，占比高达 62%，但其中仅有 17% 的企业符合银行贷款的资质要求。与此同时，华南地区民间资本市场非常活跃，据估算，广东民间资本规模折合人民币超过 1.2 万亿元，广州市民营经济总量占全市生产总值的比重达 39.7%，居全省第一。

交通出行便利。广州民间金融街位于广州市核心地带越秀区长堤大马路。广州海、陆、空交通全线发展，构筑了方便通达世界各地的交通立体网络。广州港是中国第三大港口，铁路交通枢纽地位居中国前三，白云国际机场为中国第二大国际航空港。作为广州的中心城区，越秀区是广州市交通的枢纽，辖区内有广州火车站，广东省汽车客运站，广州市汽车客运站，地铁 1 号线、2 号线、5 号线及 6 号线等交通设施。东至海珠广场、南临珠江北岸，更是形成了河道航运、地下铁道、公路汽车、城市绿道等交错纵横的新型现代城市交通体系。地下交通方面，地铁 2 号线和 6 号线交错穿过，使海珠广场成为重要的换乘枢纽；公路交通方面，有两个公交总站，途经站点更是密集，线路众多；河道航运方面，毗邻珠江北岸，金融街内有省总码头、天字码头 2 个航运码头，同时还有海珠桥、解放大桥、人民桥三座跨江大桥为出行提供便利。

2. 深厚的品牌底蕴

广州民间金融街的核心区长堤大马路是广州金融的历史名片，人文和商业底蕴深厚、岭南特征明显，是历史悠久的岭南文化集散地、“十里洋场”商业文化发源地和广州金融发源地。早在清代广州“一口通商”的年代，随着洋行兴起，长堤就成为外国金融机构抢滩中国的滩头阵地，历史上的长堤更是以“中国金融第一街”之美称享誉海内外，可与上海外滩齐名，甚至一度被称为广州的“小香港”。如今沙面至长堤一带，仍有花旗银行、法国东方汇理银行、汇丰银行、原中央银行旧址等。中华人民共和国成立以后，长堤作为广州金融中心的地位仍未被动摇。20 世纪 50 年代开始，广交会、广州轻出集团等多家外贸项目落户长堤，进一步巩固长堤作为中国对外贸易前沿阵地的地位，吸引众多银行在此开业。旧址位于沿江中路 193 号的原中央银行，由孙中山先生亲手创办，是广州金融发展史上的标志性建筑。时至今日，不少大银行的省级分行，一、二级支行仍集聚在长堤

一带，如中国人民银行广州分行、中国工商银行广东省分行、中国银行长堤支行、广东银监局、邮政储蓄银行等。广州民间金融街在建设时充分挖掘并利用、保护了长堤深厚的历史文脉，长堤传统商贸文化和传统金融中心的优势得以传承和延续。

3. 巨大的民间金融市场

毫无疑问，广州民间金融街的发展目标并非仅为附近的中小微企业及居民提供金融服务，但仅就金融街所在的越秀区而言，就有大量的中小微市场主体。截至2014年底，越秀区共有各类市场主体108319家，其中：内资企业7034家，私营企业29723家，外资企业5383家，个体工商家66179家；同时，金融街附近是各类专业批发市场的云集之地，全区专业市场共240个。其中，一德路是著名的干货批发市场，以一德路为中心，周边分布着诸多小商品批发市场、药材市场与水产市场；一条过江隧道之隔，是正在崛起的荔湾白鹅潭商圈，这里分布着若干茶叶批发市场与花卉市场，大小商户不计其数。这些中小微市场主体对金融服务具有大量需求。大量的民间金融需求，是建设广州民间金融街并以此为核心平台向社会提供金融服务的前提。

4. 充裕的民间资本

广东是全国经济大省，2015年全省生产总值已达7.28万亿元；广东也是金融大省，2015年末全省金融机构总资产达20万亿元，金融业增加值占全省生产总值的比重达到8%以上，存款余额16.03万亿元。在这些金融总量中，大部分可以进行资产存在形态的转换，即只要有合适的投资及获利机会，便可从一种资产形态转换成另一种资产形态，比如从银行存款转变成股权投资等。因此，从民间金融机构的角度来说，可获得充足的资本金或资金周转头寸的供给以及大量可为之进行代理理财的资金供给。这意味着民间金融机构自身的发展在资本供给和业务拓展等方面，具有足够的空间。

5. 良好的金融基础

越秀区的金融市场功能相对完善，金融综合实力与竞争力居广州市各区（县）前列。具体表现在以下几个方面。

（1）金融产值增速快、比重大。2015年广州金融业增加值达1629.43亿元，增长14.2%，增速在各行业中居第1位，占越秀区生产总值的比重提升至9%，拉动越秀区生产总值增长1.1个百分点，成为全市服务业中仅次于批发零售业的第二大支柱产业，2015年越秀区金融业增加值占广州的60%以上。

（2）金融机构体系完善。截至2015年底，越秀区各类金融机构与准金融机构共123家，其中金融机构总部及市级以上分支机构57家，占全市的29%，形成了银行、证券公司、保险公司、小额贷款公司、融资担保公司、典当行等并存的多元化格局。

（3）金融机构总部效应凸显。淘金金融街、沿江金融商务区、环市东、东风路商务带等汇聚了三个资产雄厚的国有商业银行区域总部，以及中国人民银行广州分行、广东银监局等国家金融监管部门。2011年，金融行业总部企业增加值410.84亿元，占该行业比重达79%，金融机构总部的龙头带动作用显著。

6. 独特的示范优势

在我国金融业发展格局中，上海、北京、深圳均致力于建设成为国际性、全国性金融中心，并已显现出对长三角经济圈、环渤海经济圈和珠三角经济圈的巨大带动作用。此外，重庆、武汉、成都、天津等20余个城市正在激烈角逐区域金融中心的战略地位。广州也在积极推动区域金融中心建设，分别在天河区、萝岗区、南沙区规划建设了广州国际金融城、广州金融创新服务区和南沙现代金融服务区。与这些激烈角逐的金融集聚区发展大规模金融机构的定位不同，广州民间金融街另辟蹊径，致力于发展民间金融，扶持中小微企业，与这些传统金融集聚区功能互补、错位发展。广州民间金融街主打“草根金融、民生金融”，通过集聚发展一批经营规范、服务优质的民间金融企业并完善相应配套服务体系，为我国民间金融规范发展探索经验、提供范式。随后，全国各地掀起了一股民间金融街建设热潮，佛山、东莞、武汉、成都、西安纷纷借鉴广州的经验，建设民间金融集聚区。

7. **持续不断的创新**

创制全国首个民间融资价格指数。依托园区内民间金融研究院，撬动业内专家学者，率先研究并发布了民间融资“广州价格”，如小额贷款利率指数、民间金融景气指数等一系列反映民间融资市场资金供求状况和监管治理环境的价格指数，其样本数的广泛性、指数形式的多样性更是体现了“广州价格”指数的完整性和科学性，逐步构建民间融资价格指数体系，为民间借贷双方提供价格参考，引导民间融资向规范化、阳光化发展。广州民间金融街创造性地采取了集聚的模式，通过建立民间金融发展集聚区，引导民间金融企业集聚，在全国率先创新设立首家小额再贷款公司——广州立根小额再贷款股份有限公司，建设了国内首个以民间金融为题材的博物馆——中国（广州）民间金融博物馆。广州民间金融街正在为民间金融探索一个有效的、可复制的监管模式，为我国切实防范和化解民间金融风险做有益探索。

二、品牌建设存在的问题

1. **缺乏系统的品牌建设体系**

广州民间金融街经过多年的规划、发展和建设，已经初具品牌化提升的产业、环境和文化基础，并具备一定的差异性，但目前未形成系统的品牌建设管理体系、思路与相关流程，未构建相关专业的品牌管理机构、制定完善的品牌管理制度，以及引入专业的品牌管理人才；同时缺乏基于广州民间金融街战略定位展开的品牌发展规划以及实施计划，未明确广州民间金融街品牌概念的内涵与边界，未参考借鉴区域品牌管理的相关方法与思路，这不利于广州民间金融街品牌的持续发展。

2. **尚未形成科学的品牌定位**

科学的品牌定位可以凸显广州民间金融街的核心竞争力，实现超溢价的品牌附加收益。当前广州民间金融街虽然明确了发展定位及产业布局，但是缺乏在品牌层面的总体定位，缺乏对品牌元素的提炼以及品牌价值的构建，这不利于广州民间金融街的资源整合，也不利于广州民间金融街思想、理念、文化、价值观和社会声誉的真正表达，以及公众对其品牌形象的正确认识，更不利于未来广州民间金融街优势和实力的综合输出以及品牌形象的整合传播。

3. **缺乏品牌传播的战略规划**

“酒香不怕巷子深”的时代早已过去，如今好的民间金融集聚区品牌只有经过宣传，才能传达给客户，推动他们选择广州民间金融街。广州民间金融街的媒介宣传主渠道包括广州民间金融街官方网站、微信公众号等为数不多的媒介，上述媒介发布信息的浏览量、关注度及媒介本身的粉丝数量都还处于很低的水平。同时广州民间金融街尚未构建立体化的品牌传播网络，传播手段过于简单化，力量过于弱小，没有从战略的高度全面规划品牌传播策略。由于在品牌建设中，尚未明确品牌传播的方向和策略，以及没有按照科学规律，在传统媒体的基础上，利用多媒体技术、移动互联网、社交网络等新型媒体平台培育传播渠道和模式，所以广州民间金融街快速推进品牌形象的传播和品牌知名度的提升的目标难以实现。

4. 品牌建设的机制仍须健全

广州民间金融街品牌的建设机制是保证其品牌建设体系有效运转的关键因素。目前广州民间金融街尚未在品牌体系优化、政府支持建设、品牌环境优化等方面建立健全一套完善的、系统的机制，不利于促进广州民间金融街品牌的管理和未来发展。因此，根据广州民间金融街品牌建设现状，整合已有制度，健全机制，是品牌建设工作的重点。

5. 民间金融品牌维护不够完善

广州民间金融街在营运时可能遇到各种意外和变化，这些意外和变化可能会让其品牌发展陷入停滞甚至是终止。面对可能发生的危机，广州民间金融街目前还未设立专门的品牌危机管理决策机构，也没有针对品牌危机事前、事中、事后建立一套完善的防范、监控和处置制度，这不利于对品牌维护。因此，广州民间金融街在品牌运营时应十分注重危机的管理，并采取多种手段对危机进行预防和控制，以使品牌能够平稳持续地发展。

6. 品牌评价与监测研究有待完善

品牌建设相关工作的开展需要建立在品牌评价与监测的基础上，只有评价与监测品牌的建设现状，找出薄弱环节，采取对应的措施，才能形成良性的品牌经营和管理思路。目前广州民间金融街品牌化过程中尚缺乏对品牌建设比较系统的评价与监测体系研究，缺少对民间金融街品牌的概念、内涵、发展模式、建构路径、指标体系等的长期研究和跟踪，还没有建立起广州民间金融街的品牌监测、价值评估、发展预测等机制与平台。

7. 空间、设施因素制约发展

（1）空间不足。长堤大马路现有可改造铺面共计108间，可使用面积2万余平方米，截至目前，已回收的物业面积约1.7万平方米。随着金融街的不断发展壮大，已有金融机构需要不断扩大营业规模，更多的金融机构会被吸纳引入，现有规模不能满足未来发展需要。长堤大马路位于越秀区老城区的核心，土地开发程度高，建筑密度大，土地开发和改造的弹性较小，空间调整和置换的难度较大。

（2）基础设施承载能力有限。金融街建筑群属老式建筑，与珠江新城、员村相比，相应配套设施不足，办公环境相对较差。广州民间金融街相当一部分写字楼外观陈旧，智能化和生态化水平不高，且有个别建筑涉及文物遗产，对吸引高端商务入驻形成了较大的约束。

综上所述，民间金融产业发展机遇与风险并存，但整体来说，不管是民间融资市场需求，还是民间金融发展的国内外形势，都说明民间金融产业的发展前景广阔。

三、广州民间金融街发展的机遇

1. 民间金融发展的国际国内形势良好

（1）国际环境整体宽松。民间金融对于一个国家的经济发展和社会稳定至关重要，在世界各国，民间金融都是一个较为热门的话题，是消极抑制、积极发展还是中性对待，不同国家各有各招，在探索的道路上既有成功的经验，也有失败的教训。从国际经验看，大多数国家对民间金融采取的是积极引导、予以规范的措施，并区别对待合法的民间金融活动与非法的民间金融活动，积极推动合法的民间金融业务的发展，给予其政策支持，疏而不堵。引导民间金融健康发展是国际大势所趋。

（2）国内政策频频利好。2005 年 2 月 25 日，国务院发布《关于鼓励支持和引导个体私营等非公有制经济发展的若干意见》（国发〔2005〕3 号）（简称“非公 36 条”），规定要放宽非公有制经济的市场准入，加大对非公有经济的财税金融支持；要加大信贷支持力度、拓宽直接融资渠道、鼓励金融服务创新以及建立健全信用担保体系。2009 年 9 月 22 日，国务院出台《关于进一步促进中小企业发展的若干意见》（国发〔2009〕36 号）（简称“国 29 条”），提出了切实解决中小企业融资难的诸多措施，包括鼓励建立中小企业贷款补偿基金，鼓励民间资本参与发起设立村镇银行、贷款公司等股份制金融机构，发挥租赁、典当、信托等融资方式在中小企业融资中的作用等。2010 年 5 月 13 日，国务院再次针对民间融资出台了《关于鼓励和引导民间投资健康发展的若干意见》（国发〔2010〕13 号），是专门针对民间资本出路而制定的文件，其中对民间资本进入金融服务领域给出了若干鼓励和引导措施。2012 年 2 月 22 日，国家发改委召集 45 个相关部门举行贯彻落实鼓励和引导民间投资工作会议，要求各部门尽快出台“新 36 条”的实施细则，并制定了时间表。2012 年 2 月 24—25 日，时任国务院副总理王岐山在河南考察时也指出，要“鼓励、引导和规范民间资本进入金融领域，不断发展和完善‘草根金融’”。2013 年国务院印发了《关于金融支持经济结构调整和转型升级的指导意见》（国办发〔2013〕67 号）极大促进了民间金融的发展，表明了国家对民间金融未来发展持有的支持态度。目前，银监会会同中国人民银行起草的《小额贷款公司管理办法（征求意见稿）》（简称《办法》）正在征求地方政府意见，虽然《办法》还未正式出台，但其传达出来的积极信号不言而喻。作为民间金融行业主力军的小额贷款公司在融资杠杆、经营范围方面将得到国家层面的“松绑”和规范，这将大大促进小额贷款公司的业务发展。2014 年，“促进互联网金融健康发展”被写入国务院政府工作报告；2015 年，国务院政府工作报告提出“互联网 +”概念，鼓励互联网金融健康发展，足见国家对互联网金融发展的高度重视。

（3）民间融资市场活跃。我国小微企业和个体工商户占企业总数的 99.8%，其中超 60% 存在发展的资金瓶颈。广东省民营经济发达，有 400 多万中小微企业，占全国中小微企业数的十分之一，在这之中约 70% 的企业存在资金缺口，这些企业以内源融资为主，所占比重达 60%。可见，目前中小微企业的融资渠道非常单一，传统银行等金融机构难以满足其融资需求，大量中小微企业的资金缺口依然很大。但广东省民间资本市场非常活跃，据估算，广东地区民间资金规模超 1 万亿元，仅广州市的民间融资总额就超过了 3000 亿元，然而如此庞大的民间资本却缺乏合法、高效的投资渠道。一边是大量资金紧张、缺乏融资渠道的企业，另一边是大量缺乏投资渠道的民间资本，二者共同作用使民间融资市场非常活跃，民间金融产业发展前景非常广阔。

2. 国家对民间金融发展政策的日趋宽松

近年来，国家一系列的政策放宽使得民间金融逐渐由地下转为合法。2003 年，党的十六届三中全会文件《中共中央关于完善社会主义市场经济体制若干问题的决定》第 22 条指出，“鼓励社会资金与中小金融机构的重组改造。在加强监管和保持资本金充足的前提下，稳步发展各种所有制企业”，为民间金融的发展提供了政策保障。2005 年 2 月，国务院颁布了《关于鼓励支持和引导个体私营等非公有制经济发展的若干意见》，第 5 条指出“允许非公有资本进入金融服务业”，这是对民间金融的再次肯定。2005 年 5 月 25 日中国人民银行发布的《2004 年中国区域金融运行报告》指出，民间金融“具有一定的优化资源配置功能，减轻了中小民营企业对银行信贷压力，转移和分散了银行的信贷风险”。这被外界认为是给民间金融正名的信号。2010 年 3 月 24 日，国务院常务会议讨论鼓励与引导民间资本兴办金融机构。2012 年 3 月 28 日，国务院常务会议决定设立温州市金融综合改革试验区，支持该市探索发展民间金融。同年5月7日，国务院正式出台《国务院关于鼓励和引导民间投资健康发展的若干意见》。这些宏观政策的陆续出台，必将极大促进民间金融的规范发展。

3. **民间金融的需求巨大**

目前，全国约有4000万家中小企业，占全国企业总量的99%以上。但据中国中小企业协会的调查数据，中小企业把从银行作为主要渠道获得资金的只有9%，而真正从银行获得资金的中小企业只有10%。如果把银行作为官方金融，那么中小企业大量的资金都来自民间，总占比超过90%。此外，农村居民（农户）对资金的需求也很大，且当前农户取得借款的主要渠道是民间私人借贷，据估计农户借款中民间借款所占的比例超过70%。

4. **民间金融资本供给能力强**

中国人民银行发布的金融统计数据显示，2014年人民币存款增加9.48万亿元，储蓄存款余额为113.86万亿元。由于民间金融的借贷利率一般要大大高于国家银行的基准利率，投资民间金融可以带来较高收益，因而越来越多的民间资本流入民间金融市场，形成了民间金融资本强大的供给能力。

5. **利率市场化不断推进**

近年来我国正规金融或者说体制内金融的利率市场化在逐步推进。在2003年之前，银行利率定价权的浮动范围只限30%以内；2004年贷款上浮范围扩大到基准利率的1.7倍，10月起贷款上浮取消封顶；下浮的幅度为基准利率的0.9倍，还没有完全放开。与此同时，允许银行的存款利率都可以下浮，下不设底。2006年8月，商业性个人住房贷款利率的浮动范围扩大到基准利率的85%。自2012年6月8日起，金融机构存款利率浮动区间的上限调整为基准利率的1.1倍，贷款利率浮动区间的下限调整为基准利率的80%。这一举措开启了存贷款利率双向浮动的新时期，2013年实现了贷款利率的完全放开。在此前，中国人民银行仅对活期存款和一年以内（含一年）定期存款利率，保留基准利率1.5倍的上限管理，距离放开利率管制只有一步之遥。而这次不再设置存款利率浮动上限，意味着存贷款利率管制终于基本放开。利率市场化的推进将加快民间金融的合法化进程，并促进民间金融的进一步繁荣发展。

四、广州民间金融街发展面临的挑战

1. **民间金融定位不明确**

从宏观层面看，国家对民间金融的定位不明确。首先，政府虽然在一定程度上放开对民间金融的管制，却没有对其进行明确的定性。其次，社会公众对民间金融机构的认识存在误区。部分人一直对民间金融机构持反感态度，认为其是违法经营，甚至有一些人把民间金融机构如小额贷款公司纳入高利贷行列，中小微企业和居民对民间金融机构信心不足。最后，体制因素制约着民间金融机构的发展。国有银行的垄断压缩了民间金融的发展空间，利益集团的阻挠加大了民间金融机构的发展难度。

2. **民间金融机构自身的制约**

（1）资本规模较小。民间金融机构股本结构单一，资金来源有限。以小额贷款公司为例，截至2015年6月底，全国小额贷款公司共8951家，贷款余额为9594.16亿元，资金不足成为其持续发展的主要障碍。

（2）管理不到位。一些民间金融机构缺乏有效的资金管理模型、完善的规章制度和管理办法。

（3）抗风险能力弱。民间金融机构的许多业务本身就具有高风险性，但其资本实力又较小，因而总体上抗风险能力较弱。

3. 国内其他民间金融街的挑战

目前国家对金融事务仍实行高度管制，因而是否被国家赋予某些特殊政策，在很大程度上决定了一个地区金融发展特别是金融创新的状况。在这种背景下，一个地区民间金融发展能否获得非普惠性的国家政策支持至关重要。温州已获批为金融综合改革试验区，其他许多地方也在力争这方面的政策资源，这对广州民间金融街建设无疑是一个很大的挑战。但从与各金融街的对比分析中可以看出，由于省外各金融街辐射区域范围有限，业务上够不上直接的挑战；广东省内各金融街金融产品存在差异，尚未对广州民间金融街造成直接的威胁。因此，最大的挑战来自广州民间金融街自身不断创新的压力。具体分析详见表1。

表1　国内各主要民间金融街对比分析

序号	名称	项目基本情况	项目规模	战略挑战	发展定位
1	广州民间金融街	主体地段为越秀区长堤大马路800米，东至回龙路、南至沿江路、西至人民南路、北至一德路，一、二期已落成，正全面建设三期	规划面积59万平方米	截至2014年底，共有各类企业324家，其中主导产业企业152家，从业人员5000余人。2014年提供融资超1000亿元，带动实体投资达3000亿元，区域缴纳税收5.1亿元，是建成前的10倍	创建全国知名品牌民间金融示范区，引领全国民间金融发展，打造与传统金融错位互补的民间金融发展基地
2	佛山民间金融街	选址于广东金融高新技术服务区C区，规划分两期建设：规划一期占地面积约98.6亩，已建有办公物业12万平方米；规划二期占地面积约3.9平方米，拟新建办公物业12万平方米	规划占地总面积10.5万平方米	入驻民间金融机构及配套机构60家。作为广东省内第二条民间金融街，佛山参照广州民间金融街的做法，形成“佛山指数”，佛山的经济实力是其强有力的保障，居民储蓄存款总额为5215.16亿元，位列全国地级市首位，对广州民间金融街形成直接的挑战	全力打造广东金融高新区股权交易中心，加快佛山城市和产业的转型升级，希望将来成为珠三角金融产业的示范工程
3	东莞民间金融街	选址于南城三元里社区综合楼	总建筑面积8.1万平方米	入驻民间金融机构及配套机构20家。是继广州、佛山两地之后，广东省内的第三条民间金融街，东莞的民间资本很充裕，一是有政府的各项支持；二是租金水平低，平均每月租金约为45元/平方米，有利于降低企业成本；三是户型选择较多，停车位较多，管理费也低于周边；四是租期较长，最长可达20年	引进深圳前海股权交易中心有限公司，以此带动民间金融机构的健康发展，为本地中小企业和庞大的制造业群服务

（续表）

序号	名称	项目基本情况	项目规模	战略挑战	发展定位
4	成都民间金融街	选址于锦江区东大街，起于春熙路—盐市口商业圈，止于成都东村（东部城市副中心），包括了传统的商业圈以及未来的东部新城成都东村、攀成钢组团等成都现在及未来的核心区域	全长2.4千米，占地面积1.4万平方米	入驻民间金融机构及配套机构17家，地域优势明显，成都自古就是西南地区政治、经济、文化中心，服务经济发达，国务院规划确定成都为西南地区的金融中心	打造成为国内一流、西部领先的民间金融集聚发展区、新兴金融创新示范区和投融资服务先行区，集商业、文化创意、居住、金融服务等于一体的金融发展中心
5	武汉民间金融街	位于前进四路，北起京汉大道、南至中山大道	全长888米	入驻民间金融机构及配套机构40家。武汉金融街作为华中地区首条民间金融街，是我国继广州、成都之后，全国第三条民间金融街，金融业态种类多样，集聚近10类金融业态，创下多个全国第一：全国第一家民间资本服务中心、全国第一家网络公益平台、全国第一家民间金融沙龙等。此外还发布武汉民间金融价格指数、民间融资利率、供需等信息	借鉴广州民间金融街的建设，加快推进武汉民间金融街建设，建成集要素集聚、服务创新、定价功能于一体的金融街区，促进民间金融健康发展
6	西安民间金融街	选址于新城区民乐万达广场中心街区开街，目标是打造形成“一心、二轴、四街、八区”功能配套的产业布局	预计一期建设面积1.5万平方米	入驻民间金融机构及配套机构25家。西安作为西北经济中心，民间资金充足，目前，西安民间金融街整体运行状况良好。下一步，新城区将展开二、三期建设，建设面积约1万平方米，预计可容纳50户企业。通过嵌入式金融产业布点、连体式片区建设，实现西安民间金融街、万达广场、民乐园文化街等多种业态共同发展的区域综合经济体	西北地区首个集资金借贷、融资担保、股权投资、中介服务、信息发布为一体的西安民间资本流转高地

第二章　广州民间金融街品牌构建

一、品牌定位

根据广州民间金融街发展历程分析，未来其品牌定位应以民间金融为主体、文化传承为精髓，融传统与现代于一体，致力于为中小微企业和个人提供小微金融服务，突出“集聚、服务、定价”三大功能，打造“中国民间金融第一街”，倾力传播和打造“五个第一”。

一是民间金融第一街。国内首条集资金借贷、财富管理、支付结算、信息发布为一体的民间金融集聚区，实时发布中国民间融资（“广州价格”）指数。

二是文化历史底蕴第一。早在清朝广州“一口通商”的年代，“长堤”就成为外国金融机构抢滩中国的滩头阵地，延续百年金融的情怀，依托现代金融的底蕴，广州民间金融街将长堤厚重的历史与传承的金融产业巧妙融合到了一起，成为西方新兴金融的输入之地、中西文化的融合之所，形成独特的文化底蕴。

三是最美金融街“景色第一”。长堤坐落于广州老城区珠江观廊道上，独特的江岸风景与西方艺术构筑了一幅迷人的画卷，园区以爱群大厦为代表的骑楼与周边大元帅府、潮州会馆等景观共同筑成一道靓丽的风景线，使得金融街犹如一位精通中西文化的大美人，成为广州一张独特的名片。

四是服务品质第一。主要体现在配套服务优势上，包括公共设施配套（园区建设有民间金融核心区等7个产业分园区，建成广州民间金融街综合服务中心等平台，为入驻机构和个人等提供咨询、培训等各项服务）、政府政策配套（先后获得国家、省、市的多项政策和资金扶持，出台了相关政策意见，对园区入驻企业从业务创新、风险补偿、人才培训等方面给予扶持）、文化产业配套（广州民间金融街已建成广州民间金融博物馆、金融书店、民间金融人才公寓等有形载体，为公众营造良好的金融文化氛围），未来广州民间金融街管委会仍需建标提质，引入国际先进的管理模式及方法，不断完善内部品牌基础建设，打造一流的服务品质。

五是品牌影响力第一。包括经济效益、社会效益、品牌美誉度、品牌知名度和品牌忠诚度等各项指标国内乃至国际最优。广州民间金融街应致力于为中小企业和个人提供小微金融服务，不断强化“集聚、服务、定价”三大功能，提升其品牌核心价值，着力吸引和培育一批经济效益优、管理完善的标杆企业，使其成为中国民间金融园区品牌知名度最大、品牌美誉度最高、品牌忠诚度最高的民间金融集聚区。

根据区域品牌多种定位方法，广州民间金融街除了采用特色定位法打造“中国民间金融第一街”外，还可结合多头定位法，强化和传播其特色，创建“最美金融集聚区”；同时广州民间金融街以广阔的胸怀，集聚各国、各地的民间资本、行业精英，形成民间金融的滚滚之势，既是成就民间金融家梦想的启航之地，亦是民间金融改革的创新之地，更是民间资本的集散地和民间资金价格的诞生地；未来广州民间金融街应不断培育顾客情感，不断强化金融行业精英的情感深度共鸣，将其打造成金融行业精英最向往的圆梦之地，更应有计划地培养优秀的民间金融家，成为民间金融家的“黄埔军校”，打造和设计民间金融家的品牌背书。

二、品牌理念构建

广州民间金融街品牌理念的确定是品牌形象定位的基础，广州民间金融街的资源现状及其战略发展定位，决定了其品牌构建理念：创新、诚信、安全。

1. 创新

以“开拓创新精神”来树广州民间金融街的魂，体现广州金融人以开拓创新的精神、改革的力量，推动广州民间金融街成为中国金融改革创新的先行者之一，不断创新探索，追求卓越，引领中国民间金融产业发展；以“文化引领、改革引领、配套引领、技术引领、人才引领”为理念，将其打造为百年金融中西融合的“第一街”，赋予其国际、现代、创新、领先的品牌元素，这也是广州民间金融街可持续发展的动力源泉。

2. **诚信**

加强诚信建设，是广州民间金融街健康发展的必然要求。古人云：“以利相交，利尽则散；以心相交，成其久远。”市场经济是信用经济，良好的信用体系是维系金融市场稳定运行的内在基础。当前，金融业日益广泛地影响经济社会生活的各个方面，加强金融监管，构建诚信体系，对于维护经济安全、促进社会和谐、推动经济社会又好又快发展具有重要意义。

3. **安全**

金融的安全和稳定，直接影响广州民间金融街的整体发展。首先，金融安全建立在社会和金融业稳定发展的基础上，对于市场基础良好、金融体系制度化、法律环境规范化且监管有效的金融机构来说，没有人会担心处于不安全状态。其次，完善金融体系。可从两个方面理解，一是促进金融体系与宏观经济环境相协调；二是完善金融体系自身制度环境，如金融机构的产权制度状况、治理结构状况、内部控制制度状况等。

三、品牌价值构建

1. **品牌服务塑造**

良好的服务可以提升广州民间金融街的品牌形象，相关方对广州民间金融街品牌的认知需要综合全过程、多方面来考虑，广州民间金融街的任何服务行为对整个品牌价值都会有直接的影响。

（1）广州民间金融街的品牌服务要围绕着“集聚、服务、定价”这三大功能展开。

集聚功能：集中引入一批经营规范、服务优质的民间金融及配套服务机构，促使民间金融机构集聚发展，形成发展势头良好、产业链条完善的民间金融产业集群。

服务功能：大力培育一批民间金融知名企业品牌和服务品牌，主要为广大中小微企业和居民个人提供融资、担保、资产交易、信息咨询等小微金融服务，缓解小微企业融资难问题。

定价功能：通过采集、统计并定期发布金融机构的市场供求、金融利率、费率价格等，形成真正有市场影响力的定价机制，成为辐射珠三角，影响华南乃至全国民间金融的主要参考依据。

（2）在区域服务上，同时扩展到广州民间金融街所辖7大区域，进一步凸显服务特性，提升品牌价值。

①民间金融核心区：引入小额贷款公司、融资担保、民营银行、商业银行小微企业营业部等机构，为企业和客户提供中小型贴身金融服务，形成民间金融核心区。

②互联网金融基地：集中引入互联网金融、网络小额信贷、第三方支付、新型电子货币等新型金融机构，打造互联网金融基地。

③科技金融创新区：引入科技金融支行、科技型小额贷款公司、科技型风险投资基金及有成长潜力的科技型企业，形成科技金融示范区。

④PE 产业园区：集中引入私募股权投资、风险投资、各类成长型基金等，形成股权投资集聚园区。

⑤民间金融交易区：引入金融资产交易、股权交易以及黄金、珠宝玉石、石油等交易平台，促进金融与实体产业融合，加速民间闲散资本向实体经济流动。

⑥金融配套服务区：引入律师事务所、会计师事务所、资产评估机构、信用评级机构等，打造

针对民间金融的专业配套服务区。

⑦金融商务总部区：考虑到未来民间金融街发展的需要，将以海珠广场为中心的东部地区作为民间金融街进一步扩展的区域，整合现状和未来开发建设的建筑业态，结合地铁站点和中部标志性的开敞空间，打造民间金融街向东扩展的门户和另一核心区域。

2. 品牌形象塑造

（1）推动广州民间金融街形象元素落地。在进入广州民间金融街的主干道，设立带有广州民间金融街品牌标识的锦旗、横幅；针对不同功能区域，采用类型不同的视觉识别色彩，丰富地铁、地下通道、人行天桥、休憩区、百货商店等人流密集区的图形识别。在电梯井、服务总台、游客中心等场所，播放广州民间金融街形象宣传片。

（2）完善广州民间金融街的品牌识别系统。在广州民间金融街现有母品牌 VI（视觉识别系统）的基础上，进一步细化针对金融服务子品牌的 VI 子系统设计工作（包括子 logo、标准色、标准字等），全面梳理、整合已有的视觉识别系统。切实推进品牌形象识别系统的落地工作，进一步开发听觉识别系统（AI），录制广州民间金融街专题宣传片。

（3）广州民间金融街的形象塑造，应强化“中国第一街”形象、“最美金融街”形象、“圆梦”形象、“创新引领”形象四个方面。

（4）品牌形象是街内所辖机构、公众及相关方对广州民间金融街总体的、抽象的、概括的认知和评价，品牌形象策划通过对广州民间金融街进行形象塑造、口号设计以及形象传播等形成统一的形象，成功的形象塑造有助于品牌的推广，有助于提高所辖机构、公众及相关方等对广州民间金融街的认知和理解。品牌形象塑造与品牌规划关系如图 1 所示。

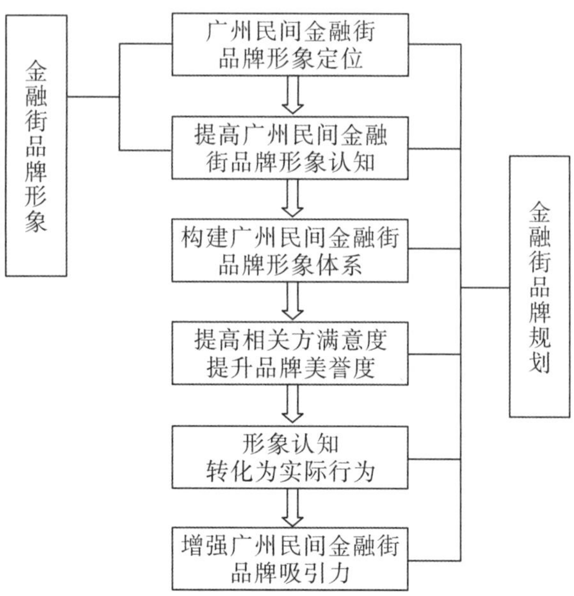

图 1　品牌形象塑造与品牌规划的关系

3. 品牌质量塑造

全面提高广州民间金融街品牌质量，营造高水平的环境。广州民间金融街树立品牌要有质量基础，创立品牌更需要高质量的保障。服务质量关乎本区域品牌建设的生命。

广州民间金融街的品牌质量塑造应从三个层面展开：一是提升广州民间金融街自身的服务质

量，以广州标准为着力点，从组织管理、服务环境、人员风貌、服务操作、服务培训、服务安全、争议处理等方面入手，为民间金融街建立统一的标准和服务规范。二是提升广州民间金融街内机构的服务质量，鼓励引进先进的管理体系，通过导入ISO管理体系、卓越绩效管理模式等国内外先进管理体系，提升街区各机构的经营管理质量。三是对影响广州民间金融街质量的相关过程，进行满意度调查、监督服务质量、处理投诉等，完善评价与监测机制。

4. **品牌文化塑造**

广州民间金融街的文化价值塑造是品牌服务塑造、品牌形象塑造和品牌质量塑造的升华。深层挖掘广州民间金融街品牌文化，以“古今交融，中西融合”为内核，将“广州外滩，见证中西文化交融”“金水长堤，铸造百年金融辉煌”“聚百川水，圆金融梦”嵌入广州民间金融街的品牌内涵，延续百年金融的情怀，依托现代金融的底蕴，开启长堤金融集散地的复兴之旅，建设民间金融博物馆、民间金融书店等金融文化特色项目，传承南粤大地开放、包容、开拓创新的精神传统，汇聚天下金融精英，共圆金融梦想。未来广州民间金融街仍应不断完善文化管理体系，深挖历史事迹，激活“百年金融”品牌故事，再创现代奇迹，设计品牌背书，提炼品牌精神，构建独特品牌文化内涵。综合利用建筑、工艺、微电影、音乐、歌舞等载体，结合金融文化品牌专题交流、特色赛事等现场活动、金融展会推介、国际传播予以具象表达，吸引四方宾客。

四、广州民间金融街品牌建设目标

将广州民间金融街打造成为“立足广州、辐射珠三角、影响全国”的民间资本集散地，成为具有重要国际地位和影响力的民间金融品牌。经过规划期的建设，实现广州民间金融街“中国民间金融第一街”的品牌发展目标。

一是构建具有核心竞争力的品牌体系，在全球范围内寻求广州民间金融街的独特品牌定位，以发达国家园区品牌建设为标杆，明确建设目标，围绕“五个第一”展开，明确其作为“中国民间金融第一街”的核心竞争力；同时完善广州民间金融街品牌建设体系，以“四个品牌价值塑造”为核心着重塑造广州民间金融街的品牌核心价值，建设品牌的立体化传播渠道，强化其“集聚、服务、定价”三大功能，加强品牌危机管理，最终引领中国乃至世界“民间金融产业”发展，树立其作为全国知名品牌创建示范区的品牌影响力。二是力争再用2年左右的时间，实现金融街集聚金融机构超200家，形成发展势头良好、产业链条完善的民间金融产业集群，形成真正的民间资本集散中心。三是探索民间金融管理和服务的标准和技术规范，提高民间金融机构标准化管理服务水平，形成品牌管理体制健全、服务标准体系完善、产业持续健康发展的局面，引导民间融资走向规范轨道，为我国规范民间融资先行先试积累经验；推动成立全国民间金融产业发展联盟，研究并推广使用联盟标准，力争2017年推动使用联盟标准，到2018年形成完整的民间金融服务的“广州标准”。四是进一步建设民间金融交易的“广州定价机制”，形成辐射珠三角的“广州价格”，到2018年成为影响华南地区乃至全国民间融资的定价水平，到2020年成为世界民间融资定价的主要参考依据。五是积极推进品牌战略实施，用2年左右的时间培育5～10家民间金融全国知名品牌企业，助推金融街产业转型升级。

到2020年，广州民间金融街发挥良好的集聚效应，建成适合民间金融发展的生态环境，形成具有全国影响力的民间金融服务的“广州标准”和民间金融交易的“广州价格”，对产业升级和经济发展起到显著的推动作用，取得较好的经济效益和社会效益，进而确立广州民间金融街在全国的领先优势，成为具有重要国际地位和影响力的民间金融街。

第三章 广州民间金融街品牌建设的八大工程

一、构建民间金融“第一街”工程

广州民间金融街积极贯彻落实国务院《质量发展纲要（2011—2020年）》（国发〔2012〕9号）和《珠江三角洲地区发展规划纲要（2008—2020年）》的精神，采取一系列措施提升质量、加强品牌建设。

（1）统一规划，打造金融街整体氛围。采取统一设计、统一规划的方法建设广州民间金融街。首先按照体现“岭南风格，民间特色”的原则，对广州民间金融街进行外立面整饰，增设金融雕塑，同时通过灯光设计、招牌设置等方式强化感官效果，使得历史旧街区成功变身现代化金融集聚区。其次，对整体产业生态圈精心布局，围绕民间金融产业，重点打造民间金融核心区、互联网金融产业基地、科技金融创新区，产业定位清晰。

（2）申请商标，强化品牌保护措施。作为国内首条民间金融街，广州民间金融街的建设和发展为国家引导民间金融规范发展创造了经验，为区域产业结构调整提供了示范。广州民间金融街为保持在民间金融领域的领先优势，提升整体品牌和影响力，正在向国家商标总局申请“广州民间金融街”系列商标，为下一步积极培育金融街驰名商标和企业的品牌打下基础。

（3）拓宽渠道，加强品牌文化宣传。创建广州民间金融街网站及微信公众平台作为对外宣传的主要渠道，定期向外界展示金融街及街内企业风采，对优秀星级企业及不规范经营企业予以褒贬。同时，设网络留言平台作为社会公众监督企业行为的畅通渠道。此外，与各大报纸、电视台等主流媒体建立沟通对接机制，对企业经营中的行为进行及时披露和报道，依托媒体的舆论宣传，引导企业诚信经营。

（4）强化监督，提升金融街产品公信力。广州民间金融街在建设过程中尤其注重监督产品和服务质量，严格市场准入，加强证照管理，强化日常监督，不断提升园区整体品牌公信力。

（5）提升品牌信誉，优化民间金融市场秩序。建立中小微企业的评级指标体系，搭建区域性信用信息平台，开通征信查询绿色通道。良好的信用制度，能够为民间融资开展营造良好的市场秩序和环境。

（6）健全制度，加大政策扶持力度。广州民间金融街先后出台了《越秀区小额贷款公司监督管理办法》（越府办〔2011〕8号）、《广州民间金融街网站管理办法》、《小额贷款公司主监管员制度》（越金融〔2014〕185号）、《小额贷款公司监管工作联席会议制度（试行）》、《小额贷款公司风险性突发事件处理预案》、《广州民间金融街小额贷款公司监管手册》等一系列制度。同时，还出台了一系列扶持政策，例如《越秀区关于加快经济发展方式转变的若干意见及配套实施办法》（越字〔2010〕11号）、《越秀区促进核心产业企业发展的奖励办法（试行）》（越府办〔2011〕28号）、《越秀区总部经济发展基地认定办法》（越府办〔2013〕28号）、《越秀区促进楼宇经济发展试行办法》（越府办〔2012〕71号）等。这些制度在广州民间金融街的先行先试，已取得明显成效，对民间金融的发展给予了大力支持。部分制度内容已被纳入广州市关于民间金融发展的制度汇编中，整理成册推广至全市。

二、构建金融街内“产业品牌”工程

1. 小额贷款

（1）进一步优化小额贷款公司发展环境。建立财政定向费用补贴和风险补偿机制，设立小额贷款公司风险补偿专项资金，用于对小额贷款公司的贴息补助、适当风险补偿。各部门积极提供便捷服务，为小额贷款公司平稳较快发展创造良好的外部环境。

（2）建立持续稳定的融资渠道。支持小额贷款公司与银行业金融机构签订中长期战略合作协议，建立持续稳定的资金融入渠道；积极探索通过投资基金、信托公司、保险公司等非银行金融机构，为小额贷款公司提供债权性或股权性融资。

（3）支持小额贷款公司创新发展。逐步放开资本金上限限额，放宽业务经营范围，提高单一投资者持股比例；鼓励小额贷款公司改制为村镇银行；积极探索优质小额贷款公司改制为民营银行的路径和办法；鼓励和支持符合条件的小额贷款公司改制上市融资。

（4）加强小额贷款公司发展的技术支撑。推进小额贷款公司接入中国人民银行征信系统；进一步探索小额贷款公司财务管理、信贷评审及风险控制等业务系统。

2. 融资担保

（1）进一步完善“银担合作”机制。真正建立长期稳定、深入合作、平等、互利、共赢的合作模式。

（2）积极探索一体化联盟形式担保的发展模式。随着经济的发展、企业数量的增多、担保行业规模的壮大，未来我国的担保机构将呈现为一体化的联盟形式。一体化联盟囊括了担保业务的上、中、下游企业，以担保机构为主体，以金融机构为核心，以会计师事务所、律师事务所、拍卖行等中介服务机构为支撑，构建为中小企业服务的融资担保与信息共享平台与联盟信用体系，构建中小企业信用评级制度。在一体化联盟中，通过信用审查的中小企业将享受到更为简便的贷款审批程序，降低审批时间与交易成本，并且获得更多的融资渠道和融资机会。

（3）抓住电子商务交易履约担保的发展新机遇。随着信息技术的发展，电子商务的发展也越来越快，我国电子商务交易量以年均20%的增长速度迅速发展。但是，物流能力、网络支付安全、交易诚信问题成为制约电子商务发展的主要因素，而担保机构可以在电子商务业务中为交易双方提供信用担保，解决电子商务交易双方的信用问题，这对于担保机构来说是一项全新的业务，是增加企业盈利能力的新增市场。

3. 典当行

（1）推动典当经营更加专业化。过去典当行大多采取的是多元化经营策略，典当物品涉及金银珠宝、古玩字画、机器设备、房产股票等。随着市场风险增大，典当行经营者为了规避风险，提高市场竞争力，开始走专业化道路。各地典当行已经出现了以某一类或几类典当物品为主的专业化经营趋势，可以预见，随着市场进一步发展和竞争的加剧，企业的市场定位将更加明确，典当行的专业化经营将是大势所趋。

（2）提升中小企业在典当服务对象中的主导地位。传统典当行的服务对象主要是居民个人，他们多因家庭急需，才到典当行融资，而现在由于市场经济发展，经商办企业的愈来愈多，私有企业、合伙企业、民营企业总数量已占我国总企业数量的90%以上，许多居民、个体老板不再以个人身份而是以其企业身份到典当行融资。按融资金额测算，企业典当金额占整个典当行放款总额的比例大约是70%。将来大部分典当行以个人为服务对象的业务将由原来的主要地位退居到次要地位，中小企业在典当服务对象中将占据主导地位。

（3）以经营性典当为典当业务的主导。典当类型按典当资金用途划分，一般分为消费性典当和经营性典当两种。传统典当行以居民个人为主要对象，居民个人典当所得资金主要用于生活消费，因而消费性典当在过去典当业务中占据主导地位。随着市场经济发展水平的提高，以经营性典当为主的中小企业老板、私营业主、个体工商户等已发展成为典当行的主要客户，他们的融资规模相对较大，频率相对较快，在整个典当业务中将取代消费性典当而占据主导地位。

4. 互联网金融

（1）全面推进创新P2P网络借贷平台、众筹融资、大数据金融、第三方支付、互联网金融门户等互联网金融机构；主要为互联金融机构提供移动通信、大数据处理等技术服务的机构；孵化器、创业园、科技园等主要为互联网金融机构提供服务的创新服务载体。

（2）完善互联网金融发展的技术。建立和完善互联网金融技术标准，并使之与国际计算机网络安全标准接轨，增强互联网金融系统的协调性；提升防火墙和数据加密等关键技术水平，确保网络安全。

（3）建立民间金融征信服务平台。建立与中国人民银行征信系统相互独立、互相补充的民间金融征信服务平台，制定互联网金融信用评价标准。同时，推进参与建立互联网金融数据库，通过对大数据的挖掘和分析，有效调查、监督客户还款意愿和能力，获得个人、企业的信用信息，用于信用识别和风险定价。

（4）实现全国联网的广州民间金融街的大数据建设，收集现有已设立的民间金融街（如佛山、东莞、西安、浙江、温州、成都、武汉）的指数，设立广州民间金融街综合指数。

（5）建立有效的监管框架。通过对大数据的挖掘和分析，有效调查客户还款意愿和能力，将获得的个人与企业信用信息，用于信用识别和风险定价。加强流程监控，严把准入环节，建立信息披露制度、电子交易记录备案制度；建立风险评价模型，确定各指标的风险区间和临界值。

三、提升民间金融服务品牌的“广州标准”工程

目前民间金融无国家标准、行业标准、地方标准是制约民间金融行业健康发展的重要因素。广州民间金融街的发展面临着同样的问题，目前金融街内的民间金融机构多参照银行业、保险业、证券业的标准开展工作，但毕竟不合身、不得体，有缺陷。广州民间金融街与标准化专家合作，共同研究民间金融标准体系，对民间金融企业、运营、管理等进行梳理，形成涵盖各类民间金融企业产品服务标准、运营管理标准、信息技术标准、行业管理标准等的全方位标准体系。

（1）为提升民间金融机构服务的整体水平，树立行业文明，根据中国银行业协会的相关规定并结合民间金融业的特点，邀请标准化研究机构共同研究制定《广州民间金融街产品服务标准》《广州民间金融街运营管理标准》《广州民间金融街信息技术标准》《广州民间金融街行业管理标准》等标准，从组织管理、服务环境、人员风貌、服务操作、服务培训、服务安全、争议处理等方面，为民间金融业建立统一的行业标准和服务规范，为监督服务质量、处理客户投诉提供依据，并将此标准上升为地方标准。

（2）为金融服务的四个业态——小额贷款、典当行、融资担保、互联网金融以及相关配套服务产业，建立各自的服务标准体系。主要内容涉及起草制定各类民间金融机构的准入标准、业务操作规程、民间金融风险防控标准和征信标准等。通过建立符合民间金融业自身发展规律的标准体系，进一步明确各岗位职责和服务要求，便于执行和监督，实现民间金融服务和管理的制度化、程序化和标准化。

（3）推进广州民间金融街内企业的标准化建设，树立标杆企业，推动整体企业管理水平的提升。确定各个业态的标准化试点单位，聘请金融专家与标准化专家指导试点企业建立标准化体系。引导企业建立完善企业标准，是提高企业品质、保障服务质量的有效措施。相对于行业标准和地方技术规范，企业标准的制定和应用更加灵活，在各级标准不完善的情况下，发挥标准示范引领作用，不断推动广州民间金融街的蓬勃发展。

（4）推进国家标准、行业标准的采用。充分发挥区域内科研院所、行业协会的技术支撑作用，建立专家队伍，探索将经验转化为可推广、可借鉴的金融产品技术标准的路径，在短期内形成企业联盟标准，待成熟后提升为行业标准、国家标准，增强广州民间金融街的竞争力和影响力。

四、提升民间金融交易品牌的“广州价格”工程

采集、统计并定期发布小额贷款公司、融资担保公司、典当行等的实际利率、费率，逐步建设反映民间资金供求状况和监管治理环境的民间金融利率、费率价格市场化形成机制。随着机构的集聚和充分竞争发展，进一步建设民间金融交易的“广州定价机制”，形成辐射珠三角的“广州价格”，成为影响华南地区乃至全国民间融资的定价水平。在定价机制方面，由于监管部门尚未放开利率管制，因而宜采取政府指导与市场竞争相结合的模式。以街内企业为主，并选择街外具有代表性的民间金融机构，收集民间借贷的市场供求、利率、费率信息，并进行加权平均计算形成综合指数，定期发布，以此形成政府指导价。同时，集中引导一批经营规范、服务优质的民间融资机构及金融机构个人业务专营部门入驻，通过民间金融机构的大量集聚，使供求关系达到一定平衡，通过竞争形成定价机制，形成真正有市场影响力的定价机制。每年召开一次“定价机制”广州研讨会，邀请国际和国内金融专家、国家金融监管机构、国内民间金融街机构等参加，通过研讨进行切磋，形成共识，扩大“广州价格”的国际知名度。

五、提升民间金融“配套服务”工程

建立完整的金融服务产品专业配套服务机构，是建设广州民间金融街的重要内容，包括投资咨询机构、征信评级机构、资产评估机构、律师事务所、会计师事务所、金融法庭、金融仲裁院、民间金融研究机构等。目前广州民间金融街已经初步建立了与产业配套的较为完整的相关专业服务机构。

（1）构建征信服务平台。积极配合有关部门完善中小微企业和个人信用信息基础数据库，建立完善的企业和个人征信体系。联合有关各方共同参与，积极争取中国人民银行征信系统对民间金融机构开放，共享信用信息，减少民间金融机构由于信息不对称导致的经营成本和风险。

（2）组建融资登记管理中心。研究制定民间融资登记管理制度，大力推进民间资金供求信息数据系统建设，有效对接资金供给和需求，积极协助资金供给方、需求方办理相关手续并登记备案，促进民间金融规范化、阳光化。

(3) 完善广州民间金融街管理公司。进一步明确管理公司的职能定位，继续完善管理公司各项职能，积极探索对入驻机构的监管创新和服务创新，促进金融街进驻机构规范经营、持续发展。

(4) 建立法律援助中心。针对广州民间金融街信息、资金、风险高度集中，法律服务需求密集的特点，研究组建民间金融法律援助中心，从政府层面为有关各方提供公益性、普惠型法律援助，预防纠纷，减少风险，促进民间金融和谐、稳定发展。

(5) 提升金融管理服务能力。近年来，各金融机构业务迅速发展，客户规模持续扩大，对营业网点的服务供给能力和经营管理水平均提出了更高的要求。营业网点作为金融机构重要的营销阵地，网点服务越来越被各金融机构所重视，网点管理机构围绕以客户为中心的经营理念，提出网点服务的整体外包解决方案，为各金融机构提供现状测量、参考意见及针对性的产品服务，提升网点的综合管理水平，合理配置人力资源，提高核心竞争力。其服务内容主要包括以下两个方面：①服务监测。基于金融机构网点效能与产能提升的战略要求，针对营业厅现场环境、各岗位服务与营销流程、柜面合规及安保、文件规范等方面提供包括神秘客户检查、非现场检查等服务。②培训与辅导。基于服务监测的结果，结合项目最佳实践经验，围绕金融机构服务与效能提升，提供培训（含人力资源条线、运营条线及零售条线）与辅导（含营业网点6S现场管理、标杆服务销售型网点打造）等服务。

(6) 引入金融物流机构。金融机构的物流对象除了传统意义上的物品，更多是与金融业务息息相关的各类凭证，如何迅速、准确、安全和经济地完成凭证的传递，以及如何合法合规、安全高效地保证银行结算账户的真实性、完整性和合规性，是各金融机构关注的问题。引入专业的BPO（商务流程外包）供应商，建立规范、严谨的服务流程和完善严密的风险管控体系，运用定制化解决方案和精细化运营管理，为各个金融机构在凭证的封装、配送、储存、信息反馈等各环节，以及账户管理的前、中、后端，提供安全、迅速、优质、专业的金融物流服务。

(7) 引入档案管理机构。目前在档案管理方面，普遍存在库房空间不足、库房条件不达标、档案管理不专业、档案管理人员缺乏、档案管理成本高昂等问题。广州民间金融街要引入专业的档案管理机构，建立具有严谨规范的运作流程，形成高规格、标准化的档案管理中心，其主要服务内容包括：①档案整理服务。档案清点、分类、排序、打码、登记、造册、录入、装箱、上架定位等。②档案电子化处理。档案扫描、录入、建索引、刻光盘存储及电子信息查询。③档案寄存保管。档案箱接收、熏蒸、入库、上架定位、保管、调阅/调阅回收、查阅、库房整体租赁。

六、提升民间金融“品质评价与监测”工程

(1) 建立广州民间金融街服务质量满意度评价体系，根据民间金融的特点，实施半年度、年度的满意度调查，形成广州民间金融街满意度调查报告，为服务质量提升策略提供参考依据。

(2) 建立广州民间金融街品牌价值评价体系，定期评价广州民间金融街的品牌价值，衡量品牌建设的情况和成果，提升广州民间金融街品牌的质量。

(3) 制定和颁布《服务质量管理条例》，强化质量意识，坚决处理违反质量管理条例的行为。

(4) 由主管部门牵头，联合工商、公安、交通、环境等政府部门定期对街内所辖各金融机构、配套设施、餐馆、饭店等进行检查。指导和协助金融街内各机构提升管理和服务质量。

(5) 制定和颁布具有广州民间金融街特色的《星级评定管理办法》，开展对广州民间金融街内金融机构的星级评定活动。

（6）与国内外专业研究机构和高校展开合作，对民间金融机构的高管、股东和从业人员进行公司治理、业务运作、风险管控、市场分析、对外宣传等方面的培训，引导民间金融机构更新金融服务品质的观念。

七、完善民间金融街“品牌建设机制”工程

1. 品牌体系优化机制

广州民间金融街的品牌建设体系，旨在全面提升广州民间金融街的品牌影响力，打造产业品牌，强化产业核心竞争力，推动民间金融服务业实现顶层跨越，实现区域品牌、产业品牌、企业品牌的立体化提升。总体来看，广州民间金融街品牌体系的优化机制主要由产业品牌体系建设、标准品牌体系建设、文化品牌体系建设、品牌标识体系建设四个子体系构成（图 2）。

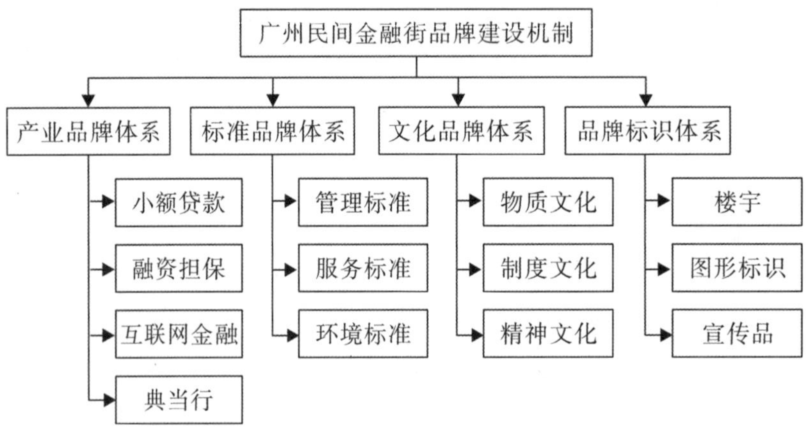

图 2 广州民间金融街品牌建设机制架构

（1）产业品牌体系。广州民间金融街的产业品牌体系是品牌建设的基础，即作为品牌客观存在的实体基石，集中体现了本地区独特的产业特色，其品牌价值、品牌文化和品牌个性的形成，正是基于产业的发展。

（2）标准品牌体系。作为定位于具有区域影响力的民间金融街，标准化建设决定了这一目标是否能实现，同时也是衡量广州民间金融街软实力的重要尺度。总体来看，本品牌规划中划定的标准建设，主要包括基于区域内的行业日常经营、管理、运营的服务标准，基于基础设施等的环境标准，以及企业标准。旨在通过标准化建设，使广州民间金融街成为国内乃至世界民间金融的示范。

（3）文化品牌体系。文化是凝结于广州民间金融街优势产业、基础设施之上的软实力，通过赋予深刻的价值内涵和情感内涵，形成独特的品牌竞争力。广州民间金融街的品牌文化体系包括物质文化（视觉识别、景观、标志性建筑）、制度文化（政策制度、标准化制度等）、精神文化（民间习俗、文化活动、岭南特色）三个主要层面，旨在让企业、组织和公众形成独特的价值体验，以此形成对于广州民间金融街品牌的忠诚度和认可度。

（4）品牌标识体系。主要是广州民间金融街的视觉系统，既包括传统意义上的 VI，如 logo、标准字、标准色等传播元素，也包含景点、公园、广场、楼宇等实体元素，还有各类宣传物品。品牌标识体系能带给公众最直观的认知，带来视觉、听觉乃至感觉上的标识效应。

2. 政府支持建设机制

（1）建立品牌建设基金。推动建立广州民间金融街品牌建设基金会，吸纳金融街区内会员，定

期开展基金筹集活动。通过企业捐赠、商务拍卖、行业互助等方式，为广州民间金融街品牌建设筹集资金。筹集到的资金用于广州民间金融街品牌宣传、推广，以及金融街区文化公益活动等。

（2）建立广州民间金融街质量满意度评价体系。由广州民间金融街管委会牵头，建立广州民间金融街质量满意度评价体系，通过面向商贸客户、金融客户、居民等的调查，了解公众对广州民间金融街的满意程度，对产品质量、服务质量开展定期评估工作，改进各部门的工作质量。

（3）建立广州民间金融街品牌价值评价体系。建立品牌价值的量化评价标准与体系，按年度编制《广州民间金融街品牌价值评价报告》，将品牌建设的内在价值外显化，借由这一手段，基于诸项量化指标，指导广州民间金融街品牌提升战略的制定、实施与调整。

（4）建立广州民间金融街诚信档案。建立“广州民间金融街企业诚信档案数据库”，设立广州民间金融街企业诚信档案，对不良行为进行公开曝光，提供网络查询。

（5）建设质量管理的奖惩机制。推动区内企业完善质量管理、鼓励开展质量创新活动，建立、完善和推动“质量建设黑名单”“企业质量奖”等奖惩机制，通过奖励的方式表彰在经营管理、服务产品创新等领域有重大贡献的企业，惩治缺乏诚信、服务质量低劣的企业。定期举办面向社会的质量管理宣传活动，实现标准化工作的有效监督和全覆盖的宣教效应。

（6）优化广州民间金融街服务形象。充分发挥行业协会组织的自律作用和推进企业社会责任的落实。建立行业协会组织的以白领为主的志愿者服务队伍。鼓励各行业定期开展服务礼仪、仪容仪表、语言规范等培训活动。定期邀请标杆企业，举办管理创新、服务创新、经营创新经验分享会，根据行业特性开展社会公益活动，弘扬社会主义核心价值观。通过网络、宣传栏、宣传片、宣传册等方式，对广州民间金融街内的企业进行综合性的形象塑造。

3. 品牌环境优化机制

（1）不断优化广州民间金融街交通系统。完善交通主干道以外的窄巷、小街、便道路网，强化改造“断头路”，提高城区交通内通外联水平，促进各功能区交通循环，实现交通网络升级。倡导公众以自行车等低碳、环保的方式出行，倡导节能出行新主张。

（2）鼓励企业开发街景导航 App。鼓励、引导企业开发广州民间金融街内的快速导航系统，方便公众及时定位、查询所处方位，根据交通状况，快速进行导航决策（路程最优、时间最优），帮助公众设计目的地线路，减少路途消耗的时间、精力。

（3）优化人文环境建设。进一步加强人文环境的建设工作，建立可公开查询业务流程和资讯的电子触摸屏，为消费者提供咨询查询服务。增加介绍内容的报刊阅读资料和电子显示屏流媒体设施，定时更新介绍最新信息；设立老弱病残孕等特殊人群专门通道或提供义工服务；完善卫生管理机制。

4. 品牌文化提升机制

（1）完善广州民间金融街的品牌识别系统。在广州民间金融街现有母品牌 VI 的基础上，进一步细化针对金融服务子品牌的 VI 子系统设计工作（包括子 logo、标准色、标准字等），全面梳理、整合已有的视觉识别系统。切实推进品牌形象识别系统的落地工作，进一步开发听觉识别系统，录制广州民间金融街专题宣传片。

（2）推动广州民间金融街形象元素落地。在进入广州民间金融街的主干道，设立带有广州民间金融街品牌标识的锦旗、横幅；针对不同功能区域，采用类型不同的视觉识别色彩，丰富地铁、地下通道，人行天桥、休憩区、百货商店等人流密集区的图形识别。在电梯间、服务总台、游客中心等场所，播放广州民间金融街形象宣传片。

（3）创建“广州民间金融街文化系列活动”。依托广州民间金融街区内的文化机构，开展本地特色浓郁的文化活动，形成常态化的品牌文化活动机制，并在广州民间金融街微信公众号等互联网尤其是新媒体平台上进行推广宣传。

（4）开发和传播广州民间金融街专属纪念品。完成设计广州民间金融街明信片、纪念卡及邮册等，供有关部门和企业寄送明信片、手信等。打造具有纪念价值与情感寄托意义的文化产品，唤醒消费者心中对广州民间金融街的品牌情感与记忆，进一步提高品牌文化传播经济效益和社会效益。

5. 品牌信息化管理机制

（1）建立大数据和智慧决策的政务系统。完善办公自动化、政务信息共建共享、信息无间隙更新发布、电子化民意调查、经济统计等智能化机制，建立危机监测、预警、应急机制。

（2）建设广州民间金融街商贸智能化数据采集系统，实现商务区内消费大数据的采集与研究，通过数据挖掘技术，分析民间金融行为与趋势，向企业提供咨询服务。

八、构建民间金融“创新引领”工程

（1）在民间金融组织创新方面，探索建立多层次的民间金融组织体系。积极培育和扶持各类民间金融机构，大力支持入驻广州民间金融街的机构做大做强。支持有条件的法人机构快速发展壮大，提升综合实力，打造优质品牌。推动银行业机构设立中小微企业融资服务中心和产品研发中心，鼓励其在金融街增设营业网点。大力推进民营银行试点工作，允许有较强资金实力、持续合规经营的民营企业作为民营银行发起人。规范发展各类融资担保机构、再担保机构，促进银行机构与担保机构相互合作。支持规范发展小额贷款公司，鼓励有条件的小额贷款公司转为村镇银行。

（2）在产品和服务创新方面，积极拓展面向中小微企业和居民个人的金融服务。不断探索适合中小微企业融资特点的信贷产品和担保抵押方式，争取在应收账款质押贷款、知识产权抵押贷款、高新技术企业股权质押贷款、小额循环贷款和无抵押贷款等方面取得新突破。鼓励国内外金融机构及其他机构设立金融租赁公司，大力发展设备租赁业务，满足战略性新兴产业、高新科技等企业对融资租赁服务的需求。推动开展消费金融公司试点，集中推进汽车、住房、家电、教育、旅游等信贷消费。引导和支持第三方支付服务行业规范发展，拓宽小额消费运用领域。根据越秀区总部经济、商贸物流、文化创意等产业的发展特点和实际需求，有针对性地开展供应链金融、贸易融资、订单质押和知识产权质押等金融创新，不断完善相关产业金融服务体系。鼓励保险机构针对中小微企业特点创新各类保险产品和业务，积极探索小额贷款保证保险试点，为无法提供足额有效抵押物或担保的小微企业进行信用增级。

（3）在民间金融管理方面，培育有序运行的广州民间金融管理体系。探索建立科学有效的地方金融工作管理体制，整合行政管理事权，实施地方金融事权归口集中管理。深入推进民间融资登记管理制度，促进民间金融规范化、阳光化。进一步完善财税、担保、保险等政策支持体系，实行差异化管理措施，适度提高中小微企业贷款不良率的容忍度，调动金融机构服务小微型企业的积极性。

第四章　广州民间金融街品牌推广与传播

一、广州民间金融街品牌推广策略

民间金融作为一种特殊的产业，随着我国政策的逐步放开，竞争将会越来越激烈，为了提高广州民间金融街品牌的竞争水平，我们需要有现代化的市场营销思想作指导，加强品牌文化建设宣传，树立正确的品牌建设理念，通过报纸、电视、网络等媒体及广州民间金融街官方网站向社会广泛征集宣传口号。加大宣传力度，设计统一 logo 并申请注册商标，制作宣传册，录制宣传短片，营造良好的示范区工作氛围，同时加强与市内主流媒体的沟通协调，建立定期沟通机制，多渠道宣传整体形象，运用现代的品牌推广策略逐步把广州民间金融街的品牌做大做强，进一步提升广州民间金融街的国际、国内知名度和影响力。

1. 加强媒体合作

广州民间金融街立足广东，面向全国，辐射世界，全国性媒体应当成为广州民间金融街品牌推广的主力军。由于广州民间金融街地处广东省的省会，可将广东省和广州市两级主要媒体作为紧密型的合作伙伴，同时加强与中央新闻管理机构以及世界各大主流媒体的联系，着手建立一个具有全国影响力乃至辐射全世界的广州民间金融街传媒网络。

2. 借力政策扶持

广州民间金融街品牌的推广，离不开从中央政府到各级地方政府的领导和支持，需要充分利用各级政府机关，发布权威信息，引导主流舆论。同时，借助创建全国知名品牌示范区的契机，加大广州民间金融街品牌推广力度，深化大众对广州民间金融街的认识。

3. 明确推广对象

明确客户对象，强化服务理念，这是广州民间金融街现阶段应该做的事情。对金融业务客户群体进行明确的市场区分，细分类别后，按行业、地域提供不同方式的服务，开发不同的金融产品，这样才能满足不同客户的需求。对于不同的客户群体，提供有针对性的金融服务，制定相应的宣传策略。

4. 持续开展宣传工作

广州民间金融街品牌是要反复认知的，理念是要不断阐述的，文化是要持续构建的，只有经过长时间、多频次、高质量的宣传，广州民间金融街品牌才能够融入大众心中，提起广州民间金融街，就能让人联想到“创新、诚信、安全”。

二、广州民间金融街品牌传播策略

1. 广告宣传

（1）设计宣传口号。利用宣传口号凸显、提升广州民间金融街品牌形象，围绕区域品牌——广州民间金融街的品牌价值与承诺，凸显企业、商务人士及社会公众的共同核心利益点，联合社会各界，共同创造一个幸福、和谐、温暖的民间金融街。

（2）全媒体广告推广。在公共场所以及户外场所设立大型广告牌，投放广州民间金融街品牌形象广告，凸显民间金融中心核心区的品牌价值。组合使用大众广播、小众广播和互联网广播栏目，传播广州民间金融街宣传口号，定期投放、播报最新动态。在国家级、省级、市级权威媒体上开设定期专栏，推送广州民间金融街的形象平面广告、招商广告。

2. **公关关系传播**

（1）节事会议。加强广州民间金融街与行业组织的交流，推动区内的跨国节事活动；举办“广州民间金融街品牌节”等活动。抓住各类有利契机主动进行立体化宣传，积极组织和开展各类公益活动，在公众心中树立和提升广州民间金融街品牌形象。

（2）文化体育活动。组织与品牌传播发展相关的文化、体育活动，吸引和鼓励街区内相关人士参与，提升其对广州民间金融街的归属感。举办民间金融街一日游等活动，扩大广州民间金融街品牌的影响力；培育地方性活动主题，反映街区内公众的共同愿望，传播广州民间金融街品牌的功能与形象。

3. **互联网推广**

推动行业服务业务推广计划，完善门户网站，拓展广州民间金融街的网站业务内容及功能，与金融网站建立深度合作机制，开通论坛、贴吧等板块，提供有价值的产品或服务信息，通过互联网范围大、速度快的特点，实现广州民间金融街品牌的快速推广。

4. **口碑传播**

（1）引发口碑。加强广州民间金融街的内部建设和管理，提高服务质量，为塑造良好品牌形象建设口碑传播渠道。一是撰写既有新闻价值又能传播良好口碑的新闻稿件，借势宣传，提高广州民间金融街知名度。二是举办新闻发布会、研讨会、重大赛事活动等，利用名人名企的成就和声望，打造品牌传播的“活广告”。三是制造新闻，借助媒体充分挖掘广州民间金融街具有新闻报道价值的事件和事例，传播广州民间金融街的价值观和理念，争取目标受众的认可。

（2）培育具有正能量的企业。遴选入驻广州民间金融街具有影响力的知名企业、在业界和学术界颇具影响力的人物，培养广州民间金融街口碑传播的标杆企业，评选“广州民间金融街十佳企业”，通过评选效应进行口碑传播。

（3）新媒体传播。建立并认证自身官方微博、微信公众号，利用博主推荐、转发宣传，建立相关主题的微信服务号和订阅号，进行交流和分享，以达到迅速提升知名度和美誉度的目的。利用电子邮件平台发送电子杂志刊物、利用手机媒体提供无线数据信息服务系统、利用桌面视窗进行消息推送等手段，使品牌形象能够在当今的新媒体环境下进行全方位、立体化的传播。

第五章　广州民间金融街品牌危机管理

一、广州民间金融街品牌危机管理重点和决策机构

1. 广州民间金融街品牌危机的管理重点

广州民间金融街品牌危机管理的对象和内容，包括由未加控制的或不可控制的因素造成的对广

州民间金融街有重大危害的社会事件和自然事件，也涵盖了由于自身、区内企业、竞争对手、客户和公众以及外部环境等其他因素的突变，会对广州民间金融街品牌的整体形象造成各种不利影响，挫伤企业、顾客和居民对品牌的信任忠诚度，削弱或抵消品牌建设取得的成效。

广州民间金融街的品牌危机的主要类型、内容和表现如表2所示。

表2 广州民间金融街品牌危机的类型、内容和主要表现

广州民间金融街品牌危机类型	广州民间金融街品牌危机内容	主要表现
园区自然及事故灾害	自然灾害	不可抗力导致的大规模灾害，如水灾、台风、地震等
	事故灾害	重大交通事故、工程事故、环境污染、火灾、城市基础设施故障事故，以及其他安全事故
	公共卫生灾害	包括SARS、禽流感、埃博拉等群体性流行传染病，以及其他影响公共健康的卫生事件
	社会安全事件	包括重特大刑事案件、涉外突发公共事件、恐怖袭击事件以及群体性事件
业务品牌危机	服务质量问题	金融服务产品质量出现问题，被投诉未能妥善解决
	权益纠纷危机	企业与政府之间纠纷、知识产权纠纷、员工与企业之间纠纷
	信誉信用危机	政府招商推介、政策允诺等方面的失信
	企业形象危机	企业违规经营、偷税漏税、霸王条款、效率低下等
品牌管理失误	发展战略失策	广州民间金融街管理规划部门对品牌的发展方向、发展规划失当，或战略执行失误
	内部资源危机	广州民间金融街管理部门在资金投入、人力资源、信息建设等方面的短缺与不足
品牌环境恶化	对抗竞争	园区内的企业恶性竞争造成不良影响
	负面舆论	广州民间金融街品牌、企业品牌等因媒体原因所引发的不良公众舆论
	组织管理混乱	品牌管理团队的组织变动、领导更迭造成的运作危机
	宏观环境制约	因上级经济政策、法律变更、社会结构、科技发展和社会文化变迁等带来的危机

2. 广州民间金融街品牌危机管理决策机构

建立广州民间金融街品牌危机管理决策机构，沟通政府相关部门和园区企业，以此为基础，不断完善全面预警、反应灵敏的综合抗危减灾管理体系。广州民间金融街品牌危机管理决策中心，由广州民间金融街管委会专设部门负责，组织政府、研究院、高校相关危机管理专家，成立危机顾问团队，由管理决策机构负责广州民间金融街品牌危机管理的事前、事中、事后处理事宜，并承担品牌危机管理战略决策研究任务。

二、广州民间金融街品牌危机管理机制

1. **事前品牌危机防范管理**

（1）制定广州民间金融街品牌危机管理相关办法。

由广州民间金融街管委会制定《广州民间金融街品牌危机管理办法》，包括规定广州民间金融街品牌危机管理的指导思想、工作原则、领导机构和工作内容与流程、日常管理等方面的内容。根据实际需要，持续补充和完善相关执行办法和处理办法。

（2）增强抗自然灾害及事故风险的能力。

增强区内基础设施对自然灾害的抵御能力，完善公共场所安全功能建设；进一步完善自然灾害及事故的相关应急预案；联合公安、楼宇物业管理与企业，完善摄像检测系统的网络布局，对区内各关键性区域进行实时监测；增强楼宇消防设施建设；疏导窄巷的消防通道；强化与气象台的合作，加大气象变化的监测力度，提高气象信息的动态发布频率；加强对主要传染性疾病的防疫控制。在重特大灾难到来时，通过短信和社交媒体、传统媒体等方式面向社会发布。

（3）风险监测信息化。

进一步完善由金融街自主研发的广州民间金融风险监测系统、广州民间金融街征信数据平台。同时，监测与品牌相关的涵盖金融、治安、舆情、信用、违法、自然灾害等各个领域的指标，严格监控入驻企业运营各环节，定期评估品牌发展安全度，对出现异常的组织进行预警，协助排除品牌危机隐患。

（4）开展品牌危机的专题培训。

组织政府有关部门负责人、企业员工和公众，积极参与开展舆情危机、企业品牌危机、知识产权纠纷、群体性公共事件、台风、火灾等的模拟实战演练，将专题实战培训经验、成果通过媒体向区内宣传，增强品牌危机意识。

2. **事中品牌危机监控管理**

品牌危机发生后，按照《广州民间金融街品牌危机管理办法》的规定要求，立即启动危机控制程序。在品牌危机管理决策中心遴选相关领域的专家顾问，与相关部门的负责人、品牌单位联合办公，协调各相关环节的工作，实现快速执行决策、快速推进预案实施，高效率应对品牌危机。

（1）迅速判断，控制局面。要第一时间坦诚面对公众和媒体的质询，态度诚恳，控制源头，判断起因、评估投诉和风险，将品牌危机事件控制在现有的程度，要把握处理节奏，有针对性地处理问题。

（2）控制舆论，统一口径。召开新闻发布会，会前提前准备敏感问题的答案，为外地和未到会记者准备传真资料，在面对媒体时主动沟通，积极配合媒体，提供准确、透明的信息，同时每天保持与各种媒体的联系，规范引导新闻媒体动向，面对不公正的报道和提问时保持冷静、克制，避免负面新闻报道再度出现。要高度重视网络媒体品牌危机事件的处理，网络媒体具有传播迅速、交互性强的特点，因此对网络媒体上出现的品牌危机事件的处置要更加坚决果断，要密切关注与影响相关的评论网页，最大限度地遏制负面信息在网上的扩散和影响。

（3）安抚受害者。对品牌危机事件中涉及的受害者进行安抚，如确因工作失误或缺陷造成危

害，还应进行道歉，并提供善后措施，将该危机源头堵住。

（4）主动沟通各上级职能部门，并请求第三方协助积极进行品牌危机事件的调查，提供问题处理方案，重新规范工作流程，并邀请权威机构、行业内专家等检查评判，并由专家发布权威说法，赢得公众信服。

（5）消除影响要化害为利，借助前期公众关注度高的时机，积极通过主流媒体进行品牌形象的宣传，组织力量进行正面报道，提升金融街的品牌形象。

3. 事后品牌危机处置

在政府引导下，联合企业、媒介、公众，通过实施危机公关计划，挽回被挫伤的品牌形象，消除危机处理后的遗留问题和破坏性影响，对品牌危机进行善后和评价。

（1）品牌危机事件善后。品牌危机事件的善后工作，主要是消除危机处理后的遗留问题和衍生影响。在危机处理中新建立的、新发生的与社会各界的良好关系要进行维护和巩固，对事件涉及的另一方当事人要进行回访，获得相关理解、谅解和支持，进一步扩大金融街品牌美誉度。

（2）总结报告。品牌危机事件应急处理工作结束后，或者相关危机因素消除后，要及时、全面整理各种资料并存档，作出分析、总结，以书面形式及时上报相关领导。要根据品牌危机事件的级别，统一组织对事件的起因、性质、影响、损失、责任以及经验教训、恢复方案、补救措施等进行全面的总结评估，为以后处理品牌危机事件提供经验教训。

（3）整改检讨。针对品牌危机事件的实际发生情况及其暴露出来的问题，要认真分析事发原因，深刻吸取教训，举一反三，积极整改，防止类似事件再次发生。要及时检讨、修补管理与运营体系，改进媒体关系维护工作，提高公共关系工作水平，修改、完善应急管理办法。

（4）考核奖惩。根据品牌危机事件的级别，在调查评估的基础上，严格实行责任追究制。对于在品牌危机事件中处理不力或者负有责任的机构和人员，进行处罚、处理；对于在品牌危机事件应急管理中有突出贡献的集体和个人，要给予奖励与表彰；对于有立功表现的责任人，可给予减轻或免于处分；品牌危机事件的处理列入金融街工作的考核内容。

三、广州民间金融街品牌危机管理监测平台

由于品牌危机对于品牌建设具有重大危害性，对广州民间金融街品牌危机的控制，要以品牌发展环境的感知、监测、预报为主，防患于未然。为此，借助信息化手段，健全和完善五大监测平台，通过对广州民间金融街品牌相关数据情报资源的搜集、分析，实现对品牌危机的监测预警和事前控制，降低广州民间金融街品牌的发展风险。

1. 广州金融街信息平台

不断完善和提升金融街风险监测系统功能，对街内小额贷款公司的每笔放贷业务进行实时监管，专人跟进，确保园区内企业贷款质量。

2. 基础数据平台

基础数据平台最基本的功能是收集、存储街内各入驻机构、从业人员等的静态信息。

3. 业务报备平台

业务报备平台是综合信息平台的核心资源库，是所有非现场监管信息的来源，主要通过对小额

贷款公司、融资担保公司业务信息的如实录入，收集入驻机构的基本业务信息和其他有关重要的信息。为监管机构对入驻机构进行风险评估、业务监管等分析提供强有力的数据支撑。

4. 风险预警平台

风险预警平台是金融街网络服务平台的核心平台，通过对报备数据的异常变化分析，使监管机构可以从不同角度及时掌握入驻机构的经营状况，提高风险监控水平，对各类违规行为及时发出警告信息。

5. 信用数据平台

采集、保存、整理民间金融机构及个人与信用交易有关的记录，为监管者、投资者和信用交易机构进行风险管理提供重要依据。

第六章　保障措施

一、加强组织领导，健全工作机制

1. 完善组织架构

加强“全国知名品牌创建示范区”组织领导工作，成立由越秀区区长任组长，市质监局副局长、市金融工作局副局长、越秀区副区长任副组长，区相关部门主要负责人为主要成员的工作领导小组，负责工作的组织协调、重大事项决策。明确牵头部门、责任单位，制定筹建规划和措施，领导小组办公室下设广州民间金融街管委会，专职负责政策研究、定期会议、组织沟通、总结汇报等各项日常协调工作。

2. 建立考核管理机制

建立目标责任制和督查考核机制，及时协调解决创建工作中遇到的突出问题，推动创建工作深入、扎实开展。根据本规划时间要求，逐项落实工作要点和进度安排，确保工作顺利进行。加强对规划实施情况的跟踪监测，做好各项工作和政策措施落实的督促检查，定期组织开展规划实施情况的评估，建立品牌建设和维护绩效考核评价体系，落实督查考核制度，开展经常性的督促检查。

二、广泛整合资源，提升核心竞争力

1. 完善人才引入政策

积极引进熟悉国际经济和金融实务的高端金融人才，为落户金融街的高端人才提供良好的工作环境和空间，对有突出贡献的高端人才给予一定额度的现金奖励。对落户金融街高端人才的配偶及子女，解决户口、就学等问题。为家属的工作安排、住房等提供必要的帮助和支持。为高端金融人才提供必要的医疗服务、运动场所和子女就学的便利条件。

加强与省、市质检部门、检验检疫部门、“一行三局”、金融工作部门、科研机构、大学院校、优质企业等的沟通联系，广泛整合质检、金融等部门及高校、企业的专家力量，整合高端智力资源，组成专家咨询委员会，并建立定期沟通机制，在规划、产业政策、标准化建设等方面进行研究，为示范区的创建出谋划策。

2. **加强基础设施建设**

地理空间狭小、基础设施不完善是广州民间金融街发展的主要制约之一，要确保金融街的快速发展和集聚效应的发挥，继续加大政府投入，

在完善基础设施的同时，进一步拓展金融街的地理空间。按照越秀区“十三五”蓝图“一核三带四区”的总体规划，作为“四区”之一的广州民间金融街，在推进珠江越秀段的产业升级、“三旧”改造和环境提升过程中，努力打造智力服务产业集群的智力创新带。

3. **构建信息化系统**

健全金融街的信息交流与发布平台，通过构建功能完善，高效快捷，涵盖小额信贷、融资租赁、抵押担保、典当等业态的金融信息网，全面提高金融街的信息化水平，并使社会公众能够方便、快捷地获取相关金融信息，使金融街成为面向全国、面向全世界的窗口。

通过信息化平台，面向大众推介活动，集中宣传广州民间金融街品牌发展定位、核心品牌与子品牌层次、品牌建设目标等方面的内容。

三、健全监管机制，落实政府奖励政策

结合我国目前金融监管的各项法律法规，制定和完善金融街各类金融机构的监督管理规定，使监管主体有法可依。同时进一步明确各监管机构的责任和权利，从而认真履行自己的职责，真正从源头上防范金融风险的发生。加强对各金融企业风险点的非现场检查，各监管机构根据主要风险指标和模型，建立各业态的风险预警体系，对各业态的风险水平进行动态监测和预警。让入住商户统一签订《广州民间金融街诚信合规经营承诺书》，以树立广州民间金融街品牌，共同营造诚信、合规的经营环境，共同维护企业声誉、行业声誉，实现民间金融街可持续发展。

认真落实广州市越秀区人民政府办公室《越秀区关于促进广州民间金融街互联网金融创新发展的若干规定（试行）》《关于促进广州民间金融街发展的若干规定（试行）》文件精神，积极支持各类进驻机构开展小微企业和民间金融服务，营造良好的营商环境，紧抓互联网金融发展机遇，促进广州民间金融街互联网金融基地发展，进一步激发创新活力成为民间金融街发展的重要引擎，促进广州民间金融街全面、健康、可持续发展。

四、优化经营环境，提升服务水平

1. **行政服务**

金融街综合行政服务中心，为落户企业提供一站式服务，尽量简化落户企业的行政审批手续，方便企业办理工商注册、税务登记、市政规划、环保审批、项目立项、土地使用许可、施工审批等系列手续，提高服务质量和效率。金融街的优秀企业，可享受政府各职能部门提供的绿色通道服务。

2. **商务服务**

通过良好的经营环境和优惠政策，进一步建立和完善金融街的商务服务体系，可考虑成立民间股权交易所等，满足企业设立、贷款担保、税收优惠、资质认证以及专项审批、特许审批、企业改

制、产权交割、工商变更、项目融资等公共商务服务需求。

3. **法律服务**

完善金融街的法律服务体系，解决小额信贷、融资租赁、担保、委托理财、典当及各类金融争议，提供高效的法律服务。

4. **中介服务**

积极与相关中介机构展开合作，建立健全金融街的会计师事务所核资与审计、融资担保、信用评级、会展策划、对外交流、文化传媒、招商引资、电子商务、投资咨询等各类中介服务体系。

本文根据广州民间金融街监督管理委员会 、广州市质量发展研究中心提供的资料整理（2016 年）。

广州民间金融街城市更新模式探讨

城市更新是一种以恢复城市活力、提高城市竞争力为目标，以物质空间环境改造为切入点，以功能提升为内涵的城市发展策略。西方国家的城市更新起源于“二战”后的城市重建（urban reconstruction），随着全球化的发展，出现了以应对旧制造业中心城市经济衰退和人口减少为主要导向的城市更新（urban renewal）以及城市经营理念下的城市再开发（urban redevelopment）。由于经济发展和城市建设路径的差异，我国的城市更新并不能完全耦合西方研究语境，在城市化仍然快速发展的时期，就已经出现了大规模的城市更新活动。

目前的历史街区更新主要包括四种模式（表1），其实施主体、资金来源、更新目的和功能定位各不相同。政府主导、市场开发、社区自主改造这三种模式在特定的历史阶段发挥了重要作用，但其存在的问题却日益凸显：单纯依靠财政资金的政府主导模式已无法满足更新改造巨大的资金需求；完全依靠企业投资的市场开发模式虽然具有较强的更新动力，但资本追逐利润最大化的本性易对历史街区造成破坏，损害公共利益；单纯依靠居民自筹资金的社区自主改造模式由于资金有限以及意见协调困难等原因而明显缺乏更新的动力。因此，依靠单一主体的更新模式已难以适应城市建设主体多元化的趋势，多主体参与的更新模式应运而生，它指的是各方面利益主体共同协商推动街区的更新改造，以各方利益达到平衡为目标的更新模式。随着市场化程度的不断提高，多主体参与将成为我国历史街区更新的主要模式。

表1　历史街区更新的4种模式

更新模式	实施主体	资金来源	更新目的	功能定位	典型案例
政府主导模式	政府	财政资金	文化保护，旅游开发	综合旅游功能	成都宽窄巷子
市场开发模式	开发商	企业投资	商业包装，获取利润	商业为主，兼为旅游服务	上海新天地
社区自主改造模式	社区居民	居民自筹	完善设施，改善环境	居住为主，兼具旅游服务功能	北京南锣鼓巷
多主体参与模式	各利益相关方	多方共筹	利益平衡	一般都伴有旅游开发	上海田子坊

一、研究区域与方法

本研究以广州民间金融街作为研究区域，其位于广州市越秀区西南部的长堤大马路，毗邻珠江，曾经是广州重要的商贸、金融中心，有“广州外滩”之称。随着广州城市中心的东移，长堤大马路金融功能逐渐弱化，退变为传统的商品批发商贸区，也产生了空间失序、特色不足、功能混乱、交通拥堵等问题。长堤大马路是《广州市历史文化名城保护规划》确定要重点保护的骑楼街，拥有包括爱群大厦、东亚酒店和永安堂等在内的众多历史文化资源，街区的传统肌理尚存，与周边地区共同构成了代表广州近代商贸、金融发展的历史风貌集中区。

本研究主要采用资料分析法和深度访谈法。分析资料主要来自政府部门，包括各类政策文件、工作方案、工作简报以及相关规划等。通过对这些资料的分析，辅以与广州民间金融街管理委员会、广州民间金融街管理有限公司、越秀区人民街道办事处等单位的负责人及工作人员的深度访谈，试图了解长堤大马路的发展历程、广州民间金融街的更新过程，以及政府推动广州民间金融街建设的动机及其发挥的作用。对于入驻金融企业、物业产权方以及原承租方等其他主体，主要采用深度访谈的方法，试图透过他们的视角，了解广州民间金融街更新的全过程。对于入驻金融企业，主要了解是什么原因促使它们进入广州民间金融街，以及它们在广州民间金融街租房、装修等方面的情况；对于物业产权方，主要了解广州民间金融街更新带给他们的影响，以及他们的态度、物业承租方变更等情况；对于原承租方，分为两种情况：一种是搬离街区的，主要了解他们离开的原因；另一种是继续经营的，主要了解他们坚持留下来的原因以及参与更新的情况。访谈情况详见表 2（访谈形式全部为面谈）。

表 2　访谈情况一览表

参与主体	访谈对象
广州民间金融街管理委员会	负责人 1 人、工作人员 1 人
广州民间金融街管理有限公司	负责人 2 人、部门负责人 1 人、工作人员 1 人
广州市越秀区人民街道办事处	部门负责人 1 人
入驻金融企业	4 家小额贷款公司负责人（H 小额贷款公司、S 小额贷款公司、P 小额贷款公司、J 小额贷款公司）
物业产权方企业	业主 2 人、私人业主 1 人
原承租方	4 家商户的负责人（搬离的 2 家，继续经营的 2 家）

二、广州民间金融街城市更新的产业重构

重构合适的主导产业是城市更新的关键，它有助于复活街区的经济，使其活力再现。随着消费时代的到来，旅游业快速发展，旅游开发导向的城市更新实践也越来越多，但旅游业并不是带动城市更新的唯一产业。在广州民间金融街的案例中，旅游对街区更新的作用被实践证明非常有限。由于民间金融产业对于城市空间的需求，加之长堤大马路历史文化特色与金融产业主题的契合，最终以民间金融产业的注入带动街区的更新改造。

（一）以旅游带动更新探索的失败

长堤大马路自 20 世纪 90 年代末开始衰落，直到建设广州民间金融街之前，广州市曾先后通过一系列措施试图以商贸旅游业来带动街区更新。2002 年，《广州市越秀区沿江商贸旅游总体规划》将长堤大马路定位为“老广州风情街”，规划通过振兴街内的老字号商家，重塑长堤大马路繁华的商业氛围，重点发展旅游购物。2005 年，《广州市越秀区商业发展规划（2004 — 2010 年）》又将长堤大马路定位为“老字号一条街”，长堤大马路改为步行街，全线禁止机动车通行。

“老广州风情街”的理念在一定程度上促进了长堤大马路内酒吧、KTV 等娱乐场所的发展，但带来了消防、治安和噪声等方面的问题。而“老字号步行街”方案最终因“长堤一带交通压力实在太大，不适合改步行街”而搁置。实践证明，以旅游带动长堤大马路街区的更新是行不通的。

（二）民间金融正规化发展的空间需求

民间金融特指未纳入“一行三会”及其派出机构监管体系的金融活动，主要包括民间借贷、民间集资等。民间金融由于本身固有的自发性、隐蔽性和不规范性，同时又缺乏监管，隐含了较大的金融风险，从而出现了许多问题，扰乱了社会经济秩序。面对民间金融逐渐暴露出来的问题，国家和地方相继采取措施，逐步将民间金融活动纳入政府监管范围内，民间金融开始走上正规化、阳光化发展道路。广东省和广州市两级政府于 2011 年底提出要在广州建设民间金融集聚区，以民间金融机构为载体，将投资渠道不畅的民间资本集中起来，同时集聚其他金融服务，为中小微企业提供有针对性的，完善、便捷的金融服务，民间金融产业自此开始在广州寻求空间载体。

（三）以民间金融产业带动街区更新

长堤大马路曾经商贸繁荣，是广州著名的“十里洋场”，是广州“千年商都”历史的重要见证，同时也是广州乃至中国现代金融业重要的起源之地。

《广州区域金融中心建设规划（2011—2020 年）》明确提出“营造良好的金融文化环境”，“文化引领”的理念已深刻影响着广州金融业的发展。长堤大马路的金融商贸文化特色与民间金融这一产业主题相契合，其更新需求与民间金融产业的空间需求相契合。2012 年 2 月，广东省人民政府正式同意广州市在越秀区长堤大马路建设广州民间金融街。

三、广州民间金融街城市更新模式

广州民间金融街城市更新是在多方力量的共同推动下进行的，在市场机制下，各方面利益得到平衡，从而实现了街区的持续更新。政府和入驻企业的共同投入使街区物质环境得到改善；政府出面协调产权方和原承租方终止租赁合同使产业空间得到释放；政府引导使得以小额贷款公司为代表的民间金融产业注入长堤大马路。

（一）综合整治：物质环境的更新

地处广州老城区的长堤大马路，与其他老城区一样，存在着建筑老旧、环境杂乱和设施不足等问题。街区复兴，首要工作便是对物质环境的改善，这是产业升级、功能提升的前提与基础。政府和入驻企业的共同投入促成了长堤大马路整体物质环境的更新。

（1）外部整治：政府投入。政府的工作主要包括统一规划设计、建筑立面整饰、街区景观打造、电力增容和管线建设等方面。资金来源以广州市、越秀区两级财政投入为主，并积极争取国家和广东省的支持。同时以广州民间金融街建设为契机，加大对“住改仓”问题的整治力度。

“建筑修缮、环境整治、设施完善等都需要资金，单纯依靠财政投入是不现实的。政府能做的是对街区整体环境、形象的改善，以此来提高街区的吸引力，这部分投入还是在财政的承受范围内的。至于建筑内部的修缮及装修，则可以交由具体使用方来负责。”——广州民间金融街管理委员会 Z 女士。

（2）内部整治：企业投入。入驻金融机构确定了办公地点以后，会从自身办公环境营造的角度对房屋进行装修。小额贷款公司的股东大多实力雄厚，且很多都是各行各业的领军人物，他们的文化素养普遍较高。因此，他们对于自己在民间金融街内的办公场所的装修都有较高的要求，并且都不吝于为装修投入资金。调查显示，入驻金融企业办公场所装修平均耗时为 2 个月，平均资金投入约 130 万元。

“我们公司的股东都是所在领域的成功人士，基本又都是初次投资金融领域，因此都十分重视，我们这里的装修投入100余万元，对于我们来说，并不算高。”——J小额贷款公司S先生。

与此同时，一些选择留在长堤大马路继续经营的商户，为了迎合高端顾客的消费需求，也纷纷出资对店铺进行了装修改造，以适应民间金融街的整体形象。

“网上都有我们的照片，前后对比还是很明显的。之前我们主要是做专业市场和老居民的生意，就是个小店面，就不想搞得太豪华。现在，金融街上金融机构都进来了，我们把门面做得漂亮一点，他们也愿意来。”——H小食店H先生。

无论是新进入的金融企业，还是已有的商户，都因广州民间金融街的建设而对自己的经营场所进行了装修改造，使街区的物质空间更新不仅顾及表面，更深入建筑内部。

（二）清租腾铺：产业空间的释放

广州民间金融街建设更新采取的不是“大拆大建”的方式，而是采取“空间腾挪，功能注入”的方式，空间腾挪的模式可以总结为“清租腾铺”。所谓“清租腾铺”，指的是通过多方协调沟通，终止从事低端经营活动的物业原承租方与业主的房屋租赁合同，物业原承租方搬离，腾空房屋物业以吸引民间金融机构入驻的过程，这是低效利用的空间资源潜在价值释放的过程。

（1）“清租腾铺”是一个需要施以外力推动协调的过程，广州民间金融街管理有限公司（简称“管理公司”）实际上充当了产权方与入驻金融机构之间的“二房东”的角色。管理公司是越秀区属国有企业，代表政府建设广州民间金融街。它从产权方那里以一定的价格租入房屋物业，再以一定的价格转租给入驻金融机构。在这一过程中，管理公司的主要投入包括付给房屋物业产权方的租金、对原承租人的补偿等，收益主要为入驻金融机构交纳的房屋租金（图1）。

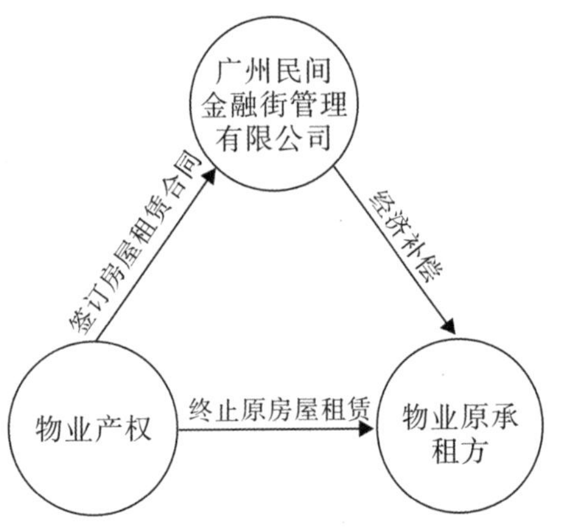

图1 “清租腾铺”运作机制

物业产权方都比较乐于将物业租给管理公司，由其统一经营管理。首先是因为租金收益与之前持平或更高，且更稳定；其次是因为金融企业管理相对规范，消防、治安等方面有保障。因此，在租金收益不受损，且能使物业保值的前提下，物业产权方会比较积极地配合“清租腾铺”工作。

“我的房子以前租给一家酒吧，环境乱糟糟的，我整天都在担心自己房子的消防安全，又担心酒吧里有‘黄赌毒’等违法活动。现在，我把房子租给管理公司统一管理，不仅可以收取更多的租金，而且不用担心消防和治安问题了。”——某物业业主H先生。

原物业承租方出于对街区未来发展前景的判断，加之来自业主及政府的压力，大多选择结束在长堤大马路的经营，腾出空间供民间金融街发展之用。

“长堤现在走高端路线了，我们是做海鲜生意的，没法在街内干了，大家现在来长堤，都是贷款的，我们哪做得了，就不做了。”——搬离街区的商户L先生。

对于放弃租赁长堤大马路内商铺的原物业承租方，管理公司会按照一定的标准给予经济补偿，主要包括违约金、装修补偿、营业损失补偿、其他损失补偿。调研结果表明，因“清租腾铺”而结束在长堤大马路经营的商户对于获得的弃租补偿比较满意，因建设民间金融街而带给他们的损失被尽量降低。

“我们当时的经营面积是1300多平方米，补偿了大概有400多万，我们还是可以接受的。”——搬离街区的商户Z先生。

管理公司对于街区更新的资金投入，一方面来自政府财政资金，另一方面则是其本身的盈利，而其盈利主要来自“租金差”，即管理公司转租物业的较高价格与其租入物业的较低价格之间的差额。“租金差”的存在保证了管理公司的正常运行，并使其不断获得街区更新所需的资金，从而支撑街区的持续更新。

“我们公司很重要的一项工作就是对民间金融街内物业的经营管理，我们物业租出的价格要高于我们租入这些物业的价格，这是我们主要的利润来源，一方面保证公司日常运作，另一方面也是民间金融街各项投入的来源之一。”——广州民间金融街管理有限公司P先生。

（2）政府内部利益协调涉及“清租腾铺”物业的，越秀区属公房和区直属机关团体单位自有物业可以由越秀区人民政府出面，在区一级层面解决。但是，还有部分物业是广州市属公房和市直属机关团体单位自有物业，这一部分物业是无法由越秀区协调解决的，这就需要广州市政府出面协调。广州市政府高度重视民间金融街建设，为保证建设进度，由市领导出面统筹协调各业主单位，尽最大努力保障民间金融街用房。建立了由广州市一级主管部门与越秀区各职能单位对接，协调业主单位与原承租方终止原有租赁合同的工作模式（图2）。

“长堤大马路沿线物业中，公房占有很大比重，不光是越秀区属公房，还有广州市属公房。由于广州民间金融街的建设主体是越秀区，因此市属公房的利用需要‘市－区’对接，由业主单位的市级主管部门与越秀区的对应部门进行对接。”——广州民间金融街管理委员会G先生。

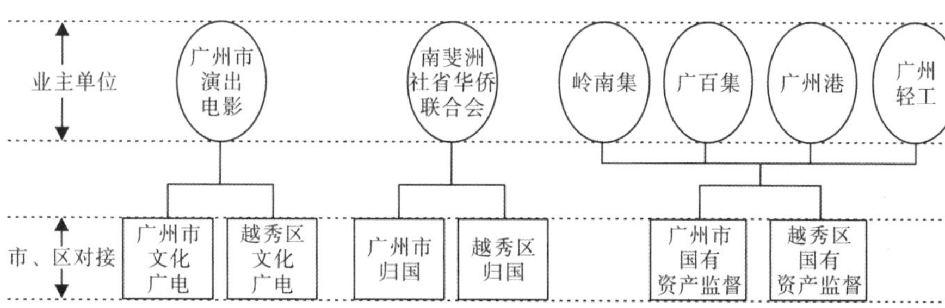

图2 “市－区”对接示意图

（三）招商引资：金融产业的注入

“清租腾铺”为广州民间金融街带来了可供利用的房屋物业，它们是街区发展的物质载体。接下来要将全新的金融产业注入这些从低端产业中释放出来的空间中，即吸引民间金融机构入驻。目前，已有近百家金融机构入驻广州民间金融街，其中以小额贷款公司为主体，还包括典当行、融资担保公司等其他民间金融机构。政府主要从政策引导、资金支持和服务平台3个方面来吸引民间金融机构入驻，将民间金融的产业功能注入街区已有物业中。

（1）政策引导。第一，广东省金融办和广州市金融办针对广州民间金融街下达小额贷款公司设立专项指标，即企业只有入驻民间金融街才能获批小额贷款公司的设立资格，办理营业执照；第二，在民间金融街之前获批设立的小额贷款公司只能在所在市辖区内开展业务，而入驻民间金融街的小额贷款公司可以在整个广州市范围内开展业务；第三，将在民间金融街内开办的小额贷款公司的注册资本上限由5亿元提高为10亿元。

“应当讲，民间金融街对于我们最大的吸引力还是在于政策。当前，牌照对于小额贷款公司还是稀缺而宝贵的；小额贷款公司被禁止吸储融资，只能利用资本金放贷收息，注册资本金的多少直接影响企业日后的经营。民间金融街在牌照和注册资本金上限这两个方面具有相对宽松的政策，对于小额贷款公司具有很大的吸引力。”——S小额贷款公司W先生。

（2）资金支持。越秀区和广州市设立民间金融街发展专项资金，用以奖励和补贴入驻民间金融街的民间金融机构。第一，对于在民间金融街设立总部或者将总部迁至民间金融街的民间金融机构给予20万～50万元不等的一次性资金奖励；第二，对于入驻民间金融街的民间金融机构给予办公用房租赁补贴；第三，从行业自律、业务经营、创新发展、政府监管等方面对入驻民间金融街的民间金融机构进行评优评级，每年对评级结果排名前5位的机构，一次性给予每家50万元的资金奖励。

“广州民间金融街设有专项扶持资金，针对入驻企业有入户奖、房租补贴、评优奖金等，这是我们当初决定进入的考虑因素之一。”——P小额贷款公司L女士。

（3）服务平台。广州民间金融街之所以能够吸引众多民间金融机构入驻，另外一个很重要的原因是政府在民间金融街内搭建的公共服务平台。政府的工作并不仅仅是将民间金融机构引进民间金融街，还会后续跟进民间金融街的发展，这种工作的开展依托于政府在民间金融街内打造的各类公共服务平台，为街内民间金融机构提供咨询、法律和会计等专业化服务，具体包括广州民间金融商会、广州民间金融研究院、广州民间金融街综合信息系统等，促进业务交流、智力支持和行业自律，旨在降低民间金融风险，促使民间金融街健康发展。

“我们入驻金融街，主要是觉得金融街各项配套已经比较成熟，我指的是针对行业发展的配套，比如商会、研究院、综合信息服务等。企业也讲集聚效应嘛，大家都在金融街，融资的人也就知道了，愿意过来这里看一看。”——H小额贷款公司H先生。

综上所述，多主体参与是长堤大马路可持续更新的重要特征，也正是多主体的参与使得更新获得了持久的动力。参与更新过程的主体主要包括4个方面：政府、物业产权方、物业原承租方、民间金融企业，它们在综合整治、“清租腾铺”和产业注入的过程中发挥了不同的作用，一起实现了街区功能的置换与活力的提升（图3）。

四、广州民间金融街城市更新成效

（一）环境改善，形象再造

在广州民间金融街建设的带动下，长堤大马路的街区环境得到明显改善，街区品质得到提升。修缮了老旧建筑，修整了街道路面，美化了街头景观。

“三线”下地工作的实施以及“住改仓”现象的减少，使原本杂乱无序的街道空间逐渐有序化。长堤大马路街区的形象特色逐渐鲜明，成为广州极具特色的金融历史街区。

（二）功能提升，活力增强

街区更新带来的最直接的经济效应就是产业和功能的提升。据统计，涉及“清租腾铺”的房屋物业之前共有各类承租主体52个，注册资本共计约6300万元，主要包括仓库、小食店、服装店、宾馆、酒店、小卖部、网吧、酒吧和理发店等。而在更新后，共有89家金融及相关配套机构进驻，

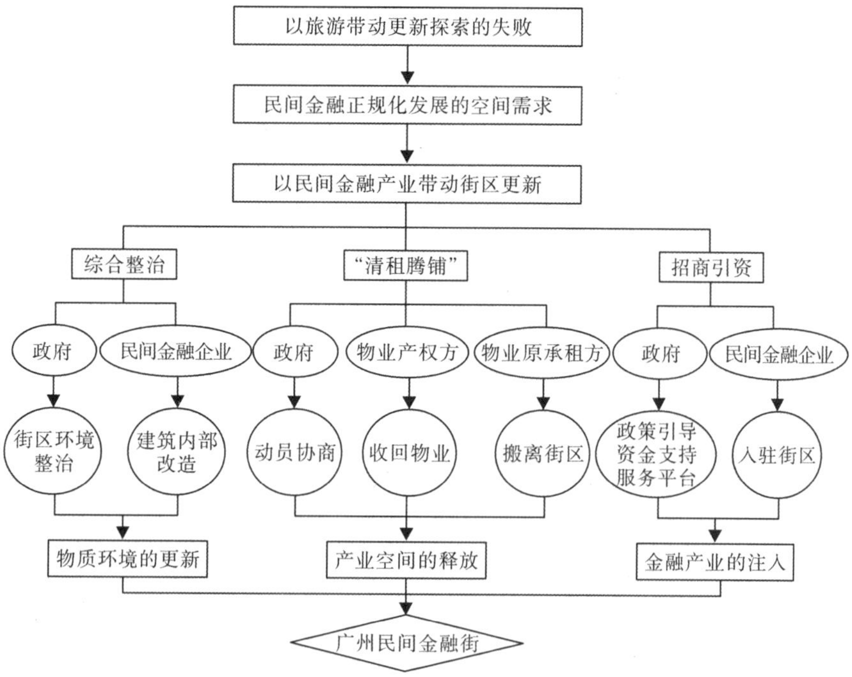

图 4　广州民间金融街城市更新模式示意图

它们的注册资本合计达 120 亿元，约为之前的 190 倍，业态明显高端化。而由于环境的改善、功能的提升，长堤大马路沿线物业的租金水平也随之提高，约为更新前的 4 倍，土地潜在价值得到有效释放。更新改造以前，项目范围内相关商户的年纳税额约 1950 万元，而目前民间金融街内入驻企业的年纳税额达 2 亿元，增长近 10 倍，有效增加了政府财政收入（表 3）。

表 3　街区更新前后经济效益对比分析

对比项目	更新前	更新后	更新后是更新前的倍数
机构数量/个	52	89	1.7
注册资本/万元	6300	1200000	190.5
税收贡献/万元	1950	20000	10.3
房屋租金月平均水平/（元・平方米）	50	210	4.2

五、结论与讨论

曾经两次以商贸旅游带动街区更新的尝试均告失败，表明以旅游开发为导向的更新模式并不适合广州长堤大马路的更新。政策契机使民间金融产业迫切需要空间载体，长堤大马路的历史文化特色又恰好与金融产业主题相契合，民间金融产业从而成为带动街区更新的因素。广州民间金融街的城市更新模式可以概括为物质环境更新、产业空间释放和金融产业注入三个方面，政府、物业产权方、物业原承租方、民间金融企业各自发挥了不同的作用，共同推动了街区的更新。更新改造后，长堤大马路的环境得到改善、功能得到提升、文化得到保护。

文化旅游、创意经济带动下的城市更新对于改善形象、打造品牌和提高知名度的确具有积极作用，如上海“新天地”改造的巨大成功使全国各城市纷纷效仿。但是，这种更新思路在地域特色保护、历史原真性保护等方面越来越受到争议。首先，趋同的更新模式使许多历史街区被改造得千篇一律，出现所谓“泛新天地”现象；其次，可能出现的“过度商业化”问题易造成对历史原真性的破坏，即商品化的景观（commodified landscape），历史被有选择性地重现。因此，我们需要重新思考历史街区更新的出路。长堤大马路成功转型为广州民间金融街，这表明文化旅游和创意产业并非历史街区的唯一出路，历史街区更新的思路应当是多元化的。现代服务业（金融、咨询等）在经济中的比重不断提高，逐渐成为带动城市经济发展的先导产业和支柱产业。在我国经济社会发展进入“新常态”的背景下，产业结构不断优化升级，金融、信息、咨询等高端服务功能给历史街区更新带来了新的机遇。

广州民间金融街“利用现有建筑进行功能置换，不大拆大建”的更新方式是对长堤大马路历史街区的一种有效保护。物质环境的更新改造以“主题鲜明、风格统一”为原则，街区的景观和设施都被赋予一定的金融元素，提升了街区的整体文化氛围。长堤是广州近代以来历史的缩影，见证了广州曾经的繁荣与辉煌，在广州市民心目中具有重要地位，广州民间金融街唤起了广州市民对于长堤的历史记忆，引发了强烈的集体共鸣。

本文选自《热带地理》（第35卷第3期，2015年5月）发表的论文。作者：中山大学地理科学与规划学院郭环、李世杰、周春山。（2015年）

广州民间金融街志

第一章　民间金融建设

一、管理主体

广州民间金融管委会为区政府派出机关，正处级单位，是广州民间金融街园区的行政主管部门，主要负责园区发展规划、政策制定和综合协调管理等工作。

（一）历史沿革

2013 年 1 月 23 日，根据越秀区机构编制委员会文件《关于成立广州民间金融街管理委员会的通知》（越编字〔2013〕1 号）广州民间金融街管理委员会成立。2013 年 5 月 6 日，根据越秀区机构编制委员会文件《关于广州民间金融街管理委员会承担金融工作职责的通知》，将越秀区发展和改革局承担的区金融管理办公室有关职责划给广州民间金融街管理委员会，区金融管理办公室更名为区金融工作办公室。2015 年 8 月 25 日，根据《广州市越秀区人民政府办公室关于印发广州民间金融街管理委员会主要职责内设机构和人员编制规定的通知》（越府办〔2015〕57 号），广州民间金融街管理委员会为越秀区人民政府派出机构，将原区金融工作办公室的职责划入区发展和改革局。2015 年 10 月 16 号，根据《广州市越秀区人民政府关于授权广州民间金融街管理委员会履行区金融工作职责的批复》（越府批〔2015〕93 号），授权广州民间金融街管理委员会履行区金融工作局的工作职责。2019 年 3 月 8 日，根据《中共广州市越秀区委机构编制委员会关于调整广州民间金融街管理委员会机构编制事项的通知》（越编字〔2019〕4 号），广州民间金融街管理委员会撤销办公室、业务管理科，设立综合科，承接原办公室、业务管理科职责。同时，下属事业单位广州民间金融发展促进中心成建制划归越秀区金融工作局管理。

（二）主要职责

广州民间金融街管理委员会的主要职责是：①贯彻执行国家、省、市和区关于发展民间金融产业的法律法规和方针政策，落实各项优惠政策，促进广州民间金融街持续发展；②组织拟订广州民间金融街建设发展中长期规划和年度计划，提出促进民间金融产业发展的政策建议，并组织实施；③统筹协调广州民间金融街建设工作，负责区域内企业服务工作，完善配套基础设施建设；④负责广州民间金融街的招商工作，引进符合金融街产业规划的各类金融及配套服务机构；⑤建设广州民间金融街各类公共服务平台，引导区域内企业加强对实体经济、中小微企业和个人的融资服务，建设和完善民间融资价格体系；⑥协助和支持金融工作部门加强对民间金融街区域内小额贷款公司、融资性担保机构等金融机构及行业自律组织的监管，建立健全区域内金融机构与政府的沟通协调机制；⑦配合有关部门防范、处置、化解广州民间金融街区域内金融机构的风险，维护金融秩序稳定；⑧受区政府委托，履行广州民间金融街管理有限公司出资人和监管职责，拟订监督管理制度并组织实施；⑨承办区委、区政府交办的其他事项。

（三）内设机构

内设综合科。负责文电、会务、机要、档案、信息、保密、维稳、信访、修志、政务公开、财务、资产管理等机关日常运转工作；负责综合调研、综合性文稿起草；制定机关内部各项规章制度，并监督、检查贯彻执行情况；负责机关组织人事、机构编制、党群、纪检、监察、普法、劳动工资、福利、医疗、计生、退休人员服务和工青妇以及其他行政事务工作；组织拟订广州民间金融街发展规划、政策并组织实施；统筹协调广州民间金融街各项建设工作，负责区域内企业服务工作，完善配套基础设施建设；开展广州民间金融街的招商工作，引进各类金融及配套服务机构；搭建广州民间金融街各类公共服务平台，建设和完善民间融资价格体系；协助和支持金融监管部门对广州民间金融街区域内小额贷款公司、融资性担保机构等金融机构的监管；配合有关部门防范、处置、化解广州民间金融街区域内金融机构的风险，履行对广州民间金融街管理有限公司的监管职责，拟订监督管理制度并组织实施。

（四）下属单位

广州民间金融发展促进中心是经越秀区编委批准成立的，为广州民间金融街管理委员会所属的公益一类事业单位（财政补助一类），正科级。发展促进中心的主要职责为开展民间金融街范围内的招商引资工作；做好入驻金融机构的跟踪服务工作；协助主管部门对区内金融业进行指导监督和协调服务，引导和鼓励各类金融业创新工作。2019 年 3 月 8 日，根据《中共广州市越秀区委机构编制委员会关于调整广州民间金融街管理委员会机构编制事项的通知》（越编字〔2019〕4 号），下属事业单位广州民间金融发展促进中心成建制划归越秀区金融工作局管理，更名为越秀区金融发展促进中心，主要职责调整为：协助区金融局开展越秀区范围内金融及类金融产业招商引资工作；做好入驻金融机构的跟踪服务工作；协助主管部门开展培育企业上市，对区内金融业进行指导监督和协调服务；协助开展对外交流，引导和鼓励各类金融业创新工作。

二、运营主体

广州民间金融街管理有限公司是园区的市场化配套服务机构，负责园区物业招商引资以及相关配套服务。

（一）历史沿革

广州民间金融街管理有限公司系越秀区政府直属的一级国资企业，2012 年 3 月 27 日成立，总资产约 1.2 亿元，由广州市越秀国有资产经营有限公司 100% 持股。设立之初的主要目标为建设、管理和运营广州民间金融街项目。经过 7 年多的迅猛发展，公司业务与治理结构不断优化，逐步形成了包括“产业园与品牌运营、互联网金融创新、产投基金管理”在内的三大核心主业。

金融街公司三大业务板块以产业园与品牌运营为载体，以金融创新平台与产业投资基金为业务两翼，形成以产业投资基金为牵引动力，以产业园经营与互联网线上金融街相互牵引的 O2O 双轮驱动，构筑“产业基金、金融创业产业园和金融科技”三位一体的民间金融产业运营模式，以市场化专业力量驱动民间金融产业发展的同时，用民间金融的全产业链模式撬动当今社会经济发展的四大核心产业——“金融、商贸、健康医疗和文化创意”，实现自身的跨越式发展。

（二）经营范围

广州民间金融街管理有限公司所属行业为租赁和商务服务业，经营范围包括企业自有资金投资，房屋租赁，物业管理，企业管理服务（涉及许可经营项目的除外），企业管理咨询服务，会议及展览服务，投资咨询服务，投资管理服务，广告业，策划创意服务，交通运输咨询服务，停车场经营，工程项目管理服务，图书、报刊零售。

（三）内设机构

广州民间金融街管理公司内设物业经营部、工程管理部、财务投资部、人事行政部四个部门。具体职能如下：

（1）物业经营部。物业经营部主要负责公司的物业经营、物业管理、物业拓展、企业招商、租金催收及企业服务等。

（2）工程管理部。工程管理部主要负责物业改造、工程监督、安全管理及街区外立面整饰等。

（3）财务投资部。财务投资部主要负责公司财务管理、经营分析、内部审计、财务风险管理、专项资金申报及管理、资本投资、战略规划管理等。

（4）人事行政部。人事行政部主要负责公共关系、行政文秘、人力资源管理、党务后勤、人才公寓管理及人才公寓配套餐厅运营管理等。

（四）对外投资

广州民间金融街管理公司还参股全国首个小额再贷款公司——广州立根小额再贷款股份有限公司、广州民间金融街征信有限公司、广州越富基金管理有限公司等（表1）。既圆满完成园区物业招商工作、实现国有资产保值增值，又培养了一批懂管理、懂金融的复合型人才。

表1　广州民间金融街管理公司对外投资信息一览表

序号	企业名称	统一社会信用代码/注册号	登记状态	股权占比
1	广州市英融投资中心（有限合伙）	91440101347410332L	在业	90.00%
2	广州民间金融街信息科技有限公司	914401043474826942	在业	37.00%
3	广州民间金融街征信有限公司	91440101304584383P	在业	15.00%
4	广州立根小额再贷款股份有限公司	91440101080369886J	在业	5.00%
5	广州越富基金管理有限公司	91440101MA59FH2W7Q	在业	0.94%

三、服务平台

为支持广州民间金融街园区发展，先后设立了一系列公共服务平台。

（一）金融街综合服务中心

广州民间金融街综合服务中心是园区的公共服务中心，包括对外服务窗口区、业务洽谈区、办公区和展示区，主要为企业和个人提供借贷咨询、股权交易、资产交易，以及法律、会计等“一站式”专业配套服务。

1. 主要功能

一是信息发布。主要发布民间融资利率、费率、小额贷款利率指数、民间金融景气指数，以及各价格指数走势图，发挥民间融资价格高端引领作用，同时实时发布广州股权交易中心挂牌数据及全球金融市场主要指数。二是专业服务。设置综合咨询、借贷咨询、征信查询、会计服务、法律服务、金融仲裁等八个对外服务窗口，打造“一站式”的专业配套服务。三是资产交易。通过设立金融资产交易、股权交易受理窗口，为民间金融资产转让、证券化搭建交易平台，为入驻企业拓宽融资渠道。四是研究创新。设立广州民间金融研究院，联合中央财经大学、暨南大学、广东金融学院等高等院校，为民间金融改革创新、推动广州民间金融街发展提供智力支持。

2. 对外服务窗口

（1）综合咨询。对服务中心的所有部门，从机构设置、具体办理事项等问题进行综合说明、实施指导。

（2）借贷咨询。提供民间融资、小额贷款、融资担保等业务咨询，以及民间借贷信息登记、业务撮合。

（3）征信查询。主要包括两点，一是园区企业查询借款人的中国人民银行征信数据的业务咨询受理点；二是金融街信用数据库的有关信用信息查询。

（4）股权交易。主要对与股权交易有关的业务进行咨询、受理等。

（5）金融资产。对金融资产（尤其是公布的民间金融资产）提供交易信息咨询、交易撮合等。

（6）会计服务。对各类入驻企业、交易资产、交易股权等进行资产评估、税务核算等业务的咨询、受理。

（7）法律服务。由律师为来访客户提供借贷融资、股权交易、商铺租赁等法律咨询服务及法律事务受理。

（8）金融仲裁。为金融仲裁院所设的业务咨询、案件受理点。

（二）海珠广场公共服务大厅

为加快推进海珠广场片区品质提升建设工作，全方位展示海珠广场片区金融、文化、历史风采，进一步扩大越秀区金融产业规模及影响力，根据《越秀区海珠广场片区品质提升工作方案》（越委办〔2018〕29 号）等文件，以星寰国际商业中心 T1 楼 11 楼 07 – 08 单元（建筑面积 540.16 平方米）为载体，紧紧围绕粤港澳大湾区建设主题，集聚高端要素，结合 5G + 4K 高科技手段，全力打造海珠广场片区品质提升公共服务大厅。

海珠广场片区品质提升公共服务大厅包括信息发布区、成果展示区、服务窗口区、办公区、业务洽谈区及会议区。其中，信息发布区主要通过多点触控互动大显示屏形式实现；成果展示区主要通过小型电子屏、静态图文展示墙等形式实现，主要展示海珠广场片区品质提升工作建设成效；服务窗口区主要包括综合咨询、招商引资、金融资产交易等服务窗口；办公区主要供海珠广场片区联合招商团队日常办公使用；业务洽谈区及会议区主要包括路演厅、会议室、洽谈室等区域，装修后应满足路演、商业沙龙、会议等办公需求。

（三）金融街信用数据平台

信用数据平台以民间金融街为载体，联合越秀区工商、税务、公安、法院、卫生、人社、交警、质监、食药监等区属相关部门，开展信用信息收集录入。越秀区拟凭借信用数据平台，通过采集信用数据，建立信用评价体系及相应的信息评价模型，对借款人、贷款机构及其从业人员等开展信用评价。

（四）金融街征信公司

2014 年 8 月，广州民间金融街征信有限公司正式成立，注册资金 5000 万元。金融街征信公司采集上万条中小微企业和个人的民间借贷信息，录入中小微企业和个人及民间融资机构在公安、法院、税务、工商、质监、食药监、卫生等 7 个区属部门的信用信息，搭建区域性信用信息数据库，提供中小微企业信贷评级、中小微企业信用评级、商业调查、征信查询等企业和个人征信服务，以满足社会多层次、全方位、专业化的征信服务需求，有效降低交易双方的信息不对称，降低融资机构经营风险，建立良好的征信市场秩序。

四、智力支持

成立广州民间金融研究院、互联网金融实验室、互联网金融税务研究室、互联网金融法治研究中心等一系列研究机构，建设金融科技孵化中心，整合中央财经大学、江西财经大学、厦门大学、中山大学、广州大学等国内知名高校 100 余位专家形成专家团队智库，为广州民间金融街园区发展和企业经营提供产品研发、从业培训等智力支持。

（一）民间金融研究院

广州民间金融研究院，是为适应民间金融发展和人才培养需要而专门从事民间金融及其相关问题研究的科研机构，旨在通过整合政府、高校、企业等国内外民间金融领域的专家、学者，开展民间金融研究，从而为民间金融产品创新、服务提质提供智力支持。具体包括四项主要工作，一是组织高级别学术论坛，为民间金融发展提供理论支持；二是研究制定民间金融产品、服务、诚信的行业标准，对入驻企业开展评星定级、奖优罚劣，建立市场退出机制；三是开展民间金融街从业人员资质培训，提升从业人员业务水平；四是为民间金融监管决策提供研究服务，提高监管水平和效率。

（二）互联网金融实验室

广州民间金融街互联网金融实验室成立于 2014 年 4 月，互联网金融实验室主要开展互联网金融机构、产品、业务及制度的创新研究，探索制定互联网金融产品、服务、征信、监管的统一标准。同时，通过建立互联网金融仿真模拟系统，发行并流通“互联币”，模拟众筹、P2P、供应链金融、消费金融等投资模式，从而为政府、企业、广大消费者提供服务。

（三）互联网金融税务研究室

广州民间金融街互联网金融税务研究室成立于 2014 年 4 月，主要开展民间金融及互联网金融发展中的税务问题研究，逐渐形成内容完整的互联网金融税务专业文献储备。目前，研究室致力于研究互联网金融企业的纳税标准，搭建网上纳税平台，从而为互联网金融产业发展及国家相关税收政策的出台提供可借鉴、可操作的科研成果，致力于打造成国内互联网金融税务研究的专业性科研机构。

（四）互联网金融法治研究中心

广州民间金融街互联网金融法治研究中心成立于 2014 年 4 月，主要开展互联网金融法治相关问题的研究，从法律的角度，对互联网金融相关风险予以预测，并对风险的规制予以制度设计，确保互联网金融企业的产品和服务质量，为互联网金融企业成长和互联网金融产品研发提供相关的法律依据，以期降低互联网金融行业风险，为其营造良好的法治环境，为政府完善相关监管制度和出台法律法规提供可借鉴的科研成果。目前，为规范互联网金融企业的经营行为，促进互联网金融行业创新发展，关于互联网金融企业入驻广州民间金融街以及入驻后规范运作的标准已于 2014 年 12 月 1 日制定完成。

（五）金融科技孵化中心

广州民间金融街金融科技孵化中心位于果菜西街 14 号的互联网金融基地大楼，建设面积约为 350 平方米。中心兼具基地展示、企业孵化、研发创新三大功能，致力于打造成立足广州、辐射华南、影响全国的现代化互联网金融孵化中心和互联网金融研发中心，从而形成互联网金融利率指数发布、互联网金融科研成果发布、互联网金融人才培训三位一体的服务平台体系。

广州民间金融街金融科技孵化中心三大功能如下：

一是展示功能。主要通过金融科技展厅的形式，展示金融科技孵化中心概况、金融科技行业资讯、各类服务平台、金融科技企业发展成果和未来展望等，同时为投资者提供金融科技投资理财的互动式体验。

二是孵化功能。致力于为金融科技企业提供展示宣传、企业路演、产品推广、人才培训等多项企业培育服务，帮助企业发展壮大。此外，还将提供法律、税务、财务及其他服务，帮助初创企业规避风险，提高企业的成活率，组织项目投融资对接会，为研发创新提供资金和政策的支持，鼓励企业在孵化中心对研究的成果和创新项目进行进一步的研究开发，使创新成果以最快捷的方式产业化。

三是研发创新功能。依托金融街三大科研机构，整合国内高端金融人才开展互联网金融产品、业务及制度创新，并将创新成果转化为产品和服务，逐步辐射到全国各地。同时，搭建全国互联网金融产业联盟，探索制定金融科技企业管理、服务与风险防范标准。

五、自律组织

为协调企业之间的经营活动，沟通信息、互通有无，广州民间金融街园区还自发组织起系列社会中介机构。

（一）广州民间金融商会

广州民间金融商会作为区域性的行业自律组织，旨在通过开展行业自律，促使企业遵纪守法、合法诚信经营；同时充当企业与政府之间的桥梁，为会员企业与政府监管部门提供一个沟通的平台，实现企业、政府和社会的多赢。商会的日常工作主要包括：根据经营规范性、经营业绩及业务创新情况，对会员企业进行评星评级，进行奖优罚劣，探索建立小额信贷市场优胜劣汰的市场化退出机制；对园区内小额贷款公司定期开展经营自查活动，帮助成员企业规范经营、合法经营；为会员企业提供法律维权、金融论坛及业务培训等各类服务，以提升小额贷款公司的合法经营意识。

（二）广州小额贷款行业协会

广州市小额贷款行业协会成立于 2017 年 7 月 18 日，由广州市行政区域内依法设立的小额贷款公司及小额贷款行业相关经济组织自愿组成，属地方性的非营利性社会团体。协会登记管理机关是广州市民政局，业务指导单位是广州市金融工作局。协会接受登记管理机关和业务指导单位的监督管理。协会以开展行业自律、维护行业利益、提供会员服务、促进行业发展为宗旨。在严格遵守国家法律法规和执行金融政策的前提下，发挥企业与政府之间的桥梁和纽带作用，引导会员规范经营，优化行业经营环境，维护会员合法权益，提高从业人员素质，提升行业整体形象，促进行业健康发展。

六、交流平台

广州民间金融街以广州民间金融书店、民间金融博物馆为载体，营造金融文化氛围，提升人才金融文化素质。截至2019年6月，共举办近100场培训教育、交流沙龙等活动。

（一）民间金融博物馆

中国（广州）民间金融博物馆位于长堤大马路268号首层，占地720平方米，为民国时期金城银行广州分行旧址，是国内第一家以民间金融为主题的博物馆。民间金融博物馆是全国首家民间金融博物馆，2013年4月开始筹建，于当年6月正式开馆。项目首期投资300万元，通过实物、图片、场景再现、互动游戏、多媒体演示等多种手段，综合展现我国民间金融的发展历史，凸显近代广州在民间金融业的引领地位，描述现代长堤民间金融街的建设历程，对发掘民间金融街的文化底蕴，彰显独特的广府民间金融文化，推动民间金融业的发展起到重要的作用。

（二）民间金融书店

广州民间金融书店以金融为主题，集文化、旅游、休闲、商务为一体，店内主营金融、财经类书籍，定期举办读书分享、金融知识竞赛活动，为园区内企业、群众提供极具特色和个性化的金融文化产品和服务。

（三）民间金融高峰论坛

民间金融高峰论坛的内容形式包括社区金融活动、小额贷款培训、商业保理创新发展大会、上市培训会、读书交流会、防范和处置非法集资活动、金融教育基地活动等。其中，“长堤金融”高峰论坛、商业保理创新发展大会为金融街自建品牌。

七、维权保障机构

越秀区人民法院金融审判庭和广州金融仲裁院金融仲裁庭、广州金融消费纠纷调处中心等负责对管辖范围内的借款、保险、信用卡、信用证、信托、证券、票据等金融相关案件进行处理，健全金融街法律维权机制。

（一）金融审判庭

2013年6月，越秀区人民法院金融审判庭设立，是全省首个金融审判庭。金融审判庭以“定点巡回、总分结合”的模式，由法官前往巡回办案，专门审理涉银行、保险、证券、民间金融等金融商事案件，涉及案由近百个，庭内配备11名具备金融审判经验的员额法官，超半数为硕士研究生学历。金融审判庭荣获“2015年度先进集体”称号，2016和2017年度连续荣立集体三等功，有效促进经济社会健康发展。

（二）金融仲裁庭

为充分发挥仲裁法律制度为经济建设保驾护航的作用，中国广州仲裁委员会与中央驻粤金融监管部门共同决定，以中国广州仲裁委员会为平台，由中央驻粤金融监管部门、广州市金融办（现广州市地方金融监管局)、金融行业协会、律师协会共同组建，金融企业积极参与，动员社会力量办仲裁，于2011年7月设立了广州金融仲裁院。中国广州金融仲裁院金融仲裁庭解决的金融争议包括：①存款、贷款合同争议；②票据、信用证、银行卡等支付结算争议；③股票、债券、基金等证券交易或服务争议；④期货、外汇、黄金交易争议；⑤保险合同争议；⑥信托投资争议；⑦金融租赁争议；⑧其他金融衍生产品交易或服务争议；⑨民间借贷争议；⑩担保、典当争议；⑪互联网金融业务争议；⑫金融活动中发生的其他争议。

（三）金融消费纠纷调处中心

广州金融消费纠纷调处中心成立于2014年12月27日，作为广东省金融消费权益保护联合会的分支机构，依法在广州范围内独立开展金融消费纠纷调解、调处工作。2016年11月，广东省金融消费权益保护联合会依法设立广州市金融消费纠纷人民调解委员会，并在广州市司法局成功备案，现与调处中心合署办公。调处中心秉承“以和为贵、定纷止争”的工作理念，在双方自愿的基础上，坚持按照“专业、正规、独立、公正”原则组织开展调解、调处工作，帮助当事人快速解决各类金融消费纠纷，进而达到保护金融消费者和金融机构合法权益、维护金融稳定、促进社会和谐的目的。低成本的纠纷化解渠道，为金融消费者在纠纷解决方面提供了更广泛的选择，有效节约了金融服务机构与金融消费者的时间及资金成本。

第二章　园区规划实施

一、产业规划

2012年，越秀区以发挥本地优势和选择符合区域条件的方式发展民间金融经济，促进产业规划落地实施。引入民间金融机构以及配套服务机构，形成以民间金融为主的金融机构集聚区、针对民间金融的专业配套服务区和以商业、休闲、旅游、餐饮等功能为主的综合服务区；整合各类金融资源，多渠道搭建金融服务平台，延伸金融产业链，为广州民间金融街及其周边产业的健康可持续发展预留空间；集聚发展小额贷款公司、融资性担保公司、典当行等民间融资机构，引入银行、证券、保险等传统金融机构，形成以民间金融为主的金融产业；发展针对民间金融的律师、会计、公证、资产评估等专业配套服务产业；引入商业、休闲、旅游、餐饮等商业配套产业；挖掘长堤大马路的金融历史文化，建设民间金融博物馆、民间金融书店等相应的配套设施，发展金融文化产业，延伸金融产业链，构建多样化金融产业业态。

（一）中心园区

金融街位于越秀区长堤大马路，毗邻珠江北岸，具体规划范围59万平方米，以长堤大马路为核心，东至回龙路、南至沿江路、西至人民南路、北至一德路。

（二）分园区

入驻的金融类企业，可享受越秀区和广州民间金融街产业园区的相关优惠扶持政策及服务。

(1) 黄花岗科技园分园区。广州高新技术产业开发区黄花岗科技园是1991年经国家科学技术委员会批准成立的国家级高新技术产业开发区（政策区），是广州高新区的五个科技园区之一。2000 年 6 月，经广州市政府批准，在黄花岗科技园的基础上，又组建成立了广州黄花岗信息园。广州高新区黄花岗科技园区域面积约 1 平方千米。黄花岗科技园自组建成以来，大力发展以信息技术研发及其应用为主导的高新技术产业并形成了集群优势，形成了以信息服务业、健康医药产业和创意产业为鲜明特色的高科技园区，为广州高新技术产业发展作出了积极贡献。园区先后被国家、省、市授予“国家动漫网游产业发展基地”“中国服务外包基地城市广州示范区”“国家信息服务业示范园”“国家信息服务产业发展基地”“国家知识产权试点园区”“广东版权兴业示范基地”和“广州高新技术产业示范基地”等称号。

（2）金汇大厦。金汇大厦位于解放南路 123 号，海珠广场北面，解放南路的西面，解放南路与大新路交界处，两面临街，与上下九路和中山五路、北京路共同形成广州市金三角商业、购物区。金汇大厦为一座多用途综合大楼，大厦楼高 28 层，总建筑面积达 64.410 万平方米，包括由 1 ～ 5 层组成的多功能大型商场裙楼，由 6 ～ 28 层组成的智慧型甲级商务写字楼及由地库 1 ～ 5 层组成的大型停车场，为用户、商务及购物提供充足的泊车服务。截至 2019 年 6 月，金汇大厦集聚拉卡拉、2345 等金融及类金融企业近 30 家。

（3）289 互联网金融创新社区。2015 年 12 月 29 日，由南方报业传媒集团联合越秀区政府等打造的华南首个互联网金融创新社区——“289 互联网金融创新社区”挂牌，其主要包括互联网股权众筹平台、互联网金融孵化器、文创及文创园投资基金等。289 艺术 PARK 的金融平台合作方粤科金融，为广东省人民政府授权经营的国有独资企业，公司立足于政策性科技金融集团的发展定位，以“打造千亿规模科技金融集团”，推动科技创新、促进产业转型、驱动企业升级、拉动经济增长、激活体制机制、创造财富价值为目标，坚持金融服务实体经济的本质要求，为科技型中小微企业提供全方位的金融解决方案。通过构建“3 + 1”业务体系（创业投资、科技金融、科技园区和上市公司平台），积极发挥政策性科技金融集团的战略性、平台性、基础性作用，努力打造促进广东科技、金融、产业深度融合的主渠道、主平台和主力军，服务“大众创业、万众创新”，推动广东创新驱动发展和产业转型升级。

（4）创业投资大厦。2019 年 3 月 29 日，“双创”投资论坛暨“广州民间金融街分园区”授牌仪式在越秀创业投资大厦中恒源投资集团总部举行，创业投资大厦正式成为“广州民间金融街分园区”。广州民间金融街与中恒源投资股份有限公司本着“优势互补、互惠互利、长期合作”的原则，共同推进越秀区金融与“双创”理念落地生根，促进产业招商方面政企合作，在越秀区集聚一批“金融 + 产业 + 双创”的优质企业，打造越秀区的金融中心和科技产业创新中心。同时，依托中恒源投资集团的资源优势，优先引进金融街管理委员会认可的金融类企业或相关配套服务机构，将越秀创业投资大厦打造成越秀区的金融产业基地。

二、功能布局

广州民间金融街分为民间金融核心区、金融科技中心、产业金融创新区、PE 产业园区、民间金融交易区、专业配套服务区和金融商务总部区等七个核心区域。

（一）民间金融核心区

以长堤大马路为轴，在马路南北两侧引入小额贷款公司、融资担保公司、民营银行、商业银行小微企业营业部等机构，为企业和客户提供中小型贴身金融服务，形成民间金融核心区，并向沿江西路和规划区域北部辐射。

（二）金融科技中心

在解放南路以西、长堤大马路以北、万菱广场及以南区域，集中引入互联网金融、网络小额信贷、第三方支付、新型电子货币等新型金融机构，打造金融科技中心。

（三）产业金融创新区

在海珠南路两侧，北至一德路、南至长堤大马路的区域，结合越秀区四大主导产业，引入金融+科技、金融+文化创新、金融+商贸等企业，建设产业金融创新区。

（四）PE 产业园区

在人民南路以东区域，集中引入私募股权投资、风险投资、各类成长型基金等，形成股权投资集聚园区。

（五）民间金融交易区

在解放南路以东、海珠广场以西区域，引入金融资产交易，促进金融与实体产业融合，加速民间闲散资本向实体经济流动。

（六）金融配套服务区

在长堤大马路、一德路之间的靖海路段，引入律师事务所、会计师事务所、资产评估机构、信用评级机构等专业机构，打造针对民间金融的专业配套服务区。

（七）金融商务总部区

以海珠广场为中心的东部地区作为民间金融街进一步扩展的区域，整合现状和未来开发建设的建筑业态，结合地铁站点和中部标志性的开敞空间，打造民间金融街向东扩展的门户和另一核心区域。

三、项目推进

以产业规划和地域规划为依据，排出任务清单和进度表，2012—2019 年，攻坚开展四期建设，广州民间金融街规模逐步形成，并发展壮大。

（一）一期建设

2012 年，首期投入 1.5 亿元，突出“集聚、服务、定价”3 个功能，逐步形成丰富的民间金融业态和完善的金融服务体系，创新发展中小微企业和居民个人金融服务，促进民间金融阳光、集聚、规范、安全发展。至 2012 年底，广州民间金融街入驻小额贷额、担保、典当、黄金和珠宝交易、期货、证券、财富管理、第三方支付等多种类型民间金融企业 36 家。各小额贷款公司累计为中小微企业和个人提供融资 39 亿元，为科技、节能环保、时尚创意、生物健康、农业等行业企业及个人解决“融资难”问题。缴纳税收 3049 万元，区库纳税额 382.45 万元，比广州民间金融街建成前增加 3 倍多。

在园区硬件建设方面，投入 6500 万元，按照突出行业特征、体现民间特色、突显岭南风格的理念，以修旧如旧、恢复建筑原貌和特色的手法，完成广州民间金融街建筑立面、人行道改造、光亮工程、广告设置及配套设施等综合整治，打造一个既体现广府文化内涵，又体现金融氛围的现代金融业服务街区。

（二）二期建设

2012 年 6 月，广州民间金融街启动二期建设。总投入 2 亿元，对广州民间金融街规划范围进行综合整饰及配套建设，整饰外立面 3.2 万平方米；增设民俗雕塑 11 个、浮雕 48 平方米；抽疏园区公交站 2 个，增设专用停车位 137 个；整治周边专业市场，美化园林绿化景观，提升整体营商环境。至 2013 年 6 月，腾出商业铺位 25 处，面积 1.59 万平方米，其中广州市属公房 4821.09 平方米、越秀区属公房 2768 平方米、私房 870.37 平方米，基本满足二期机构进驻需求。

在首期发布民间融资利率、费率的基础上，广州民间金融街二期研发小额贷款利率指数、民间金融景气指数，建立广州民间金融街指数发布平台，打造民间融资“广州价格”，引导民间融资价格阳光化、合理化。

建设广州民间金融大厦，集中引入以小额贷款公司为主的民间融资机构及配套企业 9 个，推动广州民间金融街向园区化、高端化发展。

建设民间金融主题博物馆——中国（广州）民间金融博物馆，传承长堤金融历史，营造良好金融文化氛围。建成广州民间金融街综合服务中心，为企业和个人提供借贷咨询、股权交易、资产交易法律、会计等“一站式”专业配套服务。

引入广州金融仲裁院服务点，设立全市首个民间金融审判庭，建立健全民间金融法律维权机制。

2013 年 6 月 23 日，广州民间金融街二期建设总结会在广州民间金融街综合服务中心召开，同步启动广州民间融资价格指数发布平台，标志着广州民间金融街二期落成。

（三）三期建设

2014 年底，民间金融街三期工程建成。

重点打造果菜西金融社区。果菜西社区位于长堤大马路和一德路之间，首期投入 3000 万元，对果菜西金融社区开展总体规划、外立面整饰、物业装修等工作，并采取因地制宜、“腾笼换鸟”方式置换原有业态，打造国内首个宜商宜居综合性金融服务社区，规划建设民间金融业态区、餐饮配套区、商务休闲区、金融体验区、互联网金融基地五大区域，共置换出商铺和仓库约 120 间，引入一德电商 O2O 体验店、唯品会互联网特色小额贷款公司、鼎宏小额贷款公司等 16 家机构入驻。

设立“小贷央行”。2013 年 10 月，由广州金融控股集团发起成立全国首家小额再贷款公司——广州立根再贷款股份有限公司，向全市小额贷款公司发放贷款，同时经营小额贷款公司同业拆借、资产转让、票据贴现等业务，被称为小额贷款公司的“央行”。

打造诚信产业。2014 年 6 月成立全国首家专注于服务民间金融产业的市场化征信公司，建设征信平台，采集上万条企业和个人的民间借贷信息，同步录入工商、质监、食药监、卫生、法院、公安和地税等 7 个区属部门的信用信息，初步形成区域性的信用数据库。

设立全市首个互联网金融产业基地。共入驻企业 14 家，其中互联网金融企业 6 家。互联网金融科研机构 3 家、电商 O2O 体验店 1 家、电商创业基地 1 家、社区银行 2 家、金融商务主题餐厅 1 家。同时，为扶持互联网金融产业基地的发展，出台《关于促进广州民间金融街互联网金融创新发展的若干意见（试行）》《广州民间金融街互联网金融基地管理与服务办法》。

第三期建设与一、二期相比，广州民间金融街实现跨越式发展。入驻机构 152 个，为 1.6 万家企业和个人提供融资服务 1019.13 亿元，是 2013 年的 5 倍；缴纳税收 4 亿元，是 2013 年的 2.9 倍；金融业实现增加值 704.96 亿元，占广州市金融业增加值的 60% 以上；带动经济投资 3000 亿元，街区税收是建设前的 10 倍。2014 年贡献地方税费 4.2 亿元，是 2013 年的 3.08 倍。新增就业岗位 5000 多个，引入各类高级专业人才超过 1000 人。土地的附加值和产出率不断提高。2014 年后，商用土地面积增加率虽然保持在 7% 左右，但单位土地面积创造的价值不断增长，广州民间金融街发展进入较为成熟且相对稳定的阶段，土地资源价值实现最大化。

（四）扩容提质

自 2015 年始，金融街进入扩容提质发展阶段。金融街的建设始终关注行业发展的最新动态，回应落实国家、省、市政府的政策精神。

（1）基本情况。截至 2019 年 6 月底，金融街园区入驻（类）金融机构达到 303 家，包括小额贷款公司 85 家，基金公司 15 家，商业保理公司 30 家，融资租赁公司 10 家，典当行 5 家。多元布局综合发展，规模效应日益凸显。11 家“世界 500 强”，24 家“中国 500 强”企业，60 余家国内外知名上市公司、行业龙头纷纷投资入驻，吸纳资本近 500 亿元，累计为百万中小微企业、农户、个体户提供融资超千亿元。在第八届金交会上荣获“数字普惠金融监管试验区”和“公益金融试验区”授牌。初步建成民间金融标准体系，编制完成并由国家标准化委员会发布国家标准 1 项，为我国民间金融发展建标立杆、提供范式。

（2）工作成效。一是企业培育成效明显。园区内 41 家企业按中国人民银行标准开展信用评级，其中 A 级以上企业 31 家（3A 级 2 家）。7 家企业通过 ISO9001 管理体系认证。省著名商标 1 个、市著名商标 1 个，正在申报省著名商标 1 个、市著名商标 3 个。园区多家企业荣膺“中国小额贷款公司竞争力 100 强”“广东省金融创新奖”“广东省诚信示范企业”等称号。二是民间金融标准化探索取得新进展。民间金融标准化技术委员会正式获批筹建，国家市场监督管理总局和中国国家标准化管理委员会正式发布《民间金融资产评价指标分类》（GB/T 36379—2018），起草省地方标准《互联网小额贷款公司监管信息管理规范》《互联网小额贷款公司运营信息管理规范》草案，并于 6 月份报省质监局审核。三是区域金融风险整体可控。互联网小额贷款行业情况总体良好，无重大风险性事件和风险隐患。广州民间金融街非现场监管系统完成升级改造，通过现场监管与非现场监管相结合，时刻紧跟辖区 84 家小额贷款公司的经营状况，做到早预警、早发现、早化解，确保不发生系统性风险。四是大力推动海珠广场片区品质提升工作。

第三章　创新发展实践

作为全国首条民间金融街，广州民间金融街一直备受关注，从探索民间金融管理制度创新入手，形成了科学合理、法治化的商业模式和园区管理模式，打响了广州民间金融街品牌，成为全国首个集资金借贷、财富管理、支付结算、信息发布于一体的民间金融集聚区。广州民间金融街的成功来自对民间金融的创新，从顶层设计、监管规划到资金扶持、智力支持，再到业务创新、品牌打造，已发展成为“立足广州、辐射珠三角、影响全国”的创新创业型的金融街。

一、制度创新

广州民间金融街以制度创新为核心，解放思想、大胆探索，对标国际一流开放标准，找准创新切入点，营造国际化一流营商环境。

（一）民间融资“广州价格”

2012 年，在全国首创民间金融集聚发展范式，率先发布民间融资“广州价格”。“广州价格”是指由广州民间金融街管理部门提供的、园区内外小额贷款公司和担保公司的利率/费率计算后的加权平均值。如今已先后研发出民间融资利率、费率、小额贷款利率指数、民间金融景气指数等，打造出堪称全国首创的民间融资的“广州价格”，已成为珠三角民间利率“风向标”。广州民间金融街最大的亮点在于利率公开化，形成透明的价格机制。民间融资（广州）价格指数（CFI）（图 1）的发布为园区内外民间融资提供了参考，一定程度上抑制了高利贷的发生，对民间融资价格起到引导、平抑作用。

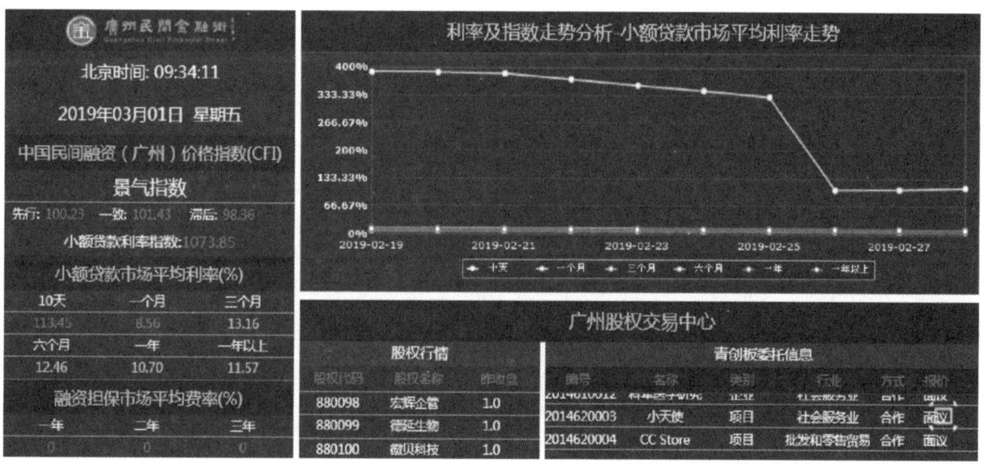

图 1　中国民间融资（广州）价格指数（CFI）

（二）全国民间金融产业知名品牌创建示范区

2014 年底，广州民间金融街向国家质检总局提交筹建“全国民间金融产业知名品牌示范区”（简称“示范区”）的申请。2015 年 3 月申请获批，经过 1 年多的建设，2017 年 9 月，正式获批“全国民间金融产业知名品牌创建示范区”，是全国首个且唯一的民间金融类示范区，经中国质量认证中心（CQC）权威评估，民间金融街品牌价值达 208.35 亿元，高居全国服务业区域品牌（165 个）第 5 名。初步建成民间金融标准体系，编制完成并由国家标准化委员会发布的国家标准 1 项，为我国民间金融发展建标立杆、提供范式。

（1）示范亮点一：创新发展模式——探索以民间金融集聚发展推动产业升级与旧城改造有机结合的园区建设模式。园区建设摒弃了大拆大建的传统思维，采取了保护、更新、再利用历史旧建筑的模式。整个园区建设仅拆除并复建 1 栋楼宇，其余均仅对原有历史旧建筑、空置物业进行加固、整饰，“腾笼换鸟”、置换产业。从文脉传承、主题注入、社区营造三个方面切入，在保留老广州传统建筑的基础上，注入现代金融元素，让历史空间和现代生活相连，保存城市历史记忆、体现地域文化特色，打造宜商宜居的综合性民间金融产业园区。

（2）示范亮点二：持续制度创新——引领全国民间金融发展潮流。园区将创新作为发展的主要引擎，不断推陈出新，包括率先发布民间融资“广州价格”，成立全国首家小额再贷款公司、全国首家专注于民间金融的市场化征信公司、率先开展“互联网+小贷公司”试点等，创造出一个个新的制高点，为我国金融改革创新探路。

（3）示范亮点三：创新质量管理模式——构建全方位、立体化的民间金融行业监管体系。构建完善的监管制度体系，制定监管标准和操作规范，探索“互联网+”监管模式，率先开展民间金融企业信用评级，营造出了一个稳定、可持续发展的良好格局。

（4）示范亮点四：创新普惠金融发展机制，引导民间资本“扶实体，支小微”。以2015年为例，园区内企业共为20000余家中小微企业提供融资1613.43亿元，同比增长61%，直接或间接拉动社会投资近万亿元，拓宽了中小微企业融资渠道，有效缓解了其融资难问题，扶持了民营经济和实体产业发展。

（5）示范亮点五：创新服务机制——构建完善的园区公共服务体系。坚持以内涵式发展为导向，全力打造金牌服务体系，构造“管委会+管理公司+行业自律组织+研发机构+服务平台”的广覆盖园区服务网络。

（三）全省“互联网+小额贷款公司”试点区

2014年5月，广州民间金融街获广东省金融办批准，率先在全省开展互联网特色小额贷款公司试点，截至2019年6月，已集聚互联网特色小额贷款公司48家，主发起企业包括唯品会、复星集团、保利地产、广联达软件、众信旅游、金螳螂等多家国内外上市公司。吸引11家“世界500强”，24家“中国500强”企业，60余家国内外知名上市公司、行业龙头纷纷投资入驻，吸纳资本近500亿元，为百万小微企业提供融资超五千亿元。

（四）全省首批“创新创业金融街”试点区

广东省创新创业金融街试点区是广东省地方金融监管局（时称广东省金融办）要求金融街在2016年需完成的重点工作。当年执行，当年完成，当年考核。截至2016年底，创新创业金融街取得如下成效：

（1）创新发展模式，推动园区产业转型升级。民间金融街创造性采取集聚的模式，通过建立民间金融发展集聚区，引导民间金融企业集聚，创新发展模式，将旧城改造与产业升级相结合，注入金融主题，探索出了一个成本低、效益高、群众关系和谐的产业转型升级新模式。

（2）丰富园区业态，做大做强资本市场。作为全国民间金融发展的政策洼地和服务高地，以金融街为载体，以全国“互联网+小额贷款”先行试验区为抓手，以全省首批创新创业金融街为动力，通过上门招商、主题招商、高端媒体招商等方式，2016年吸引了国内外知名上市公司保利集团、复星集团、广发证券、新大陆、阳光财险、TCL、唯品会等24家上市公司纷纷抢滩进驻，品牌示范及辐射效应明显。

（3）创新风险管理模式，确保园区健康可持续发展。园区建立起了事前防范、事中监管、事后处置的全方位风险管理机制。监管标准化、操作规范化，制定的金融街小额贷款公司监管手册已推广至全省范围内使用。监管手段信息化，自主研发小额贷款公司业务系统和风险监测系统，能够依托互联网信息技术对民间金融机构进行实时、动态监管。率先开展信用评级试点，在全省范围内率先开展小额贷款公司和融资担保公司信用评级试点，建立起负面清单制度和市场退出机制。完善法律维权机制，成立全省首个金融审判庭、全市唯一的金融仲裁院，健全法律维权机制。

（4）破解创新驱动瓶颈，建设创新创业金融街。金融街以内涵式发展为导向，全力破解创新驱动发展瓶颈制约，全面升级打造创新创业金融街。创新民间金融机构，设立全国首个“小额贷款央行”——广州立根小额再贷款股份有限公司，全国首个市场化民间金融征信公司——广州民间金融街征信有限公司。创新民间金融产品，企业针对不同客户群，设计了100余种融资产品如“助科贷”“商铺贷”“工程通”等丰富多样的产品，满足客户多样化的需求。部分企业的产品创新获广州市2015年金融创新成果先进单位荣誉称号，例如，海印小额贷款的“海印安居贷”、恒隆小额贷款的“恒隆商户贷”、广建小额贷款的“易分期”等。创新民间金融服务机制，构造“管委会+管理公司+行业自律组织+研发机构+服务平台”的广覆盖园区服务网络。

（5）推进重点项目建设，大力发展金融科技产业。打造金融人才公寓、“线上”民间金融街、“线下”众创空间。金融街多措并举，借助“大众创新、万众创业”的良好契机，扎实推进“线上”网络金融平台——金融街在线、“线下”众创空间，形成线上线下相结合的金融业态，同时不断完善园区公共服务体系，形成了“政府服务园区企业，园区企业服务实体经济”的良好格局。

（五）广东省民间金融创新发展示范区

广州民间金融街在创新、文化、区位、产业、品牌等方面发挥示范引领作用。

（1）创新先行示范——取得多个全国第一。创全国首个民间金融价格指数、开全国民间金融企业集聚监管的先河、设国内首家小额再贷款公司、建国内首家民间金融主题博物馆。

（2）民间金融示范——“百年长堤”“中国金融第一街”。金融街核心区长堤大马路是广州金融的历史名片，人文和商业底蕴深厚、岭南特征明显，是历史悠久的岭南文化集散地、“十里洋场”商业文化发源地和广州金融发源地。早在清代广州“一口通商”的年代，长堤便以“中国金融第一街”之美称享誉海内外，如今沙面至长堤一带，仍有花旗银行、法国东方汇理银行、汇丰银行、原中央银行的旧建筑，文化底蕴深厚。

（3）千年商都示范——千年商都，民间资本集散地。园区东至海珠广场、南临珠江北岸，更是形成了河道航运、地下铁道、公路汽车、城市绿道等交错纵横的新型现代城市交通体系。地下交通方面，地铁2号线和6号线交错穿过，使海珠广场成为重要的换乘枢纽；公路交通方面，有两个公交总站，途经站点更是密集，线路众多；河道航运方面，毗邻珠江北岸，园区内有省总码头、天字码头2个航运码头，同时还有海珠桥、解放大桥、人民桥三座跨江大桥为出行提供便利。

（4）政府支持示范——资金、政策全方位支撑。自建街以来，金融街共向国家、省、市发改委，省、市经贸委、科信局等部门申请并获批了国家服务业发展引导资金、广东扶持金融产业发展专项资金、广州金融业专项扶持资金等共16个项目支持，资金合计超5亿元。此外，还获得了广州民间金融街新增税收区留成部分封闭运行的支持政策，即将新增税收区留成部分全部统筹用于广州民间金融街建设。

（5）产业发展示范——民营经济发达。华南地区是中国最早实行改革开放的区域，经济起步较早，民营经济发达，中小微企业众多。据估算，广东民间资本规模折合人民币超过1.2万亿元，广州市民营经济总量占全市生产总值的比重达39.7%，居全省第一。中小微企业的贷款渴求度高和庞大的民间资本规模成为构建民间金融创新发展示范区的市场机遇和产业基础。

（6）金融品牌示范——品牌影响力突出。越秀区获国家质检总局同意筹建全国民间金融产业知名品牌示范区，标志着金融街品牌建设从“品牌打造”进入“品牌输出”加速发展新阶段。

（六）全市内资商业保理试点区

2016 年 12 月 22 日，广州市商务委、广州市金融局联合发文，支持在金融街试点设立内资商业保理公司，由此金融街成为广东省内唯一获得官方明文支持的内资商业保理试点园区。

（1）建设背景。2015 年底，恒大集团向金融街管委会反馈设立内资商业保理公司的需求，但广州市无设立内资商业保理公司的先例及支持文件，后经过市、区两级相关职能部门的调查研究，认识到商业保理发展供应链金融的企业极其重要，同时对缓解中小企业融资、促进经济发展作用显著，因此一致支持广州市发展内资商业保理业。在广州市商务委的支持和指导下，广州市第一家内资商业保理公司广州恒大商业保理有限公司于 2016 年 3 月 11 日落户金融街。恒大商业保理公司的成立，对广州市内资商业保理业发展来说具有里程碑意义，实现了从 0 到 1 的突破。

（2）建设内容。2016 年 12 月 22 日，广州市商务委、市金融局联合下发《广州市商务委员会 广州市金融工作局关于在广州民间金融街开展内资商业保理试点工作的意见》（穗商务特商函〔2016〕59 号），支持在金融街试点设立内资商业保理公司。自此，金融街成为广州市首个内资商业保理试点园区。这意味着：在其他区域暂时还不能设立内资商业保理公司的情况下，金融街已获得了先行先试的通行证。截至 2019 年 6 月，金融街入驻商业保理企业达到 48 家。

（七）数字普惠金融监管试验区

广州民间金融街凭借长期深耕普惠金融优势，抢抓粤港澳大湾区历史发展机遇，在推动小型金融机构、优质金融创新产品发展方面成效显著。

（1）大力发展民生金融，助力 2020 年全面建成小康社会。运用人工智能、大数据风控等金融科技，创新建立起有别于银行传统业务的“数据化、智能化、网络化”服务新模式：推出数据信息集成，精准构建出借款人的信用风险“全息画像”；打造小额贷款业务的全自动审批系统，实现 1 分钟内放款，有效缓解“融资难、融资慢、融资贵”问题。

（2）支持产品协同创新，构建特色化金融创新产品体系。在提高机构多样性、差异化竞争、风险管控能力上做文章，通过政策引导、风险补偿、风险共担等形式推动机构、市场、产品协同创新发展，鼓励新型金融机构积极服务传统银行模式下难以惠及的“长尾”客户；提高金融产品和服务的可获得性，设计发行 200 多种特色化的金融创新产品体系，其中供应链金融产品约占 40%，消费金融产品约占 60%。

（3）建设监管试验区，探索普惠金融发展和监管新模式。通过打造多功能数字化监管系统，搭建数字普惠金融综合服务平台，建设地方性二级同业拆借中心，探索设立数字普惠金融试验区发展基金，搭建接入中国人民银行征信系统的绿色通道，稳固和提升广州在粤港澳大湾区的金融地位，探索普惠金融发展和监管新模式，真正解决数字普惠金融现有的数字技术应用不成熟、数据安全隐患、监管缺位、风险高发等问题，让投机者“无机可乘”、投资者“蜂拥而至”、监管者“协同作战”。

（八）公益金融试验区

慈善是社会文明和谐的重要标志之一，是一项全民的事业。广州民间金融街建设公益金融试验区，重要内容如下：

（1）设立粤港澳公益金融联合会。团结粤港澳大湾区企业、企业家公益力量，提升并引导粤港澳大湾区企业、企业家履行社会责任。一是呼吁、号召粤港澳大湾区知名企业（企业家）积极投身慈善公益事业，支持公益事业的可持续发展。二是作为粤港澳大湾区公益金融可持续发展体系的重要对外窗口，为公益事业活动发声、宣传、团结社会力量。

（2）建立充分强化披露信息制度。在官方指定平台定期披露公益金融试验区内机构组织、行为、钱物的相关信息，大力发挥试验区的先行示范作用，推动公益金融长远发展。

（3）构建公益金融可持续发展生态体系。通过采取“1+3”模式（基金/信托+基金会、基金管理公司、创投），接受最终目的为支持公益慈善事业的资金，以商业金融手段反哺公益，同时将增值部分按实际需要投入公益事业，构建公益金融可持续发展生态，形成独特的“造血式”“精准式”扶贫，打造高品质公益金融综合服务环境。

二、机构创新

以园区发展为首要目标，政府引导，企业主导，共建共享，机构创新，打造高质量发展“加速器”。

（一）全国首家小额再贷款公司

广州立根小额再贷款股份有限公司是广州市在全国率先创新设立的、首家为小额贷款公司提供融资服务的企业，被誉为“小额贷款央行”，注册资本10亿元，2013年10月21日设立。广州立根小额再贷款股份有限公司股东实力雄厚，经营管理规范稳健，业务操作高效灵活，管理团队专业高效，秉承“诚信、专业、灵活、高效”的服务理念，专注于小微金融行业，立足广州，面向全省，致力于打造面向小额贷款公司的综合性服务平台，为小额贷款公司提供资金、信贷资产转让收购、融资信息平台等金融服务。

（二）全国首个民间金融主题博物馆

中国（广州）民间金融博物馆位于长堤大马路268号首层，占地720平方米，为民国时期金城银行广州分行旧址，是国内第一家以民间金融为主题的博物馆，2013年4月开始筹建，于当年6月正式开馆。项目首期投资300万元，通过实物、图片、场景再现、互动游戏、多媒体演示等多种手段，综合展现我国民间金融的发展历史，凸显近代广州在民间金融业的引领地位，记录现代长堤民间金融街的建设历程，对发掘民间金融街的文化底蕴，彰显独特的广府民间金融文化，推动民间金融业的发展起到重要的作用。

（三）全国首家专注于民间金融的市场化征信公司

广州民间金融街征信有限公司成立于2014年8月，注册资金5000万元，是一家专注于服务民间金融产业的市场化征信公司。广州民间金融街征信有限公司积极与行业协会和同业联系交流，共同探讨征信行业发展，致力于为地方中小微企业信贷评级、信用评级、商业调查、征信查询等企业征信服务打开一条通道。目前，分别与科孚商务信息有限公司（CRIF）、菲律宾征信协会（CMAP）、诺华中国控股有限公司、百望贸宜（苏州）软件有限公司（Tradeshift）签订合作协议，共同提高区域信用信息标准，促进落实“一带一路”倡议国的合作，致力于构建大湾区统一征信评价标准体系。

（四）线上民间金融街

线上民间金融街旨在紧抓“互联网＋”机遇，以金融街在线平台为依托，以实体金融街集聚的各类金融机构及配套服务机构为基础，打造准公益性综合网络借贷服务平台，引领园区内小额贷款公司、担保公司等民间金融机构“上线”发展，实现“线上＋线下”“实体＋虚拟”双轮驱动。

三、投融资机制创新

根据《广东省人民政府关于创新重点领域投融资机制鼓励社会投资的实施意见》（粤府〔2016〕12号）、《广州市创新完善中小微企业投融资机制十条工作措施》（穗府办〔2016〕9号）等文件指导精神和区委、区政府工作部署，结合越秀区进一步解放思想、创新城市建设投融资机制的工作要求，广州民间金融街在重点项目、产业、园区、领域及中小微企业投融资机制方面创新发展。

（一）重点项目投融资机制

（1）鼓励和引导社会资本进入重点项目建设领域。广州民间金融街以成立项目公司、设立项目开发建设基金、公私合营等方式，鼓励和引导社会资本参与重点项目建设。通过加大财政支持力度、延长项目特许经营期限、优化项目现金流结构等方式提升重点项目对社会资本的吸引力，探索在项目建成运营及退出时，将国有资本净收益的30%～40%让渡给其他股东或合伙人的机制。

（2）推动重点项目发行债券融资。探索以项目公司为主体，以实物资产、无形资产、项目收益权、租赁权等为支持的试点资产证券化融资。推动区重点项目纳入省政府债券试点范围，积极向省、市申请发行专项市政债券，支持企业探索发行重点项目集合债券。

（3）强化对重点项目的“增信”支持。积极对接省、市大型政策性担保、再担保机构，争取获得对重点项目的“增信”支持。在传统的第三方担保、抵质押担保基础上，探索使用信用风险缓释合约、信用风险缓释凭证等信用风险缓释工具。推动重点项目的信用评级达到AA以上，有效降低融资成本。

（4）建立民间金融征信平台。发挥广州民间金融街集聚优势，积极引入第三方机构，探索由金融街在线整合搭建的数据分发中心或数据链接共享中心，打造具有全国影响力的民间金融征信平台。征信平台采用市场化运作，为民间金融机构、中小微企业和个人提供征信服务。

（二）重点产业投融资机制

（1）推动金融与产业深度融合。制定重点产业“金融＋”发展规划，形成“金融＋文化创意”“金融＋健康医疗”“金融＋科技”“金融＋商贸”的多元发展格局，推动金融与区重点产业深度融合。

（2）设立重点产业引导基金。以越秀基金管理公司为主体，依据业务对象、投资范围、组织形式等分别设立、募集若干子基金，包括投向城市建设经营性项目的“市政建设发展基金”、投向重点产业的“产业投资基金”、投向中小微企业的“创业投资基金”等。

（3）加大财政资金对重点产业的扶持力度。对向银行和非银行金融机构融资的重点产业企业给予贷款贴息、风险补偿，或对重点产业企业上市、发行债券等给予专项奖励。专项奖励依据不同融资方式、规模设定，分批下发，且奖励总额不低于广州市其他辖区平均水平。

（4）充分发挥国家版权贸易基地功能。以国家版权贸易基地为依托，充分发挥其作为版权作品登记中心、版权综合交易市场和版权资本运作平台的功能。鼓励和支持区内文化企业入驻基地；引导商业银行每年为入驻基地内的文化企业提供5亿～10亿元授信额度，并委托银行或证券公司发行5亿～10亿元的中短期文化产业理财产品；鼓励文化企业通过版权交易融资，争取初期实现每年交易总额1亿～2亿元。

（三）重点园区投融资机制

（1）完善投融资服务平台。采取政府引导、市场化运作方式，进一步完善广州民间金融街综合服务中心、黄花岗高新技术创业服务中心。采用线上、线下同步运营方式，打造具备信息共享、资本对接、融资担保、技术咨询、产权交易等多种功能的投融资服务平台。每年筛选100家左右的园区企业作为重点服务对象，争取年度实现资本对接超5亿元。

（2）支持企业开展信用评级。鼓励支持第三方信用评级机构在重点园区开展企业信用评级工作。推进工商、税务等信息整合，构建完整的企业信用档案，辅导园区企业维护和提升自身信用等级。集合政府、企业、银行、担保公司等各方为园区企业“增信”，共同建立风险补偿机制。

（3）建立中小微企业贷款平台。联合政策性银行和区内大型企业，在重点园区创新设立中小微企业低息贷款平台，以“批发”模式支持园区内优质企业发展。借助“银政通”“助保贷”等金融产品，提高园区企业贷款授信额度和抵押贷款额度。支持平台向银行推荐园区内优质企业申请贷款，争取每年为重点园区带来3亿～5亿元的新增贷款额度。

（4）推动科技产业园区实施科技金融融资。支持引进银行等金融机构在金融街、黄花岗科技园设立2～3家科技支行或分支机构，采取政府扶持、科技贷款、科技担保、股权投资、科技保险以及科技租赁等方式，鼓励重点园区开展知识产权质押融资，建立知识产权质押融资绿色通道。争取市级科技财政扶持资金支持，建立科技型中小企业信贷风险补偿资金池。

（5）推动商贸产业园区实施供应链金融融资。以银行为中心，向园区内核心企业提供融资、结算、理财等服务，向其分销商提供预付款代付、存货融资等服务。积极引入较早开展供应链金融业务的四大国有银行和平安银行、招商银行等股份制银行，每年为园区企业带来5亿～10亿元贷款授信额度，形成2亿～3亿元融资规模。

（四）重点领域投融资机制

（1）推动区重大旧城改造项目列入市政债券发行范围。对旧城改造项目进行分类组合，创新项目建设主体，推动旧城改造投融资模式由政府主导开发商参与型向开发商主导型转变。在既有的公私合营、资产证券化等模式基础上，在区内试点延长市政债券期限，争取发行2亿～3亿元10年期市政债券。不断扩大市政债券投资范围，吸引个人投资者投资。

（2）引入社会资本推动专业市场升级改造。对一德路商圈、流花路商圈、站前路、环市东等专业市场群，通过发展电商平台、优化物流仓储等实施升级改造。通过公私合营等方式积极引导社会资本参与，每年获得1亿～2亿元融资。

（3）争取政策性金融机构支持区重点领域项目建设。通过项目公司股权融资形式，积极争取通过省、市发改委的申报渠道，推动安置房、老工业区搬迁改造、城市综合交通枢纽、养老服务体系等重点领域建设项目纳入国家开发银行“国开发展基金”投资范围，获得年度成本约1.2%、期限10～25年的资本金贷款支持。

（五）中小微企业投融资机制

（1）搭建中小微企业信用信息共享平台。利用2年左右的时间建立中小微企业金融服务信用信息共享平台，争取建成后 3 ～ 5 年内集成 5000 ～ 10000 家中小微企业信用信息。加强信用信息共享平台与投融资机构对接，在信息共享、信用评级基础上，建立辅导、评价、培育等全程服务机制，营造良好的信用环境，促进中小微企业信用体系建设。

（2）设立创新企业股权融资服务平台。支持创新企业以互联网技术为手段，设立股权融资服务平台。互联网股权融资服务平台除为中小微企业提供股权融资基本服务外，还应当能够提供项目宣传、创业辅导、财务顾问、融资培训、技术咨询等增值服务。平台上线后，争取在 3 年内实现服务重点中小微企业 2000 ～ 3000 家，完成股权融资服务平台项目 30 ～ 50 例，成交金额达到 3 亿～ 5 亿元。

（3）提高融资担保机构服务能力。鼓励融资担保机构创新担保业务，尤其是针对中小微企业的票据承兑担保、贸易融资担保、信用证担保等业务；积极争取省、市融资再担保机构支持越秀区融资担保机构业务发展，对辖区内申请融资再担保的机构，区财政安排一定资金给予贴息补助。“十三五”期间，争取市融资担保中心每年 1 亿元担保额度。

（4）建立健全中小微企业融资风险补偿机制。通过投资扶持、风险分担、风险补助等方式，逐步建立中小微企业融资风险分担机制。引导中小微企业设立“融资互助基金”。对商业银行为中小微企业提供的融资担保类、保证保险类、融资租赁类等贷款所产生的本金损失，给予不超过 10% 的有限分担补偿。对符合条件的担保机构、保险机构、小额贷款公司、融资租赁公司等开展的中小微企业融资业务或融资担保、保险业务，根据融资额、担保额或保险额按规定给予一定比例的损失补助。

四、系统创新

利用信息化、科技化手段，建设符合园区实际的“四大平台”，助力广州民间金融街创新发展。

（一）基础数据平台

基础数据平台最基本的功能是显示入驻机构基本信息，主要收集、存储园区各入驻机构、从业人员等的静态信息。具体包括：第一，录入和查看、修改机构股东结构、董事组成、高级管理人员信息、从业人员资格证书、注册资本、经营场地信息、借贷规模、贷款利率，以及计算资产损失准备充足率等；第二，该机构从业人员管理、照片、基本资料等，从业人员流动监管；第三，该机构客户一览表，该机构借贷的客户信息、贷款规模、利率、还贷记录等信息。截至目前，各入驻小额贷款公司及其从业人员的静态数据已经收集完毕，并已录入系统，为后续监测系统的分析统计提供信息。

（二）信息报备平台

信息报备平台是综合信息平台的核心资源库，是所有非现场监管信息的来源，主要通过小额贷款公司、融资担保公司对其业务信息的如实录入，收集入驻机构的基本业务信息和其他有关重要信息。为监管机构对入驻机构进行风险评估、业务监管等提供强有力的数据支撑。此外，通过对采集的数据进行主题分析、指标分析、数据分析，形成反映民间融资动态变化的平均利率、费率，并通过定期发布该利率、费率为园区外民间融资提供参考，逐步建立市场化的价格引导机制。

（三）风险预警平台

风险预警平台是金融街网络服务平台的核心平台，通过对报备数据异常变化的分析，使监管机构可以从不同角度及时掌握入驻机构的经营状况，提高风险监控水平，对各类违规行为及时发出警告信息。第一，充分利用金融街入驻机构向监管部门报送的业务数据，建立起统一的监管预警数据中心，为风险分析建立数据基础。第二，借鉴先进的监管分析理念和技术，建立数据分析平台，辅助业务部门通过业务数据进行联机分析，达到有效监督、预防风险、辅助决策的目的。第三，提高各业务部门的运作水平，为进行科学、高效的决策提供依据。第四，对分析预警的结果进行反向追查，指导业务系统的改进。第五，在同步总行数据的基础上，运用自身的分析方法对报送数据进行分析。

（四）信用数据平台

广州民间金融街风险监测系统依托广州民间金融街网站、基础数据平台及业务报备平台，在金融街、广州市乃以至广东省范围内采集、保存、整理民间金融机构及个人与信用交易有关的记录，探索建立区域内集中统一的机构和个人基础信用信息数据库，作为监管者、投资者和信用交易机构，判断企业和个人在金融活动中的道德水准和偿债能力，成为进行信用风险管理的重要决策依据，并通过信用制度的安排，满足市场对信用信息的需求。

五、监管创新

为做好区域民间风险防控工作，民间金融街以“鼓励创新、适度监管”为基本原则，积极运用金融科技手段，严控园区民间金融机构的资金来源和高管准入，保护借款人的权益，对园区民间金融机构进行非审慎监管。目前，民间金融街风险防控体系已初步搭建起包含准入、制度、流程、系统、服务和团队等的“六位一体”的风险监管体系。

（一）准入：严把市场准入门槛

为保证园区民间金融机构持续健康发展，民间金融街严格考核主发起企业在持续注资、抗风险、大数据挖掘、业务整合和技术研发等方面的综合能力，制定了民间金融机构准入标准，筛选出一批如广发证券、新大陆、广联达和唯品会等上市公司发起设立的民间金融机构。目前，园区主要的民间金融机构主发起人基本上都具备上市公司或行业龙头的股东背景。“准入关”的严格把关，有效隔离了大部分潜在风险，为民间金融街的稳定发展夯实基础。值得一提的是，民间金融街对P2P行业始终坚持“谨慎发展，及时介入”的原则，于2015年1月印发实施了《广州民间金融街互联网金融产业基地管理与服务办法（试行）》，对落户金融街的P2P平台给予严格审查，谨慎放行。

（二）制度：完善监管制度体系

为指导规范园区民间金融机构监管工作，民间金融街组织一线监管干部赴上海、杭州、重庆等地对民间金融机构的经营管理和风险监管状况进行调研。组织专家论证研讨后，制定并印发了相应民间金融机构监督管理办法，使民间金融机构监管有规可循，与主监管员制度、防范民间金融风险联席委员会制度和民间金融突发事件应急预案等，共同形成了完善的监管制度体系。

（三）流程：制定日常监管规程

为及时掌握和应对民间金融机构的风险状况，经与多次研讨，目前已建立起包括“数据采集—数据分析—风险报告—风险处置”的民间金融机构日常监管规程。通过非现场监管体系采集企业经营数据和基础数据，及时识别、分析、评估和处置民间金融机构的风险状况，做好每月定期风险评估，对民间金融机构实施内部监管评级，实现分类监管。

（四）系统：优化非现场监管系统

为提高日常监管工作效率，实现民间金融机构风险实时、动态监控，广州民间金融街非现场监管系统进行了升级改造。改造后的监管系统实现了与各互联网小额贷款公司业务系统的数据对接，增加了数据可视化演示、基础数据的信息化管理和业务数据的深层挖掘等内容。同时围绕“严控资金来源”和“严管高管准入”两个原则，建立起负债端分析、银行账户监控以及高管人才信息库管理。该系统的优化升级是民间金融街金融基础设施建设的重要组成部分，对互联网小额贷款公司风险监管具有先导性、战略性、全局性的意义。

（五）服务：开展各项企业服务

为贯彻落实寓监管于服务，以服务促监管的理念。民间金融街积极开展各项企业服务，帮助民间金融机构顺利入驻及开展业务，组织从业人员培训、辅导各项资金补贴申请，并且组织召开“互联网+民间金融机构”研讨会和沙龙论坛，持续跟踪了解企业需求，进而能够切实解决企业的实际困难。

1. 重视从业人员业务培训

为提高监管人员的能力和素质，民间金融街多次组织监管人员和民间金融机构从业人员参加培训，邀请行业专家授课。通过开展培训，达到提升监管人员的监管水平，强化民间金融机构从业人员的规范经营和风险防控意识，提高其经营管理素质和能力的目标。

2. 推动成立民间金融征信公司

金融街三期筹建成立了全国首家专注于服务民间金融产业的市场化征信公司，该企业主要为入驻企业提供中小微企业信贷评级、商业调查、征信查询等服务。征信公司也自主研发了金融街征信数据平台，目前，已采集上万条企业和个人的民间借贷信息，并同步录入工商、质监、食药监、卫生、法院、公安和地税等7个区属部门的信用信息，初步建成区域性的信用数据库。

3. 对接司法手段处置不良资产

民间金融街在2013年就成立了广东省首家金融审判庭、金融仲裁院，发挥司法保障机制的作用，有效维护中小微企业和金融机构合法权益。园区企业可以与法院直接对接，处置不良坏账，能够在一定程度上改善企业的高额坏账率。

（六）团队：充实风险监控力量

为适应园区民间金融机构数量增长和业务创新的发展需要，民间金融街组建起全国首支监管员队伍。截至目前，负责民间金融街地方金融风险监管的具体经办人员达到11名，其中行政编4名，事业编3名，合同编4名；学历方面，硕士研究生5名，本科生6名；年龄方面，“70后”1名，“80后”和“90后”各5名。根据任务到人、责任到岗的原则，民间金融街建立起主监管员制度。为提高监管干部综合素质，定期开展学习交流会及组织团队到国内具有民间金融机构管理经验的地区学习调研，通过团队学习的模式相互提高综合素质，打造“管理咨询型”监管团队。

六、路径创新

探索“金融+”发展新路径，打造创新创业生态圈。

（一）金融 + 商贸

广州民间金融街打造的以商贸金融办公为主，集办公、公寓、酒店、休闲商业于一体的综合性建筑组群，是未来越秀区商贸金融业发展和商贸金融机构聚集的核心承载区。以高端商贸金融服务、总部型金融企业和高端商贸金融配套为产业发展核心，引领银行、证券、保险、总部经济、产权交易、信息行业及相关的服务配套行业集聚发展，建成国际商贸金融决策中心、管理中心、运营中心和服务中心，缔造广州核心金融功能区，有力提升越秀金融资源集聚水平，进一步提升金融服务实体经济的能力。

（二）金融 + 文化创意

广州民间金融街探索初步建立起文化金融中介服务体系、加快推进企业直接融资、加大金融支持文化消费的力度、完善文化企业信贷管理机制的具体路径。具体内容如下：

（1）创新民间资本支持文化企业发展模式。以民间金融创新发展为基础，推动民间金融支持文化企业发展方式和发展模式的创新，形成多层次金融市场体系。重点是升级金融机构与产品，改善金融街原有金融生态，组成文化类小额贷款公司支持小微文化企业融资；发展文化众筹等互联网金融模式支持小微文化企业融资；支持小微企业利用债券市场发行集合债券进行融资。

（2）创新“资本 + 产业 + 园区”投融资模式。以国家级文化产业园区创建为抓手，以区内众多文化众创空间、孵化器集聚发展为基础，积极探索资本市场与文化产业基于园区产业链、产业集群合作的发展路径，推动资本市场参与园区产业链的构建，通过资本市场与产业链“联姻”，实现对文化产业投资的多元化，助推产业链优化提升。

（3）创新动漫版权评估认证模式。利用国家版权贸易基地（越秀）、国家商标品牌创新创业（广州）基地的平台优势，以及动漫等领域的产业优势，加强动漫版权评估认证，建设国内权威、国际认可的动漫版权评估认证中心，推动开发丰富版权交易的版权金融产品，汇聚中国国际漫画节等大型版权交易活动积累的交易资源，推动动漫版权跨地区、跨行业流转，不断提升动漫版权交易市场的资本集聚和运作功能、在世界城市体系中的辐射能力和对全球版权资源的配置能力。以动漫版权评估、交易为引领，积极带动文化产业相关领域知识产权的评估认证和交易流转。

（4）创新文化项目 PPP 合作模式。以文、商、旅深度融合为目标，着力引进大资本、大项目，加强文化运营、提升文化环境、讲好文化故事，实现文、商、旅融合的大突破。加强与华润集团、岭南集团等实力雄厚的社会企业合作，推动文、商、旅跨业经营，探索发展新文旅、新业态、新模式。落实鼓励和引导社会资本进入文化领域的政策措施，鼓励社会资本参与重点文化项目、公共文化设施的建设运营、非物质文化遗产的保护利用、文旅资源的开发运营。

（5）创新文化金融对外合作模式。积极利用国家级文化产业示范园区、全国民间金融产业发展示范区、全国金融科技先行试验区、广东省首批创新创业金融街试点区等平台和政策优势，深化与北京东城、江苏南京、浙江宁波等全国各文化金融合作示范筹建区域的联系协作。加强与南沙、天河、海珠、黄埔等兄弟城区的联系协作，建设文化金融合作枢纽，在此基础上以枢纽加网络的模式推动粤港澳大湾区文化金融合作。

（三）金融 + 科技

广州民间金融街积极推进金融支撑科技工程建设，以金融科技为主题，以金融创新文化为载体，构建一个集金融创客、金融创新、金融培训、金融传媒、金融创投、配套的相关金融创新文化为一体的金融科技及商业综合体，打造“金融科技”创新资源集聚区及平台生态圈，成为中国乃至世界级的以金融科技为主导的金融中心和信息港，为促进广州成为世界级的金融中心发挥积极作用。

七、产品创新

在产品创新方面，广州民间金融街园区的机构针对不同客户群，设计了200余种融资产品，比如面向科技型小企业的，助推发明技术走向市场化、产品化的“助科贷”；面向个体户，凭商铺租赁权获得快捷、高效贷款的“商铺贷”；面向工程建设提供短期工程周转贷款的“工程通”等诸多广受欢迎的贷款产品。

（一）债权融资产品

债权融资又称债券融资，是有偿使用企业外部资金的融资方式，如银行借款、企业债券等需要承担一些利息费用的资金。债权融资相对于股权融资获得方式较简单，但需要承担一定的担保风险和财务风险。

（1）银行类债权融资产品。如中国工商银行的“经营贷”“小额抵押贷”；中国建设银行的“小微快贷”“信用贷”“税易贷”“POS贷”“创业贷”等；中国银行的“中银网络通”“中银信贷工厂”等；中国农业银行的“简式贷”“置业贷”“经营贷”“科创贷”等；中国邮政储蓄银行的“小微E创富”；交通银行的“快捷抵押贷”“POS贷”“优贷通”等。

（2）小额贷款类债权融资产品。如海印小额贷款的“海印安居贷”、恒隆小额贷款的“恒隆商户贷”、广建小额贷款的“易分期”等。

（二）股权融资产品

股权融资是指企业的股东愿意让出部分企业所有权，通过企业增资的方式引进新的股东的融资方式。股权融资所获得的资金，企业无须还本付息，但新股东将与老股东同样分享企业的赢利与增长。股权融资的特点决定了其用途的广泛性，既可以充实企业的营运资金，也可以用于企业的投资活动。如广州互联网金融孵化中心为种子期、初创期企业提供天使投资，投资金额一般在300万以下；广东安信投资集团有限公司为初创期、成长期企业提供企业发展壮大所需的风险投资资金；广州越富基金为成长期、扩展期企业提供私募股权投资；上海交易所、深圳交易所、全国中小企业股份转让系统为扩展期、成熟期企业提供中小板和主板上市融资渠道。

本文由广州民间金融街管理委员会、粤港澳大湾区科技金融与数字经济协同创新研究院课题组供稿。课题组负责人：黄翔、吴仲安。课题组成员：张晓慧、谢小凤、单小芳、吴丽婷、许昀。（2019年）

广州民间金融创新发展模式与成果研究

导语　广州民间金融街的发展背景

广州民间金融街所在的长堤大马路，是历史悠久的岭南文化集散地、现代金融发源地，具有深厚的人文和商业历史底蕴，被誉为“中国金融第一街”。民间金融街核心区——长堤见证了近现代整个广州的金融产业发展。

1. **兴起阶段**（**清朝末期至20世纪40年代**）

长堤大马路的兴建、兴起始于清朝末期。1886年，长堤开始修建，最初修建长堤的目的是防洪、兴商务。建成之后，长堤迅速成为广州乃至中国的水路交通要地，各国外商开始从这里登陆中国，并逐渐在长堤大马路沿线兴建洋行，各地资本开始集聚，资本的集散推动了该地区商业、贸易的快速发展，长堤逐渐成为广州的商贸中心，西关的商业繁荣开始引向长堤。

民国时期长堤的商贸业进一步发展，银行、酒店、娱乐、饮食等全面兴起并快速发展。1924年8月15日，孙中山在沿江中路193号亲手创办了中央银行。1914年，处于长堤中心地带的东亚大酒店开业，店内环境舒适典雅、设施豪华，具有“百粤之冠”的美誉，是当时广州规模较大的酒店之一。1902年，当时广州市内规模最大的戏院——海珠大戏院创办，上下三层共2000余个座位，被称为“广州戏霸”，是目前广州仅存的一间古老大戏院。1921年以后，长堤商圈又陆续建成了一批电影院，比如明珠影画院（今羊城电影院，是当时全市规模最大、设备最好的电影院，也是全市第一家放映有声电影的电影院）、西濠电影院、广州电影院等。1937年4月，爱群大厦正式建成，是当时华南地区最高的建筑物，享有“开广州高层建筑之新纪元”“南中国之冠”等美誉。此外，长堤的发展历史上还有广泰来酒店、大三元酒家等标志性酒店。一系列的广州之最乃至中国之最、亚洲之最，让长堤大马路成为当时广州迅速发展的新商业区，更成为各国商贸业和洋行抢滩中国的滩头阵地，长堤驶入发展的快车道。

2. **繁盛时期**（**20世纪50年代至20世纪90年代**）

中华人民共和国成立以后，长堤作为广州的商业中心和金融中心的地位进一步巩固并提升。20世纪50年代，广州轻出集团、广交会等诸多外贸项目先后落户长堤，长堤作为中国对外贸易前沿阵地的地位得到进一步巩固，对外贸易的迅速发展，也吸引了众多银行在此落户。

20世纪80年代，我国开始实施改革开放，长堤驶入发展的黄金时代。当时，上下九、北京路、天河城等商业中心尚未发展起来，长堤集聚餐饮、服装、日用百货、娱乐、金融等各行各业，繁花似锦，是广州名副其实的商业中心。

3. **衰落时期**（**20世纪90年代至2011年**）

20世纪90年代，在经历了80年代的鼎盛时期之后，随着现代化城市的发展和扩张，由于建筑陈旧、道路狭窄、交通不便和环境治理不善，长堤的水陆交通优势逐渐丧失，长堤商圈开始走下坡路。同时，人民路长堤高架桥的建设以及市场主体的自主选择，使得酒吧、KTV、小型商店成为长堤的主要经营业态，长堤商业圈业态逐渐向低端化发展，直接导致引领岭南近百年风潮的“广州外滩”迅速走向衰败。

4. **复兴时期**（2012 年至今）

2012 年初，广州民间金融街项目启动建设，规划区域约 59 万平方米，以长堤大马路为核心，东至回龙路、南至沿江路、西至人民南路、北至一德路，并有黄花岗科技园、万菱广场、金汇大厦、289 文化金融产业园等系列分园区。建设有包括金融商务总部区在内的七个不同主题区域，主要集聚民间金融业态及相关配套机构，致力于为广大中小微企业和个人提供小微金融服务，突出“集聚、服务、定价”三大功能。现已逐渐发展为“立足广州、辐射珠三角、影响全国”的民间资本集散地、民间金融研发中心、民间金融创新中心和民间融资价格风向标。

作为全国民间金融产业发展示范区、全国金融科技先行试验区、国家级现代服务业集聚区、广东省民间金融创新发展示范区、广东省首批创新创业金融街试点区、广东省内资商业保理试点区、广州市首批互联网金融产业基地，经过 7 年多的发展，截至 2019 年 6 月，金融街入驻机构超 700 家，其中主导产业 300 余家；吸引 11 家“世界 500 强”企业、24 家“中国 500 强”企业、60 余家国内外上市公司投资入驻金融街，服务实体企业超 30 万家，提供融资额超 5000 亿元，直接税收贡献近 30 亿元。同时，首创金融风险防控国家标准和地方标准 3 项，推动民间金融健康、规范发展。

未来，民间金融街将继续开展民间金融制度创新、机制创新和产品创新，推动民间金融走向阳光化、规范化，成为全国民间金融改革的“试验田”、创新的“先行者”。

第一篇　民间金融监管模式创新

中国著名经济学家吴敬琏曾在《发展中国高新技术产业制度重于技术》中写道：一个国家，一个地区高新技术产业发展的快慢，并不取决于政府给了多少钱，调了多少人，研制出多少技术，关键在于是否有一套有利于创新活动开展和人的潜能充分发挥的制度安排、社会环境和文化氛围。金融业与高新技术产业类似，是一种知识密集型、资本密集型和技术密集型的产业，二者的发展规律存在相似之处。民间金融街是民间金融企业的集聚地，民间金融监管模式的创新，是民间金融街发展的内部动力。广州民间金融街监管模式的创新主要围绕政策与管理标准、服务平台的建设以及征信体系与风险监控体系三个方面展开。因此，本篇基于民间金融街监管模式创新的相关理论，同时结合广州民间金融街的发展实际，总结民间金融街在监管模式创新发展上的经验。

第一章　广州民间金融街监管机制

金融监管政策是指金融监管当局依法对金融机构经营活动实行的领导、组织、协调和控制等一系列活动，以及金融监管当局对金融机构实施的全面、经常性的检查与督促，以期实现金融机构的合规经营。

广州民间金融街在发展的不同阶段推出相应行之有效的监管政策及管理标准，为市场提供良好的金融环境的同时，也能不断优化民间金融街的监管模式。

第一节　监管机制的选择

监管政策法规是园区营商环境的重要组成部分，是决定监管机制能否良好运转的重要因素。为确保民间金融街建设顺利和稳健发展，越秀区地方金融监管部门建立健全监管体制机制，有序推进风险监测系统建设，全面构建民间金融标准体系。

一、防风险，园区发展的首要任务

民间金融街园区设立之初，就将风险防范放在园区发展的首要位置。在确保企业发展活力的同时，引导企业诚信、合法、合规经营也成为民间金融街发展的重要课题。

金融行业是高风险行业，民间金融街集聚的除银行、证券、保险类机构之外，大部分是小额贷款公司、融资担保公司、典当行、商业保理公司等，它们在经营过程中面临着与传统金融机构一样的信用风险、操作风险、法律风险、市场风险等，若不加监管而任由其无序发展，必然导致风险的不断增加。以小额贷款公司为例，虽然放贷的是自有资金，但也存在着非法集资、高利贷等风险，因此，加强监管、防范风险成为民间金融街建设中不可或缺的工作。

二、探路径，循序渐进开展监管创新

广州民间金融街积极探索民间金融规范发展的地方金融监管模式，引领全国民间金融规范发展浪潮。

广州民间金融街的建设，分为一期、二期、三期和扩容提质四个阶段，在建设过程中，监管体制的创新也循序渐进，成效显著。

（1）监管框架的搭建阶段。民间金融街建设之初，以监管主体构建和人员团队建设为主，是监管的 1.0 阶段。

（2）监管制度体系建设阶段。民间金融街二期建设，以监管制度体系、监管流程和系统建设为主，是监管的 2.0 阶段。

（3）监管体制机制成熟阶段。民间金融街三期建设，主要根据民间金融街发展实际，结合监管实践和国家最新的监管政策，对监管制度体系、监管流程和监管系统进行优化升级，是监管的 3.0 阶段。

（4）监管标准化阶段。民间金融街扩容提质时期，主要总结民间金融街监管实践，形成监管的标准、流程，进而在全国范围内推广，可视为监管的标准化和示范阶段，即 4.0 阶段。

第二节　搭建监管框架

以首期建设完成为标志，民间金融街初步形成具有一定规模的民间金融集聚区。为防范金融风

险，引导入驻企业规范经营，民间金融街在建设之初就注重风险防范，积极搭建监管框架。

一、明确监管主体

2017年，国家明确“7+4”类金融企业由地方金融主管部门监管，但在广州民间金融街建设之初，民间金融机构缺乏明确的监管主体。以小额贷款公司为例，各地监管主体不一，中国人民银行与银监会于2008年联合出台的《关于小额贷款公司试点的指导意见》将小额贷款公司的监管职责授予省级地方政府并予以明确。实践中，各地方政府的具体监管部门差异较大：如广东、广西、辽宁等由政府金融办履行日常监管职责；贵州、河南等规定由中小企业管理局负责监管；有的规定由专门的试点领导小组负责监管，如河北承德市；甚至还有的地方规定由金融办、工商、公安、经贸等部门联合监管。监管主体的混乱导致各地采取的监管措施、手段等五花八门，监管效率非常低下。

民间金融街所在的广州市越秀区，小额贷款公司的日常监管职能和风险防范及处置由越秀区人民政府履行主体责任。实践中，民间金融街的监管主体先是广州民间金融街管理委员会，后为越秀区金融工作局。

广州民间金融街管理委员会为区政府派出机关，是广州民间金融街园区的行政主管部门，主要负责园区发展规划、政策制定和综合协调管理等工作。2013年1月23日，广州民间金融街管理委员会成立。2013年5月6日，越秀区发展和改革局承担的区金融管理办公室有关职责划归广州民间金融街管理委员会，区金融管理办公室更名为区金融工作办公室。2015年8月25日，广州民间金融街管理委员会将原区金融工作办公室的职责划入区发展和改革局。2015年10月16日，越秀区人民政府授权广州民间金融街管理委员会履行区金融工作局工作的职责。2019年3月8日，越秀区金融工作局承接原广州民间金融街管理委员会地方金融监管职责，广州民间金融街园区内的民间金融机构亦由越秀区金融局负责监管，广州民间金融街管理委员会的历史职责自此结束，回归本源，继续做好民间金融街园区发展规划、政策制定和综合协调管理等工作。

可以说，民间金融街成立初期，广州民间金融街管理委员会与越秀区地方金融监管机构合署办公，对于及时了解小额贷款公司经营情况，发现小额贷款公司经营中存在的问题和不足，督促小额贷款公司不断完善管理制度、加强风险控制具有重大意义。

二、成立民间金融商会，履行自律监管职能

广州民间金融街监管模式充分发挥自律组织在监管和服务上面的优势，推动园区各企业发起成立广州民间金融商会。广州民间金融商会作为区域性的行业自律组织，旨在通过开展行业自律，促使企业遵纪守法、合法诚信经营；同时充当企业与政府之间的桥梁，为会员企业与政府监管部门提供一个沟通的平台，实现企业、政府和社会的多赢。民间金融商会的日常工作主要包括：根据经营规范性、经营业绩及业务创新情况，对会员企业进行评星评级，进行奖优罚劣，探索建立小额信贷市场优胜劣汰的市场化退出机制；对园区的小额贷款公司定期开展经营自查活动，帮助会员企业规范经营、合法经营；为会员企业提供法律维权、金融论坛及业务培训等各类服务，以提升小额贷款公司的合法经营意识。

第三节　完善监管体制机制

监管制度体系建设阶段以监管制度体系、监管流程和系统建设为主，根据广东省和广州市监管办法，越秀区积极完善监管制度和流程，研究制定配套监管制度，主要做了以下几方面的创新。

一、制定系列监管制度

民间金融发展中面临的最大的瓶颈是法规政策的缺位，结合民间金融街的实际情况，民间金融街管理部门及其所在市区积极从自身职责出发，研究制定相应管理制度，先后出台了《越秀区小额贷款公司监督管理办法》《广州民间金融街网站管理办法》《小额贷款公司主监管员制度》《小额贷款公司监管工作联席会议制度（试行）》《小额贷款公司风险性突发事件处理预案》《广州民间金融街小额贷款公司监管手册》等一系列制度。这些制度在广州民间金融街的先行先试，已取得明显成效，部分制度内容已被纳入广州市关于民间金融发展的制度汇编中，整理成册推广至全省适用。

二、开发风险监测系统

随着科学技术的日新月异，监管手段的技术化、信息化是各国金融监管的发展趋势。自 20 世纪 90 年代中期以来，我国十分重视金融监管技术和手段的现代化，在中国人民银行的主导下，开发了针对国内金融机构的“中国人民银行金融机构监管信息系统”和针对境内外资金融机构的“外资银行监管预警检测分析系统”，并在全国推广使用；各商业银行为加强内部控制，防范和化解自身经营风险，也相继开发了适合自身经营特点的风险内控监测系统。

这些系统的开发和推广应用，对提高金融监管效率、质量及监管人员的监管水平起到了很大的促进作用。然而，借助计算机系统进行金融监管在我国尚处于起步阶段，现有非现场监管系统的运行还不完善，许多技术难点尚待攻克，大多数系统基本上只是现行手工系统的模拟，尚不具备综合分析、预测及决策功能，有些系统甚至因实用性差而难以推广。

民间金融机构由于其性质及定位而被排除在金融机构监管之外，再加上其自身的特殊性，即使纳入金融机构监管，中国人民银行的金融机构监管信息系统也未必适合。可以说，国家层面对民间金融机构的技术化、智能化监管几乎还未起步。地方政府在进行监管时，又往往受自身职能繁杂、监管队伍力量薄弱、监管经验不足等多个因素的限制而无精力也无能力进行监管的技术创新。实践中，地方政府部门多借鉴银行业的监管措施，采取现场检查与非现场监管相结合的监督检查制度，前者由工作人员进入小额贷款公司经营场所进行检查，需要耗费大量的人力、物力和时间，监管成本高、监管效益低下，难以成为常态化的日常监管措施；后者多限于对报送的各类文件资料、财务报表的审查，缺乏现代化、高科技的监管手段，对银行业非现场监管的借鉴也是形似而神非，难免出现药不对症的尴尬。

在广州民间金融街的管理模式中，监管部门除沿用传统的现场监管手段，定期组织人员对小额贷款公司进行全面现场检查之外，还创造性地开发广州民间金融街风险监测系统（简称“风险监测系统”），作为对园区入驻机构尤其是小额贷款公司的非现场监管平台。

风险监测系统是专门针对小额贷款公司业务特点和风险特点而开发的非现场监管平台，定期采集小额贷款公司的业务信息，通过智能化技术手段分别对其资本的充足性、流动性、安全性、收益率等关键指标作出评价，并根据智能算法和经典模型及时测算、生成小额放贷的价格指数，实现对园区小额贷款公司经营状况的实时监管、定向分析及监测预警，有效提高监管工作效率。

风险监测系统又名广州民间金融街非现场监管系统，依托网络作为技术载体，主要包括四个平台。

（1）基础数据平台。该平台主要功能是收集并存储被监管企业的基本静态信息，为监测系统的监管统计分析和风险预警提供静态信息。具体包括录入、查看和修改小额贷款公司股东、组织机构、高管、从业人员、注册资本等基本信息；通过报备、审批等实现对公司从业人员的监管；录入小额贷款公司借款人基本信息，如基本身份信息、贷款规模、利率、还贷记录等信息。

（2）信息报备平台。该平台是风险监测系统最主要的资源库，依托网站为小额贷款公司提供业务信息录入及报备端口，采集小额贷款公司每笔经营业务信息，构成监管部门对其进行业务监管、风险评估等的强有力的数据支撑。信息报备平台主要收集的是小额贷款公司的动态业务数据，数据的报备要求做到及时、真实。

（3）风险预警平台。该平台是风险监测系统的核心平台，通过设定好科学的数据分析模型及风险控制模型，对基础数据平台和信息报备平台采集的数据进行主题分析、各类贷款指标分析及风险分析，形成反映小额贷款公司动态变化的利率、费率指数，同时通过其他指标的异常分析，判断小额贷款公司是否发生违规经营行为并及时作出风险预警，提示监管部门注意小额贷款公司的违规行为。

风险预警平台主要功能有：第一，引导合理定价。该平台通过分析系统收集的放贷数据，同时考虑市场因素、政策法规等价格影响因素，并设定合理的权重，形成小额贷款的平均利率和指导利率，并通过媒体公开发布，为市内外民间融资提供参考，逐步形成市场化的民间借贷价格引导机制。第二，监管风险预警。该平台通过设定恰当的风险指标和分析模型，形成数据分析平台，对小额贷款公司的经营进行分析，对异常变化、违规行为及时预警，使监管主体可以及时掌握其经营情况，提高风险监控水平，达到有效监督、预防风险、辅助决策的目的。

（4）信用数据平台。该平台通过多个渠道采集小额贷款公司、从业人员、借款人的信用数据，形成信用档案，以在日后为监管部门、小额贷款公司和个人提供区域内信用信息查询服务。

三、探索建立信用数据库

健全的社会信用体系对规范市场经济秩序，防范和化解金融风险具有重要意义。民间金融街的稳健运行，自然离不开良好的社会信用环境。当前，我国社会信用体系普遍缺失，经济活动中的不诚信现象随处可见，加大了民间金融机构的信用风险。

在实践过程中，各地对民间金融机构接入中国人民银行征信还一直处于探索阶段，尚无成功案例，这使得辖区入驻企业了解借款人信用状况的渠道受阻。再者，就现有中国人民银行的征信数据本身而言，信息也存在不完整性，未能覆盖所有公民、企业，尤其是民间借贷机构的放贷对象——中小企业、农民、个体工商户等，这些群体多由于自身经济条件等原因，从未从银行获得过贷款，其信用信息也尚未纳入征信查询系统，即使小额贷款公司能够通过一定途径进行查询[①]，也存在查询时间长、效率低，部分借款人信息查询不到等问题。征信建设滞后的现状，使小额贷款公司在开展放贷业务时，往往难以了解借款人的信用状况，加大了风险隐患。

现有征信系统信息的不完整性及民间金融机构法律性质的尴尬、业务对象的特殊性，使建立区域性的信用数据库极有必要。广州民间金融街依托风险监测系统，在广州市乃至广东省范围内采集、保存、整理小额贷款公司、融资担保公司等机构及其从业人员、客户的信用交易记录，同时由政府协调接入公安、法院、质监、税务、工商等职能部门的信用信息，探索建立区域内集中统一的企业和个人基础信用信息数据库，为判断企业和个人信用状况和偿债能力、进行信用风险管理提供了重要决策依据，对防范经营风险具有重要意义。

第四节　监管机制升级改造

经过一期和二期建设，广州民间金融街已初步搭建了一套较为完善的监管体制机制，但随着监管实践的推进，“互联网+”的快速发展，为保持广州在民间金融领域的创新引领地位，广州民间金融街不断加大力度开拓创新，在确保民间金融机构健康发展的前提下，结合入驻企业的实际，对监管制度、监管系统进行了升级改造。

一、细化监管工作细则

编制《广州民间金融街小额贷款公司申报指南》《广州民间金融街服务指南》，以图文并茂的方式细化申报程序，方便辖内小额贷款公司理解、操作；修改完善《越秀区小额贷款公司主监管员制度》《越秀区民间金融监管工作联席委员会制度（试行）》《越秀区小额贷款公司风险性突发事件处理预案》，加快建立动态跟踪、上下联动、渠道畅通、反应迅速的金融风险预防机制。

二、对监管系统进行升级改造

根据互联网小额贷款公司业务短、频、快的特点，对广州民间金融街风险监测系统进行升级改造，新增与互联网小额贷款系统对接、监管指数、风险风析和可视化界面优化等32项功能，实现对互联网小额贷款业务数据的实时监管，数据实时传送。

第五节　监管示范与标准化

民间金融在我国是一个新兴而又古老的行业，由于法律法规不健全，标准缺失，在发展中往往伴随着不规范、违法违规等现象。行业的有序发展，离不开标准化、规范化建设。民间金融行业标准缺失、标准体系不完善等问题，造成了行业发展的乱象，急需通过标准化引导民间金融行业规范发展。民间金融标准化对规范民间金融产品创新，促进民间金融行业信息交流，提高民间金融服务

---

① 广东省就在小额贷款公司的试点过程中建设了广州民间金融街，通过物理上的集聚对小额贷款公司进行集中监管并做了大量的探索、研究、创新和突破，重要的一点就是协调中国人民银行广州分行为园区内小额贷款公司开通征信查询绿色通道，率先探索小额贷款公司纳入中国人民银行征信查询系统的途径。

质量，提高行业监督效率具有重要意义。

广州民间金融街在建设过程中，随着监管实践的深入和不断的创新，积累了一系列的监管经验。2015 年 3 月底，广州民间金融街正式获批筹建“全国民间金融产业知名品牌示范区”，经过两年的筹建，于 2017 年 2 月获“全国民间金融产业知名品牌创建示范区”授牌，为民间金融街向内涵式纵深发展提供了良好的机遇和平台。以此为契机，广州民间金融街开展民间金融标准体系的相关研究，从规范民间金融产业园区建设和发展的角度出发，制定各类民间金融企业的准入标准、业务操作规程和民间金融风险防控标准等，建立民间金融行业的标准体系，积极研制民间金融管理和服务的标准和技术规范，致力于通过标准提升服务水平，引领行业规范发展。

一、民间金融监管标准化

（1）确立民间金融标准体系。整合广州市标准化研究院、中央财经大学、广州大学、华南理工大学、广东技术师范大学等高校和研究机构的标准化、金融、法律领域专家，研究形成涵盖各类民间金融企业产品服务标准、运营管理标准、信息技术标准、行业管理标准等的全方位标准体系。民间金融标准体系具体分为五大类：基础标准、服务提供标准、运营管理标准、信息技术标准、行业管理标准。共收集 215 项标准，其中 17 项国际标准、40 项国家标准、76 项行业标准、8 项地方标准，并提出 74 项待制定标准的清单。

（2）制定 1 项国家标准。组织专家和园区内企业，编制《民间金融资产评价指标分类》国家标准，2018 年 6 月，该标准项目正式完成编制并经国家市场监督管理总局和中国国家标准化管理委员会正式发布（标准号：GB/T 36379—2018）。该标准主要规定了民间金融资产评价指标的分类，主要内容包括对小额贷款公司、融资性担保公司、融资租赁公司、商业保理公司等主体的评价指标，并规定了评价方式和方法。《民间金融资产评价指标分类》将弥补民间金融管理体系中资产评估指标分类的空白。

（3）制定 2 项省地方标准。结合广州民间金融街建设实际，编制《互联网小额贷款公司监管信息管理规范》《互联网小额贷款公司运营信息管理规范》2 个省地方标准。

（4）筹备民间金融标准化技术委员会。为更好地推动民间金融标准化工作，民间金融街积极组织行业内专家筹备广东省民间金融标准化技术委员会，负责制定、修订地方标准的主要专业领域为民间金融，具体包括小额贷款、P2P 网络信贷、融资担保、典当、商业保理、融资租赁、股权众筹等民间金融行业以及民间金融产业园区管理等方面。具体到每个民间金融行业细分领域又涉及该业态企业的产品服务、运行管理、信息技术、行业管理等方面标准的制定、修订。

二、民间金融监管示范引领

（1）引领国内民间金融集聚区建设浪潮。广州民间金融街的成功创建，为全国探索出一套试行民间金融集聚发展的创新范式，其产业发展模式在国内外引起了极大反响，美国、加拿大、德国、柬埔寨等国家和上海、浙江、云南等省市纷纷前来参观考察和学习，至 2019 年 6 月，园区共接待国内外政府机关、企业等各类代表团近 2000 批（次），超万人参观和考察，园区在全国的品牌影响力、辐射力不断增强，示范引领作用明显。武汉、成都、西安、东莞、佛山等近 10 个兄弟城市更是纷纷借鉴广州模式，建设自己的民间金融集聚区，在中华大地上掀起了一股建设民间金融集聚区的浪潮。

（2）在全国范围内布局品牌输出战略。目前，园区正在将建设以来积累的经验模式提炼形成品牌，并向其他城市推广，以进一步提升园区的品牌渗透力。园区分别对哈尔滨创新性金融示范区、西安民间金融街进行品牌输出，基于广州民间金融街的建设经验，为沈阳、哈尔滨建设金融产业集聚区和监管机构提供智力支撑。现哈尔滨创新性金融示范区、西安民间金融街均已顺利建成并开业，已成为我国东北地区、西北地区较有影响力的民间金融集聚园区。

第六节 监管模式经验总结

一、民间金融街监管模式特点

（1）技术手段开辟监管路径。民间金融街通过技术手段降低了日常监管重复的工作量，建立智能化的风险监测系统，运用大数据分析，实现对园区金融风险状况的持续监控和动态分析，从而极大地提升了监管效能。现代化技术手段的使用也使得地方金融监管从“手工监管、事后监管、粗放式检查”向“信息化监管、事前监管、精细化管理”阶段过渡。

（2）不断创新完善监管法规。从一般意义上说，地方监管体系的作用主要体现在四个方面：一是具体实施作用，对原则性较强的中央监管政策进行细化和落实；二是补充完善作用，通过出台地方监管政策对国家法律法规没有覆盖的领域进行监管；三是实验创新作用，以先行出台相关政策的形式为中央监管政策积累经验；四是特殊调节作用，自主解决地方问题。广州民间金融街建立地方监管体系的作用主要体现在“补充完善”和“试验创新”方面。

（3）政府协调提升监管效率。根据广州市政府相关监管政策工作的总体要求，经越秀区人民政府同意，民间金融街结合工作实际，对照政策制定具体实施方案，及时向园区企业进行政策解读，传达政策意图，并对园区企业的落实情况进行督查，将所有企业纳入考核评估体系之中。市、区两级政府高效一致的上下联动协调机制使企业能迅速调整经营模式，合法合规经营，降低管委会监管成本的同时也提升了园区企业的运营效率。

（4）分级分类监管打造监管新规。民间金融街的企业以小额贷款公司为主。分级分类监管体现了精细化、精准化的监管思路，在发现问题平台的同时，也能够避免误伤合规合法的优质平台。分级分类管理，会加速整个行业的优胜劣汰，在监管的重压之下，大量不合规、风控能力不足以及实力较弱的互联网金融平台，将会被挤出市场。这不仅能够提升行业的集中度，还可筛选出优质企业，若对其给予一定的政策支持和优惠，将能促进园区企业合法合规经营。

二、民间金融街监管模式的启示

适度、有效的监管不仅能降低政府监管成本，提高监管效率，防范和化解金融风险，还能促使民间金融机构健康、有序发展。结合广州民间金融街创新监管模式的经验，我们得出以下启示。

1. 通过集聚发展进行集中监管

通过建立民间金融发展集聚区，引导其集聚发展，既有利于通过竞争促使机构合法经营、创新经营，也有利于形成集中性、专业化的民间借贷市场，形成民间借贷品牌效应，更为政府的集中有效管理提供了便利。广州民间金融街的建设，首开民间金融机构集聚发展的先河，为地方政府探索专业化、集中化的监管模式创造了条件；紧随广州之后，武汉、佛山等地都借鉴广州经验，试行民间金融集聚发展的监管模式。因此，国内其他省、市在开展民间金融机构试点时，为了便于监管，同时促进民间金融稳健发展，可以借鉴广州模式，通过园区化的建设，促使民间金融机构集聚发展，便于政府集中监管；但在建设过程中，也要注意结合当地实际，充分论证。

2. 形成多元化的监管主体体系

从长远看，金融业合法、稳健地运行，不仅在于监管当局的监管，更在于通过监管链接，促使社会中介、行业公会、金融机构内部稽核与监管当局的监督管理形成默契，加强合作。对小额贷款公司的有效监管应该是政府性监管与行业中介组织监管并存的金融监管。

(1) 成立专门的政府监管主体。为了实现对小额贷款公司的有效监管，首先必须明确监管主体，然后赋予其以必要的监管权力。金融监管机构应该享有行政执法权以及一定的立法权与准司法权，主要表现为根据授权依法制定具有规范性意义的具体标准或规则并执行这些标准与规则，在必要时对违法行为行使裁决的权力并追究相关人的责任。在试点实践中可以由政府组建专门的监管主体，承担日常监管职能，明确其对小额贷款公司的设立审批、日常运营、风险防范和综合协调等具体监管职责，同时以立法的形式赋予其行使日常监管职能所必需的行政处罚权，以及一定的规则制定权与准司法权。

就目前我国试点实践来看，成立地方金融监管职责机构专司小额贷款公司的监管职责尚需解决两个问题：一是目前的规范性文件法律效力偏低，根据《中华人民共和国立法法》及相关法律的规定，金融工作办公室尚不具备对管委会履行监管职能所需各项权力的授权权限；二是涉及政府职能部门增设的编制审批问题。针对这两个问题，可以先在县区一级进行试点，以政府金融部门为主要监管力量，同时整合公安、工商、税务等行政执法资源，通过抽调公安、工商、税务等人员组成管委会的过渡性机构，履行日常监管职能。

对于目前国内许多学者所主张的由银监会履行对小额贷款公司的监管职责的观点，笔者不以为然，原因有三：其一，《关于小额贷款公司试点的指导意见》将小额贷款公司定性为普通企业法人并将其监管职责赋予地方政府，直接反映了作为监管部门的银监会本身并不愿意承担对小额贷款公司的监管职责。其二，小额贷款公司不吸收公众存款，且自身规模较小，引发系统性风险的可能性要远远低于商业银行，从资源的稀缺性及边际效用最大化的角度看，银监会的监管对象已经十分庞大，银监会应将其有限的监管资源用于更可能导致系统性风险的银行业金融机构的监管。其三，小额贷款公司虽然经营贷款业务，但在官方文件的界定中并不属于银行业金融机构，也不属于法律规定的由银监会批准设立的非银行金融机构，在其金融机构属性尚未明确之前，自然不属于银监会的监管对象。

(2) 建立健全行业监管机制。不管是从国外的监管经验还是国内的监管经验来看，行业协会对小额贷款公司的自律监管都发挥着非常重要的作用。我国小额信贷市场行业协会体系尚不健全，自律监管职能存在缺陷，随着小额信贷行业的发展，为更好地促使小额贷款公司规范发展，仅由监管部门依靠行政强制手段难以达到有效监管的目的。需进一步完善现有监管机制，逐步形成多层级的行业协会体系，依靠行业协会的自律管理，有益补充政府监管，促进小额贷款公司的发展，降低政府的监管成本，从而取得更好的监管效果。

3. 提高监管的信息化水平

依托计算机系统实现对小额贷款公司的非现场监管，是提高监管效率、降低监管成本的有效手段，更是适应现代金融监管技术创新趋势的需要。

目前，小额贷款公司在经济利益的驱动下，极有可能出现非法集资，非法吸收或变相吸收公众存款，违背利率、费率政策发放贷款，抽逃资本，洗钱，使用非法手段催债等非法金融活动和违法犯罪活动。因此，需要由政府主导，同时引入社会力量，开发并建设针对小额贷款公司的智能化的风险监测预警体系，通过智能化、信息化、网络化手段实现对小额贷款公司经营状况的实时监管、定向分析及监测预警，进一步优化监管手段、降低监管成本、提高监管效率。

4. **建立区域性的信用数据库**

征信是构建现代化金融体系的重要的制度支撑，征信业的发展对完善社会信用体系建设，提高社会的诚信意识具有积极作用。虽然，企业信用信息基础数据库和个人信用信息基础数据库联网运行以来，社会各界反映较好，但是从宏观角度来看，我国征信系统建设尚处于起步阶段。尤其是小额贷款公司尚未接入银行的征信数据库，再加上其放贷对象的特殊性和“小而快”的业务特点，也未必真正适合与银行业金融机构实现信息共享。从广州民间金融街的经验来看，考虑到整个小额信贷行业的长远发展，在当下极有必要建设以小额贷款公司为代表的民间金融机构信用信息基础数据库和相关借款人信用信息基础数据库，以此为契机使小额贷款公司告别“熟人社会”的民间信用，建立起一个独立于银行征信系统的、现代化的民间金融征信系统。通过开发现代化的信用信息服务平台，依法调查、采集、保存、整理和提供小额贷款公司、从业人员、借款人的信用信息，同时由试点地区的政府协调区属各职能部门，接入该三类群体的税务、质监、公安、社保等各类信用信息，首先建立区域性的地方民间金融信用信息数据库，随着试点的推进，再逐步实现区域之间、民间金融与银行业现有征信数据的对接和贡献，真正构建全国性的社会信用体系。

5. **注重政策激励和服务提升**

广州民间金融街的发展经验表明，政府正向的激励引导和良好的公共服务对小额贷款公司的稳健发展具有重要的促进作用。因此，在对小额贷款公司进行监管时，不能忽视对其的政策扶持和基础服务。

（1）加大政策扶持力度。小额贷款公司的设立本身带有极强的政策性，但其发展却缺少政策的扶持，在小额贷款公司日益商业化的经营模式下，要继续引导其发挥原有扶持小微企业和“三农”的作用，就需要有关部门加大政策扶持。在国家层面的优惠政策如税收优惠尚未出台之前，地方政府在试点时可以结合自身财政预算制定针对本地小额贷款公司发展的扶持政策，对将贷款投向小微企业、“三农”等社会弱势群体的小额贷款给予小额贷款公司一定的财政贴息或者风险补偿，对管理规范、合法经营、业绩突出、创新成果显著的小额贷款公司给予一定的奖励。

（2）有效的公共服务。政府要充分履行自身的公共服务职能，从业务培训、科研配套、专业服务配套等方面做好公共服务工作，为小额贷款公司的发展营造一个良好的营商环境。

第二篇　民间金融产业组织创新

广州民间金融街素有“中国民间金融第一街”之称，首创民间金融集聚发展模式。自2012年成立以来，民间金融街始终坚持国家政策总路线，以金融业为主导，不断改革发展，实现园区产业组织创新发展。产业组织，不仅是承担产业要素配置功能实现的载体，还是保障产业健康发展过程中各种内在功能实现的载体。不同发展阶段的不同产业、不同企业对资源的配置要求是不同的。一个地区要保持产业快速发展，就必须顺应这种规律，根据所在的发展阶段，进行产业组织创新。

广州民间金融街牢牢把握产业组织需要不断创新前进的规律，持续朝着创新方向不断前进。美国经济学家 Edward S. Mason 和 Joe S. Bain 创立的产业组织理论主要包含市场结构、市场行为和市场绩效三个基本范畴。具体到广州民间金融可以从民间金融街的产业发展、企业格局、产品创新三个方面来展示民间金融街成立七周年以来金融产业组织创新的成果及经验。

第二章　打造民间金融产业群落

一直以来，民间金融都在我国金融管制的夹缝中顽强生长着，并随着我国地方金融改革的步伐，逐步衍生出一系列民间金融业态，如小额贷款公司、融资担保公司、商业保理公司、典当行等。不同的民间金融业态适用于不同风险层次的民间金融消费者。多样化的民间业态有助于打造多层次、立体化的民间金融服务体系。

2012 年 6 月，广州民间金融街正式揭牌成立，经过多年的规划与发展，相继被国家、广东省、广州市分别授予全国民间金融产业发展示范区、全国金融科技先行试验区、国家级现代服务业集聚区、广东省民间金融创新发展示范区、广东省首批创新创业金融街试点区、广东省内资商业保理试点区、广州市首批互联网金融产业基地，成为全国唯一的金融类示范区，经中国质量认证中心（CQC）权威评估，民间金融街品牌价值达 208.35 亿元，高居全国服务业区域品牌（165 个）第 5 名。

广州民间金融街集聚发展小额贷款公司、融资性担保公司、商业保理公司、融资租赁公司、典当行等民间融资机构，引入银行、证券、保险等传统金融机构，形成以民间金融为特色，民间金融和传统金融共同发展的金融产业格局；同时发展针对民间金融的律师、会计、公证、资产评估等专业配套服务产业，以及引入商业、休闲、旅游、餐饮等商业配套产业。截至 2018 年 12 月底，广州民间金融街入驻机构达到 616 家，其中主导产业 297 家①，已发展成为集小额贷款和再贷款公司、融资担保和再担保公司、典当行、互联网金融公司、电商平台、融资租赁公司、商业保理公司、文化产业、专业配套、商务服务于一体的宜商宜居综合体，民间金融生态圈日趋成熟。

第一节　广州民间金融街的规划与发展

广州民间金融街地处岭南“十里洋场”商业文化集散地和现代金融发源地的越秀区长堤大马路，素有“中国民间金融第一街”的美称，规划范围约 59 万平方米，建设有民间金融核心区、互联网金融产业基地、科技金融创新区、PE 产业园、民间金融交易区、专业配套服务区、金融商务总部区。②

---

① 郭苏莹、冯艳丹：《广州越秀将有金融基地！广州民间金融街分园区挂牌》，南方+，2019 年 3 月 29 日。

② 广州民间金融街内部资料，专家组验收报告，2016 年 9 月 21 日

广州民间金融街的建设以“政府引导、市场运作”为原则，旨在通过集聚发展各类民间融资机构，同时引入银行、保险、证券等传统金融机构及律师事务所、会计师事务所等专业配套服务机构，建设成全国首条集资金借贷、财富管理、支付结算、信息发布为一体的民间金融街，为中小微企业和居民个人提供全方位、多样化的金融服务，探索形成民间融资的“广州价格”，为广东乃至全国缓解中小微企业“融资难”问题、引导民间金融规范发展，为区域产业结构调整创造经验、提供示范。

广州民间金融街分三期工程建设与一期扩容提质建设。首期工程历经 4 个月筹建完成，首批入驻机构 35 家①，金融集聚效应初步凸显，同期发布民间融资“广州价格”，为街内外民间融资提供价格参考；二期工程建设于 2013 年 6 月完成，金融集聚效应持续增强，新引入各类民间金融机构 67 家，入驻机构总数达到 102 家②，同时形成民间金融街风险防范新机制、搭建民间信用自律平台，促使企业遵纪守法、合法诚信经营；三期工程建设于 2015 年 1 月完成，入驻金融机构达到 152 家，2014 年全年为广州市超 15000 家小微企业和个人提供融资超 1000 亿元，缴纳税收超 4 亿元③，民间金融街已成为越秀区新的经济增长传动带；经过三期工程的建设，广州民间金融街进入扩容提质建设时期，并于 2015 年 6 月率先开展小额贷款公司行业监管改革创新试点④。截至 2018 年 10 月，广州民间金融街共入驻各类民间金融及配套机构 295 家，其中小额贷款公司 85 家，商业保理公司 28 家，融资租赁公司 10 家，吸引了唯品会、广发证券、保利地产、复星集团等60 家知名上市公司发起设立金融类企业，包括 10 家世界 500 强、23 家中国 500 强⑤，多元布局综合发展，规模效应日益凸显。

第二节　广州民间金融街小额贷款与再贷款公司的发展

一、广州民间金融街小额贷款公司的发展

小额贷款公司是 2005 年以来我国开展的一项重要金融组织创新，是金融服务小微企业的重要力量。广州市积极落实国家、广东省支持广州推进金融改革创新的有关精神，在金融组织、金融市场、金融产品等方面全方位开展金融先行先试，大力支持发展小额贷款公司等民间金融机构，重点打造全国首条民间金融街——广州民间金融街，引导小额贷款公司集聚经营发展，并通过发布小额贷款资金价格指数，发挥风向标作用，从而引导区域民间融资规范发展。

按照广州民间金融街缓解中小微企业“融资难、融资贵”的问题，引导民间金融规范化、阳光化的发展初心，小额贷款公司在广州民间金融街逐步发展成生力军。

广州民间金融街工程建设以产业规划和地域规划为依据，分三期推进，在首期工程建设中，首批入驻机构 35 家，其中小额贷款公司 11 家；二期工程建设过程中，新引入各类民间金融机构 50

---

① 广州民间金融街内部资料，广州民间金融街总结报告，2013 年 1 月 29 日。

② 广州民间金融街内部资料，广州民间金融街管理委员会（区金融办）2013 年工作总结及 2014 年工作安排，2013 年。

③ 广州民间金融街内部资料，广州民间金融街（三期）建设工作总结，2014 年。

④ 广州民间金融街内部资料，关于广州民间金融街建设情况（2015）及下一步工作重点的报告，2015 年。

⑤ 赵庆国：《放开民间金融源头活水 —— 广州民间金融街服务民营经济和小微企业的启示》，《中国改革报》，2018 年 11 月 14 日。

家，入驻机构总数达到82家，其中小额贷款公司30家；三期入驻金融机构达到152家，其中小额贷款公司43家；在入驻广州民间金融街的企业（机构）中，小额贷款公司总数占三成左右。截至2018年6月底，街内共入驻各类民间金融及配套机构293家，其中小额贷款公司85家。

截至2018年10月底，民间金融街设立一般小额贷款44家，注册资本合计81.90亿元，2018年累计发放贷款2519笔，累计放贷金额为41.99亿元，笔均贷款166.68万元；1—10月累计实现营业收入5.80亿元，净利润2.04亿元，累计缴纳各类税款9455万元。

二、广州民间金融街小额再贷款公司的发展

截至2013年9月末，广州市共有49家小额贷款公司，覆盖广州市12个区（县级市），注册资本合计92.5亿元，2013年累计发放贷款123.09亿元，贷款余额75.27亿元。其中，广州民间金融街有29家小额贷款公司，注册资本合计61亿元，贷款余额45.32亿元，小额贷款公司在广州民间金融街“成行成市”效应不断增强。

但是，2013年广州市49家小额贷款公司从银行融资额为11.96亿元，仅占49家小额贷款公司全部注册资本的13%，且信托、投资基金融资及发行私募债、公开上市等方式融资还没开展，广州市小额贷款行业的情况与全国的情况基本一致，融资渠道不畅制约着小额贷款公司发展，融资渠道亟待拓展。

2013年，在鼓励和支持金融改革创新的新形势下，广州市结合当地实际情况，由分管金融的副市长牵头，会同广州市人民政府金融工作办公室（现广州市地方金融监督管理局）反复研究探索试点设立小额再贷款公司，并创新制定出台了《广州小额再贷款公司业务试行办法》及《广州小额再贷款公司业务试行办法实施细则》，作为设立小额再贷款公司的规范性文件。

随后，为保证小额再贷款公司的资质，引导广州市属金融控股集团——广州国际控股集团有限公司（现广州金融控股集团有限公司）联合部分优质小额贷款公司及小额贷款公司股东设立广州立根小额再贷款股份有限公司。经过努力，全国首家小额再贷款公司——广州立根小额再贷款股份有限公司于2013年10月31日在广州民间金融街正式开业，注册资本10亿元。

经过几年的发展，广州立根小额再贷款股份有限公司成为小额贷款公司的综合性服务平台，为小额贷款公司提供资金、信贷资产转让收购、融资信息平台等金融服务，专注于微小金融行业，立足广州，面向广东省。

经过四年多的发展，广州立根小额再贷款股份有限公司肩负扶持广州各小额贷款公司及中小微企业的历史使命，充分依托广州金融控股集团作为金融控股平台的综合优势，由谋篇布局、良好起步进入换挡调速、沉淀积累，经过探索调整、风控升级，逐步实现了对小额贷款行业的融资服务、行业服务、协助监管等功能，有效拓宽小额贷款公司融资渠道，优化小额贷款公司外部环境，解决小额贷款公司融资难问题，在全国行业内凸显其示范性影响力。

第三节　广州民间金融街互联网金融的发展

互联网金融作为一种新兴的商业模式，是转方式、调结构、稳增长、促消费的重要实践。作为互联网与金融相结合的新型业态，互联网金融借助于互联网技术、移动通信技术实现资金融通、支付和信息中介等业务，有效进行金融创新，其产业的发展已经势不可挡。

为进一步丰富产业业态，通过互联网金融技术为街内企业拓展线上业务，带动园区民间金融企业转型升级，民间金融街创新发展“互联网+小额贷款”“互联网+证券”“互联网+保险”等新型金融机构，构建起全国体系最丰富、涉及面最广、针对性扶持力度最大的民间金融政策体系。

2017年，广州民间金融街“互联网+金融”普惠金融发展示范基地成功获批广州市重点项目。作为互联网金融基地，广州民间金融街以广州市越秀区现代服务业发展为基础，搭建了互联网金融产业发展平台，完善了相关基础设施建设，并引进了一批重点龙头企业，构建完整的互联网金融产业链；同时重点成立互联网金融研发部门，并探索制定互联网金融规范管理法规和行业服务标准，构建具有民间金融特色的成熟商业模式，广州民间金融街在互联网金融方面的发展既能保持行业规模的发展，也能有效控制行业风险的发生。

截至2018年，广州民间金融街集聚“互联网+金融”机构70家，涵盖互联网小额贷款、网络平台、众筹平台、互联网征信、电子商务等产业类型，其中以互联网小额贷款的发展最为突出。

广州民间金融街于2014年突破性首设允许在全国范围开展业务的互联网特色小额贷款公司。在全国只有在重庆、江苏、江西、广州四个区域设有互联网金融试点的背景下，广州凭借良好的地缘与人才优势在互联网金融领域处于领先地位，而广州民间金融街也为互联网小额贷款公司提供了一个良好的栖息地。

截至2018年，民间金融街共有41家互联网小额贷款公司，分别由唯品会、广发证券、保利地产、复星集团等国内外上市公司和德邦物流、同程旅游等多家行业龙头发起设立。由资本领衔，带来优秀人才、先进技术和专业知识的集聚，使得民间金融街成为全国最具影响力的互联网小额贷款产业集聚区。互联网小额贷款公司股东遍布电子商务、物流、建筑装饰、旅游、生物医院、计算机应用和服务等行业，为广州民间金融街未来发展奠定良好的资源基础。民间金融街互联网小额贷款公司2018年累计发放贷款473.67万笔，累计放贷金额为323.37亿元，笔均贷款为0.68万元。广州民间金融街为日益增加的民间借贷资金需求提供了有效、规范的供给源。

第四节　广州民间金融街商业保理公司的发展

2016年3月，广州恒大商业保理有限公司落户广州民间金融街，实现了广州市内资商业保理公司从0到1的突破。

为加快广州市普惠金融的发展，特别是缓解中小微企业“融资难、融资贵”的问题，广州市商务委员会、广州市金融工作局（现广州市地方金融监督管理局）于2016年12月联合发文，支持在广州民间金融街试点设立内资商业保理公司。至此，广州民间金融街成为广东省内唯一获得官方明文支持的内资商业保理试点园区，试点园区的设立为广州越秀内资商业保理行业的发展打开了大门。

自广州民间金融街试点设立内资商业保理公司以来，广州市越秀区商业保理试点工作逐渐引向深入，在企业数量和业务规模上都实现了稳中求进、快速发展，为促进中小企业发展和实体经济增长起到了积极作用。其中，恒大集团、海大集团、广东塑料交易所、海印股份、粤科金融集团、智度股份等一批国内外优秀企业积极参与商业保理试点，保理业务模式也不断创新，保理公司为多个行业的中小企业提供融资服务，包括商业零售、批发、餐饮、制造、物流、医疗、化工能源、建筑、公共事业等领域。截至2018年11月，越秀区商业保理企业达到29家，集聚效应初显。

第五节　广州民间金融街融资担保与再担保公司的发展

广州民间金融街通过政策扶持和引导，集中引入一批经营规范、服务优质的融资担保公司、融资再担保公司等民间金融机构，促使民间金融机构集聚发展。

一、广州民间金融街融资担保的发展

融资担保是担保业务中最主要的品种之一，融资担保公司也是广州民间金融街主导产业的重要组成部分。截至2018年底，广州市融资担保公司中，有2家行业标杆企业已顺利入驻广州民间金融街。

广州市融资担保中心有限责任公司是广州市第一家由政府全额出资的专业性融资担保机构，于2013年3月入驻广州民间金融街。作为广州担保公司的品牌，广州市融资担保中心有限责任公司是首家获得IOS 9001质量管理认证的国有融资担保机构，且是广州市业务范围最全面的担保机构之一，广州融资担保中心有限责任公司的入驻对园区内担保公司有着标杆作用，有效推动了街内担保行业的发展。

二、广州市第一家融资再担保公司落户越秀

为贯彻落实《广州市创新完善中小微企业投融资机制十条工作措施》，促进和规范广州融资担保行业健康发展，在广东省人民政府金融工作办公室（现广东省地方金融监督管理局）与广州市人民政府的支持和推动下，广州市第一家融资再担保公司——广州市融资再担保有限公司于2016年12月在广州民间金融街挂牌成立。

作为广州市第一家再担保公司，广州市融资再担保有限公司的设立，有利于加快构建和完善广州市信用担保体系，建立信用担保机构信用增级、风险分散和代偿机制，缓解高新技术、高效农业、新兴产业等政府重点扶持的中小微企业融资困境，促进中小企业快速发展，推动广州市经济转型升级。2018年，广州市人民政府办公厅发布的《关于促进广州市融资担保行业加快发展的实施方案》明确提出要形成以广州市融资再担保有限公司等政策性融资担保机构为骨干、商业性融资担保机构为重要组成部分的覆盖全市各区的融资担保和再担保体系，广州民间金融街按照要求，积极支持广州市再担保有限公司推进相关工作，以促进广州市担保行业的健康发展，进一步强化广州民间金融街融资担保与再担保的集聚效应。

第六节　广州民间金融街专业配套机构的发展

公共服务是现代政府的主要职能，为了使园区机构规范经营，广州民间金融街在发展过程中一直将“服务”摆在非常重要的位置，从配套建设、理论支持、信息查询等方面为街内企业提供了各类优质的公共服务，其中以配套机构的引进与组建为服务的核心工作。

配套机构使得广州民间金融街的入驻机构能获得更便捷的服务，提高企业自身发展效率。截至2018年，广州民间金融街已经集聚了律师事务所、会计师事务所、投资咨询公司、科研机构等各类配套机构，并专门批复组建了规范民间融资机构运营的政府监管部门，包括金融法庭、金融仲裁院等法律维权机构。

广州民间金融街配套机构规划的核心是专业配套机构的引进，专业配套机构有助于入驻机构的发展，如金融机构的合同细则、财务清算等，在街内即可得到很好的解决，而不用多地辗转。广州民间金融街的专业配套机构的发展达到了我国极力打造“一站式”服务模式的效果，能有效提高办事效率，降低时间、人力、资金成本。

广州民间金融街专业配套机构数量由创立伊始的2家扩张至2018年底的85家，既突出了专业配套机构的增速快，也映射了街内对于配套机构的需求高。自广州民间金融街规划发展以来，专业配套机构伴随着金融机构的发展而发展，在街内金融机构组成的占比趋于稳定，为金融机构的长足发展提供强有力的后援支持，打造了一套产业链模式。

广州民间金融街的发展模式不仅关注金融机构，而且采用全局的视角把握金融机构的发展路线，以丰富街内机构发展主体与发展模式，让广州民间金融街走得更加长远。

第三章　培育民间金融品牌企业

企业是产业活动的主体。企业作为产业构成的基本组织元素，相当于产业的零部件。企业是产业资源的组织者、产业技术的具体应用者、产业产品的生产者和产业市场的开拓者。产业的发展最终要落实到企业上。只有企业发展了，产业才能够发展。而品牌企业则是产业的核心零部件，其自身的作用及其他零部件的带动作用是产业组织优化的前提和必要条件。通过政府的政策引导和环境建设，构筑有效的企业群体，培育品牌企业，实现以企业为主体的产业发展，是促进整个经济社会进步的基础。

为缓解民间融资缺口，广州民间金融街以小额贷款公司为优势企业，引入小额再贷款公司、互联网金融公司、融资性担保公司、商业保理公司、银行、证券公司、保险公司等传统金融机构及类金融机构，形成以民间金融企业为主的企业格局，致力打造民间金融品牌企业集聚地。

第一节　广州民间金融街的特色小额贷款公司

广州民间金融街创建之初，凭借广州一线城市的地理优势和兼容并蓄的开放态度，通过人才吸引和招商优惠等措施吸引一大批企业落户长堤大马路。在互联网金融尚未兴起之时，广州民间金融街的小额贷款公司已发展到一定规模，其中，广州越秀小额贷款有限公司、广州广建小额贷款有限公司、广州市民兴小额贷款股份有限公司、广州市恒隆小额贷款有限公司是入驻广州民间金融街最早且发展势头良好、在小额贷款行业起到一定示范带头作用的小额贷款公司。

一、大力开展个人消费信贷的越秀小额贷款有限公司

广州越秀小额贷款有限公司是广东省第一家国有小额贷款公司，由广州越秀金融控股集团携手广州无线电集团、广州轻工工贸集团、广州港集团和广东南方报业传媒集团联合设立，成立于2012年5月29日，公司注册资本3亿元。2017年公司总资产达7.16亿元，年利润总额达2143万元。越秀小额贷款有限公司坚持以大力发展个人消费信贷业务为主，围绕“越秀圈”“股东圈”“国企

和上市公司圈”等圈资源拓展客户资源，逐步从高风险、高收益的客户群体过渡到中低风险客户群体，通过推行“信贷工厂”的经营模式，开发了“员工金”“消费金”“票据金”“保理贷”“悦享贷”等八大信贷产品，实现业务批量化、标准化、流程化。

越秀小额贷款有限公司成立至今，已经将小额贷款业务流程推向规范化、规模化道路，在不断提高自身竞争力的同时，也主动承担社会责任，为改善中国民间金融体系添砖加瓦。自 2014 年以来，连续四年获得全国小额贷款公司竞争力“100 强”称号。

二、专注中小微企业贷款的广建小额贷款有限公司

广州广建小额贷款有限公司于 2012 年 6 月经广东省人民政府金融工作办公室批准设立，是广州市第一批拿到全广州区域小额贷款运营牌照的小额贷款公司之一，也是广东省首批国有控股的小额贷款公司之一。广建小额贷款有限公司主发起人为广州市建筑集团有限公司，注册资本金 2 亿元，2017 年公司总资产达 3. 85 亿元，年度总利润额达 1609. 87 万元。

广建小额贷款有限公司自成立以来，秉承“学习、诚信、反省、感恩、服务”的核心价值观，以扶持小微企业为服务宗旨，努力构建专注小微金融的广建小额贷款特色经营模式，并取得了长足的发展。截至 2017 年，广建小额贷款有限公司已累计向小微企业和个体工商户发放贷款超过 10 亿元，服务客户数上千名，累计缴税超过 3500 万元，有力支持了小微企业的发展，为广州金融事业和社会经济发展作出了应有的贡献；公司主打产品为 50 万元以上的快速抵押贷款和 50 万元以下无抵押信用贷款，手续简便、最快三天放款、利息低至每万元 3. 98 元一天，有效满足了中小微企业的资金需求。

广建小额贷款有限公司一直专注商户贷款，且注重品牌价值的打造。根据广东省质量监督协会认定，至 2017 年广建小额贷款有限公司的品牌价值已达 1. 1049 亿元。公司以“扶持小微企业”为服务宗旨，努力构建专注小微金融的广建小额贷款有限公司特色经营模式，无论在经营业绩、产品设计方面，还是在扶贫助困等社会责任方面均有所建树。广建小额贷款有限公司是国内首批通过全国 ISO 9001 质量管理体系认证的小额贷款公司，对广州民间金融街品牌示范区的建设有积极促进作用。

三、专注品牌产业链的民兴小额贷款股份有限公司

广州市民兴小额贷款股份有限公司由广州特迪华伦实业有限公司发起设立，成立于 2012 年 6 月，是首批进驻广州民间金融街的小额贷款公司之一。民兴小额贷款股份有限公司主要业务是为品牌产业及品牌产业链上下游开展金融服务工作，重点支持广州市服装、皮具、皮革品牌产业做大做强。

设立之初，民兴小额贷款股份有限公司根据股东背景量身打造了“民中民”“传中传”“小中小”的经营定位，并坚持以风险控制为导向，围绕产业链，打造“特色小贷”“服务型小贷”，主要创新设计的产品包括为广州品牌产业链提供金融服务而设计的“产业链贷款”，为满足在商业银行以抵押方式贷款的客户的最大资金需求而设计的“银联贷”，为满足皮革、皮具专业市场商家的融资需求而设计的“皮革贷”，为满足公务员、金融、税务、电信、水电、教师等高薪在职人员的金钱需要而设计的“薪易贷”，以及为支持收入较为充裕、综合收益较好、还款来源稳定的目前拥有或未来预期租赁商业营业用房的客户而设计的“租赁贷”。

截至2018年12月，民兴小额贷款股份有限公司累计发放1116笔贷款，贷款投放总额为36.31亿元，营业收入共2.39亿元，缴纳各项税费共7246万元，历年投资回报率平均为10.3%。

四、深耕纺织服装市场的恒隆小额贷款有限公司

广州市恒隆小额贷款有限公司由广州市长江企业集团有限公司于2012年5月17日发起设立，是以民营资本为背景首批进驻广州市民间金融街的小额贷款公司，注册资本2亿元。恒隆小额贷款有限公司的市场定位是为广州市纺织服装专业市场的商户提供优质的金融服务，积极支持专业市场商户的快速发展和升级转型。

自成立以来，恒隆小额贷款有限公司根据纺织服装专业市场商户的特点，依托股东资源，倾力将公司打造成“专业市场的贷款专家”，开发出“商铺贷”产品，为布匹、纺织、服装专业市场内仅有租赁商铺经营权的小微商户提供金融服务。“商铺贷”是恒隆小额贷款有限公司的主营特色产品，公司曾依托“商铺贷”获评“广州市金融创新成果先进单位”，产品的主要对象是持有长江集团属下专业市场的商铺产权或租赁权的自然人和企业。

截至2018年12月，恒隆小额贷款有限公司累计投放贷款1893笔，贷款金额合计41.97亿元，平均贷款年利率为14.76%，不良率为0。仅就2018年而言，恒隆小额贷款有限公司营业收入为2770万元，投资回报率为6.36%。

第二节　全国首家小额再贷款公司

为缓解小额贷款公司存在的融资难、风险控制等问题，2013年10月，广州民间金融街成立了全国首家小额再贷款公司——广州立根小额再贷款股份有限公司。广州立根小额再贷款股份有限公司的成立，进一步健全我国微小金融批发供给体系，开拓了小额贷款公司融资新渠道，也是我国推进民间金融组织创新的重大举措，以及广州金融业改革创新的一项重大成果。

一、立根小额再贷款股份有限公司的发展成果

广州立根小额再贷款股份有限公司于2013年10月31日正式开业经营，公司秉承“诚信、专业、灵活、高效”的服务理念，专注于微小金融行业，立足广州，面向全省，为小额贷款公司量身定制贴心的融资方案，提供便利、周到的金融服务。

开业以来，立根小额再贷款股份有限公司稳步、扎实推进业务发展，有针对性地创新推出多项适合小额贷款公司、风险可控的产品；同时以中央交易商的定位和角色，根据资金合理安排的情况，组织同业拆借及购买小额贷款公司的信贷资产，既可满足小额贷款公司资金融通需求，也可实现立根小额再贷款股份有限公司更好的收益，使立根小额再贷款股份有限公司成为真正意义上的小额贷款行业的“央行”。

立根小额再贷款股份有限公司不仅为小额贷款公司提供了新的融资渠道，其自身也在不断发展。截至2017年底，立根小额再贷款公司综合授信的客户44家，累计放款客户40家，累计放款448笔，放款金额117.78亿元（图1），贷款余额17.51亿元；同业拆借客户12家，累计拆借金额6.74亿元；企业累计缴纳税费总额2.31亿元，总资产29.83亿元，净资产12.04亿元（图2）。因良好的经营管理，良好的行业口碑及对小额贷款公司、中小微企业实实在在的扶持效果，2015年7

月，经广东省人民政府金融工作办公室批复同意，立根小额再贷款公司允许向广东省小额贷款公司提供融资服务。

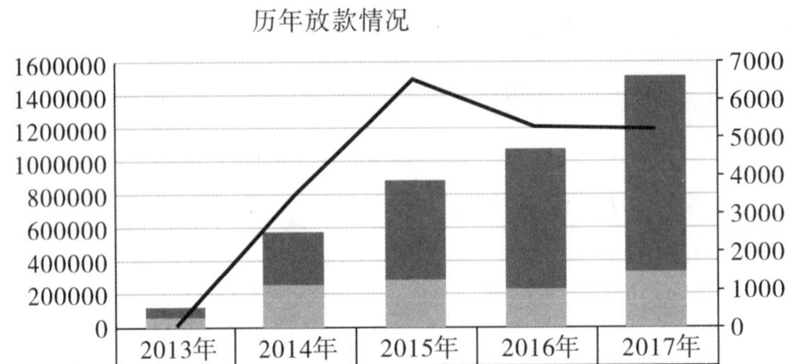

	2013年	2014年	2015年	2016年	2017年
历史累计放款/万元	60000	320080	606210	840510	1177822
当年累计放款/万元	60000	260080	286130	234300	337312
缴纳税款/万元	8	3510	6569	5287	5229

图1　立根小额再贷款股份有限公司历年放款情况（2013—2017 年）

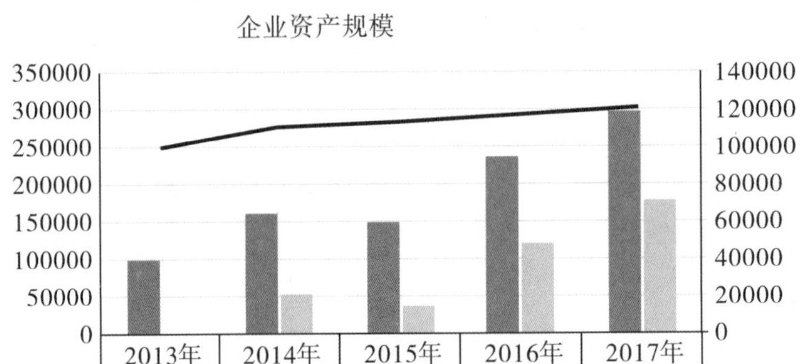

	2013年	2014年	2015年	2016年	2017年
总资产/万元	100215	162300	149071	237119	298258
总负债/万元	181	51300	35835	120198	177854
净资产/万元	100034	111000	113236	116921	120404

图2　立根小额再贷款股份有限公司历年资产规模情况（2013—2017 年）

在公司利润方面，立根小额再贷款股份有限公司 2013 年利润总额仅 46 万元，而 2014 年公司利润总额竟高达 1.46 亿元，此后保持在接近 1.5 亿元的水平。从立根小额再贷款股份有限公司历年利润总额变化情况可以看出，目前我国小额贷款公司融资问题相当突出，同时稳定的高回报率和利润额也说明了小额再贷款公司模式的可行性与有效性。

二、小额再贷款公司的示范效应

作为全国首家小额再贷款公司，广州立根小额再贷款股份有限公司不断完善公司制度体系，经营效益良好，并从供给侧进行改革，提高贷款质量，为缓解小额贷款公司融资困境、支持小微企业的发展作出了巨大贡献。自开业以来，全国超百家金融监管单位、地方性金融控股平台、国家开发银行等单位（机构）莅临立根小额再贷款股份有限公司考察调研。2013 年至今，国内十余家小额再贷款机构陆续设立，均引用或参考立根小额再贷款股份有限公司经营模式，示范性效应明显。其中，吉林、山西、安徽等省积极借鉴“立根再贷”经验，在小额再贷款领域作出创新与尝试，为辖区内的小额贷款公司和中小微企业缓解融资难题。

由吉林省人民政府推动组建，吉林省金融控股集团控股的吉林省唯一一家为小额贷款公司提供融资服务的再贷款专营公司——吉林省小额再贷款股份有限公司于2015年10月成立，该公司的设立是吉林省人民政府履行社会责任、解决小额贷款公司和中小微企业融资难题、践行金融改革创新和完善金融市场体系的一次重要尝试。

2016年1月，山西省太原市积极推动组建的山西省小额再贷款股份有限公司挂牌成立。山西省小额再贷款股份有限公司成为山西省设立的第一家再贷款公司，公司是由山西省投资集团、太原经济技术开发区和多家小额贷款公司作为主发起人注册成立的混合所有制企业。

由安徽省投资集团联合国元集团、安徽省交控集团发起设立的安徽省皖投小额贷款股份有限公司于2018年1月经安徽省人民政府金融工作办公室批准，变更为安徽省小额再贷款股份有限公司，成为安徽省唯一一家再贷款公司。安徽省小额再贷款股份有限公司发挥了小额再贷款功能，在安徽省内具有较强的影响力，树立了“安徽再贷款”的良好品牌形象。

第三节　创新发展的互联网小额贷款公司

近年来，科技与金融在小微金融服务领域快速结合，其中人工智能、互联网和终端设备三者的结合，在很大程度上改造了小额贷款公司的业务营销、风险定价、贷后管理等贷款环节，从而促成了互联网小额贷款公司的诞生。互联网小额贷款公司以差异化经营为主题，以与一般小额贷款公司错位发展为核心定位，形成与一般小额贷款公司差异化经营的消费金融，以弥补一般小额贷款公司服务的空白。在入驻广州民间金融街的互联网小额贷款公司中，广州拉卡拉网络小额贷款有限责任公司、广州TCL互联网小额贷款有限公司、广州唯品会小额贷款有限公司等3家公司业务发展迅速、经营发展更具特色。

一、基于第三方支付的拉卡拉网络小额贷款有限责任公司

广州拉卡拉网络小额贷款有限责任公司成立于2016年4月20日，公司注册资金15亿元，是在广州市和越秀区金融工作局的批复下成立的独立法人机构，主要业务为开展各类小额贷款和经批准的其他业务。

区别于传统的基于行业和地域的小额贷款公司，也不同于基于电商和供应链的小额贷款模式，拉卡拉互联网小额贷款有限责任公司是一种全新的基于第三方支付而衍生的消费信贷服务，专注服务于拉卡拉产业圈中的稳定、忠诚、有黏性的个人用户和小微商户，既包括大型的零售店、商超、餐饮店，也包括大量如路边摊、小吃店、水果店、杂货店等小微商户，为其提供免抵押担保的系列信贷服务，满足用户消费贷款需求和融资需求，主要产品包括“小微商户经营”“易分期”等。截至2018年12月，拉卡拉互联网小额贷款有限责任公司累计发放贷款近150亿元，不良率约1.5%，累计放贷笔数约60万笔，笔均约2.5万元，实现主营业务收入8.23亿元，共计缴纳税费约7500万元。

除了业务发展迅速，拉卡拉互联网小额贷款公司在金融风险防控领域也处于行业领先地位。依托拉卡拉的大数据积累，通过应用大数据、人工智能、反欺诈、安全服务、人脸识别、语音识别、图计算等技术，并创新运用大数据技术集群，实现多源、多维度数据的融合，拉卡拉互联网小额贷款有限责任公司研发了行业领先的大数据智能分析和处理平台；同时通过整合历史交易数据与接入

外部征信平台数据，使用有意识、有目的的行为数据及机器学习算法，搭建行业领先的大数据信用模型和反欺诈模型。

截至2018年12月，拉卡拉互联网小额贷款有限责任公司信贷平台已经完成上亿级的用户交易，日处理能力达到了5万笔，这相当于传统银行处理能力的几十倍，平台单日放贷量已超过1亿元。在金融风险防控反欺诈方面，拉卡拉互联网小额贷款有限责任公司开发一系列产品，包括以大数据和AI算法为核心的风险管理平台“鹰眼风控引擎”，可以秒级速度完成对用户的风险画像和风险评估，实现最优盈利能力预测；以图计算和大数据为核心的反欺诈平台“天穹反欺诈云”，可实现欺诈风险排查，准确率超过90%；基于海量用户和人工智能的供需撮合平台“鹊桥—智能流量平台”，可精准实现客户触达；基于深度学习的智能服务机器人“小蓝机器人”，可实现全自动情绪识别，智能催收。

二、专注供应链金融的TCL互联网小额贷款有限公司

广州TCL互联网小额贷款有限公司成立于2016年10月，由TCL集团股份有限公司主发起设立，主要为TCL集团全国上下游产业链的中小微企业提供金融增值服务，解决中小客户的资金瓶颈，提升公司产业链竞争力。

TCL互联网小额贷款有限公司致力于供应链金融，依托TCL集团成员企业产业链上下游业务背景，针对成员企业供应商、经销商业务特点设计“T发贷”“产销贷”等系列贷款产品，并与成员企业联合营销，为成员企业上下游企业提供专业、高效的金融服务；同时引入互联网化的风险控制技术和手段，对TCL集团下游经销商客户基本信息以及交易信息进行挖掘、整理、评估，形成用户画像，通过互联网信息技术运用，防控金融风险。

TCL互联网小额贷款有限公司2018年全年累计发放贷款164883万元，累计投放贷款笔数74493笔，贷款单笔发放金额大部分在50万元之内，全年收入3558万元，营业利润1604万元，净利润1161万元。截至2018年12月，公司贷款余额29449万元，其中个人贷款7696万元，公司贷款21753万元。

三、依托“场景金融”的唯品会小额贷款有限公司

广州唯品会小额贷款有限公司成立于2014年7月，由唯品会（中国）有限公司独资设立，是广东省批复的首家试点互联网特色小额贷款公司，主要面向全国线上、线下4000家供应商、近5000万注册会员以及中小微企业和个体工商户提供快速、灵活的贷款服务。

唯品会小额贷款有限公司依托唯品会商城，借助唯品会平台大数据进行用户洞察和分析，根据用户的需求定制金融服务，经营业务以供应链金融、个人消费金融为主，业务运营模式包括小额标准模式和优质客户定制模式。小额标准模式有着小额、信用、高频、线上申请、自动审批、实时放款等特点，覆盖80%以上的供应商群体，单户融资金额50万～150万元不等，单笔融资期限3个月左右；优质客户定制模式目标客户是唯品会商城年销售结算额在2000万元以上的优质供应商，单户融资金额300万～500万不等，单笔融资期限6个月至1年，设立华东、华南两个客户服务中心，对融资需求金额较大、融资方案较为复杂的客户指定专人进行方案设计、贷前调查、贷后管理等工作。

此外，成立于2017年1月的广州二三四五互联网小额贷款有限公司，经两次增资后，成为广

东省注册资本最高的互联网小额贷款公司。二三四五互联网小额贷款公司主营业务为互联网小额贷款业务，2017 年全年累计发放贷款总额超过 120 亿元，累计放贷超 900 万笔，利润总额达 5112 万元，公司业务发展迅速，业务量居民间金融街企业前列。

第四节　先行先试的商业保理公司

广州民间金融街自 2016 年成为内资商业保理试点园区以来，积极推进内资商业保理试点工作，广州恒大商业保理有限公司、广东粤科商业保理有限公司等积极落户民间金融街，并引领商业保理行业的发展。

一、广州第一家内资商业保理公司落户越秀

2016 年 3 月，经广州市商务委员会同意，广州恒大商业保理有限公司完成注册并落户广州民间金融街，注册资本 5000 万元，是民间金融街入驻的第一家内资商业保理公司，同时也是广州市第一家内资商业保理公司，广州恒大商业保理有限公司的成立，对广州市内资商业保理行业的发展具有里程碑意义，实现了从 0 到 1 的突破。

自正式营业以来，恒大商业保理公司充分利用自身资源优势，以风控为核心，业务为导向，为中小企业客户提供包括融资、信用风险管理、应收账款管理和催收服务等个性化金融解决方案，同时根据业务的发展情况，不断完善专业化、标准化的保理作业流程、风险管理流程和贷后管理流程，致力于打造全流程、高效率的商业保理团队，为中小企业资金融通、财务管理等提供专业化的支持。

二、专注普惠金融的粤科商业保理有限公司

广东粤科商业保理有限公司成立于 2017 年 9 月 30 日，注册资本 2 亿元，是广东省粤科资产管理股份有限公司设立的全资子公司。粤科商业保理有限公司是完善广东省粤科金融集团有限公司类金融板块，提升粤科金融集团金融服务半径，拓展大资产管理业务的重要载体。粤科商业保理公司主要针对上市公司和大型国企等核心企业，围绕其上下游供应链，提供包括商业保理、供应链融资等综合性金融服务。

自成立以来，粤科商业保理有限公司一直坚持普惠金融的理念，肩负国资保理公司的社会责任，业务发展方向始终紧紧围绕龙头企业上下游产业链，为实体经济和中小微企业提供多样化的金融服务。

截至 2017 年底，粤科商业保理有限公司累计对外授信额度已超过 15 亿元，企业累计使用额度 37235. 82 万元，涉及医药、电力、电表、化工、环保、物流等 10 多个行业，惠及中小微企业超过 40 家，直接或间接带动就业人数近 4000 人。

三、以区块链为核心的天翼商业保理有限公司

天翼商业保理有限公司于 2018 年 6 月在广州民间金融街注册成立，实缴注册资本 5000 万，是由中国电信天翼电子商务有限公司全资设立。母公司是中国人民银行核准的第三方支付机构和中国证监会核准的基金支付结算机构，开展支付、财富管理、供应链融资、消费金融、征信、信息技术

等互联网关键业务。

天翼商业保理有限公司立足实体经济，以大数据赋能为手段，以区块链技术为核心，打造基于电信产业链的供应链科技平台，构建产融科技生态圈，为产业链 10 万终端代理商、57 万渠道代理商及 80 万采供供应商提供应收账款融资及信用贷款服务。

第五节　广州市首家融资再担保有限公司

2016 年底，广州市融资再担保有限公司在广州民间金融街挂牌成立，成为广州第一家融资再担保公司，同时也是全国首家省会城市中小企业融资再担保机构。广州市融资再担保有限公司是广州金融控股集团有限公司发起设立的国有独资融资再担保机构，注册资本 15 亿元。

一、公司定位

广州市融资再担保公司定位于政策性再担保机构，是贯彻广州市委、市政府产业发展部署的中小微企业综合金融服务平台，按照“政府出资、政策引导、公司化管理、市场化运作”的原则组建和运营，充分发挥“增信、分险、规范、引导”作用，围绕助力中小微企业和融资担保行业健康发展，创新融资担保新模式，解决中小微企业融资难、融资贵问题，构建覆盖全广州范围的中小微企业融资再担保服务体系。

二、公司发展成果

自成立以来，广州市融资再担保有限公司多领域、多层次推动产品创新和业务发展，主要从事融资再担保、融资担保、债券发行担保、诉讼保全担保、工程履约担保、信托和资管增信以及经监管部门批准的其他业务，提供符合中小微企业融资担保业务实际需要和政府政策导向的增信、分保、联保等类型的融资再担保、融资担保。

截至 2017 年 12 月，融资再担保公司获得中国建设银行、交通银行、华夏银行、平安银行、广州银行、广州农商银行等 19 家金融机构的授信准入，累计（担保）授信总额超过 75 亿元；与区域内广州凯得融资担保有限公司、广东银达融资担保投资集团有限公司、广东中盈盛达融资担保投资股份有限公司等 9 家担保机构建立和开展再担保业务，累计为 110 余户中小微企业提供融资再担保、融资担保 13.6 亿元，有效降低了中小微企业融资门槛和成本，支持了实体经济发展。

第四章　创新民间金融产品

广州民间金融街汇聚了一批民间金融机构，设计出一系列民间金融创新产品，在获得利润回报的同时，一定程度上缓解了当下的民间融资难题，实现双赢。从产业到企业，再到产品，民间金融创新产品是广州民间金融街的立足之本，而民间金融街产业链价值最终是落实到民间金融创新产品上的。

作为广东省民间金融创新发展示范区，广州民间金融街积极鼓励街内入驻机构针对不用客户设计个性化的产品服务，经过多年的发展，园区民间金融产品创新氛围活跃，金融产品涉及范围广、种类多。截至2018年底，广州民间金融街内机构共有各类融资产品近200种，部分企业还凭借金融产品创新获“广州市金融创新成果先进单位”的荣誉称号。金融产品的不断创新，让广州民间金融街持续保持活力，同时也不断擦亮“广州民间金融街”品牌。

第一节　消费金融创新产品

艾瑞咨询数据显示，2013年我国消费金融市场交易规模为60亿元，2014年为183亿元，2015年突破千亿元，从中可以看出我国消费金融行业呈现爆发式增长，而2016年政府工作报告中提出“鼓励金融机构创新消费信贷产品”，进一步促进了个人消费贷款的迅速发展。

一、基于特定消费场景的“易分期”

“易分期”是广州拉卡拉网络小额贷款有限责任公司针对拉卡拉集团通过便民支付服务、收单和扫描受理产品积累的小微商户和个人用户，开发的一款“场景消费 + 消费金融”的金融贷款产品。

“易分期”应用大数据运算筛选优质客户，展开精准营销触达，以数据驱动决策，引入多维度数据，借助自主研发的“鹰眼风控引擎”和“天穹反欺诈云”服务，快速对用户进行风险画像分析和风险评估，有效缩短审批时间，降低融资成本，提高融资效率。

“易分期”贷款额度为1000～100000元，贷款周期主要分为6期（6个月）和12期（12个月），用户按等额还本及按期支付分期手续费方式或等额本息方式还款。截至2018年底，产品发放贷款超过40亿元，累计放款人数超20万人次。

二、突破创新的“星云贷”和“星通贷”

广州复星云通小额贷款有限公司是致力于个人消费金融、场景分期服务供应商以及覆盖全网的普惠金融服务供应商。2017年，复星云通小额贷款公司在普惠金融产品创新上取得了显著突破，陆续推出服务消费者的“星云贷”和“星通贷”。

“星云贷”贷款金额一般为2万～30万元，以贷款人的房供、车供、保单为依据，主要针对有征信记录、有结构化资产数据的客户群体，该贷款的特征就是针对消费者的基于场景数据的分期贷款。

“星通贷”是复兴云通小额贷款公司的主推业务，为进一步推广业务，公司与四大外贸电商平台、六大内贸电商平台、三大发票税务平台陆续对接，为小微企业提供在线借款等增值服务。“星通贷”的贷款金额为2万～50万元，以借款方的电商订单、发票税金、物流信息为主要依据，面向有征信记录、有结构化经营数据的客户群体，该贷款是针对小微企业（或小微企业主）的流动资金贷款。自2016年12月第一笔放款以来，至2018年积累小微电商卖家客户2810个，授信753户，放款695笔，累计放款9110万元。

三、依托汽车市场的“2345车贷王”

“2345车贷王”由广州二三四五互联网小额贷款有限公司于2018年2月推出，产品依托2345

汽车频道、2345 网址导航、2345 浏览器等多款互联网产品完成线上获客，并通过先进的互联网风控技术，对目标客户进行严格筛选；同时面向全国招募合作代理商，由合作代理商在当地市场开拓 4S 店、汽贸店、汽贸等汽车经销商渠道，将线上获客、线上风控与线下固定的消费场景有效结合，为汽车消费者提供便捷、可靠的金融环境。

“2345 车贷王”的贷款期限分为 12 期、24 期、36 期、48 期 4 类，还款方式为等额本息，贷款额度为 2 万～25 万元，产品年化利率为 11.97%～15.88%。

此外，二三四五小额贷款有限公司还推出农机（LCV 轻型卡车）购置车贷业务，审批快，利率低，解决农户的资金周转问题，为其脱贫致富提供信贷保障，市场推广情况良好，成长空间大。

第二节　供应链金融创新产品

供应链金融缘起于传统银行，最初由深圳发展银行股份有限公司（现为“平安银行股份有限公司”）从 1999 年开始试点摸索，在供应链金融模式下，可为供应链上下游企业有效控制风险。近年来，许多大型企业都选择与商业银行等金融机构合作开展供应链金融。广州民间金融街的入驻机构，特别是互联网小额贷款公司，依托其控股母公司的海量资源，基于供应链对金融产品进行了有效探索与创新。

一、依托翰林汇的“T 发贷”

“T 发贷”是广州 TCL 互联网小额贷款有限公司为 TCL 成员企业——翰林汇推荐的优质经销商而定制的贷款产品，产品单笔贷款金额一般在 500 万元以下，贷款资金用于定向支付成员企业货款。

“T 发贷”是一款面向特定对象的特定产品，贷款对象必须是经翰林汇推荐的优质经销商。该产品的信用贷款额度基于推荐经销商与 TCL 成员企业的历史提货情况，并经 TCL 互联网小额贷款公司充分审核资质决定，其中贷前调查、贷中审查、贷后管理等流程均有 TCL 成员企业参与协助，风险可控。产品上线之初，客户曾反馈申请流程较为烦琐，TCL 互联网小额贷款有限公司进行多次流程优化，使得客户满意度逐步提高。

至 2018 年 12 月底，“T 发贷”余额为 18087 万元，占 2018 年底 TCL 互联网小额贷款有限公司总贷款余额的 61.42%，年新增客户数 163 户，2018 年累计放款 97532 万元。

二、依托万达产业的“装修分期贷”

广州万达普惠网络小额贷款有限公司由万达金融集团发起设立，于 2017 年在广州民间金融街正式注册成立。万达普惠网络小额贷款有限公司主要以万达实业资产为上游资源，打造合适的金融产品，公司最著名的金融产品是其旗下的“装修分期贷”。

“装修分期贷”是万达普惠网络小额贷款有限公司为爱家人士定制的专属装修贷产品，借款额度为 5 万～20 万元，借款期限灵活，可以在 12、24、36、60 个月之间选择，但只支持指定楼盘的业主，且需要完成签约和首付。

“装修分期贷”为万达业主提供了门槛低、放款快的贷款产品，为业主提供资金便利；同时万达普惠小额贷款有限公司可以通过万达业主的业务流水实时追踪贷款人的信用情况，进行有效的风险控制。此外，万达普惠网络小额贷款有限公司计划推出针对万达广场商圈消费人群的“万达花”产品。

三、依托家装消费市场的“1 贷通”

“1 贷通”是由广州市金诺小额贷款有限责任公司于 2016 年 3 月推出的一款金融产品，“1 贷通”主要依托金螳螂集团的家装市场资源，为室内装饰客户群，以及设计、幕墙、家具、景观、艺术品、机电设备安装、城市智能、家装电商等中小企业与商户服务，致力于通过大数据、互联网等技术进行信用评估和风险管理，为核心企业上下游供应链提供量身定制、灵活便捷的金融服务，重塑多方共赢的供应链金融生态圈。

“1 贷通”产品直击室内装饰产业链上下游中小企业融资难、流程长、利率高的痛点，自推出以来，已为 200 多家中小企业提供供应链金融服务，有效解决了中小企业融资难、融资贵的问题。

四、依托核心产业的“产业链贷款”

“产业链贷款”是广州市民兴小额贷款股份有限公司为广州品牌产业链提供服务而精心设计的金融贷款产品，主要依托品牌核心产业，服务品牌上下游企业。产品贷款对象主要是与核心品牌企业有连续 2 年以上合作，年产值稳定且年生产额在 2000 万元以上的供应厂家，覆盖广州市范围内 10 多个著名品牌所授权的近千家皮具、服装 ODM 制造企业。产品授信额度一般不超过贷款客户月生产额的三分之一，且额度不超过在核心品牌企业的应付账款的二分之一。

“产业链贷款”通过与核心企业合作的历史大数据来进行贷款分析，包括合作年限、合作以来各年供货金额及其变动趋势、应收账款余额变动趋势及供货质量如相关投诉等数据，并通过对贷款客户的应收账款担保来进行风险控制，以应收账款质押、债权转让、余额协议控制、必要时授权核心企业以货款代还款等方式操作供应链贷款。

截至 2018 年 12 月，“产业链贷款”的贷款笔数接近 700 笔，贷款均额约 235 万元，占民兴小额贷款股份有限公司总体产品经营的 66%，年回报率为 10%，不良率不到 1.5%。

第三节　金融科技创新产品

金融科技英译为 Fintech，是 Financial Technology 的缩写，是指通过利用各类科技手段创新传统金融行业所提供的产品和服务，提升效率并有效降低运营成本。根据金融稳定理事会（FSB）的定义，金融科技主要是指由大数据、区块链、云计算、人工智能等新兴前沿技术带动，对金融市场以及金融服务业务供给产生重大影响的新兴业务模式、新技术应用、新产品服务等。广州民间金融街是承载广州市越秀区金融科技政策的一个重要平台，十分重视金融科技的发展。在政策的推动下，入驻民间金融街的小额贷款公司充分利用金融科技与公司资源优势，创新金融科技产品，促进公司业务的发展。

一、依托大数据风控的“产销贷”

“产销贷”是由广州 TCL 互联网小额贷款有限公司设计的一款面向 TCL 经销商、依托大数据风控的经营性贷款产品。产品主要针对 TCL 中大型经销商资金灵活使用、扩大经营销售规模的需求，贷款金额可部分应用于购买 TCL 品牌产品（即受托支付），部分用于购买外部品牌产品（即自主支付）。

“产销贷”产品的授信额度基于客户与 TCL 的合作历史以及客户本身的企业经营状况，在额度审批过程中，TCL 互联网小额贷款有限公司通过对 TCL 集团下游经销商客户的基本信息和交易信息进行挖掘、整理、评估，形成用户画像，并在与前海征信、同盾等外部机构充分对接联系的基础上，利用大数据各方评分进行交叉验证，同时通过搭建模型进行数据风控。

至 2018 年 12 月底，“产销贷”余额为 3704 万元，占 2018 年底 TCL 互联网小额贷款有限公司总贷款余额的 12.58%，年新增客户数 100 户，2018 年累计放款 21060 万元。

二、以 App 为媒介的“小微商户经营贷”

“小微商户经营贷”是广州拉卡拉网络小额贷款有限责任公司于 2016 年 5 月推出，为小微商户量身定制的普惠金融产品。产品主要是为了解决拉卡拉 POS 机具和扫码受理产品覆盖商户因资金周转困难而产生的贷款需求。

“小微商户经营贷”的主要授信依据是小微收单商户的 POS 月度交易流水情况和过往个人支付交易数据，产品以 App 为媒介，向小微商户（含小微企业和个体工商户）提供小额贷款，用于支持小微企业、个体工商户的日常经营周转需求。

“小微商户经营贷”贷款额度为 1000～100000 元，特别优质的商户可放宽至 30 万元，贷款周期主要分为 6 期（6 个月）和 12 期（12 个月），用户按等额还本及按期支付分期手续费方式或等额本息方式还款。

截至 2018 年 12 月，“小微商户经营贷”累计发放近 40 万笔，笔均 3 万元，远低于传统小额贷款公司的笔均 200 万～300 万元，在“小额、分散”的基础上，真正解决小微经济主体的资金需求，把“小额、分散”做到极致，是“小而美”普惠金融产品典范。

第三篇　民间金融创新发展成效

2017 年 7 月第五次全国金融工作会议上，习近平总书记发表重要讲话指出：“金融是实体经济的血脉，为实体经济服务是金融的天职，是金融的宗旨，也是防范金融风险的根本举措。”金融回归服务实体经济的本源已成为当前金融工作的重中之重。在此过程中，金融创新作为金融发展的重要手段起到了有力的推动作用。通过创新打破现有金融体制，推出新的金融工具，进一步提高金融市场、金融机构的运作效率以及金融资源的配置效率，为经济社会创造更多利润的同时带来更大的发展成效。这些发展成效不仅体现在金融服务实体经济这样的本源效应上，更体现在金融资源集聚所反映的洼地效应和创新本身所带来的引领、推动效应上。

民间金融的创新发展成效亦是如此。本篇将以广州民间金融街为例，具体分析民间金融创新在推进民间金融服务实体经济、民间金融资源集聚及引领推动共三个方面的发展成效。

第五章 民间金融服务实体经济发展成效分析

作为金融体系不可或缺的重要组成部分，民间金融在制度、信息、成本、速度等方面的优势弥补了正规金融体系的缺陷，它的创新发展能够更好地把金融资源配置到经济社会发展的重点领域和薄弱环节，满足人民群众和实体经济多样化的金融需求。为了更客观地反映民间金融服务实体经济的发展成效，本章将分析广州民间金融街自身及其园区金融机构服务实体经济、推动产业转型升级以及对经济发展的带动效应，并基于广州民间金融街 2012—2018 年的相关投入、产出数据进行实证分析，对广州民间金融效率进行测度研究。

第一节 民间金融助推产业转型升级

一、广州民间金融街自身产业的转型升级

广州民间金融街的核心区域——长堤大马路是广州核心城区的老旧街区，陈旧的建筑、狭窄的街道、低端的产业使得该片区域经济增长动力不足、发展空间受限、改造难度大、产业转型难，如何让老城区在保留原有功能、文化的同时焕发新生，需要探索新的思路。广东有着活跃的民间资本市场，在 2012 年上半年广州民间金融街建设初期，广东地区民间资本规模就已超过 1 万亿元，其中仅广州的民间融资总额推算就超过了 3000 亿元。因此，依托基础深厚的民间金融产业带动产业结构优化升级是该片区域谋求新发展和新路径最为有益的尝试。

一方面，广州民间金融街建设以广府文化为魂，把产业业态提升、城区更新改造、历史文化保护、社会民生改善四者有机结合，通过规划引领，构建多样化、门类齐全的金融产业业态，集中引入小额贷款公司、融资性担保公司、典当行等民间融资机构，同时引入银行、证券、保险等传统金融机构，发展针对民间金融的律师、会计、公证、资产评估等专业配套服务产业，引入商业、休闲、旅游、餐饮等商业配套产业；同时发展挖掘长堤的金融历史文化，建设民间金融博物馆、金融书店等金融文化产业，延伸了金融产业链。

另一方面，广州民间金融街在建设过程中，修旧如旧、传承历史、活化利用，共计对园区内近 15 万平方米的物业进行整饰和改造，涉及楼宇 50 多栋、商铺和仓库约 120 户，在保留城市印记、历史文脉的基础上，通过“主题注入、生态再造”，快速实现“筑巢引凤”“腾笼换鸟”，引进各类金融机构 300 家，打造旧城改造、产业升级的新样板。

二、依托民间金融街平台推动中小企业产业转型升级

从以往发展经验及研究结果来看，金融对产业发展的影响更多的是通过对大企业投融资产生的，大企业往往能够吸引到更多的金融资源，而中小企业不仅会遇到金融障碍，并且在运营和成长过程中受到这种障碍的副作用会越来越大，加之中小企业更容易受到信息不对称、交易成本高等不利因素的影响，中小企业融资难、融资贵问题更为突出。然而在国民经济的发展过程中，中小企业

的作用有目共睹。以广州市为例，2012 年经济普查资料显示，广州市中小企业占全市企业总数的 99.81%，中小企业实收资本占 63.94%，总资产占 69.82%，净资产占 72.55%，固定资产净值占 72.38%，营业收入占 68.21%，实现利润总额占 46.09%，缴纳各种税金占 53.64%，至 2017 年这些经济指标也都保持在同样的水平。显然，在大多数经济指标中，中小企业所占份额已占全部企业的 60% 以上，是广州市经济发展不可忽视的力量。因此，引导广东地区充裕的民间资本为广大亟须发展资金的中小企业服务，为民间资本寻找一条合法的投资出路，同时解决中小企业融资难题，成为广州民间金融街发展的主要目标。

广州民间金融街在服务中小企业融资，助推中小企业产业转型升级方面做了大量有益探索。园区金融机构结合不同产业特点，设计了 100 余种主要针对中小微企业的个性化贷款产品，比如面向科技型小企业，助推其发明技术走向市场化、产品化的“助科贷”；面向个体户，凭商铺租赁权获得快捷、高效贷款的“商铺贷”；面向工程建设单位或个人，提供短期工程周转贷款的“工程通”等。建街以来，园区企业累计为百万中小微企业、个人提供融资超 5000 亿元，直接或间接拉动社会投资近万亿元，拓宽了中小微企业融资渠道，有效缓解科技、节能环保、生物健康、“三农”等领域企业融资难问题，扶持了民营经济，推动产业转型升级，溢出效益明显。

第二节　民间金融服务实体经济的带动效应

2012—2018 年期间，广州民间金融街各经济统计指标逐年攀升，经济增长贡献度持续增强。园区入驻企业数 7 年增长近 24 倍，且机构注册资本金额不断增加，从企业注册资本以 1 万～10 万元为主提高至 30% 以上的入驻企业注册资本超 1000 万元、20% 以上的入驻企业注册资本超 3000 万元，且注册资本缴纳方式从以认缴为主转变为以实缴为主；园区生产总值年均增长率达 30.93%，由 2012 年的 49.81 亿增加到 2017 年的 191.64 亿元；而金融业增加值则由 10.62 亿元增加到 122.62 亿元，年均增长率超过 60%；园区企业纳税总额从 2012 年的 0.11 亿元提高到 2018 年的 10.3 亿元，广州民间金融街对实体经济的带动作用显著增强。

第三节　民间金融服务实体经济实证分析

一、关于金融服务实体经济测度研究的文献综述

金融服务实体经济即金融对实体经济发展的促进，可以通过对金融效率的测量反映。但目前，国内外关于金融支持经济增长效率的直接研究却不多见。在国外的研究中，Méon 和 Weill（2010 年）基于 47 个国家 1980—1995 年的面板数据，利用随机前沿模型测算了金融中介发展支持宏观经济增长的技术效率；[①] Gheeraert 和 Weill（2015 年）基于 70 个国家的面板数据，利用随机前沿模型

① Méon P. G. and Weill L.: Does Financial Intermidiation Matter for Macroeconomic Performance? Economic Modelling, 2010(27), pp. 296 - 303.

测算了伊斯兰银行支持宏观经济增长的效率。[①] 在国内，Suo 和 Wang（2009 年）运用数据包络分析方法（Data Envelopment Analysis，简称“DEA”）测算了金融支持在农业规模化发展和农民收入增长方面的效率问题；[②] 熊正德、詹斌、林雪（2011 年）将 DEA 和 Logit 模型相结合，实证研究了金融支持战略性新兴产业发展的效率及影响因素；[③] 张海波（2014 年）利用 DEA 方法测算了内蒙古 12 个盟市 2009—2012 年的金融效率；[④] 孙爱军、蒋彧、方先明（2011 年）利用非参数 Malmquist 指数方法测算了 1998—2010 年中国各省市金融支持经济发展的效率，结论为金融在不同省份所发挥的效率和作用存在较大差异；[⑤] 俞立平（2012 年）利用 DEA 非径向超效率模型测算了金融支持经济发展的效率，结果发现中国金融支持经济增长的绝对效率较低，相对效率较高；[⑥] 谢家智和王文涛（2013 年 a，2013 年 b）采用非参数 Malmquist 指数测算了中国各省金融发展的经济增长效率及其分布特征影响因素及传递机理，前者发现优化金融结构和所有制结构可以提升金融创新效率，提高中央政府信贷干预程度和金融市场化程度有利于同时提升金融配置效率和金融创新效率，后者发现中国的金融效率偏低且没有明显改变，金融创新效率低于金融配置效率，[⑦] 此外，谢家智和王文涛（2013 年 a，2013 年 b）还认为金融控制程度影响着金融创新效率，同时金融创新效率不足也制约着金融效率的提升，而金融发展对经济增长的作用仍停留在数量扩张和要素堆积阶段。[⑧]

从已有研究中可以看出，研究金融与实体经济发展的关系，对金融效率的研究至关重要。如果将金融效率置于研究框架之外，容易造成金融发展过程中只注重数量的扩张，而忽视质量和效率问题。近年来，我国金融总量迅速扩张，2012—2018 年全国金融业增加值年均增长率达 11.9%，但区域间金融发展却存在失衡，2012—2018 年全国金融业增加值排名前四的省、市（北京、上海、广东、江苏，排名不分先后）金融业增加值的合计数持续占全国金融业增加值的三分之一以上（详见表 1），在此背景下，减少金融资源浪费，增加金融资源配置合理性，更应重视对金融发展质量与效率的研究。特别是民间金融领域，其发展情况更为复杂，民间融资规模不断扩大，但各地区发展水平参差不齐，行业规范也尚未健全。因此，在研究民间金融服务实体经济的发展成效时，考虑到民间金融的多样性、复杂性与差异性，以及模型间的数据使用范围等制约因素，我们最终选取 DEA 方法对 2012—2018 年广州民间金融街金融效率水平进行测量。

DEA 方法与以前的传统方法相比，在金融效率的测量方面有着自身独特的适应度，基于以下三点原因选取 DEA 方法：其一，DEA 方法适用于多投入、多产出的复杂系统的有效性评价。由于在

---

① Gheeraert L. and Weill L.: Does Islamic Banking Development Favor Macroeconomic Efficiency? Evidence on the Islamic Finance - growth Nexus, Economic Modelling, 2015(47), pp. 32 - 39.

② Suo R. X. and Wang F. L.: Evaluation of the Effectiveness of Financial Support to Agriculture Based on the DEA Method, Journal of Northeast Agricultural University, 2009(16), pp. 46 - 51.

③ 熊正德、詹斌、林雪：《基于 DEA 和 Logit 模型的战略性新兴产业金融支持效率》，《系统工程》，2011 年第 6 期，第 35 - 41 页。

④ 张海波：《内蒙古自治区金融支持经济增长效率研究》，《北方金融》，2014 年第 10 期，第 41 - 45 页。

⑤ 孙爱军、蒋彧、方先明：《金融支持经济发展效率比较——基于 DEA - Malmquist 指数方法的分析》，《中央财经大学学报》，2011 年第 11 期，第 34 - 39 页。

⑥ 俞立平：《中国金融对经济增长贡献的效率研究》，《统计与信息论坛》，2012 年第 5 期，第 42 - 47 页。

⑦ 谢家智、王文涛：《金融发展的经济增长效率：影响因素与传递机理》，《财贸经济》，2013 年第 7 期，第 59 - 67 页。

⑧ 谢家智、王文涛：《金融发展的经济增长效率及其分布特征》，《中国经济问题》，2013 年第 1 期，第 72 - 78 页。

分析时不必计算综合投入量、综合产出量，不需要设定生产函数的具体形式，可以避免由于各指标量纲等方面的不一致而寻求同度量因素所带来的诸多困难。其二，DEA 方法具有很强的客观性。DEA 模型中的权重是根据数据由数学规划产生的，不需要事前设定投入与产出的权重，因此不受人为主观因素的影响。其三，DEA 方法具有单位不变性的特点。它能同时处理比例数据和非比例数据，只要该数据是能够反映决策单位投入面或产出面的主要指标即可。①

表 1　2012—2018 年全国及主要地区金融业增加值统计情况　　（单位：亿元）

统计对象	年份						
	2012	2013	2014	2015	2016	2017	2018
全国	35188. 40	41191. 00	46665. 20	57872. 60	61121. 70	65748. 90	69100. 00
北京	2536. 91	2943. 13	3357. 71	3926. 28	4270. 82	4634. 50	5084. 60
上海	2450. 36	2823. 81	3400. 41	4162. 70	4765. 83	5330. 54	5781. 63
广东	3171. 96	4122. 81	4447. 43	5757. 08	6127. 05	6850. 70	7296. 98
江苏	3136. 51	3958. 79	4723. 69	5302. 93	6011. 13	6786. 40	6786. 40
主要地区占全国比重/%	32. 10%	33. 62%	34. 14%	33. 09%	34. 64%	35. 90%	36. 11%

数据来源：国家统计局网站。

二、DEA 方法与变量定义

DEA 模型最早由著名运筹学家 A. Charnes，W. W. Cooper 和 E. Rhodes（1978）提出，用于评价部门间的相对有效性（因此被称为“DEA 有效”），他们的第一个模型被命名为 CCR 模型。其基本原理如下：通过保持决策单元（DUM）的输入或输出不变，借助数学规划将决策单元投影到 DEA 前沿面上，并通过比较决策单元偏离 DEA 前沿面的程度来评价他们的相对有效性，处在 DEA 前沿面上是指在既定的投入下最大化产出或是在既定的产出下最小化投入。CCR 模型是假定所有决策变量的生产技术和规模报酬不变，即技术水平和要素价格不变，在此假设下，当所有要素都按同一比例变动时，产量（收益）变动的状态。在用 CCR 模型进行效率测算时，必须假定各决策单元位于最佳生产规模，否则，所测的效率值中，就包含规模效应的影响。为测算生产单元的纯技术效率水平，R. D. Banker, A. Charnes 和 W. W. Cooper（1984 年）改变 CCR 模型中规模报酬不变的假定，提出了 BCC 模型。在使用数据包络模型过程中，会根据需要选择不同的导向——投入导向模式和产出导向模式。以投入为导向的数据包络模型是从投入角度对效率问题进行研究，即在产出一定的情况下尽可能使投入减少，而以产出为导向的数据包络模型是从产出角度进行分析，即在投入一定的情况下如何使产出最大。

① 张林、张维康：《金融服务实体经济增长的效率及影响因素研究》，《宏观质量研究》，2017 年第 5 期，第 47—60 页。

基于DEA的基本原理，考虑到广州民间金融街的具体特点，选择投入导向模式BCC模型，建立模型。（模型略）

在确定了效率测度方法后，就需要定义投入产出，对于金融机构投入产出的界定主要有三种方法：一是生产法，这种方法把金融机构作为金融产品的生产者，以资本和劳动作为投入，以贷款账目和存款笔数作为产出；二是中介法，这种方法把金融机构看作是储蓄转化为投资的中介机构，以存款资本和劳动作为投入要素，以贷款和投资性资产作为产出；三是对偶法，该方法居于生产法和中介法两者之间，对偶法的一个显著特点就是把存款同时作为投入和产出变量。考虑到数据的可得性、准确性和一致性，本研究以广州民间金融街商用土地面积、街内金融机构注册资本作为投入变量，以广州民间金融街贷款增加额、小额贷款机构营业收入为产出变量。

三、数据统计分析与实证分析

1. 数据统计分析

（1）投入变量。

广州民间金融街从2012年初开始筹建，经过一至三期工程建设和扩容提质建设，设施服务的不断完善，各类金融机构持续入驻广州民间金融街，园区金融机构注册资本由2012年的41.2亿元增长到2018年的481.2亿元，商用土地面积也在持续扩大，由不到1万平方米增至3.7万平方米，各年生产要素的投入情况如表2、图3所示。

从图3可以看出，2012—2018年民间金融街金融机构注册资本总额保持健康且良好的增长。具体来看，民间金融街发展速度在早期相对平缓，2012年注册资本总额为41.2亿元，2013年较上一年新增43.1亿元，这一时期金融街的集聚效应初见成效，规模发展主要动因在于政府引导和政策扶持，如同期发布的民间融资“广州价格”，为街内外民间融资提供价格参考，引导形成规范有序的市场环境；2014年注册资本总额出现大幅度增加，较上一年新增80.7亿元，主要原因在于早期市场表现良好，增加了机构投资者的信心，并且民间金融街已完成一、二期工程建设，园区的基础设施、配套服务体系不断完善，如组建金融街管委会、设立广州民间金融街管理公司、设立广州民间金融街综合服务中心等，金融街的集聚效应持续增加；从2015年起民间金融街发展进入扩容提质阶段，监管制度体系不断优化升级，如2015年1月印发实施了《广州民间金融街互联网金融产业基地管理与服务办法（试行）》、2016年1月制定了《广州民间金融街小额贷款公司准入审核实施办法》，严格把控市场准入门槛，有效规避、防范金融风险，金融街注册资本总额增量在2015—2016年略微回落，分别为72.2亿元和66.6亿元；随着监管的标准化、规范化，广州民间金融街成为全国民间金融的领军品牌，于2017年2月获“全国民间金融产业知名品牌创建示范区”授牌，为民间金融街向内涵式纵深发展提供了良好的机遇和平台，更进一步促进了机构投资者向民间金融街投入资本要素，金融街注册资本总额增量在2017—2018年分别增加至88.2亿元和89.2亿元，达到民间金融街始建以来最高值。民间金融街金融机构注册资本总额每年新增情况如图4所示。

从土地要素投入的角度分析，商用土地面积的大量投入表现出政府、市场对广州民间金融事业的发展持乐观、积极态度，有效促进了广州民间金融的规范、快速发展。商用土地面积投入分为集中、大规模的工程建设期和持续平缓的扩容提质期两个阶段，分别对应了金融街以规模为主的初期发展和以质量为主的持续发展。2012—2014年一至三期工程建设期中，商用土地作为重要生产要素是这一阶段的主要投入之一，一至三期共投入商用土地 3 万平方米，占目前投入商用土地面积的 79.6%。从图 3 中的商用土地面积折线可以看出，前期商用土地投入集中在 2014 年，占工程建设期的 51.3%，原因在于 2012—2013 年民间金融街发展的主要任务是政策引导金融产业注入、建设基础公共服务平台、搭建监管基本框架等，随着民间金融街完成一、二期工程建设，“软设施”初具雏形，市场收益良好，金融街商用土地大规模投入的时机已成熟。同时，民间金融街建设发展过程是政府、物业产权方、物业原承租方、民间金融企业多方协调的过程，2012 年广州民间金融街管理有限公司成立，负责街区发展规划、政策制定、招商引资和综合协调管理等工作，协调终止了从事低端经营活动的原物业承租方与产权方的房屋租赁合同，充当了产权方与入驻民间金融机构之间的“二房东”角色，保证金融街得以依规划对商用土地进行持续科学的投入。2015 年起金融街进入扩容提质阶段，此时商用土地面积已基本达到需求规模，这一时期的经济增长动力由前期以投入变量规模为主向质量拉动转变，商用土地投入开始放缓。

表 2　投入变量统计情况

生产要素	年份						
	2012	2013	2014	2015	2016	2017	2018
金融机构注册资本总额/亿元	41.2	84.3	165.0	237.2	303.8	392.0	481.2
商用土地面积/平方米	9900.4876	14584.1076	29975.3016	31844.6916	34319.8116	36534.5916	37665.6320

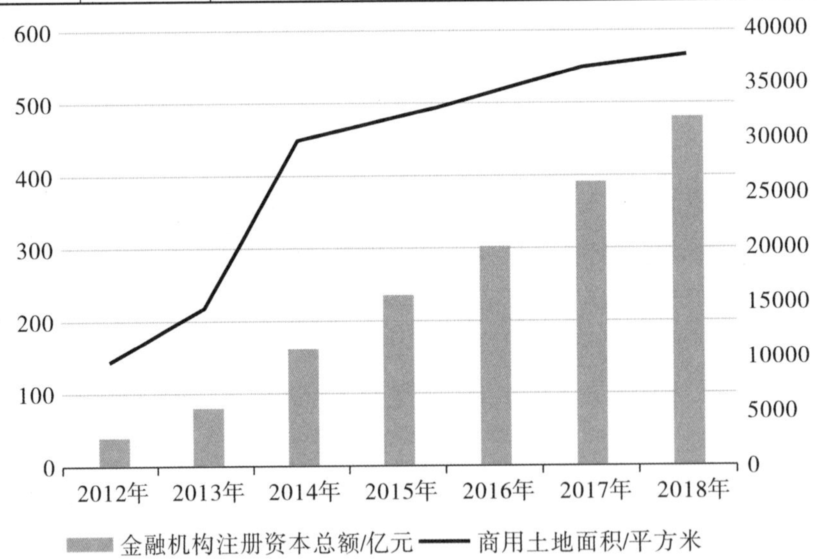

图 3　投入变量统计分析

（2）产出变量。

在我国社会主义市场经济的持续发展下，中小企业逐渐成为拉动地方经济增长的重要力量，也逐步成为我国发展社会生产力的主力军，其发展直接关系我国的经济走向。但是目前我国中小企业普遍具有信息透明度低、缺少抵押品以及经营不稳定特点，在信贷配给均衡的框架下，中小企业难以从正规金融机构获得足够的资金。作为中小企业的主要融资渠道，民间金融对中国经济发展具有重要作用。小额贷款公司作为一类新型的金融组织形式，与传统商业银行错位发展，有效补偿了中

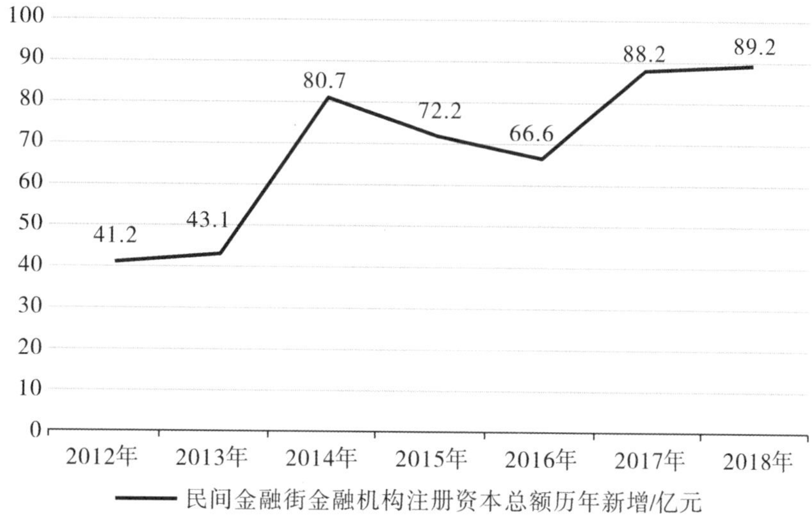

图 4　民间金融街金融机构注册资本总额历年新增情况

小企业从正规金融机构融资不足的情况，也是广州民间金融街政策支持的主要产业类型。金融服务实体经济发展的方式之一就是信贷支持，且广州民间金融街园区内，小额贷款公司为主导产业，其贷款业务的开展满足了众多中小微企业、个人的资金需求，因此将贷款余额以及小额贷款公司营业收入作为产出变量基本能够反映广州民间金融的产出成果。2012—2018 年，广州民间金融街发展迅速，贷款余额由 21.85 亿元增加至 237.45 亿元，小额贷款公司营业收入由 2 亿元增加至 28.4 亿元，如表 3 所示。

从表 3 可以看到，两个指标均在建设初期经历了大幅增长，2012—2014 年期末贷款余额增长至期初的 5.6 倍，小额贷款公司营业收入增长至 7.3 倍，主要原因有两点：其一，广州市民间资本规模庞大但未能得到有效利用，急需寻求投资出路。2012 年末，广州地区金融机构本外币各项存款余额 30186.57 亿元，本外币贷款余额 19936.52 亿元，[①] 存贷款总额差超万亿元，金融机构本外币存贷款的巨大差额反映出广州市资金实力雄厚，但同时说明作为金融市场重要中介的金融机构没有充分发挥资源配置作用。广州民间金融街以小额贷款企业等民间金融企业为主导产业，有效弥补了正规金融的不足，取得了显著的经济和社会效益。其二，在缺少规范监管的情况下，借贷危机频发，非法集资、高利贷问题频频发生，2011 年，温州的民间借贷危机惊动全国；广东省积极发展金融市场的同时，也出现了运作不规范和金融机构危机等问题，这些问题的发生都警示着地方政府必须重视对民间金融机构的监管。广州民间金融街项目以“腾笼换鸟”的方式，抓住机遇转危为机，建立标准化监管体系，降低民间金融风险，促进民间金融健康发展，截至三期工程建设完成，入驻金融机构达到 152 家，仅 2014 年就为广州市超 15000 家中小微企业和个人提供融资超 1000 亿元，缴纳税收超 4 亿元，民间金融街已成为越秀区新的经济增长传动带。两个指标在 2015 年稍有回落，这一时期广州民间金融街已进入扩容提质阶段，2015 年 6 月率先开展小额贷款公司行业监管改革创新试点工作，监管体系完善、监管力度加大，同时提高市场准入门槛，导致广州民间金融街发展短暂减速；同时民间金融风险往往具有滞后性和隐蔽性，给民间金融监管带来严峻的挑战，2015 年末开

① 广州市统计局、国家统计局广州调查队：《2012 年广州市国民经济和社会发展统计公报》，2013 年 3 月 18 日。

始，小额贷款公司出现贷款本金难以收回的问题。2016 年小额贷款公司营业收入继续保持下降趋势，但下降速度较 2015 年减慢，这说明监管提质调整已经开始发挥作用。2017—2018 年这两项指标大幅度提升，以规模带动向质量带动转变，促使金融街获得持久的动力，政策引导、资金支持继续发挥积极作用，金融集聚效应成效显著。

表 3　产出变量统计情况

产出要素	年份						
	2012	2013	2014	2015	2016	2017	2018
贷款余额/亿元	21.85	67.19	121.36	101.01	119.18	149.44	237.45
小额贷款公司营业收入/亿元	2.0	5.6	14.6	11.5	10.5	17.2	28.4

2. **DEA 实证分析结果**

通过前文分析，以广州民间金融街金融机构注册资本总额、商用土地面积为投入变量，民间金融街贷款余额、小额贷款机构营业收入为产出变量，测度广州民间金融街金融服务效率。为防止投入、产出变量量纲不一致造成误差，运用 DEA 方法进行分析，得出广州民间金融街 2012—2018 年各年相对效率值，结果如表 4 所示。

表 4　民间金融街金融服务效率表

年份	综合效率	纯技术效率	规模效率	规模报酬效应
2012	0.678	1	0.678	递增
2013	1	1	1	不变
2014	1	1	1	不变
2015	0.670	0.700	0.957	递增
2016	0.649	0.658	0.985	递减
2017	0.712	0.725	0.982	递增
2018	1	1	1	不变

DEA 方法根据决策单元的投入产出数据构造出前沿效率面，所有决策单元的效率值均处于 0 与 1 之间。综合技术效率由纯技术效率与规模效率组成，为两者的乘积。纯技术效率是企业受管理和技术等因素影响的生产效率，而规模效率是受企业规模因素影响的生产效率。如果综合技术效率取值为 1，则表示该决策单元处于前沿面上，并且该单元目前的投入产出组合是有效的；而没有在前沿面上的决策单元的效率值小于 1，说明该决策单元在现有的技术水平及投入产出组合情况下，想要提高效率就必须对现有的投入产出要素进行调整。2012—2018 年效率值，如图 5 所示。

实证结果显示，广州民间金融街的综合效率由 2012 年的 0.678 上升到 2018 年的 1，这说明广州民间金融街的金融服务效率快速上升。但广州民间金融街在 2012—2018 年期间不是单一模式发展，从表 4 可以看出，以 2015 年为分水岭，2015 年之前，广州民间金融街连续三年纯技术效率为 1；2015—2017 年，广州民间金融街的纯技术效率降至 0.7 左右；2018 年广州民间金融街纯技术效率重新达到 1。

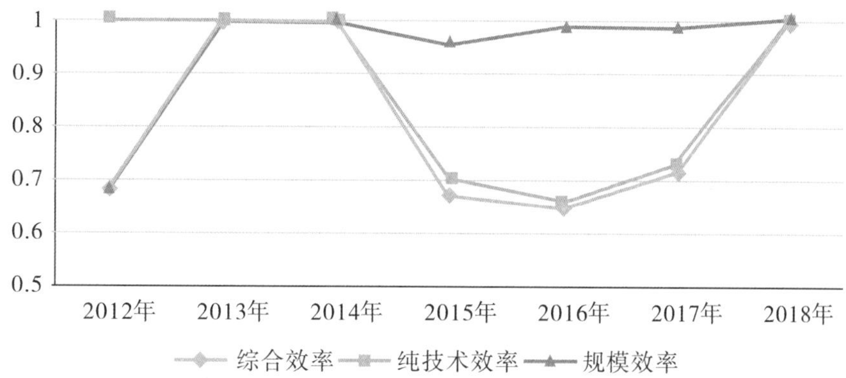

图5 民间金融街效率值分析

2012—2014 年为广州民间金融街的三期规划建设时期，金融服务效率由 0.678 提升至 1，达到了理论上当期最优规模下资源配置能力、资源使用效率最优。从纯技术效率角度分析，金融街在理论上始终处于纯技术有效状态，这说明在这一时期的管理和技术水平下，其投入资源被合理、有效地分配使用。2012 年民间金融街未能达到综合效率最优的根本原因在于其规模不足（规模效率为 0.678），规模报酬效应递增，说明此时的民间金融街应该增大规模，而 2012 年民间金融街处于规划建设第一期，是快速成长阶段，资本要素与土地要素投入相对较低，要素投入量暂时无法满足高速发展的需求，理论结果与实际情况相一致。2013—2014 年，随着金融集聚效应持续增强，大量资本、企业入驻，商业土地依规划扩张，在这一时期的技术水平下，要素投入实际量与需求量达到一致，金融街的规模效率与综合效率迅速达到了有效状态，规模报酬效应不变。

2015—2018 年为广州民间金融街的扩容提质建设时期，经历了 2015—2017 年发展调整下的金融服务效率回落阶段，2018 年重新达到效率最优状态。2015—2017 年民间金融街未能达到综合效率最优主要在于其纯技术效率不足，主要原因有两点：第一，由土地报酬递减理论可知，土地应合理投入，当生产要素投入趋于最佳比例时，产出量达到最大，随着要素投入比例逐渐失调，产出量会逐渐降低。广州民间金融街在工程建设时期的产出增长主要依靠生产要素的大量投入，在管理和技术水平不变的情况下，投入产出效率不会一直增长，在一定程度下反而可能降低。第二，管理与技术的进步具有一定的滞后性，民间金融街规模在短时间内快速扩张，导致在提质时期管理与技术的进步暂时无法满足规模扩张的需求。同一时期，民间金融街的规模效率虽然未能达到最优状态，但均在 0.95 以上，远高于民间金融街发展建设初期。需要注意的是，2016 年民间金融街出现规模报酬效应递减情况，这是土地利用规划的战略性、长期性导致的。2018 年金融街金融服务效率显著回升至有效状态，这表明民间金融街在经历快速扩张期后，已在技术与管理方面进行补足，金融街的扩容提质规划是科学合理的。

综合广州民间金融街 2012—2018 年整体情况，在经历了以规模为主的初期发展、以质量为主的持续发展两个阶段后，广州民间金融街高效率服务于实体经济，通过对金融资源的整合配置，对更多的企业、个人进行信贷支持，也促进了小额贷款公司的蓬勃发展。

第六章　广州民间金融街集聚效应分析

金融产业园区是一个集金融机构、金融市场以及相关政府公共服务体系的地理集聚范畴，从经济学角度分析，它具有明显的正外部性，主要表现为外部规模经济和需求外部性两种。本章将重点讨论广州民间金融街的外部规模经济这一特征，分析广州民间金融街的集聚效应。

第一节　外部规模经济的理论分析

外部规模经济理论首先由经济学家马歇尔在1890年提出，后经克鲁格曼等学者的完善而得到发展。外部规模经济理论认为，在其他条件相同的情况下，行业规模较大的地区比行业规模较小的地区生产更有效率，行业规模的扩大可以引起该地区厂商的规模收益递增，这会导致某种行业及其辅助部门在同一个或几个地点大规模高度集中，形成外部规模经济。

具体到金融产业园区的外部规模经济，可以理解为集聚区内所有金融机构的发展规模的扩张所导致的金融产业园区内机构成员生产成本的降低。金融产业集聚区的外部规模经济产生的内在原因可以归纳为以下三点：

一是专业协同创新的技术外溢。金融产业集聚区内的信息集聚使得区域内金融产业从事创新创作和学习创新技巧的交易成本都大为降低。

二是竞合效应。金融产业集聚区在地理空间上将金融产业价值链的各个机构进行有机地整合，每个金融机构都只是整个产业价值链上的一个节点，从而形成正规金融机构、民间金融交易机构、中介机构和服务机构等上下游主体之间的相互合作和竞争关系。不同的金融机构在集聚区内必然会产生不同程度的市场竞争，但这种竞争反过来也会成为一种激励。不同机构之间的竞争会强化机构的技术创新，从而提高产业质量或降低成本。此外，金融机构之间的良性竞争也会促进现存市场容量的增加、产业需求的提高以及产业知名度水平的提升。故而，竞争不仅有利于产业集聚区竞争力的提高，也会导致机构之间的竞争向更高的层次推进，进而形成“双赢”或“多赢”的局面。集聚区内机构之间的竞合机制使得这些机构集合体的竞争优势大于那些零散分布于各地的机构，从而导致集聚区内的金融机构更易于把握行业发展的动态和趋势。

三是互补效应。从空间结构上看，金融产业的临近分布使得不同机构之间和科研院所之间的分工协作关系更为紧密，从而更容易达到最优程度的资源共享和优化互补。基于空间集聚的公共服务设施共享，也有利于这些机构的集合体及时得到政府和其他公共组织的投资及服务，实现所谓的“集中经济”，在一定程度上能够有效避免独立单个机构在公共资源使用上规模不经济的困境，从而获得协同效益。

外部规模经济是广州民间金融街建设重要的理论基础之一。广州民间金融街建设的初衷是希望通过政策扶持和引导，集中引入一批经营规范、服务优质的小额贷款公司、融资担保公司、典当行等民间金融机构及其他配套服务机构，促使民间金融机构集聚发展，引导民间金融科学发展，使其发挥正外部效应。经过7年的发展，这种效应已逐渐凸显。

第二节　从实证分析结果看广州民间金融街的集聚效应

一、以规模为主的初期发展

在发展初期，广州民间金融街对外部环境和内部结构的控制能力较低，对发展空间和资源取向的把握程度不高。入驻机构之间尚没有形成特定关联，与外部环境也没有真正建立起物质循环、资金流动和信息传递机制。但是，随着园区不断快速涌进投入、产出相似度较高的相关金融机构及配套机构，地理空间上的集聚使得各机构之间可以通过共享信息、市场等资源，加大合作力度，降低交易成本，增强行业间互补效应，逐渐形成专业化市场，进而增加市场需求，提高资金效率。此时，聚集规模边际递增效应逐渐显现。因此，在建设初期快速扩大产业规模，增加机构聚集带来的规模效应对于街区产业的发展尤为重要。

在规模发展模式下，产业自身的扩大还需要核心企业的聚集与引导。在广州民间金融街发展早期，通过对民间金融产业的合理规划和科学引导，一批企业机构率先入驻，逐渐形成一定的规模，并对周边经济起辐射和牵引作用。在此过程中，主导产业的核心企业在能力和网络嵌入性上有着突出的带动作用，它们通过投资、创新、知识转移、品牌扩张等行为带动其他企业及产业的发展，成为促成产业集聚效应产生和区域整体演进的引擎。

结合广州民间金融街发展情况来看，在2012—2014年间，通过一、二、三期的产业规划，快速扩大商业土地面积，积极引导民间金融机构及配套机构入驻，使得广州民间金融街园区内机构数量及资产规模持续扩大。同时在“互联网+小额贷款+普惠金融”模式的指引下，以海印、恒隆等小额贷款公司，唯品会、拉卡拉等互联网小额贷款公司以及立根小额再贷款股份有限公司等为代表的核心企业集聚带动效应逐步显现，成为广州民间金融街发展主要的生力军。根据DEA实证分析结果，广州民间金融街的规模效率在2012—2014年持续上升，2015—2017年一直保持在较高水平，且2018年回升至有效状态，规模报酬效应显著。特别是2013—2014年规模效率较2012年提高1.47倍，表明在建设初期通过地理上的集中所产生的集聚效应较为明显，而2015—2018年规模效率的保持与增长则更多的是依赖核心企业的带动效应。综上所述，广州民间金融街采取的初期发展策略符合民间金融产业发展规律，实践效果良好。

二、以质量为主的持续发展

当产业发展到一定阶段以后，单纯的扩大规模已没有办法完全满足产业的需求，集聚效应的形成还需要齐全的配套设施及服务体系，包括科学的管理体制和风险防控体系、专业的服务管理平台和开放的创新平台、适宜的人文环境建设以及强大的研究力量等。例如中关村、硅谷等知名的产业集聚区域，除了具备地理上的集中性、根植性，同时还具有合作上的网络性、创新性、组织性。科学的管理体制和风险防控体系能够为企业合作交易提供必要的信任基础，减少单一企业的风险敞口，通过区域的管理机构或公共服务组织的协调，降低经营风险；专业的服务管理平台和开放的创新平台能够提供专业化的信息、资金、劳动力服务，大大降低交易成本，提高交易效率，提升产出质量；适宜的人文环境建设及强大的研究力量则是区域建设重要的软实力，文化与价值达成共识才能够成为新的生产力，从而进一步提高区域经济效益与竞争力。

从 DEA 实证分析结果来看，2015 年一期扩容提质建设时期起至 2017 年，广州民间金融街技术效率下降，导致在规模效率保持较高水平的前提下，综合效率仍呈下降趋势，其原因在于广州民间金融街在大规模扩张后，街内企业的管理水平与技术水平没有满足规模扩张的需要，集聚效应未能完全显现。因此，金融服务、技术创新、人文环境等配套设施及服务的建设越来越得到重视，广州民间金融街先后建立了广州民间金融综合服务中心、广州民间金融街征信有限公司、广州民间金融研究院、互联网金融实验室、互联网金融法治研究中心、互联网金融税务研究室、广州民间金融商会等机构，并定期组织从业人员进行专业培训，增强园区从业人员的管理与专业水平。经过系列举措，2018 年广州民间金融街的综合效率显著提升，处于综合效率最优状态。可见，广州民间金融街以质量为主的发展策略已初见成效，逐渐从以硬件载体打造和机构数量集聚为主的物理扩张，过渡到以服务质量提升和街区品牌培育为主的内涵式发展阶段。

第三节　广州民间金融街对金融要素的集聚效应

一、对机构的集聚效应

就金融机构本身而言，其在空间运动与发展过程中具有集聚的特点。从微观上来看，金融机构集聚的起点在于金融机构选址决策，选址决策趋同是金融机构集聚的本质。对于选址决策的影响分为外部与内部两个方面。外部影响主要包括政府政策的引导、区域内金融业发展水平以及地理位置、交通等客观因素，其中政府政策的引导起到非常重要的作用。内部影响主要包括金融机构本身的经营理念与发展定位等主观因素。

从外部影响来看，广州民间金融街地理位置优越，位于广州市中心，是老牌的商业集中地，交通便捷，具备聚集民间金融机构的客观环境。而且广州民间资本雄厚、市场活跃，有着发展民间金融的天然土壤，其民间金融发展已具有较高水平，加之广州发展草根金融、普惠金融的城市定位，区别于北京总部金融和上海平台金融，具有一定的比较优势。广州民间金融街是典型的政府引导型的产业集聚区，政府通过合理规划，明确街区发展民间金融的方向与定位；加强设施建设，为各类入驻机构提供物质基础；政策资金加持，给予民间金融产业政策优惠与资金补助。这一系列举措成为吸引民间金融及配套机构入驻的最直接的外部原因。从内部影响来看，民间金融机构作为国家金融体系的重要组成部门，其服务于中小企业的中小金融或微型金融主体的定位与广州民间金融街发展目标相契合，是形成民间金融机构集聚的内生力量。

从产业集群形成的角度来看，广州民间金融街产业集群的演进与一般产业集群的演进路径一样，随着广州民间金融街入驻机构的增加，民间金融产业集聚逐渐形成，当发展到高级阶段时就会演进成民间金融产业集群，产业集群的形成与发展过程实际上就是产业价值链的形成和完善过程。当广州民间金融街成为民间金融产业集群时，相比于其他区域，广州民间金融街就拥有了更丰富的发展优势与服务能力。

二、对资本的集聚效应

民间资本区别于其他资本具有鲜明的特点，灵活、高效、逐利是民间资本最显著的属性，而这些属性容易导致民间资本缺乏合理的长期规划，使得民间资本的投资具有随机性、盲目性和投机性。而迅速增长的民间资本、狭隘的投资渠道、不公的投资环境、缺失的政策监管，造成民间投融资市场的混乱，金融风险居高不下，很大程度影响了国家金融安全与稳定。广州民间金融街的出现为民间资本发展提供了一条出路。广州民间金融街的政策红利、监管体制、管理标准、投资渠道、营商环境能够帮助民间资本规范投资流程、扩大投资路径、降低投资风险、促进合理流动，有效规避因盲目逐利而带来的损失，有利于优化金融体系、丰富金融市场、强化金融服务。因此，广州民间金融街对于民间资本有着很强的吸引力。截至 2019 年 8 月底，园区民间金融结构注册资本已近 500 亿元，其中传统小额贷款公司注册资本 81. 9 亿元、互联网小额贷款公司注册资本 145. 3 亿元、商业保理公司注册资本 16. 5 亿元、融资担保公司注册资本 52. 2 亿元。

三、对人才的集聚效应

机构与资本的集聚势必带来人才的集聚。当一个行业发展到一定阶段，行业自身的发展前景以及行业内积聚的大量优质企业会吸引各类人才的涌入，这是人才趋优性的本质表现，因为健康的行业、优秀的企业能够为从业者提供优渥的薪资待遇、广阔的发展空间、健康的企业文化、较高的社会地位，从业者的自身价值也能得到更好的实现。而广州民间金融街也正是具备了两个最重要的条件，即好的行业与好的企业，人才的集聚效应得以凸显。截至 2019 年 8 月底，广州民间金融街共有金融从业人员 14000 余名。其中，中高级金融人才超 8000 名。

政府在人才聚集上也起到了至关重要的作用，为了促使人才集聚效应进一步扩大，广州民间金融街采取了系列举措。一是严格执行市、区高级人才评选工作，包括广州高层次金融人才支持项目、越秀区重点企业高级人才评审资助活动、越秀区专业技术拔尖人才评选工作等，并积极推进奖励落实到位。二是出台《越秀区集聚高端人才暂行办法》，利用政策手段，通过项目扶持、住房保障、优先入户、医疗保健、子女入学、引才助才奖励等方式吸引高端人才的落户。三是注重人才的培育与交流，以民间金融研究院、互联网金融实验室、法治研究中心、税务研究室等研究体系为重点，开展研究与培训工作，强化广州民间金融人才创新发展能力；以民间金融商会等行业自律组织为依托，完善创新型金融人才沟通交流机制；以广州民间金融书店、民间金融博物馆为载体，丰富金融文化氛围，提升人才金融文化素质。截至 2019 年 8 月底共举办 70 余场培训教育、交流沙龙等活动，内容形式包括社区金融活动、小额贷款培训、商业保理创新发展大会、上市培训会、读书交流会、防范和处置非法集资活动、金融教育基地活动等。

第七章　广州民间金融街金融创新效应分析

金融创新不仅是金融产品、金融工具的创新，也包含了金融组织决策方式、商业模式、要素组合与流程的创新，其本质在于观念、文化和理论的创新。对于金融集聚区来说，其创新不仅是单个金融主体创新的叠加，更多地会受到地理环境、经济水平、金融结构的影响，使得集聚区内金融创新的主体、模式、驱动具有差异，进而影响创新的最终成效。本章将分析广州民间金融街创新模式与创新驱动，并通过构建金融创新指标体系对其创新水平展开评价分析，最后对广州民间金融街创新的具体举措进行梳理。

第一节　广州民间金融街创新模式与创新驱动

一、需求拉动型创新模式

金融创新成果最终要经受实践的检验，市场表现被看作是检验创新成功与否的主要标准。因此，市场的需求是刺激金融创新行为的直接因素，而金融机构自身在发展中对新业务的需求则被理解为金融创新的内在因素，外在因素来自监管部门对于产业监管的需要。这种因市场、企业、监管三方面需求而产生的金融创新被称作需求拉动型创新模式。如图 6 所示，在这种模式中，市场、企业、监管的实践是创新构思的来源，需求更是起到了关键性作用，不仅创造了机会，更激发了人们寻求突破的潜力，通过对需求信息进行研究分析，结合分析结果进行产品研发，最终投放到市场上产生效益。

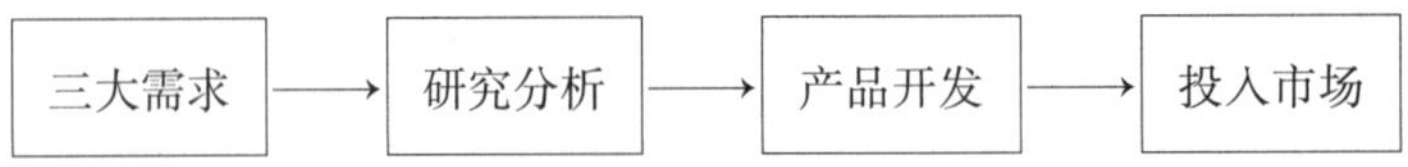

图 6　需求拉动型创新模式

二、三大需求助推广州民间金融街创新驱动

市场需求助力金融创新。广州民间金融街能够成为民间金融产业集聚地的重要原因在于市场的需求。金融作为现代经济的核心迅速发展，然而中小企业融资难、融资贵问题却一直得不到很好的解决，信用体系缺失、管理不到位、抗风险能力差等因素使得传统金融机构不愿意参与其中，而中小微企业、个人等的融资问题催生了大量的市场需求，如何满足这些市场需求成为各金融主体及政府积极探索的问题。据统计，2012 年广州存款量近 2. 8 万亿元，贷款量为 1. 9 万亿元，存贷差额巨大，如果存贷差额被投入市场进行高效利用，那么将极大推动广州金融市场的发展，进而带动经济的发展。面对广州巨大的存贷差额，将存款人快速转变为投资人成为民间金融创新工作的重要部分。时任广州副市长的欧阳卫民在 2012 年就曾表示，民间资本这一板块若被打开，一定可以促进竞争，带来经济活力，促进金融创新。在此背景下，广州民间金融街的诞生无疑是民间金融领域创新发展的一项重要举措，顺应市场需求，为民间资本寻找到一条新的出路，对推动广州乃至全国经济增长和转型升级具有特殊的价值。

金融机构经营需求助力金融创新。金融机构是资源的组织者、技术的具体应用者、产品的设计者和市场的开拓者。金融机构的蓬勃发展是产业发展的基础与动力。金融机构谋求自身发展的过程也是金融创新的过程。为满足经营的需求，金融机构不断地寻求突破。以小额贷款行业为例，地域限制曾经是该行业发展的主要障碍之一，为打破传统小额贷款公司开展业务的地域限制，互联网小额贷款公司应运而生，利用互联网科技，跨省（区、市）开展小额贷款业务，业务地理范围得到扩大。截至 2019 年 8 月，广州民间金融街互联网小额贷款公司占园区所有小额贷款公司总数的比例已达到 48% 以上。小额贷款公司自身的融资难题是阻碍其发展的另一原因，小额贷款公司不能够吸收公众存款，负债渠道单一、资金调剂困难，在注册资本有限的情况下，获得融资杠杆扩大可用资金规模，既是加快发展的内在迫切需求，也是服务中小企业的客观需要。为此，广州民间金融街创新设立立根小额再贷款股份有限公司，被誉为小额贷款公司的“央行”，通过该平台引入外部资金及盘活小额贷款公司资金（资产），以市场化方式为小额贷款公司提供融资服务，小额贷款公司“融资难”问题得到缓解。

政府产业监管需求助力金融创新。通过政府的政策引导和环境建设，构筑有效的金融机构群体是促进金融创新的基础。为了更好地服务企业创新，广州民间金融街不断创新提升政府的公共服务，通过营造适宜民间金融发展的良好环境促进民间金融机构集聚的形成和成长。在初期，政府的资金、补贴、暂时性保护等政策工具都是促进民间金融发展的有力保障。当达到发展成熟期时，政府的主要任务转变为创造金融机构持续创新和保持增长动力的环境，包括经营、监管等方面创新的政策与举措，利用更加先进、有效的手段规范民间金融的发展，为民间金融保驾护航。扶持政策与配套办法、研究培训与智力支持、整合资源与市场运作多措并举，政府的多样化管理为广州民间金融带来创新的动力。

第二节 广州民间金融街金融创新的具体举措

作为全国首条民间金融街，广州民间金融街一直备受关注，从探索民间金融管理制度创新入手，形成了科学合理、法治化的商业模式和园区管理模式，打响了“广州民间金融街”品牌的知名度，成为全国首个集资金借贷、财富管理、支付结算、信息发布为一体的民间金融集聚区。广州民间金融街的成功来自对民间金融的创新，从顶层设计、监管规划到资金扶持、智力支持，再到业务创新、品牌打造，已发展成为“立足广州、辐射珠三角、影响全国”的创新创业型的金融街。梳理其创新举措包括如下几个方面。

一、政策制度的创新

广州民间金融街在创新政策方面亮点纷呈，一方面，以“互联网 + 小额贷款”先行先试为抓手，在全国率先开展小额贷款公司行业政策创新的试点工作，包括允许广州市外注册登记的境内企业在园区设立小额贷款公司；全面放开境外资本在街内设立小额贷款公司；取消小额贷款公司主发起人的持股比例上限；首设允许全国范围开展业务的互联网特色小额贷款公司等。另一方面，广州民间金融街被设为广州发展内资商业保理试点区，允许在试点区域内设立内资商业保理公司，成为广东省内唯一一个被政府明文支持的内资商业保理试点区。政策的突破使得广州民间金融街迅速成为全国民间金融发展的政策洼地和服务高地。

在制度创新方面，制定或争取了系列民间金融街的管理和扶持的配套办法，包括《广州市越秀区促进优质企业发展暂行办法》《广州市越秀区促进产业园区发展和商务楼宇提升暂行办法》《越秀区关于促进广州民间金融街互联网金融创新发展的若干规定（试行）》《越秀区关于促进广州民间金融街发展的若干规定（试行）》等，为营造良好的企业创新经营环境提供制度保障与资金支持，相关制度得到积极贯彻与落实。2016 年度支付 42 家入驻企业发展专项资金 926.89 万元，支付 20 家互联网金融机构的互联网金融产业发展资金 676.71 万元，2017 年支付 45 家入驻企业发展专项资金 804.26 万元，支付 41 家互联网金融机构的互联网金融产业发展资金 2073.57 万元，并为 1 家上市（挂牌）企业设置扶持资金 50 万元。

二、服务机制的创新

广州民间金融街构建了“管委会 + 管理公司 + 服务平台 + 行业自律组织 + 研发机构”的管理服务体系，通过规范园区管理服务、搭建政府公共服务平台、完善司法保障服务、打造民间金融研发中心等方式，形成“政府服务街内企业，街内企业服务实体经济”的良好格局。

为进一步完善管理服务体系建设，广州民间金融街建立了互联网金融产业基地和互联网金融孵化中心，以推动互联网技术在金融领域的应用与发展。基地与中心集展示、孵化、研发三大功能为一体，为街内以及国内外的民间金融机构、创新创业型企业或个人提供包括项目路演、战略培训、注册辅导、政策指导、资金申请、资源对接、融资支持、上市辅导等“一揽子”服务。为促进基地的发展，广州民间金融街还出台了《广州民间金融街互联网金融基地管理与服务办法》，并成立互联网金融实验室、互联网金融法治研究中心、互联网金融税务研究室等系列研究机构。在建成初期，基地便吸引了 14 家企业入驻，其中互联网金融企业 6 家、互联网金融科研机构 3 家、电商 O2O 体验店 1 家、电商创业基地 1 家、社区银行 2 家、金融商务主题餐厅 1 家。

三、业务的创新

在业务创新方面，全国首家小额再贷款公司——广州立根小额再贷款股份有限公司、全国首家市场化民间金融征信公司——广州民间金融街征信有限公司、广州市首家内资商业保理公司——广州恒大商业保理有限公司均在广州民间金融街落户。

四、民间金融产业标准的创新

一是建立定价机制，规范民间融资价格。通过发布民间融资“广州价格”、利率综合指数、民间金融景气指数等，建立民间融资定价机制，打造国内民间融资价格风向标。为行业主管部门和政府及时、准确掌握广州市场贸易动态，预测经济的运行状况，制定相关行业政策和发展规划提供依据；为企业生产经营投资提供引导；为消费者提供科学、权威的价格信息。

二是编制民间金融管理标准。编制全国首本《广州民间金融街小额贷款公司监管手册》；初步建立民间金融标准体系，内容涵盖各类基础标准、产品服务标准、运营管理标准、信息技术标准、行业管理标准等；成功申报 1 项国家标准（《民间金融资产评价指标分类》），树立了广东省乃至全国民间金融监管的标准和规范。

五、风险防控机制的创新

一是创新监管机制。研究起草制定了《越秀区小额贷款公司主监管员制度》《越秀区防范民间金融风险联席委员会制度》《越秀区民间金融突发事件应急预案》及《越秀区非法集资案件举报奖励暂行办法》等系列制度，确保风险防范与处置的属地管理责任落到实处；针对互联网金融特点制定《广州民间金融街互联网小额贷款公司管理办法（试行）》，重点在设立门槛和经营范围上作出差别化监管规定。

二是创新监管手段信息化。利用大数据风控理念自主研发了小额贷款非现场监管系统、小额贷款业务管理系统、非法集资风险监测预警系统、征信查重系统等，依托互联网信息技术对民间金融机构进行动态和高效的监管，提升风险实时监控和分析的能力，实现监管手段的信息化。

三是开展信用评级试点。在广东省范围内率先开展小额贷款公司和融资担保公司信用评级试点，依托评级结果，加强事中监督和事后检查的力度并建立负面清单制度和市场退出机制。

四是完善法律维权机制。成立广东省首个金融审判庭、广州市唯一的金融仲裁院，引入公安经济侦查中队和公证部门，设立警务室，及时化解民间借贷纠纷，健全法律维权机制。

结语　民间金融街发展经验总结及前景展望

一、广州民间金融街发展经验总结

民间金融街建设成效突出，获得了省、市领导的肯定，国内兄弟城市纷纷学习和借鉴，主要有以下建设经验。

（一）领导重视，各级部门大力支持

作为省、市重点项目，广州市十大重点产业项目之一，省、市一直高度重视并关注民间金融街的建设，原省委书记胡春华、原副省长陈云贤、原市长陈建华、原常务副市长陈如桂、原市委常委欧阳卫民等省、市领导均亲自来民间金融街调研并指导建设工作。此外，国家发改委、省金融办、市发改委、市金融办、市科信局、市经贸局等省、市部门共给予民间金融街9500余万元项目资金支持；市国资委、市国土局等则给予民间金融街3万余平方米物业载体支持，确保了民间金融街建设的顺利推进。越秀区则集中全区100余名骨干力量成立了民间金融街建设指挥部，由区长王焕清亲自任指挥长，并分别在一、二期建设过程中组建民间金融街管理公司和民间金融街管委会专门落实具体建设工作，为民间金融街建设提供了强有力的组织保障和人力支持。

（二）落实责任，建立健全工作机制

民间金融街建设形成了协调有方、联动有效、推进有序的工作机制。一是制定方案，明确任务分工。金融街一、二期均制定了细化的工作方案，明确建设目标、整体任务和各项工作的进度安排。二是分组推进，严格责任落实。根据建设任务的差异，首期设10个工作组、二期设8个工作组，由区属职能部门的主要领导担任各组负责人，各工作组分工负责，全面推进各项建设工作。三是定期召开例会，及时解决问题。严格落实集中办公制度、分工负责制度、每周工作例会制度、工作组联动制度、稽查考核制度、协调通报制度等6项制度，及时协调解决建设过程中遇到的困难和问题。四是注重总结，定期督查工作进度。按期编制民间金融街工作简报、工作新动态等内部刊物，及时向各级领导及相关部门汇报工作进度，确保各项建设工作按期推进。

（三）科学规划，找准自身发展定位

北京、上海、天津、深圳等均在大力推进金融集聚区建设，广州也分别在天河、萝岗、南沙三区规划建设广州国际金融城、广州金融创新服务区和南沙现代金融服务区，民间金融街结合长堤金融历史底蕴和广州商贸业发达的实际，与其他金融集聚区功能互补、错位发展，致力建设全国首个民间金融集聚区。集中引入一批优质的小额贷款、融资担保、互联网金融等民间融资机构及征信评级、资产交易等配套服务机构，大力发展民间金融，不断完善产业链条，为广大中小微企业及个人

提供服务。同时大力将本土民间金融企业培育成业内较有影响力的企业，如二三四五小额贷款有限公司（注册资本20亿元，2018年纳税额为2800万元）、立根小额再贷款股份有限公司（全国首家小额再贷款公司）、广建小额贷款有限公司（计划筹备上市，上市现已暂停）、唯品会小额贷款有限公司（全市首家互联网小额贷款有限公司）等。

（四）主题注入，创新转型升级模式

民间金融街的建设将旧城改造与产业发展完美结合，按照凸显金融元素和岭南风情，呈现金融、信用元素稳定感的整体思路，探索实践主题注入的旧城改造新模式，在长堤历史旧街区注入金融主题，集中引入一批民间金融机构，将充斥着杂乱、分散低端业态的旧街区打造成了一个在外观上既能反映广府文化内涵，又能体现现代金融元素的首个民间金融集聚区。民间金融街的建设没有采取大拆大建的手段，却产生了“大手笔”的效果，以较低的成本实现了“腾笼换鸟”和转型升级。

（五）不断创新，保持行业领先动力

金融创新是保持发展领先地位的不竭动力，金融街建设时刻保持着创新的敏锐性。一是成立民间金融研究院，撬动全国20余所高校50余位专家为园区企业提供民间金融产品、服务创新的智力支持，力求在民间金融行业保持引领地位；二是出版《中国民间金融发展研究报告》，开展民间融资“广州价格”、小额贷款税收制度、互联网金融等十余项课题研究，为我国民间金融发展提供前瞻性的理论研究成果；三是积极创新民间金融机构，推动成立了全国首家小额再贷款公司、全国首家民间金融征信公司、全市首家互联网特色小额贷款公司；四是连续三年参展中国（广州）国际金融交易博览会，并举办民间金融论坛、建设民间金融主题博物馆，向世界展示民间金融发展成果。

（六）定价标准，提供产业发展示范

民间金融在我国尚处于试点阶段，如何规范发展是各级政府关心的首要问题，民间金融街作出了有益探索。一是建立定价机制，规范民间融资价格。通过发布民间融资“广州价格”以及利率综合指数、民间金融景气指数等，探索建立民间融资定价机制，打造国内民间融资价格风向标，同时增强金融街品牌影响力和辐射力；二是通过采取集聚化、园区化的发展模式，探索发展新路径，研究制定民间金融业务产品、服务模式、风险管理、信用评价、特色经营等标准体系，并积极申报全国民间金融知名品牌示范区，为推动民间金融的阳光化、规范化和合法化发展积累经验、提供示范。

（七）突出服务，完善管理服务机制

民间金融街以内涵式发展为导向，立足区域经济发展实际需要，全力打造金牌服务体系，助推民间金融街及入驻企业跨越式发展。一是确保基础服务到位。成立并充分发挥民间金融街管理委员会、民间金融街管理公司等基础服务平台功能，为企业提供消防安全、电力增容、网络信号、物业维护、协调管理等各项基础服务。二是优化窗口服务形象。成立金融街综合服务中心，设8个对外服务窗口，为公众提供借贷咨询、股权交易、资产交易，以及法律、会计等“一站式”专业配套服务。三是提升营商软环境。出台“钻石二十九条”，扶持入驻企业发展。四是提升增值服务水平。成立民间金融研究院、金融资产交易中心金融街运营分中心、民间金融街征信公司等一系列增值服务平台，为民间金融街发展提供智力支撑、资产交易、征信评级等一系列增值服务。

（八）强化监管，切实防范金融风险

建立健全风险防范机制，确保民间金融街健康、可持续发展。一是突出风险管理机制创新。研究起草了《越秀区小额贷款公司主监管员制度》《越秀区小额贷款公司监管工作联席会议制度（试行）》《越秀区小额贷款公司风险性突发事件处理预案》等一系列制度，逐步建立起事前防范、事中监管、事后处置的一整套完善的风险管理机制。二是监管流程标准化。在现有法规政策框架下，编印《广州民间金融街小额贷款公司监管手册》，规范小额贷款公司监管工作流程和标准，促进监管工作的标准化、规范化；研发小额贷款公司业务操作系统，规范小额贷款公司业务标准和流程。三是风险监测信息化。研发民间金融街风险监测系统，依托现代化的互联网信息技术，对小额贷款公司日常业务、资金往来等进行实时、动态监管，提升监管的信息化水平。四是推动成立广州民间金融商会，引导行业自律，规范企业经营行为。五是引入越秀区人民法院金融审判庭和广州金融仲裁院服务点，健全民间金融法律维权机制。

二、广州民间金融街的前景展望

广州民间金融街未来既充满希望，又面临挑战。应对挑战，民间金融街将在以下几方面继续深化与探索。

（一）提高民间金融街发展的软环境

以入驻民间金融街的小额贷款公司为例，小额贷款业务发展难题集中表现为税收重和融资难。截至2018年，小额贷款公司的税项包括25%的企业所得税和5.56%的营业税及附加。按照这个比例计算，小额贷款公司的贷款利息收入有超过30%需要缴税；同时，小额贷款公司的银行融资为资本金的50%，以目前园区入驻民间金融街小额贷款公司每家5亿元注册资本来计算，每家小额贷款公司的可贷资金仅为2.5亿元，只能通过提高贷款周转率来提高营业收入的规模。作为国内首创集聚发展民间金融机构的物理区域，金融街如何进一步提高对民间资金的吸引力，让民间金融机构在园区自然地生存与发展，是入驻机构迫切需要地方政府解决的难题。政府需要营造软环境，用“一揽子”优惠措施解决民间金融发展的瓶颈。

（二）形成小额贷款“广州价格”

广州民间金融街以“广州价格”吸引了社会各界的关注。要形成“广州价格”，至少应解决好三个方面的问题：一是为什么要形成“广州价格”；二是“广州价格”是什么；三是如何形成“广州价格”。只有解决好这三位一体的问题，才可能形成真正的“广州价格”，这也是需要地方政府进一步思考的问题。

首先，为什么要形成“广州价格”。价格是资金供需的平衡点，是反映资金多寡的信号，“广州价格”的公布，无疑对资金供需双方都具有重要意义。对需求方，它能够减少信息搜寻的成本，降低融资成本和提高融资效率；对民间金融街园区内的民间资金供给方而言，无疑抑制了高利贷的发生，同时降低了寻找客户的成本。

其次，“广州价格”是什么。这一点取决于地方政府的雄心，需要明确“广州价格”的目标是立足广州市、辐射珠三角、影响广东省乃至全国。

最后，如何形成“广州价格”。价格的形成是资金供需双方博弈的结果，因此，必须要有足够数量的小额贷款公司和客户群体参与博弈。所以，形成小额贷款“广州价格”的前提就是政府要帮

助民间金融街的小额贷款公司以及各类民间金融机构，解决在街外解决不了的瓶颈问题，进一步提高民间金融街对民间资金的吸引力。

（三）打造诚信广州民间金融街

信用，无疑是金融业的生命。目前，正是由于缺少全社会的信用体系，银行业和民间金融机构只能寻求抵押品作为贷款的保障，而一旦有了信用作保证，相信全社会的信贷规模将在现有基础上有一个可观的增长。缺乏信用的资本市场，为广州民间金融街的建设作了最好的提示。作为广州市信用体系建设的两家试点之一，广州民间金融街已经在信用体系建设上起步，包括建立入驻机构的信用数据库，联合中国人民银行广州分行向入驻机构开放征信查询系统，下一步仍应坚持落实各项措施，抓住信用试点的契机，利用政府掌握的信用资源，尝试帮助入驻机构做大做强。这一点的成功，无疑也有助于吸引更多民间金融机构入驻民间金融街。

（四）建设数字普惠金融监管试验区

2016 年，中国担任 G20 主席国期间提出制定《G20 数字普惠金融高级原则》，引爆全球数字普惠金融大发展。数字普惠金融就是为普惠金融插上互联网的翅膀，打破空间地域限制，缩小普惠金融的地区间差异，更好地服务人民群众。越秀区凭借长期深耕普惠金融优势，抢抓粤港澳大湾区历史发展机遇，在推动小型金融机构、优质金融创新产品发展方面成效显著。

（1）大力发展民生金融，助力 2020 年全面建成小康社会。运用人工智能、大数据风控等金融科技，创新建立起有别于银行传统业务的“数据化、智能化、网络化”服务新模式：推出数据信息集成，精准构建出借款人的信用风险“全息画像”；打造小额贷款业务的全自动审批系统，实现 1 分钟内放款，有效缓解“融资难、融资慢、融资贵”问题。

（2）支持产品协同创新，构建特色化金融创新产品体系。在提高机构多样性、差异化竞争力、风险管控能力上做文章，通过政策引导、风险补偿、风险共担等形式推动机构、市场、产品协同创新发展，鼓励新型金融机构积极服务传统银行模式下难以惠及的“长尾”客户；提高金融产品和服务的可获得性，设计发行 200 多种特色化的金融创新产品体系，其中供应链金融产品约占 40%，消费金融产品约占 60%。

（3）建设监管试验区，探索普惠金融发展和监管新模式。通过打造多功能数字化监管系统，搭建数字普惠金融综合服务平台，建设地方性二级同业拆借中心，探索设立数字普惠金融试验区发展基金，搭建接入中国人民银行征信系统绿色通道等，稳固和提升广州在粤港澳大湾区的金融地位，探索普惠金融发展和监管新模式，真正打破数字普惠金融现有的数字技术应用不成熟、数据安全隐患、监管缺位、风险高发等问题，让投机者“无机可乘”、投资者“蜂拥而至”、监管者“协同作战”。

（五）建设公益金融，构建公益金融可持续发展生态体系

习近平总书记在基层工作时强调，慈善是社会文明和谐的重要标志，是一项全民的事业。要广泛普及慈善文化、弘扬慈善精神、宣传慈善典型，激发社会各界参与慈善事业的热情。公益事业需要巨大的资金投入，与其被动依靠捐赠来补资金缺口，不如主动作为，通过金融、市场的手段补足缺口，使公益事业的可持续性大大增强。

（1）设立粤港澳公益金融联合会。团结粤港澳大湾区企业、企业家公益力量，提升并引导粤港澳大湾区企业、企业家履行社会责任。一是呼吁、号召粤港澳大湾区知名企业、企业家积极投身慈

善公益事业，支持公益事业的可持续发展。二是作为粤港澳大湾区公益金融可持续发展体系的重要对外窗口，为公益事业活动发声、宣传，团结社会力量。

（2）强化披露信息制度。在官方指定平台定期披露公益金融试验区内机构组织、行为、钱物的相关信息，发挥试验区的先行示范作用，推动公益金融长远发展。

（3）构建公益金融可持续发展生态体系。越秀区通过采取“1＋3”模式（基金/信托＋基金会、基金管理公司、创投），接受最终目的为支持公益慈善事业的资金，以商业金融手段反哺公益，同时将增值部分按实际需要投入公益事业，构建公益金融可持续发展生态，形成独特的“造血式”“精准式”扶贫，打造高品质公益金融综合服务环境。

（六）完善民间金融街配套服务设施

作为民间金融街的公共服务平台，广州民间金融综合服务中心和越秀区人民法院金融审判庭是重要载体，通过提供公共服务，降低入驻机构的经营成本，维护法律权益。

（七）发挥民间金融商会的作用

政府应坚守“守夜人”的信念。随着广州民间金融街的深入建设，要把市场的交给行业协会，政府要退后一步。因此，有必要发挥广州民间金融商会的作用，制定行业规则，促进自律建设，利用商会进一步加大入驻机构通过法律进行自我维权的力度。

（八）发挥金融研究院的作用

一方面，应在理论研究的层面，为民间金融的减负和发展提供依据，为广州民间金融街的发展掌握科学的话语权；另一方面，应积极开展行业培训，设立准入门槛，为民间金融的发展培养和储备必需的人才。

广州民间金融街的未来，大的方面取决于整体金融改革与发展，但也离不开园区微观金融的建设，离不开地方政府的切实推动和各入驻机构的积极参与。经过若干年的创新探索和发展，广州民间金融街有可能成为国内民间金融园区化发展的典范，为国内其他地区民间金融的发展提供经验。

本文由广州民间金融街管委会 、广州金融业协会课题组供稿。课题组负责人：许鹏、吴煜晖。课题组成员：陈双莲、胡建新、唐云中、谢小凤、刘星君（2019年）。